저자 **JLPT연구모임**

딱! 한권 JLPT N1 일본어능력시험

초판발행	2016년 10월 15일
1판 7쇄	2021년 3월 30일
저자	JLPT연구모임
책임 편집	조은형, 무라야마 토시오
펴낸이	엄태상
해설진	송규원, 이효세, 항지영
디자인	박경미
콘텐츠 제작	김선웅, 김현이
마케팅	이승욱, 전한나, 왕성석, 노원준, 조인선, 조성민
경영기획	마정인, 조성근, 최성훈, 정다운, 김다미, 오희연
물류	정종진, 윤덕현, 양희은, 신승진
펴낸곳	시사일본어사(시사북스)
주소	서울시 종로구 자하문로 300 시사빌딩
주문 및 교재 문의	1588-1582
팩스	0502-989-9592
홈페이지	www.sisabooks.com
이메일	book_japanese@sisadream.com
등록일자	1977년 12월 24일
등록번호	제 300-1977-31호

ISBN 978-89-402-9191-7 18730
978-89-402-9194-8 18730 (set)

머리말

일본어능력시험(日本語能力試験)이란 N4와 N5에서는 주로 교실 내에서 배우는 기본적인 일본어를 어느 정도 이해할 수 있는 레벨인가를 측정하며, N1과 N2에서는 폭넓은 분야에서 일본어를 어느 정도 이해할 수 있는지, N3는 N1, N2와 N4, N5의 가교 역할을 하며 일상적인 장면에서 사용되는 일본어의 이해를 측정하는 레벨입니다. 일본어능력시험 레벨 인정의 목표는 '읽기', '듣기'와 같은 언어행동의 표현입니다. 언어행동을 표현하기 위해서는 문자·어휘·문법 등의 언어지식도 필요합니다. 즉, 어휘나 한자, 문법 항목의 무조건적인 암기가 아니라, 어휘나 한자, 문법 항목을 커뮤니케이션 수단으로서 실제로 활용할 수 있는가를 측정하는 것이 목표입니다.

본 교재는 新일본어능력시험 개정안에 따라 2010년부터 최근까지 새롭게 출제된 기출 문제를 철저히 분석하여, 일본어 능력시험 초심자를 위한 상세한 설명과 다량의 확인 문제를 수록하고, 중·고급 학습자들을 위해 난이도 있는 실전문제를 다루었습니다. 또한 혼자서도 충분히 합격할 수 있도록, 상세한 해설을 첨부하였습니다. 시중 한 권으로 된 일본어능력시험 종합서는 많이 있지만, 학습자들이 원하는 부분을 콕 집어 효율적인 학습을 할 수 있는 교재는 그다지 많지 않습니다.

이러한 점을 고려하여 본 JLPT연구모임에서는 수년간의 분석을 통해 적중률과 난이도를 연구하여, 일본어능력시험을 준비하는 학습자가 이 책 한 권이면 충분하다고 느낄 정도의 내용과 문제를 실었습니다. 한 문제 한 문제 꼼꼼하게 풀어 보시고, 일본어능력시험에 꼭 합격하시기를 진심으로 기원합니다.

JLPT연구모임

1 교시 언어지식(문자・어휘・문법)/독해

문자・어휘

출제 빈도순 어휘 ➡ 기출어휘 ➡ 확인문제 ➡ 실전문제

問題 1 한자읽기, 問題 2 문맥규정, 問題 3 교체유의어, 問題 4 용법 등 문제 유형별 출제 빈도순으로 1순위부터 3순위까지 정리하여 어휘를 제시한다. 가장 많이 출제되고 있는 する동사부터 명사, 동사, 형용사, 부사 순으로 어휘를 학습한 후, 확인문제를 풀어 보면서 확인하고, 확인문제를 학습 후에는 실전문제를 풀면서 총 정리를 한다. 각 유형별로 제시한 어휘에는 최근 출제되었던 단어를 표기해 놓았다.

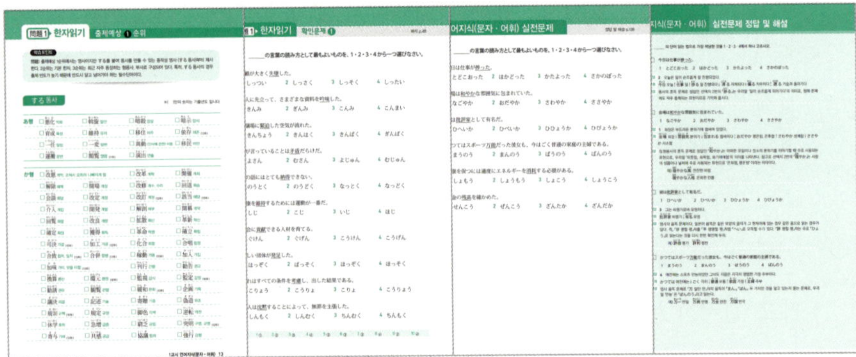

문법

필수문법 ➡ 필수경어 ➡ 기초문법 ➡ 확인문제 ➡ 실전문제

N1 필수 문법과 경어를 학습하고 확인 문제를 차근차근 풀며 체크할 수 있도록 다량의 문제를 실어 놓았으며, 처음 시작하는 초보자를 위해 시험에 자주 등장하는 N2 문법을 수록해 놓았다. 확인문제까지 학습한 뒤에는 난이도 있는 실전문제를 풀며 실전에 대비할 수 있도록 했다.

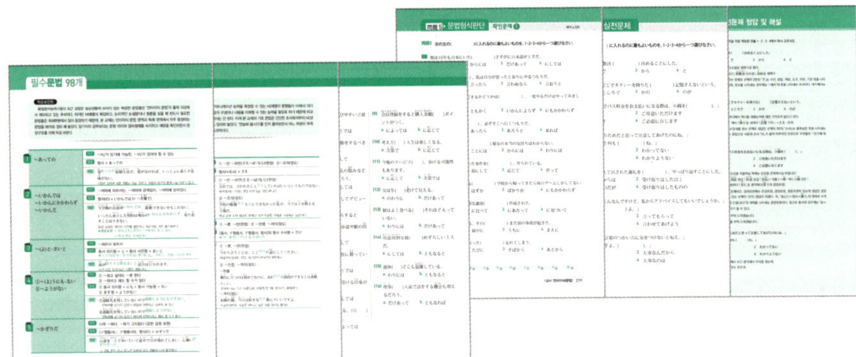

독해

독해의 비결 ➡ 영역별 확인문제 ➡ 실전문제

이제 더 이상 문자・어휘・문법에만 집중해서는 안 된다. 과목별 과락이라는 제도가 생기면서, 독해와 청해의 비중이 높아졌기 때문에 모든 영역을 균형있게 학습해야 한다. 본 교재에서는 독해의 비결을 통해, 글을 분석할 수 있는 노하우를 담았다. 문제만 많이 푼다고 해서 점수가 잘 나오는 것이 아니므로, 원리를 잘 파악해 보자.

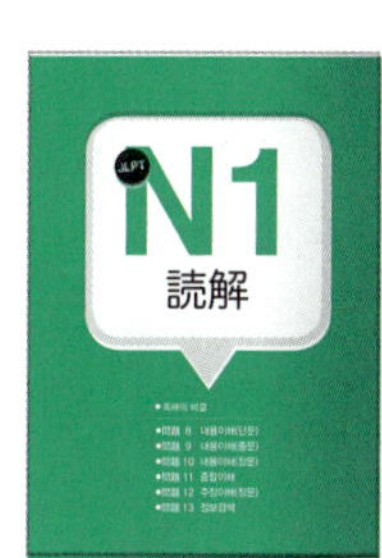

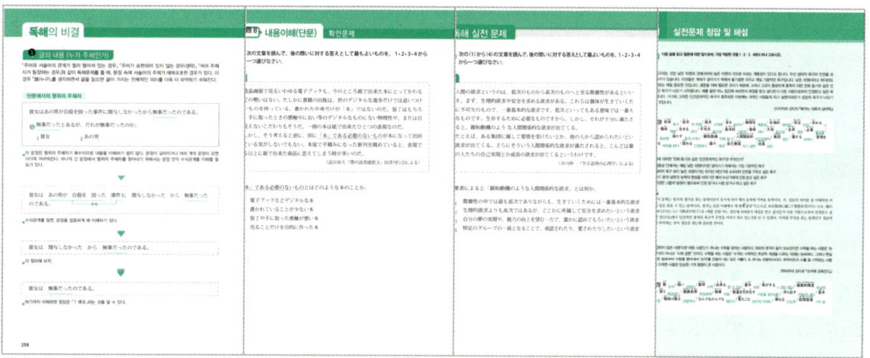

2 교시 청해

청해의 비결 ➡ 영역별 확인문제 ➡ 실전문제

독해와 함께 청해의 비중이 높아졌으며, 커뮤니케이션이 중시되었기 때문에 단어 하나하나의 의미를 꼼꼼히 듣는 방법보다는 상담・준비・설명・소개・코멘트・의뢰・허가 등 어떤 주제로 회화가 이루어지는지, 또한 칭찬・격려・질책・변명・걱정 등 어떤 장면인지 잘 파악해야 한다.

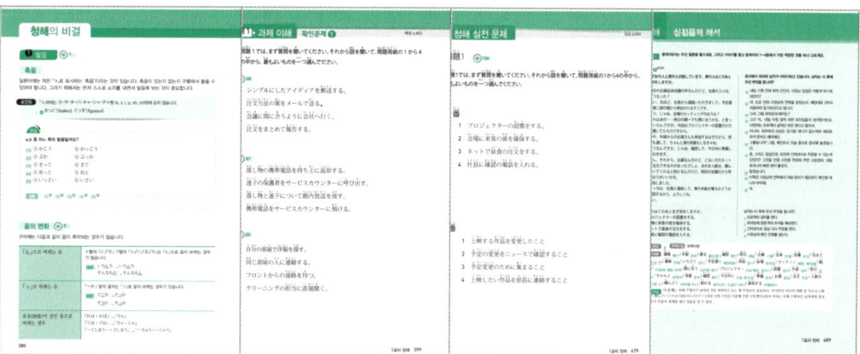

실전모의테스트 3회분 (별책부록 2회분 + 온라인 1회분)

질에 승부한다!

JLPT연구모임에서는 몇 년 동안 완벽한 분석을 통해 적중률과 난이도를 조정하여, 실전모의테스트를 제작하였다.
혼자서도 공부할 수 있도록 자세한 해설을 수록해 놓았다.

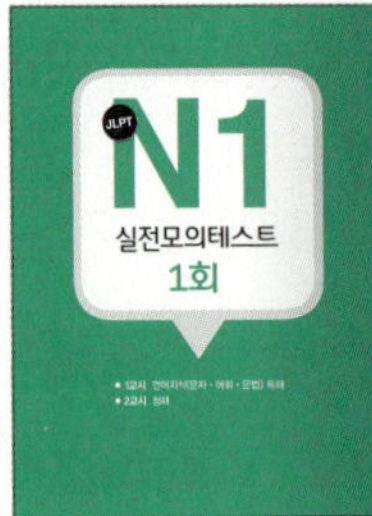

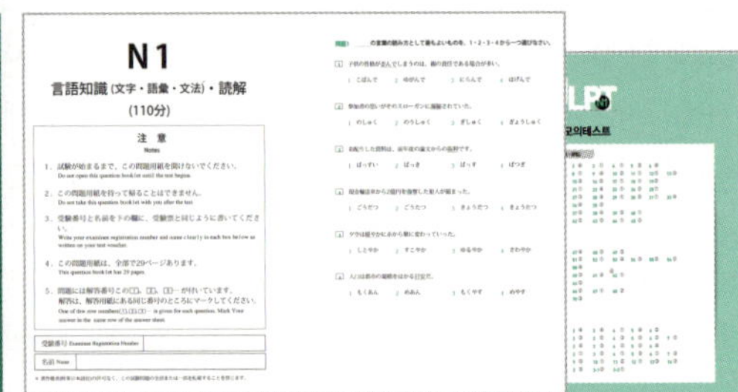

무료 동영상 해설 강의

1타 강사들의 명쾌한 실전모의고사 해설 특강!!

언제 어디서나 꼼꼼하게 능력시험을 대비할 수 있도록 동영상 강의를 제작하였다. 질 좋은 문제와 명쾌한 해설로 실전에 대비하길 바란다.

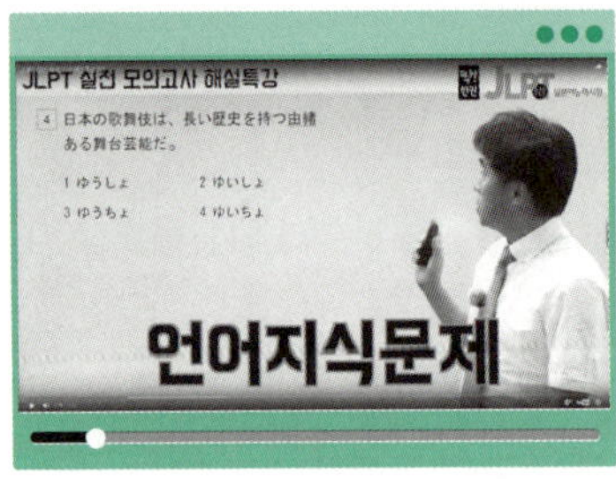

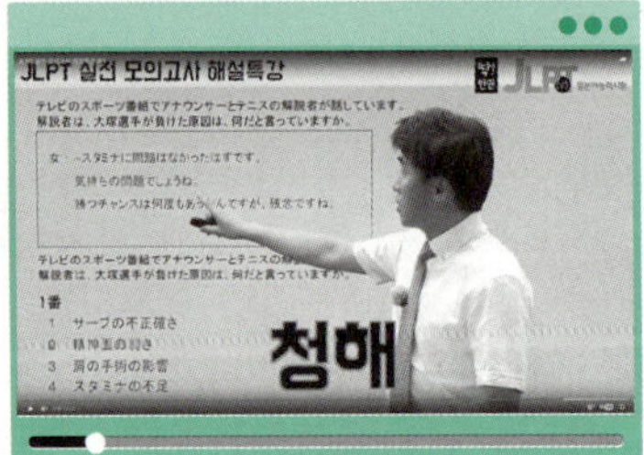

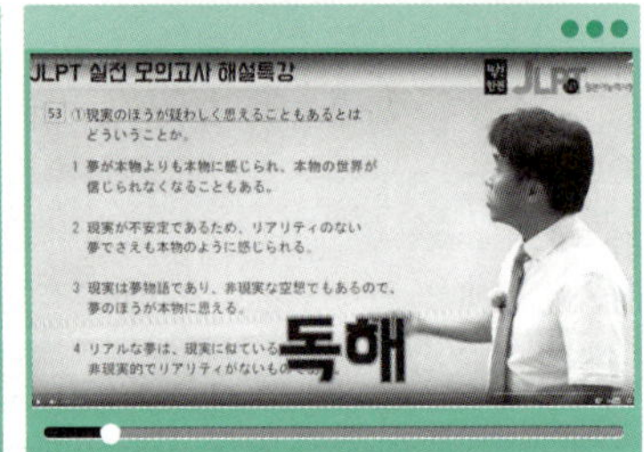

막판 뒤집기 2주 완성

시험 2주 전 핵심만 뽑아서 공부하자!

학습자들은 언제가 제일 불안할까? 바로 2주 전이다.
시험 2주 전부터는 모든 영역에서 필요로 하는 어휘를 핵심만 추려서 학습할 수 있도록 필수 어휘와 문형을 별책부록으로 수록했고, 스스로 체크 가능한 테스트 파일도 제공한다.

(※테스트용 파일은 시사일본어사 홈페이지에서 다운받으시기 바랍니다.)

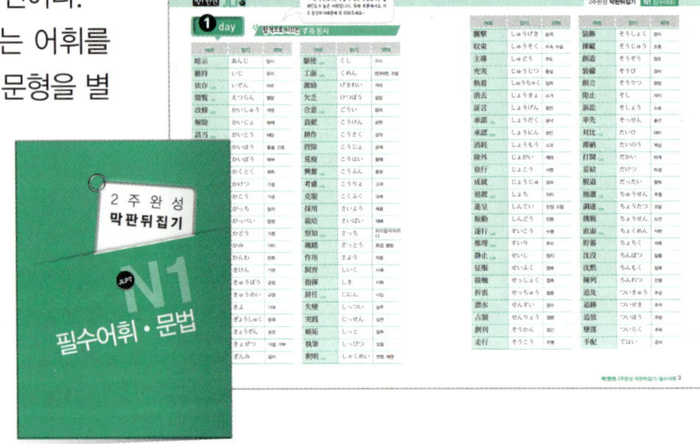

차례

1 교시 언어지식(문자・어휘)

1 교시 언어지식(문법)

1 교시 독해

2 교시 청해

별책부록

특별부록

일본어능력시험 개요

1 시험과목과 시험시간

레벨	시험과목 (시험시간)		
N1	언어지식 (문자・어휘・문법)・독해 (110분)		청해 (60분)
N2	언어지식 (문자・어휘・문법)・독해 (105분)		청해 (50분)
N3	언어지식 (문자・어휘) (30분)	언어지식 (문법)・독해 (70분)	청해 (40분)
N4	언어지식 (문자・어휘) (30분)	언어지식 (문법)・독해 (60분)	청해 (35분)
N5	언어지식 (문자・어휘) (25분)	언어지식 (문법)・독해 (50분)	청해 (30분)

2 시험점수

레벨	배점구분	득점범위
N1	언어지식(문자・어휘・문법)	0~60
	독해	0~60
	청해	0~60
	종합배점	0~180
N2	언어지식(문자・어휘・문법)	0~60
	독해	0~60
	청해	0~60
	종합배점	0~180
N3	언어지식(문자・어휘・문법)	0~60
	독해	0~60
	청해	0~60
	종합배점	0~180
N4	언어지식(문자・어휘・문법)・독해	0~120
	청해	0~60
	종합배점	0~180
N5	언어지식(문자・어휘・문법)・독해	0~120
	청해	0~60
	종합배점	0~180

3 합격점과 합격 기준점

레벨별 합격점은 N1 100점, N2 90점, N3 95점이며, 과목별 합격 기준점은 각 19점입니다.

4 문제유형

Ⅰ. 언어지식(문자 · 어휘 · 문법) Ⅱ. 독해 Ⅲ. 청해

시험과목		큰 문제	예상 문항 수	문제 내용	적정 예상 풀이 시간	파트별 소요 예상 시간	대책
언어지식 · 독해 (110분)	문자 · 어휘	문제 1	6	한자읽기 문제	1분	문자 • 어휘 8분	총 110분 중에서 문제 푸는 시간은 93분 정도 걸린다고 보고, 마킹에 7분 정도, 나머지 10분 동안 최종 점검하면 된다. 기존 시험보다 문제 수가 대폭 축소된 문자/어휘 문제를 빨리 끝내고, 새로워진 문법 문제에 당황하지 말고 여유를 가지고 예제 문제를 확실하게 이해하고 문제풀이를 하면 새로운 문제에 바로 적응할 수 있을 것이다. 독해 문제도 마찬가지다. 종합이해, 정보검색 등 새로워진 문제가 있지만, 시간에 쫓기지 말고 침착하게 문제를 풀어나간다면 좋은 결과를 얻을 수 있을 것이다.
		문제 2	7	문맥에 맞는 적절한 어휘를 고르는 문제	2분		
		문제 3	6	주어진 어휘와 비슷한 의미의 어휘를 찾는 문제	2분		
		문제 4	6	제시된 어휘의 의미가 올바르게 쓰였는지를 묻는 문제	5분		
	문법	문제 5	10	문장의 내용에 맞는 문형표현 즉 기능어를 찾아서 넣는 문제	5분	문법 15분	
		문제 6	5	나열된 단어를 의미에 맞게 조합하는 문제	5분		
		문제 7	5	글의 흐름에 맞는 문법 찾아내기 문제	5분		
	독해	문제 8	4	단문(200자 정도) 이해	10분	독해 70분	
		문제 9	9	중문(500자 정도) 이해	15분		
		문제 10	4	장문(1000자 정도) 이해	10분		
		문제 11	2	같은 주제의 두 가지 이상의 글을 읽고 비교통합 이해	10분		
		문제 12	4	장문(1000자 정도의 논평 등) 이해	15분		
		문제 13	2	700자 정도의 글 읽고 필요한 정보 찾기	10분		
청해 (60분)		문제 1	6	과제 해결에 필요한 정보를 듣고 나서 무엇을 해야 하는지 찾아내기	약 9분(한 문항당 약 1분 30초)	청해는 총 60분 중에서 문제 푸는 시간은 대략 48분 정도가 될 것으로 예상한다. 나머지 시간은 문제 설명과 연습문제 풀이시간이 될 것으로 예상한다. 새로운 시험에서 새로 도입된 질의응답은 난이도가 그다지 어렵지 않을 것으로 예상하지만 문제5는 긴 문장을 듣고 난 다음 그 내용을 비교하며 문제를 풀어야 하므로 꽤 까다로운 문제가 될 것이다. 평소에 뉴스 등을 들으면서 전체 내용을 파악하는 훈련을 해 둔다면 그다지 어렵지 않게 풀어 나갈 수 있을 것이다.	
		문제 2	6 또는 7	대화나 혼자 말하는 내용을 듣고 포인트 파악하기	약 13분 25초(한 문항당 약 1분 55초)		
		문제 3	6	내용 전체를 듣고 화자의 의도나 주장을 이해	약 10분(한 문항당 약 1분 40초)		
		문제 4	13 또는 14	짧은 문장을 듣고 그에 맞는 적절한 응답 찾기	약 7분(한 문항당 약 30초)		
		문제 5	4	다소 긴 내용을 듣고 복수의 정보를 비교 통합하면서 내용 이해하기	약 8분(한 문항당 약 2분)		

문법 접속 활용표

〈활용형과 품사의 기호〉

활용형과 품사의 기호	예
명사	雪
동사 사전형	持つ・見る・する・来る
동사ます형	持ちます・見ます・します・来ます
동사ない형	持たない・見ない・しない・来ない
동사て형	持って・見て・して・来て
동사た형	持った・見た・した・来た
동사 의지형	持とう・見よう・しよう・来よう
동사 가정형	持てば・見れば・すれば・来れば
동사 명령형	持て・見ろ・しろ・来い
イ형용사 사전형	暑い
イ형용사 어간	暑い
イ형용사て형	暑くて
ナ형용사 사전형	丈夫だ
ナ형용사 어간	丈夫だ
ナ형용사て형	丈夫で
する동사의 명사형	散歩・運動・料理 등 [する]를 뒤에 붙일 수 있는 명사

〈접속방법 표시 예〉

[보통형]

동사	聞く	聞かない	聞いた	聞かなかった
イ형용사	暑い	暑くない	暑かった	暑くなかった
ナ형용사	上手だ	上手ではない	上手だった	上手ではなかった
명사	学生だ	学生ではない	学生だった	学生ではなかった

[명사수식형]

동사	聞く	聞かない	聞いた	聞かなかった
イ형용사	暑い	暑くない	暑かった	暑くなかった
ナ형용사	上手な	上手ではない	上手だった	上手ではなかった
명사	学生の	学生ではない	学生だった	学生ではなかった

JLPT

N1

文字・語彙

- 問題 1　한자읽기
- 問題 2　문맥규정
- 問題 3　교체유의어
- 問題 4　용법

問題 1 ▶ 한자읽기

문제유형 한자읽기 (6문항)

〈問題1 한자읽기〉는 한자로 쓰여진 글자의 읽는 법을 찾는 문제로, 선택지의 히라가나 표기 중 맞는 것을 고르는 문제이다.

問題1 ＿＿＿＿の言葉の読み方として最もよいものを、1・2・3・4から一つ選びなさい。

1 彼は、<u>模範的</u>な学生です。

1 もはんてき　2 もほんてき　3 ぼはんてき　4 ぼほんてき

1	● ② ③ ④

포인트

한자의 읽는 법은 뜻으로 읽는 훈독(예 人手(ひとで))과 음으로 읽는 음독(예 契約(けいやく))으로 나뉘는데, 한자읽기 문제에서 주의할 점은 다음과 같다.

▶ 청음인지 탁음인지 / 단음인지 장음인지 / 촉음(작은「っ」)이 있는지 없는지 한자읽기 문제에서 틀리기 쉬운 사항이므로 주의해야 한다.

학습요령

평소에 한자 공부를 할 때 눈으로만 하지 말고 손으로 직접 쓰면서, 탁음, 장음에 주의하면서 소리내어 읽는 연습을 반복하면 아무리 어려운 한자라도 금방 친해질 수 있다.

問題1 한자읽기 출제예상 ❶ 순위

학습포인트

問題1 출제예상 1순위에서는 명사이지만 する를 붙여 동사를 만들 수 있는 동작성 명사 (する 동사)부터 제시한다. 2순위는 기본 한자, 3순위는 최근 자주 등장하는 형용사, 부사로 구성되어 있다. 특히, する 동사의 경우 출제 빈도가 높기 때문에 반드시 알고 넘어가야 하는 필수단어이다.

する 동사

※(　)안의 숫자는 기출 연도입니다.

あ행	□ 逸脱(いつだつ) 일탈 (17年)	□ 悪化(あっか) 악화	□ 斡旋(あっせん) 알선	□ 安堵(あんど) 안도, 안심 (16年)
	□ 暗示(あんじ) 암시	□ 育成(いくせい) 육성	□ 維持(いじ) 유지	□ 移住(いじゅう) 이주
	□ 依存(いぞん) 의존 (13年)	□ 一任(いちにん) 일임	□ 一掃(いっそう) 일소 (죄다 없앰) (11年)	□ 一変(いっぺん) 일변 (완전히 바뀜)
	□ 異動(いどう) (인사에 관한) 이동	□ 運搬(うんぱん) 운반	□ 閲覧(えつらん) 열람 (11年)	□ 演出(えんしゅつ) 연출

か행	□ 改悪(かいあく) 개악, 고쳐서 오히려 나빠지게 함		□ 改革(かいかく) 개혁	□ 開催(かいさい) 개최
	□ 解除(かいじょ) 해제 (18年)	□ 開場(かいじょう) 개장	□ 改修(かいしゅう) 개수, 수리	□ 回送(かいそう) 회송
	□ 開拓(かいたく) 개척 (17年)	□ 会談(かいだん) 회담	□ 改定(かいてい) 개정	□ 改訂(かいてい) 개정 (12年)
	□ 該当(がいとう) 해당 (15年)	□ 介入(かいにゅう) 개입	□ 開発(かいはつ) 개발	□ 解剖(かいぼう) 해부
	□ 開幕(かいまく) 개막	□ 解明(かいめい) 해명 (19年)	□ 回覧(かいらん) 회람	□ 改良(かいりょう) 개량
	□ 拡散(かくさん) 확산	□ 革新(かくしん) 혁신	□ 確定(かくてい) 확성	□ 獲得(かくとく) 획득
	□ 革命(かくめい) 혁명	□ 確立(かくりつ) 확립	□ 可決(かけつ) 가결 (15年)	□ 加工(かこう) 가공 (12年)
	□ 化合(かごう) 화합	□ 合唱(がっしょう) 합창	□ 合致(がっち) 합치, 일치 (13年)	□ 合併(がっぺい) 합병 (11年)
	□ 稼動(かどう) 가동 (15年)	□ 加入(かにゅう) 가입	□ 加味(かみ) 가미, 맛을 더함 (13年)	□ 刊行(かんこう) 간행
	□ 勧告(かんこく) 권고	□ 換算(かんさん) 환산	□ 還元(かんげん) 환원 (16年)	□ 監視(かんし) 감시
	□ 鑑定(かんてい) 감정 (16年)	□ 勧誘(かんゆう) 권유	□ 観覧(かんらん) 관람	□ 緩和(かんわ) 완화 (13年)
	□ 企画(きかく) 기획	□ 議決(ぎけつ) 의결	□ 記述(きじゅつ) 기술	□ 寄贈(きぞう) 기증
	□ 偽造(ぎぞう) 위조	□ 規制(きせい) 규제 (16年)	□ 規定(きてい) 규정	□ 基盤(きばん) 기반 (16年)
	□ 脚色(きゃくしょく) 각색	□ 逆転(ぎゃくてん) 역전	□ 急増(きゅうぞう) 급증	□ 窮乏(きゅうぼう) 궁핍
	□ 究明(きゅうめい) 구명, 규명 (12年)	□ 寄与(きよ) 기여 (13年)	□ 起用(きよう) 기용 (18年)	□ 共感(きょうかん) 공감

□ 協議(きょうぎ) 협의	□ 強行(きょうこう) 강행	□ 享受(きょうじゅ) 향수	□ 凝縮(ぎょうしゅく) 응축 (14年)
□ 共存(きょうそん) 공존 (=共存(きょうぞん))	□ 驚嘆(きょうたん) 경탄 (18年)	□ 協調(きょうちょう) 협조	□ 脅迫(きょうはく) 협박
□ 共鳴(きょうめい) 공명	□ 局限(きょくげん) 국한	□ 居住(きょじゅう) 거주	□ 拒絶(きょぜつ) 거절
□ 許容(きょよう) 허용	□ 緊迫(きんぱく) 긴박	□ 吟味(ぎんみ) 음미	□ 緊密(きんみつ) 긴밀 (17年)
□ 勤務(きんむ) 근무	□ 駆使(くし) 구사 (14年)	□ 屈折(くっせつ) 굴절	□ 工面(くめん) (돈) 마련, 조달 (14年)
□ 工夫(くふう) 궁리함, 고안	□ 経過(けいか) 경과	□ 警戒(けいかい) 경계	□ 軽減(けいげん) 경감
□ 掲載(けいさい) 게재	□ 傾斜(けいしゃ) 경사 (17年)	□ 形成(けいせい) 형성	□ 軽蔑(けいべつ) 경멸
□ 契約(けいやく) 계약 (10年)	□ 激励(げきれい) 격려	□ 決意(けつい) 결의, 결심	□ 決議(けつぎ) 결의
□ 決行(けっこう) 결행	□ 結合(けつごう) 결합성	□ 結成(けっせい) 결성	□ 決断(けつだん) 결단
□ 言及(げんきゅう) 언급 (18年)	□ 兼業(けんぎょう) 겸업	□ 限定(げんてい) 한정	□ 減点(げんてん) 감점
□ 倹約(けんやく) 절약	□ 兼用(けんよう) 겸용	□ 合意(ごうい) 합의 (15年)	□ 交易(こうえき) 교역
□ 公演(こうえん) 공연	□ 公開(こうかい) 공개	□ 貢献(こうけん) 공헌 (19年)	□ 工作(こうさく) 공작
□ 耕作(こうさく) 경작	□ 交錯(こうさく) 교착, 뒤얽힘 (18年)	□ 講習(こうしゅう) 강습	□ 口述(こうじゅつ) 구술
□ 合成(ごうせい) 합성	□ 講読(こうどく) 강독	□ 控除(こうじょ) 공제	□ 向上(こうじょう) 향상
□ 行進(こうしん) 행진	□ 抗争(こうそう) 항쟁	□ 構想(こうそう) 구상	□ 拘束(こうそく) 구속
□ 後退(こうたい) 후퇴	□ 公認(こうにん) 공인	□ 購入(こうにゅう) 구입	□ 荒廃(こうはい) 황폐
□ 興奮(こうふん) 흥분 (12年)	□ 公募(こうぼ) 공모	□ 考慮(こうりょ) 고려 (11年)	□ 護衛(ごえい) 호위
□ 枯渇(こかつ) 고갈	□ 告白(こくはく) 고백	□ 克服(こくふく) 극복 (19年)	□ 固定(こてい) 고정
□ 混血(こんけつ) 혼혈	□ 混同(こんどう) 혼동	□ 混乱(こんらん) 혼란	

さ행

□ 再会(さいかい) 재회	□ 再建(さいけん) 재건	□ 再現(さいげん) 재현	□ 再生(さいせい) 재생
□ 採掘(さいくつ) 채굴	□ 採決(さいけつ) 채결	□ 採集(さいしゅう) 채집	□ 採用(さいよう) 채용
□ 栽培(さいばい) 재배	□ 錯誤(さくご) 착오	□ 削減(さくげん) 삭감	□ 錯覚(さっかく) 착각
□ 察知(さっち) 알아차림 (12年)	□ 雑談(ざつだん) 잡담	□ 作動(さどう) 작동 (18年)	□ 作用(さよう) 작용
□ 産出(さんしゅつ) 산출	□ 参上(さんじょう) 뵈러 감, 찾아 뵘	□ 賛美(さんび) 찬미	□ 飼育(しいく) 사육
□ 識別(しきべつ) 식별	□ 指揮(しき) 지휘	□ 指令(しれい) 지령	□ 死刑(しけい) 사형

□ 支持(しじ) 지지	□ 自粛(じしゅく) 자숙 (18年)	□ 自転(じてん) 자전	□ 辞任(じにん) 사임 (15年)
□ 自立(じりつ) 자립	□ 辞職(じしょく) 사직	□ 持続(じぞく) 지속	□ 失格(しっかく) 실격
□ 失脚(しっきゃく) 실각	□ 失墜(しっつい) 실추	□ 実践(じっせん) 실천	□ 嫉妬(しっと) 질투
□ 執筆(しっぴつ) 집필	□ 志望(しぼう) 지망	□ 始末(しまつ) 경위, 결과	□ 釈明(しゃくめい) 변명, 해명 (11年)
□ 遮断(しゃだん) 차단 (18年)	□ 主催(しゅさい) 주최	□ 主導(しゅどう) 주도	□ 取材(しゅざい) 취재
□ 就業(しゅうぎょう) 취업	□ 集計(しゅうけい) 집계	□ 襲撃(しゅうげき) 습격	□ 従事(じゅうじ) 종사 (19年)
□ 収集(しゅうしゅう) 수집	□ 習得(しゅうとく) 습득	□ 修了(しゅうりょう) 수료	□ 重複(じゅうふく) 중복 (=重複(ちょうふく)) (17年)
□ 出演(しゅつえん) 출연	□ 出血(しゅっけつ) 출혈	□ 出現(しゅつげん) 출현	□ 出産(しゅっさん) 출산
□ 出社(しゅっしゃ) 출근	□ 出世(しゅっせ) 출세	□ 出題(しゅつだい) 출제	□ 出動(しゅつどう) 출동
□ 出品(しゅっぴん) 출품	□ 充実(じゅうじつ) 충실	□ 執着(しゅうちゃく) 집착 (19年)	□ 上演(じょうえん) 상연
□ 上昇(じょうしょう) 상승	□ 上陸(じょうりく) 상륙	□ 消去(しょうきょ) 소거	□ 証言(しょうげん) 증언
□ 照合(しょうごう) 대조하여 확인함	□ 成就(じょうじゅ) 성취	□ 昇進(しょうしん) 승진 (17年)	□ 承諾(しょうだく) 승낙 (15年)
□ 象徴(しょうちょう) 상징	□ 勝利(しょうり) 승리	□ 除外(じょがい) 제외	□ 徐行(じょこう) 서행
□ 所持(しょじ) 소지	□ 所属(しょぞく) 소속	□ 処分(しょぶん) 처분	□ 処置(しょち) 처치, 조치 (13年)
□ 審査(しんさ) 심사	□ 心中(しんじゅう) 동반자살	□ 進出(しんしゅつ) 진출	□ 進呈(しんてい) 진정, 드림
□ 進展(しんてん) 진전	□ 新築(しんちく) 신축	□ 振動(しんどう) 진동	□ 信任(しんにん) 신임
□ 信仰(しんこう) 신앙	□ 侵入(しんにゅう) 침입	□ 侵略(しんりゃく) 침략	□ 診療(しんりょう) 진료
□ 遂行(すいこう) 수행 (14年)	□ 推測(すいそく) 추측	□ 推進(すいしん) 추진	□ 推理(すいり) 추리 (10年)
□ 崇拝(すうはい) 숭배	□ 成育(せいいく) 성장	□ 正解(せいかい) 정답	□ 静止(せいし) 정지 (10年)
□ 成熟(せいじゅく) 성숙	□ 制定(せいてい) 제정	□ 制約(せいやく) 제약	□ 征服(せいふく) 정복
□ 整列(せいれつ) 정렬	□ 切開(せっかい) 절개	□ 接触(せっしょく) 접촉	□ 折衷(せっちゅう) 절충
□ 設定(せってい) 설정	□ 設立(せつりつ) 설립	□ 説得(せっとく) 설득	□ 絶望(ぜつぼう) 절망
□ 全快(ぜんかい) 완쾌	□ 選挙(せんきょ) 선거	□ 宣教(せんきょう) 선교	□ 先行(せんこう) 선행
□ 潜水(せんすい) 잠수	□ 戦闘(せんとう) 전투	□ 潜入(せんにゅう) 잠입	□ 占領(せんりょう) 점령
□ 阻止(そし) 저지	□ 訴訟(そしょう) 소송	□ 創刊(そうかん) 창간	□ 送金(そうきん) 송금

□ 走行(そうこう) 주행	□ 装飾(そうしょく) 장식	□ 操縦(そうじゅう) 조종	□ 創造(そうぞう) 창조
□ 装備(そうび) 장비	□ 創立(そうりつ) 창립	□ 増強(ぞうきょう) 증강	□ 増進(ぞうしん) 증진
□ 率先(そっせん) 솔선	□ 損失(そんしつ) 손실		

た행

□ 対応(たいおう) 대응	□ 対決(たいけつ) 대결	□ 対抗(たいこう) 대항	□ 対談(たいだん) 대담
□ 対比(たいひ) 대비 (11年)	□ 対面(たいめん) 대면	□ 対話(たいわ) 대화	□ 退化(たいか) 퇴화
□ 退学(たいがく) 퇴학	□ 退治(たいじ) 퇴치	□ 退職(たいしょく) 퇴직	□ 体験(たいけん) 체험
□ 滞納(たいのう) 체납	□ 代弁(だいべん) 대변	□ 代用(だいよう) 대용	□ 待望(たいぼう) 대망
□ 打開(だかい) 타개 (13年)	□ 妥結(だけつ) 타결, 타협	□ 打診(だしん) 타진 (17年)	□ 達成(たっせい) 달성
□ 脱出(だっしゅつ) 탈출	□ 脱退(だったい) 탈퇴	□ 団結(だんけつ) 단결	□ 断言(だんげん) 단언
□ 窒息(ちっそく) 질식	□ 着手(ちゃくしゅ) 착수	□ 着色(ちゃくしょく) 착색	□ 着席(ちゃくせき) 착석
□ 着目(ちゃくもく) 착목, 주목	□ 着陸(ちゃくりく) 착륙	□ 着工(ちゃっこう) 착공	□ 中継(ちゅうけい) 중계
□ 中断(ちゅうだん) 중단	□ 中和(ちゅうわ) 중화	□ 抽選(ちゅうせん) 추첨 (11年)	□ 調印(ちょういん) 조인
□ 調達(ちょうたつ) 조달 (10年)	□ 調停(ちょうてい) 조정	□ 調和(ちょうわ) 조화	□ 聴講(ちょうこう) 청강
□ 挑戦(ちょうせん) 도전	□ 直面(ちょくめん) 직면 (15年)	□ 直感(ちょっかん) 직감	□ 貯蓄(ちょちく) 저축
□ 治療(ちりょう) 치료	□ 沈殿(ちんでん) 침전	□ 沈没(ちんぼつ) 침몰	□ 沈黙(ちんもく) 침묵
□ 陳列(ちんれつ) 진열 (10年)	□ 追及(ついきゅう) 추궁	□ 追跡(ついせき) 추적	□ 追放(ついほう) 추방
□ 墜落(ついらく) 추락	□ 手配(てはい) 준비, 수배	□ 提示(ていじ) 제시	□ 訂正(ていせい) 정정
□ 撤回(てっかい) 철회 (17年)	□ 点火(てんか) 점화	□ 展開(てんかい) 전개 (15年)	□ 転回(てんかい) 회전
□ 転換(てんかん) 전환	□ 転居(てんきょ) 이사	□ 転校(てんこう) 전학	□ 点検(てんけん) 점검
□ 転任(てんにん) 전임	□ 転落(てんらく) 전락	□ 伝言(でんごん) 전언	□ 伝達(でんたつ) 전달
□ 展望(てんぼう) 전망	□ 同居(どうきょ) 동거	□ 同情(どうじょう) 동정	□ 同調(どうちょう) 동조 (12年)
□ 同封(どうふう) 동봉	□ 同盟(どうめい) 동맹	□ 動員(どういん) 동원	□ 討議(とうぎ) 토의
□ 討論(とうろん) 토론	□ 登校(とうこう) 등교	□ 倒産(とうさん) 도산	□ 踏襲(とうしゅう) 답습 (12年)
□ 当選(とうせん) 당선	□ 逃走(とうそう) 도주	□ 逃亡(とうぼう) 도망	□ 到達(とうたつ) 도달

	□ 統治(とうち) 통치	□ 投入(とうにゅう) 투입	□ 導入(どうにゅう) 도입	□ 冬眠(とうみん) 겨울잠
	□ 独占(どくせん) 독점	□ 得点(とくてん) 득점	□ 突破(とっぱ) 돌파	

な행	□ 納得(なっとく) 납득	□ 入手(にゅうしゅ) 입수 (16年)	□ 入賞(にゅうしょう) 입상	□ 入浴(にゅうよく) 입욕
	□ 認識(にんしき) 인식	□ 妊娠(にんしん) 임신	□ 忍耐(にんたい) 인내 (18年)	□ 任命(にんめい) 임명
	□ 燃焼(ねんしょう) 연소	□ 納入(のうにゅう) 납입		

は행	□ 把握(はあく) 파악 (13年)	□ 配給(はいきゅう) 배급	□ 配置(はいち) 배치	□ 配布(はいふ) 배포 (10, 11, 17年)
	□ 配分(はいぶん) 배분	□ 配列(はいれつ) 배열	□ 廃止(はいし) 폐지	□ 拝借(はいしゃく) 삼가 빌려 씀
	□ 排除(はいじょ) 배제	□ 排水(はいすい) 배수	□ 賠償(ばいしょう) 배상	□ 敗北(はいぼく) 패배
	□ 破壊(はかい) 파괴	□ 破棄(はき) 파기	□ 迫害(はくがい) 박해	□ 爆破(ばくは) 폭파
	□ 暴露(ばくろ) 폭로 (17年)	□ 破損(はそん) 파손 (15年)	□ 発散(はっさん) 발산 (12年)	□ 破裂(はれつ) 파열
	□ 発育(はついく) 발육	□ 発芽(はつが) 발아, 싹이 틈	□ 発揮(はっき) 발휘	□ 発掘(はっくつ) 발굴
	□ 発言(はつげん) 발언	□ 抜粋(ばっすい) 발췌 (11, 18年)	□ 発生(はっせい) 발생	□ 発病(はつびょう) 발병
	□ 反響(はんきょう) 반향	□ 反撃(はんげき) 반격	□ 反発(はんぱつ) 반발	□ 反乱(はんらん) 반란
	□ 判決(はんけつ) 판결	□ 判定(はんてい) 판정	□ 繁殖(はんしょく) 번식 (19年)	□ 繁盛(はんじょう) 번성, 번창 (10,19年)
	□ 伴奏(ばんそう) 반주 (10年)	□ 氾濫(はんらん) 범람	□ 悲観(ひかん) 비관	□ 否決(ひけつ) 부결
	□ 微笑(びしょう) 미소	□ 匹敵(ひってき) 필적	□ 描写(びょうしゃ) 묘사	□ 比例(ひれい) 비례
	□ 封鎖(ふうさ) 봉쇄	□ 複合(ふくごう) 복합	□ 布告(ふこく) 포고	□ 武装(ぶそう) 무장
	□ 侮辱(ぶじょく) 모욕	□ 復活(ふっかつ) 부활	□ 復旧(ふっきゅう) 복구 (11年, 14年)	□ 復興(ふっこう) 부흥 (17年)
	□ 沸騰(ふっとう) 비등, 끓어오름	□ 赴任(ふにん) 부임 (11年)	□ 憤慨(ふんがい) 분개	□ 分業(ぶんぎょう) 분업
	□ 分散(ぶんさん) 분산	□ 分担(ぶんたん) 분담	□ 分配(ぶんぱい) 분배	□ 分裂(ぶんれつ) 분열
	□ 紛失(ふんしつ) 분실	□ 噴出(ふんしゅつ) 분출	□ 奮闘(ふんとう) 분투	□ 並行(へいこう) 병행 (11年)
	□ 並列(へいれつ) 병렬 (11年)	□ 閉口(へいこう) 질림, 난처함	□ 閉鎖(へいさ) 폐쇄	□ 弁解(べんかい) 변명
	□ 弁護(べんご) 변호	□ 弁償(べんしょう) 변상	□ 変革(へんかく) 변혁	□ 変動(へんどう) 변동

□ 返金(へんきん) 돈을 갚음	□ 返還(へんかん) 반환	□ 変遷(へんせん) 변천 (15年)	□ 返答(へんとう) 대답
□ 保育(ほいく) 보육	□ 保温(ほおん) 보온	□ 保養(ほよう) 보양	□ 防衛(ぼうえい) 방위
□ 防火(ぼうか) 방화	□ 崩壊(ほうかい) 붕괴	□ 妨害(ぼうがい) 방해 (18年)	□ 放棄(ほうき) 포기
□ 放射(ほうしゃ) 방사	□ 放出(ほうしゅつ) 방출	□ 放置(ほうち) 방치	□ 放任(ほうにん) 방임
□ 膨張(ぼうちょう) 팽창	□ 捕獲(ほかく) 포획	□ 補給(ほきゅう) 보급	□ 補強(ほきょう) 보강
□ 補助(ほじょ) 보조	□ 補足(ほそく) 보충	□ 募金(ぼきん) 모금	□ 舗装(ほそう) 포장
□ 没落(ぼつらく) 몰락	□ 没収(ぼっしゅう) 몰수	□ 発足(ほっそく) 발족, 출발 (=発足(はっそく)) (10, 17年)	
□ 没頭(ぼっとう) 몰두 (15年)			

ま행

□ 埋蔵(まいぞう) 매장	□ 麻痺(まひ) 마비	□ 満喫(まんきつ) 만끽	□ 密集(みっしゅう) 밀집 (10年)
□ 矛盾(むじゅん) 모순	□ 命中(めいちゅう) 명중	□ 滅亡(めつぼう) 멸망	□ 面会(めんかい) 면회
□ 免除(めんじょ) 면제 (12年)	□ 網羅(もうら) 망라 (12年)	□ 模索(もさく) 모색	□ 模倣(もほう) 모방

や행

□ 躍進(やくしん) 약진	□ 優越(ゆうえつ) 우월	□ 優位(ゆうい) 우위 (13年)	□ 融資(ゆうし) 융자
□ 養護(ようご) 양호	□ 予感(よかん) 예감	□ 予言(よげん) 예언	□ 予想(よそう) 예상
□ 預金(よきん) 예금	□ 要望(ようぼう) 요망 (19年)	□ 抑圧(よくあつ) 억압	□ 抑制(よくせい) 억제
□ 欲望(よくぼう) 욕망			

ら행

□ 落下(らっか) 낙하	□ 略奪(りゃくだつ) 약탈	□ 流出(りゅうしゅつ) 유출	□ 流通(りゅうつう) 유통
□ 了承(りょうしょう) 양해 (17年)	□ 連携(れんけい) 제휴, 연계		

명사

あ행

□ 愛着(あいちゃく) 애착 (16年)	□ 安静(あんせい) 안정 (15年)	□ 医院(いいん) 의원	□ 異見(いけん) 이견
□ 異色(いしょく) 이색적임 (14年)	□ 異性(いせい) 이성	□ 遺跡(いせき) 유적	□ 一環(いっかん) 일환 (17年)
□ 逸材(いつざい) 뛰어난 인재 (11年)	□ 一帯(いったい) 일대	□ 意欲(いよく) 의욕 (16年)	□ 印鑑(いんかん) 인감
□ 威力(いりょく) 위력	□ 衣料(いりょう) 의복의 재료	□ 衣類(いるい) 의류	□ 異論(いろん) 이론, 이의
□ 雨天(うてん) 우천	□ 運送(うんそう) 운송	□ 運賃(うんちん) 운임	□ 運命(うんめい) 운명
□ 運輸(うんゆ) 운수, 수송	□ 映像(えいぞう) 영상	□ 衛星(えいせい) 위성	□ 英雄(えいゆう) 영웅
□ 沿岸(えんがん) 연안	□ 沿線(えんせん) 연선	□ 婉曲(えんきょく) 완곡	□ 縁談(えんだん) 혼담
□ 遠方(えんぽう) 먼 곳	□ 黄金(おうごん) 황금	□ 御社(おんしゃ) 귀사	

か행

□ 会心(かいしん) 회심, 마음에 듦 (11年)		□ 課外(かがい) 과외	□ 架空(かくう) 가공
□ 家計(かけい) 가계	□ 過疎(かそ) 과소	□ 家畜(かちく) 가축	□ 火星(かせい) 화성
□ 化石(かせき) 화석	□ 花粉(かふん) 꽃가루	□ 貨幣(かへい) 화폐	□ 海運(かいうん) 해운
□ 海抜(かいばつ) 해발	□ 海流(かいりゅう) 해류	□ 海路(かいろ) 해로	□ 外貨(がいか) 외화
□ 外観(がいかん) 외관	□ 外相(がいしょう) 외무대신	□ 外来(がいらい) 외래	□ 階級(かいきゅう) 계급
□ 階層(かいそう) 계층	□ 街道(かいどう) 가도, 간선도로	□ 概略(がいりゃく) 개략, 대략 (14年)	□ 回路(かいろ) 회로
□ 格差(かくさ) 격차	□ 学芸(がくげい) 학예	□ 学説(がくせつ) 학설	□ 学歴(がくれき) 학력
□ 隔週(かくしゅう) 격주	□ 楽譜(がくふ) 악보	□ 葛藤(かっとう) 갈등	□ 拡張(かくちょう) 확장
□ 灌漑(かんがい) 관개	□ 完結(かんけつ) 완결 (10年)	□ 漢語(かんご) 한어	□ 慣行(かんこう) 관행
□ 慣習(かんしゅう) 관습	□ 慣用(かんよう) 관용	□ 観衆(かんしゅう) 관중	□ 観点(かんてん) 관점
□ 感触(かんしょく) 감촉	□ 感度(かんど) 감도	□ 関税(かんぜい) 관세	□ 官僚(かんりょう) 관료
□ 貫禄(かんろく) 관록	□ 眼科(がんか) 안과	□ 眼球(がんきゅう) 안구	□ 玩具(がんぐ) 완구
□ 願書(がんしょ) 원서	□ 岩石(がんせき) 암석	□ 元年(がんねん) 원년, 새 연호의 첫 해	
□ 規格(きかく) 규격	□ 基調(きちょう) 기조 (18年)	□ 軌道(きどう) 궤도 (15年)	□ 規約(きやく) 규약
□ 器官(きかん) (생체) 기관	□ 季刊(きかん) 계간	□ 危機(きき) 위기	□ 基金(ききん) 기금

問題 1 한자읽기 출제예상 ❷ 순위

- □ 喜劇(きげき) 희극
- □ 機構(きこう) 기구
- □ 期日(きじつ) 기일
- □ 期末(きまつ) 기말
- □ 貴族(きぞく) 귀족
- □ 気質(きしつ) 기질
- □ 気風(きふう) 기풍
- □ 気流(きりゅう) 기류
- □ 汽船(きせん) 증기선
- □ 起点(きてん) 기점, 출발점
- □ 議案(ぎあん) 의안
- □ 議題(ぎだい) 의제
- □ 犠牲(ぎせい) 희생
- □ 技能(ぎのう) 기능
- □ 起伏(きふく) 기복 (15年)
- □ 義理(ぎり) 의리
- □ 疑惑(ぎわく) 의혹
- □ 脚本(きゃくほん) 각본
- □ 救援(きゅうえん) 구원
- □ 客観(きゃっかん) 객관
- □ 究極(きゅうきょく) 궁극
- □ 球根(きゅうこん) 구근
- □ 給食(きゅうしょく) 급식
- □ 宮殿(きゅうでん) 궁전
- □ 丘陵(きゅうりょう) 구릉 (18年)
- □ 教訓(きょうくん) 교훈 (16年)
- □ 教材(きょうざい) 교재
- □ 教習(きょうしゅう) 교습
- □ 教職(きょうしょく) 교직
- □ 驚異(きょうい) 경이
- □ 協会(きょうかい) 협회
- □ 共和(きょうわ) 공화
- □ 郷愁(きょうしゅう) 향수
- □ 郷土(きょうど) 향토
- □ 凶作(きょうさく) 흉작
- □ 行政(ぎょうせい) 행정
- □ 業者(ぎょうしゃ) 업자
- □ 業務(ぎょうむ) 업무
- □ 極限(きょくげん) 극한
- □ 拠点(きょてん) 거점 (17年)
- □ 禁物(きんもつ) 금물 (19年)
- □ 漁村(ぎょそん) 어촌
- □ 近眼(きんがん) 근시
- □ 近視(きんし) 근시
- □ 勤労(きんろう) 근로
- □ 区画(くかく) 구획
- □ 区間(くかん) 구간
- □ 空間(くうかん) 공간
- □ 空腹(くうふく) 공복
- □ 君主(くんしゅ) 군주
- □ 軍艦(ぐんかん) 군함
- □ 軍事(ぐんじ) 군사
- □ 軍備(ぐんび) 군비
- □ 群集(ぐんしゅう) 군집
- □ 群衆(ぐんしゅう) 군중 (12年)
- □ 経緯(けいい) 경위 (16年)
- □ 計器(けいき) 계기
- □ 契機(けいき) 계기, 동기
- □ 敬具(けいぐ) 경구, 편지 끝의 인사말
- □ 経費(けいひ) 경비
- □ 経歴(けいれき) 경력 (17年)
- □ 経路(けいろ) 경로
- □ 警部(けいぶ) 경부, 경감
- □ 劇団(げきだん) 극단
- □ 結核(けっかく) 결핵
- □ 決算(けっさん) 결산
- □ 家来(けらい) 부하
- □ 下痢(げり) 설사
- □ 原形(げんけい) 원형 (본형)
- □ 原型(げんけい) 원형
- □ 原作(げんさく) 원작
- □ 原子(げんし) 원자
- □ 原書(げんしょ) 원서
- □ 厳正(げんせい) 엄정 (14年)
- □ 原則(げんそく) 원칙
- □ 原点(げんてん) 원점
- □ 原典(げんてん) 원전
- □ 原爆(げんばく) 원자폭탄
- □ 原文(げんぶん) 원문
- □ 原油(げんゆ) 원유
- □ 謙虚(けんきょ) 겸허
- □ 現行(げんこう) 현행
- □ 現地(げんち) 현지
- □ 元首(げんしゅ) 국가원수
- □ 元素(げんそ) 원소
- □ 言論(げんろん) 언론
- □ 権限(けんげん) 권한
- □ 健在(けんざい) 건재
- □ 検事(けんじ) 검사
- □ 懸賞(けんしょう) 현상
- □ 見地(けんち) 견지, 관점
- □ 語彙(ごい) 어휘
- □ 語句(ごく) 어구
- □ 語源(ごげん) 어원
- □ 合議(ごうぎ) 합의 (의논)
- □ 工学(こうがく) 공학
- □ 皇居(こうきょ) 황거
- □ 好況(こうきょう) 호황
- □ 鉱山(こうざん) 광산

□ 鉱業(こうぎょう) 광업	□ 興業(こうぎょう) 흥업	□ 高原(こうげん) 고원	□ 交互(こうご) 서로 번갈아 함
□ 誤差(ごさ) 오차	□ 降水(こうすい) 강수	□ 洪水(こうずい) 홍수	□ 公然(こうぜん) 공공연함
□ 公団(こうだん) 공단	□ 光沢(こうたく) 광택	□ 強盗(ごうとう) 강도	□ 後半(こうはん) 후반
□ 功績(こうせき) 공적	□ 国産(こくさん) 국산	□ 国定(こくてい) 국정	□ 国土(こくど) 국토
□ 国防(こくぼう) 국방	□ 国有(こくゆう) 국유	□ 国連(こくれん) 국제 연합	□ 国交(こっこう) 국교
□ 極楽(ごくらく) 극락	□ 個々(ここ) 개개	□ 個性(こせい) 개성	□ 個別(こべつ) 개별
□ 故人(こじん) 고인	□ 戸籍(こせき) 호적	□ 古代(こだい) 고대	□ 碁盤(ごばん) 바둑판
□ 根気(こんき) 끈기	□ 根本(こんぽん) 근본	□ 根底(こんてい) 밑바탕	

さ행

□ 差額(さがく) 차액	□ 詐欺(さぎ) 사기	□ 細菌(さいきん) 세균	□ 財源(ざいげん) 재원
□ 財政(ざいせい) 재정	□ 在庫(ざいこ) 재고 (18年)	□ 最善(さいぜん) 최선	□ 作戦(さくせん) 작전
□ 雑貨(ざっか) 잡화	□ 削減(さくげん) 삭감	□ 殺菌(さっきん) 살균 (13年)	□ 殺人(さつじん) 살인
□ 産物(さんぶつ) 산물	□ 山腹(さんぷく) 산 중턱, 산허리	□ 山脈(さんみゃく) 산맥	□ 飼育(しいく) 사육
□ 歯科(しか) 치과	□ 市街(しがい) 시가	□ 支障(ししょう) 지장	□ 市場(しじょう) 시장
□ 視覚(しかく) 시각	□ 色彩(しきさい) 색채	□ 資格(しかく) 자격	□ 資金(しきん) 자금
□ 資産(しさん) 자산	□ 嗜好(しこう) 기호	□ 刺繍(ししゅう) 자수	□ 施設(しせつ) 시설
□ 子息(しそく) 자제	□ 質疑(しつぎ) 질의	□ 芝居(しばい) 연극, 연기	□ 始発(しはつ) 첫차
□ 需要(じゅよう) 수요 (13年)	□ 私用(しよう) 사적인 볼일	□ 仕様(しよう) 방법	□ 司法(しほう) 사법
□ 自我(じが) 자아	□ 自主(じしゅ) 자주	□ 磁器(じき) 자기	□ 事前(じぜん) 사전
□ 事業(じぎょう) 사업	□ 地獄(じごく) 지옥	□ 時差(じさ) 시차	□ 字体(じたい) 글자체
□ 社交(しゃこう) 사교	□ 社宅(しゃたく) 사택	□ 砂利(じゃり) 자갈	□ 主演(しゅえん) 주연
□ 主観(しゅかん) 주관	□ 主権(しゅけん) 주권	□ 趣旨(しゅし) 취지 (13年)	□ 主食(しゅしょく) 주식
□ 主体(しゅたい) 주체	□ 主題(しゅだい) 주제	□ 主任(しゅにん) 주임	□ 手芸(しゅげい) 수공예
□ 修復(しゅうふく) 복원 (11年)	□ 手法(しゅほう) 수법	□ 首脳(しゅのう) 수뇌	□ 守衛(しゅえい) 수위
□ 守備(しゅび) 수비	□ 種々(しゅじゅ) 여러 가지	□ 終始(しゅうし) 시종	□ 実家(じっか) 생가, 친정

問題 1 한자읽기 출제예상 ❷ 순위

☐ 式場(しきじょう) 식장	☐ 実質(じっしつ) 실질	☐ 実情(じつじょう) 실정 (11年)	☐ 実態(じったい) 실태
☐ 若干(じゃっかん) 약간 (17年)	☐ 収益(しゅうえき) 수익	☐ 修学(しゅうがく) 수학, 학문을 닦음	☐ 修士(しゅうし) 석사
☐ 周期(しゅうき) 주기	☐ 宿命(しゅくめい) 숙명	☐ 出生(しゅっしょう) 출생(=出生(しゅっせい))	☐ 出費(しゅっぴ) 지출
☐ 樹木(じゅもく) 수목 (16年)	☐ 上位(じょうい) 상위	☐ 上空(じょうくう) 상공	☐ 上司(じょうし) 상사
☐ 情勢(じょうせい) 정세	☐ 情緒(じょうしょ) 정서(=情緒(じょうちょ))	☐ 情熱(じょうねつ) 정열	☐ 消去(しょうきょ) 소거
☐ 証拠(しょうこ) 증거 (13年)	☐ 衝撃(しょうげき) 충격	☐ 消息(しょうそく) 소식	☐ 正体(しょうたい) 정체
☐ 照明(しょうめい) 조명	☐ 条約(じょうやく) 조약	☐ 城下(じょうか) 성벽 아래	☐ 職員(しょくいん) 직원
☐ 職務(しょくむ) 직무	☐ 諸君(しょくん) 제군	☐ 所在(しょざい) 소재	☐ 所定(しょてい) 소정
☐ 所得(しょとく) 소득	☐ 初版(しょはん) 초판	☐ 書評(しょひょう) 서평	☐ 庶民(しょみん) 서민
☐ 庶務(しょむ) 서무	☐ 助詞(じょし) 조사	☐ 人格(じんかく) 인격	☐ 人体(じんたい) 인체
☐ 人民(じんみん) 인민	☐ 新興(しんこう) 신흥	☐ 新婚(しんこん) 신혼	☐ 新人(しんじん) 신인
☐ 紳士(しんし) 신사	☐ 真実(しんじつ) 진실	☐ 真理(しんり) 진리	☐ 信者(しんじゃ) 신자
☐ 心情(しんじょう) 심정	☐ 神殿(しんでん) 신전	☐ 神秘(しんぴ) 신비	☐ 進度(しんど) 진도
☐ 水源(すいげん) 수원	☐ 衰退(すいたい) 쇠퇴	☐ 水田(すいでん) 논	☐ 数詞(すうし) 수사
☐ 成果(せいか) 성과	☐ 成年(せいねん) 성년	☐ 正義(せいぎ) 정의	☐ 生計(せいけい) 생계
☐ 生死(せいし) 생사	☐ 生理(せいり) 생리	☐ 政権(せいけん) 정권	☐ 星座(せいざ) 별자리
☐ 制裁(せいさい) 제재	☐ 是正(ぜせい) 시정	☐ 青春(せいしゅん) 청춘	☐ 聖書(せいしょ) 성서
☐ 清濁(せいだく) 맑음과 흐림	☐ 晴天(せいてん) 맑은 하늘	☐ 製鉄(せいてつ) 제철	☐ 製法(せいほう) 제조 방법
☐ 声明(せいめい) 성명	☐ 勢力(せいりょく) 세력	☐ 責務(せきむ) 책무	☐ 折衷(せっちゅう) 절충
☐ 世辞(せじ) 비위를 맞추기 위한 말		☐ 世帯(せたい) 세대	☐ 世代(せだい) 세대
☐ 世論(せろん) 여론 (=世論(よろん))	☐ 絶版(ぜっぱん) 절판	☐ 戦災(せんさい) 전재	☐ 戦術(せんじゅつ) 전술
☐ 戦力(せんりょく) 전력	☐ 専修(せんしゅう) 전수, 오로지 한 가지 일만 닦음		☐ 専用(せんよう) 전용
☐ 先代(せんだい) 선대	☐ 先着(せんちゃく) 선착	☐ 前提(ぜんてい) 전제	☐ 前例(ぜんれい) 전례
☐ 船舶(せんぱく) 선박	☐ 総会(そうかい) 총회	☐ 総合(そうごう) 통합 (15年)	☐ 相互(そうご) 상호
☐ 騒動(そうどう) 소동	☐ 側面(そくめん) 측면		

た행

□ 大家(たいか) 대가 (11年)	□ 大概(たいがい) 대개	□ 大金(たいきん) 거금	□ 大衆(たいしゅう) 대중
□ 待遇(たいぐう) 대우	□ 体格(たいかく) 체격	□ 体力(たいりょく) 체력	□ 対等(たいとう) 대등
□ 台本(だいほん) 대본	□ 多岐(たき) 다방면, 여러갈래 (16年)		□ 打撃(だげき) 타격
□ 駄作(ださく) 졸작	□ 他方(たほう) 다른 방향	□ 短歌(たんか) 단가	□ 短大(たんだい) 전문대학
□ 短波(たんぱ) 단파	□ 担架(たんか) 들것	□ 炭素(たんそ) 탄소	□ 単独(たんどく) 단독
□ 旦那(だんな) 남편	□ 弾力(だんりょく) 탄력	□ 治安(ちあん) 치안	□ 畜産(ちくさん) 축산
□ 畜生(ちくしょう) 짐승	□ 蓄積(ちくせき) 축적	□ 地形(ちけい) 지형	□ 知性(ちせい) 지성
□ 中枢(ちゅうすう) 중추 (14年)	□ 中腹(ちゅうふく) (산) 중턱	□ 中立(ちゅうりつ) 중립	□ 聴覚(ちょうかく) 청각
□ 長官(ちょうかん) 장관	□ 長編(ちょうへん) 장편	□ 著書(ちょしょ) 저서	□ 賃金(ちんぎん) 임금
□ 抵抗(ていこう) 저항	□ 体裁(ていさい) 체재	□ 定食(ていしょく) 정식	□ 定年(ていねん) 정년
□ 邸宅(ていたく) 저택	□ 堤防(ていぼう) 제방	□ 適性(てきせい) 적성	□ 鉄鋼(てっこう) 철강
□ 鉄棒(てつぼう) 철봉	□ 天下(てんか) 천하	□ 天国(てんごく) 천국	□ 天才(てんさい) 천재
□ 天災(てんさい) 천재 (재난)	□ 天体(てんたい) 천체	□ 天地(てんち) 천지	□ 点線(てんせん) 점선
□ 田園(でんえん) 전원	□ 電源(でんげん) 전원	□ 伝説(でんせつ) 전설	□ 添付(てんぷ) 첨부 (14年)
□ 伝来(でんらい) 전래	□ 動機(どうき) 동기	□ 動向(どうこう) 동향	□ 動力(どうりょく) 동력
□ 同級(どうきゅう) 동급	□ 同志(どうし) 동지	□ 同等(どうとう) 동등	□ 道場(どうじょう) 도장
□ 等級(とうきゅう) 등급	□ 当人(とうにん) 당사자	□ 特産(とくさん) 특산	□ 督促(とくそく) 독촉 (14年)
□ 特有(とくゆう) 특유	□ 特許(とっきょ) 특허	□ 特権(とっけん) 특권	□ 独自(どくじ) 독자
□ 独創(どくそう) 독창	□ 読者(どくしゃ) 독자	□ 途上(とじょう) 도상	□ 徒歩(とほ) 도보
□ 土台(どだい) 토대, 기초	□ 土俵(どひょう) 씨름판	□ 土木(どぼく) 토목	

な행

□ 内閣(ないかく) 내각	□ 内緒(ないしょ) 비밀	□ 内心(ないしん) 마음속 (13年)	□ 内部(ないぶ) 내부
□ 内乱(ないらん) 내란	□ 内陸(ないりく) 내륙	□ 肉親(にくしん) 육친	□ 肉体(にくたい) 육체
□ 人情(にんじょう) 인정	□ 任務(にんむ) 임무	□ 熱意(ねつい) 열의	□ 熱湯(ねっとう) 열탕
□ 熱量(ねつりょう) 열량	□ 年賀(ねんが) 연하	□ 年鑑(ねんかん) 연감	□ 年号(ねんごう) 연호

	□ 年長(ねんちょう) 연장자	□ 年輪(ねんりん) 연륜	□ 念願(ねんがん) 염원 (10, 17年)	□ 念頭(ねんとう) 염두 (13年)
	□ 燃料(ねんりょう) 연료	□ 農耕(のうこう) 농경	□ 農場(のうじょう) 농장	□ 農地(のうち) 농지

は행	□ 倍率(ばいりつ) 배율	□ 爆弾(ばくだん) 폭탄	□ 敗戦(はいせん) 패전	□ 版画(はんが) 판화
	□ 反感(はんかん) 반감	□ 反射(はんしゃ) 반사	□ 晩年(ばんねん) 만년	□ 万能(ばんのう) 만능
	□ 美術(びじゅつ) 미술	□ 非行(ひこう) 비행	□ 比重(ひじゅう) 비중	□ 秘書(ひしょ) 비서
	□ 必修(ひっしゅう) 필수	□ 必然(ひつぜん) 필연	□ 人質(ひとじち) 인질	□ 微妙(びみょう) 미묘
	□ 悲鳴(ひめい) 비명	□ 比率(ひりつ) 비율	□ 微量(びりょう) 미량	□ 品質(ひんしつ) 품질
	□ 品種(ひんしゅ) 품종	□ 貧富(ひんぷ) 빈부 (13年)	□ 不意(ふい) 불의	□ 不況(ふきょう) 불황
	□ 不在(ふざい) 부재	□ 部下(ぶか) 부하	□ 部門(ぶもん) 부문	□ 布巾(ふきん) 행주
	□ 腐敗(ふはい) 부패	□ 不備(ふび) 충분히 갖추지 않음 (11年)		□ 不服(ふふく) 불복 (11年)
	□ 普遍(ふへん) 보편	□ 浮力(ふりょく) 부력	□ 武力(ぶりょく) 무력	□ 覆面(ふくめん) 복면
	□ 仏像(ぶつぞう) 불상	□ 風車(ふうしゃ) 풍차	□ 風習(ふうしゅう) 풍습	□ 風俗(ふうぞく) 풍속
	□ 風土(ふうど) 풍토	□ 物議(ぶつぎ) 물의	□ 物資(ぶっし) 물자	□ 物体(ぶったい) 물체
	□ 文書(ぶんしょ) 문서	□ 分析(ぶんせき) 분석	□ 分子(ぶんし) 분자	□ 分母(ぶんぼ) 분모
	□ 粉末(ふんまつ) 분말	□ 兵器(へいき) 병기	□ 兵士(へいし) 병사	□ 平常(へいじょう) 평상
	□ 平方(へいほう) 평방	□ 便宜(べんぎ) 편의	□ 返済(へんさい) 변제	□ 弁論(べんろん) 변론
	□ 法案(ほうあん) 법안	□ 法学(ほうがく) 법학	□ 法廷(ほうてい) 법정	□ 封建(ほうけん) 봉건
	□ 豊作(ほうさく) 풍작	□ 方策(ほうさく) 방책	□ 方式(ほうしき) 방식	□ 報酬(ほうしゅう) 보수
	□ 褒美(ほうび) 포상, 상	□ 発作(ほっさ) 발작	□ 紡績(ぼうせき) 방적	□ 呆然(ぼうぜん) 망연함
	□ 膨大(ぼうだい) 방대 (14年)	□ 冒頭(ぼうとう) 첫머리	□ 暴動(ぼうどう) 폭동	□ 抱負(ほうふ) 포부 (17年)
	□ 暴風(ぼうふう) 폭풍	□ 暴力(ぼうりょく) 폭력	□ 牧師(ぼくし) 목사	□ 母校(ぼこう) 모교
	□ 母国(ぼこく) 모국	□ 捕鯨(ほげい) 포경, 고래잡이	□ 保険(ほけん) 보험	□ 捕虜(ほりょ) 포로
	□ 本館(ほんかん) 본관	□ 本気(ほんき) 본심 (10年)	□ 本国(ほんごく) 본국	□ 本質(ほんしつ) 본질
	□ 本体(ほんたい) 본체	□ 本能(ほんのう) 본능	□ 本文(ほんぶん) 본문	□ 本名(ほんみょう) 본명 (=本名(ほんめい))

ま행	□ 麻酔(ますい) 마취	□ 末期(まっき) 말기	□ 満月(まんげつ) 만월	□ 未開(みかい) 미개
	□ 未婚(みこん) 미혼	□ 未知(みち) 미지	□ 未定(みてい) 미정	□ 味覚(みかく) 미각
	□ 微塵(みじん) 미진	□ 密度(みつど) 밀도	□ 民宿(みんしゅく) 민박	□ 民族(みんぞく) 민족
	□ 民俗(みんぞく) 민속	□ 無言(むごん) 무언	□ 無線(むせん) 무선	□ 名産(めいさん) 명산
	□ 名称(めいしょう) 명칭	□ 名誉(めいよ) 명예	□ 面目(めんぼく) 면목	□ 盲点(もうてん) 맹점
	□ 目録(もくろく) 목록	□ 模範(もはん) 모범		

や행	□ 野外(やがい) 야외	□ 野生(やせい) 야생	□ 野党(やとう) 야당	□ 由緒(ゆいしょ) 유서, 유래
	□ 有機(ゆうき) 유기	□ 有数(ゆうすう) 유수, 손꼽힘 (12年)	□ 融通(ゆうずう) 융통 (=融通(ゆうづう))	□ 遊牧(ゆうぼく) 유목
	□ 要因(よういん) 요인	□ 溶液(ようえき) 용액	□ 様式(ようしき) 양식	□ 様相(ようそう) 양상, 모양 (19年)
	□ 洋風(ようふう) 서양식	□ 用件(ようけん) 용건	□ 用紙(ようし) 용지	□ 用品(ようひん) 용품
	□ 用法(ようほう) 용법	□ 余暇(よか) 여가	□ 余興(よきょう) 여흥	□ 余地(よち) 여지
	□ 浴室(よくしつ) 욕실			

ら행	□ 酪農(らくのう) 낙농	□ 来場(らいじょう) 회장에 옴	□ 利益(りえき) 이익 (11年)	□ 利子(りし) 이자
	□ 利潤(りじゅん) 이윤	□ 利息(りそく) 이자	□ 利点(りてん) 이점	□ 理屈(りくつ) 이치, 사리
	□ 理論(りろん) 이론	□ 履歴(りれき) 이력 (19年)	□ 立体(りったい) 입체	□ 立方(りっぽう) 세제곱
	□ 立法(りっぽう) 입법	□ 略語(りゃくご) 약어	□ 領海(りょうかい) 영해	□ 領地(りょうち) 영지
	□ 領土(りょうど) 영토	□ 両極(りょうきょく) 양극	□ 良心(りょうしん) 양심	□ 旅客(りょかく) 여객 (=旅客(りょきゃく))
	□ 旅券(りょけん) 여권	□ 林業(りんぎょう) 임업	□ 冷蔵(れいぞう) 냉장	□ 恋愛(れんあい) 연애
	□ 連休(れんきゅう) 연휴	□ 連中(れんちゅう) 동료들	□ 連邦(れんぽう) 연방	□ 連盟(れんめい) 연맹
	□ 労力(ろうりょく) 노력, 일손	□ 論議(ろんぎ) 논의	□ 惑星(わくせい) 혹성	□ 和風(わふう) 일본풍

한자 3・4자어

□ 一部分(いちぶぶん) 일부분	□ 箇条書き(かじょうがき) 조목별로	□ 感無量(かんむりょう) 감개무량	□ 議事堂(ぎじどう) 의사당
□ 几帳面(きちょうめん) 꼼꼼함	□ 嫌悪感(けんおかん) 혐오감 (18年)	□ 公共性(こうきょうせい) 공공성	□ 考古学(こうこがく) 고고학
□ 光熱費(こうねつひ) 광열비	□ 骨董品(こっとうひん) 골동품	□ 座談会(ざだんかい) 좌담회	□ 誤作動(ごさどう) 오작동
□ 香辛料(こうしんりょう) 향신료	□ 参議院(さんぎいん) 참의원	□ 時刻表(じこくひょう) 시각표	□ 自尊心(じそんしん) 자존심 (16年)
□ 実業家(じつぎょうか) 실업가	□ 自動詞(じどうし) 자동사	□ 耳鼻科(じびか) 이비인후과	
□ 三味線(しゃみせん) 샤미센 (일본 고유의 현악기)		□ 衆議院(しゅうぎいん) 중의원	□ 従業員(じゅうぎょういん) 종업원
□ 十字路(じゅうじろ) 사거리	□ 主人公(しゅじんこう) 주인공	□ 小児科(しょうにか) 소아과	□ 使用人(しようにん) 사용인
□ 植民地(しょくみんち) 식민지	□ 助動詞(じょどうし) 조동사	□ 新入生(しんにゅうせい) 신입생	□ 税務署(ぜいむしょ) 세무서
□ 接続詞(せつぞくし) 접속사	□ 先天的(せんてんてき) 선천적	□ 多数決(たすうけつ) 다수결	□ 他動詞(たどうし) 타동사
□ 蛋白質(たんぱくしつ) 단백질	□ 聴診器(ちょうしんき) 청진기	□ 配偶者(はいぐうしゃ) 배우자	□ 不可欠(ふかけつ) 불가결
□ 不景気(ふけいき) 불경기	□ 不動産(ふどうさん) 부동산	□ 文化財(ぶんかざい) 문화재	□ 放射能(ほうしゃのう) 방사능
□ 無意味(むいみ) 무의미	□ 猛反対(もうはんたい) 맹반대 (12年)	□ 類似性(るいじせい) 유사성	□ 無邪気(むじゃき) 순진함
□ 産婦人科(さんふじんか) 산부인과	□ 自然浄化(しぜんじょうか) 자연정화	□ 無茶苦茶(むちゃくちゃ) 더무니 없음, 엉밍임	

な형용사

□ 陰気(いんき)な 음침한, 침울한	□ 円滑(えんかつ)な 원활한 (10年, 13年)	□ 円満(えんまん)な 원만한
□ 温和(おんわ)な 온화한	□ 活発(かっぱつ)な 활발한	□ 簡易(かんい)な 간이한
□ 肝心(かんじん)な 중요한 (11年)	□ 閑静(かんせい)な 한가하고 고요한 (16年)	□ 簡素(かんそ)な 간소한 (19年)
□ 寛容(かんよう)な 너그러운	□ 貴重(きちょう)な 귀중한	□ 強硬(きょうこう)な 강경한 (13年)
□ 強烈(きょうれつ)な 강렬한	□ 勤勉(きんべん)な 근면한	□ 軽快(けいかい)な 경쾌한
□ 顕著(けんちょ)な 현저한 (16年)	□ 賢明(けんめい)な 현명한	□ 豪快(ごうかい)な 호쾌한 (18年)
□ 広大(こうだい)な 광대한 (12年)	□ 好調(こうちょう)な 순조로운	□ 巧妙(こうみょう)な 교묘한 (13年)
□ 克明(こくめい)な 세밀하고 정확한 (12, 18年)	□ 孤独(こどく)な 고독한	□ 固有(こゆう)な 고유한
□ 些細(ささい)な 사소한, 시시한 (16年)	□ 残酷(ざんこく)な 잔혹한	□ 質素(しっそ)な 검소한 (11年)
□ 詳細(しょうさい)な 상세한 (16年)	□ 柔軟(じゅうなん)な 유연한 (11年)	□ 迅速(じんそく)な 신속한
□ 慎重(しんちょう)な 신중한	□ 精巧(せいこう)な 정교한	□ 誠実(せいじつ)な 성실한
□ 清純(せいじゅん)な 청순한	□ 正常(せいじょう)な 정상적인	□ 盛大(せいだい)な 성대한 (18年)
□ 静的(せいてき)な 정적인	□ 精密(せいみつ)な 정밀한	□ 絶大(ぜつだい)な 절대적인 (14年)
□ 早急(そうきゅう)な 매우 급한, 조속한	□ 壮大(そうだい)な 장대한 (19年)	□ 素朴(そぼく)な 소박한
□ 怠慢(たいまん)な 태만한	□ 多角的(たかくてき)な 다각적인 (18年)	□ 達者(たっしゃ)な 능숙한
□ 多忙(たぼう)な 대단히 바쁜	□ 多様(たよう)な 다양한	□ 短気(たんき)な 성미가 급한
□ 単調(たんちょう)な 단조로운	□ 端的(たんてき)な 단적인 (16年)	□ 忠実(ちゅうじつ)な 충실한
□ 著名(ちょめい)な 저명한	□ 重宝(ちょうほう)な 편리한, 유용한	□ 痛切(つうせつ)な 절실한
□ 手薄(てうす)な 허술한 (10年)	□ 手軽(てがる)な 간편한	□ 動的(どうてき)な 동적인
□ 鈍感(どんかん)な 둔감한	□ 薄弱(はくじゃく)な 박약한	□ 煩雑(はんざつ)な 번잡한 (13年)
□ 平等(びょうどう)な 평등한	□ 頻繁(ひんぱん)な 빈번한 (16年)	□ 貧困(ひんこん)な 빈곤한
□ 貧弱(ひんじゃく)な 빈약한	□ 貧乏(びんぼう)な 가난한	□ 微妙(びみょう)な 미묘한
□ 不吉(ふきつ)な 불길한	□ 不順(ふじゅん)な 불순한 (11年)	□ 不審(ふしん)な 수상한 (19年)
□ 不調(ふちょう)な 상태가 나쁜	□ 不当(ふとう)な 부당한 (11年)	□ 不評(ふひょう)な 평판이 좋지 않은

- □ 不良(ふりょう)な 불량한
- □ 無礼(ぶれい)な 무례한
- □ 膨大(ぼうだい)な 방대한 (18年)
- □ 未熟(みじゅく)な 미숙한
- □ 無知(むち)な 무지한
- □ 無念(むねん)な 원통한 (11年)
- □ 無用(むよう)な 쓸모없는
- □ 明白(めいはく)な 명백한 (16年)
- □ 無造作(むぞうさ)な 대수롭지 않은, 소탈한 (12年)
- □ 面倒(めんどう)な 성가신 (16年)
- □ 綿密(めんみつ)な 면밀한 (10年)
- □ 猛烈(もうれつ)な 맹렬한 (19年)
- □ 優勢(ゆうせい)な 우세한
- □ 優美(ゆうび)な 우아하고 아름다운
- □ 有益(ゆうえき)な 유익한
- □ 憂鬱(ゆううつ)な 우울한
- □ 勇敢(ゆうかん)な 용감한
- □ 良好(りょうこう)な 양호한
- □ 良質(りょうしつ)な 양질의
- □ 冷酷(れいこく)な 냉혹한
- □ 冷淡(れいたん)な 냉담한

い형용사

- □ 淡(あわ)い 진하지 않다 (15年)
- □ 勇(いさ)ましい 용감하다
- □ 潔(いさぎよ)い 맑고 깨끗하다, 결백하다 (10年)
- □ 疎(うと)い 소원하다, 잘 모르다
- □ 賢(かしこ)い 현명하다, 슬기롭다, 요령있다 (16年)
- □ 厳(きび)しい 엄격하다
- □ 心地(ここち)よい 기분이 좋다 (12, 19年)
- □ 心強(こころづよ)い 마음이 든든하다, 믿음직스럽다
- □ 心細(こころぼそ)い 불안하다, 허전하다 (15年)
- □ 快(こころよ)い 기분이 좋다, 상쾌하다
- □ 好(この)ましい 호감이 가다, 바람직하다
- □ 素早(すばや)い 재빠르다, 민첩하다 (16年)
- □ 切(せつ)ない 괴롭다, 안타깝다
- □ 乏(とぼ)しい 부족하다
- □ 情(なさ)けない 한심하다, 딱하다
- □ 名高(なだか)い 유명하다
- □ 悩(なや)ましい 괴롭다, 마음이 어지럽다 (12年)
- □ 望(のぞ)ましい 바람직하다
- □ 華々(はなばな)しい 화려하다, 훌륭하다 (10年)
- □ 幅広(はばひろ)い 폭넓다 (15年)
- □ 紛(まぎ)らわしい 헷갈리기 쉽다, 혼동하기 쉽다 (10年)
- □ 目覚(めざ)ましい 눈부시다, 놀랍다 (11年)
- □ 待(ま)ち遠(どお)しい 몹시 기다려지다

부사

- □ 幾多(いくた) 숱한
- □ 一律(いちりつ)に 일률적으로 (14年)
- □ 一様(いちよう)に 한결같이

□ 一気に(いっき) 단숨에, 단번에	□ 一挙に(いっきょ) 일거에, 단번에	□ 一心に(いっしん) 오직 한마음으로, 열심히
□ 元来(がんらい) 원래, 본시	□ 故意に(こい) 고의로 (16年)	□ 随時(ずいじ) 수시, 그때그때 (15年)(16年)
□ 断然(だんぜん) 단연	□ 適宜(てきぎ) 적당함	□ 日夜(にちや) 밤낮, 매일, 항상 (13年)
□ 漠然と(ばくぜん) 막연하게 (11, 18年)	□ 人一倍(ひといちばい) 두배, 갑절 (14年)	□ 無性に(むしょう) 몹시, 무턱대고 (13年)
□ 整然と(せいぜん) 정연하게	□ 堂々と(どうどう) 당당하게	

훈독명사

□ 合間(あいま) 틈	□ 跡地(あとち) 철거지 (13年)	□ 意気込み(いきご) 기세, 의욕 (16年)	
□ 憩い(いこ) 휴식	□ 田舎(いなか) 시골	□ 腕前(うでまえ) 솜씨 (13年)	□ 裏腹(うらはら) 정반대 (13年)
□ 枝(えだ) 가지	□ 大幅(おおはば) 대폭 (12年)	□ 丘(おか) 언덕	□ 沖(おき) 앞바다
□ 表向き(おもてむ) 표면상	□ 貝殻(かいがら) 조개껍데기	□ 垣根(かきね) 울타리	□ 兆し(きざ) 조짐, 징조 (11年)
□ 草花(くさばな) 화초	□ 口出し(くちだ) 말참견 (13年)	□ 心当たり(こころあ) 짐작 가는 데 (18年)	
□ 心得(こころえ) 마음가짐	□ 心構え(こころがま) 마음가짐, 각오 (14年)		□ 試み(こころ) 시도
□ 小銭(こぜに) 잔돈	□ 献立(こんだて) 식단	□ 先行き(さきゆ) 선행, 전망	□ 指図(さしず) 지시 (17年)
□ 霜(しも) 서리	□ 仕業(しわざ) 소행,짓 (12年)	□ 巣(す) 둥지	□ 政府筋(せいふすじ) 정부 소식통
□ 互い(たが) 상호	□ 立場(たちば) 입장	□ 魂(たましい) 혼	□ 翼(つばさ) 날개
□ 強み(つよ) 강점, 강도 (11年)	□ 手当(てあて) 수당	□ 手順(てじゅん) 차례, 순서	□ 手立て(てだ) 방법, 수단 (18年)
□ 隣(となり) 이웃	□ 取り扱い(とあつか) 취급	□ 泥沼(どろぬま) 수렁	□ 苗(なえ) 모종
□ 名残(なごり) 흔적, 자취	□ 狙い(ねら) 겨냥	□ 端(はし) 가장자리	□ 裸(はだか) 알몸
□ 鉢(はち) 화분, 주발	□ 浜辺(はまべ) 해변	□ 人影(ひとかげ) 그림자	□ 人柄(ひとがら) 인품
□ 人出(ひとで) 나들이 인파 (12年)	□ 人手(ひとで) 일손 (15年)	□ 再び(ふたた) 재차	□ 踏み場(ふば) 발 디딜 곳
□ 誇り(ほこ) 긍지	□ 本筋(ほんすじ) 본론 (10年)	□ 本場(ほんば) 본고장	□ 街角(まちかど) 길모퉁이
□ 見込み(みこ) 전망 (12年)	□ 自ら(みずか) 스스로	□ 源(みなもと) 근원	□ 紫(むらさき) 보라색
□ 芽(め) 싹	□ 目先(めさき) 눈앞, 당장	□ 目安(めやす) 기준, 목표 (19年)	□ 物事(ものごと) 매사
□ 夕闇(ゆうやみ) 땅거미	□ ゆとり (공간, 시간상의) 여유 (11, 17年)		□ 枠内(わくない) 범위, 한도 내

훈독동사

～く(ぐ)

- □ 欺く(あざむく) 속이다, 기만하다
- □ 欠く(かく) 빠지다, 결여하다
- □ 輝く(かがやく) 빛나다
- □ 築く(きずく) 쌓다, 구축하다 (13年)
- □ 背く(そむく) 등지다, 위반하다
- □ 貫く(つらぬく) 꿰뚫다, 관철하다 (13年)
- □ 説く(とく) 설명하다, 설득하다
- □ 研ぐ(とぐ) 갈다
- □ 嘆く(なげく) 한탄하다, 슬퍼하다
- □ 省く(はぶく) 생략하다
- □ 導く(みちびく) 안내하다, 이끌다
- □ 揺らぐ(ゆらぐ) 흔들리다

～う

- □ 奪う(うばう) 빼앗다
- □ 襲う(おそう) 습격하다, 덮치다
- □ 叶う(かなう) 이루어지다 (11年)
- □ 慕う(したう) 그리워하다, 우러르다 (15年)
- □ 損なう(そこなう) 부수다, 망가뜨리다 (14年)
- □ 潤う(うるおう) 축축해지다, 혜택을 받다 (10年)
- □ 繕う(つくろう) 수선하다, 고치다
- □ 伴う(ともなう) 동반하다
- □ 担う(になう) (책임 등을) 떠맡다 (13年)
- □ 賄う(まかなう) 꾸리다, 조달하다
- □ 養う(やしなう) 양육하다, 부양하다

～む

- □ 挑む(いどむ) 도전하다, 맞서다
- □ 否む(いなむ) 부정하다 (14年)
- □ 営む(いとなむ) 영위하다, 일하다, 경영하다
- □ 惜しむ(おしむ) 주기를 꺼리다, 아까워하다
- □ 絡む(からむ) 휘감기다, 얽히다 (15年)
- □ 慎む(つつしむ) 조심하다, 삼가다
- □ 積む(つむ) 쌓다, 거듭하다
- □ 望む(のぞむ) 바라다, 원하다 (14年)
- □ 妬む(ねたむ) 질투하다, 샘하다
- □ 励む(はげむ) 힘쓰다, 노력하다 (15年)

～す

- □ 侵す(おかす) 침범하다, 침해하다
- □ 犯す(おかす) (법률 등을) 어기다
- □ 交わす(かわす) 주고받다
- □ 覆す(くつがえす) 뒤엎다 (12, 19年)
- □ 志す(こころざす) 뜻을 두다, 지향하다
- □ 壊す(こわす) 부수다 (10年)
- □ 済ます(すます) 끝내다, 마치다
- □ 尽くす(つくす) 다하다, 진력하다 (16年)
- □ 抜かす(ぬかす) 빠뜨리다
- □ 逃す(のがす) 놓아주다, 놓치다
- □ 励ます(はげます) 격려하다
- □ 外す(はずす) 떼다, 제외하다
- □ 果たす(はたす) 다하다, 완수하다
- □ 施す(ほどこす) 베풀다, 시행하다 (12年)
- □ 負かす(まかす) (상대를) 지게 하다, 이기다
- □ 満たす(みたす) 채우다, 충족시키다
- □ 催す(もよおす) 자아내다, 개최하다 (12年)

~る

- □ 当(あ)てはめる 맞추다, 적용하다 (13年)
- □ 誤(あやま)る 실패하다, 실수하다
- □ 憤(いきどお)る 분노하다, 분개하다 (13年)
- □ 戒(いまし)める 훈계하다 (18年)
- □ 怠(おこた)る 게을리하다, 방심하다 (12, 17年)
- □ 劣(おと)る (능력 등이) 뒤떨어지다
- □ 帯(お)びる (몸에) 달다, 차다 (15年)
- □ 傾(かたむ)ける 기울이다
- □ 偏(かたよ)る 기울다, 치우치다 (15年)
- □ 極(きわ)める 끝까지 가다, 다하다 (10年)
- □ 崩(くず)れる 무너지다 (19年)
- □ 去(さ)る 떠나다, (때 · 상태가) 지나가다
- □ 強(し)いる 억지로 시키다, 강요하다
- □ 締(し)める 죄다, 졸라매다 (10年)
- □ 迫(せま)る (어떤 시각이) 다가오다
- □ 耐(た)える 견디다, 감당하다 (14年)
- □ 賜(たまわ)る '받다'의 겸양어, 주시다
- □ 募(つの)る 더해지다, 모집하다 (18年)
- □ 滞(とどこお)る 밀리다, 정체되다 (18年)
- □ 唱(とな)える 외다, 외치다, 부르다 (15年)
- □ 図(はか)る 도모하다
- □ 膨(ふく)れる 불룩해 지다, 커지다
- □ 紛(まぎ)れる 뒤섞이다, 정신을 빼앗기다 (15年)
- □ 乱(みだ)れる 흐트러지다, 혼란해지다
- □ 巡(めぐ)る 돌다, 순환하다 (17年)
- □ 操(あやつ)る 다루다, 조작하다
- □ 改(あらた)まる 새로워지다, 개선되다
- □ 偽(いつわ)る 속이다 (18年)
- □ 老(お)いる 늙다, 나이 먹다
- □ 衰(おとろ)える 쇠약해지다, 쇠퇴하다
- □ 訪(おとず)れる 방문하다, 찾아오다
- □ 抱(かか)える 안다, 맡다
- □ 語(かた)る 말하다, (어떤 사실을) 잘 나타내다
- □ 鍛(きた)える 단련하다, 훈련하다
- □ 試(こころ)みる 시도해 보다, 시험해 보다
- □ 授(さず)ける 하사하다 (10年)
- □ 定(さだ)める 정하다, (난리 등을) 진정시키다 (19年)
- □ 占(し)める 차지하다
- □ 廃(すた)れる 쓸모없게 되다, 한물가다 (16年)
- □ 絶(た)える 없어지다, 멎다
- □ 携(たずさ)わる 관계하다, 관여하다 (14年)
- □ 努(つと)める 노력하다
- □ 遂(と)げる 이루다, 달성하다 (17年)
- □ 整(ととの)える 정돈하다, 조정하다
- □ 練(ね)る (계획을) 짜다, 연마하다, 반죽하다 (10年)
- □ 率(ひき)いる 거느리다, 통솔하다
- □ 誇(ほこ)る 자랑하다, 뽐내다
- □ 免(まぬか)れる 면하다, 벗어나다
- □ 認(みと)める 인지하다, 인정하다
- □ 求(もと)める 바라다, 요청하다

2019

□ 披露(ひろう) 피로, 공표함	□ 砕(くだ)ける 부서지다	□ 貢献(こうけん) 공헌	□ 債務(さいむ) 채무
□ 執着(しゅうちゃく) 집착	□ 潔(いさぎよ)い 맑고 깨끗하다	□ 猛烈(もうれつ) 맹렬	□ 克服(こくふく) 극복
□ 崩(くず)れる 무너지다	□ 繁殖(はんしょく) 번식	□ 履歴(りれき) 이력	□ 映(は)える 빛나다

2018

□ 豪快(ごうかい) 호쾌(함)	□ 忍耐(にんたい) 인내	□ 募(つの)る 모집하다, 심해지다	□ 膨大(ぼうだい) 방대(함)
□ 滞(とどこお)る 지체되다	□ 驚嘆(きょうたん) 경탄	□ 回顧(かいこ) 회고	□ 偽(いつわ)る 속이다
□ 嫌悪感(けんおかん) 혐오감	□ 自粛(じしゅく) 자숙	□ 戒(いまし)める 훈계하다	□ 丘陵(きゅうりょう) 구릉

2017

□ 開拓(かいたく) 개척	□ 復興(ふっこう) 부흥	□ 怠(おこた)る 게을리하다	□ 了承(りょうしょう) 승낙, 납득, 양해
□ 指図(さしず) 지시, 지휘	□ 巡(めぐ)り 회전, 순환	□ 潤(うるお)す 윤택하게 하다	□ 殺菌(さっきん) 살균
□ 託(たく)す 맡기다	□ 傾斜(けいしゃ) 경사	□ 阻(はば)む 방해하다	□ 暴露(ばくろ) 폭로

2016

□ 人脈(じんみゃく) 인맥	□ 賢(かしこ)い 현명하다	□ 顕著(けんちょ)な 현저한	□ 多岐(たき) 여러 갈래, 다방면
□ 廃(すた)れる 쓸모없게 되다, 쇠퇴하다		□ 相場(そうば) 시세	□ 樹木(じゅもく) 수목
□ 蓄(たくわ)える 모아두다, 비축하다		□ 陳列(ちんれつ) 진열	□ 華(はな)やかな 화려한
□ 鑑定(かんてい) 감정	□ 偏(かたよ)る 기울다, 치우치다		

2015

□ 興奮(こうふん) 흥분	□ 唱(とな)える 외치다	□ 変遷(へんせん) 변천	□ 値(あたい)する 가치가 있다
□ 随時(ずいじ) 수시, 그때그때	□ 励(はげ)む 힘쓰다	□ 添付(てんぷ) 첨부	□ 慕(した)う 그리워하다
□ 破損(はそん) 파손	□ 承諾(しょうだく) 승낙	□ 淡(あわ)い 진하지 않다, 희미하다	
□ 画一的(かくいつてき)な 획일적인			

2014

- □ 概略(がいりゃく) 대략 □ 臨む(のぞ) 임하다 □ 督促(とくそく) 독촉 □ 漂う(ただよ) 떠돌다, 감돌다
- □ 厳正(げんせい) 엄정 □ 拒む(こば) 거부(저지)하다 □ 躍進(やくしん) 약진 □ 遂行(すいこう) 수행
- □ 凝縮(ぎょうしゅく) 응축 □ 健やか(すこ) 건강함, 건전함 □ 中枢(ちゅうすう) 중추 □ 否む(いな) 거절(부정)하다

2013

- □ 把握(はあく) 파악 □ 憤り(いきどお) 분노 □ 趣旨(しゅし) 취지 □ 日夜(にちや) 밤낮, 항상
- □ 貫く(つらぬ) 관철하다 □ 貧富(ひんぷ) 빈부 □ 愚かな(おろ) 어리석은 □ 巧妙な(こうみょう) 교묘한
- □ 憩い(いこ) 휴식 □ 需要(じゅよう) 수요 □ 緩和(かんわ) 완화 □ 跡地(あとち) 철거지, 유적

2012

- □ 枠(わく) 테두리 □ 網羅(もうら) 망라 □ 名誉(めいよ) 명예 □ 費やす(つい) 소비하다
- □ 由緒(ゆいしょ) 유서, 내력 □ 手際(てぎわ) 솜씨, 재주 □ 群衆(ぐんしゅう) 군중 □ 覆す(くつがえ) 뒤엎다
- □ 克明な(こくめい) 극명한, 세밀하고 정확한 □ 心地よい(ここち) 기분이 상쾌하다
- □ 踏襲(とうしゅう) 답습 □ 改革(かいかく) 개혁

2011

- □ 鈍る(にぶ) 둔해지다 □ 漠然(ばくぜん) 막연함 □ 閲覧(えつらん) 열람 □ 釈明(しゃくめい) 해명
- □ 合併(がっぺい) 합병 □ 兆し(きざ) 조짐, 징조 □ 利益(りえき) 이익 □ 考慮(こうりょ) 고려
- □ 逃れる(のが) 달아나다, 벗어나다 □ 遮る(さえぎ) 차단하다 □ 根拠(こんきょ) 근거
- □ 肝心(かんじん) 중요함

2010

- □ 本筋(ほんすじ) 본론 □ 伴奏(ばんそう) 반주 □ 推理(すいり) 추리 □ 極めて(きわ) 지극히, 매우
- □ 練る(ね) (계획을) 짜다, 연마하다, 반죽하다 □ 締める(し) (바싹) 조르다, (마음을) 다잡다
- □ 繁盛(はんじょう) 번성 □ 契約(けいやく) 계약 □ 潤う(うるお) 축축해지다, 혜택을 받다
- □ 手薄な(てうす) 허술한, 불충분한 □ 壊す(こわ) 파괴하다, 부수다 □ 華々しい(はなばな) 화려하다

해석 p.48

問題1 ＿＿＿の言葉の読み方として最もよいものを、1・2・3・4から一つ選びなさい。

1 信頼が大きく失墜した。

1 しっつい　2 しっさく　3 しっそく　4 しったい

2 購入に先立って、さまざまな資料を吟味した。

1 きんみ　2 ぎんみ　3 こんみ　4 こんまい

3 会議場に緊迫した空気が流れた。

1 きんちょう　2 きんはく　3 きんぱく　4 ぎんぱく

4 彼が言っていることは矛盾だらけだ。

1 よさん　2 むさん　3 よじゅん　4 むじゅん

5 彼の話にはとても納得できない。

1 のうとく　2 のうどく　3 なっとく　4 なっどく

6 健康を維持するためには運動が一番だ。

1 しじ　2 こじ　3 いじ　4 ほじ

7 社会に貢献できる人材を育てる。

1 ぐけん　2 ぐげん　3 こうけん　4 こうげん

8 新しい団体が発足した。

1 はっぞく　2 ばっそく　3 ほっぞく　4 ほっそく

9 これはすべての条件を考慮し、出した結果である。

1 こりょう　2 こうりょ　3 こりょ　4 こうりょう

10 犯人は沈黙することによって、無罪を主張した。

1 しんもく　2 しんむく　3 ちんむく　4 ちんもく

정답　1①　2②　3③　4④　5③　6③　7③　8④　9②　10④

확인문제 ②

해석 p.48

問題1 ＿＿＿の言葉の読み方として最もよいものを、1・2・3・4から一つ選びなさい。

1 事件の経緯を<u>把握</u>してから、対策を立てる。

1 はあく　2 ひあく　3 はかく　4 ひかく

2 彼はまだ事態の深刻さを<u>認識</u>していない。

1 いんしき　2 にんしき　3 いんしょく　4 にんしょく

3 資金難に苦しんだあげく、工場を<u>閉鎖</u>することにした。

1 ふうさ　2 へいさい　3 へいさ　4 ふうさい

4 動物を<u>崇拝</u>する宗教や文化を持っている民族がいる。

1 そうはい　2 すうはい　3 しょうはい　4 しゅうはい

5 人の人生は<u>共鳴</u>する人がいなかったらさびしいだろう。

1 きょうめい　2 こうめい　3 きょうちょう　4 こうちょう

6 より<u>充実</u>した休暇を満喫できるように計画を立てている。

1 ちゅうしつ　2 ちゅうじつ　3 じゅうしつ　4 じゅうじつ

7 理事会は海外展開の可能性を<u>模索</u>している。

1 ぼさく　2 もさく　3 ぼそく　4 もそく

8 あなたの<u>信仰</u>する宗教はカルトかもしれない。

1 しんよう　2 しんこう　3 しんよく　4 しんきょう

9 警察は<u>偽造</u>された一万円札が出回っていると注意を呼びかけている。

1 きじょう　2 ぎじょう　3 ぎぞう　4 ぎじょう

10 事故現場は死傷者が多く、まだまだ<u>混乱</u>している。

1 こんらん　2 こんなん　3 ほんらん　4 ほんなん

정답	1①	2②	3③	4②	5①	6④	7②	8②	9③	10①

확인문제 ③

해석 p.48

問題1 ＿＿＿の言葉の読み方として最もよいものを、1・2・3・4から一つ選びなさい。

1 詰め込み教育の反省からゆとり教育を<u>推進</u>してきた。

1 しょうしん　2 しゅうしん　3 ちゅうしん　4 すいしん

2 彼は冷静な判断力と<u>率先</u>した行動で信頼を得ている。

1 りっせん　2 そっせん　3 そうせん　4 しょせん

3 政府はインフレを<u>抑制</u>するための政策を検討しているそうだ。

1 ようせい　2 おうせい　3 よくせい　4 おくせい

4 限定商品は窓側の棚に<u>陳列</u>してある。

1 しんれつ　2 じんれつ　3 ちんれつ　4 せんれつ

5 ヘッドハンターとは優秀な人材を<u>発掘</u>するのを職務とする人を言う。

1 ほっくつ　2 はっくつ　3 ほっそく　4 はっそく

6 12月ともなると1万個のライトが華やかに<u>装飾</u>される。

1 しょうしょく　2 そうしく　3 しょうしく　4 そうしょく

7 校則に違反した物は<u>没収</u>される場合もある。

1 ぼうしゅう　2 ぼしゅ　3 ぼっしゅう　4 ほしゅう

8 これは脂肪を<u>燃焼</u>させる効果があるみたいです。

1 れんそう　2 ねんしょう　3 れんしょう　4 ねんそう

9 君に任せるから、今度こそ実力を<u>発揮</u>してくれ。

1 ほっき　2 はっき　3 ほっしん　4 はっしん

10 家庭菜園で大根や白菜などを<u>栽培</u>している。

1 さいはい　2 けいさい　3 けいばい　4 さいばい

정답　1④　2②　3③　4③　5②　6④　7③　8②　9②　10④

해석 p.48

問題1 ＿＿＿の言葉の読み方として最もよいものを、1・2・3・4から一つ選びなさい。

1 親と子の葛藤は昔も今も変わらない。

1 あっとう　2 こっとう　3 ぼっとう　4 かっとう

2 道路の拡張工事が始まった。

1 こうちょう　2 こうじょう　3 かくちょう　4 かくじょう

3 詳細についてはホームページをご覧ください。

1 しょうせい　2 しょうさい　3 しょせい　4 しょさい

4 今度御社の工場をぜひ見学させてください。

1 おしゃ　2 おんしゃ　3 ごしゃ　4 ごんしゃ

5 この不景気ではいつもの収益は期待できない。

1 しゅういき　2 しゅえき　3 しゅうえき　4 しゅいき

6 その映画は架空の世界を舞台にしている。

1 かこう　2 けそう　3 かくう　4 けこう

7 政府は所得格差の是正を図るべく、政策を打ち立てた。

1 ぜせい　2 しせい　3 ししょう　4 ぜしょう

8 それは審判に対する侮辱行為にあたりますよ。

1 ぶぞく　2 ぶじょく　3 かいじょく　4 かいぞく

9 A社は集団訴訟の収拾に全力をそそいでいる。

1 しょうそう　2 そしょう　3 そうしょう　4 しょうそ

10 あの政治家は保守的色彩が強い。

1 しきせい　2 しょくさい　3 しょくせい　4 しきさい

정답　1④　2③　3②　4②　5③　6③　7①　8②　9②　10④

확인문제 ⑤

해석 p.48

問題1 ＿＿＿の言葉の読み方として最もよいものを、1・2・3・4から一つ選びなさい。

1 貯金どころか借金<u>返済</u>もできない。

1 はんざい　2 はんさい　3 へんさい　4 へんざい

2 彼は頭がかたくて<u>融通</u>がきかない人だ。

1 ゆうずう　2 ようつう　3 ようづう　4 ゆうつう

3 自動車産業は経済<u>復興</u>のカギとなるでしょう。

1 ふっきょう　2 ふくごう　3 ふっこう　4 ふくぎょう

4 これから発酵と<u>腐敗</u>の違いについて説明いたします。

1 ふうはい　2 ふはい　3 ふしょく　4 ふうしょく

5 この建物は代表的な和洋<u>折衷</u>の建築物である。

1 せきすい　2 せっすい　3 せっちゅう　4 せっしょう

6 <u>終始</u>積極的に攻めていたが、結局引き分けで終わった。

1 じゅうし　2 じゅうじ　3 しゅうし　4 しゅうじ

7 彼は<u>無言</u>のまま立ち去っていった。

1 むげん　2 むごん　3 ぶげん　4 ぶごん

8 彼はこれまでの<u>経緯</u>を語り始めた。

1 けいい　2 けいえい　3 きょうい　4 きょうえい

9 子どもが飛び出してきたので、<u>反射</u>的にブレーキを踏んだ。

1 はんしゃ　2 はんこう　3 はんぷく　4 はんきょう

10 この雑誌は世界各地の<u>遺跡</u>を紹介している。

1 ゆうせき　2 いせき　3 ゆうさん　4 いさん

정답　1③　2①　3③　4②　5③　6③　7②　8①　9①　10②

해석 p.49

問題1 ＿＿＿の言葉の読み方として最もよいものを、1・2・3・4から一つ選びなさい。

1 会議の進行については冒頭で述べたとおりでございます。

1 もうとう　2 ぼうとう　3 もうと　4 ぼうと

2 世論調査では日本人の約7割が経済格差を感じているそうだ。

1 かくさ　2 がくさ　3 かくさい　4 がくさい

3 科学が現代社会をもたらしたのは事実だが、科学だけが万能ではない。

1 まんのう　2 ばんのう　3 ばんおう　4 まんおう

4 最近の青少年犯罪の根底にあるものを探ってみたい。

1 げんてい　2 こんぽん　3 げんぽん　4 こんてい

5 あの二人は事業を起こして以来、相互に助け合ってきた。

1 しょうごう　2 そうご　3 そうごう　4 しょうご

6 自分は将来酪農の仕事に就こうと考えています。

1 なくのう　2 らくのう　3 かくのう　4 たくのう

7 こちらは飼育に必要な器具、餌などを紹介したカタログです。

1 せいいく　2 せいよく　3 しいく　4 しよく

8 今年の予算は前年度とくらべ、10%削減となった。

1 そくげん　2 さくげん　3 せきげん　4 せいげん

9 被災地に次々と救援の手が届いた。

1 きゅうえん　2 きゅうじょ　3 きょうえん　4 きょうじょ

10 物価が高くて、庶民の暮らしは苦しくなる一方だ。

1 しょみん　2 しょうみん　3 せいみん　4 そうみん

정답　1②　2①　3②　4④　5②　6②　7③　8②　9①　10①

확인문제 7

해석 p.49

問題1 ＿＿＿の言葉の読み方として最もよいものを、1・2・3・4から一つ選びなさい。

1 インターネットは図書館の衰退をもたらすかもしれない。

1 すいとう　2 さいとう　3 すいたい　4 さいたい

2 ミサイル発射の実験を見て、その威力を実感した。

1 いりょく　2 いりき　3 げんりょく　4 げんりき

3 このプログラムはファイルの追加と消去に役立つツールです。

1 そうこ　2 しょうこ　3 そうきょ　4 しょうきょ

4 このやり方ではどうしても計算の誤差が生じる。

1 ごさ　2 ごさつ　3 こさ　4 こさつ

5 彼は地域発展に多大な貢献をしてきた人物である。

1 きょうけん　2 きょうこん　3 こうけん　4 こうこん

6 仕事を選ぶ時、「待遇とやりがい」、どちらを重視するかで悩んでいる。

1 たいぐ　2 たいぐう　3 だいゆ　4 だいゆう

7 社会人にとって礼儀正しさや謙虚さは欠かせないものだ。

1 こんきょ　2 けんきょ　3 こんきょう　4 けんきょう

8 都会でも空き家が目立つ過疎現象が起こっているらしい。

1 きそう　2 きそ　3 かそう　4 かそ

9 業界内でも彼の功績は認められている。

1 こうせき　2 こうてき　3 きょうせき　4 きょうてき

10 彼が犯人だという証拠はどこにもない。

1 そうこ　2 そうこう　3 しょうこ　4 しょうこう

정답　1③　2①　3④　4①　5③　6②　7②　8④　9①　10③

확인문제 ⑧

해석 p.49

問題1　＿＿＿の言葉の読み方として最もよいものを、1・2・3・4から一つ選びなさい。

1 類似性の高い物を選んだ。

1 るいいせい　2 るいじせい　3 るいいしょう　4 るいひしょう

2 海には自然浄化の作用がある。

1 じぜんしょうか　2 じぜんじょうか　3 しぜんしょうか　4 しぜんじょうか

3 航空管制システムの誤作動で、空港が混乱した。

1 ごさくどう　2 ごさどう　3 ごうさくどう　4 ごうさどう

4 彼の賢明な処置で、みんな助かった。

1 けんめい　2 せんめい　3 はんめい　4 しょうめい

5 当社のお客様サービスセンターでは、日頃から丁寧、迅速な対応を心がけています。

1 じんそく　2 しんぞく　3 じんぞく　4 しんそく

6 犯人は前から頻繁に出入りしていたそうだ。

1 ひんぱん　2 びんかん　3 ひんこん　4 びんそく

7 今年は猛烈な暑さで熱中症の患者が急激に増えた。

1 もうれつ　2 もうえつ　3 きょうれつ　4 きょうえつ

8 レシピどおりに作ったつもりだが、味は微妙に違う。

1 みしょう　2 びしょう　3 みみょう　4 びみょう

9 これを使えば、膨大な量の資料を保存できる。

1 ばくだい　2 ぼうだい　3 ほうだい　4 そうだい

10 彼は大富豪とも言われているが、質素な生活をしている。

1 ちっそ　2 しっそ　3 ちっそう　4 しっそう

정답　1②　2④　3②　4①　5①　6①　7①　8④　9②　10②

해석 p.49

問題1 ＿＿＿の言葉の読み方として最もよいものを、1・2・3・4から一つ選びなさい。

1 誇りを持っている。
1 いかり　2 あせり　3 おこり　4 ほこり

2 母にプレゼントしようとかわいい小銭入れを買った。
1 あずき　2 こざら　3 こぜに　4 こいし

3 夕方、浜辺を散策しながら、音楽を聞くのが日課です。
1 ひょうがた　2 はまべ　3 はまべん　4 ひょうかた

4 操作の手順は説明書に書いてある。
1 てしゅん　2 しゅじゅん　3 しゅしゅん　4 てじゅん

5 彼には全く物事が分かっていない。
1 ものこと　2 ものごと　3 ぶつこと　4 ぶつごと

6 料理もちょっとした工夫でおいしくなる。
1 こうぶ　2 こうふう　3 くぶう　4 くふう

7 私たちの立場も理解してほしい。
1 りつば　2 りつじょう　3 たちば　4 たちじょう

8 彼は夕闇に包まれた公園を撮るのが趣味だ。
1 ゆうやけ　2 ゆうやみ　3 ゆうがた　4 ゆうかん

9 今日の献立は旬のものを使っています。
1 けんだて　2 けんりつ　3 こんだて　4 こんりつ

10 やはり本場の味は違う。
1 ほんば　2 ほんじょう　3 ほんちょう　4 ほんま

정답　1④　2③　3②　4④　5②　6④　7③　8②　9③　10①

확인문제 ⑩

해석 p.49

問題1 ＿＿＿の言葉の読み方として最もよいものを、1・2・3・4から一つ選びなさい。

1 彼はアフリカの水不足の問題について語った。

1 しゃべった　2 かたった　3 うったえた　4 なじった

2 国の将来を担う若者。

1 になう　2 ねらう　3 にあう　4 まかなう

3 彼女は毎日ダイエットに励んでいる。

1 はやんで　2 のぞんで　3 はげんで　4 さけんで

4 危険が去るのを待った。

1 よる　2 さる　3 すぎる　4 せまる

5 両国首脳は両国の関心事について意見を交わした。

1 まじわした　2 たたかわした　3 こうした　4 かわした

6 彼は、今大きな問題を抱えている。

1 かかえて　2 あたえて　3 ささえて　4 そなえて

7 外国人に地方選挙権を認めた。

1 みとめた　2 もとめた　3 ほめた　4 つとめた

8 男が大金を奪って逃げた。

1 しばって　2 とって　3 うばって　4 かばって

9 賛成と答えた人が8割以上を占めた。

1 どとめた　2 ふくめた　3 しめた　4 もめた

10 室内を一定の温度に保ってください。

1 まもって　2 たもって　3 かぎって　4 そまって

정답　1②　2①　3③　4②　5④　6①　7①　8③　9③　10②

해석 p.50

問題1 ＿＿＿の言葉の読み方として最もよいものを、1・2・3・4から一つ選びなさい。

1 風で髪が乱れた。

1 みだれた　2 ただれた　3 ちぎれた　4 くびれた

2 この地域も台風の被害を免れることはできなかった。

1 のがれる　2 まねかれる　3 まぬかれる　4 まぎれる

3 原稿の締め切りの期限が迫ってきた。

1 おって　2 かたよって　3 ちかよって　4 せまって

4 彼らが能力という点で劣っているとは思えない。

1 おとって　2 おさって　3 おちいって　4 まさって

5 政府に対する不信感が募っている。

1 つよまって　2 たまって　3 せまって　4 つのって

6 子供たちの目が輝いた。

1 かがやいた　2 つぶやいた　3 あざむいた　4 おもむいた

7 事故の再発防止に努めた。

1 もとめた　2 つとめた　3 とどめた　4 みとめた

8 功績を残したとして勲章を授けられた。

1 ささげられた　2 もうけられた　3 あずけられた　4 さずけられた

9 綿密に計画を練った。

1 しぼった　2 いじった　3 ねった　4 ひねった

10 あしたの試合には全力を挙げて臨むつもりです。

1 はさむ　2 つかむ　3 のぞむ　4 いどむ

정답　1①　2③　3④　4①　5④　6①　7②　8④　9③　10③

問題1 ＿＿＿＿の言葉の読み方として最もよいものを、1・2・3・4から一つ選びなさい。

1 長年の夢が成就した。
1 じょうじゅ　2 じょうしゅう　3 せいじゅ　4 せいしゅう

2 新しいプロジェクトの概略を説明した。
1 きりゃく　2 がいりゃく　3 せんりゃく　4 こうりゃく

3 とても貴重な体験をした。
1 きじゅう　2 きちょう　3 きいじゅう　4 きいちょう

4 病人の患部に放射線療法を施した。
1 ほどこした　2 こなした　3 さとした　4 そらした

5 差別の撤廃を求める集会が開かれた。
1 みとめる　2 ちぢめる　3 もとめる　4 おさめる

6 ハイジャック事件が起こり、乗客が人質になった。
1 ひとしつ　2 ひとじち　3 じんしつ　4 じんじち

7 これからは慎重な行動が求められる。
1 しんちょう　2 しんじゅう　3 そんちょう　4 そんじゅう

8 最近、この付近で強盗事件が相次いでいる。
1 きょうとう　2 ごうどう　3 ごうとう　4 きょうどう

9 この国は地下資源に乏しい。
1 とぼしい　2 まずしい　3 きびしい　4 いやらしい

10 念願の新政権が発足した。
1 はつあし　2 はつぞく　3 ばっそく　4 ほっそく

정답　1 ①　2 ②　3 ②　4 ①　5 ③　6 ②　7 ①　8 ③　9 ①　10 ④

확인문제 ⑬

해석 p.50

問題1 ＿＿＿の言葉の読み方として最もよいものを、1・2・3・4から一つ選びなさい。

1 石油資源は、そのうち枯渇する恐れがある。

1 こかつ　2 こがつ　3 こうかつ　4 こうがつ

2 補助金は公共性の高い事業に支給される。

1 きょうこうしょう　2 こうきょうしょう　3 きょうこうせい　4 こうきょうせい

3 このキャンプ場では定められた場所以外での火の使用を禁じています。

1 しめられた　2 きめられた　3 さだめられた　4 みとめられた

4 合図をしたら速やかに行動を始めてください。

1 ひそやかに　2 あざやかに　3 ゆるやかに　4 すみやかに

5 出発の準備を整えた。

1 そろえた　2 ととのえた　3 ひかえた　4 おさえた

6 業績は大幅に上向いている。

1 おおはば　2 おおふく　3 だいはば　4 だいふく

7 彼は子供ながら、すばらしい芝居を見せてくれた。

1 しばい　2 えんきょ　3 しきょ　4 しがい

8 「笑い」は人間関係を円滑にしてくれる。

1 えんこつ　2 わんかつ　3 わんこつ　4 えんかつ

9 交渉が妥結した。

1 だけつ　2 かけつ　3 そっけつ　4 ひけつ

10 あの選手はひどいスランプに陥った。

1 とどまった　2 とびちった　3 みなぎった　4 おちいった

정답　1①　2④　3③　4④　5②　6①　7①　8④　9①　10④

해석 p.50

問題1 ＿＿＿の言葉の読み方として最もよいものを、1・2・3・4から一つ選びなさい。

1 新聞記者が事件の真相を<u>暴露</u>した。

1 ぼくろ　2 ぼくろう　3 ばくろ　4 ばくろう

2 NPO設立の<u>趣旨</u>について説明した。

1 しゅし　2 しゅじ　3 しゅうし　4 しゅうじ

3 人間はみんな<u>平等</u>でなくてはならない。

1 へいとう　2 へいどう　3 びょうとう　4 びょうどう

4 健康を<u>損なわない</u>ように気をつけた。

1 そんなわない　2 まかなわない　3 そこなわない　4 うしなわない

5 会員同士で親睦を<u>図る</u>パーティーが開かれた。

1 はじる　2 はかる　3 はかどる　4 くわだてる

6 攻撃の<u>要</u>となる選手が欠場した。

1 かなめ　2 ふしめ　3 つぼ　4 よう

7 不景気の影響もあって<u>繁盛</u>している店は見当たらない。

1 はんせい　2 ほんせい　3 はんじょう　4 ほんじょう

8 この施設は<u>手薄</u>な警備が問題として指摘されている。

1 しゅはく　2 てうす　3 てはく　4 てがる

9 なぜか小説よりも<u>脚本</u>を読むのが好きだ。

1 かくほん　2 きゃくほん　3 かくぼん　4 きゃくぼん

10 彼らに反省を<u>促した</u>。

1 たした　2 うながした　3 ただした　4 もよおした

정답　1③　2①　3④　4③　5②　6①　7③　8②　9②　10②

問題 1 한자읽기 확인문제 해석

확인문제 1

1 신뢰가 크게 실추되었다.
2 구입에 앞서서 다양한 자료를 음미(차근차근 잘 조사)했다.
3 회의장에 긴박한 공기가 흘렀다.
4 그가 말하고 있는 것은 모순 투성이다
5 그의 이야기는 도저히 납득할 수 없다.
6 건강을 유지하기 위해서는 운동이 제일이다.
7 사회에 공헌할 수 있는 인재를 양성한다.
8 새로운 단체가 발족되었다.
9 이것은 모든 조건을 고려하여 낸 결과이다.
10 범인은 침묵하는 것으로 무죄를 주장했다.

확인문제 2

1 사건의 경위를 파악하고 나서 대책을 세운다.
2 그는 아직 사태의 심각성을 인식하지 못했다.
3 자금난으로 고심한 끝에 공장을 폐쇄하기로 했다.
4 동물을 숭배하는 종교나 문화를 가지고 있는 민족이 있다.
5 사람의 인생은 공명하는 사람이 없다면 외로울 것이다.
6 보다 충실한 휴가를 만끽할 수 있도록 계획을 세우고 있다.
7 이사회는 해외 전개의 가능성을 모색하고 있다.
8 네가 믿는 종교는 컬트일지도 모른다.
9 경찰은 위조된 1만 엔짜리 지폐가 나돌고 있다고 주의를 당부하고 있다.
10 사고 현장은 사상자가 많아 아직 혼란스럽다.

확인문제 3

1 주입식 교육의 반성으로 유토리(여유)교육을 추진해 왔다.
2 그는 냉정한 판단력과 솔선하는 행동으로 신뢰를 얻고 있다.
3 정부는 인플레이션을 억제하기 위해 정책을 검토하고 있다고 한다.
4 한정 상품은 창가 선반에 진열되어 있다.
5 헤드헌터란, 우수한 인재를 발굴하는 것을 직무로 하는 사람을 말한다.
6 12월이 되면 1만 개의 조명이 화려하게 장식된다.
7 교칙에 위반된 것은 몰수되는 경우도 있다.
8 이것은 지방을 연소시키는 효과가 있는 것 같습니다.
9 자네에게 맡길 테니 이번에야말로 실력을 발휘해 주게.
10 집 텃밭에서 무나 배추 등을 재배하고 있다.

확인문제 4

1 부모와 자식의 갈등은 예나 지금이나 변하지 않았다.
2 도로 확장공사가 시작되었다.
3 상세에 대해서는 홈페이지를 봐 주세요.
4 다음에 귀사 공장을 꼭 견학시켜 주세요.
5 이런 불경기에는 평소의 수익은 기대할 수 없다.
6 그 영화는 가공의 세계를 무대로 하고 있다.
7 정부는 소득 격차의 시정을 도모하기 위해, 정책을 세웠다.
8 그것은 심판에 대한 모욕 행위에 해당해요.
9 A사는 집단 소송의 수습에 전력을 기울이고 있다.
10 저 정치가는 보수적 색채가 강하다.

확인문제 5

1 저금은 커녕 빚도 갚을 수 없다.
2 그는 앞뒤가 꽉 막혀서 융통성이 없는 사람이다.
3 자동차 산업은 경제 부흥의 열쇠가 되겠죠.
4 이제부터 발효와 부패의 차이에 대해서 설명하겠습니다.
5 이 건물은 대표적인 일본식과 서양식을 절충한 건축물이다.
6 시종일관 적극적으로 공격했지만, 결국 무승부로 끝났다.
7 그는 말없이 떠나갔다.
8 그는 이제까지의 경위를 이야기하기 시작했다.
9 아이가 뛰쳐나왔기 때문에 반사적으로 브레이크를 밟았다.
10 이 잡지는 세계 각지의 유적을 소개하고 있다.

확인문제 6

1 회의의 진행에 대해서는 첫머리에 말한 대로입니다.
2 여론조사에서는 일본인의 약 70퍼센트가 경제 격차를 느끼고 있다고 한다.
3 과학이 현대사회를 초래한 것은 사실이지만, 과학만이 만능은 아니다.
4 최근 청소년 범죄의 밑바탕에 있는 것을 알아보고 싶다.
5 저 두 사람은 사업을 시작한 이래, 서로가 도와왔다.
6 나는 장래에 낙농일을 하려고 생각하고 있습니다.
7 이쪽은 사육에 필요한 기구, 사료 등을 소개한 카탈로그입니다.
8 올해 예산은 작년과 비교해서 10퍼센트 삭감되었다.
9 피해지에 잇달아 구원의 손길이 도착했다.
10 물가가 비싸서 서민의 생활은 힘들어질 뿐이다.

확인문제 7

1 인터넷은 도서관의 쇠퇴를 초래할지도 모른다.
2 미사일 발사 실험을 보고 그 위력을 실감했다.
3 이 프로그램은 파일의 추가와 소거(삭제)에 도움이 되는 툴입니다.
4 이 방법으로는 아무리 해도 계산에 오차가 생긴다.
5 그는 지역 발전에 많은 공헌을 해온 인물이다.
6 일을 선택할 때 '대우와 보람' 어느 쪽을 중시할지로 고민하고 있다.
7 사회인에게 있어 예의 바름이나 겸허함은 없어서는 안 되는 것이다.
8 도시에서도 빈 집이 눈에 띄는 과소현상이 일어나고 있다고 한다.
9 업계 내에서도 그의 공적은 인정받고 있다.
10 그가 범인이라는 증거는 어디에도 없다.

확인문제 8

1 유사성이 높은 것을 선택했다.
2 바다에는 자연정화 작용이 있다.
3 항공 관제 시스템의 오작동으로 공항이 혼란해졌다.
4 그의 현명한 조치로 모두 살았다.
5 당사의 고객 서비스 센터에서는 평소 정중하고, 신속한 대응을 위해 노력하고 있습니다.
6 범인은 전부터 빈번하게 출입했었다고 한다.
7 올해는 맹렬한 더위로 열사병 환자가 급격하게 늘었다.
8 레시피대로 만들었는데, 맛은 미묘하게 다르다.
9 이것을 사용하면 방대한 양의 자료를 보존할 수 있다.
10 그는 대부호라고도 일컬어지지만, 검소한 생활을 하고 있다.

확인문제 9

1 자긍심을 가지고 있다.
2 엄마한테 선물하려고 귀여운 동전지갑을 샀다.
3 저녁 때, 해변을 산책하면서 음악을 듣는 것이 일과입니다.
4 조작 순서는 설명서에 쓰여 있다.
5 그는 세상사를 전혀 모른다.
6 요리도 약간의 연구(고안)로 맛있어진다.
7 우리들의 입장도 이해해주길 바란다.
8 그는 땅거미 진 공원을 찍는 것이 취미이다.
9 오늘 식단은 제철 재료를 사용하였습니다.
10 역시 본고장의 맛은 다르다.

확인문제 10

1 그는 아프리카의 물 부족 문제에 대해서 이야기했다.
2 나라의 장래를 짊어질 젊은이.
3 그녀는 매일 다이어트에 힘쓰고 있다.
4 위험이 지나가기를 기다렸다.
5 양국 정상은 양국의 관심사에 대해서 의견을 주고받았다.
6 그는 지금 큰 문제를 안고 있다.
7 외국인에게 지방선거권을 인정했다.
8 남자가 거금을 빼앗아서 달아났다.
9 찬성이라고 대답한 사람이 80퍼센트 이상을 차지했다.
10 실내를 일정 온도로 유지해 주세요.

확인문제 해석

확인문제 11

1 바람에 머리카락이 흐트러졌다.
2 이 지역도 태풍의 피해를 벗어날 수 없었다.
3 원고 마감 기한이 다가왔다.
4 그들이 능력이라는 점에서 뒤쳐진다고는 생각할 수 없다.
5 정부에 대한 불신감이 심해지고 있다.
6 아이들의 눈이 빛났다.
7 사고의 재발 방지에 힘썼다.
8 공적을 남겼다고 하여 훈장을 받았다.
9 면밀하게 계획을 짰다.
10 내일 시합에는 전력을 다하여 임할 작정입니다.

확인문제 12

1 오랜 꿈이 성취되었다(이루어졌다).
2 새로운 프로젝트의 개략(개요)를 설명했다.
3 매우 귀중한 체험을 했다.
4 병자의 환부에 방사선 치료법을 썼다.
5 차별 철폐를 요구하는 집회가 열렸다.
6 비행기 공중납치 사건이 일어나, 승객이 인질이 되었다.
7 앞으로는 신중한 행동이 요구된다.
8 최근에 이 부근에서 강도 사건이 잇따르고 있다.
9 이 나라는 지하자원이 부족하다.
10 염원의 신정권이 발족했다.

확인문제 13

1 석유 자원은 머지않아 고갈될 우려가 있다.
2 보조금은 공공성이 높은 사업에 지급된다.
3 이 캠프장은 정해진 장소 이외에서 불을 사용할 수 없습니다.
4 신호를 하면 신속하게 행동을 시작해 주세요.
5 출발 준비를 갖추었다.
6 업적은 큰 폭으로 오르고 있다.
7 그는 아이인데도 훌륭한 연기를 보여주었다.
8 '웃음'은 인간관계를 원활하게 해준다.
9 교섭이 타결되었다.
10 저 선수는 극심한 슬럼프에 빠졌다.

확인문제 14

1 신문기자가 사건의 진상을 폭로했다.
2 NPO 설립 취지에 대해서 설명했다.
3 인간은 모두 평등해야 한다.
4 건강을 해치지 않도록 조심했다.
5 회원끼리 친목을 도모하는 파티가 열렸다.
6 공격의 요점(핵심)이 되는 선수가 결장했다.
7 불경기의 영향도 있어서 번창하고 있는 가게는 눈에 띄지 않는다.
8 이 시설은 허술한 경비가 문제로 지적되고 있다.
9 어째서인지 소설보다도 각본을 읽는 것이 좋다.
10 그들에게 반성을 촉구했다.

|M|E|M|O|

問題 2 문맥규정

문제유형 문맥규정(7문항)

<問題2 문맥규정>은 문장 전체의 문맥에 맞는 어휘를 골라서 괄호 안에 넣는 문제로, 단어의 의미를 잘 알아야 쉽게 풀 수 있다.

問題 2 （　　　）に入れるのに最もよいものを、1・2・3・4から一つ選びなさい。

7 半年後の開催を前に、オリンピックの準備が（　　　）進められている。

1 着々と　　2 刻々と　　3 続々と　　4 延々と

7	● ② ③ ④

포인트

선택지에는 의미가 비슷한 어휘나 음이 비슷한 어휘가 나오므로 틀리지 않도록 주의해야 한다. 문맥규정에서는 어려운 문제의 경우, 우선 선택지에 나온 단어들을 순서대로 문장 속에 넣어서 해석해 보면 문장 흐름에 적절한 어휘가 무엇인지 찾을 수 있을 것이다. 그렇게 해도 모르겠으면 생소해 보이는 어휘를 골라라.

학습요령

한자어(完結(かんけつ)、念願(ねんがん))는 어휘문제 (문제2~4)에 고르게 출제되므로, 어휘로서의 한자가 가지는 의미를 철저히 파악하면서 공부해야 한다. 또한 가타카나어로 된 외래어 문제, 의성어 · 의태어도 7문항 중 1문항정도 출제되며, 중요한 부분은 형용사 · 동사 · 부사 등이 자주 등장하게 되었다. 의미를 정확하게 이해하고 문장 안에서 어떻게 쓰이는지 '확인 문제'를 풀면서 체크하도록 하자.

問題2 문맥규정 출제예상 ❶순위

학습포인트

問題2 어휘는 출제 예상 1순위에서 기본으로 알아야 하는 한자어, 2순위에서는 동사, 3순위에서는 형용사 · 부사 · 접속사 · 가타카나어(외래어) · 접두어 · 접미어 순으로 제시한다. 1순위 한자어는 독해 문제를 푸는 데에도 도움이 되며, 2순위 동사, 3순위 어휘들은 최근 문맥규정 문제에 자주 등장하고 있다. 특히, 동사 · 형용사 · 부사 · 접속사 등은 간과하지 말고 꼼꼼히 학습해야 한다.

어휘에 자주 나오는 한자어

※(　) 안의 숫자는 기출 연도입니다.

圧	圧倒(あっとう) 압도	圧迫(あっぱく) 압박	圧力(あつりょく) 압력	
暗	暗殺(あんさつ) 암살			
異	異議(いぎ) 이의	異動(いどう) 이동	驚異(きょうい) 경이	
依	依然(いぜん) 의연	依頼(いらい) 의뢰		
意	意向(いこう) 의향	意地(いじ) 고집, 성미 (12年)	意図(いと) 의도	意欲(いよく) 의욕
運	運賃(うんちん) 운임	運用(うんよう) 운용		
大	大方(おおかた) 대부분	大柄(おおがら) 몸집이 큼	大筋(おおすじ) 대략 (12年)	
応	応急(おうきゅう) 응급	応募(おうぼ) 응모		

過	過密(かみつ) 과밀 (16年)	過労(かろう) 과로	
改	改革(かいかく) 개혁	改訂(かいてい) 개정 (12年)	改良(かいりょう) 개량
解	解除(かいじょ) 해제 (18年)		
確	確信(かくしん) 확신	確保(かくほ) 확보	確立(かくりつ) 확립
外	外観(がいかん) 외관		
観	観点(かんてん) 관점		
鑑	鑑賞(かんしょう) 감상	鑑定(かんてい) 감정 (사물의 값어치를 판정함) (16年)	
感	感染(かんせん) 감염		

勘	勘定(かんじょう) 계산
慣	慣例(かんれい) 관례

気	気質(きしつ) 기질	気品(きひん) 기품	気風(きふう) 기풍	気象(きしょう) 기상
機	機構(きこう) 기구	機能(きのう) 기능	動機(どうき) 동기	
規	規制(きせい) 규제	規範(きはん) 규범	規模(きぼ) 규모	規約(きやく) 규약
却	却下(きゃっか) 각하	忘却(ぼうきゃく) 망각		
強	強行(きょうこう) 강행	強制(きょうせい) 강제 (15年)		
共	共感(きょうかん) 공감	共存(きょうぞん) 공존 (=共存(きょうそん))	共和(きょうわ) 공화	
協	協議(きょうぎ) 협의	協定(きょうてい) 협정		
教	教訓(きょうくん) 교훈 (16年)			
経	経緯(けいい) 경위 (16年)	経過(けいか) 경과	経費(けいひ) 경비	経歴(けいれき) 경력 (17年)
	経路(けいろ) 경로			
軽	軽減(けいげん) 경감	軽視(けいし) 경시	軽症(けいしょう) 경증	
形	形成(けいせい) 형성	形勢(けいせい) 형세	形態(けいたい) 형태	
決	決意(けつい) 결의	決勝(けっしょう) 결승		
結	結成(けっせい) 결성	結束(けっそく) 결속 (10年)	結晶(けっしょう) 결성	
権	権威(けんい) 권위	権限(けんげん) 권한	権力(けんりょく) 권력	棄権(きけん) 기권
現	現行(げんこう) 현행	現地(げんち) 현지		

原	原則(げんそく) 원칙	原点(げんてん) 원점		
健	健在(けんざい) 건재	健闘(けんとう) 건투		
減	減少(げんしょう) 감소	減点(げんてん) 감점		
個	個々(ここ) 개개, 각자	個別(こべつ) 개별		
顧	顧客(こきゃく) 고객	愛顧(あいこ) 사랑하며 돌봐줌	回顧(かいこ) 회고 (18年)	
誤	誤差(ごさ) 오차	錯誤(さくご) 착오		
交	交易(こうえき) 교역	交互(こうご) 서로 번갈아 함	交渉(こうしょう) 교섭	交替(こうたい) 교체
好	好悪(こうお) 좋아함과 싫어함	好感(こうかん) 호감	好機(こうき) 호기	好転(こうてん) 호전

	愛好(あいこう) 애호			
購	購入(こうにゅう) 구입	購読(こうどく) 구독		
公	公演(こうえん) 공연	公開(こうかい) 공개	公言(こうげん) 공언	公認(こうにん) 공인
	公立(こうりつ) 공립			

抗	抗議(こうぎ) 항의	抗争(こうそう) 항쟁		
国	国防(こくぼう) 국방	国連(こくれん) 국제 연합	国交(こっこう) 국교	
根	根気(こんき) 끈기	根拠(こんきょ) 근거 (11年)	根底(こんてい) 밑바탕	根本(こんぽん) 근본
細	細心(さいしん) 세심	細胞(さいぼう) 세포		
載	掲載(けいさい) 게재	搭載(とうさい) 탑재	記載(きさい) 기재	
採	採決(さいけつ) 채결	採択(さいたく) 채택	採用(さいよう) 채용	
産	産出(さんしゅつ) 산출	産物(さんぶつ) 산물		
山	山脈(さんみゃく) 산맥			
資	資格(しかく) 자격	資金(しきん) 자금	資産(しさん) 자산	
自	自己(じこ) 자기	自立(じりつ) 자립		
支	支持(しじ) 지지	収支(しゅうし) 수지		
視	視察(しさつ) 시찰	視点(してん) 시점	視野(しや) 시야	監視(かんし) 감시
実	実家(じっか) 생가, 친정	実業家(じつぎょうか) 실업가	実質(じっしつ) 실질	実践(じっせん) 실천
	実態(じったい) 실태			
収	収益(しゅうえき) 수익	収支(しゅうし) 수지	収集(しゅうしゅう) 수집	収容(しゅうよう) 수용
修	修士(しゅうし) 석사	修了(しゅうりょう) 수료		
出	出演(しゅつえん) 출연	出現(しゅつげん) 출현	出資(しゅっし) 출자	出社(しゅっしゃ) 출근
	出世(しゅっせ) 출세	出費(しゅっぴ) 지출	出品(しゅっぴん) 출품	摘出(てきしゅつ) 적출 (11年)
	流出(りゅうしゅつ) 유출			

所	所在(しょざい) 소재	所持(しょじ) 소지	所属(しょぞく) 소속	所定(しょてい) 소정
	所得(しょとく) 소득	所有(しょゆう) 소유		
指	指摘(してき) 지적			
新	新婚(しんこん) 신혼	新人(しんじん) 신인	新築(しんちく) 신축	
進	進行(しんこう) 진행	進出(しんしゅつ) 진출	進呈(しんてい) 진정	進展(しんてん) 진전
人	人格(じんかく) 인격	人材(じんざい) 인재	人脈(じんみゃく) 인맥 (16年)	人民(じんみん) 인민
真	真実(しんじつ) 진실	真相(しんそう) 진상	真理(しんり) 진리	
水	水源(すいげん) 수원			
推	推進(すいしん) 추진	推測(すいそく) 추측	推理(すいり) 추리	
正	正夢(まさゆめ) 사실과 부합되는 꿈	訂正(ていせい) 정정		
成	成果(せいか) 성과	成長(せいちょう) 성장	成年(せいねん) 성년	
生	生育(せいいく) 성장			

精	精鋭(せいえい) 정예	精算(せいさん) 정산		
世	世代(せだい) 세대	世論(せろん) 여론 (＝世論(よろん))		
戦	戦闘(せんとう) 전투			
相	相応(そうおう) 상응	相場(そうば) 시세 (16年)		
創	創造(そうぞう) 창조			
妥	妥協(だきょう) 타협 (12年)	妥当(だとう) 타당		
対	対抗(たいこう) 대항	対処(たいしょ) 대처	対等(たいとう) 대등	対比(たいひ) 대비
	対面(たいめん) 대면			
大	大家(たいか) 거장	大金(たいきん) 거금	大衆(たいしゅう) 대중	大使(たいし) 대사
	大役(たいやく) 중대한 임무			
滞	渋滞(じゅうたい) 정체 (진행이 더딤)	停滞(ていたい) 정체		
退	退学(たいがく) 퇴학	退治(たいじ) 퇴치	退職(たいしょく) 퇴직	

体	体格(たいかく) 체격	体験(たいけん) 체험	体力(たいりょく) 체력	
単	単価(たんか) 단가	単身(たんしん) 단신		
中	中継(ちゅうけい) 중계	中傷(ちゅうしょう) 중상	中毒(ちゅうどく) 중독	
抽	抽象(ちゅうしょう) 추상			
調	調印(ちょういん) 조인	調停(ちょうてい) 조정	調理(ちょうり) 조리	調和(ちょうわ) 조화
沈	沈黙(ちんもく) 침묵			
手	手当(てあて) 수당	手際(てぎわ) 솜씨, 수완 (12年)	手順(てじゅん) 차례, 순서	手配(てはい) 준비
	手法(しゅほう) 수법, 기법	手腕(しゅわん) 수완	名手(めいしゅ) 명수	入手(にゅうしゅ) 입수
提	提供(ていきょう) 제공	提携(ていけい) 제휴	提起(ていき) 제기 (17年)	

適	適性(てきせい) 적성			
天	天才(てんさい) 천재	天災(てんさい) 천재 (재난)		
転	転換(てんかん) 전환 (12年)	転勤(てんきん) 전근		
同	同意(どうい) 동의	同感(どうかん) 동감	同居(どうきょ) 동거	同士(どうし) 한패
	同情(どうじょう) 동정	同調(どうちょう) 동조		
統	統制(とうせい) 통제	統率(とうそつ) 통솔		
特	特技(とくぎ) 특기	特性(とくせい) 특성	特設(とくせつ) 특설	
独	独裁(どくさい) 독재	独占(どくせん) 독점	独創(どくそう) 독창	
内	内閣(ないかく) 내각	内部(ないぶ) 내부	内訳(うちわけ) 내역 (16年)	
認	承認(しょうにん) 승인 (10年)	容認(ようにん) 용인		

熱	熱意(ねつい) 열의			
把	把握(はあく) 파악 (13年)			
破	破壊(はかい) 파괴	破棄(はき) 파기	破産(はさん) 파산	
配	配線(はいせん) 배선	配当(はいとう) 배당	配布(はいふ) 배포	配慮(はいりょ) 배려

発	発芽(はつが) 발아	発掘(はっくつ) 발굴	発言(はつげん) 발언	発生(はっせい) 발생
繁	繁盛(はんじょう) 번성 (10, 19年)	頻繁(ひんぱん) 빈번 (16年)		
悲	悲観(ひかん) 비관	悲願(ひがん) 비원		
人	人柄(ひとがら) 인품	人目(ひとめ) 남의 눈		
一	一息(ひといき) 잠깐 쉼			
頻	頻度(ひんど) 빈도	頻繁(ひんぱん) 빈번 (16年)		
不	不意(ふい) 불의	不況(ふきょう) 불황	不興(ふきょう) 흥이 깨짐, 재미없음	不景気(ふけいき) 불경기
	不慮(ふりょ) 뜻밖			
風	風習(ふうしゅう) 풍습	風俗(ふうぞく) 풍속	風土(ふうど) 풍토	
復	復活(ふっかつ) 부활	復興(ふっこう) 부흥 (17年)		
分	分際(ぶんざい) 처지, 분수	分散(ぶんさん) 분산	分別(ぶんべつ) 분별	
偏	偏愛(へんあい) 편애	偏屈(へんくつ) 성질이 비뚤어짐	偏見(へんけん) 편견	偏在(へんざい) 편재
保	保育(ほいく) 보육	保険(ほけん) 보험	保護(ほご) 보호	保障(ほしょう) 보장
法	法案(ほうあん) 법안	法学(ほうがく) 법학	法廷(ほうてい) 법성	
放	放棄(ほうき) 포기	放置(ほうち) 방치		
暴	暴動(ぼうどう) 폭동	暴力(ぼうりょく) 폭력		

補	補給(ほきゅう) 보급	補充(ほじゅう) 보충	補助(ほじょ) 보조	補償(ほしょう) 보상
	補足(ほそく) 보충	補虜(ほりょ) 포로		
本	本格(ほんかく) 본격	本質(ほんしつ) 본질	本性(ほんしょう) 본성	本体(ほんたい) 본체
	本音(ほんね) 속마음 (10年)	本能(ほんのう) 본능	本場(ほんば) 본고장	本分(ほんぶん) 본분
	本領(ほんりょう) 본령			
未	未知(みち) 미지	未定(みてい) 미정	未練(みれん) 미련	
密	密集(みっしゅう) 밀집	密度(みつど) 밀도	密封(みっぷう) 밀봉	密輸(みつゆ) 밀수
無	無断(むだん) 무단	無論(むろん) 물론		

名	名義(めいぎ) 명의	名産(めいさん) 명산	名実(めいじつ) 명실	名簿(めいぼ) 명부
	名誉(めいよ) 명예	匿名(とくめい) 익명	売名(ばいめい) 매명	
模	模型(もけい) 모형	模範(もはん) 모범	模倣(もほう) 모방	
野	野党(やとう) 야당			
有	有機(ゆうき) 유기	有識者(ゆうしきしゃ) 유식한 사람		
要	要旨(ようし) 요지	要請(ようせい) 요청	要領(ようりょう) 요령	
余	余暇(よか) 여가	余地(よち) 여지		
予	予言(よげん) 예언	予想(よそう) 예상	予断(よだん) 예단, 예측 (14年)	
理	理論(りろん) 이론			
立	立案(りつあん) 입안	立腹(りっぷく) 역정을 냄		
冷	冷気(れいき) 냉기	冷却(れいきゃく) 냉각	冷遇(れいぐう) 냉대	

어휘에 자주 나오는 동사

~く(ぐ)	□ あえぐ 허덕이다	□ 描(えが)く 그리다, 묘사하다	□ 浮(う)く 뜨다, 떠오르다
	□ うつむく 고개를 숙이다	□ 赴(おもむ)く 향하여 가다	□ 傾(かたむ)く 기울다, 치우치다
	□ 裁(さば)く 심판하다, 재판하다	□ 敷(し)く 깔다, 펴다	□ しがみつく 달라붙다
	□ 退(しりぞ)く 물러서다, 사양하다 (12年)	□ すすぐ 헹구다, 설욕하다	□ たどり着(つ)く 겨우 당도하다
	□ つつく 가볍게 쿡쿡 찌르다	□ 呟(つぶや)く 중얼거리다, 투덜거리다	□ 懐(なつ)く 친숙해져서 따르다, 친해지다
	□ 弾(はじ)く 튀기다 (17年)	□ はたく 치다, 때리다, 털다	□ ばらまく 여기저기 뿌리다
	□ 響(ひび)く 울리다, 울려 퍼지다	□ 引(ひ)っかく 할퀴다, 세게 긁다	□ ぼやく 투덜거리다, 불평하다
	□ まごつく 갈팡질팡하다	□ 招(まね)く 초래하다	□ もがく 바둥거리다, 안달하다
	□ 剥(は)ぐ/剥(む)く (껍질을) 벗기다	□ ゆすぐ 물로 헹구다, 양치질하다	
	□ 揺(ゆ)らぐ 흔들리다, 불안정해지다 (14年)		□ 和(やわ)らぐ 누그러지다 (12年)
~う	□ 争(あらそ)う 다투다, 경쟁하다	□ 失(うしな)う 상실하다, 잃어버리다	□ 疑(うたが)う 의심하다 (15年)
	□ 敬(うやま)う 존경하다, 공경하다	□ 負(お)う (짐을) 지다, (비난을) 받다	□ 行(おこな)う (행위를) 하다, 실시하다
	□ 補(おぎな)う 보충하다	□ 叶(かな)う 이루어지다, 뜻대로 되다	□ かばう (잘못을) 감싸다
	□ 競(きそ)う 겨루다, 경쟁하다	□ 誘(さそ)う 권유하다	□ さらう 채다, 독차지하다
	□ 従(したが)う 따르다, 수행하다	□ 救(すく)う 구하다	□ 漂(ただよ)う 떠다니다, 방황하다 (14年)
	□ ためらう 망설이다	□ 誓(ちか)う 맹세하다, 서약하다	□ 賑(にぎ)わう 활기차다, 번성하다 (10年)
	□ 担(にな)う 메다, (책임을) 지다 (13年)	□ 縫(ぬ)う 바느질하다, 꿰매다	□ 狙(ねら)う 겨누다
	□ 呪(のろ)う 저주하다	□ 這(は)う 기다, 기어가다	□ 恥(は)じらう 부끄러워하다
	□ 払(はら)う 털어내다, 지불하다	□ 拾(ひろ)う 줍다	□ 舞(ま)う 날다, 흩날리다
	□ 惑(まど)う 갈팡질팡하다 (16年)	□ 見(み)舞(ま)う 문병하다	□ 雇(やと)う 고용하다
~む	□ 編(あ)む 엮다, 뜨다	□ 危(あや)ぶむ 의심하다, 불안해하다	□ 歩(あゆ)む 걷다
	□ 恨(うら)む 원망하다	□ うらやむ 부러워하다	□ 囲(かこ)む 둘러싸다
	□ かさむ 부피가 커지다	□ 霞(かす)む 안개가 끼다, 뿌옇게 보이다	□ 噛(か)む 깨물다, 씹다

□ 刻(きざ)む 잘게 썰다, 새기다
□ くるむ 감싸다
□ 沈(しず)む 가라앉다
□ 親(した)しむ 친하게 지내다, 가까이 하다
□ たるむ 처지다
□ 包(つつ)む 싸다
□ 摘(つま)む (손가락으로) 잡다, 집어먹다
□ 和(なご)む (기분이) 온화해지다
□ 悩(なや)む 고민하다, 괴로워하다
□ 滲(にじ)む 번지다, 스미다 (19年)
□ 盗(ぬす)む 훔치다
□ 弾(はず)む 튀다 (11年)
□ 阻(はば)む 저지하다 (17年)
□ むくむ (몸이) 붓다
□ 恵(めぐ)む 베풀다 (10年)
□ もくろむ 꾀하다, 계획하다
□ 歪(ゆが)む 비뚤어지다, 일그러지다
□ 緩(ゆる)む 느슨해지다, 헐렁해지다

～す

□ 明(あ)かす 밝히다, 밤을 새우다
□ 荒(あ)らす 어지럽게 하다
□ 生(い)かす 살리다, 특성을 발휘시키다
□ うるおす 축축해지다
□ 遅(おく)らす 늦추다
□ おどす 협박하다, 놀라게 하다
□ 脅(おびや)かす 위협하다, 협박하다
□ 及(およ)ぼす (영향을) 미치다 (10年)
□ 蹴飛(けと)ばす 걷어차다
□ けなす 헐뜯다, 비방하다
□ 凝(こ)らす 엉기게 하다, 한 곳에 집중시키다
□ 澄(す)ます 맑게 하다
□ 記(しる)す 기록하다, 명심하다
□ 反(そ)らす 뒤로 젖히다, 휘게 하다
□ 託(たく)す맡기다, 부탁하다 (17年)
□ 費(つい)やす 쓰다, 소비하다 (10年, 12年)
□ 慣(な)らす 길들이다
□ 悩(なや)ます 괴롭히다, 고통을 주다
□ はがす 벗기다, 떼다
□ 冷(ひ)やかす 놀리다, 희롱하다
□ 滅(ほろ)ぼす 멸망시키다, 망치다
□ 任(まか)す 맡기다
□ 紛(まぎ)らわす 얼버무리다
□ 乱(みだ)す 흩뜨리다, 어지럽히다
□ みなす 간주하다
□ もたらす 가져오다, 초래하다
□ もてなす 대우하다, 대접하다
□ 召(め)す '먹다 · 마시다'의 높임말
□ 漏(も)らす 새게 하다, 누설하다
□ 指差(ゆびさ)す (손가락으로) 가리키다, 손가락질하다

～る

□ 焦(あせ)る 안달하다
□ あつらえる 맞추다, 주문하다
□ あてる 부딪다, 닿게 하다
□ 甘(あま)える 응석 부리다

- □ ありふれる 흔하게 있다
- □ いじる 만지작거리다
- □ いたわる 노고를 위로하다
- □ 承(うけたまわ)る '받다'의 겸양어
- □ 上回(うわまわ)る 웃돌다
- □ 老(お)いる 늙다
- □ おだてる 부추기다, 치켜세우다
- □ 訪(おとず)れる 방문하다
- □ おびえる 무서워서 벌벌 떨다, 겁내다 (16年)
- □ 駆(か)ける 말을 타고 달리다, 뛰어가다 (18年)
- □ 飾(かざ)る 꾸미다
- □ 固(かた)める 다지다, 굳히다
- □ 構(かま)える 차리다, 준비하다
- □ 限(かぎ)る (범위를) 한정하다
- □ くぐる (몸을 구부리고) 빠져나가다
- □ 朽(く)ちる 썩다, 쇠하다
- □ けずる 깎다, 삭감하다
- □ こじれる 덧나다, 뒤틀리다
- □ 異(こと)なる 다르다
- □ こめる 채우다, 집중시키다, (마음을) 담다
- □ 凝(こ)る 엉기다, 근육이 뻐근하다
- □ さえずる (새가) 지저귀다, 재잘거리다
- □ 裂(さ)ける 찢어지다
- □ 擦(さす)る 문지르다
- □ 悟(さと)る 진리를 깨닫다, 이해하다
- □ 荒(あ)れる (날씨 등이) 거칠어지다
- □ 至(いた)る 도달하다
- □ 受(う)かる 합격하다
- □ 埋(う)める 메우다
- □ 植(う)わる 심어지다
- □ おごる 한턱내다
- □ 劣(おと)る 뒤지다
- □ 帯(お)びる (몸에) 달다, 차다
- □ 賭(か)ける 걸다, 내기하다
- □ かさばる 부피가 커지다 (18年)
- □ かする 가볍게 스치고 지나가다
- □ かぶれる (어떤 영향을 받아) 물들다
- □ 刈(か)る 베다, 깎다
- □ 禁(きん)じる 금하다, 금시하다
- □ 腐(くさ)る 썩다, 부패하다
- □ 配(くば)る 나누어주다
- □ 煙(けむ)る 연기가 나다
- □ こだわる 구애되다, 집착하다
- □ 断(ことわ)る 거절하다, 미리 양해를 구하다
- □ こもる 틀어박히다
- □ 遮(さえぎ)る 차단하다 (11年)
- □ 栄(さか)える 번영하다, 번창하다
- □ 捧(ささ)げる (윗사람에게) 올리다
- □ 定(さだ)まる 정해지다, 결정되다
- □ さびる 녹슬다

□ さぼる 게을리하다

□ 強(し)いる 강요하다

□ しくじる 실수하다, 해고되다 (18年)

□ 沈(しず)める 가라앉히다, (불행한 상태에) 빠트리다

□ しなびる 시들다, 쭈그러지다

□ 渋(しぶ)る 망설이다, 주저하다 (18年)

□ 染(し)みる 스미다, 사무치다 (16年)

□ 据(す)える 자리잡아 놓다, 설치하다

□ ずれる 빗나가다

□ 添(そ)える 첨부하다, 곁들이다

□ そびえる 높이 솟다, 치솟다

□ 剃(そ)る (수염을) 깎다

□ 蓄(たくわ)える 모아두다, 비축하다 (16年)

□ 束(たば)ねる 묶다, 다발을 짓다

□ 散(ち)る (꽃이나 잎이) 지다, 떨어지다

□ つきる 떨어지다, 바닥나다

□ つねる 꼬집다

□ つぶる 눈을 감다, 눈감아주다

□ 照(て)る 밝게 빛나다

□ 途切(とぎ)れる 중단되다, 왕래가 끊기다

□ 遂(と)げる 이루다

□ 途絶(とだ)える 두절되다, 왕래가 끊어지다

□ とどめる 멈추다, 만류하다

□ とろける 녹다, 황홀해지다

□ 鈍(にぶ)る 둔해지다, 무디어지다 (11年)

□ 障(さわ)る 지장을 초래하다, 해가 되다 (13年)

□ 叱(しか)る 꾸짖다

□ 茂(しげ)る 우거지다

□ 仕付ける 예의범절을 가르치다

□ 縛(しば)る 묶다

□ 絞(しぼ)る 짜다

□ 占(し)める 차지하다

□ 擦(す)る 문지르다

□ 迫(せま)る (시각이) 다가오다

□ 備(そな)える 갖추다, 대비하다 (18年)

□ 染(そ)まる 물들다, 감화되다

□ たえる 견디다, 참다

□ 奉(たてまつ)る 바치다, 헌상하다

□ ちやほやする 애지중지하다

□ つかさどる 담당하다

□ つづる 철하다

□ 募(つの)る 더해지다, 심해지다

□ 連(つら)なる 나란히 늘어서 있다

□ とがめる 나무라다, 책망하다

□ 解(と)ける 풀리다, 해소되다

□ とじる 철하다, 합쳐서 꿰매다

□ とどまる (어느 범위 안에서) 그치다

□ とぼける 얼빠지다, 딴청 부리다

□ なだめる 달래다 (18年)

□ 塗(ぬ)る 칠하다, 바르다

- □ねじれる 꼬이다, 비틀어지다
- □粘(ねば)る 잘 달라붙다, 끈적거리다 (17年)
- □乗(の)っ取(と)る 탈취하다, 납치하다
- □映(は)える 비치다, 잘 어울리다 (19年)
- □化(ば)ける 둔갑하다, 변장하다
- □果(は)てる 끝나다, 다하다
- □引(ひ)っかかる (계략에) 속다
- □広(ひろ)まる 넓어지다, 보급되다
- □老(ふ)ける 나이를 먹다, 늙다
- □へりくだる 겸양하다
- □報(ほう)じる 갚다, 보답하다, 보도하다 (10年)
- □惚(ぼ)ける 자각이 둔해지다, 멍청해지다
- □ほどける (저절로) 풀어지다 (11年)
- □またがる 올라타다, 걸터앉다
- □乱(みだ)れる 흐트러지다
- □むせる 목메다, (슬픔 · 감동으로) 가슴이 메다
- □めくる 젖히다, 넘기다
- □設(もう)ける 마련하다, 설치하다 (12年)
- □戻(もど)る 되돌아가(오)다
- □漏(も)る 새다, 누설되다
- □詫(わ)びる 사과하다, 사죄하다 (16年)
- □ねだる 조르다, 보채다
- □逃(のが)れる 달아나다, 벗어나다 (11年)
- □ののしる 비난하다, 욕설을 퍼붓다
- □はかどる (일이) 진척되다 (10年)
- □ばてる 지치다, 녹초가 되다 (19年)
- □控(ひか)える 대기하다, 기다리다
- □秘(ひ)める 간직하다, 숨기다 (12年)
- □深(ふか)める 깊게 하다
- □隔(へだ)たる 동떨어지다, 차이가 있다
- □経(へ)る 경과하다, 거치다
- □葬(ほうむ)る 묻다, 매장하다
- □滅(ほろ)びる 망하다, 멸망하다 (17年)
- □交(まじ)える 섞다, 끼게 하다 (19年)
- □丸(まる)める 둥글게 하다, 뭉치다
- □むしる 쥐어뜯다, 잡아 뽑다
- □群(むら)がる 떼지어 모이다, 군집하다
- □目覚(めざ)める 잠에서 깨다, 싹트다
- □もてる 인기가 있다, 가질 수 있다
- □もめる 다투다, 옥신각신하다
- □蘇(よみがえ)る 되살아나다 (17年)

~する

- □値(あたい)する 가치가 있다, ~할 만하다 (15年)
- □恋(こい)する 사랑하다, 연모하다
- □制(せい)する 제정하다, 정하다, 제지하다
- □題(だい)する 제목을 붙이다, (표제 등을) 쓰다
- □害(がい)する 해치다, 방해하다
- □察(さっ)する 헤아리다, 짐작하다 (16年)
- □即(そく)する 딱 들어맞다
- □脱(だっ)する 벗어나다, 헤어나다

□ 徹(てっ)する 스며들다, 사무치다, 꿰뚫다	□ まっとうする 완수하다 (19年)
□ 面(めん)する 마주보다, 면하다	□ 有(ゆう)する 가지다
□ 要(よう)する 필요로 하다	□ リハビリする 재활운동을 하다

~じる・ずる	□ 案(あん)じる・ずる 궁리해내다, 염려하다	□ 演(えん)じる・ずる 어떤 행동을 하다, 연기하다
	□ 重(おも)んじる・ずる 소중히 하다, 존중하다	□ 禁(きん)じる・ずる 금하다, 금지하다
	□ 転(てん)じる・ずる 변하다, 바뀌다	□ 報(ほう)じる・ずる 보답하다, 알리다 (10年)
	□ 興(きょう)じる・ずる 흥겨워하다, 즐거워하다	□ 準(じゅん)じる・ずる 준하다, 기준으로 삼다

복합동사

言い	言(い)い張(は)る 우기다 (12年)	言(い)い渡(わた)す 알리다, 선고하다
打ち	打(う)ち明(あ)ける (비밀 등을) 털어놓다	打(う)ち切(き)る 자르다, 중단하다
	打(う)ち込(こ)む 열중하다, 몰두하다 (14年)	
受け	受(う)け継(つ)ぐ 계승하다 (13年)	受(う)け止(と)める 받아들이다 (13年)
	受(う)け流(なが)す (비난 등을) 받아넘기다 (13年)	受(う)け持(も)つ 담당하다
追い	追(お)い返(かえ)す 되돌려 보내다	追(お)い出(だ)す 내쫓다
押し	押(お)し込(こ)む 억지로 밀어넣다	押(お)し寄(よ)せる 밀려오다
落ち	落(お)ち合(あ)う 만나다, 합류하다	落(お)ち込(こ)む 침울해하다
思い	思(おも)い返(かえ)す 다시 생각하다 (14年)	思(おも)い込(こ)む 굳게 믿다
	思(おも)い立(た)つ 마음먹다	思(おも)いつめる 골똘히 생각하다 (15年)
	思(おも)い悩(なや)む 고민하다	思(おも)い付(つ)く 생각이 떠오르다
駆け	駆(か)けつける 급히 가(오)다 (18年)	
切り	切(き)り出(だ)す (말을) 꺼내다, 시작하다 (16年)	切(き)り抜(ぬ)ける 극복하다
食い	食(く)い違(ちが)う 어긋나다, 엇갈리다 (16年)	食(く)い止(と)める 저지하다 (15年)

組み	組(く)み合(あ)わせる 짜맞추다	組(く)み込(こ)む 짜넣다
差し	差(さ)し出(だ)す 내밀다, 제출하다	差(さ)し支(つか)える 지장이 있다
仕～	仕(し)上(あ)がる 완성하다 (15年)	仕(し)立(た)てる 만들다, 양성하다
立ち	立(た)ち去(さ)る 물러가다	立(た)ち寄(よ)る 다가서다, 들르다
	立(た)て替(か)える 대금을 대신 치르다 (13年)	
使い	使(つか)いこなす 구사하다	使(つか)い分(わ)ける 구별하여 쓰다
取り	取(と)り扱(あつか)う 다루다, 처리하다 (13年)	取(と)り組(く)む 맞붙다, 몰두하다 (13年)
	取(と)り立(た)てる 강제로 거두다, 징수하다	取(と)り次(つ)ぐ 전하다
	取(と)り付(つ)ける 설치하다, 얻어내다	取(と)り除(のぞ)く 없애다, 제거하다
	取(と)り戻(もど)す 되찾다, 회복하다 (15年)	取(と)り寄(よ)せる 주문해서 가져오게 하다
引き	引(ひ)き上(あ)げる 끌어올리다, 인양하다	引(ひ)き起(お)こす 일으키다
	引(ひ)き落(お)とす 계좌에서 자동 납부하다	引(ひ)き下(さ)げる 내리다, 인하하다
	引(ひ)き継(つ)ぐ 이어받다, 넘겨받다	引(ひ)きずる 질질 끌다
	引(ひ)き取(と)る 인수하다	引(ひ)き止(と)める 만류하다
踏み	踏(ふ)みきる 단행하다	踏(ふ)み込(こ)む 발을 들여놓다
見～	見(み)当(あ)たる (찾던 것이) 발견되다	見(み)合(あ)わせる 보류하다 (10年)
	見(み)失(うしな)う (시야에서) 놓치다 (11年)	見(み)送(おく)る 배웅하다, 보류하다
	見(み)落(お)とす 간과하다 (10, 17年)	見(み)かける 눈에 띄다, (언뜻) 보다 (16年)
	見(み)違(ちが)える 잘못 보다	見(み)直(なお)す 다시보다, 재점검하다
	見(み)習(なら)う 보고 배우다, 본받다	見(み)慣(な)れる 낯익다, 익숙하다
	見(み)逃(のが)す 간과하다, 볼 기회를 놓치다	見(み)渡(わた)す 조망하다
やり	やり通(とお)す 끝까지 하다	やり遂(と)げる 완수하다, 끝까지 해내다

呼び	呼びかける 호소하다	呼び起こす 감동을 일으키다, 환기하다
~込む	抱え込む 껴안다, 떠맡다 (14年)	飲み込む 삼키다
	放り込む (아무렇게나) 넣다, 이해하다	割り込む 끼어들다
~そびれる	行きそびれる 갈 기회를 놓치다	食べそびれる 먹을 기회를 놓치다
~通す	言い通す 끝까지 주장하다, 우겨대다	信じ通す 끝까지 믿다

기타복합동사

- □ 口ずさむ 흥얼거리다
- □ 住み慣れる 오래 살아 정들다
- □ たどり着く 겨우 당도하다
- □ 疲れ果てる 몹시 지치다
- □ 手がける 직접 하다
- □ 問い合わせる 문의하다, 조회하다 (17年)
- □ 成り立つ 이루어지다
- □ 逃げ出す 도망치다
- □ 乗り過ごす 내릴 역을 지나치다
- □ 乗り出す 착수하다 (18年)
- □ 働きかける 촉구하다
- □ 盛り上がる 고조되다
- □ 読み上げる 소리 내어 읽다, 독파하다

い형용사

- □ あさましい 비참하다, 비열하다
- □ あらっぽい 난폭하다, 조잡하다
- □ いちじるしい 현저하다, 두드러지다
- □ いやしい 천하다, 비열하다
- □ いやらしい 불쾌하다, 징그럽다
- □ うっとうしい 울적하다, 거추장스럽다
- □ おっかない 두렵다, 불안하다
- □ おびただしい 엄청나다, 매우 많다 (14年)
- □ ～がたい ～하기 어렵다
- □ きまりわるい 겸연쩍다, 쑥스럽다
- □ くすぐったい 근질거리다, 낯간지럽다
- □ けがらわしい 더럽다, 추잡스럽다
- □ こころよい 기분이 좋다
- □ このましい 마음에 들다, 바람직하다
- □ しぶい 떫다
- □ すさまじい 무섭다, 굉장하다 (15年)
- □ すばしこい 민첩하다
- □ すばやい 재빠르다, 민첩하다
- □ たやすい 용이하다, 손쉽다 (16年)
- □ でかい 크다, 엄청나다
- □ とうとい(貴い・尊い) 소중하다, 존귀하다
- □ なさけない 한심하다
- □ なさけぶかい 정이 깊다
- □ なだかい 유명하다, 고명하다
- □ なまぐさい 비린내가 나다
- □ なまぬるい 미지근하다
- □ なやましい 괴롭다, 마음이 어지럽다
- □ なれなれしい 매우 친하다
- □ ねむたい 졸리다
- □ はかない 덧없다, 허무하다
- □ ばかばかしい 어리석다, 터무니없다
- □ はなはだしい 매우 심하다 (15年)
- □ ひさしい 오래되다, 오랜만이다
- □ ひらたい 넓적하다, 평평하다
- □ まちどおしい 몹시 기다려지다
- □ まんまるい 아주 둥글다, 동그랗다
- □ みすぼらしい 초라하다, 볼품없다
- □ めざましい 눈부시다, 놀랄만큼 훌륭하다
- □ ものたりない 뭔가 아쉽다
- □ やすっぽい 싸구려로 보이다, 품위가 없다
- □ ややこしい 복잡하다, 까다롭다
- □ よい / よし 우수하다, 좋다
- □ よくぶかい 욕심이 많다

な형용사

□ 鮮(あざ)やかな 선명한, 뛰어난	□ いいかげんな 무책임한
□ 粋(いき)な 멋있는, 세련된	□ うつろな 텅빈, 공허한
□ 大柄(おおがら)な 몸집이 큰, 무늬가 큰	□ 大幅(おおはば)な (수량, 가격 등의) 변동이 큰
□ 大(おお)らかな 대범하고 느긋한 (15年)	□ おくびょうな 겁이 많은
□ 厳(おごそ)かな 엄숙한	□ 愚(おろ)かな 어리석은 (13年)
□ 穏(おだ)やかな 평온한	□ おろそかな 소홀한, 등한시한
□ きちょうめんな 꼼꼼한	□ きまぐれな 변덕스러운
□ きまじめな 고지식한	□ きゃしゃな 날씬한, 가냘픈
□ 清(きよ)らかな 맑은, 청아한	□ きらびやかな 화려하고 아름다운
□ 堅実(けんじつ)な 견실한 (18年)	□ こっけいな 우스꽝스러운
□ しなやかな 부드러운, 낭창낭창한 (10年)	□ しとやかな 얌전한, 정숙한 (10年)
□ 健(すこ)やかな 건강한 (14年)	□ 速(すみ)やかな 신속한 (16, 18年)
□ 巧(たく)みな 교묘한, 솜씨가 좋은 (18年)	□ つぶらな 동그랗고 귀여운
□ 手軽(てがる)な 간단한, 손쉬운	□ 手近(てぢか)な 가까운
□ 和(なご)やかな 온화한	□ なめらかな 미끄러운, 순조로운
□ 華(はな)やかな 화려한, 화사한 (16年)	□ はんぱな 어중간한
□ 遥(はる)かな 아득한	□ ひそかな 은밀한
□ 身近(みぢか)な 자기와 관계가 깊은	□ 明瞭(めいりょう)な 명료한
□ 物好(ものず)きな 색다른 것을 좋아하는	□ 緩(ゆる)やかな 완만한
□ 憂(ゆう)うつな 우울한	□ ろくな 변변한

부사

~り	□ あっさり 간단히, 깨끗이	□ うっとり 황홀히, 넋을 잃고

☐ うんざり 지긋지긋하게 (10年)
☐ がっくり 실망하는 모양 (푹, 탁, 축, 풀썩)
☐ がっしり 튼튼히, 다부지게
☐ がっちり (빈틈이 없는 모양) 꼭, 꽉
☐ きっかり 두드러지게, 정확히
☐ きっぱり 단호하게
☐ くっきり 뚜렷하게, 선명하게
☐ げっそり 갑자기 살이 빠져 여윈 모양, 의기소침함
☐ こっそり 살짝 (12年)
☐ じっくり 곰곰이, 차분하게
☐ しんなり 나긋나긋 (10年)
☐ すんなり 늘씬하게, 수월하게, 척척 (16年)
☐ ずばり 칼 등으로 단번에 잘라버리는 모양, 급소나 핵심을 정확하게 찌르는 모양
☐ てっきり 틀림없이
☐ びっしょり 흠뻑
☐ ひんやり 싸늘한 모양 (10年)
☐ まるっきり 전혀
☐ やんわり 부드럽게, 온화하게 (10年)

~~

☐ ありありと 뚜렷이, 생생히 (18年)
☐ いやいや 마지못해
☐ かねがね 전부터, 진작부터 (16年)
☐ かわるがわる 교대로, 번갈아
☐ くよくよ 끙끙 (고민하는 모양) (15年)
☐ こうこうと 휘황찬란하게
☐ ずるずる 질질
☐ せかせかと 성급하게 (18年)
☐ そわそわ 안절부절 못함
☐ じめじめ 축축, 끈적끈적 (14年)
☐ だぶだぶ 헐렁헐렁, 듬뿍
☐ つくづく 곰곰이, 주의 깊게
☐ ちやほや 응석을 받아주는 모양
☐ てきぱきと (일을) 척척 (14年)
☐ ちょくちょく 가끔, 이따금
☐ どうどうと 당당히
☐ ひしひし 오싹오싹 (19年)
☐ ぶかぶか 헐렁헐렁
☐ ふらふら 휘청휘청
☐ ぶらぶら 대롱대롱, 어슬렁어슬렁 (13年)
☐ ぺこぺこ 굽실굽실
☐ ぼろぼろ 너덜너덜
☐ ぼつぼつ 슬슬, 조금씩
☐ まごまご 우물쭈물
☐ まちまち 가지각색 (11, 17年)
☐ まるまる 토실토실, 완전히
☐ むちゃくちゃ 터무니없음, 엉망임
☐ めいめい 각각, 각자 (18年)
☐ めきめき 눈에 띄게, 무럭무럭 (10年)
☐ やまやま 산더미같이 많은 모양

☐ わざわざ 일부러

~て

☐ いたって 매우, 대단히
☐ かつて 일찍이
☐ かねて 미리, 진작부터
☐ かろうじて 겨우, 가까스로
☐ きわめて 더없이, 대단히
☐ せめて 최소한, 하다못해, 적어도
☐ せんだって 앞서, 전번에
☐ 総(そう)じて 대체로, 일반적으로 (12年)
☐ つとめて 애써, 힘써, 되도록
☐ 前(まえ)もって 미리, 사전에
☐ まして 하물며, 더구나, 한층 더

~に

☐ いかに 어떻게, 아무리
☐ いかにも 정말로, 아무리 봐도 (15年)
☐ 一概(いちがい)に 무조건, 일률적으로, 한마디로
☐ いまだに 아직껏, 아직도
☐ 一向(いっこう)に 완전히, 전혀
☐ ことに 특별히, 특히
☐ さきに 앞서, 먼저
☐ すみやかに 신속하게
☐ そくざに 즉석, 당장
☐ そこらに 그 점, 그 일
☐ とっくに 훨씬 전에, 벌써 (11年)
☐ とっさに 순간적으로, 즉시
☐ ふんだんに 풍부하게, 넉넉하게
☐ まことに 정말로, 실로, 매우
☐ むやみに 무턱대고, 터무니없이
☐ もろに 직접, 정면으로
☐ やけに 몹시, 무척

~と

☐ からっと 싹 (변하다), 활짝 (개다) (13年)
☐ がらりと 싹(변하다) (18年)
☐ きちっと 깔끔히, 말끔히
☐ ぐっと 단숨에, 힘차게, 한층
☐ さっと 잽싸게, 순식간에
☐ ずらっと 잇달아 늘어선 모양
☐ ちらっと 언뜻, 흘끗, 슬쩍
☐ ほっと 한숨짓는 모양

기타

☐ あしからず 양해해 주시기를
☐ あんのじょう 생각한 대로, 과연
☐ いざ 드디어, 막상, 정작
☐ いったい 도대체
☐ いとも 매우, 대단히 (17年)
☐ 今(いま)にも 당장에라도

- □ 今(いま)や 이제는, 바야흐로
- □ おそくとも 늦어도, 늦는다 해도
- □ おのずから 저절로, 자연히 (12年)
- □ 必(かなら)ずしも 반드시 ~(이)라고는 (할 수 없다)
- □ かろうじて 겨우, 간신히 (16年)
- □ くまなく 빠짐없이, 분명히 (15年)
- □ ことごとく 모조리, 죄다 (13年)
- □ ことによると 어쩌면, 혹시
- □ さぞ 추측컨대, 틀림없이, 얼마나
- □ さほど 그다지, 그리, 별로
- □ さも 자못, 아주, 정말로
- □ しょっちゅう 항상, 언제나
- □ しいて 굳이, 억지로 (15年)
- □ それほど 그 정도, 그렇게, 그다지
- □ 確(たし)か 분명히, 아마
- □ たった 단, 겨우
- □ 単(たん)に 단지, 그저
- □ てんで 아예, 애당초, 도무지
- □ どうも 아무래도
- □ どうやら 그럭저럭, 아무래도
- □ とかく 이럭저럭, 아무튼, 하여튼
- □ ときおり 가끔, 때때로
- □ とりわけ 특히, 유난히 (13年)
- □ なおさら 더욱더, 더한층
- □ なにしろ 어쨌든
- □ なにより 더없이
- □ なるたけ 되도록, 가급적
- □ なにぶん 다소간, 얼마간
- □ 何(なん)とか 그럭저럭, 간신히 (16年)
- □ はなはだ 매우, 대단히, 몹시
- □ ひいては 나아가서는
- □ ひたすら 오직, 오로지
- □ ひとまず 우선, 하여튼 (10年)
- □ ひょっとしたら / すると 어쩌면, 혹시
- □ まさか 설마
- □ まさしく 틀림없이, 확실히
- □ まるごと 있는 그대로, 통째로
- □ まるで 전혀
- □ もしかして 혹시, 만일
- □ もっぱら 오로지, 한결같이 (17年)
- □ もはや 이제는, 벌써 (15年)
- □ よほど 상당히
- □ 今更(いまさら) 이제 와서 (15年)
- □ 急遽(きゅうきょ) 급히, 허둥지둥 (12年)
- □ 終始(しゅうし) 시종, 시종일관함
- □ 大概(たいがい) 대개, 거의, 대부분
- □ 断然(だんぜん) 과감히, 단호히, 훨씬
- □ 到底(とうてい) 도저히, 아무리 해도
- □ 突如(とつじょ)(として) 갑자기, 별안간
- □ 無論(むろん) 물론

접속사

□ および 및, 와, 과	□ かつ 한편, 게다가, 또
□ しかしながら 그렇지만, 그러나	□ それゆえ 그러므로, 그런 까닭으로
□ だったら 그렇다면	□ だと 그렇다면
□ ならびに 및, 또, 와	□ にもかかわらず 그럼에도 불구하고
□ もしくは 혹은, 또는	□ もって ~(으)로써, ~(이)므로
□ ゆえに 그러므로, 따라서	□ よって 그러므로, 그리하여, 따라서
□ ないし 내지는, 또는, 혹은	□ ただ 다만, 그저

가타카나

□ ウエイト 무게, 중점 (14年)	□ ケース 상자, 사례	□ シート 좌석
□ トーン 톤, 음색	□ パート 파트, 부분	□ ノウハウ 노하우 (16年)
□ ブーム 붐	□ ベール 베일	□ ニーズ 요구
□ ムード 무드	□ ゴール 골, 결승점	□ リード 리드
□ ペース 페이스, 보조	□ ポーズ 포즈, 자세	□ ホール 홀
□ マーク 상표	□ ルール 규칙	□ アップ 오름, 인상 (10年)
□ カット 컷, 자름, 삽화	□ キャッチ 캐치	□ ソロ 솔로
□ ファン 팬	□ ペア 페어	□ コンパクト 콤팩트 (19年)
□ メーカー 메이커, 제조사	□ スペース 공간	□ ユニーク 유니크 (12年)
□ オープン 오픈	□ タイマー 타이머	□ メロディー 멜로디, 선율
□ モニター 모니터	□ セミナー 세미나	□ マナー 매너
□ スライス 슬아이스, 얇게 썲 (18年)	□ カバー 커버	□ レギュラー 레귤러
□ センサー 센서 (19年)	□ ジャンプ 점프	□ ジャンル 장르
□ センス 센스 (11年, 16年)	□ チェンジ 체인지	□ ヒント 힌트 (11年)
□ ガイド 가이드	□ カルテ 진료기록카드	□ クイズ 퀴즈

問題2 문맥규정 출제예상 ❸ 순위

- ☐ ゲスト 손님
- ☐ シェア 셰어, 공유 (18年)
- ☐ ソフト 소프트, 부드러움
- ☐ ダウン 다운
- ☐ ダブル 더블
- ☐ ドライ 드라이, 건조함
- ☐ ドリル 반복 연습
- ☐ ファイト 파이트, 투지
- ☐ ファイル 파일
- ☐ リズム 리듬
- ☐ ベスト 최선
- ☐ ミセス 미세스
- ☐ メディア 미디어 (15年)
- ☐ ラベル 라벨
- ☐ タイミング 타이밍
- ☐ ターゲット 타겟, 목표
- ☐ プロセス 과정
- ☐ セクション 섹션
- ☐ ポジション 포지션, 직위
- ☐ レッスン 레슨, 교습
- ☐ デッサン 데생
- ☐ コメント 코멘트
- ☐ タレント 탤런트
- ☐ ニュアンス 뉘앙스 (11年)
- ☐ フロント 프런트
- ☐ ポイント 포인트
- ☐ インフレ 인플레이션
- ☐ アマチュア 아마추어
- ☐ システム 시스템
- ☐ シナリオ 시나리오, 각본
- ☐ スタジオ 스튜디오
- ☐ アピール 어필, 호소함
- ☐ ビジネス 비즈니스
- ☐ サイクル 사이클
- ☐ タイトル 표제
- ☐ トラブル 트러블
- ☐ マスコミ 매스컴
- ☐ ライバル 라이벌
- ☐ ブレーキ 브레이크
- ☐ アプローチ 어프로치
- ☐ アンケート 앙케트
- ☐ アンコール 앵콜
- ☐ エアメール 항공우편
- ☐ ユニフォーム 제복
- ☐ コマーシャル 방송광고
- ☐ ノイローゼ 노이로제
- ☐ ノルマ 기준량 (14年)
- ☐ メッセージ 메시지
- ☐ カテゴリー 카테고리
- ☐ セレモニー 세레머니
- ☐ エンジニア 엔지니어
- ☐ オンライン 온라인
- ☐ レントゲン 뢴트겐, 엑스레이
- ☐ レイアウト 레이아웃, 배열 (18年)
- ☐ コンテスト 콘테스트
- ☐ カムバック 컴백
- ☐ アポイント 약속
- ☐ インパクト 임팩트
- ☐ コントロール 컨트롤
- ☐ チームワーク 팀워크
- ☐ ロマンチック 로맨틱
- ☐ ベストセラー 베스트셀러
- ☐ ストライキ 노동자의 동맹파업
- ☐ インフォメーション 인포메이션
- ☐ オートマチック 오토매틱
- ☐ オリエンテーション 오리엔테이션
- ☐ ウイルス 바이러스
- ☐ ハードル 허들, 장애물 (12年)
- ☐ ストック 재고 (11年)
- ☐ キャリア 경력 (10年)
- ☐ フォロー 지원, 추적 (10年)
- ☐ ブランク 여백
- ☐ プライド 프라이드, 자존심 (16年)

접두어

접두어				
真	真犯人(しんはんにん) 진범			
軽	軽工業(けいこうぎょう) 경공업	軽犯罪(けいはんざい) 경범죄	軽自動車(けいじどうしゃ) 경차	
急	急カーブ(きゅう) 급커브	急降下(きゅうこうか) 급강하	急斜面(きゅうしゃめん) 경사면	
	急成長(きゅうせいちょう) 급성장	急ブレーキ(きゅう) 급브레이크		
絶	絶好調(ぜっこうちょう) 최상의 컨디션			
最	最高潮(さいこうちょう) 최고조	最高値(さいたかね) 최고가	最年少(さいねんしょう) 최연소	最年長(さいねんちょう) 최연장
	最先端(さいせんたん) 최첨단			
超	超満員(ちょうまんいん) 초만원	超音波(ちょうおんぱ) 초음파	超高層(ちょうこうそう) 초고층	超大作(ちょうたいさく) 초대작
	超能力(ちょうのうりょく) 초능력			
無	無神経(むしんけい) 무신경	無関心(むかんしん) 무관심	無記名(むきめい) 무기명	無条件(むじょうけん) 무조건
	無制限(むせいげん) 무제한	無責任(むせきにん) 무책임	無添加(むてんか) 무첨가	無免許(むめんきょ) 무면허
大	大事件(だいじけん) 대사건	大自然(だいしぜん) 대자연	大躍進(だいやくしん) 대약진 (14年)	大ヒット(だい) 대히트
	大流行(だいりゅうこう) 대유행			
生	生やさしい(なま) 간단하다	生ぬるい(なま) 미지근하다	生中継(なまちゅうけい) 생중계	
初	初舞台(はつぶたい) 첫 무대	初出勤(はつしゅっきん) 첫 출근	初雪(はつゆき) 첫눈	
大	大当たり(おおあ) 대성공	大雨(おおあめ) 많은 비	大急ぎ(おおいそ) 아주 급함	
	大掃除(おおそうじ) 대청소			
仮	仮契約(かりけいやく) 임시계약	仮免許(かりめんきょ) 임시면허	仮採用(かりさいよう) 임시 채용	

접미어

家	勉強家(べんきょうか) 노력가	演出家(えんしゅつか) 연출가	音楽家(おんがくか) 음악가	
派	演技派(えんぎは) 연기파	改革派(かいかくは) 개혁파	行動派(こうどうは) 행동파	
上	一身上(いっしんじょう) 일신상	経済上(けいざいじょう) 경제상	想像上(そうぞうじょう) 상상(속)	歴史上(れきしじょう) 역사상 (10年)
流	自己流(じこりゅう) 자기류			
裏	秘密裏(ひみつり) 비밀리			
性	経済性(けいざいせい) 경제성	柔軟性(じゅうなんせい) 유연성 (11年)	協調性(きょうちょうせい) 협조성	
系	神経系(しんけいけい) 신경계	生態系(せいたいけい) 생태계		
級	最大級(さいだいきゅう) 최대급	重量級(じゅうりょうきゅう) 중량급		
感	安定感(あんていかん) 안정감	違和感(いわかん) 위화감	責任感(せきにんかん) 책임감	満足感(まんぞくかん) 만족감
	リズム感(かん) 리듬감	劣等感(れっとうかん) 열등감		
権	アクセス権(けん) 액세스권	経営権(けいえいけん) 경영권	主導権(しゅどうけん) 주도권	選挙権(せんきょけん) 선거권
	著作権(ちょさくけん) 저작권	特許権(とっきょけん) 특허권		
誌	週刊誌(しゅうかんし) 주간지	機関誌(きかんし) 기관지	情報誌(じょうほうし) 성보지	
師	看護師(かんごし) 간호사	美容師(びようし) 미용사	薬剤師(やくざいし) 약사	
団	応援団(おうえんだん) 응원단	事業団(じぎょうだん) 사업단	選手団(せんしゅだん) 선수단	
内	期間内(きかんない) 기간 내			
外	予想外(よそうがい) 예상외	問題外(もんだいがい) 문제외	予算外(よさんがい) 예산외	
費	管理費(かんりひ) 관리비	交通費(こうつうひ) 교통비	人件費(じんけんひ) 인건비	生活費(せいかつひ) 생활비
目	～番目(ばんめ) ～번째	～人目(にんめ) ～번째 사람		

問題 2 문맥규정 기출어휘

2019

- □ 表明(ひょうめい)する 표명하다
- □ 精力的(せいりょくてき) 정력적
- □ 気(き)がかり 마음에 걸림, 걱정
- □ 推移(すいい) 추이
- □ 危(あや)ぶむ 의심하다, 걱정하다
- □ ずっしり 묵직한 느낌, 묵직하게
- □ 歴然(れきぜん)とする 역력한
- □ センサー 센서
- □ 壮大(そうだい) 장대함, 웅장함
- □ 心地(ここち)よい 기분이 상쾌하다
- □ 従事(じゅうじ) 종사
- □ にじむ 번지다
- □ 禁物(きんもつ) 금물
- □ ひしひしと 절절히, 오싹오싹

2018

- □ 解除(かいじょ) 해제
- □ レイアウト 레이아웃, 배치
- □ 起用(きよう) 기용
- □ 駆(か)けつける 급히 달려가다
- □ 多角的(たかくてき)に 다각적으로
- □ 盛大(せいだい)に 성대하게
- □ せかせかと 성급하게
- □ 在庫(ざいこ) 재고
- □ リスク 위험
- □ 堅実(けんじつ)な 견실한
- □ 遮断(しゃだん) 차단
- □ がらりと 싹 (변하다)
- □ なだめる 달래다
- □ 言及(げんきゅう) 언급

2017 · 2016

- □ シェア 셰어, 공유
- □ 打診(だしん) 타진
- □ 経歴(けいれき) 경력
- □ 弾(はじ)く 튀기다
- □ 逸脱(いつだつ) 일탈
- □ いとも 매우, 대단히
- □ まちまち 가지각색
- □ 一環(いっかん) 일환
- □ コンスタントに 일정하게
- □ よみがえる 되살아나다
- □ 念願(ねんがん) 염원
- □ たたえる 칭찬하다, 기리다
- □ 非(ひ)はない 잘못은 없다
- □ もっぱら 오로지
- □ 基盤(きばん) 기반
- □ すんなり 수월하게, 매끈하게
- □ 見(み)かける 눈에 띄다
- □ 一掃(いっそう) 일소, 모조리 없애 버림
- □ 染(し)みる 스며들다, 물들다
- □ 愛着(あいちゃく) 애착
- □ ノウハウ 노하우
- □ 教訓(きょうくん) 교훈
- □ 尽(つ)くす 다하다, 애쓰다
- □ 鑑定(かんてい) 감정
- □ センス 센스
- □ 頻繁(ひんぱん)に 빈번하게
- □ 切(き)り出(だ)す (말을) 꺼내다
- □ 流出(りゅうしゅつ) 유출

問題2 문맥규정 기출어휘

2015 ~ 2010

- □ 合意(ごうい) 합의
- □ おおらかな 느긋하고 대범한
- □ 取(と)り戻(もど)す 회복하다
- □ 直面(ちょくめん) 직면
- □ 紛(まぎ)れる 헷갈리다
- □ 心細(こころぼそ)い 불안하다
- □ 異色(いしょく) 이색적임
- □ 支障(ししょう) 지장
- □ たどる (길을) 더듬어 가다
- □ てきぱきと (일을) 척척
- □ 念頭(ねんとう) 염두
- □ 腕前(うでまえ) 솜씨
- □ 一任(いちにん) 일임
- □ 荷(に)が重(おも)い 책임이 무겁다
- □ 急遽(きゅうきょ)に 갑작스럽게, 허둥지둥
- □ 寄与(きよ) 기여
- □ 和(やわ)らぐ 누그러지다
- □ 改訂版(かいていばん) 개정판
- □ 加工(かこう) 가공
- □ 無謀(むぼう)だ 무모하다
- □ 並行(へいこう) 병행
- □ まみれ 투성이
- □ 逸材(いつざい) 뛰어난 인재
- □ 強(つよ)み 강점, 장점
- □ キャリア 캐리어, 경력
- □ 結束(けっそく) 결속
- □ フォロー 보조, 지원
- □ やんわり 부드럽게, 온화하게
- □ メディア 미디어
- □ 幅広(はばひろ)い 폭넓다
- □ 稼働(かどう) 가동
- □ くよくよ 끙끙 (고민하다)
- □ 該当(がいとう) 해당
- □ 食(く)い止(と)める 저지하다
- □ 駆使(くし) 구사
- □ おびただしい 엄청나다
- □ ウェイト 중점, 무게
- □ 練(ね)る (계획을) 짜다, 연마하다
- □ そわそわ 안절부절
- □ ためらう 망설이다
- □ 無性(むしょう)に 까닭 없이, 몹시
- □ 気(き)に障(さわ)る 마음에 거슬리다
- □ 言(い)い張(は)る 우기다
- □ 人出(ひとで) 인파
- □ ハードル 허들, 장애물
- □ 察知(さっち)する 알아차리다
- □ 催(もよお)す 개최하다
- □ 会心(かいしん) 회심
- □ 抜粋(ばっすい) 발췌
- □ 弾(はず)む (이야기가) 활기를 띠다
- □ 不備(ふび) 미비
- □ 報(ほう)じる 알리다
- □ 歴史上(れきしじょう) 역사상
- □ 背景(はいけい) 배경
- □ 念願(ねんがん) 염원
- □ 当(とう)ホテル 당 호텔
- □ 強制(きょうせい) 강제
- □ 起伏(きふく) 기복
- □ すさまじい 무섭다, 대단하다
- □ しいて 억지로, 굳이
- □ 可決(かけつ) 가결
- □ ノルマ 기준량
- □ 揺(ゆ)らぐ 흔들리다
- □ 絶対(ぜったい)な 절대적인
- □ 予断(よだん) 예측
- □ とりわけ 특히, 유난히
- □ 担(にな)う 메다, (책임을) 지다
- □ 立(た)て替(か)える 대신 치르다
- □ 強硬(きょうこう)に 강경하게
- □ じめじめ 축축, 끈적끈적
- □ 妥協(だきょう) 타협
- □ リストアップ 리스트업
- □ 大筋(おおすじ) 대략, 요점
- □ 紛(まぎ)らわしい 혼동하기 쉽다
- □ 猛反対(もうはんたい) 맹반대
- □ ニュアンス 뉘앙스
- □ ストック 재고
- □ 実情(じつじょう) 실정
- □ 修復(しゅうふく) 복원
- □ 及(およ)ぼす (영향을) 끼치다
- □ 円滑(えんかつ)に 원활하게
- □ 完結(かんけつ) 완결
- □ 本音(ほんね) 본심
- □ 綿密(めんみつ)な 면밀한

해석 p.96

問題2 （　　　）に入れるのに最もよいものを、1・2・3・4から一つ選びなさい。

1 校内誌の編集者に頼まれて書いた原稿が（　　　）された。

1 掲載　2 搭載　3 記載　4 体裁

2 この車には新型のエンジンが（　　　）されています。

1 転載　2 記載　3 搭載　4 掲載

3 その案件は、役員会で（　　　）されなかった。

1 公認　2 承認　3 認証　4 認知

4 事故で高速道路が（　　　）し、約束の時間に遅れてしまった。

1 停滞　2 渋滞　3 遅滞　4 停止

5 契約を（　　　）するための手続きを始めた。

1 破棄　2 廃用　3 投棄　4 廃棄

6 私としては、死刑制度の存続を（　　　）することはできない。

1 許可　2 想定　3 容認　4 認定

7 自分の意見を曲げないのもけっこうだが、時には（　　　）することも大切だ。

1 対応　2 解決　3 対立　4 妥協

8 状況は、まだまだ（　　　）を許さない。

1 予断　2 予定　3 予告　4 予想

9 私はそのような間違った意見には（　　　）できません。

1 賛同　2 認定　3 承知　4 対立

10 真相の（　　　）に奔走している。

1 判明　2 究明　3 表明　4 証明

정답　1①　2③　3②　4②　5①　6③　7④　8①　9①　10②

해석 p.96

問題2 （　　　）に入れるのに最もよいものを、1・2・3・4から一つ選びなさい。

1 市民の生命と財産を守るのは、警察官の（　　　）だ。
1 命令　2 責務　3 判断　4 勤務

2 あの店の主人は、とても（　　　）がいい。
1 愛情　2 感情　3 感想　4 愛想

3 すぐに黒字にすることは難しいと思われたので、とりあえずは赤字を出さないことを（　　　）の目標とした。
1 当然　2 一層　3 当面　4 一段

4 （　　　）の会議が入ったので、今日の午後のパーティーには出られません。
1 緊急　2 至急　3 早急　4 火急

5 適切な（　　　）をしなかったために問題が大きくなった。
1 言及　2 放免　3 処置　4 工夫

6 人気作家の新作が大きな（　　　）を呼んでいる。
1 反対　2 反省　3 反応　4 反響

7 フランスに留学して、もっと料理の（　　　）を磨きたいと思っている。
1 味　2 目　3 手　4 腕

8 この株は上がると思ったのに、見事に（　　　）がはずれてしまった。
1 はめ　2 けた　3 まと　4 ねらい

9 やっと台風で通れなかった道路が復旧する（　　　）が立った。
1 めど　2 かど　3 ふし　4 ふり

10 私の（　　　）まで、がんばってください。
1 ぶん　2 あて　3 ほう　4 こと

정답　1② 2④ 3③ 4① 5③ 6④ 7④ 8④ 9① 10①

확인문제 ③

해석 p.96

問題2 (　　　)に入れるのに最もよいものを、1・2・3・4から一つ選びなさい。

1 目をはなした（　　　　）に、どこかへ行ってしまった。

1 ま　　2 すき　　3 ところ　　4 つぼ

2 二度とこのような問題が起こらないようにする（　　　　）を作っていかねばならない。

1 はたらき　　2 しくみ　　3 やくめ　　4 ねらい

3 彼に本を貸しても一度も返してもらった（　　　　）がない。

1 つもり　　2 かんがえ　　3 ためし　　4 おもいで

4 台風が接近していて、明日は大雨になる（　　　　）がある。

1 おそれ　　2 危機　　3 予想　　4 きらい

5 最終段階に入って交渉は（　　　　）を見せているという。

1 いきどまり　　2 いきづまり　　3 いきちがい　　4 いきすぎ

6 長い間（　　　　）をしなかったので、庭が雑草だらけになった。

1 手引き　　2 手当て　　3 手入れ　　4 手回し

7（　　　　）が入ったコップを新しいのに取り換えた。

1 かけら　　2 ひび　　3 きず　　4 やみ

8 年をとって視力の（　　　　）を感じるようになった。

1 よわさ　　2 つかれ　　3 ききめ　　4 おとろえ

9 信号が故障して、交通が（　　　　）してしまった。

1 おそれ　　2 まひ　　3 ききめ　　4 なげき

10 何が（　　　　）で留学することになったんですか。

1 きっかけ　　2 始末　　3 ついで　　4 きらい

정답　1②　2②　3③　4①　5②　6③　7②　8④　9②　10①

해석 p.96

問題2 (　　　)に入れるのに最もよいものを、1・2・3・4から一つ選びなさい。

1 経済的にも教育的にも彼はとても（　　　）環境で育った。
1 かこまれた　2 めぐまれた　3 はさまれた　4 いとまれた

2 こんな結果を（　　　）ことになるとは、誰も思わなかった。
1 かえる　2 まねく　3 おこす　4 つくる

3 この町では人口の８割を老人が（　　　）。
1 かこんでいる　2 よんでいる　3 しめている　4 ためている

4 今年は日本の各地が豪雨に（　　　）。
1 流された　2 包まれた　3 溢れた　4 見舞われた

5 彼は30年にわたる選手生活に終止符を（　　　）。
1 取った　2 投げた　3 渡した　4 打った

6 今回の成功は彼の協力に（　　　）ところが大きい。
1 抱く　2 負う　3 訴える　4 になう

7 このダムは、15年間の工事を経て、ついに完成に（　　　）。
1 即した　2 沿った　3 至った　4 及んだ

8 町の南側に新しい繁華街ができて、町の北側は最近すっかり（　　　）しまった。
1 すれて　2 しおれて　3 さびれて　4 はなれて

9 台風の接近で、海が（　　　）いる。
1 あれて　2 あばれて　3 ながれて　4 うなって

10 彼は朝寝坊をするからか、時々ひげを（　　　）、会社に来る。
1 けずらないで　2 からないで　3 ほらないで　4 そらないで

정답　1②　2②　3③　4④　5④　6②　7③　8③　9①　10④

해석 p.96

問題2 （　　　）に入れるのに最もよいものを、1・2・3・4から一つ選びなさい。

1 情報を（　　　）ものは世界を（　　　）と言われるほど、この世の中は情報社会だ。

1 在する　2 制する　3 配する　4 利する

2 彼は全く融通が（　　　）。

1 届かない　2 付かない　3 利かない　4 行かない

3 燃料が（　　　）飛行機は墜落した。

1 きわまって　2 はてて　3 つきて　4 おえて

4 自分でもできないことを他人に（　　　）のはよくない。

1 もらす　2 しいる　3 くいる　4 さとす

5 不況に（　　　）人が多くなっている。

1 かかる　2 あえぐ　3 おちる　4 はまる

6 詐欺に（　　　）お金をとられた。

1 ひっかかって　2 ぶつかって　3 つまづいて　4 ひるんで

7 その人のやり方に怒りを（　　　）。

1 おぼえた　2 たたいた　3 うった　4 つつまれた

8 最近、協議会を離脱する人が後を（　　　）。

1 止めない　2 切らない　3 絶たない　4 消さない

9 電波の関係でテレビの映像が（　　　）。

1 みだれた　2 ちぎれた　3 にごった　4 こわれた

10 戦争が始まって平和な町に危機が（　　　）。

1 ふった　2 おとずれた　3 わいた　4 たずねた

정답	1②	2③	3③	4②	5②	6①	7①	8③	9①	10②

해석 p.97

問題2 (　　　)に入れるのに最もよいものを、1・2・3・4から一つ選びなさい。

1 寂しさを（　　　　）ために、旅行に出た。
1 まぎらわす　2 だます　3 あざむく　4 ととのえる

2 アメリカ経済の影響は、世界中に（　　　　）。
1 及ぶ　2 至る　3 映る　4 達する

3 この国は、この10年でめざましい発展を（　　　　）。
1 なげた　2 あげた　3 とげた　4 くりひろげた

4 仕事が忙しくて、なかなか息が（　　　　）ません。
1 でき　2 つけ　3 はけ　4 すえ

5 資金が足りなくなって開発の予算を（　　　　）ことになった。
1 つぶす　2 こわす　3 けずる　4 やぶる

6 その選手は、次の大会では世界記録に（　　　　）たいと話した。
1 つかみ　2 いどみ　3 たのしみ　4 したしみ

7 テレビの派手な宣伝に（　　　　）見に行ったけれど、面白い映画ではなかった。
1 うながされて　2 せまられて　3 もとめられて　4 まどわされて

8 風俗、習慣は民族によって（　　　　）。
1 かさなる　2 ゆれる　3 うごく　4 ことなる

9 彼はとうとう自分の夢を（　　　　）。
1 うばった　2 つくした　3 たどりついた　4 かなえた

10 彼は誰もが（　　　　）ほどの美人と結婚した。
1 うたがう　2 うらなう　3 うらやむ　4 うやまう

정답	1①	2①	3③	4②	5③	6②	7④	8④	9④	10③

해석 p.97

問題2 (　　　)に入れるのに最もよいものを、1・2・3・4から一つ選びなさい。

1 そのチームは7回裏のピンチを（　　　）ぬけた。
1 通り　2 切り　3 乗り　4 駆け

2 このロボットには、人工頭脳が（　　　）こまれている。
1 押し　2 組み　3 詰め　4 叩き

3 被害を最小限に食い（　　　）ようと努力した。
1 とめ　2 こめ　3 すえ　4 おえ

4 その映画には大好きな俳優が出るので、見（　　　）わけにはいかない。
1 まもる　2 あきる　3 わたす　4 のがす

5 父親が入院したと聞いて、娘が真っ先に病院に駆け（　　　）。
1 ぬけた　2 まわった　3 つけた　4 めぐった

6 この方法はまだ単なる思い（　　　）で、まだ詳しい検証はしていない。
1 つき　2 やり　3 こみ　4 ちがい

7 骨をきれいに取り（　　　）から魚を焼いた。
1 のぞいて　2 かえして　3 あげて　4 もどして

8 大雨になったので、集会の実施を見（　　　）。
1 やめた　2 のがした　3 おくった　4 のばした

9 この商品は、この店では取り（　　　）いません。
1 かかって　2 こんで　3 あつかって　4 まわって

10 駅前で、署名を呼び（　　　）。
1 こんだ　2 かけた　3 おこした　4 だした

정답　1② 2② 3① 4④ 5③ 6① 7① 8③ 9③ 10②

해석 p.97

問題2 （　　　）に入れるのに最もよいものを、1・2・3・4から一つ選びなさい。

1 会社をやめるのは考え（　　　）くれるよう、もう一度彼に頼んでみよう。

1 ついて　2 こんで　3 なおして　4 だして

2 電車の中で居眠りをしていたら、降りる駅を乗り（　　　）しまった。

1 すごして　2 こえて　3 かえて　4 とおって

3 時間がなくて、お昼ご飯を食べ（　　　）しまった。

1 とぎれて　2 そびれて　3 はずして　4 やめて

4 山本さんを見（　　　）たら、すぐに私に知らせてください。

1 とおし　2 かけ　3 あき　4 あたっ

5 私は、彼が戦争で死んだとばかり思い（　　　）いた。

1 ついて　2 かけて　3 こんで　4 とおして

6 この仕事を最後までやり（　　　）自信がなくなった。

1 かける　2 こむ　3 つめる　4 とおす

7 彼女は思い（　　　）病気になってしまった。

1 つめて　2 つくして　3 ついて　4 なおして

8 彼女は老父の介護に疲れ（　　　）しまった。

1 ぬけて　2 はてて　3 とおして　4 つくして

9 彼女の小説は社会に大きな反響を呼び（　　　）。

1 かけた　2 だした　3 おきた　4 おこした

10 彼女は見（　　　）ほどきれいになった。

1 あきる　2 ちがえる　3 おとす　4 すごす

정답	1③	2①	3②	4②	5③	6④	7①	8②	9④	10②

해석 p.97

問題2　(　　　)に入れるのに最もよいものを、1・2・3・4から一つ選びなさい。

1 まだ起きてたの？ 静かになったから、（　　　）寝たのかと思ったよ。
1 てっきり　2 うっかり　3 まるで　4 かならず

2 髪型を変えると、印象が（　　　）変わった。
1 ぴたりと　2 がらっと　3 ずばりと　4 どきっと

3 もう何年もはいたので、靴が（　　　）になった。
1 ぎりぎり　2 ぼろぼろ　3 がらがら　4 すれすれ

4 簡単に同意はしてくれないだろうと思ったが、（　　　）同意してくれた。
1 てっきり　2 きっぱり　3 ぴったり　4 あっさり

5 これ、偽物だったんだよ。（　　　）本物だと思って買ったのに……。
1 きっと　2 てっきり　3 確か　4 どうも

6 予想とは（　　　）違って、Aチームは簡単に負けてしまった。
1 きっぱり　2 決して　3 まるで　4 少しも

7 能力試験のN1は難しいと聞いていたが、受けてみたら（　　　）でもなかった。
1 それほど　2 あまり　3 たいして　4 ろくに

8 金がある人が（　　　）幸せとは言えない。
1 必ずしも　2 一向に　3 別に　4 たいして

9 いくらがんばっても、（　　　）成績が良くならない。
1 必ずしも　2 一向に　3 とても　4 一概に

10 離婚が（　　　）悪いことだとは言えないよ。
1 一概に　2 一向に　3 なかなか　4 ろくに

정답　1 ①　2 ②　3 ②　4 ④　5 ②　6 ③　7 ①　8 ①　9 ②　10 ①

해석 p.97

問題2 (　　　)に入れるのに最もよいものを、1・2・3・4から一つ選びなさい。

1 どうしたんだろう。電車が（　　　　）来ないねえ。
1 とても　2 あながち　3 なかなか　4 まるで

2 腐って（　　　　）壊れそうな木の橋が架かっていた。
1 まるで　2 今にも　3 きっと　4 さも

3 風もやんだし、台風も（　　　　）去ったようだね。
1 たぶん　2 どうやら　3 まるで　4 いかにも

4 明日は（　　　　）雨らしいね。
1 きっと　2 どうも　3 たぶん　4 まるで

5 あの人は（　　　　）李さんという人だと思うんだけど。
1 まさしく　2 さすがに　3 てっきり　4 確か

6 （　　　　）美しい景色なんだろう。
1 なんと　2 なんで　3 どんなに　4 よくも

7 彼の落ち着きぶりから見て、（　　　　）自信があるにちがいない。
1 たぶん　2 よほど　3 もしかすると　4 ずいぶん

8 お子さまを失い、（　　　　）お悲しみのことでしょう。
1 いかに　2 さぞ　3 さきに　4 なんと

9 （　　　　）何があったのか。男は血だらけで倒れていた。
1 たぶん　2 いったい　3 よくも　4 もしかして

10 （　　　　）電話をかけても、つながらなかった。
1 たとえ　2 いくら　3 よく　4 仮に

정답　1③　2②　3②　4②　5④　6①　7②　8②　9②　10②

해석 p.98

問題2 （　　　）に入れるのに最もよいものを、1・2・3・4から一つ選びなさい。

1 （　　　）謝っても、もう遅いよ。

1 せめて　　2 いまさら　　3 しいて　　4 ずいぶん

2 （　　　）会社命令だから、従うしかなかったんだ。

1 一旦　　2 なにしろ　　3 なまじ　　4 ひとたび

3 （　　　）不慣れなもので、ご迷惑をおかけするかもしれませんが、よろしくお願いします。

1 一旦　　2 ひとたび　　3 なまじ　　4 なにぶん

4 今は（　　　）娘が無事であることを祈るしかない。

1 ただ　　2 単に　　3 仮に　　4 せめて

5 これはA氏の作品を（　　　）模倣した物に過ぎない。

1 せめて　　2 単に　　3 ひとり　　4 なまじ

6 いくら体にいいものでも（　　　）食べれば、害になることもある。

1 いささか　　2 むやみに　　3 あまりにも　　4 きわめて

7 結婚したら、子供は（　　　）ふたりぐらいは欲しいと思っている。

1 せいぜい　　2 せめて　　3 もうじき　　4 まっすぐ

8 駅まで全力で走って（　　　）終電に間に合った。

1 しいて　　2 あえて　　3 かろうじて　　4 まして

9 ３ヶ月前にメールを送ったけど、（　　　）何の返事も来ない。

1 いまにも　　2 いまさら　　3 いますぐ　　4 いまだに

10 人が寝ていようがいまいが（　　　）電話をかけてくる。

1 おかまいなしに　　2 だれかれなしに
3 おとさたなしに　　4 あいそなしに

정답　1② 2② 3④ 4① 5② 6② 7② 8③ 9④ 10①

해석 p.98

問題2 （　　）に入れるのに最もよいものを、1・2・3・4から一つ選びなさい。

1 新型エンジンを搭載して、車の性能は一段と（　　　）した。
1 リード　2 リッチ　3 アップ　4 タップ

2 この商品の成功は、若い女性に（　　　）できるかどうかが決め手になりそうだ。
1 サーチ　2 アピール　3 カーブ　4 タッチ

3 彼の生い立ちはいまだに（　　　）に包まれたままだ。
1 ベール　2 カバー　3 パッケージ　4 シール

4 謝ろうとしたが、いい（　　　）を逃してしまった。
1 タイム　2 ベース　3 タイミング　4 リード

5 あの人はいったん走り出すと、（　　　）が効かなくなるので恐い。
1 バランス　2 リズム　3 アクセル　4 ブレーキ

6 昨日工場で原料のカカオからチョコレートが作られるまでの（　　　）を見学した。
1 プロジェクト　2 コール　3 プロセス　4 アクセス

7 来週、取引先でのミーティングのために取引先の部長に（　　　）を取った。
1 アポイント　2 リズム　3 ムード　4 ポイント

8 高いお金を払って、グローバル時代の経営戦略（　　　）に参加した。
1 マナー　2 ミーティング　3 セミナー　4 ライバル

9 楽しそうに手で（　　　）を取りながら歌っている。
1 ムード　2 リズム　3 リーダーシップ　4 カウント

10 その事件は、社会に強い（　　　）を与えた。
1 イベント　2 インパクト　3 トレンド　4 パニック

정답　1③　2②　3①　4③　5④　6③　7①　8③　9②　10②

확인문제 ⑬

해석 p.98

問題2 （　　　）に入れるのに最もよいものを、1・2・3・4から一つ選びなさい。

1 その事件の（　　　）犯人は、まだつかまっていないそうだ。

1 実　　2 正　　3 真　　4 新

2 あの会社は今、（　　　）成長している。

1 高　　2 急　　3 連　　4 激

3 人気歌手が登場すると、会場の雰囲気は（　　　）高潮に達した。

1 超　　2 最　　3 本　　4 大

4 （　　　）自動車は、あまりガソリンを食わない。

1 軽　　2 小　　3 短　　4 低

5 あの人はちょっと（　　　）神経すぎる。

1 非　　2 不　　3 無　　4 少

6 その曲は、10年前に世界中で（　　　）ヒットした。

1 大　　2 最　　3 再　　4 真

7 会社を辞めて独立するのは（　　　）やさしいことではない。

1 丸　　2 生　　3 空　　4 物

8 今日が、（　　　）出勤だ。

1 初　　2 早　　3 独　　4 非

9 本採用ではなく、（　　　）採用になった。

1 仮　　2 臨　　3 不　　4 副

10 彼はなかなかの勉強（　　　）だ。

1 家　　2 屋　　3 者　　4 師

정답　1③　2②　3②　4①　5③　6①　7②　8①　9①　10①

확인문제 ⑭

해석 p.98

問題2 (　　　)に入れるのに最もよいものを、1・2・3・4から一つ選びなさい。

1 行動（　　　）の彼は、何でも決めたらすぐやろうとする。

1 派　　2 風　　3 流　　4 調

2 龍は想像（　　　）の動物で、実際には存在しない。

1 上　　2 的　　3 型　　4 系

3 交渉は秘密（　　　）に進められた。

1 上　　2 下　　3 裏　　4 中

4 調査の結果、そのプロジェクトはあまり経済（　　　）がないことがわかった。

1 系　　2 性　　3 的　　4 型

5 あすの大会には、各国から重量（　　　）の選手たちが集まる。

1 圏　　2 級　　3 風　　4 界

6 これは、毎週発売される週刊（　　　）です。

1 本　　2 誌　　3 紙　　4 号

7 オリンピックの選手（　　　）が帰国した。

1 員　　2 隊　　3 官　　4 団

8 あの子はとても活発でいい子だが、協調（　　　）はあまりない。

1 体　　2 性　　3 感　　4 熱

9 あのゴルファーは今年に入ってすでに5勝目をあげ、（　　　）好調だ。

1 広　　2 長　　3 絶　　4 大

10 映画が（　　　）当たりして、その監督は一躍有名になった。

1 本　　2 最　　3 大　　4 真

정답　1①　2①　3③　4②　5②　6②　7④　8②　9③　10③

해석 p.98

問題2 (　　　)に入れるのに最もよいものを、1・2・3・4から一つ選びなさい。

1 輸出先はアメリカからどんどん中国に（　　　　）している。

1 リセット　　2 シフト　　3 コントロール　　4 リード

2 業績が悪化し、予算の削減を（　　　　）。

1 せめられた　　2 せまられた　　3 せばめられた　　4 はばまれた

3 期限内に終わらせる（　　　　）が立った。

1 見直し　　2 目安　　3 見通し　　4 見当

4 睡眠不足だったが、2時間ほど眠ったら、頭が（　　　　）した。

1 くっきり　　2 すっきり　　3 さっぱり　　4 しっかり

5 あの二人は兄弟だが、二人の性格は（　　　　）対照をなしている。

1 正　　2 高　　3 真　　4 好

6 ボールペンが友達のものと同じで（　　　　）ので、自分のものに名前を書いた。

1 ひとしい　　2 あさましい　　3 なやましい　　4 まぎらわしい

7 心配で心配で、夜も（　　　　）眠れません。

1 おのずと　　2 みずから　　3 ろくに　　4 いっせいに

8 海外勤務が決まって不安がる後輩を（　　　　）した。

1 接待　　2 歓迎　　3 激励　　4 奨励

9 田中さんのお兄さんは広告の（　　　　）を書く仕事をしている。

1 イメージ　　2 アイデア　　3 トレンド　　4 コピー

10 油田の発見が、この国に今日の繁栄を（　　　　）。

1 もたらした　　2 もちこんだ　　3 およぼした　　4 しいた

정답　1②　2②　3③　4②　5④　6④　7③　8③　9④　10①

해석 p.99

問題2 （　　　）に入れるのに最もよいものを、1・2・3・4から一つ選びなさい。

1 水分を大量に吸収するという性質に（　　　）して新しい繊維の開発が進められている。

1 着目　　2 発想　　3 着想　　4 発見

2 この条件を（　　　）できる人はあまりいないだろう。

1 クリア　　2 アピール　　3 クリック　　4 キープ

3 やっと書いた論文を友達に（　　　）腹が立った。

1 だまされて　　2 みとめられて　　3 からかわれて　　4 けなされて

4 英語が得意なふりをしたせいで、通訳をやらされる（　　　）になってしまった。

1 まと　　2 はめ　　3 たち　　4 あて

5 すばらしい演奏を聞いて（　　　）した。

1 ぴりぴり　　2 ぐっすり　　3 はらはら　　4 うっとり

6 人にわかってもらえなくても（　　　）かまいません。

1 いっこうに　　2 ひたすらに　　3 いっせいに　　4 まさに

7 今後とも社員一同、最善を尽くす（　　　）でございます。

1 祈願　　2 思想　　3 光栄　　4 所存

8 講演が始まるので、携帯電話をマナーモードに（　　　）した。

1 設置　　2 設定　　3 設営　　4 設計

9 ホームページに（　　　）して会員登録をした。

1 アクセス　　2 シフト　　3 クリック　　4 サイン

10 将来有望な選手だったが、今回の大会では（　　　）となった。

1 失脚　　2 失墜　　3 失格　　4 失速

정답　1①　2①　3④　4②　5④　6①　7④　8②　9①　10③

해석 p.99

問題2 (　　　)に入れるのに最もよいものを、1・2・3・4から一つ選びなさい。

1 新しいソフトに（　　　　）するパソコンの販売が始まった。

1 反応　2 応対　3 対応　4 対処

2 A社はヒット商品を次々と生み出して、ゲーム業界を（　　　　）している。

1 タッチ　2 セット　3 リード　4 ガード

3 ガン細胞の（　　　　）を抑える研究。

1 増強　2 増設　3 増量　4 増殖

4 早く手を打たないと、（　　　　）になりますよ。

1 手かげん　2 手はじめ　3 手ちがい　4 手おくれ

5 もめることになるだろうと思われた話が（　　　　）まとまった。

1 じっくり　2 すんなり　3 ぴりぴり　4 くっきり

6 あの会社の技術は世界の（　　　　）先端をいっている。

1 超　2 本　3 最　4 大

7 彼女は去年プロになったばかりで、プロとしてはまだまだ（　　　　）だ。

1 未開　2 未練　3 未知　4 未熟

8 自分の主張ばかりしないで、時には（　　　　）することも必要だ。

1 対応　2 和解　3 解決　4 妥協

9 ライバル会社の貴重な情報を（　　　　）して、上司に伝えた。

1 スナッチ　2 マッチ　3 キャッチ　4 タッチ

10 彼らは任務を（　　　　）ことに全力を尽くした。

1 あっとうする　2 まっとうする　3 かっとうする　4 さっとうする

정답	1③	2③	3④	4④	5②	6③	7④	8④	9③	10②

問題 2 문맥규정 확인문제 해석

확인문제 1

1 교내 잡지의 편집자에게 부탁받아서 쓴 원고가 게재되었다.
2 이 차에는 신형 엔진이 탑재되어 있습니다.
3 그 안건은 임원회에서 승인되지 않았다.
4 사고로 고속도로가 정체되어 약속 시간에 늦어버렸다.
5 계약을 파기하기 위한 절차를 시작했다.
6 나로서는 사형제도의 존속을 용인할 수는 없다.
7 자신의 의견을 굽히지 않는 것도 좋지만, 때로는 타협하는 것도 중요하다.
8 상황은 아직 예측을 불허한다.
9 나는 그런 잘못된 의견에는 찬성할 수 없습니다.
10 진상 규명에 분주하다.

확인문제 2

1 시민의 생명과 재산을 지키는 것은 경찰관의 책무다.
2 저 가게 주인은 정말 붙임성이 좋다.
3 바로 흑자가 되는 것은 어렵다고 생각되었기 때문에, 우선은 적자를 내지 않는 것을 당면의 목표로 하였다.
4 긴급 회의가 있어서 오늘 오후 파티에는 참석할 수 없습니다.
5 적절한 조치를 취하지 않은 탓에 문제가 커졌다.
6 인기 작가의 신작이 큰 반향을 불러 일으켰다.
7 프랑스로 유학가서 요리 솜씨를 더 연마하고 싶다고 생각하고 있다.
8 이 주식은 오를 거라고 생각했는데, 보기 좋게 예상이 빗나가 버렸다.
9 드디어 태풍으로 지나갈 수 없었던 도로가 복구될 전망이 보였다.
10 내 몫까지 열심히 해 주세요.

확인문제 3

1 눈을 뗀 사이에 어딘가로 가 버렸다.
2 두 번 다시 이런 문제가 일어나지 않게 할 구조를 만들어 가지 않으면 안 된다.
3 그에게 책을 빌려주어도 한 번도 돌려받은 전례가 없다.
4 태풍이 접근하고 있어, 내일은 큰 비가 내릴 우려가 있다.
5 최종 단계에 들어와서 교섭은 한계를 보이고 있다고 한다.
6 오랫동안 손질을 하지 않았기 때문에 정원이 잡초투성이가 되었다.
7 금이 간 컵을 새로운 것으로 교환했다.
8 나이가 들어서 시력 감퇴를 느끼게 되었다.
9 신호가 고장나서 교통이 마비되어 버렸다.
10 무엇을 계기로 유학하게 된 것입니까?

확인문제 4

1 경제적으로도 교육적으로도 그는 매우 풍족한 환경에서 자랐다.
2 이런 결과를 초래하게 될 거라고는 아무도 생각하지 못했다.
3 이 마을에서는 인구의 80퍼센트를 노인이 차지하고 있다.
4 올해는 일본 각지에 호우가 엄습했다.
5 그는 30년에 걸친 선수 생활에 종지부를 찍었다.
6 이번 성공은 그의 협력에 힘입은 바가 크다.
7 이 댐은 15년간의 공사를 거쳐 드디어 완성에 이르렀다.
8 마을 남쪽에 새로운 번화가가 생겨서, 마을 북쪽은 요즘 완전히 한적해져 버렸다.
9 태풍의 접근으로 바다가 거칠어져 있다.
10 그는 늦잠을 자기 때문인지, 가끔 수염도 깎지 않고 회사에 온다.

확인문제 5

1 정보를 지배하는 자는 세계를 지배한다고 할 정도로 이 세상은 정보사회이다.
2 그는 전혀 융통성이 없다.
3 연료가 떨어져서 비행기는 추락했다.
4 자신도 할 수 없는 것을 남에게 강요하는 것은 좋지 않다.
5 불황에 허덕이는 사람이 많아졌다.

6 사기에 걸려들어 돈을 빼앗겼다.
7 그 사람의 태도에 분노를 느꼈다.
8 최근 협의회를 이탈하는 사람이 끊이지 않는다.
9 전파 관계로 텔레비전의 영상이 흐트러졌다.
10 전쟁이 시작되어 평화로운 마을에 위기가 찾아왔다.

확인문제 6

1 외로움을 달래기 위해서 여행을 떠났다.
2 미국 경제의 영향은 전세계에 미친다.
3 이 나라는 최근 10년 눈부신 발전을 이루었다.
4 일이 바빠서 좀처럼 한숨 돌릴 수 없습니다.
5 자금이 부족해져서 개발 예산을 삭감하게 되었다.
6 그 선수는 다음 대회에서는 세계 기록에 도전하고 싶다고 했다.
7 텔레비전의 화려한 선전에 현혹되어 보러 갔는데, 재미있는 영화는 아니었다.
8 풍속, 습관은 민족에 따라 다르다.
9 그는 마침내 자신의 꿈을 이루었다.
10 그는 모두가 부러워할 정도의 미인과 결혼했다.

확인문제 7

1 그 팀은 7회 말의 위기를 헤쳐나갔다.
2 이 로봇에는 인공두뇌가 들어가 있다.
3 피해를 최소한으로 막으려고 노력했다.
4 그 영화에는 좋아하는 배우가 나오기 때문에 못 보고 놓칠 수는 없다.
5 아버지가 입원했다는 소식을 듣고 딸이 제일 먼저 병원으로 달려 왔다.
6 이 방법은 단순히 떠오른 생각이고, 아직 상세한 검증은 하지 않았다.
7 뼈를 깨끗하게 제거하고 나서 생선을 구웠다.
8 큰 비가 왔기 때문에 집회 실시를 보류했다.
9 이 상품은 이 가게에서는 취급하지 않습니다.
10 역 앞에서 서명을 호소했다.

확인문제 8

1 회사를 그만두는 것을 재고해 달라고 한 번 더 그 사람한테 부탁해 보자.
2 전철 안에서 졸다가 내릴 역을 지나쳐 버렸다.
3 시간이 없어서 점심을 먹지 못했다.
4 야마모토 씨를 보면 바로 나한테 알려 주세요.
5 나는 그가 전쟁에서 죽었다고만 믿고 있었다.
6 이 일을 끝까지 해낼 자신이 없어졌다.
7 그녀는 골똘히 생각해서 병이 나 버렸다.
8 그녀는 노부의 병구완으로 지칠대로 지쳤다.
9 그녀의 소설은 사회에 큰 반향을 불러 일으켰다.
10 그녀는 몰라 볼 정도로 예뻐졌다.

확인문제 9

1 아직 안 잤어? 조용해졌기 때문에 영락없이 자는 줄 알았어.
2 헤어스타일을 바꾸자 인상이 싹 바뀌었다.
3 벌써 몇 년이나 신었기 때문에 신발이 너덜너덜해졌다.
4 간단히 동의는 해주지 않을 거라고 생각했는데, 시원스레 동의해 주었다.
5 이거 가짜였어. 틀림없이 진짜라고 생각해서 샀는데……
6 예상과는 완전히 다르게, A팀은 간단히 져 버렸다.
7 능력시험 N1은 어렵다고 들었는데 응시해 보니 그 정도는 아니었다.
8 돈이 있는 사람이 반드시 행복하다고는 할 수 없다.
9 아무리 노력해도 전혀 성적이 좋아지지 않는다.
10 이혼이 무조건 나쁘다고만은 할 수 없다.

확인문제 10

1 어찌된 일이지? 전철이 좀처럼 오지 않네.
2 썩어서 당장이라도 부서질 듯한 나무 다리가 놓여 있다.
3 바람도 멎었고, 태풍도 그럭저럭 지나간 것 같네.
4 내일은 아무래도 비가 올 것 같지.
5 저 사람은 아마 이 씨라는 사람인 것 같은데…….

6 이 얼마나 아름다운 경치인가!
7 그의 침착한 모습으로 보아, 상당히 자신 있는 것임에 틀림없다.
8 자제분을 잃어서 얼마나 슬프시겠습니까.
9 도대체 무슨 일이 있었던 걸까? 남자는 피투성이로 쓰러져 있었다.
10 아무리 전화를 걸어도 연결되지 않았다.

확인문제 11

1 이제와서 사과한다 해도 이미 늦었어.
2 어쨌든 회사 명령이니까 따를 수 밖에 없었다.
3 아무래도 익숙하지 못해서 폐를 끼칠지도 모르지만, 잘 부탁 합니다.
4 지금은 그저 딸이 무사하기를 바라는 수 밖에 없다.
5 이것은 A씨의 작품을 그저 모방한 것에 지나지 않는다.
6 아무리 몸에 좋은 것이라도 무턱대고 먹으면 해가 되기도 한다.
7 결혼하면 아이는 적어도 두 명 정도는 갖고 싶다고 생각하고 있다.
8 역까지 전력질주하여 간신히 막차를 탈 수 있었다.
9 3개월 전에 메일을 보냈는데, 아직까지 아무런 답장도 오지 않는다.
10 사람이 자고 있든지 아니든지 아랑곳하지 않고 전화를 걸어온다.

확인문제 12

1 신형 엔진을 탑재하여 차 성능은 한층 더 높아졌다.
2 이 상품의 성공은 젊은 여성에게 어필할 수 있을지 어떨지가 결정적인 수가 될 것 같다.
3 그의 성장 과정은 아직도 베일에 싸인 채이다.
4 사과하려고 했는데 좋은 타이밍을 놓쳐버렸다.
5 저 사람은 일단 달리기 시작하면 브레이크가 걸리지 않아서 무섭다.
6 어제 공장에서 원료인 카카오에서 초콜릿이 만들어지기까지의 과정을 견학했다.
7 다음 주, 거래처에서의 미팅을 위해 거래처 부장님과 약속을 잡았다.
8 비싼 돈을 지불하고 글로벌 시대의 경영 전략 세미나에 참가했다.
9 즐거운 듯이 손으로 리듬을 맞추며 노래하고 있다.
10 그 사건은 사회에 강한 충격을 주었다.

확인문제 13

1 그 사건의 진범은 아직 잡히지 않았다고 한다.
2 그 회사는 지금 급성장하고 있다.
3 인기가수가 등장하자 회장 분위기는 최고조에 달했다.
4 경자동차는 그다지 가솔린이 들지 않는다.
5 저 사람은 좀 너무 무신경하다.
6 그 곡은 10년 전에 전세계에서 대히트했다.
7 회사를 그만두고 독립하는 것은 간단한 일은 아니다.
8 오늘이 첫 출근이다.
9 정식 채용이 아니라 임시 채용되었다.
10 그는 상당한 노력가다.

확인문제 14

1 행동파인 그는 무엇이든 결정하면 바로 하려고 한다.
2 용은 상상 속의 동물로 실제로는 존재하지 않는다.
3 교섭은 비밀리에 추진되었다.
4 조사 결과 그 프로젝트는 그다지 경제성이 없다는 것을 알았다.
5 내일 대회에는 각국에서 중량급 선수들이 모인다.
6 이것은 매주 발매되는 주간지입니다.
7 올림픽 선수단이 귀국했다.
8 저 아이는 아주 활발하고 착한 아이지만, 협조성은 그다지 없다.
9 저 골퍼는 올해 들어서 벌써 5승을 올려, 최상의 컨디션이다.
10 영화가 대성공하여 그 감독은 단숨에 유명해졌다.

확인문제 15

1 수출처는 미국에서 점점 중국으로 이동하고 있다.
2 업적이 악화되어 예산 삭감을 강요당했다.
3 기간 내에 끝낼 전망이 섰다.

4 수면부족이었지만, 2시간 정도 잤더니 머리가 상쾌해졌다.

5 저 두 사람은 형제이지만, 두 사람의 성격은 좋은 대조를 이루고 있다.

6 볼펜이 친구 것과 같아 헷갈리기 쉬워서 내 것에 이름을 썼다.

7 너무 걱정이 되어 밤에도 제대로 잘 수 없습니다.

8 해외 근무가 결정돼서 불안해하는 후배를 격려했다.

9 다나카 씨의 형은 광고 카피를 쓰는 일을 하고 있다.

10 유전의 발견이 이 나라에 오늘날의 번영을 가져왔다.

확인문제 16

1 수분을 대량으로 흡수한다는 성질에 주목하여 새로운 섬유 개발이 진행되고 있다.

2 이 조건을 클리어할 수 있는 사람은 별로 없을 것이다.

3 겨우 쓴 논문을 친구가 비방해서 화가 났다.

4 영어를 잘하는 척 한 탓에, 통역을 하게 될 처지가 되고 말았다.

5 훌륭한 연주를 듣고 넋을 잃었다.

6 다른 사람이 알아주지 않아도 전혀 상관없습니다.

7 앞으로도 사원 일동은 최선을 다할 생각입니다.

8 강연이 시작되기 때문에 휴대전화를 매너모드로 설정했다.

9 홈페이지에 접속해서 회원등록을 했다.

10 장래가 유망한 선수였지만, 이번 대회에서는 실격되었다.

확인문제 17

1 새로운 소프트에 대응하는 컴퓨터의 판매가 시작었다.

2 A사는 히트 상품을 잇달아 만들어내면서, 게임 업계를 리드하고 있다.

3 암세포 증식을 억제하는 연구.

4 빨리 손을 쓰지 않으면 시기를 놓치게 돼요.

5 옥신각신하게 될 것이라고 생각한 이야기가 순조롭게 정리되었다.

6 저 회사의 기술은 세계 최첨단을 달리고 있다.

7 그녀는 작년에 막 프로가 되었기 때문에, 프로로서는 아직 미숙하다.

8 자신의 주장만 하지 말고 때로는 타협하는 것도 필요하다.

9 라이벌 회사의 귀중한 정보를 캐치해서 상사에게 전달했다.

10 그들은 임무를 완수하는 데에 전력을 다했다.

問題 3 교체유의어

문제유형 유의어 찾기(6문항)

〈問題3 교체유의어〉는 주어진 밑줄의 어휘와 같은 의미의 어휘를 찾는 문제이다.

例

問題3 ＿＿＿＿の言葉に意味が最も近いものを、1・2・3・4から一つ選びなさい。

14 私は彼のさっぱりした性格が好きだ。

1 素朴な　　2 単純な　　3 快活な　　4 淡白な

14	① ② ③ ●

포인트

〈問題3 교체유의어〉는 어려운 어휘(예 仕上(しあ)がる)를 쉬운 어휘(예 完成(かんせい)する)로 바꾼 것을 찾는 문제라고 생각하면 된다. 즉, 주어진 어휘(어려운 어휘)와 선택지 속의 정답 어휘(쉬운 어휘)의 의미를 둘 다 알고 있어야 정답을 찾을 수 있다. 의미가 완전히 같지 않아도 선택지 속의 정답 어휘가 질문에 들어가도 문장 자체의 의미가 크게 바뀌지 않는 어휘를 고르면 된다. 단, 선택지에 나와 있는 것을 하나씩 대입하여 가장 적절한 어휘를 찾는 방법은 위험할 수 있다. 왜냐하면 대입했을 때 선택지 모두가 완전히 말이 안 되는 것은 없어서 오히려 더 혼란스러울 수 있기 때문이다.

학습요령

교체유의어에서는 명사 · 동사 · 형용사 · 부사에서 골고루 출제될 것으로 예상한다. 그 중에서 유사어가 가장 많은 동사가 중심이 되겠지만, 명사는 그 뜻을 짧게 풀어 쓴 말 등이 선택지로 나올 가능성이 크다 (예 朗報(ろうほう) → うれしい知(し)らせ). 그러므로 N1을 준비하는 수험생은 일본어 어휘를 한국어 뿐만 아니라「うれしい知(し)らせ」처럼 일본어로도 풀이해 보는 것이 많은 도움이 될 것이다.

問題3 교체유의어 출제예상어휘

학습포인트

〈問題3 교체유의어〉의 경우, 問題1 · 問題2에서 제시하고 있는 문자, 어휘 중에서 대부분 출제되기 때문에 우선 問題1 · 問題2 어휘를 학습한 후, 유의어에는 어떤 것들이 있는지 출제 예상 어휘를 한번 체크하고, 확인문제를 풀면서 실전에 대비한다.

명사

※(　) 안의 숫자는 기출 연도입니다.

□ 言い訳(いいわけ) 변명	≒	弁解(べんかい) 변명 (15年)
□ 糸口(いとぐち) 실마리, 단서	≒	ヒント 힌트 (15年)
□ 嫌味(いやみ) 남에게 불쾌감을 주는 말이나 행동	≒	皮肉(ひにく) 빈정거림, 비꼼
□ 裏づけ(うらづけ) 뒷받침	≒	証拠(しょうこ) 증거 (13年)
□ お手上げだ(おてあげだ) 어찌할 도리가 없다, 속수무책이다	≒	どうしようもない 어찌할 도리가 없다 (14年)
□ 気掛かり(きがかり) 마음에 걸림, 걱정	≒	心配(しんぱい) 걱정 (14年)
□ 苦情(くじょう) 불평	≒	クレーム 클레임 (불평, 불만) (15年)
□ 互角だ(ごかくだ) 막상막하다 (19年)	≒	大体同じだ(だいたいおなじだ) 비슷하다 (15年)
□ 骨子(こっし) 골자, 요점	≒	概容(がいよう) 대강의 내용, 아우트라인
□ コントラスト 콘트라스트 (대비)	≒	対比(たいひ) 대비 (11年)
□ 再三(さいさん) 여러 번	≒	何度も(なんども) 몇 번이고
□ 雑踏(ざっとう) 혼잡, 붐빔	≒	人込み(ひとごみ) 붐빔 (13年)
□ 支援(しえん) 지원	≒	バックアップ 백 업, 후원 (13年)
□ しくみ 구조	≒	システム 시스템
□ 従来(じゅうらい) 종래	≒	これまで 지금까지 (13年)
□ 助言(じょげん) 조언	≒	アドバイス 어드바이스, 충고 (15年)
□ スケール 스케일 (규모)	≒	規模(きぼ) 규모 (12年)
□ すべ 방법, 수단	≒	方法(ほうほう) 방법 (13年)
□ 先方(せんぽう) 상대방	≒	相手(あいて) 상대 (12年)
□ 手がかり(てがかり) 실마리	≒	ヒント 힌트 (11年)

□ デマ 헛소문, 유언비어	≒ うそ 거짓말
□ とっておきの 소중히 간직해 둔	≒ 大事(だいじ)にとっておいた 소중히 간직해 둔
□ 抜群(ばつぐん) 발군, 뛰어남	≒ ほかと比(くら)べて特(とく)に良(よ)い 특히 좋다 (13年)
□ ひと段落(だんらく) 일단락	≒ 一部片(いちぶかた)づく 일단락 짓다
□ 不審物(ふしんぶつ) 수상한 물건	≒ 怪(あや)しいもの 수상한 물건
□ ポイント 포인트	≒ 要点(ようてん) 요점
□ まね 흉내	≒ 模倣(もほう) 모방
□ 無償(むしょう) 무상, 무료	≒ ただ 무료, 공짜 (14年)
□ メカニズム 메커니즘 (장치, 구조)	≒ 仕組(しく)み 구조 (13年)
□ 役割(やくわり) 역할	≒ 任務(にんむ) 임무
□ 朗報(ろうほう) 낭보, 기쁜 소식	≒ うれしい知(し)らせ 기쁜 소식 (10年)
□ 割合(わりあい) 비율	≒ 比率(ひりつ) 비율

동사

□ あなどる 깔보다	≒ 馬鹿(ばか)にする 업신여기다, 깔보다
□ あやまる 실수하다	≒ 不注意(ふちゅうい) 부주의
□ ありふれた 어디에나 있는, 흔한	≒ 平凡(へいぼん)な 평범한 (15年)
□ 案(あん)じる 걱정하다, 생각하다	≒ 心配(しんぱい)する 걱정하다
□ いたわる 소중히 돌보다, 위로하다	≒ 大事(だいじ)にする 소중히 다루다,아끼다
□ 受(う)け合(あ)う 보증하다	≒ 保証(ほしょう)する 보증하다
□ 打(う)ち明(あ)ける 털어놓고 이야기하다	≒ 告白(こくはく)する 고백하다
□ 打(う)ち込(こ)む 열중하다, 몰두하다	≒ 熱心(ねっしん)に取(と)り組(く)む 열심히 몰두하다 (14年)
□ うろたえずに 당황하지 않고	≒ 慌(あわ)てずに 허둥대지 않고 (15年)
□ いばる 뽐내다	≒ 大(おお)きな顔(かお)をする 잘난체하다

□ おおやけにする 공표하다	≒ 公表(こうひょう)する 공표하다
□ 衰(おとろ)える 쇠약하다, 쇠퇴하다	≒ 弱(よわ)くなる 약해지다
□ 思(おも)い切(き)った 대담한, 과감한	≒ 大胆(だいたん)な 대담한
□ 思(おも)い知(し)らされる 뼈저리게 느끼다	≒ 痛感(つうかん)する 통감하다
□ 赴(おもむ)く 향하여 가다	≒ 行(い)く 가다
□ おろそかにする 소홀히 하다	≒ 怠(なま)ける 게으름 피우다
□ 回想(かいそう)する 회상하다	≒ 思(おも)い返(かえ)す 다시 생각하다 (14年)
□ かいつまむ 요약하다	≒ 要約(ようやく)する 요약하다
□ かさむ 부피가 커지다, 많아지다	≒ 増(ふ)える 늘다
□ (家庭(かてい)を)きずく (가정을) 이루다	≒ 作(つく)る 만들다
□ 仰天(ぎょうてん)した 깜짝 놀랐다, 기겁했다	≒ とても驚(おどろ)いた 매우 놀랐다 (13年)
□ けなす 흉잡다, 비방하다, 헐뜯다	≒ 悪(わる)く言(い)う 나쁜 말(험담)을 하다 (12年)
□ こじれる 악화되다, 뒤틀리다	≒ 悪化(あっか)する 악화되다
□ 誇張(こちょう)して 과장하여	≒ 大(おお)げさに 과장되게 (15年)
□ 凝(こ)る 열중하다, 공들이다	≒ 夢中(むちゅう)になる 열중하다, 몰두하다
□ 錯覚(さっかく)する 착각하다	≒ 勘違(かんちが)いする 착각하다 (15年)
□ 殺到(さっとう)した 쇄도했다	≒ 一度(いちど)に大勢(おおぜい)来(き)た 한 번에 많이 왔다 (15年)
□ しくじる 실패하다, 실수하다	≒ 失敗(しっぱい)する 실패하다
□ 触発(しょくはつ)される 촉발되다	≒ 刺激(しげき)を受(う)ける 자극을 받다 (12年)
□ しりぞける 거절하다	≒ 拒否(きょひ)する 거부하다
□ せかす 재촉하다	≒ 急(いそ)がせる 재촉하다(=急(いそ)がす) (13年)
□ そむく 등지다, 멀리하다	≒ 裏切(うらぎ)る 배반하다
□ たまわる 윗사람에게서 받다	≒ いただく 받다
□ ためす 시험해 보다	≒ 試験(しけん)する 시험하다
□ 断念(だんねん)する 단념하다	≒ あきらめる 포기하다 (12年)

□ 重宝(ちょうほう)する 유용하고 편리하다	≒	便利(べんり)で役(やく)に立(た)つ 편리해서 도움이 되다 (11年)
□ 手分(てわ)けする 분담하다	≒	分担(ぶんたん)する 분담하다 (14年)
□ なじむ 친숙해지다	≒	慣(な)れる 친숙해지다 (10年)
□ 根(ね)に持(も)つ 앙심을 품다	≒	うらむ 원망하다
□ (試合(しあい)に)のぞむ (시합에) 임하다	≒	出場(しゅつじょう)する 출전하다, 참가하다
□ はかどる 진척되다, 일이 잘 되어가다	≒	順調(じゅんちょう)に進(すす)む 순조롭게 진행되다 (10年)
□ (交流(こうりゅう)を)はかる (교류를) 도모하다	≒	深(ふか)める 증진시키다, 돈독히 하다
□ はばむ 막다	≒	阻止(そし)する 저지하다
□ 張(は)り合(あ)う 경쟁하다	≒	競争(きょうそう)する 경쟁하다 (10, 17年)
□ ひやかす 놀리다, 희롱하다	≒	からかう 조롱하다, 놀리다
□ 踏(ふ)みにじる 남의 체면 등을 짓밟다	≒	傷(きず)つける 상처를 입히다
□ (心(こころ)に)ふれる (마음에) 느끼다	≒	接(せっ)する 접하다, 가까이 하다
□ ほのめかす 넌지시 비추다	≒	におわす 넌지시 비추다
□ まとまった(お金(かね)) 목돈	≒	多額(たがく)の 다액의
□ まどわされる 속임을 당하다, 현혹되다	≒	だまされる 속다
□ 見合(みあ)わせる 보류하다	≒	中止(ちゅうし)する 중지하다 (10年)
□ 見(み)くびる 얕보다	≒	過小評価(かしょうひょうか)する 과소평가하다
□ (論文(ろんぶん)などが)認(みと)められる 인정받다	≒	評価(ひょうか)される 평가받다
□ もくろむ 계획하다	≒	計画(けいかく)する 계획하다 (11年)
□ もめる 옥신각신하다	≒	あらそう 싸우다
□ もよおす 개최하다	≒	開催(かいさい)する 개최하다
□ ゆだねる (남에게) 맡기다	≒	任(まか)せる 맡기다
□ リフォームする 다시 만들다	≒	改築(かいちく)する 다시 짓다

い 형용사

□ あっけない 어이없다, 싱겁다	≒	意外(いがい)につまらない 의외로 재미없다 (11年)
□ (経営(けいえい)が)あやうい (경영이) 위태롭다	≒	難(むずか)しい 어렵다
□ あわただしい 분주하다	≒	いそがしい 바쁘다
□ おっかない 무섭다, 두렵다	≒	おそろしい 무섭다, 걱정스럽다
□ おびただしい 매우 많다, 엄청나다	≒	非常(ひじょう)に多(おお)い 매우 많다
□ かけがえのない 더할 나위 없이 소중하다	≒	とても大切(たいせつ)だ 매우 소중하다
□ かたくるしい 거북스럽다	≒	難(むずか)しい 까다롭다
□ すがすがしい 상쾌하다	≒	さわやかだ 상쾌하다 (12年)
□ そっけない 인정머리 없다, 쌀쌀맞다	≒	思(おも)いやりがない 인정이 없다, 매정하다
□ 手(て)きびしい(評価(ひょうか)) 가차없다 (평가)	≒	低(ひく)い 낮다
□ まぎらわしい 혼동하기 쉽다	≒	同(おな)じようだ 비슷하다
□ なやましい 괴롭다	≒	頭(あたま)が痛(いた)い 머리가 아프다
□ ねばりづよい 끈질기다	≒	あきらめない 포기하지 않다
□ やましい 양심의 가책을 느끼다	≒	はずかしい 부끄럽다, 면목없다
□ 煩(わずら)わしい 귀찮다	≒	面倒(めんどう)な 귀찮은 (16年)

な 형용사

□ ありきたりだ 흔하다	≒	平凡(へいぼん)だ 평범하다 (11年)
□ 横柄(おうへい)だ 건방지다	≒	偉(えら)そうだ 잘난척하다
□ おおげさだ 과장되다	≒	オーバー 초과, 과잉
□ おおざっぱに 대충대충	≒	おおまかに 대충대충
□ 格段(かくだん)に 현격히, 각별히	≒	大幅(おおはば)に 큰 폭으로 (14年)
□ 画期的(かっきてき)な 획기적인	≒	今までにない新(あたら)しい 지금껏 없었던 새로운 (11年)

□ 傲慢だ 오만하다	≒	偉そうだ 잘난척하다
□ こっけいだ 익살스럽다	≒	おかしい 우습다, 이상하다
□ シビアだ 엄격하다	≒	厳しい 엄격하다 (11年)
□ 自分勝手だ 자기 멋대로이다	≒	わがままだ 제멋대로 굴다
□ ストレートに 솔직하게, 직접적으로	≒	率直に 솔직하게 (14年)
□ てごろだ 적합하다	≒	適当だ 적당하다
□ のんきだ 무사태평하다	≒	楽天的だ 낙천적이다
□ 不審だ 의심스럽다	≒	あやしい 수상하다
□ 不用意な 조심성 없는, 부주의한	≒	不注意な 부주의한 (14年)
□ まばらだ 드문드문하다	≒	少ない 적다 (10年)
□ 無神経だ 무신경하다	≒	配慮がない 배려가 없다
□ 無謀だ 무모하다	≒	無茶だ 터무니없다
□ やっかいだ 귀찮다	≒	面倒だ 귀찮다 (14年)
□ 余計だ 쓸데없다	≒	不必要だ 불필요하다
□ ルーズだ 루즈하다, 허술하다 (19年)	≒	だらしない 칠칠치 못하다

부사

□ あくまで 어디까지나, 끝까지	≒	最後まで 마지막까지
□ あたかも 마치	≒	まるで 마치
□ 予め 미리, 사전에	≒	事前に 사전에 (13年)
□ あらまし 거의, 대체로	≒	ほとんど 거의
□ 案の定 예상대로	≒	予想したとおり 예상한 대로 (14年)
□ いたって 지극히, 대단히	≒	非常に 매우, 대단히 (14年)
□ 一段と 훨씬	≒	飛躍的に 비약적으로

□ おおむね 대체로, 대강 ≒ だいたい 대체로, 대강 (13年)

□ おのずと 저절로, 자연히, 스스로 ≒ 自然(しぜん)に 자연스럽게 (12年)

□ およそ(～ない) 전혀 (～아니다, 없다) ≒ まったく 전혀

□ 極力(きょくりょく) 힘껏, 최대한 (19年) ≒ できる限(かぎ)り 가능한 한 (11年)

□ きわめて 지극히 ≒ 非常(ひじょう)に 상당히

□ くっきり 또렷이, 선명하게 ≒ あざやかに 선명히

□ ことごとく 모조리 ≒ すべて 전부 (13年)

□ さっぱりとした 담백한 ≒ 淡白(たんぱく)だ 담백하다

□ すみやかに 조속하게, 신속하게 ≒ 迅速(じんそく)に 신속하게

□ しきりに 자주, 끊임없이 ≒ 何度(なんど)も 몇 번이나, 누누이 (12年)

□ だぶだぶだ 헐렁헐렁하다 ≒ 大(おお)きすぎる 너무 크다

□ 丹念(たんねん)に 정성 들여 ≒ じっくりと 꼼꼼히 (10年)

□ 着々(ちゃくちゃく)と 척척 ≒ 順調(じゅんちょう)に 순조롭게

□ 当分(とうぶん) 당분간, 얼마 동안 ≒ しばらく 당분간, 잠깐 (12年)

□ どんよりした天気(てんき) 잔뜩 흐린 날씨 ≒ 曇(くも)っていて暗(くら)かった 흐리고 어둡다 (10年)

□ にわかに 갑자기 ≒ すぐに 바로 (11年)

□ ひそかに 살짝, 몰래 ≒ こっそり 살짝, 몰래 (12年)

□ ふいに 갑자기 ≒ 突然(とつぜん) 갑자기 (15年)

□ まず(～ない) 거의 (～않다) ≒ ほとんど 거의

□ 目下(もっか) 목하, 현재, 지금 ≒ 現在(げんざい) 현재

□ やむを得(え)ず 어쩔 수 없이 ≒ 仕方(しかた)なく 어쩔 수 없이 (10年)

□ 歴然(れきぜん)としている 확실하다 ≒ はっきりしている 분명하다, 뚜렷하다 (11年)

□ わずか 조금 ≒ ほんの 불과

2019

- □ 異例(いれい) 이례 ≒ めずらしい 드물다, 희귀하다
- □ 打(う)ち込(こ)む 전념하다 ≒ 熱中(ねっちゅう)する 열중하다
- □ ルーズ 루스, 칠칠치 못하다 ≒ だらしない 야무지지 못하다
- □ つぶさに 소상히 ≒ 詳細(しょうさい)に 상세히
- □ 脈絡(みゃくらく) 맥락 ≒ つながり 연결, 관계
- □ 吟味(ぎんみ)する 음미하다 ≒ 検討(けんとう)する 검토하다
- □ コンパクト 콤팩트, 소형 ≒ 小型(こがた) 소형
- □ 極力(きょくりょく) 극력, 힘을 다해 ≒ できるだけ 가능한 한, 되도록
- □ つぶやく 중얼거리다 ≒ 小(ちい)さな声(こえ)で言(い)う 작은 소리로 말하다
- □ 不審(ふしん) 의심스러움 ≒ 怪(あや)しい 수상하다, 의심스럽다
- □ ばてる 지치다, 녹초가 되다 ≒ 疲(つか)れる 지치다, 피로하다
- □ まっとうする 완수하다 ≒ 完了(かんりょう)する 다하다, 완료하다

2018

- □ スライスする 슬라이스하다 ≒ 薄(うす)く切(き)る 얇게 썰다
- □ めいめい 각각, 각자 ≒ 一人一人(ひとりひとり) 한 사람 한 사람, 각자
- □ 克明(こくめい)に 극명하게, 자세하고 꼼꼼하게 ≒ 詳(くわ)しく丁寧(ていねい)に 자세하고 세심하게
- □ 手立(てだ)て 방법, 수단 ≒ 方法(ほうほう) 방법
- □ ありありと 뚜렷이, 생생히 ≒ はっきり 뚜렷이, 분명히
- □ 返事(へんじ)を渋(しぶ)っている 답변을 망설이고 있다 ≒ 返事(へんじ)をしようとしない 답변을 하려고 하지 않는다
- □ 速(すみ)やか 빠름, 신속함 ≒ できるだけ早(はや)く 가능한 한 빨리
- □ 漠然(ばくぜん)としていた 막연한 ≒ ぼんやりしていた 희미한, 어렴풋한
- □ 妨害(ぼうがい)する 방해하다 ≒ 邪魔(じゃま)する 방해하다
- □ エレガント 우아함, 고상함 ≒ 上品(じょうひん) 품위가 있음, 고상함
- □ つかの間(ま) 잠깐 사이, 짧은 시간 ≒ 短(みじか)い 짧다
- □ しくじる 실수하다, 실패하다 ≒ 失敗(しっぱい)する 실패하다

2017 ~ 2011

□ 抱負(ほうふ) 포부 ≒ 決意(けつい) 결의

□ ゆとり 여유 ≒ 余裕(よゆう) 여유

□ 若干(じゃっかん) 약간, 다소 ≒ わずか 약간, 다소

□ 撤回(てっかい)した 철회했다 ≒ 取(と)り消(け)した 취소했다

□ 張(は)り合(あ)う 맞서다, 겨루다 ≒ 競(きそ)う 경쟁하다

□ かたくな 완고함, 고집스러움 ≒ 頑固(がんこ) 완고함

□ 粘(ねば)り強(づよ)く 끈질기게 ≒ あきらめずに 포기하지 않고

□ 入念(にゅうねん)に 공들여, 꼼꼼히 ≒ 細(こま)かく丁寧(ていねい)に 세심하고 정중히

□ うすうす 어렴풋이, 희미하게 ≒ なんとなく 어쩐지, 무심코

□ 難点(なんてん) 난점 ≒ 不安(ふあん)なところ 불안한 점

□ むっとした 불끈 화가 난 ≒ 怒(おこ)ったような 화난 듯한

□ 照会(しょうかい)する 조회하다 ≒ 問(と)い合(あ)わせる 조회하다, 문의하다

□ かねがね 전부터, 진작부터 ≒ 以前(いぜん)から 전부터

□ 故意(こい)に 고의로, 일부러 ≒ わざと 일부러

□ お詫(わ)びした 사과했다, 사죄했다 ≒ 謝(あやま)った 사과했다, 항복했다

□ 意気込(いきご)み 적극적인 마음가짐, 기세, 의욕 ≒ 意欲(いよく) 의욕

□ おびえている (무서워서) 겁내고 있다 ≒ 怖(こわ)がっている 무서워하고 있다

□ 安堵(あんど)した 안도했다, 안심했다 ≒ ほっとした 마음을 놓았다, 안심했다

□ 端的(たんてき)に 단적으로 ≒ 明白(めいはく)に 명백하게

□ 煩(わずら)わしい 번거롭다, 귀찮다 ≒ 面倒(めんどう)な 귀찮은

□ かろうじて 겨우, 간신히 ≒ 何(なん)とか 그럭저럭, 간신히

□ 自尊心(じそんしん) 자존심 ≒ プライド 프라이드, 자존심

□ 些細(ささい)な 사소한, 시시한 ≒ 小(ちい)さな 작은

□ とまどう 망설이다, 갈팡질팡하다 ≒ 困(こま)る 곤란하다, 난처하다

□ 弁解(べんかい) 변명 ≒ 言(い)い訳(わけ) 변명

□ ありふれた 어디에나 있는, 흔한 ≒ 平凡(へいぼん)な 평범한

□ うろたえずに 당황하지 않고 ≒ 慌(あわ)てずに 허둥대지 않고

□ 糸口(いとぐち) 실마리, 단서	≒	ヒント 힌트
□ ふいに 갑자기	≒	突然(とつぜん) 갑자기
□ 誇張(こちょう)して 과장하여	≒	大(おお)げさに 과장되게
□ 仕上(しあ)がる 완성하다	≒	完成(かんせい)する 완성하다
□ 互角(ごかく)だ 막상막하다	≒	大体同(だいたいおな)じだ 비슷하다
□ クレーム 클레임, 불평, 불만	≒	苦情(くじょう) 불평, 불만
□ 助言(じょげん) 조언	≒	アドバイス 어드바이스, 충고
□ 錯覚(さっかく)する 착각하다	≒	勘違(かんちが)いする 착각하다
□ 殺到(さっとう)した 쇄도했다	≒	一度(いちど)に大勢来(おおぜいき)た 한 번에 많이 왔다
□ 気掛(きが)かり 걱정	≒	心配(しんぱい) 걱정
□ 案(あん)の定(じょう) 예상대로	≒	やはり 역시
□ 不用意(ふようい)な 조심성 없는, 부주의한	≒	不注意(ふちゅうい)な 부주의한
□ 厄介(やっかい)な 귀찮은, 성가신	≒	面倒(めんどう)な 귀찮은
□ 回想(かいそう)する 회상하다	≒	思(おも)い返(かえ)す 다시 생각하다
□ 手分(てわ)けする 분담하다	≒	分担(ぶんたん)する 분담하다
□ 無償(むしょう)で 무상으로, 무료로	≒	ただで 무료로, 공짜로
□ 打(う)ち込(こ)む 열중하다, 몰두하다	≒	熱心(ねっしん)に取(と)り組(く)む 열심히 몰두하다
□ ストレートに 솔직하게, 직접적으로	≒	率直(そっちょく)に 솔직하게
□ お手上(てあ)げだ 어찌할 도리가 없다, 속수무책이다	≒	どうしようもない 어찌할 도리가 없다
□ 格段(かくだん)に 현격히, 각별히	≒	大幅(おおはば)に 큰 폭으로
□ いたって 지극히, 대단히	≒	非常(ひじょう)に 매우, 대단히
□ ことごとく 모조리	≒	すべて 전부
□ 雑踏(ざっとう) 혼잡, 붐빔	≒	人込(ひとご)み 붐빔
□ メカニズム 메커니즘 (장치, 구조)	≒	仕組(しく)み 구조
□ 裏(うら)づけ 뒷받침	≒	証拠(しょうこ) 증거
□ すべ 방법, 수단	≒	方法(ほうほう) 방법
□ せかす 재촉하다	≒	急(いそ)がせる 재촉하다(=急(いそ)がす)
□ 従来(じゅうらい) 종래	≒	これまで 지금까지
□ 予(あらかじ)め 미리, 사전에	≒	事前(じぜん)に 사전에

□ 抜群(ばつぐん) 발군, 뛰어남	≒ ほかと比(くら)べて特(とく)に良(よ)い 특히 좋다
□ バックアップ 백 업, 후원	≒ 支援(しえん) 지원
□ 仰天(ぎょうてん)した 깜짝 놀랐다, 기겁했다	≒ とても驚(おどろ)いた 매우 놀랐다
□ おおむね 대체로, 대강	≒ だいたい 대체로, 대강
□ 当分(とうぶん) 당분간, 얼마 동안	≒ しばらく 당분간, 잠깐
□ スケール 스케일, 규모	≒ 規模(きぼ) 규모
□ しきりに 자주, 끊임없이	≒ 何度(なんど)も 몇 번이나, 누누이
□ 先方(せんぽう) 상대방	≒ 相手(あいて) 상대
□ けなされる 흉잡히다, 비방의 말을 듣다	≒ 悪(わる)く言(い)われる 나쁜 말(험담)을 듣다
□ おっくうだ 귀찮다	≒ 面倒(めんどう)だ 귀찮다
□ 触発(しょくはつ)される 촉발되다	≒ 刺激(しげき)を受(う)ける 자극을 받다
□ すがすがしい 상쾌하다	≒ さわやかだ 상쾌하다
□ 簡素(かんそ)な 간소한	≒ シンプルな 심플한
□ ひそかに 살짝, 몰래	≒ こっそり 살짝, 몰래
□ 断念(だんねん)する 단념하다	≒ あきらめる 포기하다
□ おのずと 저절로, 자연히, 스스로	≒ 自然(しぜん)に 자연스럽게
□ ありきたりの 흔한, 평범한	≒ 平凡(へいぼん)な 평범한
□ 歴然(れきぜん)としている 확실하다	≒ はっきりしている 분명하다, 뚜렷하다
□ 極力(きょくりょく) 힘껏, 최대한	≒ できる限(かぎ)り 가능한 한
□ 落胆(らくたん)する 낙담하다	≒ がっかりする 실망하다
□ あっけない 어이없다, 싱겁다	≒ 意外(いがい)につまらない 의외로 재미없다
□ コントラスト 콘트라스트 (대비)	≒ 対比(たいひ) 대비
□ 画期的(かっきてき)な 획기적인	≒ 今(いま)までにない新(あたら)しい 지금껏 없었던 새로운
□ もくろむ 계획하다	≒ 計画(けいかく)する 계획하다
□ 手(て)がかり 실마리	≒ ヒント 힌트
□ にわかに 갑자기	≒ すぐに 바로
□ 重宝(ちょうほう)する 유용하고 편리하다	≒ 便利(べんり)で役(やく)に立(た)つ 편리해서 도움이 되다
□ シビアだ 엄격하다	≒ 厳(きび)しい 엄격하다

해석 p.119

問題3 ＿＿＿の言葉に意味が最も近いものを、1・2・3・4から一つ選びなさい。

1 そんな<u>言い訳</u>は聞きたくありません。

1 うそ　2 弁解　3 愚痴　4 冗談

2 その話は<u>デマ</u>だった。

1 本当　2 まちがい　3 うそ　4 あやまち

3 車内で<u>不審物</u>が発見された。

1 きたないもの　2 危険なもの　3 怪しいもの　4 珍しいもの

4 新型エンジンの開発が<u>一段落ついた</u>。

1 成功した　2 失敗した　3 全部片づいた　4 一部片づいた

5 飲酒運転はやめるように、彼には<u>再三</u>注意した。

1 一、二度　2 最後に　3 何度も　4 もう一度

6 <u>とっておきの</u>ワインを客にごちそうした。

1 大量の　2 高級な　3 めずらしい　4 大事にとっておいた

7 機械の性能を<u>ためした</u>。

1 向上させた　2 試験した　3 確認した　4 調査した

8 監督は明日の試合に<u>のぞむ</u>覚悟を決めた。

1 専念する　2 出場する　3 優勝する　4 参加する

9 あとはみんなの判断に<u>ゆだねた</u>。

1 従った　2 頼った　3 賛成した　4 任せた

10 彼を<u>あなどってはいけ</u>ません。

1 称賛しては　2 馬鹿にしては　3 非難しては　4 恐れては

정답	1②	2③	3③	4④	5③	6④	7②	8②	9④	10②

해석 p.119

問題3 ＿＿＿の言葉に意味が最も近いものを、1・2・3・4から一つ選びなさい。

1 どうぞ二人で幸せな家庭をきずいてください。

1 探して　2 守って　3 見つけて　4 作って

2 ナイフであやまって手を切ってしまった。

1 脅迫して　2 謝罪して　3 不注意で　4 いたずらで

3 もう少しかいつまんで説明してください。

1 要約して　2 詳しく　3 丁寧に　4 親切に

4 姉妹校との交流をはかるためにパーティーを開いた。

1 広げる　2 深める　3 せばめる　4 続ける

5 選手たちは厳しい訓練によくたえた。

1 挑戦した　2 通った　3 我慢した　4 挫折した

6 まとまったお金が必要になった。

1 多額の　2 多少の　3 小額の　4 低金利の

7 彼の能力を見くびることはできない。

1 過大評価する　2 無視する　3 過小評価する　4 否定する

8 勉強をおろそかにしてはいけません。

1 怠けて　2 放棄して　3 中断して　4 嫌って

9 その政治家は引退をほのめかした。

1 におわせた　2 かんがえた　3 あきらめた　4 あきらかにした

10 仕事ぶりがだんだん板についてきた。

1 だらしなくなって　2 それらしくなって
3 ぎこちなくなって　4 たよりなくなって

정답　1④　2③　3①　4②　5③　6①　7③　8①　9①　10②

해석 p.119

問題3 ＿＿＿の言葉に意味が最も近いものを、1・2・3・4から一つ選びなさい。

1 まぎらわしい名前が多くて困った。
1 同じような　2 むずかしい　3 覚えにくい　4 書きにくい

2 ねばりづよく交渉して問題を解決した。
1 慌てないで　2 あきらめないで　3 急いで　4 余裕を持って

3 あまりかたくるしい話はやめましょう。
1 詳しい　2 つまらない　3 難しい　4 悲しい

4 彼は私にとってかけがえのない人です。
1 何の関係もない　2 とても大切な　3 魅力的な　4 とてもありがたい

5 それは実になやましい問題だった。
1 重大な　2 深刻な　3 頭にくる　4 頭が痛い

6 私はやましいことは何もしていません。
1 でたらめな　2 うるさい　3 はずかしい　4 だらしない

7 その人はとても横柄な人だった。
1 大胆な　2 謙虚な　3 親切な　4 偉そうな

8 彼の態度はとても傲慢だった。
1 自信たっぷり　2 謙虚　3 偉そう　4 大胆

9 てごろな値段の部屋を見つけた。
1 少し高い　2 少し安い　3 適当な　4 格安の

10 あの人はいつものんきなことばかり言っている。
1 楽天的な　2 悲観的な　3 退屈な　4 消極的な

정답　1①　2②　3③　4②　5④　6③　7④　8③　9③　10①

확인문제 ④

해석 p.119

問題3 ＿＿＿の言葉に意味が最も近いものを、1・2・3・4から一つ選びなさい。

1 彼の話はいつもおおげさだ。

1 はでだ　2 露骨だ　3 オーバーだ　4 つまらない

2 不審な人を見かけたらすぐ通報してください。

1 あやしい　2 いやらしい　3 すがすがしい　4 にくたらしい

3 あの人はあまりに無神経だ。

1 配慮がない　2 関心がない　3 知識がない　4 自己中心的だ

4 手続きがやっかいでいやになった。

1 でたらめで　2 面倒で　3 高すぎて　4 多すぎて

5 与党が提出した法案に野党はことごとく反対した。

1 徹底的に　2 おおざっぱに　3 全部　4 一部

6 大学時代の専攻とはおよそ関係のない仕事に就いた。

1 だいたい　2 まったく　3 多少　4 ほとんど

7 裁判は案の定長びくことになった。

1 少し　2 意外に　3 思ったより　4 予想したとおり

8 彼はあたかも全部自分がしたかのように語った。

1 すでに　2 まるで　3 本当に　4 いかにも

9 そんなことはまずないと思いますよ。

1 まったく　2 絶対に　3 ふつうは　4 ほとんど

10 彼とはわずか15分ほど話したことがあるだけだ。

1 だいたい　2 ざっと　3 ずっと　4 ほんの

정답　1③　2①　3①　4②　5③　6②　7④　8②　9④　10④

해석 p.119

問題3 ＿＿＿の言葉に意味が最も近いものを、1・2・3・4から一つ選びなさい。

1 会社側は労働組合の要求をしりぞけた。

1 受け入れた　2 守った　3 拒否した　4 疑った

2 これからは外国資本の市場導入をはばむことは難しくなるだろう。

1 否定する　2 阻止する　3 無視する　4 禁止する

3 政府は思い切った対策を発表した。

1 賢明な　2 大胆な　3 適切な　4 詳細な

4 明日の演奏会でのひとりひとりの役割を確認した。

1 権利　2 意見　3 任務　4 立場

5 彼女に余計なことは言わないでください。

1 いやな　2 不必要な　3 でたらめな　4 不可能な

6 きょうは本当にあわただしい一日だった。

1 たのしい　2 いそがしい　3 うれしい　4 つまらない

7 今回の企画のポイントをまとめて資料を送った。

1 総論　2 利点　3 要約　4 要点

8 パーティーに行く行かないで恋人ともめた。

1 あらそった　2 なやんだ　3 くらべた　4 かんがえた

9 彼女の研究は、学会で認められるようになった。

1 批判される　2 発表される　3 評価される　4 公表される

10 この町に住む外国人の割合を調べた。

1 生活　2 比率　3 行動　4 動向

정답　1③　2②　3②　4③　5②　6②　7④　8①　9③　10②

 해석 p.119

問題3 ＿＿＿の言葉に意味が最も近いものを、1・2・3・4から一つ選びなさい。

1 田中さんは、最近家をリフォームした。

1 改築した　2 引っ越した　3 建築した　4 購入した

2 テレビの派手な宣伝にまどわされた。

1 無視された　2 引かれた　3 誘われた　4 だまされた

3 彼は今もそのことを根に持っている。

1 うたがっている　2 のぞんでいる　3 うらんでいる　4 おそれている

4 状態が一段とよくなった。

1 飛躍的に　2 少しずつ　3 全体的に　4 少しだけ

5 自分の力のなさを思い知らされた。

1 反省した　2 後悔した　3 痛感した　4 告白した

6 人のまねばかりするのはよくありません。

1 非難　2 うわさ　3 模倣　4 批評

7 誤報を流したテレビ局に苦情がさっとうした。

1 クレーム　2 非難　3 大衆　4 マスコミ

8 温かい人の心にふれることが出来て幸せだった。

1 接する　2 届く　3 報いる　4 残る

9 新都市の開発を見合わせることにした。

1 やめる　2 始める　3 早める　4 弱める

10 法案の骨子がまとまった。

1 全容　2 意義　3 趣旨　4 概容

정답　1①　2④　3③　4①　5③　6③　7①　8①　9①　10④

 해석 p.120

問題3 ＿＿＿の言葉に意味が最も近いものを、1・2・3・4から一つ選びなさい。

1 流通のしくみを大幅に改革した。
1 メカニズム　2 システム　3 プログラム　4 フォーム

2 先週はパーティーが続いてうんざりした。
1 楽しんだ　2 満足した　3 悩んだ　4 嫌になった

3 彼の能力は私が受け合います。
1 判断します　2 育てます　3 保証します　4 見つけます

4 週末のお天気はおおむね良好とのことです。
1 だいたいは　2 とても　3 たぶん　4 いつものように

5 会社の経営があやうくなった。
1 怖くなった　2 正常になった　3 不可能になった　4 難しくなった

6 その事件のあらましは友達から聞いて知った。
1 概略　2 結末　3 犯人　4 原因

7 彼女はたのもしい友人ができて喜んでいる。
1 優しい　2 有名な　3 すてきな　4 信頼できる

8 これは大変な特種になると、その記者は喜んだ。
1 チャンス　2 ニュース　3 スクープ　4 スキャンダル

9 みんなは彼の態度にいきどおりを感じた。
1 熱意　2 恐れ　3 誠意　4 怒り

10 交渉妥結の可能性はきわめて高くなった。
1 次第に　2 非常に　3 急速に　4 多少

정답　1②　2④　3③　4①　5④　6①　7④　8③　9④　10②

問題 3 교체유의어 확인문제 해석

확인문제 1

1 그런 변명은 듣고 싶지 않습니다.
2 그 이야기는 헛소문이었다.
3 차안에서 수상한 물건이 발견되었다.
4 신형 엔진의 개발이 일단락되었다.
5 음주운전은 그만두도록 그에게 여러 번 주의 줬다.
6 소중한 와인을 손님에게 대접했다.
7 기계 성능을 시험해 보았다.
8 감독은 내일 시합에 임할 각오를 굳혔다.
9 나머지는 모두의 판단에 맡겼다.
10 그를 깔보아서는 안 됩니다.

확인문제 2

1 아무쪼록 두 분이서 행복한 가정을 이루세요.
2 나이프로 잘못해서 손을 베어 버렸다.
3 좀 더 요약해서 설명해 주세요.
4 자매 학교와의 교류를 도모하기 위해 파티를 열었다.
5 선수들은 혹독한 훈련을 잘 견뎠다.
6 목돈이 필요해졌다.
7 그의 능력을 과소평가할 수는 없다.
8 공부를 소홀히 해서는 안 됩니다.
9 그 정치가는 은퇴를 넌지시 암시했다.
10 일하는 모습이 점점 잘 어울리기 시작했다.

확인문제 3

1 비슷한 이름이 많아서 난처했다.
2 끈질기게 교섭해서 문제를 해결했다.
3 너무 거북스러운 이야기는 하지 맙시다.
4 그는 저에게 있어 둘도 없는 사람입니다.
5 그것은 실로 골치 아픈 문제였다.
6 저는 부끄러운 짓은 아무것도 하지 않았습니다.
7 그 사람은 아주 거만한 사람이었다.
8 그의 태도는 아주 오만했다.
9 적당한 가격의 방을 찾았다.
10 저 사람은 항상 무사태평한 말만 한다.

확인문제 4

1 그의 말은 항상 허풍이다.
2 수상한 사람을 보면 바로 신고해 주세요.
3 저 사람은 너무 무신경하다.
4 절차가 번거로워서 짜증 났다.
5 여당이 제출한 법안에 야당은 전부 반대했다.
6 대학 때 전공과는 전혀 관계없는 일을 하고 있다.
7 재판은 예상대로 길어졌다.
8 그는 마치 전부 자기가 한 것처럼 이야기했다.
9 그런 일은 거의 없다고 생각합니다.
10 그와는 불과 15분 정도 이야기한 적이 있을 뿐이다.

확인문제 5

1 회사 측은 노동조합의 요구를 거절했다.
2 앞으로는 외국자본의 시장 도입을 막는 것은 어려워질 것이다.
3 정부는 과감한 대책을 발표했다.
4 내일 연주회에서 한 사람 한 사람의 역할을 확인했다.
5 그녀에게 쓸데없는 말은 말아주세요.
6 오늘은 정말 분주한 하루였다.
7 이번 기획의 포인트를 정리해서 자료를 보냈다.
8 파티에 갈지 안 갈지로 연인과 다투었다.
9 그녀의 연구는 학회에서 인정받게 되었다.
10 이 마을에 사는 외국인의 비율을 조사했다.

확인문제 6

1 다나카 씨는 최근에 집을 리폼했다.
2 텔레비전의 화려한 선전에 현혹되었다.
3 그는 지금도 그것에 원한을 품고 있다.
4 상태가 훨씬 좋아졌다.
5 자신이 힘이 없음을 뼈저리게 느꼈다.
6 다른 사람의 흉내만 내는 것은 좋지 않습니다.
7 오보를 내보낸 방송국에 불평이 쇄도했다.
8 따뜻한 사람의 마음을 느낄 수 있어서 행복했다.
9 신도시 개발을 보류하기로 했다.
10 법안의 골자가 정리되었다.

확인문제 7

1 유통 구조를 대폭 개혁했다.
2 지난주는 파티가 계속되어서 지겨웠다.
3 그의 능력은 제가 보증합니다.
4 다음 주 날씨는 대체로 양호하다고 합니다.
5 회사의 경영이 위태로워졌다.
6 그 사건의 줄거리는 친구에게 들어서 알았다.
7 그녀는 믿음직스러운 친구가 생겨서 기뻐하고 있다.
8 이것은 엄청난 특종이 될 거라고 그 기자는 기뻐했다.
9 모두는 그의 태도에 분노를 느꼈다.
10 교섭 타결의 가능성은 지극히 높아졌다.

M E M O

問題 4 용법

문제유형 용법(6문항)

問題4 용법은 제시된 어휘가 문장 안에서 가장 적절하게 쓰인 것을 찾는 문제로, 제시된 어휘의 의미를 확실히 알고 있어야 정답을 찾을 수 있다.

問題4 次の言葉の使い方として最もよいものを、1・2・3・4から一つ選びなさい。

20 心地

1 草原には心地よい風が吹いていた。

2 首相は、テレビを通して国民の心地に訴えた。

3 彼は、冗談を言われて心地を害した。

4 友達に本当の心地を打ち明けた。

1	● ② ③ ④

포인트

〈問題4 용법〉은 배점이 클 것으로 예상하니, 차분하게 정답을 찾아내야 한다. 품사나 의미를 잘못 생각하여 생기게 되는 동사와 목적어 간의 불일치, 형용사와 주어 간의 불균형 등이 없는지 선택지 하나하나를 꼼꼼하게 잘 봐야 한다.

예) 完ぺきする (X)　完ぺきだ (O)

「彼は完ぺきだ(그는 완벽하다)」와 같이 한국어의 '하다'에 해당된다고 해서 일본어 「する」가 아니라 「～だ」의 형태를 취하는 な형용사인 경우가 있다.

학습요령

용법 문제는 수험생들이 가장 어려워하는 문제유형 중 하나이다. 용법 문제에 대비하려면 무조건 단어 자체를 암기하기보다는 자주 사용되는 예문과 함께 공부해야 한다. 예를 들어 「はかどる」는 「仕事がはかどる(일이 진척되다)」로 기억하면 한결 문제 풀기가 수월해질 것이다.

問題4 용법 출제예상어휘

학습포인트

〈問題4 용법〉도 마찬가지로 問題1 · 問題2에서 제시하고 있는 문자, 어휘 중에서 출제되기 때문에 특히, 問題1 · 問題2 중에서 동사, 형용사, 부사(의성어,의태어) 등을 다시 한 번 학습한 후, 출제예상어휘를 확인하고 확인문제를 풀도록 한다. 출제예상어휘는 우리나라 학습자들이 틀리기 쉬운 어휘로만 구성되어 있다.

명사

※(　) 안의 숫자는 기출 연도입니다.

□ 一括(いっかつ) 일괄	□ 一見(いっけん) 대충 봄, 언뜻 봄	□ 禁物(きんもつ) 금물 (19年)
□ 欠如(けつじょ) 결여	□ 指図(さしず) 지시	□ 終日(しゅうじつ) 종일
□ 照合(しょうごう) 조합, 대조	□ ずれ 어긋남, 엇갈림	□ 相応(そうおう) 상응, 알맞음
□ 台無し(だいなし) 엉망이 됨	□ 単一(たんいつ) 단일	□ 中毒(ちゅうどく) 중독
□ つじつま 이치, 조리	□ 手際(てぎわ) 솜씨, 수완	□ 不順(ふじゅん) 불순
□ 発足(ほっそく) 발족 (출발) (17年)	□ 不満(ふまん) 불만	□ 本場(ほんば) 본고장
□ 密集(みっしゅう) 밀집	□ めど 목표, 전망	

동사

□ おしよせる 몰려들다	□ そこなう 해치다
□ そらす 놓치다, (딴데로) 돌리다	□ たずさわる 관계하다, 종사하다
□ つつしむ 삼가다, 조심하다	□ つぶやく 중얼거리다, 투덜거리다 (19年)
□ とぐ (날붙이 등을) 갈다	□ にぎわう 번화하다, 번성하다
□ にじむ 번지다, 스미다 (19年)	□ ののしる 욕설을 퍼붓다, 큰 소리로 비난하다
□ はかどる 진척되다, 일이 잘 되어가다	□ へりくだる 겸양하다
□ ほこる 자랑하다	

외래어

- □ アクセル 액셀, 가속 장치
- □ ショック 쇼크, 충격
- □ ダウン 다운, 하락
- □ デッサン 데생, 소묘
- □ トーン 톤, 색조
- □ ノイローゼ 노이로제, 신경증
- □ ボイコット 보이콧, 불매 동맹

い 형용사

- □ 潔い(いさぎよい) 맑고 깨끗하다, 떳떳하다, 결백하다 (19年)
- □ しぶとい 고집 세다, 끈질기다 (18年)
- □ だるい 나른하다
- □ はかない 덧없다, 허무하다
- □ みすぼらしい 초라하다, 빈약하다
- □ もろい 약하다, 무르다

な 형용사

- □ きざな 비위에 거슬리는, 아니꼬운
- □ きゃしゃな 연약한
- □ きらびやかな 눈부시게 아름다운
- □ 軽率(けいそつ)な 경솔한
- □ 高尚(こうしょう)な 고상한
- □ ぞんざいな 소홀한, 난폭한
- □ 明瞭(めいりょう)な 명료한
- □ ゆるやかな 완만한, 느슨한
- □ 露骨(ろこつ)な 노골적인

부사

- □ いやに 대단히, 몹시
- □ かろうじて 겨우, 간신히
- □ ずらっと 잇달아 늘어선 모양
- □ 突如(とつじょ) 갑자기, 별안간
- □ とっさに 순간적으로
- □ とりわけ 특히, 유난히
- □ はなはだ 매우, 몹시
- □ びっしょり 흠뻑
- □ ぶかぶか 헐렁헐렁
- □ ぼうぜんと 망연하게, 어리둥절하게
- □ ぼつぼつ 슬슬, 조금씩
- □ まるまる 완전히, 전부

2019

□ 要望(ようぼう) 요망	□ 覆す(くつがえす) 뒤집어엎다	□ 繁盛する(はんじょうする) 번성하다
□ くじける 꺾이다, 좌절되다	□ ひたむき 한결같음, 외곬임	□ 互角(ごかく) 호각, 실력이 비슷함
□ 簡素(かんそ) 간소	□ 解明(かいめい) 해명	□ ほほえましい 흐뭇하다
□ 目安(めやす) 표준, 기준, 목표	□ 様相(ようそう) 양상, 모양, 상태	□ 交える(まじえる) 섞다, 맞대다

2018

□ 作動(さどう) 작동	□ しぶとい 끈질기다, 고집이 세다	□ 備え付ける(そなえつける) 비치하다, 설치하다
□ 基調(きちょう) 기조	□ かさばる 부피가 커지다	□ 交錯(こうさく) 교착, 뒤얽힘
□ 巧み(たくみ) 교묘함, 능란함	□ 配属(はいぞく) 배속	□ 乗り出す(のりだす) 착수하다
□ 面識(めんしき) 면식	□ 抜粋(ばっすい) 발췌 (11年)	□ 心当たり(こころあたり) 짐작 가는 데

2017

□ 重複(じゅうふく)/重複(ちょうふく) 중복	□ 拠点(きょてん) 거점	□ 真っ先(まっさき) 맨 앞, 선두
□ 緊密(きんみつ) 긴밀	□ 遂げる(とげる) 이루다, 달성하다	□ うなだれる 고개를 숙이다
□ 昇進(しょうしん) 승진	□ 配布(はいふ) 배포	□ 滅びる(ほろびる) 망하다
□ 発足(ほっそく) 발족	□ 提起(ていき) 제기	□ 見落とす(みおとす) 간과하다

2016

□ 閑静な(かんせいな) 한적한, 한가하고 고요한	□ たやすい 손쉽다, 용이하다	□ 察する(さっする) 헤아리다, 짐작하다
□ 内訳(うちわけ) 내역, 명세	□ 食い違う(くいちがう) 어긋나다, 엇갈리다	□ 過密(かみつ) 과밀
□ 規制(きせい) 규제	□ 素早い(すばやい) 재빠르다	□ 退く(しりぞく) 물러나다
□ 入手(にゅうしゅ) 입수	□ 経緯(けいい) 경위	□ 還元(かんげん) 환원

2015

□ 辞任(じにん) 사임	□ 帯びる(おびる) (몸에) 달다, 차다	□ 軌道(きどう) 궤도
□ 思い詰める(おもいつめる) 깊이 생각하여 고민하다		□ もはや 이제는, 벌써

□ はなはだしい 매우 심하다	□ 没頭(ぼっとう) 몰두	□ 人手(ひとで) 일손
□ 今更(いまさら) 이제와서	□ くまなく 빠짐없이, 분명히	□ 安静(あんせい) 안정
□ 総合(そうごう) 종합, 총합		

2014

□ 抱え込む(かかえこむ) 껴안다, 떠맡다	□ 裏腹(うらはら) 정반대, 모순이 됨	□ 耐えがたい(たえがたい) 견디기 힘들다
□ 携わる(たずさわる) 관계하다, 관여하다	□ 人一倍(ひといちばい) 남보다 갑절, 남달리	□ 復旧(ふっきゅう) 복구
□ 一律(いちりつ) 일률	□ はがす 벗기다, 떼다	□ 心構え(こころがまえ) 마음가짐, 각오
□ 損なう(そこなう) 부수다, 망가뜨리다	□ しがみつく 달라붙다	□ 工面(くめん) (돈) 마련, 조달

2013 ~ 2010

□ 処置(しょち) 처치, 조치	□ 拍子(ひょうし) 박자	□ 口出し(くちだし) 말참견
□ 煩雑な(はんざつな) 번잡한	□ 当てはまる(あてはまる) 적용시키다	□ 打開(だかい) 타개
□ 円滑な(えんかつな) 원활한	□ 優位(ゆうい) 우위	□ かばう (잘못을) 감싸다
□ 加味(かみ) 가미, 맛을 더함	□ 気配(けはい) 낌새, 기색	□ 合致(がっち) 합치, 일치
□ 広大(こうだい) 광대함	□ 秘める(ひめる) 간직하다, 숨기다	□ 発散(はっさん) 발산
□ 仕業(しわざ) 소행, 짓	□ 無造作(むぞうさ) 손쉬움, 아무렇지 않음	□ 総じて(そうじて) 대체로, 일반적으로
□ 免除(めんじょ) 면제	□ ブランク 여백	□ 怠る(おこたる) 게을리하다, 방심하다
□ 見込み(みこみ) 예상, 전망	□ 満たない(みたない) 부족하다	□ 有数(ゆうすう) 유수, 손꼽힘
□ とっくに 훨씬 전에, 벌써	□ まちまち 가지각색	□ ゆとり 여유
□ 配布(はいふ) 배포	□ 質素(しっそ) 검소함	□ 見失う(みうしなう) (시야에서) 놓치다
□ 連携(れんけい) 연계	□ 不服(ふふく) 불복, 납득이 가지 않음	□ かなう 이루어지다
□ 目覚ましい(めざましい) 눈부시다	□ 解ける(ほどける) 풀리다, 해소되다	□ 赴任(ふにん) 부임
□ 調達(ちょうたつ) 조달	□ 細心(さいしん) 세심함	□ 意地(いじ) 고집
□ めきめき 눈에 띄게, 무럭무럭	□ 目先(めさき) 눈앞, 현재	□ 見落とす(みおとす) 간과하다
□ 密集(みっしゅう) 밀집	□ 潔い(いさぎよい) 맑고 깨끗하다, 결백하다	□ 発足(ほっそく) 발족 (출발)
□ 賑わう(にぎわう) 번화해지다, 번창하다	□ ひとまず 일단, 하여튼	□ 満喫(まんきつ) 만끽

확인문제 ①

해석 p.132

問題4 次の言葉の使い方として最も近いものを、1・2・3・4から一つ選びなさい。

1 直面
1 田中さんの家の直面には大きな公園がある。
2 きのう彼は直面で断った。
3 授業をさぼって帰ろうと思ったら、ろうかで先生に直面してしまった。
4 この国の経済は、今、危機に直面している。

2 快い
1 面倒な仕事だったが、山本さんは快く引き受けてくれた。
2 きのう会った田中さんは、とても快い人だった。
3 電化製品のおかげで快い生活が送れるようになった。
4 いやなことは考えずに、快いことだけを考えることにした。

3 宣言
1 議長が国会の開会を宣言した。
2 裁判官が被告に死刑を宣言した。
3 選挙管理委員会が選挙の投票日を宣言した。
4 テレビやラジオで新しい製品を宣言した。

4 ごまかす
1 友達の信頼をごまかしてはいけない。
2 きのうすりに財布をごまかされた。
3 彼女は自分の年をごまかして就職した。
4 友達をごまかして、契約書にサインさせた。

5 いつわり
1 もう二度といつわりは犯すまいと決心した。
2 彼女が持っていたパスポートはいつわりだった。
3 私の予測にいつわりはないはずだ。
4 裁判での証言にいつわりがあれば罰せられる。

6 まして
1 大人でも難しいのに、まして子供では無理だろう。
2 彼女は結婚して、ましてきれいになった。
3 売り切れたと聞くともっと欲しくなるのはましてだろう。
4 この町は最近まして人口が増えている。

정답　1④　2①　3①　4③　5④　6①

확인문제 ②

해석 p.132

問題4 次の言葉の使い方として最も近いものを、1・2・3・4から一つ選びなさい。

1 構成

1 彼は30代でこの会社を構成した。
2 この委員会は10人の委員で構成されている。
3 新築マンションの構成に欠陥が発見された。
4 地域の住民たちの手で川のそばに小さな公園が構成された。

2 ふさわしい

1 彼は自分の能力にふさわしい地位を要求した。
2 あの子は足が大きいので、このサイズならふさわしいでしょう。
3 彼と彼女は性格があまりふさわしくない。
4 スカートの色にふさわしい色のブラウスを見つけた。

3 廃棄

1 大型のゴミはこちらに廃棄してください。
2 二人はきのう婚約を廃棄すると発表した。
3 死刑制度を廃棄する国が増えている。
4 国民の権利を廃棄しないで、投票に行きましょう。

4 打ち切る

1 補助金の支給を打ち切った。
2 売り上げが伸びず、アルバイト職員を打ち切った。
3 肉と野菜を包丁で打ち切って鍋に入れた。
4 酒もたばこも打ち切って仕事に打ち込んだ。

5 すきま

1 敵のすきまを見て攻撃した。
2 車を止めるすきまがない。
3 部屋が狭くて、ピアノを置くすきまがありません。
4 ドアのすきまから中をのぞいた。

6 器用

1 彼女はとても器用に料理を皿に盛った。
2 彼の英語力は大変器用だ。
3 先生は器用な言葉で学生をなぐさめた。
4 そんな難しい曲を演奏する器用は私にはありません。

정답　1②　2①　3①　4①　5④　6①

확인문제 ③

해석 p.132

問題4 次の言葉の使い方として最も近いものを、1・2・3・4から一つ選びなさい。

1 修正

1 台風で壊れた屋根を修正した。
2 悪化した両国の関係を修正した。
3 破れたシャツを修正してもらった。
4 文章の間違いを修正した。

2 拡大

1 道路を拡大する工事が始まった。
2 この国では人口が急速に拡大している。
3 海岸の道には美しい風景が拡大していた。
4 その市場は急速に拡大している。

3 ゆるめる

1 お湯をゆるめるために水を差した。
2 目標達成までには、気をゆるめるわけにはいかない。
3 夜も遅いので、もう少しボリュームをゆるめてください。
4 規制がゆるめて、輸入がしやすくなった。

4 うっとり

1 彼女はとてもうっとりした性格だ。
2 毎日のようにカレーライスを食べさせられてうっとりした。
3 彼女のすばらしい歌声にみんなうっとりした。
4 このごろは毎日雨で、うっとりした天気が続いている。

5 せめて

1 今日の売り上げは、せめて50万円はあるだろう。
2 二、三人でも無理なのに、せめて一人では絶対に無理だろう。
3 この部屋に入れるのは30人がせめてだろう。
4 せめて一人くらいは賛成してほしかったのに。

6 ひそか

1 駅の北側にはひそかなオフィス街を形成している。
2 彼女は今日、いつになくひそかだった。
3 彼は今ひそかに計画を立てている。
4 授業中は、私語を控えてひそかにしてください。

정답　1④　2④　3②　4③　5④　6③

확인문제 ④

해석 p.132

問題4 次の言葉の使い方として最も近いものを、1・2・3・4から一つ選びなさい。

1 向上

1 午前5時12分、太陽は東の空から<u>向上</u>した。
2 大雨で、川の水は急に<u>向上</u>した。
3 経験を積むたびに、自信が<u>向上</u>した。
4 努力した結果、成績が<u>向上</u>した。

2 はかどる

1 この時計は10分<u>はかどって</u>いる。
2 もう少し前の方へ<u>はかどって</u>ください。
3 彼女が手伝ってくれたおかげで仕事が<u>はかどった</u>。
4 先生に相談するよう<u>はかどった</u>が、彼は聞こうとしなかった。

3 ろく

1 彼はごく一般的で<u>ろく</u>な青年だ。
2 原稿を何度も書き直したら、<u>ろく</u>になってきた。
3 彼女の考え方はユニークで、<u>ろく</u>ではない。
4 昨日の晩は暑くて、<u>ろく</u>に寝られなかった。

4 くずす

1 つまらないことを言って、上司の気分を<u>くずして</u>しまった。
2 百年も続いた酒造会社を息子が<u>くずして</u>しまった。
3 体を<u>くずさない</u>ように、気をつけてください。
4 体調を<u>くずして</u>、試合に欠場した。

5 うっかり

1 <u>うっかり</u>した目で彼は私を見つめた。
2 早く昔の恋は<u>うっかり</u>したいものだ。
3 彼女の秘密を<u>うっかり</u>しゃべってしまった。
4 雨でハイキングが中止になって<u>うっかり</u>だ。

6 本気

1 お金さえもうかればいいというのがあの人の<u>本気</u>です。
2 彼女は<u>本気</u>で彼との結婚を考えている。
3 あの人は<u>本気</u>な顔でうそをつくから、みんなに嫌われている。
4 彼には仕事に取り組む<u>本気</u>の意欲が感じられない。

정답　1④　2③　3④　4④　5③　6②

해석 p.132

問題4 次の言葉の使い方として最も近いものを、1・2・3・4から一つ選びなさい。

1 承認

1 理事会の承認を経て、会長に就任した。
2 彼は自分の力不足を承認している。
3 これまではちょっとしたルール違反は承認されてきた。
4 山田さんは保証人になることを快く承認してくれた。

2 偽装

1 100ドル札の偽装紙幣が見つかった。
2 ネット通販で靴を注文したら偽装が届いた。
3 食品の生産地を偽装していた業者が逮捕された。
4 証言に先立って偽装はしないと宣誓した。

3 フル

1 この工場の生産能力は月産2千台がフルです。
2 フルの力でボールを打ってください。
3 明日の夜は、月がフルになるからきれいですよ。
4 夏休みをフルに活用して、陶芸教室に通った。

4 心地

1 草原には心地よい風が吹いていた。
2 首相は、テレビを通して国民の心地に訴えた。
3 彼は、冗談を言われて心地を害した。
4 友達に本当の心地を打ち明けた。

5 終始（しゅうし）

1 彼女は、１日でこの本を終始読んでしまった。
2 交渉は終始平行線のままで終わった。
3 映画のストーリーの終始を友達に話した。
4 あの二人がケンカをするのは、終始のことです。

6 底をつく

1 あの歌手の人気も近頃は底をついたようだ。
2 電車が底をつく前に、早く帰りましょう。
3 このままでは資金が底をついてしまうと心配でならない。
4 温泉に入ってゆっくり疲れの底をついた。

정답 1① 2③ 3④ 4① 5② 6③

확인문제 해석

확인문제 1

1 직면 – 이 나라의 경제는 지금 위기에 직면해 있다.
2 기분 좋다 – 귀찮은 일이었지만, 야마모토 씨는 기분 좋게 맡아 주었다.
3 선언 – 의장이 국회의 개회를 선언했다.

4 속이다 – 그녀는 자신의 나이를 속여서 취직했다.
5 거짓 – 재판에서의 증언에 거짓이 있으면 처벌받는다.
6 하물며 – 어른에게도 어려운데, 하물며 아이에게는 무리일 것이다.

확인문제 2

1 구성 – 이 위원회는 10명의 위원으로 구성되어 있다.
2 걸맞다 – 그는 자신의 능력에 걸맞는 지위를 요구했다.
3 폐기 – 대형 쓰레기는 이쪽에 폐기해 주세요.
4 중단하다 – 보조금 지급을 중단했다.
5 틈 – 문틈으로 안을 들여다 보았다.
6 솜씨가 좋음 – 그녀는 정말 솜씨 좋게 요리를 접시에 담았다.

확인문제 3

1 수정 – 문장의 틀린 곳을 수정했다.
2 확대 – 그 시장은 급속하게 확대되고 있다.
3 느긋하게 하다 – 목표 달성까지 긴장을 풀 수는 없다.
4 넋을 잃고 – 그녀의 멋진 노랫소리에 모두 넋을 잃었다.
5 하다못해 – 하다못해 한 사람 정도는 찬성해주었으면 했는데.
6 은밀히 – 그는 지금 은밀하게 계획을 세우고 있다.

확인문제 4

1 향상 – 노력한 결과 성적이 향상되었다.
2 진척되다 – 그녀가 도와 준 덕분에 일이 잘 진행되었다.
3 제대로 ~못하다 – 어젯밤에는 더워서 제대로 잘 수가 없었다.
4 (몸상태를) 망치다 – 몸이 안 좋아서 시합에 결장했다.
5 무심코 – 그녀의 비밀을 무심코 말하고 말았다.
6 진심으로 –그녀는 진심으로 그와의 결혼를 생각하고 있다.

확인문제 5

1 승인 – 이사회의 승인을 거쳐서 회장으로 취임했다.
2 위장 – 식품의 생산지를 위장한 업자가 체포되었다.
3 최대한 – 여름 방학을 최대한으로 활용해서 도자기 교실에 다녔다.
4 기분 – 초원에는 기분 좋은 바람이 불고 있었다.
5 시종 – 교섭은 시종 평행선인 상태로 끝났다.
6 바닥나다 – 이 상태로는 자금이 바닥나고 말 거라서 걱정이 되어 견딜 수 없다.

|M|E|M|O|

언어지식(문자 · 어휘) 실전문제

정답 및 해설 p.138

問題1 ＿＿＿の言葉の読み方として最もよいものを、1・2・3・4から一つ選びなさい。

1 今日は仕事が捗った。

1 とどこおった　2 はかどった　3 かたよった　4 さかのぼった

2 会場は和やかな雰囲気に包まれていた。

1 なごやか　2 おだやか　3 さわやか　4 ささやか

3 彼は批評家として有名だ。

1 ひへいか　2 ひべいか　3 ひひょうか　4 ひびょうか

4 かつてはスポーツ万能だった彼女も、今はごく普通の家庭の主婦である。

1 まうのう　2 まんのう　3 ばうのう　4 ばんのう

5 健康を保つには適度にエネルギーを消耗する必要がある。

1 しょもう　2 しょうもう　3 しょこう　4 しょうこう

6 預金の残高を確かめた。

1 せんこう　2 ぜんこう　3 ざんたか　4 ざんだか

언어지식(문자 · 어휘) 실전문제

정답 및 해설 p.139

問題2 ＿＿＿に入れるのに最もよいものを、1・2・3・4から一つ選びなさい。

7 彼は借金を重ね、家族に（　　　　）迷惑をかけていた。

1 多大な　2 多量の　3 絶後の　4 絶大な

8 部長がいなくなり、社長は片腕を失ったも（　　　　）となった。

1 同様　2 同然　3 相応　4 相当

9 彼女は（　　　　）通り、次から次へ仕事をこなしていった。

1 マニュアル　2 カタログ　3 カルテ　4 ドキュメント

10 国民主権を無視した政府の対応に怒りを（　　　　）。

1 さげすむ　2 おぼえる　3 かたどる　4 かかえる

11 今日は、電車が（　　　　）だった。

1 ごみごみ　2 うきうき　3 ざわざわ　4 がらがら

12 「天候（　　　　）の折、どうぞご自愛ください。」

1 厳寒　2 猛烈　3 不順　4 不同

13 この問題に関しては、議論の（　　　　）は全くない。

1 隙間　2 境地　3 空間　4 余地

정답 및 해설 p.141

問題3 ＿＿＿の言葉に意味が最も近いものを、1・2・3・4から一つ選びなさい。

14 交渉は、<u>すんなり</u>妥結した。

1 やすらかに　2 おおらかに　3 なだらかに　4 なめらかに

15 彼があんな態度をとるのも<u>もっとも</u>だ。

1 みっともない　2 おとなげない　3 あたりまえだ　4 ありふれている

16 この件は、彼には<u>ふせて</u>おいてほしい。

1 うやむやにして　2 だまって　3 うそをついて　4 ほうむって

17 彼は<u>絶好の</u>機会をのがした。

1 またとない　2 かかせない　3 ふさわしい　4 都合の良い

18 老婆は<u>際限もなく</u>話し続けた。

1 広く世間に向けて　2 延々と

3 そっけなく　4 多様に

19 彼女は少し<u>デリケート</u>になっている。

1 消極的　2 悲観的　3 無神経　4 神経質

정답 및 해설 p.142

問題4 次の言葉の使い方として最もよいものを、1・2・3・4から一つ選びなさい。

20 ふまえる

1 彼は、会社の同僚をふまえて出世していった。
2 彼女はアルバムを見ながら、学生時代のことをふまえた。
3 上司が部下をふまえるのは当たり前のことだ。
4 議会では、前例をふまえた発言が望まれる。

21 成り立つ

1 この会社は、ちょうど百年前に成り立たされた。
2 実験の結果、溶液中に結晶が成り立った。
3 資金がなければ会社の経営は成り立たない。
4 このプロジェクトが成り立つかどうかは、社長次第だ。

22 予断

1 状況は一進一退で予断を許さない。
2 ある有名な経済学者が国の将来を予断した。
3 予断がつかないため、しばらくは状況を見守ることにした。
4 事故により予断では100人以上の犠牲者が出たと言う。

23 支持

1 部長は田中さんに出張の支持を下した。
2 全国から被災地に支持が寄せられた。
3 臨時収入があり、社員にボーナスが支持された。
4 山田氏は選挙で多くの支持を得た。

24 保留

1 彼は、後2年間、留学先の日本に保留するつもりだ。
2 被告側の異議申し立てにより、判決は保留となった。
3 旅行者は新婚夫婦のために二人分の席を保留してくれた。
4 辞意を表明した選手に対し、監督は保留に努めた。

25 匹敵

1 彼女は、彼のことをまるで匹敵のように嫌っていた。
2 彼は努力に努力を重ね、匹敵を倒した。
3 この競技では、彼に匹敵する選手は一人もいない。
4 世界で最も居住に匹敵した都市として、ウィーンが選ばれた。

언어지식(문자 · 어휘) 실전문제 정답 및 해설

문제 1 ＿＿＿의 단어 읽는 법으로 가장 적당한 것을 1 · 2 · 3 · 4에서 하나 고르시오.

1 今日は仕事が捗った。

1 とどこおった 2 はかどった 3 かたよった 4 さかのぼった

정답 **2** 오늘은 일이 순조롭게 잘 진행되었다.

어휘 今日(きょう) 오늘 | 仕事(しごと) 일 | 捗(はかど)る 잘 진행되다 | 滞(とどこお)る 지체되다 | 偏(かたよ)る 치우치다 | 遡(さかのぼ)る 거슬러 올라가다

해설 동사의 훈독 문제로 정답인 선택지 2번의 「捗(はかど)る」는 우리말 '일이 순조롭게 되어가다'의 의미로, 청해 문제에도 자주 출제되는 표현이므로 기억해 둡시다.

---

2 会場は和やかな雰囲気に包まれていた。

1 なごやか 2 おだやか 3 さわやか 4 ささやか

정답 **1** 회장은 부드러운 분위기에 휩싸여 있었다.

어휘 会場(かいじょう) 회장 | 雰囲気(ふんいき) 분위기 | 包(つつ)まれる 휩싸이다 | おだやか 평온함, 온후함 | さわやか 상쾌함 | ささやか 사소함

해설 な형용사의 훈독 문제로 정답인 「和(なご)やか」는 어떠한 모임이나 장소의 분위기를 이야기할 때 주로 사용되는 표현으로, 우리말 '따뜻함, 화목함, 화기애애함'의 의미를 나타낸다. 참고로 선택지 2번의 「穏(おだ)やか」는 사람의 성품이나 날씨에 주로 사용되는 표현으로 '온화함, 평온함' 이라는 의미이다.

예) 穏(おだ)やかな風(かぜ) 잔잔한 바람
穏(おだ)やかな人格(じんかく) 온화한 인품

---

3 彼は批評家として有名だ。

1 ひへいか 2 ひべいか 3 ひひょうか 4 ひびょうか

정답 **3** 그는 비평가로써 유명하다.

어휘 批評家(ひひょうか) 비평가 | 有名(ゆうめい) 유명

해설 명사의 음독 문제이다. 일본어 음독은 같은 모양의 글자가 그 한자어에 있는 경우 같은 음으로 읽는 경우가 많다. 즉, 「評 평할 평」자를 「平 평평할 평」처럼 「へい」로 오독할 수가 있다. 「評 평할 평」자는 주로 「ひょう」로 읽는다는 것을 다시 한번 확인해 두자.

예) 評価(ひょうか) 평가 評判(ひょうばん) 평판

---

4 かつてはスポーツ万能だった彼女も、今はごく普通の家庭の主婦である。

1 まうのう 2 まんのう 3 ばうのう 4 ばんのう

정답 **4** 예전에는 스포츠 만능이었던 그녀도 지금은 지극히 평범한 가정 주부이다.

어휘 かつては 예전에는 | ごく 극히 | 普通(ふつう) 보통 | 家庭(かてい) 가정 | 主婦(しゅふ) 주부

해설 명사 음독 문제로 「万 일만 만」자의 음독이 「まん」, 「ばん」 두 가지인 것을 알고 있는지 묻는 문제로, 우리말 '만능' 은 「ばんのう」라고 읽는다.

예) 万一(まんいち) 만일 万病(まんびょう) 만병 万全(ばんぜん) 만전 万国(ばんこく) 만국

5 健康を保つには適度にエネルギーを消耗する必要がある。

1 しょもう　2 しょうもう　3 しょこう　4 しょうこう

정답 **2** 건강을 유지하려면 적당히 에너지를 소모할 필요가 있다.

어휘 健康 건강 | 保つ 유지하다 | 適度に 알맞게 | エネルギー 에너지 | 必要 필요

해설 명사의 음독 문제로 「消 사라질 소」자는 장음으로 발음해야 하고 「耗 소모할 모」자는 우리말로 받침 음이 없지만 장음 발음이라는 것에 유의합시다.

6 預金の残高を確かめた。

1 せんこう　2 ぜんこう　3 ざんたか　4 ざんだか

정답 **4** 예금 잔고를 확인했다.

어휘 預金 예금 | 確かめる 확인하다

해설 음독과 훈독을 혼용해서 읽는 명사 한자어를 읽는 문제로, 「残高」는 '잔고, 나머지 액수'라는 의미이다. 참고로 이와 같이 음독과 훈독을 같이 읽는 한자어는 다음과 같다.

예) 本筋 본론　新芽 새싹　円高 엔고　特種 특종

문제 2 (　　)에 들어갈 가장 적당한 것을 1 · 2 · 3 · 4에서 하나 고르시오.

7 彼は借金を重ね、家族に（　　　）迷惑をかけていた。

1 多大な　2 多量の　3 絶後の　4 絶大な

정답 **1** 그는 빚이 쌓여 가족에게 매우 많은 폐를 끼치고 있었다.

어휘 多大 다대함(많고 큼) | 多量 다량(양이 많음) | 絶後 절후(비교할 만한 것이 그 후에는 다시 없음)
絶大 절대(아주 큼) | 借金を重ねる 빚을 쌓아가다

해설 이 문제는 한자어의 정확한 용도를 묻는 문제로 정답인 선택지 1번의 「多大」은 '(무엇이) 매우 많고 크다'를 의미한다. 즉 가족에 대한 피해가 많고 크다는 표현이다. 이처럼 한자어는 읽기와 더불어 정확한 의미를 이해하는데 관심을 두자.

8 部長がいなくなり、社長は片腕を失ったも（　　　）となった。

1 同様　2 同然　3 相応　4 相当

정답 **2** 부장이 없어져 사장은 심복을 잃은 것이나 다름이 없게 되었다.

어휘 部長 부장 | 社長 사장 | 片腕 한쪽 팔, 심복 | 失う 잃다 | 同様 같은 모양 | 相応 상응(어울림) |
相当 상당히

해설 한자어로 된 명사의 의미를 묻는 문제로 선택지 1번과 2번의 용도 차이에 유의해야한다. 정답인 선택지 2번의 「同然」은 주로 문장 끝에 와서 '~(이)나 다름없다, ~(이)나 진배없다'의 의미를 나타낸다. 참고로 선택지 1번의 「同様」는 모양이나 생각 등이 같은 경우에 사용하는 표현으로, 주로 문장 중간에 와서 뒷 문장을 수식하는 부사적 용법으로 사용된다.

예) 死んだも同然だ 죽은 것이나 마찬가지다
同様の考え 같은 생각

9 彼女は（　　　　）通り、次から次へ仕事をこなしていった。

1　マニュアル　2　カタログ　3　カルテ　4　ドキュメント

정답 **1** 그녀는 매뉴얼 대로 연이어 일을 처리해 갔다.

어휘 ～通り ~대로 | 次から次へと 차례로 잇달아 | こなす 처리하다, 소화시키다
カタログ 카탈로그(상품 목록) | カルテ 카르테(진료기록카드) | ドキュメント 도큐먼트(기록, 문서)

해설 가타카나어의 의미를 묻는 문제로 평소 일상 대화 속에서 자주 사용되는 외래어의 의미를 숙지하고 있어야 한다. 정답인 선택지 1번의 「マニュアル (매뉴얼)」은 '안내서, 취급설명서'의 의미를 나타내는 표현이다.

10 国民主権を無視した政府の対応に怒りを（　　　　）。

1　さげすむ　2　おぼえる　3　かたどる　4　かかえる

정답 **2** 국민 주권을 무시한 정부의 대응에 분노를 느낀다.

어휘 国民主権 국민주권 | 無視 무시 | 政府 정부 | 対応 대응 | 怒り 분노 | さげすむ 얕보다 |
かたどる 본뜨다 | かかえる 안다, 떠맡다

해설 동사의 정확한 쓰임새를 묻는 문제로 정답인 선택지 2번의 「おぼえる」는 '기억하다, 외우다'라는 의미 외에 몸으로 어떠한 것을 '느끼다'라는 의미도 있다는 것을 기억하자.

예) 悲しみを覚える 슬픔을 느끼다

11 今日は、電車が（　　　　）だった。

1　ごみごみ　2　うきうき　3　ざわざわ　4　がらがら

정답 **4** 오늘은 전차가 텅 비었다.

어휘 今日 오늘 | 電車 전차 | ごみごみ 너저분한 모양 | うきうき 들떠있는 모양 | ざわざわ 시끌시끌한 모양

해설 な형용사의 정확한 쓰임새를 묻는 문제로 선택지 모두 자주 사용되는 표현이다. 정답인 선택지 4번의 「がらがら」는 비어 있는 모습을 나타내는 표현으로, '텅텅 빔'이라는 의미이다.

12 「天候（　　　　）の折、どうぞご自愛ください。」

1　厳寒　2　猛烈　3　不順　4　不同

정답 **3** 날씨가 불순할 때에 아무쪼록 몸조심하시길 바랍니다.

어휘 天候 날씨 | 折 때 | 自愛 몸조심 | 厳寒 혹한 | 猛烈 맹렬
不同 부동(어떤 사람의 생각이나 행동 따위가 다른 사람과 서로 같지 않음)

해설 한자어로 된 명사의 정확한 쓰임새를 묻는 문제이다. 정답인 선택지 3번의 「不順 (불순함)」은 어떠한 것이 '고르지 않거나 순조롭지 않은 경우'에 사용하는 표현으로, 주로 날씨에 관한 이야기에 자주 사용된다.

13 この問題に関しては、議論の（　　　　）は全くない。

1　隙間　2　境地　3　空間　4　余地

정답 **4** 이 문제에 관해서는 논의의 여지는 전혀 없다.

어휘 ～に関しては ~에 관해서는 | 議論 의론, 논의 | 全く 전혀 | 隙間 틈새, 빈틈 | 境地 경지 | 空間 공간

해설 한자어로 된 명사의 의미를 묻는 문제이다. 정답인 선택지 4번의 「余地 (여지)」는 어떠한 사항을 '생각하거나 설명할 필요성'을 나타내는 의미로, 뒤에 부정문을 수반해서 '~할 필요가 없다' 는 형태로 사용된다.

예) 弁解(べんかい)の余地(よち)がない 변명할 여지가 없다

문제 3 ＿＿＿의 단어의 의미에 가장 가까운 것을 1・2・3・4에서 하나 고르시오.

14 交渉は、すんなり妥結した。

1 やすらかに　2 おおらかに　3 なだらかに　4 なめらかに

정답 **4** 교섭은 순조롭게 타결되었다.

어휘 交渉(こうしょう) 교섭 | 妥結(だけつ) 타결 | やすらかに 편안하게 | おおらかに 너글너글하게
なだらかに 막힘 없이, 완만하게　なめらかに 원활하게

해설 부사의 정확한 용도를 묻는 문제이다. 「すんなり」는 날씬하고 매끈한 모습과 어떠한 요구에 대해 저항 없이 순순히 받아들이는 모습을 나타내는 표현으로, '순조롭게, 수월히'의 의미이다. 정답인 선택지 4번의 「なめらかに」도 어떠한 일이 거칠 것 없이 원활하게 진행되는 모습을 나타내는 표현이다. 참고로 선택지 3번의 「なだらかに」는 가파르지 않은 모양이나, 모가 나지 않고 막힘 없이 어떠한 일이 진행되는 모습을 나타내는 표현으로, 문제에서의 '타결되었다'라는 의미를 수식하는 것은 어색하다.

예) 議案(ぎあん)がすんなり通(とお)る 의안이 수월히 통과되다
会議(かいぎ)がなだらかに進(すす)んだ 회의가 막힘 없이 진행되었다

15 彼があんな態度をとるのももっともだ。

1 みっともない　2 おとなげない　3 あたりまえだ　4 ありふれている

정답 **3** 그가 그런 태도를 취하는 것도 지당하다.

어휘 態度(たいど)をとる 태도를 취하다 | みっともない 보기흉하다 | おとなげない 어른스럽지 못하다 |
ありふれる 흔히 있다

해설 な형용사의 의미를 묻는 문제로, 「もっともだ」는 '지당하다'라는 의미이다. 참고로 부사적 용법으로 사용하는 「もっとも」는 '가장, 제일'의 의미이며, 접속사적 용법으로 사용하는 「もっとも」는 '다만'의 의미로 조건을 나타낸다. 이처럼 발음은 같지만 용도가 다른 것을 기억하자.

예) もっともなお話(はなし) 지당한 말씀(な형용사)　もっとも早(はや)い 가장 빠르다(부사)
旅行(りょこう)にはみんな参加(さんか)する。もっとも、行(い)かない人(ひと)も二(に)、三(さん)いるが。(접속사)
여행에는 모두 참가한다. 다만 가지 않는 사람도 두 세 명 있겠지만.

16 この件は、彼にはふせておいてほしい。

1 うやむやにして　2 だまって　3 うそをついて　4 ほうむって

정답 **2** 이 건은 그에게는 감춰두었으면 한다.

어휘 ～てほしい ~해 주었으면 한다 | うやむやにする 흐지부지하게 하다 | だまる 입을 다물다
うそをつく 거짓말을 하다 | ほうむる 매장하다, 장사 지내다

해설 동사의 의미를 묻는 문제로, 「伏(ふ)せる」는 '엎드리다, 숙이다'라는 의미 외에도 '숨기다, 감추어 두다' 라는 의미가 있다.

17 彼は絶好の機会をのがした。

1 またとない 2 かかせない 3 ふさわしい 4 都合の良い

정답 **1** 그는 절호의 기회를 놓쳤다.

어휘 機会 기회 | のがす 놓치다 | またとない 다시 없다 | かかせない 빠뜨릴 수 없다 | ふさわしい 어울리다 | 都合の良い 형편이 좋다

해설 한자어의 정확한 의미를 묻는 문제로, 「絶好 (절호)」는 '어떤 일을 하기에 더할 수 없이 좋다'라는 의미로 어떠한 기회를 이야기하는 경우에 사용하는 표현이다.

18 老婆は際限もなく話し続けた。

1 広く世間に向けて 2 延々と 3 そっけなく 4 多様に

정답 **2** 노파는 끝없이 계속 이야기했다.

어휘 老婆 노파 | 話し続ける 계속 이야기하다 | 広く世間に向けて 널리 세상을 향해서 | 延々と 오래도록 | そっけない 쌀쌀맞다 | 多様に 다양하게

해설 명사의 의미를 묻는 문제로, 「際限 (제한)」은 어떠한 일이나 사물의 '한계, 한도'를 의미하며 「際限ない」와 같이 뒤에 「〜ない」를 수반하면 '끝없다, 한없다'의 의미를 나타낸다.

19 彼女は少しデリケートになっている。

1 消極的 2 悲観的 3 無神経 4 神経質

정답 **4** 그녀는 조금 신경이 예민해져 있다.

어휘 消極的 소극적 | 悲観的 비관적 | 無神経 무신경 | 神経質 신경질

해설 가타카나어의 올바른 의미를 묻는 문제로, 「デリケート(델리킷)」는 な형용사적 용법으로 신경 등이 '섬세한, 민감함'의 의미를 나타내는 외래어이다.

예) デリケートな人 신경이 예민한 사람

문제 4 다음 단어의 사용법으로서 가장 적당한 것을 1 · 2 · 3 · 4에서 하나 고르시오.

20 ふまえる

1 彼は、会社の同僚をふまえて出世していった。
2 彼女はアルバムを見ながら、学生時代のことをふまえた。
3 上司が部下をふまえるのは当たり前のことだ。
4 議会では、前例をふまえた発言が望まれる。

정답 **4** 의회에서는 전례에 입각한 발언이 요망된다.

어휘 同僚 동료 | 出世 출세 | アルバム 앨범 | 上司 상사 | 部下 부하 | 当たり前 당연함

해설 동사의 올바른 용법을 묻는 문제로, 제시된 「ふまえる」는 '밟아 누르다'라는 의미와 '~에 근거를 두다, ~에 입각하다'의 의미를 나타내는 표현이다. 주로 「〜をふまえて」 '~을/를 근거로 해서'의 형태로 조사적 용법으로 사용된다.

21 成り立つ

1　この会社は、ちょうど百年前に成り立たされた。

2　実験の結果、溶液中に結晶が成り立った。

3　資金がなければ会社の経営は成り立たない。

4　このプロジェクトが成り立つかどうかは、社長次第だ。

정답 **3** 자금이 없으면 회사의 경영은 성립되지 않는다.

어휘 実験 실험 | 結果 결과 | 溶液 용액 | 結晶 결정 | 資金 자금 | 経営 경영 | プロジェクト 프로젝트(계획) | ~次第だ ~나름이다

해설 복합동사의 올바른 용도를 묻는 문제로 제시된 「成り立つ」는 '이루어지다, 성립되다'라는 의미 이외에 '(장사 등이)되다, 유지되다'라는 의미도 가지고 있다.

예) 交渉が成り立つ 교섭이 성립되다
　　店が成り立つ 가게가 되다(유지되다)

22 予断

1　状況は一進一退で予断を許さない。

2　ある有名な経済学者が国の将来を予断した。

3　予断がつかないため、しばらくは状況を見守ることにした。

4　事故により予断では100人以上の犠牲者が出たと言う。

정답 **1** 상황은 일진일퇴로 예측을 불허한다.

어휘 状況 상황 | 一進一退 일진일퇴 | 許す 허락하다 | しばらく 잠시 동안 | 見守る 지켜 보다 | 事故 사고 | 犠牲者 희생자

해설 이 문제는 한자어로 된 명사의 올바른 용법을 묻는 문제로 제시된 「予断 (예단)」은 어떠한 사항을 잘 알아보지 않고 미리 판단한다는 의미이며 「予断を許さない」는 '예측을 불허한다'라는 표현이다. 참고로 선택지 2번은 「将来を予測する (장래를 예측하다)」라고 표현하는 것이 바람직하다.

23 支持

1　部長は田中さんに出張の支持を下した。

2　全国から被災地に支持が寄せられた。

3　臨時収入があり、社員にボーナスが支持された。

4　山田氏は選挙で多くの支持を得た。

정답 **4** 야마다 씨는 선거에서 많은 지지를 얻었다.

어휘 出張 출장 | 支持 지지 | 全国 전국 | 被災地 재해 지역 | 寄せる 모으다, 보내다 | 臨時 임시 | 収入 수입 | ボーナス 보너스 | 得る 얻다

해설 이 문제 또한 한자어로 된 명사의 올바른 용법을 묻는 문제로, 제시된 「支持(지지)」는 '개인이나 단체의 어떠한 사상이나 정책 등을 찬동하여 돕는다'라는 의미이다.

24 保留

1 彼は、後2年間、留学先の日本に保留するつもりだ。

2 被告側の異議申し立てにより、判決は保留となった。

3 旅行者は新婚夫婦のために二人分の席を保留してくれた。

4 辞意を表明した選手に対し、監督は保留に努めた。

정답 **2** 피고 측의 이의 제기에 의해 판결은 유보되었다.

어휘 保留 보류 | 留学先 유학 처 | 被告側 피고 측 | 異議申し立て 이의제기 | 判決 판결 | 旅行者 여행자
新婚夫婦 신혼부부 | 席 자리 | 辞意 사의 | 表明 표명 | 選手 선수 | 努める 애쓰다, 노력하다

해설 한자어의 올바른 용법을 묻는 문제로 제시된 「保留(보류)」는 '어떠한 일의 처리를 나중으로 미루다' 라는 의미이다.

---

25 匹敵

1 彼女は、彼のことをまるで匹敵のように嫌っていた。

2 彼は努力に努力を重ね、匹敵を倒した。

3 この競技では、彼に匹敵する選手は一人もいない。

4 世界で最も居住に匹敵した都市として、ウィーンが選ばれた。

정답 **3** 이 경기에서는 그에게 필적할 선수는 한 명도 없다.

어휘 匹敵 필적 | 嫌う 싫어하다 | 努力を重ねる 노력을 거듭하다 | 倒す 쓰러뜨리다 | 居住 거주

해설 한자어로 된 명사의 올바른 용법을 묻는 문제로, 제시된 「匹敵(필적)」은 '힘이나 능력, 재주 따위가 서로 비슷하여 견줄만하다'는 의미이다.

예) 二人の実力は匹敵する 두 사람의 실력은 필적한다(맞먹는다)

JLPT

N1

文法

- 필수문법 98개
- 필수경어
- 기초문법

- 問題 5 문법형식판단
- 問題 6 문장완성
- 問題 7 글의 문법

필수문법 98개

학습포인트

新일본어능력시험의 최근 경향은 일상생활에 쓰이지 않는 복잡한 문법들은 '언어지식 문법'의 출제 대상에서 제외되고 있는 추세이다. 하지만 N1 레벨의 복잡하고, 논리적인 논설문이나 평론을 읽을 때 반드시 필요한 문법들은 독해 부분에서 많이 등장하기 때문에, 본 교재는 언어지식 문법 영역과 독해 영역에서 자주 등장하는 문법을 98개로 정리해 놓았다. 암기식의 공부보다는 문형 의미와 접속형태를 숙지하고 예문을 확인하면서 문장구조를 이해하길 바란다.

1 ～あっての	**의미** ～이/가 있기에 가능한, ～이/가 있어야 할 수 있는 **접속** 명사 + あっての **예문** 愛(あい)あっての結婚生活(けっこんせいかつ)だ。愛(あい)がなければ、いっしょに暮(く)らす意味(いみ)がない。 사랑이 있어야 결혼 생활도 있는 것이다. 사랑이 없다면 함께 사는 의미가 없다.
2 ～いかんでは ～いかんにかかわらず ～いかんだ	**의미** ～여하에 따라서는, ～여하에 관계없이, ～여하에 달려있다 **접속** 명사(の) + いかんでは (= ～次第(しだい)で) **예문** 今学期(こんがっき)の出席率(しゅっせきりつ)いかんでは、進級(しんきゅう)できないかもしれない。 いったん成立(せいりつ)した契約(けいやく)は理由(りゆう)のいかんにかかわらず、取(と)り消(け)すことはできない。 일단 성립한 계약은 이유를 불문하고 취소하는 것은 불가능하다. ★관용표현 いかんともしがたい 어떻게도 할 수 없다 いかんせん 어찌할까?
3 ～(よ)うと~まいと	**의미** ～하든지 말든지 **접속** 동사 의지형 + と + 동사 사전형 + まいと ★ 2, 3그룹동사는「동사의 ない형+まいと」,「する」는「すまい」라고도 한다 **예문** 雨(あめ)が降(ふ)ろうと降(ふ)るまいと試合(しあい)は行(おこな)われます。 비가 오든 오지 않든 시합은 열립니다.
4 ①～(よ)うにも~ない ②～ようがない	**의미** ① ～하고 싶어도 ～못 한다 ② ～하려고 해도 할 수가 없다 **접속** ① 동사 의지형 + にも + 동사 가능형 + ない ② 동사 ます형 + ようがない **예문** ① 連絡先(れんらくさき)を残(のこ)していないので連絡(れんらく)しようにもできない。 연락처를 남기지 않았기 때문에 연락하고 싶어도 못 한다. ② 連絡先(れんらくさき)を残(のこ)していないので連絡(れんらく)しようがない。 연락처를 남기지 않았기 때문에 연락하려고 해도 할 수가 없다.
5 ～かぎりだ	**의미** 너무 ～하다, ～하기 그지없다 (강한 감정 표현) **접속** [イ형용사い, ナ형용사な, 명사の] + かぎりだ **예문** 山道(やまみち)を一人(ひとり)で歩(ある)いていて途中(とちゅう)で日(ひ)が暮(く)れてしまい、心細(こころぼそ)いかぎりだった。 산 길을 혼자 걷고 있다가 도중에 날이 저물어 너무 불안했다.

6 ~(た)が最後

의미 (일단) ~했다 하면

접속 동사 た형 + が最後

예문 うちの子は外に出たが最後、夜遅くまで帰ってこない。
우리 아이는 밖에 나가기만 했다하면 밤늦께까지 돌아오지 않는다.

★유사표현「~たら最後」

7 ~かたがた

의미 겸사겸사, ~할 겸(해서)

접속 명사 + かたがた

예문 先日のお礼かたがた挨拶にまいりました。
지난 번의 답례 겸 인사하러 왔습니다.

8 ~かたわら

의미 ~하는 한편(으로)

접속 [동사 사전형, 명사の] + かたわら

예문 彼女は育児のかたわら、家で内職をしている。
그녀는 육아를 하는 한편으로 집에서 부업을 하고 있다.

9 ~がてら

의미 ~하는 김에, ~하기가 무섭게

접속 [동사 ます형, 명사] + がてら

예문 散歩がてら、買い物をしてこよう。
산책하는 김에 쇼핑하고 오겠다.

10 ~が早いか

의미 ~하자마자, ~함과 동시에

접속 [동사 사전형 · 동사 た형] + が早いか

예문 信号が赤に変わるが早いか、車は一斉に走り出した。
신호가 빨간색으로 바뀌자마자, 차는 일제히 달리기 시작했다.

★유의어 「~なり」「~や/~や否や」「~たとたん(に)」
「~か~ないかのうちに」「(か)と思うと」

11 ~からある ~からする

의미 ~씩이나 되는

접속 명사(수량) + からある
명사(가격) + からする

예문 彼は家電配達のベテランだけに100キロからある冷蔵庫を一人で軽々と運び出した。
그는 가전 배달의 베테랑인 만큼 100Kg이나 되는 냉장고를 혼자서 가볍게 나른다.

12 ~きらいがある

의미 ~하는 경향이 있다

접속 [동사 사전형, 명사の] + きらいがある

예문 我がクラブのメンバーは、この頃どうも飲みすぎのきらいがある。
우리 클럽 멤버들은 요즈음 아무래도 과음하는 경향이 있다.

13 ～極まりない / ～極まる

의미 지나치게 ～하다

접속 ナ형용사 어간 + 極まりない

예문 こんな吹雪の中、山に登るなんて危険極まりない。
이런 눈보라 속에 산에 오르다니 위험하기 짝이 없다.
★「極まる」도「極まりない」와 비슷한 의미로 사용된다.

14 ① ～ごとく (～かのごとく) ② ～ごとき

의미 ① ごとく ～한 것처럼(=のように) / ごとき ～같은(=のような)
② 명사 + ごとき ～같은거, ～따위(=なんか, など)

접속 ① [동사 사전형 · 동사 た형 / 명사の] + ごとく
★명사である / ナ형용사である + かのごとく
(사실은 그렇지 않지만 마치 그러기라도 한 듯이)의 형태도 있다.
② 명사 + ごとき

예문 ① 彼女の歌声は澄んだ川のごとく耳に入ってくる。
그녀의 노랫소리는 맑은 강물처럼 귀에 들어 온다.
② 俺の気持ちが、お前ごときにわかるものか。
내 기분을 너 따위가 알 턱이 있나?
★「ごとき」뒤에는 명사가,「ごとく」뒤에는 동사·형용사·부사가 붙는다.

15 ～こととて

의미 ～이므로, ～인 까닭에

접속 [동사, ナ형용사, イ형용사, 명사]의 명사수식형 + こととて

예문 週末のこととて、どこ行っても家族連れが多かった。
주말이라서 어디를 가도 가족 동반이 많았다.
★동사 부정형인「ない」는「～ぬ」가 될 경우도 있다.

16 ～ことなしに

의미 ～하지 않고, ～없이

접속 동사 사전형 + ことなしに

예문 よい返事をいただくことなしに、帰るわけには行かない。
좋은 답변을 듣지 않고 돌아갈 수는 없다.

17 ～始末だ

의미 (나쁜 결과로의) ～형편이다, ～모양이다, ～사정이다

접속 [동사, ナ형용사, イ형용사, 명사]의 명사수식형 + しまつだ

예문 相手を信じすぎたのか、妥協したことが裏目に出る始末だ。
상대를 너무 믿었던 것일까, 타협한 것이 어긋나 버렸다.
★「この」「その」「あの」등과 함께 사용되는 경우도 많다.

18 ～ずくめ

의미 ～투성이다, ～일색이다

접속 명사 + ずくめ

예문 騒がしくて外を見たら、黒ずくめの男たちがうろうろしていた。
시끄러워서 밖을 봤더니, 검은 색 일색의 남자들이 어슬렁거리고 있었다.

19 ～ずにはおかない ～ないではおかない

의미 ～하지 않고 내버려 두는 일은 없다, 반드시 ～한다

접속 동사 ない형 + ずにはおかない
★「する」는 「せずにはおかない」

예문 あんなひどいことをされたのだから、仕返しをせずにはおかない。 그런 심한 일을 당했으니까 보복하지 않을 수 없다.

20 ～ずにはすまない ～ないではすまない

의미 ～하지 않고서는 끝나지 않는다, 반드시 ～해야 한다

접속 동사 ない형 + ずにはすまない
★「する」는 「せずにはすまない」가 된다.

예문 交通規則に反すると，罰金を払わずにはすまない。
교통규칙을 어기면 반드시 벌금을 지불해야 한다.

21 ～すら ～ですら

의미 ～조차

접속 명사 + すら

예문 家事すらろくにできない家内に、親との同居は無理だと思う。
집안일조차 제대로 못 하는 아내에게 부모님과의 동거는 무리라고 생각한다.

22 ～そばから

의미 ～하는 즉시, ～하자마자

접속 [동사 사전형 · 동사 た형] + そばから

예문 小さい子供は部屋を片付けているそばから散らかしてしまう。
어린 아이는 방을 정리하자마자 어지럽히고 만다.

23 ただ(ひとり)～のみならず

의미 단지 ～뿐만 아니라

접속 ただ + [동사, い형용사, な형용사, 명사]의 보통형 + のみならず
★단, ナ형용사의 「だ」는 「である」가 되며, 명사는 「명사のみならず」 「명사であるのみならず」가 된다.

예문 このマンガはただ若い人のみならず老人にも人気がある。
이 만화는 단지 젊은이들뿐만 하니라 노인에게도 있기가 있다.

24 ～たところで

의미 ～한다고 해도, ～해 봤자

접속 동사 た형 + ところで

예문 考えたところで、状況は何も変わらない。
생각한다고 해도 상황은 아무것도 변하지 않는다.

25 ～だに

의미 ～만으로도, ～조차

접속 [명사, 동사 사전형] + だに

예문 クラスで一番かわいい女の子に告白され、予想だにしなかった幸福に困っている。
반에서 가장 귀여운 여자 아이에게 고백 받아 예상조차 못했던 행복에 곤란해 하고 있다.

26 ~たりとも

의미 ~조차도, ~이라도

접속 명사 + たりとも

예문 危ないから一瞬たりとも目を離してはならない。
위험하니까 한 순간이라도 눈을 떼서는 안 된다.

27 ~たる

의미 ~된, ~라는 자격이 있는

접속 명사 + たる

예문 一社のトップたるものは、自らの仕事に優先順位をつけなければならない。
한 회사의 톱이 되는 자는 자신의 일에 우선 순위를 두어야 한다.

28 ~つ ~つ

의미 ~하기도 하고 ~하기도 하고

접속 동사 ます형 + つ + 동사 ます형 + つ

예문 彼と私は持ちつ持たれつの関係です。
그와 나는 서로 상부상조하는 관계입니다.

29 ~っぱなし

의미 계속 ~한 상태, 계속 ~인 채

접속 동사 ます형 + っぱなし

예문 今年の夏は異常に暑く、エアコンは毎日つけっぱなしだった。
올 여름은 예년에 비해 매우 더워서 에어컨은 매일 켠 채였다.

30 ~であれ ~であろうと

의미 ~이든, ~라고 하더라도

접속 명사 + であれ / ~であろうと

예문 日本人であれ、外国人であれ、困っている人がいたら助けてあげたい。
일본인이든 외국인이든 어려운 사람이 있으면 도와주고 싶다.

31 ~てからというもの(は)

의미 ~하고부터

접속 동사 て형 + からというもの(は)

예문 息子はあの先生に会ってからというもの見違えるほど変わりました。
아들은 저 선생님을 만나고 나서부터 몰라볼 정도로 변했습니다.

32 ~でなくてなんだろう

의미 ~이/가 아니고 뭐겠는가

접속 명사 + でなくてなんだろう

예문 彼女と目が合うとどきどきしたり、彼女のことばかりを考えたり、これが恋でなくてなんだろう。
그녀와 눈이 마주치면 두근거리고, 그녀만 생각하고, 이것이 사랑이 아니고 무엇이겠는가.

33 ～ではあるまいし ～じゃあるまいし

의미 ～도 아니고

접속 [동사 사전형 · 동사 た형 + の(ん) / 명사] + ではあるまいし

예문 子供じゃあるまいし、たった1回の失敗でめそめそなくな。
어린 애도 아니고 겨우 한 번 실패로 훌쩍훌쩍 울지 말아라.

34 ～てやまない

의미 ～해 마지않다, 계속 ～하고 있다

접속 동사 て형 + やまない

예문 みんなが健康な姿で無事に帰ってくることを祈ってやまない。
모두가 건강한 모습으로 무사히 돌아오기를 계속 바라고 있다.

35 ～と相まって

의미 ～와 합쳐져서, ～와 섞여서

접속 명사 + と相まって

예문 彼は生まれつきの才能と運とが相まって世界をまたにかけるスターになった。
그는 선천적 재능에 운이 더해져서 세계를 다니며 활약하는 스타가 되었다.

36 ～とあって

의미 ～라고 해서, ～해서, ～라서

접속 [동사, イ형용사, ナ형용사, 명사]의 보통형 + とあって
★단, ナ형용사와 명사의 「だ」는 붙이지 않는 경우가 많다.

예문 人気スターがやって来るとあって、大勢の人たちが待ち受けていた。 인기 스타가 온다고 해서 많은 사람들이 기다리고 있었다.

37 ～とあれば

의미 ～라고 하면, ～하면, ～라면

접속 [동사, イ형용사, ナ형용사, 명사]의 보통형 + とあれば
★단, 「ナ형용사」와 「명사」의 「だ」는 붙이지 않는 경우가 많다.

예문 だれも手伝ってくれないとあれば、私が一人でやるしかない。
아무도 도와 주지 않는다면 내가 혼자서 할 수 밖에 없다.

38 ～といい ～ といい

의미 ～도 ～도, ～도 그렇고 ～도 그렇고

접속 명사 + といい + 명사 + といい

예문 これ、色といいデザインといい、あなたによくお似合いですよ。
이거, 색도 디자인도 당신에게 잘 어울리군요.

39 ～といったところだ ～というところだ

의미 ～라고 하는 정도이다

접속 [동사 사전형, 명사] + といったところだ

예문 高くてもせいぜい10万円といったところです。
비싸도 기껏해야 10만엔 정도입니다.

40 ～といえども

의미 ～라 하더라도(역접 표현)

접속 [동사, イ형용사, ナ형용사, 명사]의 보통형 + といえども
★단, ナ형용사와 명사의 「だ」는 붙이지 않는 경우가 많다.

예문 子供といえども自分の行動には責任をとるべきだ。
아이라고 해도 자신의 행동에는 책임을 져야 한다.

41 ～といったらない
～といったらありゃしない

의미 ～하기 짝이 없다, ～하기 이를데 없다

접속 [동사 사전형, イ형용사い, ナ형용사(だ), 명사(だ)] + といったらない

예문 彼女の料理はとても食べられない。まずいといったらありゃしない。
그녀의 요리는 도저히 먹을 수 없다. 맛없기 짝이 없다.
★「ったらない」는 허물없는 사이에서 사용하는 표현이다.

42 ～と思いきや

의미 ～라고 생각했는데

접속 [동사, い형용사, な형용사, 명사]의 보통형 + と思いきや
★~かと / ~だろうと + 思いきや의 형태로 자주 쓰임.
★단, ナ형용사와 명사의 「だ」는 붙이지 않는 경우가 많다.

예문 勝ったまま試合が終わるかと思いきや、逆転負けした。
승리로 시합이 끝나는가 했더니, 역전패했다.

43 ～ときたら

의미 ～은/는, ～로 말하면 ★비난, 불만에 자주 쓰임.

접속 명사 + ときたら

예문 うちの部長ときたらいつも口ばかりで自分では何もしようとしないんだよ。
우리 부장님으로 말할 것 같으면 항상 말뿐이고 본인은 아무것도 하려고 하지 않아.

44 ～ところを

의미 ～임에도 불구하고, ～인데도 ★인사말, 감사표현

접속
동사 사전형 · 동사 た형
い형용사い
ナ형용사な
명사の
+ ところを

예문 お疲れのところを、遅くまでありがとうございました。
피곤하신데도 불구하고, 늦게까지 감사합니다.

45 ～としたところで
～としたって
～にしたところで
～にしたって

의미 ～해 봤자, ～한다 해도 ★부정적 표현

접속 [동사, イ형용사, ナ형용사, 명사]의 보통형 + としたところで
★단, ナ형용사와 명사의 「だ」는 붙이지 않는 경우가 많다.

예문 全員が参加するとしたところで、せいぜい10人位だ。
전원이 참가한다고 하더라도 기껏해야 10명 정도이다.

46 ～とは

의미 ～라니, ～일 줄은

접속 [동사, イ형용사, ナ형용사, 명사]의 보통형 ＋ とは

★단, ナ형용사와 명사의 「だ」는 붙이지 않는 경우가 많다.

예문 まじめだった彼があのような犯罪を犯すとは。

성실했던 그가 그런 범죄를 저지르다니.

47 ～とはいえ

의미 ～라고는 하지만, ～이기는 해도

접속 [동사, イ형용사, ナ형용사, 명사]의 보통형 ＋ とはいえ

★단, ナ형용사와 명사의 「だ」는 붙이지 않는 경우가 많다.

예문 春とはいえ、まだ寒い。

봄이라고는 해도 아직 춥다.

48 ～とばかりに

의미 (마치)～라는 듯이

접속 [동사 보통형, 명령형 / イ형용사, ナ형용사, 명사의 보통형] ＋ とばかりに

★단, 「ナ형용사」와 「명사」의 「だ」는 붙이지 않는 경우가 많다.

예문 子供は待っていたとばかりに、おもちゃをねだった。

아이는 기다렸다는 듯이 장난감을 사달라고 졸랐다.

49 ～ともなく
～ともなしに

의미 특별히 ～하려는 생각없이, 흘깃, 문득

접속 동사 사전형 ＋ ともなく

★전후에 같은 동사가 붙는 경우가 많다.

예문 隣の人の新聞を見るともなく読んでいたら、自分が勤めている会社の記事が載っていた。

옆 사람의 신문을 흘깃 봤더니, 자신이 근무하고 있는 회사의 기사가 실려 있었다.

だれからともなく批難の声があがっている。

누구로부터 할 것 없이 비난의 목소리가 높아지고 있다.

★「의문사 ＋ 조사 ＋ ともなく」는 '어느 부분이라고 특정할 수는 없지만'의 의미를 니디낸다.

50 ～ともなると
～ともなれば

의미 ～이/가 되면, ～정도가 되면

접속 [동사 사전형, 명사] ＋ ともなると

예문 今は閑散としている田舎町だが、春ともなると花見客で賑わう。

지금은 한산한 시골 마을이지만, 봄이 되면 꽃놀이객들로 붐빈다.

51 ～ないまでも

의미 ～하지는 못해도, ～없다 해도

접속 동사 ない형 ＋ ないまでも

예문 そこまではできないまでもできるだけ協力いたします。

거기까지는 못 하지만 할 수 있는 한 협력하겠습니다.

52 ～ないものでもない

의미 전혀 ～못할 것도 없다, ～할 수도 있다

접속 동사 ない형 + ないものでもない

예문 あなたが手伝ってくれるならできないものでもない。
당신이 도와준다면 전혀 못할 것도 없다.
★유사표현「～ないこともない」

53 ～ながらに

의미 ～하면서, ～서부터(그대로), ～의 상태인 채

접속 [동사 ます형, 명사] + ながらに

예문 その歌手は涙ながらに活動休止を発表した。
그 가수는 눈물을 흘리면서 활동 중단을 발표했다.
★관용적인 표현「涙ながらに」「生まれながらに」「昔ながら(の)」

54 ～ながら(も)

의미 ～임에도 불구하고, ～이면서도(역접)

접속 [동사 ます형 · ない형−ない / イ형용사い / ナ형용사 어간, ナ형용사であり / 명사, 명사であり] + ながら(も)

예문 言ってはいけないと思いながらも、つい言ってしまった。
말해서는 안 된다고 생각하면서도 그만 말을 하고 말았다.

55 ～なくして ～なくしては

의미 ～없이(는), ～없고(는)

접속 명사 + なくして(は)

예문 皆の協力なくして成功はあり得なかった。
여러분의 협력없이 성공은 있을 수 없었다.

56 ～なしに ～ことなしに

의미 ～하지 않고, ～없이

접속 명사 + なしに
동사 사전형 + ことなしに

예문 苦労することなしに金儲けができるなんて、そんな都合のいい話はない。
고생하지 않고 돈을 벌 수 있다니, 그런 형편 좋은 이야기는 없다.

57 ～ならでは ～ならではの

의미 ～밖에는 할 수 없는, ～이 아니면

접속 명사 + ならでは(の)

예문 何をするにしても自分ならではのスタイルを表現することを心がけている。
무엇을 해도 자기만의 스타일을 표현하는 것을 유념하고 있다.

58 ～なり

의미 ～하자마자

접속 동사 사전형 + なり

예문 学生たちは終わりのベルが鳴るなり、教室を飛び出して行った。
학생들은 종료벨이 울리자마자 교실을 뛰어 나갔다.

★유사표현
「～が早いか」「～や/～や否や」「～たとたん(に)」「(か)と思うと」
「～か～ないかのうちに」

59 ～なり～なり

의미 ～든지 ～든지

접속 [동사 사전형, 명사] + なり + [동사 사전형, 명사] + なり

예문 テキストは買うなり、借りるなりして忘れないで必ず持ってきてください。
교재는 사거나 빌리거나 해서 잊지 말고 반드시 가지고 오세요.

60 ～なりに
～なりの

의미 ～나름대로, ～나름의

접속 [동사, い형용사, な형용사, 명사의 보통형] + なりに
★단, ナ형용사와 명사의 「だ」는 붙이지 않는 경우가 많다.

예문 自分なりに一人でがんばってみたがやっぱりだめだった。
자기 나름대로 혼자서 열심히 해 보았지만, 역시 안 됐다.

61 ～に(は)あたらない

의미 ～할 정도는 아니다, ～할 것까지는 없다

접속 [동사 사전형, 명사] + に(は)あたらない

예문 彼の成績はいつもトップだから、東大に入っても驚くにはあたらない。
그의 성적은 항상 톱이니까 도쿄대에 들어가도 놀랄 정도는 아니다.

62 ～にあって

의미 ～에 있어서, ～에서

접속 명사 + にあって

예문 父は会社の倒産にあって、この頃日曜日も休まず、働いている。
아버지는 회사 도산으로 요즈음 일요일에도 쉬지 않고 일하고 있다.

63 ～に至って
～に至る
～に至るまで

의미 ～에 이르러, ～에 이르기까지, ～에 이르다

접속 [동사 사전형, 명사] + に至って

예문 父が起こした会社は発展を続け、海外に支店を出すに至った。
아버지가 세운 회사는 발전을 계속하여 해외에 지점을 내기에 이르렀다.

64 ～にかかわる

의미 ～이/가 걸린, ～에 관련된

접속 명사 + にかかわる

예문 これはプライバシーにかかわることなのでお答えできません。
이것은 프라이버시에 관련된 것이므로 대답할 수 없습니다.

65 ～にかたくない

의미 ～하기 어렵지 않다, ～할 수 있다

접속 [동사 사전형, 명사] + にかたくない

예문 ボロボロになった車を見ると事故のすさまじさは想像にかたくない。 너덜너덜해진 차를 보면 사고의 무서움을 상상하기 어렵지 않다.

★주로 「想像・理解・察する」와 사용된다.

66 ～にして

의미 ① ～이/가 되어서야, ～이기에 ② ～이면서 동시에

접속 명사 + にして

예문 ① 念願の夢がかない彼は60歳にして歌手デビューした。
염원의 꿈을 이룬 그는 60세가 되어서 가수 데뷔를 했다.
荒波は一瞬にして釣り船を飲み込んだ。
거친 파도는 한 순간에 낚싯배를 삼켰다.

② 彼女は会社員にして先生でもある。
그녀는 회사원이면서 동시에 선생님이기도 하다.

67 ～に即して / ～に即した

의미 ～에 따라(서), ～에 따른

접속 명사 + に即して

예문 試験中の不正行為は校則に即して処理することになっている。
시험 중 부정행위는 교칙에 따라서 처리하기로 되어 있다.

68 ～にたえる

의미 ～할 만하다, ～할 수 있다

접속 [동사 사전형, 명사] + にたえる

예문 最近はくだらない映画ばかりで見るにたえる作品がない。
최근에는 시시한 영화뿐이고 볼 만한 작품은 없다.

69 ～にたえない

의미 ① 차마 ～할 수 없다 ②너무 ～하다(～해 마지않다)

접속 ① 동사 사전형 + にたえない
② 명사 + にたえない
★「명사 + にたえない」의 명사는 「感謝」「感激」 등 한정된 명사이며, 격식차린 인사말에 쓰인다.

예문 最近、見るにたえないほどのひどい番組がある。
최근에 차마 볼 수 없을 정도로 심한 프로그램이 있다.
貴社のご厚情、感謝の念に堪えません。
귀사의 후의에 몸 둘바를 모르겠습니다.

70 ～に足る

의미 ～할만한, ～하기에 충분한

접속 [동사 사전형, 명사] + に足る
★단, 명사는 する가 붙을 수 있는 것에 한한다.

예문 あの人は信頼するに足る人物です。
저 사람은 신뢰할 만한 인물입니다.

71 ～にひきかえ

의미 ～와는 달리, ～와는 반대로

접속 명사 + にひきかえ
[동사, い형용사, な형용사]의 명사수식형 + の + にひきかえ

예문 口ばかりの部長にひきかえ、課長は大変やり手だ。
말뿐인 부장과는 달리 부장은 굉장히 수완가이다.
息子が社交的なタイプなのにひきかえ、娘は人前に出るのを嫌うタイプだ。 아들이 사교적인 타입인 것과는 달리, 딸은 사람들 앞에 나서는 것을 싫어한다.

72 ～にもまして

의미 ～보다 더, ～보다 우선해서

접속 명사 + にもまして
[동사, い형용사, な형용사]의 명사수식형 + の + にもまして

예문 地球温暖化は以前にもまして深刻化しつつある。
지구온난화는 이전에 비해서 점점 심각해지고 있다.
試合に勝ったのにもまして、全力を出し切れたことを誇りに思う。
시합에 이긴 것보다 우선해서, 전력을 다한 것을 자랑으로 생각한다.

73 ～の至り

의미 극히 ～함, ～하기 그지없음

접속 명사 + の至り

예문 初歩的な質問までご回答いただき、恐縮の至りです。
초보적인 질문까지 대답해 주셔서, 대단히 황송합니다.

74 ～の極み

의미 ～의 극치, 극도의～

접속 명사 + の極み

예문 私に一食数千円の食事は贅沢の極みです。
나에게 한 끼에 수천 엔인 식사는 사치의 극치다.

75 ～はおろか

의미 ～은/는 커녕, ～은/는 말할 것도 없고

접속 명사 + はおろか

예문 この成績では奨学金はおろか、卒業さえも危うい。
이 성적으로는 장학금은커녕, 졸업조차도 아슬아슬하다.

76 ～ばこそ

의미 ～이기 때문에, ～이기에

접속 가정조사ば + こそ　★[な형용사, 명사]であれば + こそ

예문 優勝できたのは、チーム全員の協力あればこそだ。
우승할 수 있었던 것은 팀 전원의 협력이 있었기 때문이다.

77 ～ばそれまでだ	의미	～면 그뿐이다, ～면 모든 일이 수포로 돌아간다
	접속	가정조사ば + それまでだ ★[な형용사, 명사]であれば + それまでだ
	예문	長年勤めた会社だが、退職してしまえばそれまでだ。 오래 근무한 회사이지만 퇴직하고 말면 그 뿐이다. ★유사표현「～たらそれまでだ」
78 ①～べからざる ②～べからず	의미	① ～해서는 안 되는, ～해서는 못 쓰는 ② ～말 것(금지), ～해서는 안 된다
	접속	① 동사 사전형 + べからざる + 명사 ② 동사 사전형 + べからず
	예문	成人指定の映画や漫画は青少年の見るべからざるものとなっている。 성인지정 영화나 만화는 청소년이 보면 안 되게 되어 있다. 関係者以外は入るべからず。 관계자 외 출입금지. ★「するべからず」는「すべからず」가 되는 경우도 있다.
79 ～べく	의미	～하려고, ～하고자
	접속	동사 사전형 + べく
	예문	父親は家族を支えるべく、一生懸命にがんばっている。 부친은 가족을 지탱하려고 열심히 노력하고 있다. ★「するべく」는「すべく」가 되는 경우도 있다.
80 ～まじき	의미	～해서는 안 되는, ～답지 못한
	접속	동사 사전형 + まじき ★「するまじき」는「すまじき」가 되는 경우도 있다.
	예문	弱い者をいじめるなんて、許すまじき行為だ。 약한 사람을 학대하다니 용서해서는 안 되는 행위다.
81 ～までだ ～までのことだ	의미	～할 따름이다, ～하면 그만이다, ～할 뿐이다
	접속	동사 사전형 + までだ
	예문	バスがなければ、歩いて帰るまでだ。 버스가 없으면 걸어서 돌아갈 따름이다.
82 ～までもない ～までもなく	의미	～할 필요도 없다, ～할 필요도 없이
	접속	동사 사전형 + までもない
	예문	彼の営業実績は、言うまでもなく社内トップだ。 그의 영업실적은 말할 필요도 없이 사내 최고이다.

83 ～まみれ

의미 ～투성이, ～범벅

접속 명사 + まみれ

예문 毎日、汗まみれになって練習した成果があった。
매일 땀투성이가 될때까지 연습한 성과가 있었다.

84 ～めく

의미 ～답다, ～같다

접속 명사 + めく

예문 そよそよ吹く風が心地よい。ようやく春めいてきた。
살랑살랑 부는 바람이 상쾌하다. 드디어 봄다워졌다.

85 ～もさることながら

의미 ～도 있지만, ～은/는 물론이거니와

접속 명사 + もさることながら

예문 あのレストランは味もさることながらサービスの評判もいい。
저 레스토랑은 맛도 있지만, 서비스의 평판도 좋다.

86 ～ものを

의미 ～텐데, ～련만

접속 [동사, イ형용사, ナ형용사]의 명사수식형 + ものを

예문 もう少し練習していたらできたものを、途中であきらめてしまったなんてもったいない。
조금 더 연습했다면 가능했을 텐데, 도중에 포기하다니 아깝다.

87 ～や / ～や否や

의미 ～하자마자

접속 동사 사전형 + や， や否や

예문 この新型モデルは発売するや否や世界各地でマニアの注目を集めた。
이 신모델은 발매하자마자 세계각지에서 마니아의 주목을 모았다.
★ 유사표현「～が早いか」「～なり」

88 ～ゆえ(に) / ～ゆえの

의미 ～때문에, ～까닭에

접속 [동사, イ형용사, ナ형용사, 명사]의 명사수식형 + ゆえ(に)
★ な형용사의「な」와 명사의「の」는 붙이지 않는 경우가 많다.

예문 貧しさゆえに、教育を受けられない子供もたくさんいる。
가난 때문에 교육을 못 받는 아이도 많이 있다.

89 ①～をおいて ②～をおいてほかに～ない

의미 ① ～을/를 제외하고, ～이/가 아니면
② ～이외에 따로 없다

접속 명사 + をおいて

예문 彼をおいてほかに議長適任者はいない。
그 사람 이외에 의장 적임자는 없다.

90	～を限(かぎ)りに	의미 ～을/를 끝으로, ～부터 접속 명사 + を限(かぎ)りに 예문 今日(きょう)を限(かぎ)りに、このマンションともお別(わか)れだ。 오늘을 마지막으로 이 맨션과도 이별이다.
91	～を皮切(かわき)りに ～を皮切(かわき)りにして ～を皮切(かわき)りとして	의미 ～을/를 시작으로(해서), ～을/를 기점으로(해서) 접속 [동사 사전형 · 동사 た형 / 명사] + の + をかわきりに 예문 そのコンサートは東京(とうきょう)を皮切(かわき)りに全国各地(ぜんこくかくち)での開催(かいさい)を予定(よてい)している。 그 콘서트는 도쿄를 시작으로 해서 전국 각지에서의 개최를 예정하고 있다.
92	～を禁(きん)じえない	의미 ～을/를 금할 수 없다 접속 명사 + を禁(きん)じえない 예문 子供(こども)を誘拐(ゆうかい)するなんて、怒(いか)りを禁(きん)じえない。 어린이를 유괴하다니, 분노를 금할 수 없다.
93	～をもって	의미 ① ～으로, ～을/를 이용해서(수단, 방법) ② ～부로 (기한) 접속 명사 + をもって 예문 やると言(い)った以上(いじょう)、最後(さいご)まで責任(せきにん)をもってやります。 한다고 말한 이상, 마지막까지 책임을 지고 하겠습니다. これをもって、今日(きょう)は終(お)わりにしたいと思(おも)います。 이것으로 오늘은 끝내려고 합니다.
94	～をものともせずに	의미 ～을/를 아랑곳하지 않고, ～에 굴하지 않고, ～은/는 아무것도 아닌 듯이 접속 명사 + をものともせずに 예문 この不況(ふきょう)をものともせずに、伸(の)び続(つづ)ける秘訣(ひけつ)はいったいなんだろう。 이 불황에 아랑곳하지 않고, 계속 성장하는 비결은 도대체 뭘까?
95	①～を余儀(よぎ)なくされる ②～を余儀(よぎ)なくさせる	의미 ① 어쩔 수 없이 ～하게 되다 ② 어쩔 수 없이 ～하게 시키다 접속 ① 명사 + を余儀(よぎ)なくされる ② 명사 + を余儀(よぎ)なくさせる 예문 ① 不況(ふきょう)のため労働者(ろうどうしゃ)は賃金(ちんぎん)カットを余儀(よぎ)なくされてしまった。 불황때문에 노동자는 어쩔 수 없이 임금 삭감을 당하게 되고 말았다. ② 台風(たいふう)の影響(えいきょう)により登山計画(とざんけいかく)の中止(ちゅうし)を余儀(よぎ)なくさせた。 태풍의 영향으로 어쩔 수 없이 등산 계획을 중지 시켰다.

96	**～をよそに**	**의미** ～을/를 남의 일처럼 여기고, ～을/를 개의치 않고 **접속** 명사 + をよそに **예문** 彼は親の心配をよそに一人暮らしをはじめた。 그는 부모님의 걱정은 아랑곳하지 않고 혼자 살기 시작했다.
97	**～んがため(に)** **～んがための**	**의미** ～하기 위해(서), ～하기 위한 **접속** 동사 ない형 + んがため(に) ★「する」는「せんがため(に)」로 쓰인다. **예문** ある商品に人気が出ると、儲けんがための類似商品が作られる。 어느 상품이 인기가 생기면 돈을 벌기 위한 유사 상품이 만들어진다.
98	**～んばかりだ** **～んばかりに** **～んばかりの**	**의미** 당장이라도 ～할 듯하다, ～할 듯이, ～할 듯한 **접속** ない형 + んばかりだ ★「する」는「せんばかり」로 쓰인다. **예문** 台風が来て、街路樹の枝が今にも折れんばかりだ。 태풍이 와서 가로수 가지가 당장이라도 부러질 듯하다.

필수경어

학습포인트

경어는 매회 출제되고 있으며, 문법영역 뿐만 아니라 청해 영역에서도 자주 등장하기 때문에 존경어 · 겸양어 · 정중어를 잘 구분하여 학습해야 한다. 경어는 상대방을 직접올려서, 겸양어는 나를 낮추어 경의를 표시한다. 정중어는 정중한 말을 사용하여 상대방에게 경의를 표하는 표현으로 「です・ます」가 대표적이다. 단순 암기보다는 많이 읽어보는 것이 경어를 익히는데 효과적이다.

특수존경어

いらっしゃる	いる(있다) · 行(い)く(가다) · 来(く)る(오다)의 존경어 社長(しゃちょう)がいらっしゃいました。 사장님이 오셨습니다.
おっしゃる	言(い)う(말하다)의 존경어 先生(せんせい)はこのようにおっしゃいました。 선생님은 이렇게 말씀하셨습니다.
なさる	する(하다)의 존경어 そのようになさっても大丈夫(だいじょうぶ)ですよ。 그렇게 하셔도 괜찮습니다. お風呂(ふろ)になさいますか。それともお食事(しょくじ)になさいますか。 목욕을 하시겠습니까? 아니면 식사를 하시겠습니까?
召(め)す	형태에 따라 의미가 달라진다. (입다, 마음에 들다, 먹다 등) プレゼントは、お気(き)に召(め)していただけたでしょうか。 선물은 마음에 드셨습니까? お口(くち)に合(あ)うかどうかわかりませんが、召(め)し上(あ)がってみてください。 입맛에 맞을지 어떨지 모르겠습니다만, 드셔봐 주세요. ★「お召(め)し上(あ)がりください」는 이중경어로 문법적으로는 잘못된 표현이지만, 현재는 정착되고 있다.
くださる	くれる(주다)의 존경어 先生(せんせい)は私(わたし)たちに貴重(きちょう)なお言葉(ことば)を下(くだ)さいました。 선생님은 저희에게 귀중한 말씀을 해 주셨습니다.
見(み)える	来(く)る(오다)의 존경어 お客様(きゃくさま)が見(み)えました。 손님이 오셨습니다. ★「お見(み)えになる」는 이중경어로 문법적으로는 잘못된 표현이지만, 현재는 정착되고 있다.
お越(こ)しになる	来(く)る(오다)의 존경어 会長(かいちょう)がお越(こ)しになりました。 회장님께서 오셨습니다.

おいでになる	いる(있다)・行く(가다)・来る(오다)의 존경어 山田様がおいでになっています。야마다 씨가 오셨습니다. ★「おいでくださり(いただき)、ありがとうございます」와 같은 사용법도 OK
ご存じだ	知っている(알다)의 존경어 雰囲気のいいレストランをご存じですか。분위기 좋은 레스토랑을 아십니까?

일반동사 존경어

お(ご)~になる	おかけになった番号は、現在使われておりません。 지금 거신 번호는 현재 사용되고 있지 않습니다. この電車には、ご乗車になれませんのでご注意ください。 이 전철에는 승차하실 수 없으니 주의해 주십시오. こちらのコート、一度お召しになってみてください。이 코트, 한번 입어 봐 주세요. ★예외 :「見る → ご覧になる」「行く・来る・いる → おいでになる」 「寝る → お休みになる」「着る → お召しになる」
~(ら)れる	山田様は、明日の集まりに来られますか。야마다 님은 내일 모임에 오십니까? 社長は、いつも電車で通勤されます。사장님은 늘 전철로 통근하십니다.
~なさる	パーティーに出席なさいますか。파티에 출석하십니까?
ご~なさる	どうぞこちらをご利用なさいませ。부디 이쪽을 이용해 주시기 바랍니다.
お(ご)~だ	先生は、いつも「毎朝新聞」をお読みです。선생님은 늘 '마이아사 신문'을 읽으십니다.
~てくださる	論文の書き方について、先生が助言してくださった。 논문 쓰는 법에 대해서, 선생님께서 조언을 해주셨다.
お(ご)~くださる	ご連絡くださいまして、ありがとうございます。연락 주셔서 감사합니다. 本日はお招きくださり、大変感謝しております。 오늘은 초대해 주셔서, 대단히 감사합니다. ご了承くださる(くださいます)よう、お願い申し上げます。 양해해 주시길 부탁드리겠습니다.
お(ご)~ください	なるべく、早いうちにご連絡ください。되도록, 빨리 연락주세요. 商品が届きましたら、こちらにお振込みください。 상품이 도착하면, 이쪽으로 입금해 주세요.

필수경어

특수 겸양어

伺(うかが)う	訪(おとず)れる(방문하다) · 尋(たず)ねる(묻다) · 聞(き)く(듣다)의 겸양어 明日(あした)の午前中(ごぜんちゅう)に伺(うかが)いたいのですが。내일 오전 중에 찾아 뵙고 싶습니다만. ★「お伺(うかが)いする」는 이중경어로 문법적으로는 틀리지만, 현재는 정착되어 가고 있다.
申(もう)し上(あ)げる	言(い)う(말하다)의 겸양어 これから、本日(ほんじつ)の予定(よてい)を申(もう)し上(あ)げます。이제부터 오늘의 예정을 말씀드리겠습니다.
存(ぞん)じる	思(おも)う(생각하다)의 겸양어 当(とう)レストランにて楽(たの)しい時間(じかん)をお過(す)ごしいただければと存(ぞん)じます。 저희 레스토랑에서 즐거운 시간을 보내셨으면 합니다.
存(ぞん)じている(일, 물건) 存(ぞん)じ上(あ)げている(사람)	知(し)っている(알다)의 겸양어 その件(けん)については、私(わたし)も存(ぞん)じています(存(ぞん)じております)。 그 건에 대해서는 저도 알고 있습니다. 山田先生(やまだせんせい)なら私(わたし)も存(ぞん)じ上(あ)げています(存(ぞん)じ上(あ)げております)。 야마다 선생님이라면 저도 알고 있습니다.
差(さ)し上(あ)げる	あげる(주다)의 겸양어 こちらの商品(しょうひん)をお求(もと)めのお客様(きゃくさま)には、プレゼントを差(さ)し上(あ)げております。 이 상품을 사신 고객님께는 선물을 드리고 있습니다.
頂(いただ)く	もらう(받다)의 겸양어 これは、親戚(しんせき)のおばさんからいただいたものです。이것은 외숙모가 주신 것입니다.
お目(め)にかかる	会(あ)う(만나다)의 겸양어 山田(やまだ)さんには以前(いぜん)お目(め)にかかったことがありますが、とても素敵(すてき)な方(かた)でしたよ。 야마다 씨는 전에 뵌 적이 있습니다만, 아주 멋진 분이었습니다.
お目(め)にかける ご覧(らん)に入(い)れる	見(み)せる(보여주다)의 겸양어 わざわざお目(め)にかけるほどの作品(さくひん)ではございませんが、もしよろしかったらご覧(らん)ください。 일부러 보여 드릴 정도의 작품은 아닙니다만, 혹시 괜찮으시다면 보십시오.
拝見(はいけん)する	見(み)る(보다)의 겸양어 私(わたし)が拝見(はいけん)した限(かぎ)りでは、特(とく)に問題(もんだい)はありませんでした。 제가 본 바로는 특별히 문제는 없었습니다.

拝借する	借りる(빌리다)의 겸양어 こちらの本、少々拝借してもよろしいでしょうか。 이 책, 잠시만 빌려도 되겠습니까?
拝聴する	聞く(듣다)의 겸양어 今回初めて田中先生の講演を拝聴し、大変感動いたしました。 이번에 처음으로 다나카 선생님의 강연을 듣고 많은 감동을 받았습니다.
承る	受ける(받다)・聞く(듣다)・伝え聞く(전해 듣다)・引き受ける(담당하다)의 겸양어 (1)「受ける(받다)의 겸양어」 ご注文を承ります。주문 받겠습니다. (2)「聞く(듣다)의 겸양어」 ご意見・ご質問は、お客様相談窓口にて承っております。 의견 · 질문은 고객상담창구에서 받겠습니다. (3)「伝え聞く(전해 듣다)의 겸양어」 鈴木様より本日は開始時間が30分ほど遅れる予定と承っております。 스즈키 님한테서 오늘은 개시시간이 30분 정도 늦을 예정이라고 전해 들었습니다. (4)「引き受ける(담당하다)의 겸양어」 弊社では、税務·会計·経理などの業務を代理で承っております。 저희 회사에서는 세무 · 회계 · 경리 등의 업무를 대리로 담당하고 있습니다.
頂戴する	もらう(받다)의 겸양어 たくさんの祝電を頂戴しておりますので、ご紹介したいと存じます。 많은 축전을 받아서 소개하려고 합니다.
いたす	する(하다)의 겸양어 失礼いたします。入ってもよろしいでしょうか。 실례합니다. 들어가도 괜찮겠습니까? またこちらからお電話いたします。이쪽에서 다시 전화 드리겠습니다. 何かあった際には、ご相談いたします。무슨 일이 있을 때에는 의논하겠습니다. 申し訳ありませんが、こちらでは、ご案内いたしかねます。 죄송합니다만, 이쪽에서는 안내할 수 없습니다.
承知いたす	分かる의 겸양어 明日までに企画書を提出する件、承知いたしました。 내일까지 기획서를 제출하는 건, 알겠습니다. ★「承知する」에서「する → いたす」로 하면 보다 자신을 낮춘 겸양표현이 된다.

필수경어

かしこまる	分かる의 겸양어 お持ち帰りで、ハンバーガーセットを3つですね。かしこまりました。 직접 가지고 가시는 것으로 햄버거 세트 3개네요. 알겠습니다.
参る (て・で) 参る	(～て)来る((～해) 오다), (～て)行く((～해) 가다)의 겸양어 はい、ただ今まいります。네, 지금 가겠습니다. すぐに準備してまいります。바로 준비해서 가겠습니다. 今運んでまいりますので、少々お待ちください。 지금 운반해 올테니, 조금만 기다려주세요. 営業部の伊藤ですね。今呼んでまいります。 영업부 이토 말씀이시죠. 지금 불러 오겠습니다.
恐れ入る	황송해 하다, 송구스러워하다 (경어는 아니지만 자체로 겸양의 뜻을 지닌 일반동사) 恐れ入りますが、こちらにご記入いただけますか。 죄송하지만, 이쪽에 기입해 주시겠습니까? お褒めいただき、恐れ入ります。칭찬해주셔서 황송합니다. ★「恐縮です」도 사용 가능

일반동사 겸양어

お(ご)～する	昨日資料をお送りしているはずなのですが。 어제 분명히 자료를 보냈다고 생각하는데요. 明日、先生にお会いしたいのですが。내일, 선생님을 뵙고 싶습니다만. ご面倒(お手数)をおかけしますが、よろしくお願いします。 번거롭게 해 드립니다만, 잘 부탁 드립니다. そちらに関しては、すでに部長にご報告しているのですが…。 그쪽에 관해서는 이미 부장님께 보고했습니다만.
お(ご)～申し上げる	ここから先は、私がご案内申し上げます。 이제부터는 제가 안내해 드리겠습니다. では、本日の午後にお届け申し上げます。 그럼, 오늘 오후에 배달해 드리겠습니다.
お(ご)～いただく	少々、お待ちいただけますか。잠시 기다려주시겠습니까? なんとか、ご理解いただきたく思っております。어떻게든 이해해주셨으면 합니다.
～ていただく	企画書に目を通していただけたでしょうか。기획서를 훑어봐 주셨나요?

～させていただく	今日(きょう)は休(やす)ませていただけますか。오늘은 쉬어도 되겠습니까? では、優勝者(ゆうしょうしゃ)を発表(はっぴょう)させていただきます。 그럼, 우승자를 발표하겠습니다. 今日(きょう)はこれで、失礼(しつれい)させていただきます。 오늘은 이것으로 실례하겠습니다.

정중어

ございます	ある・いる의 정중어 お手洗(てあら)いは、あちらにございます。화장실은 저쪽에 있습니다.
～でございます	です의 정중어 こちらが、かの有名(ゆうめい)な奈良(なら)の大仏(だいぶつ)でございます。 이쪽이 그 유명한 나라의 대불입니다.
～てよろしいですか ～でしょうか	いいですか・ですか의 정중어 では、次(つぎ)のミーティングは来週木曜日(らいしゅうもくようび)でよろしいですか。 그럼, 다음 미팅은 다음 주 목요일로 괜찮으십니까?

필수경어

(　　) 안의 말을 경어로 바꾸세요.

(1) パーティーに（招いてくれて）、ありがとうございます。

(2) （使った）後は、元の場所に（戻してください）。

(3) そろそろ（寝て）ください。

(4) 若い頃はずいぶん（苦労した）そうですよ。

(5) 専務は、食後にいつもカフェラテを（飲みます）。

(6) お客様、手下げ袋は（利用しますか）。

(7) 明日にでも、（連絡します）。

(8) 今日は、早退（させてもらえますか）。

(9) どうも、お手数を（かけます）。

(10) 心より（祝います）。

(11) どこが悪いのか、（指摘してもらいたいのですが）。

(12) ちょっと（たずねますが）、このあたりに「トレビ」というレストランはありませんか。

(13) A：たくさんありますから、ひとつ（あげましょうか）。

B：本当ですか。じゃ、遠慮なく（もらいます）。

(14) 3時に山本さんという方が（来る）予定です。

(15) 佐藤先生なら、私もよく（知っています）。

정답 (1) お招きくださり, お招きくださいまして, 招いてくださって, 招いてくださいまして,
お招きいただき, お招きいただきまして
(파티에 초대해 주셔서 감사합니다.)

(2) お使いになった / お戻しください
(사용하신 후에는 원래 제자리에 돌려놔 주세요.)

(3) お休みになって
(이제, 주무세요.)

(4) 苦労された, 苦労なさった
(젊을 때는 꽤 고생하셨답니다.)

(5) お飲みです, お飲みになります, 召し上がります
(전무님은 식후 늘 카페라떼를 드십니다.)

(6) ご利用なさいますか, ご利用になりますか, ご利用されますか
(고객님, 쇼핑백은 필요하십니까?)

(7) ご連絡いたします, ご連絡差し上げます, ご連絡申し上げます, 連絡させていただきます
(내일이라도 연락 드리겠습니다.)

(8) 早退させていただけますか
(오늘은 조퇴해도 될까요?)

(9) お掛けします, お掛けいたします
(감사합니다. 수고 끼쳐드렸습니다.)

(10) お祝い申し上げます, お祝いいたします, お祝いします
(진심으로 축하드립니다.)

(11) 指摘していただきたいのですが, ご指摘いただきたいのですが
(어디가 나쁜 것인지, 지적해 주셨으면 합니다만.)

(12) お尋ねしますが, お尋ねいたしますが
(좀 여쭤보고 싶은데요, '트레비'라는 레스토랑은 없습니까?)

(13) 差し上げましょうか / 頂きます, 頂戴します
(A : 많으니까 하나 드릴까요? / B : 정말입니까? 그럼 사양 않고 받겠습니다.)

(14) いらっしゃる, お見えになる, お越しになる, おいでになる
(3시에 야마모토라는 분이 오실 예정입니다.)

(15) 存じ上げています, 存じ上げております
(사토 선생님이라면 저도 잘 압니다.)

기초문법

학습포인트

新일본어능력시험으로 개정된 이후, 커뮤니케이션 능력을 측정할 수 있는 N2 레벨의 문형들이 N1에서 대거 출제가 되었으며, 문법의 의미보다는 문장의 구성이나 내용을 이해할 수 있는 능력을 필요로 하기 때문에 비교적 간단하다고 생각했던 조사들도 간과해서는 안 된다. 이에 본 교재의 기초 문법은 간단한 조사에서부터 N2상당의 문법까지 한 번에 학습할 수 있도록 정리해 놓았다. '연습해 봅시다'를 먼저 풀어보면서 어느 부분이 부족한지 파악한 후, 기초 문법을 학습하면 효과적이다.

조사

さえ	**의미** ① ~만 ~하면(さえ~ば・なら)(한정) ②~조차(정도) **접속** 명사(+조사) + さえ **예문** ① ~만 ~하면(さえ~ば/なら)(한정) 会社では、言われたことさえしていればいいというものではない。 회사에서는 시키는 것만 하면 되는 것은 아니다. ② ~조차(정도) 学校の勉強さえろくにできなかった私が、今では人を教える立場だ。 학교 공부 조차 제대로 못했던 내가 지금은 사람을 가르치는 입장이다.
だけ	**의미** ① ~뿐, ~만(한정) ② ~만큼, ~까지(정도) **접속** [동사, イ형용사, ナ형용사, 명사]의 명사 수식형 + だけ ★ 단, 명사는「の」가 붙지 않는다. **예문** ① ~뿐, ~만(한정) 今から言うことは、ここだけの話にしてください。 지금부터 말하는 것은, 여기만의 이야기로 해주세요. ② ~만큼, ~까지(정도) ~만큼 舞台に立つのは初めてなのに、あれだけの演技ができるとは素晴らしい。 무대에 서는 것은 처음인데, 이렇게 연기를 잘하다니 훌륭하다. ~까지(정도) お疲れ様。今日は好きなだけ飲んでいいですよ。 수고하셨어요. 오늘은 마시고 싶은 만큼 마셔도 좋아요.

しか

의미 ① ~밖에(しか~ない)(한정) ② ~조차(정도)

접속 명사 + しか

예문 ① ~밖에(しか~ない)(한정)

こんなこと、あなたにしか頼めません。

이런 건, 당신에게밖에 부탁할 수 없습니다.

② ~밖에(しか~ない)(정도) ★적다는 느낌

今月の売り上げは、目標の半分しか達成していない。

이번 달 매상은, 목표의 절반밖에 달성하지 못했다.

ばかり

의미 ~뿐, ~만(마이너스 이미지)

접속 [동사 て형, 명사] + ばかり

예문 愚痴ばかり言っていると、余計疲れてしまいますよ。

불평만 하고 있으면 더 지쳐버려요.

まで

의미 ① ~까지(첨가) ② ~까지(정도)

접속 명사 + まで

예문 ① ~까지(첨가)

昨日から咳が出ていたが、どうやら熱まで出てきたようだ。

어제부터 기침이 나더니, 아무래도 열까지 나기 시작한 것 같다.

② ~까지(정도)

借金を返すために、とうとう家まで売ってしまった。

빚을 갚기 위해, 결국 집까지 팔았다.

も

의미 ① ~나, ~이나(강조) ② ~도(정도)

접속 명사 + も

예문 ① ~나, ~이나(강조)

この論文には、20年以上もかけて研究した成果がまとめられている。

이 논문에는 20년 이상이나 걸려서 연구한 성과가 정리되어 있다.

② ~도(정도)

あの場で、自分の考えも言えないようではだめですよ。

그곳에서 자신의 생각도 말하지 못해서는 안 됩니다.

こそ

의미 ~이야말로(강조)

접속 명사 + (に・で)こそ

예문 彼女の主張こそ、まさに私の言いたかったことだ。

그녀의 주장이야말로 바로 내가 말하고 싶었던 것이다.

でも	의미 ~이나(정도), ~라도(제안 · 의지 · 희망 · 추측 등을 가볍게 제시) 접속 명사(+ 조사) + でも 예문 週末(しゅうまつ)は、海(うみ)までドライブでもしようか。 주말은 바다까지 드라이브라도 할까? 夏休(なつやす)みにでも一度(いちど)北海道(ほっかいどう)へ行(い)ってみたい。 여름방학에라도 한번 홋카이도에 가보고싶다.
ぐらい くらい	의미 ~정도, 쯤, 만큼 접속 [동사 사전형, イ형용사い, ナ형용사な, 명사] + ぐらい 예문 あの店(みせ)の占(うらな)いは、怖(こわ)いくらいによく当(あ)たる。 저 가게의 점은 무서울 만큼 잘 맞는다.
など なんか なんて	의미 ~따위, ~같은 것(정도) 접속 명사 + など 예문 病気(びょうき)なんかに負(ま)けてたまるものか。 병 따위에 질 성싶으냐.

연습해 봅시다

(1) 毎日１時間勉強する(　　)でも、かなり実力(じつりょく)がつく。

a. だけ　　b. ばかり

(2) 母はいつも私(　　)叱(しか)る。

a. しか　　b. ばかり

(3) 君は自分(　)よければそれでいいのか。

a. さえ　　b. こそ

(4) 逃(に)げるなら今(　　)ない。

a. しか　　b. こそ

(5) あなたのせいで、みんなにどれ(　　)迷惑(めいわく)かけたと思ってるの。

a. ばかり　　b. だけ

(6) 毎日食べたい(　　)食べたら太ってしまった。

a. だけ　　b. ばかり

(7) 緊張(きんちょう)してまともに話すこと(　　)できなかった。

a. こそ　　b. さえ

(8) 試験まであと一週間(　　)ない。

a. しか　　b. だけ

(9) 隣(となり)の物音(ものおと)が気になって、一睡(いっすい)(　　)できなかった。

a. こそ　　b. も

(10) 参加することに(　　)意義(いぎ)がある。

a. ばかり　　b. こそ

(11) つい、いらないもの(　　)買ってしまった。

a. まで　　b. だけ

(12) 先輩は私の仕事(　　)手伝ってくれた。

a. まで　　b. しか

(13) 久しぶりに髪(かみ)(　　)切ろうと美容室(びようしつ)に行った。

a. でも　　b. まで

(14) おばけ(　　)いないよね。

a. なにしろ　　b. なんて

(15) 家族全員が集まるのは盆(ぼん)と正月(しょうがつ)(　　)だ。

a. まで　　b. ぐらい

정답

(1) a 매일 1시간 공부 할 뿐이라도 꽤 실력이 생긴다.
(2) b 엄마는 언제나 나만 꾸짖는다
(3) a 너는 자신만 좋으면 그걸로 되는 것이냐?
(4) a 도망치려면 지금 밖에 없다.
(5) b 당신 때문에 모두에게 얼마나 폐를 끼쳤는지 알아?
(6) a 매일 먹고 싶은 만큼 먹었더니 살쪄버렸다.
(7) b 긴장해서 제대로 말 조차 할 수 없었다.
(8) a 시험까지 앞으로 1주일 밖에 없다.
(9) b 이웃의 소리가 신경 쓰여서 한숨도 못 잤다.
(10) b 참가하는 것이야말로 의미가 있다.
(11) a 나도 모르게 필요 없는 것까지 사 버렸다.
(12) a 선배는 내 일까지 도와주었다.
(13) a 오랜만에 머리라도 자르려고 미용실에 갔다.
(14) b 귀신 따위 없지.
(15) b 가족 전원이 모이는 것은 추석과 설날 정도다.

기초문법

조사처럼 쓰는 기능어 ①

~によれば ~によると	의미 ~에 의하면 접속 명사 + によれば 예문 消息筋によると、明日未明、臨時会合が行われるとのことです。 소식통에 의하면, 내일 새벽 임시회합이 실시된다고 합니다.
~によって ~による	의미 ~에 의해, ~에 의한 접속 명사 + によって 예문 積立貯金の金利は、銀行だけでなく日によっても変わってくる。 적금의 금리는 은행뿐 아니라 날에 따라서도 바뀐다.
~を通じて ~を通して	의미 ① ~을 통해서 ② ~에 걸쳐, ~내내 접속 명사 + を通じて 예문 ①その本は、インターネットのあるサイトを通じて有名になった。 그 책은 인터넷의 한 사이트를 통해서 유명해졌다. ②このレストランでは、四季を通じてさまざまな食材を使った料理が楽しめる。 이 레스토랑에서는 사계절 내내 다양한 식재료를 사용한 요리를 즐길 수 있다.
~から	의미 ~(으)로(원인 · 가정 · 유래) 접속 명사 + から 예문 大雨から、床上浸水が生じた。 큰비로 마루 위까지 침수가 발생했다.
~にあたって	의미 ~을/를 맞이해서, ~함에 있어서 접속 [동사 사전형, 명사] + にあったて 예문 入学にあたっての決意をみんなの前で述べる。 입학을 맞이해서 모두 앞에서 결의를 말한다.
~において ~における	의미 ~에서, ~에 있어서 접속 명사 + において 예문 文書作成において注意する点はなんでしょうか。 문서작성에 있어서 주의할 점은 무엇인가요?
~に際して	의미 ~함에 있어서, ~할 때, ~에 즈음하여 접속 [동사 사전형, 명사] + に際して 예문 新制度の実施に際して、関係者への事前説明会が開かれた。 새로운 제도의 실시에 즈음하여, 관계자를 대상으로 사전 설명회가 열렸다.

～にわたって (～にわたる)	의미 ～에 걸쳐서 접속 명사 + にわたって 예문 年末セールは、約2週間にわたって開催される。 연말 세일은 약 2주간에 걸쳐서 개최된다.
～から～にかけて	의미 ～부터 ～에 걸쳐서 접속 명사 + から ～ 명사 + にかけて 예문 環境を守るための取り組みが、6月から7月にかけて全国で行われた。 환경을 지키기 위한 대처가 6월부터 7월에 걸쳐서 전국에서 행해졌다.
～に対して (～に対する)	의미 ～에 대해서(～을 향해), ～에 대한 ★행위나 감정이 향하는 대상을 말한다. 접속 명사 + に対して 예문 先生に対して、そんな口の利き方をしてはいけない。 선생님에 대해서 그런 말투를 해서는 안 된다.
～について ～に関して (～に関する)	의미 ～에 관해서, ～에 관한 ★사고관계 (話す, 聞く, 調べる, 説明する 등)의 주제를 말한다. 접속 명사 + について 예문 私は、江戸時代の庶民の暮らしについて関心があります。 나는 에도시대 서민의 생활에 대해서 관심이 있습니다.
～をめぐって	의미 ～을 둘러싸고 접속 명사 + をめぐって 예문 トップの座をめぐって、熱い戦いが繰り広げられた。 톱의 자리를 둘러싸고 열전이 펼쳐졌다.
～に応えて	의미 ～에 따라서, ～에 응해서 접속 명사 + に応えて 예문 親の期待に応えて、一流大学に入った。 부모의 기대에 부응해서 일류 대학에 들어갔다.

연습해 봅시다

(1) 大雨(　　)河川の増水で大きな被害が出た。
a. による　b. によると

(2) 芸術家は作品(　　)感動を伝える。
a. を通して　b. の上では

(3) 噂(　　)二人はもうすぐ結婚するらしい。
a. につれて　b. によると

(4) たまたま席が隣だったこと(　　)二人は親友になった。
a. から　b. からこそ

(5) 東京都では公共施設(　　)バリアフリー化を推進している。
a. における　b. にして

(6) 留学する(　　)注意すべき点がいくつかある。
a. にあって　b. にあたって

(7) 今回の契約(　　)色々苦労がありました。
a. に際しては　b. のわりには

(8) 肩から腰(　　)ひどく痛む。
a. にかけて　b. につれて

(9) 彼は4時間(　　)手術の結果、無事生還した。
a. にわたる　b. にかかる

(10) 今は辛くても一生(　　)みればたいしたことではないのかもしれない。
a. を通して　b. をめぐって

(11) この件(　　)何か意見はありませんか。
a. に関して　b. に応えて

(12) 彼の実績(　　)上司の評価は思ったほど良くなかった。
a. によって　b. に対する

(13) 選手たちは観客の声援(　　)手を振った。
a. に応えて　b. において

(14) 遺産(　　)話し合いは、なんの合意も得られずに終わった。
a. をめぐる　b. に対する

정답
(1) a 호우로 인한 하천 증수로 큰 피해가 생겼다.
(2) a 예술가는 작품을 통해서 감동을 전한다.
(3) b 소문에 의하면 두 사람은 곧 결혼한다고 한다.
(4) a 마침 자리가 옆이어서 두 사람은 친구가 되었다.
(5) a 도쿄도에서는 공공시설에 있어서 배리어프리(장벽 없는 사회)화를 추진하고 있다.
(6) b 유학함에 있어서 주의해야 할 점이 몇 가지 있다.
(7) a 이번 계약 때는 여러 가지 힘들었습니다.
(8) a 어깨부터 허리에 걸쳐서 심하게 아프다
(9) a 그는 4시간에 걸친 수술 결과 무사히 되살아났다.
(10) a 지금은 힘들더라도 일생을 통해서 보면 대수롭지 않은 일일지도 모른다
(11) a 이 건에 관해서 무언가 의견은 없습니까?
(12) b 그의 실적에 대한 상사의 평가는 생각만큼 좋지 않았다.
(13) a 선수들은 관객의 성원에 응하여 손을 흔들었다.
(14) a 유산을 둘러싼 대화는 아무런 합의도 얻지 못하고 끝났다.

조사처럼 쓰는 기능어 ②

~に限らず ~のみならず	의미	~만으로 한정하지 않고, ~뿐만 아니라 ★「~のみならず」는 딱딱한 표현이다.
	접속	명사 + に限らず
	예문	日本に限らず、このごろは韓国でも即戦力になる人材を求める傾向がある。 일본뿐만 아니라, 요즘은 한국에서도 실전에 바로 투입될 수 있는 인재를 추구하는 경향이 있다.
~上(に)	의미	(~와 같은 것이 더 더해져서) 게다가 더, 더욱더
	접속	[동사, イ형용사, ナ형용사, 명사]의 명사수식형 + 上に
	예문	山田さんは頭がいい上に、性格もいい。 야마다 씨는 머리가 좋은데다가 성격도 좋다.
~ばかりでなく ~ばかりか	의미	~뿐만 아니라(거기에 더해)
	접속	[동사, イ형용사, ナ형용사, 명사]의 명사 수식형 + ばかりでなく ★단, 명사는「の」가 붙지 않는다
	예문	彼女は英語ばかりか日本語も上手だ。 그녀는 영어뿐만 아니라 일본어도 능숙하다.
~に基づいて (~に基づく)	의미	~에 입각하여(~을 기준으로 해서), ~에 입각한
	접속	명사 + に基づいて
	예문	あのドラマは実際起きた事件に基づいている。 저 드라마는 실제로 일어났던 사건을 바탕으로 하고 있다.
~をもとに(して)	의미	~을 소재로 사용해서(作る・できる・書く 등)
	접속	명사 + をもとに(して)
	예문	小林さんのアイディアをもとにして、企画書を作ってみました。 코바야시 씨의 아이디어를 소재로 기획서를 만들어 봤습니다.
~のもとで	의미	~의 아래에서, ~하에
	접속	명사 + のもとで
	예문	私は山田課長のもとで新人時代を過ごし、仕事を覚えた。 나는 야마다 과장님의 밑에서 신인시절을 보내며 일을 배웠다.
~に沿って (~に沿った)	의미	~에 따라서, ~에 따른
	접속	명사 + に沿って
	예문	試合は日程表に沿って行われる。 시합은 일정표에 따라서 실시된다.

기초문법

～はさておき ～はともかく	의미 ～은 일단 제쳐두고, ～은/는 차치하고 접속 명사 + はさておき 예문 冗談(じょうだん)はさておき、本題(ほんだい)に入(はい)りましょうか。 농담은 제쳐두고 본제로 들어갈까요?
～を問(と)わず ～にかかわらず ～にかかわりなく	의미 ～을 불문하고, ～와 관계없이, ～와는 무관하게 접속 명사 + を問(と)わず, にかかわらず 예문 理由(りゆう)の如何(いかん)にかかわらず、返品(へんぴん)は受(う)け付(つ)けておりません。 이유의 여하에 관계없이 반품은 접수받지 않습니다.
～もかまわず	의미 ～도 개의치않고, ～도 아랑곳하지 않고, ～도 신경쓰지 않고 접속 명사(に), 동사の(に) + もかまわず 예문 彼(かれ)は、髪(かみ)や服(ふく)が濡(ぬ)れるのもかまわず、雨(あめ)の中(なか)を走(はし)っていった。 그는 머리카락이나 옷이 젖는 것도 신경 쓰지 않고 빗속을 달려갔다.
～は別(べつ)として	의미 ～은 예외로 생각하고 접속 명사 + は別(べつ)として 예문 結果(けっか)がどうなるかは別(べつ)として、とにかくやれるだけのことをやってみよう。 결과가 어떻게 될지는 나중에 생각하고, 일단 할 수 있는 만큼은 해보자.

연습해 봅시다

(1) この会社は給料が(　　)残業もない。

a. 高い上に　　b. 高いから

(2) 彼は仕事ができる(　　)、人間関係も良好だ。

a. ばかりでなく　　b. ばかりに

(3) この商品は国内(　　)海外でも人気を博しています。

a. の上に　　b. のみならず

(4) この資料(　　)報告書を作成してください。

a. をもとに　　b. のもとで

(5) 当社は「顧客第一主義」という理念(　　)営業活動をしています。

a. のもとで　　b. を通じて

(6) お客様のご希望(　　)観光コースをご紹介します。

a. に沿った　　b. における

(7) 針治療は東洋医学(　　)治療法である。

a. に基づく　　b. に応えた

(8) 上手い下手(　　)、参加することに意義がある。

a. にかかわらず　　b. もかまわず

(9) 隣の人は夜遅いの(　　)大音量で音楽を聴いている。

a. はさておき　　b. もかまわず

(10) 一部の金持ち(　　)家より高価な絵を買う人などいないだろう。

a. に限らず　　b. は別として

(11) 性格(　　)、顔とスタイルは抜群にいい。

a. はさておき　　b. を問わず

정답

(1) a 이 회사는 월급이 많은데다 야근도 없다.
(2) a 그는 일을 잘할 뿐만 아니라 인간관계도 좋다.
(3) b 이 상품은 국내뿐 아니라 해외에서도 인기를 얻고 있습니다.
(4) a 이 자료를 기초로 보고서를 작성해 주세요.
(5) a 당사는 '고객 제일주의'라는 이념 하에 영업활동을 하고 있습니다.
(6) a 고객의 희망에 따른 관광 코스를 소개합니다.
(7) a 침 치료는 동양의학에 바탕을 둔 치료법이다.
(8) a 잘하고 못하고는 관계없이 참가하는 것에 의의가 있다.
(9) b 옆집 사람은 밤이 늦어도 개의치 않고 큰 음량으로 음악을 듣고 있다.
(10) b 일부 부자는 별개로 치고, 집보다 고가의 그림을 사는 사람 따위 없을 것이다.
(11) a 성격은 제쳐두고 얼굴과 스타일은 빼어나게 좋다.

조사처럼 쓰는 기능어 ③

~からすると ~からすれば ~からして	**의미** ~의 입장에서 본다면, ~로 봐서 **접속** 명사 + からすると **예문** 上司からすれば不真面目な部下は気に入らないものだ。 상사의 입장에서 보면, 불성실한 부하는 마음에 들지 않는 법이다.
~にとって	**의미** ~에게 있어서 **접속** 명사 + にとって **예문** ペットは私にとって家族のような存在だ。 애완동물은 나에게 있어서 가족과 같은 존재이다.
~にしたら ~にすれば	**의미** ~에게는, ~의 입장에서는 **접속** 명사 + にしたら / にすれば **예문** 良かれと思ってしたことだが、彼にすればいい迷惑だったに違いない。 잘 되라고 생각해서 한 것이지만, 그의 입장에서는 달갑지 않았음에 틀림없다.
~として	**의미** (~의 입장, 자격, 명목)으로서 **접속** 명사 + として **예문** 彼女は、先月中途採用として入社した。 그녀는 지난달 경력직 채용으로 입사했다.
~の上で(は)	**의미** ~상으로(는), ~에 있어서(는) **접속** 명사 + の + 上で **예문** 書類の上では完璧でも、現場では常に予期せぬことが起こりうる。 서류상으로는 완벽해도 현장에서는 항상 예기치 못한 일이 일어날 수 있다.
~次第だ	**의미** ~하는 바이다, ~인 까닭이다 **접속** [동사, イ형용사, ナ형용사]의 명사수식형 + 次第だ **예문** まずは課長の意見に伺いたいと思い、ご連絡した次第です。 우선은 과장님의 의견을 여쭙고 싶어서 연락드리는 바입니다.
~次第で(は) ~次第だ	**의미** ~에 따라서, ~에 달렸다 **접속** 명사 + 次第で **예문** 商品の売れ行きは、営業戦略次第でどうにでもなる。 상품의 팔림새는 영업전략에 따라 어떻게든 된다. 明日の試合で勝てるかどうかはあなた次第だ。 내일 시합에서 이길 수 있을지 여부는 너에게 달렸다.

～に応じて (～に応じた)	의미 (～이 바뀌면 거기에 대응해서) ～에 따라서, ～에 따른
	접속 명사 + に応じて
	예문 消費税とは、購入した金額に応じて支払う税金のことだ。 소비세란, 구입한 금액에 따라 지불하는 세금이다.
～によって	의미 ～에 따라서
	접속 명사 + によって
	예문 学校によって、授業料や授業内容が変わってくる。 학교에 따라서 수업료나 수업내용이 달라진다.
～によっては	의미 (～의 한 예를 들어서 말하면…) ～에 따라서는
	접속 명사 + によっては
	예문 大切にしていたものですが、条件によってはお譲りしてもいいですよ。 소중히 했던 것이지만, 조건에 따라서는 양보해도 좋습니다.
～ともなると ～ともなれば	의미 ～되면 당연히, ～정도면
	접속 명사 + ともなると / ともなれば
	예문 大企業ともなると、就職希望者の数は中小企業の比ではない。 대기업 정도면, 취직희망자 수는 중소기업과는 비교도 안 된다.
～にしては	의미 (예상했던 것과는 다르게) ～치고는
	접속 [동사, イ형용사, ナ형용사, 명사]의 보통형 + にしては ★단, ナ형용사와 명사는 「だ」가 붙지 않는다.
	예문 半年しか留学をしなかったにしては、ずいぶん発音がきれいだ。 반년밖에 유학을 하지 않았던 것치고는 꽤 발음이 정확하다.
～だけあって	의미 (과연) ～인 만큼
	접속 [동사, イ형용사, ナ형용사, 명사]의 명사 수식형 + だけあって ★단, 명사는 「の」가 붙지 않는다.
	예문 さすが専門店だけあって、何でも揃っている。 과연 전문점인 만큼 뭐든 갖추어져 있다.
～わりに(は)	의미 ～에 비해서는, ～치고는
	접속 [동사, イ형용사, ナ형용사, 명사]의 명사 수식형 + わりには
	예문 遊園地には行きたがらなかったわりには、意外と楽しそうにしている。 유원지에 가고 싶어 하지 않았던 것에 비해서는 의외로 즐거워하는 것 같다.

기초문법

연습해 봅시다

(1) 韓国人(　　)日本語は学びやすい言葉だろう。

a. にとって　　b. の上では

(2) 社会人(　　)責任ある行動をするべきだ。

a. にとって　　b. として

(3) 経験豊富(けいけんほうふ)な父(　　)、私の悩(なや)みなどたいしたことはないのだろう。

a. からすれば　　b. としては

(4) 彼の才能(　　)、歌手としてデビューするのも夢ではない。

a. そして　　b. からすると

(5) 足が不自由な人(　　)、歩道や駅の段差(だんさ)は本当に不便(ふべん)だろう。

a. にすれば　　b. として

(6) 成績(　　)私のほうが彼に勝(まさ)っている。

a. にしたら　　b. の上では

(7) 同じ絵でも見る人(　　)受ける印象(いんしょう)が違(ちが)います。

a. によって　　b. にしては

(8) その店はいつも混(こ)んでいる。日(　　)行列(ぎょうれつ)が駅まで続いている。

a. によって　　b. によっては

(9) 会員登録(かいいんとうろく)をすると購入金額(こうにゅうきんがく)(　　)ポイントがつく。

a. によっては　　b. に応(おう)じて

(10) 考え方(　　)人生は楽しくなる。

a. 次第(しだい)で　　b. に応(おう)じて

(11) 今後のリハビリ(　　)、歩ける可能性もあります。

a. に応(おう)じて　　b. 次第(しだい)では

(12) 父は年(　　)老(ふ)けて見える。

a. のわりに　　b. だけあって

(13) 彼はよく食べる(　　)それほど太っていない。

a. わりには　　b. だけあって

(14) 用意周到(よういしゅうとう)な彼(　　)めずらしいミスだ。

a. にしては　　b. ともなると

(15) 連休(　　)どこも混雑(こんざつ)している。

a. わりには　　b. ともなると

(16) 理事(りじ)(　　)人前で話をする機会(きかい)も増えるだろう。

a. だけあって　　b. ともなれば

정답 (1) a 한국인에게 있어서 일본어는 배우기 쉬운 말일 것이다.
(2) b 사회인으로서 책임 있는 행동을 해야 한다.
(3) a 경험이 풍부한 아버지 입장에서 보면 내 고민 따위 대수롭지 않은 것일 것이다.
(4) b 그의 재능으로 본다면 가수로서 데뷔하는 것도 꿈은 아니다.
(5) a 다리가 불편한 사람에게는 보도나 역의 턱은 정말로 불편할 것이다.
(6) b 성적에 있어서는 내가 그보다 우수하다.
(7) a 같은 그림이라도 보는 사람에 따라서 받는 인상이 다릅니다.
(8) b 그 가게는 언제나 붐빈다. 날에 따라서는 행렬이 역까지 이어진다.
(9) b 회원 등록을 하면 구입금액에 따라 포인트가 붙는다.
(10) a 사고방식에 따라 인생은 즐거워 진다.
(11) b 앞으로 재활치료에 따라서는 걷게 될 가능성도 있습니다.
(12) a 아버지는 나이에 비해서 늙어 보인다.
(13) a 그는 잘 먹는 것에 비해서는 그렇게 뚱뚱하지 않다.
(14) a 용의주도한 그로서는 드문 실수다.
(15) b 연휴인 만큼 어디도 혼잡하다.
(16) b 이사쯤 되면 사람들 앞에서 이야기 할 기회도 늘어날 것이다.

기초문법

때를 가리키는 표현

～際(さい)(は/に)

의미 ～때(=とき) ★격식있는 자리에서 사용한다.

접속 [동사 사전형 · た형, 명사の] + 際(さい)(に)

예문 取引先(とりひきさき)の会社(かいしゃ)を訪問(ほうもん)する際(さい)は、アポイントを取(と)ったほうがいい。
거래처 회사를 방문할 때는 약속을 하는 것이 좋다.

～につけて

의미 ～할 때마다

접속 동사 사전형 + につけて

예문 あのことは忘(わす)れてしまいたいのに、何(なに)かにつけて思(おも)い出(だ)してしまう。
그 일은 잊어버리고 싶은데, 걸핏하면 생각이 난다.

～たびに

의미 ～때마다

접속 [동사 사전형, 명사の] + たびに

예문 彼女(かのじょ)は私(わたし)が訪(たず)ねていくたびに、手料理(てりょうり)を作(つく)ってもてなしてくれた。
그녀는 내가 방문할 때마다 직접 요리를 만들어서 대접해주었다.

～折(おり)(に)

의미 ～때(에), ～기회(에) ★약간 격식있는 장면에서 사용한다.

접속 [동사 사전형 · た형, 명사の] + 折(おり)(に)

예문 またお目(め)にかかりました折(おり)には、どうぞよろしくお願(ねが)いいたします。
또 뵐 때는, 아무쪼록 잘 부탁드립니다.

～うちに

의미 ① ～동안에 ② ～하기 전에, ～동안에

접속
- 동사사전형 · ない형−ない
- イ형용사い
- ナ형용사な
- 명사の

\+ うちに

예문

① ～동안에

日本(にほん)のドラマを見(み)ているうちに聞(き)きとれるようになった。
일본 드라마를 보는 동안에 일본어를 잘 들을 수 있게 됐다.

② (나중에는 실현하기 어려우니까) ～전에, ～동안에

暗(くら)くならないうちに家(いえ)に帰(かえ)りましょう。
어두워지기 전에 집에 갑시다.

～最中(さいちゅう)(に)

의미 한창 ～하고 있을 때(에)

접속 [동사 ている형, 명사の] + 最中(さいちゅう)に

예문 授業(じゅぎょう)の最中(さいちゅう)に誰(だれ)かの携帯電話(けいたいでんわ)が鳴(な)った。
한창 수업 중인데 누군가의 휴대전화가 울렸다.

～た上で	의미	우선 ～한 다음에, ～한 후에
	접속	동사 た형 + 上で
	예문	まずは詳細をしっかりと把握した上で、私の見解を述べたいと思います。 우선은 상세를 확실히 파악한 후에, 제 견해를 말하고 싶습니다.
～てからでないと ～てからでなければ	의미	～한 후가 아니면, ～하지 않으면
	접속	동사 て형 + からでないと
	예문	こちらは、ログインしてからでないとご使用になれません。 이쪽은 로그인 하지 않으면 사용하실 수 없습니다.
～に先立って	의미	(준비를 위해) ～하기 전에, 미리
	접속	동사 사전형, 명사 + に先立って
	예문	開発工事に先立って、地域住民との話し合いが行われた。 개발 공사에 앞서, 지역 주민들과의 대화가 열렸다.
①～てからは ②～て以来	의미	① ～하고 부터는 ② ～한 이래
	접속	동사 て형 + からは
	예문	ここにカフェができてからは、毎日のように通っている。 이곳에 카페가 생기고부터는 매일같이 다니고 있다.
～てはじめて	의미	～하고 나서 비로소
	접속	동사 て형 + はじめて
	예문	彼がいなくなってはじめて、彼の存在がいかに大きかったか気づいた。 그가 떠나고 나서야 비로소, 그의 존재가 얼마나 컸는지 깨달았다.
～次第	의미	～되는대로, ～하는 즉시
	접속	동사 ます형 + 次第
	예문	詳しいことが分かり次第、すぐに連絡してください。 자세한 것을 알게 되는 즉시, 바로 연락해 주세요.
～か～ないかのうちに	의미	～하자마자
	접속	[동사 사전형 · た형] + か + [동사 ない형] + ないかのうちに
	예문	彼女はグラスが空いたか空かないかのうちに、次の飲み物を注文した。 그녀는 잔이 비자마자 다음 마실 것을 주문했다.

기초문법

～かと思うと ～かと思ったら	의미	～했다고 생각하는 순간, ～하자마자
	접속	동사 た형 + かと思うと
	예문	一つ終わったかと思ったら、すぐまた次の仕事を任された。 하나 끝냈다고 생각하자마자 바로 또 다음 일을 맡게 되었다.
～たとたん	의미	～와 동시에, ～하자마자
	접속	동사 た형 + とたん
	예문	スケートリンクに足を踏み入れたとたん、派手に転んでしまった。 스케이트 링크에 발을 들이자마자 요란스럽게 넘어져버렸다.

연습해 봅시다

(1) 山本先生には以前入院した(　　)大変お世話になりました。

a. 際に　　b. 折に

(2) タイへ出張の(　　)、工場長のお宅に招待された。

a. 中　　b. 折

(3) 彼は旅行にいく(　　)私にお土産を買ってきてくれる。

a. たびに　　b. につけて

(4) その曲を聴く(　　)感動して涙が出る。

a. うちに　　b. につけて

(5) 彼女と話をしている(　　)共通の友人がいることがわかった。

a. うちに　　b. 最中に

(6) 食事をしている(　　)来客があった。

a. うちに　　b. 最中に

(7) 若い(　　)色んな経験をしておくといいですよ。

a. うちに　　b. 最中に

(8) 講演会に(　　)会場の点検を行った。

a. 先立って　　b. につけて

(9) 自分が子供を持っ(　　)親の気持ちが理解できた。

a. てはじめて　　b. た上で

(10) KTXが開通し(　　)、ずいぶん便利になった。

a. て以来　　b. てはじめて

(11) 両者(りょうしゃ)の言い分をよく聞い(　　)判断(はんだん)してください。

a. て以来(いらい)　　b. た上で

(12) 宿題が終わっ(　　)遊びに行ってはいけません。

a. てからでないと

b. てからは

(13) 彼女が来(き)(　　)部屋の雰囲気(ふんいき)が明るくなった。

a. たか来(こ)ないかのうちに

b. たとたん

(14) 昼ご飯を食べた(　　)、もう夕飯の話をしている。

a. かと思ったら　　b. とたん

(15) 夜が明けるか(　　)出発した。

a. 明けないかのうちに

b. と思うと

(16) 詳しい内容が(　　)、ご報告(ほうこく)いたします。

a. わかり次第(しだい)　　b. わかったとたん

정답 (1) a 야마모토 선생님께는 예전에 입원했을 때 매우 신세를 졌습니다.
(2) b 태국에 출장 갔을 때, 공징장 댁에 초대받았다.
(3) a 그는 여행 갈 때마다 나에게 선물을 사다 준다.
(4) b 그 노래를 들을 때마다 감동해서 눈물이 나온다.
(5) a 그녀와 이야기를 하고 있는 동안에 공통의 친구가 있는 것을 알게 되었다.
(6) b 한창 식사를 하는 도중에 손님이 왔다.
(7) a 젊을 때 다양한 경험을 해 두면 좋아요.
(8) a 강연회에 앞서서 회장을 점검했다.
(9) a 내가 아이를 가지고 나서 비로소 부모의 마음을 이해할 수 있었다.
(10) a KTX가 개통된 이래 매우 편리해졌다.
(11) b 양자의 주장을 잘 들은 후에 판단해 주세요.
(12) a 숙제를 마친 후가 아니면 놀러 가서는 안됩니다.
(13) b 그녀가 오자마자 방 분위기가 밝아졌다.
(14) a 점심을 먹자마자 벌써 저녁 이야기를 하고 있다.
(15) a 날이 밝자마자 출발했다.
(16) a 자세한 내용을 알게 되는 대로 보고드리겠습니다.

기초문법

조건

～ないことには	의미	～하기 전에는, ～하지 않고서는
	접속	[동사 ない형, イ형용사く, ナ형용사で, 명사で] + ないことには
	예문	視点を変えないことには、新しい発想は生まれない。 시점을 바꾸지 않고서는, 새로운 발상은 생겨나지 않는다.
～ものなら	의미	(가능성은 작지만) 만약에 ～라면
	접속	[동사 사전형 · 가능형] + ものなら
	예문	帰れるものなら、すぐにでも国に帰りたい。 돌아갈 수 있다면 당장이라도 고국으로 돌아가고 싶다.
～(よ)うものなら	의미	(만약에) ～라도 했다가는, ～하기라도 하면
	접속	동사 의지형 + ものなら
	예문	祖父が大事にしている置物に少しでも触れようものなら、ひどく叱られてしまう。 할아버지가 애지중지하는 장식품을 조금이라도 만지기라도 하면 호되게 혼이 난다.
～としたら ～とすれば ～とすると	의미	만약 ～라고 하다면
	접속	[동사, イ형용사, ナ형용사, 명사]의 보통형 + としたら
	예문	引っ越すとすれば、住所変更の手続きはどうしたらいいんでしょう。 이사하려고 히면 주소변경 수속은 어떻게 하면 좋을까요?
～にしても ～にしろ ～にせよ	의미	～라고 해도, ～라고 하더라도
	접속	[동사, イ형용사, ナ형용사, 명사]의 보통형 + にしても ★ナ형용사와 명사의「だ」는 붙지 않는다. [ナ형용사, 명사 + である]의 형태가 사용될 때도 있다.
	예문	時間がかかるにせよ、真相は必ず明らかにされるであろう。 시간이 걸리더라도 진상은 반드시 밝혀질 것이다.
～たところで	의미	～한다고 해도, ～해 봤자 (좋은 결과는 기대할 수 없다)
	접속	동사 た형 + ところで
	예문	写真を見たところで、その人の性格が分かるわけがない。 사진을 본다고 해도 그 사람의 성격을 알 수는 없다.
～としても	의미	만약 ～라고 해도, 만약 ～하더라도
	접속	[동사, イ형용사, ナ형용사, 명사]의 보통형 + としても
	예문	たとえやせるとしても、私はダイエットの薬は飲まない。 만약 살이 빠진다고 해도 나는 다이어트 약은 먹지 않겠다.

～(よ)うと ～(よ)うが	**의미** ～하더라도, ～든지 말든지 **접속** 동사 의지형 + が **예문** 両親(りょうしん)が何(なん)と言(い)おうが、私(わたし)は留学(りゅうがく)するつもりだ。 부모님이 뭐라 해도 나는 해외 유학을 갈 작정이다.
～といっても	**의미** ～라고는 해도 **접속** [동사, イ형용사, ナ형용사, 명사]의 보통형 + といっても **예문** 日本語(にほんご)ができるといっても、日常会話(にちじょうかいわ)ができる程度(ていど)です。 일본어를 할 수 있다고는 해도 일상회화가 가능한 정도입니다.
～ながら	**의미** ～(이)지만…, ～(으)나… **접속** [동사 ます형 · ない형–ない / イ형용사い / ナ형용사어간 / 명사] + ながら **예문** 我(われ)ながら、よくできたと思(おも)う。 나 스스로도 잘했다고 생각한다.
～にもかかわらず	**의미** ～임에도 불구하고 **접속** [동사, イ형용사, ナ형용사, 명사]의 보통형 + にもかかわらず **예문** 急(きゅう)なお願(ねが)いにもかかわらず、彼女(かのじょ)は快(こころよ)く引(ひ)き受(う)けてくれた。 갑작스런 부탁에도 불구하고 그녀는 흔쾌히 들어주었다.
～ものの	**의미** ～이기는 하지만, ～하기는 했지만 **접속** [동사, イ형용사, ナ형용사]의 명사 수식형 + ものの ★「～とはいうものの」의 형태도 자주 쓰인다. 특히, 명사는 [명사] + とはいうものの의 형태밖에 쓰이지 않는다. **예문** うちは裕福(ゆうふく)ではないものの、生活(せいかつ)するには困(こま)っていない。 우리 집은 유복하지는 않지만, 생활하는데 어려움은 없다.
～からといって	**의미** ～라고 해서 **접속** [동사, イ형용사, ナ형용사, 명사]의 보통형 + からといって **예문** パソコン関係(かんけい)の仕事(しごと)をしているからといって、パソコンのことが全(すべ)て分(わ)かるわけではない。 컴퓨터 관계 일을 하고 있다고 해서 컴퓨터에 관해 전부 아는 것은 아니다.

기초문법

연습해 봅시다

(1) 引っ越す(　　)空気のきれいなところがいい。

a. に先立って　　b. としたら

(2) 検査の結果が出(　　)、診断できません。

a. ないことには　　b. ようものなら

(3) 戻れる(　　)学生時代に戻りたい。

a. ことには　　b. ものなら

(4) 寝ているところを起こそ(　　)怒り出すに違いない。

a. うものなら　　b. うとすると

(5) ここにいる全員が行く(　　)私は行きたくありません。

a. ところで　　b. としても

(6) 謝っ(　　)、許される問題ではない。

a. たところで　　b. たとしたら

(7) 悪気はなかった(　　)、相手を傷つけたことには変わりない。

a. としたら　　b. にせよ

(8) 彼はどんなに笑われ(　　)気にもしない。

a. ようと　　b. たとしたら

(9) このラジオは小型(　　)性能がいい。

a. ながら　　b. にしろ

(10) 彼はあまり体格のいいほうではない(　　)、大変力持ちだ。

a. もので　　b. ものの

(11) あの政治家は秘書が逮捕された(　　)、何の釈明もしない。

a. からといって　　b. にもかかわらず

(12) 彼は若い(　　)経験は実に豊富です。

a. といっても　　b. としても

(13) 時間がない(　　)、適当に仕事をするわけにはいきません。

a. からといって　　b. にもかかわらず

정답

(1) b 이사한다면 공기가 깨끗한 곳이 좋다.
(2) a 검사 결과가 나오지 않으면 진단할 수 없습니다.
(3) b 돌아갈 수 있다면 학창 시절로 돌아가고 싶다.
(4) a 자고 있는데 깨운다면 틀림없이 화낼 것이다.
(5) b 여기에 있는 전원이 간다고 해도 나는 가고 싶지 않습니다.
(6) a 사과해 보았자 용서받을 수 있는 문제가 아니다.
(7) b 악의는 없었다고 해도 상대에게 상처를 준 것에는 변함이 없다.
(8) a 남이 아무리 비웃어도 그는 신경도 안 쓴다.
(9) a 이 라디오는 소형이지만 성능이 좋다.
(10) b 그는 체격이 아주 좋은 편은 아니지만 굉장히 힘이 세다.
(11) b 그 정치가는 비서가 체포되었음에도 불구하고 아무런 해명도 하지 않는다.
(12) a 그는 젊다고는 해도 경험은 실로 풍부합니다.
(13) a 시간이 없다고 해서 적당히 일을 해서는 안됩니다.

원인, 이유

～おかげで ～せいで	의미 ～덕분에(좋은 결과 : ～おかげで), ～때문에(나쁜 결과 : ～せいで) 접속 [동사, イ형용사, ナ형용사, 명사]의 명사 수식형 + おかげで/せいで 예문 山田(やまだ)さんのおかげで、なんとか危機(きき)を乗(の)り越(こ)えられました。 야마다 씨 덕분에 어떻게든 위기를 극복할 수 있었습니다.
～だけに	의미 ～이기에, ～인 만큼 접속 [동사, イ형용사, ナ형용사, 명사]의 명사 수식형 + だけに ★단, 명사는「の」를 붙이지 않는다 예문 期待(きたい)していなかっただけに、当選(とうせん)したと聞(き)いたときには驚(おどろ)いた。 기대하지 않았었기에, 당선되었다고 들었을 때는 놀랐다.
～もので ～ものだから	의미 ～해서, ～때문에, ～인 까닭에, ～은/는 바람에 접속 [동사, イ형용사, ナ형용사, 명사]의 명사 수식형 + もので / ものだから 예문 気弱(きよわ)なもので、強(つよ)く言(い)われると言(い)い返(かえ)せないんですよ。 마음이 약해서 강하게 말하면 대꾸를 못해요.
～あまり	의미 너무 ～한 나머지 접속 [동사 사전형 · た형, ナ형용사な, 명사の] + あまり 예문 驚(おどろ)きのあまり、しばらくの間(あいだ)、口(くち)も利(き)けなかった。 너무 놀란 나머지 잠깐 동안 말도 하지 못했다.
～ことだし	의미 ～하고 있고, ～하기도 하고 접속 [동사, イ형용사, ナ형용사, 명사]의 명사 수식형 + ことだし 예문 仕事(しごと)も一段落(いちだんらく)ついたことだし、今日(きょう)はおいしいものでも食(た)べに行(い)きましょうか。 일도 일단락 되었고, 오늘은 맛있는 거라도 먹으러 갈까요?
～ばかりに	의미 ～한 탓에, ～때문에 접속 [동사, イ형용사, ナ형용사, 명사]의 명사 수식형 + ばかりに ★단, [명사−の]는 [명사−である]가 된다. [な형용사−である]도 사용한다. 예문 油断(ゆだん)したばかりに、できたはずの問題(もんだい)を間違(まちが)えてしまった。 방심한 탓에 풀 수 있었던 문제를 틀려 버렸다.

기초문법

～ところを見ると

의미 ～인 것을 보면

접속 [동사 사전형 · た형 · ている형 / イ형용사い] + ところを見ると

예문 昨日の会議について話をしないところを見ると、どうやらうまくいかなかったようだ。
어제 회의에 대해서 이야기를 하지 않는 것을 보면 아무래도 잘 안된 것 같다.

①～からには ②～以上(は) ③～上は

의미 ～한 이상은

접속
① [동사, イ형용사, ナ형용사, 명사]의 명사 수식형 + からには
② [동사, イ형용사, ナ형용사, 명사]의 명사 수식형 + 以上は
★단, ナ형용사와 명사는「である」를 사용한다.
③ [동사 사전형 · た형] + 上は

예문
①② やると言ったからには(以上は)、どんなことがあってもやり遂げなくては。
하겠다고 한 이상, 어떤 일이 있어도 끝까지 하지 않으면 안된다.
③ 先生になると決めた上は苦しくても頑張らなければならない。
선생님이 되겠다고 결정한 이상, 괴로워도 열심히 해야한다.

～に伴って

의미 ～함에 따라서, ～하면서 ★격식차린 표현, 문장체

접속 [동사 사전형, 명사] + に伴って

예문 働く女性が増えるに伴って、初婚年齢が上がってきた。
일하는 여성이 늘어나면서, 초혼 연령이 올라갔다.

～につれて ～に従って

의미 ～함에 따라서, ～함에 따라

접속 [동사 사전형, 명사] + につれて/に従って

예문 年齢が上がるにつれて、交友関係の幅が広がってきた。
나이가 들어감에 따라 교우관계의 폭이 넓어졌다.

～ば～ほど

의미 ～하면 ～할수록

접속
[동사ーば + 동사 사전형
イ형용사ーければ + イ형용사い
ナ형용사ーなら · であれば + ナ형용사な · である
명사ーなら · であれば + 명사ーである] + ほど

예문 語学の勉強は、やればやるほど楽しくなる。
어학 공부는 하면 할수록 즐거워진다.

～とともに

의미 ～와/과 함께 ★문장체

접속 [동사 사전형, 명사] + とともに

예문 留学の経験は、語学力をつけるとともに、世界を広げるのにもよい。
유학 경험은 어학실력의 향상과 함께 세계를 넓히는 데에도 좋다.

연습해 봅시다

(1) 仕事を辞めて毎日暇な(　　)、遊び歩いているんです。

a. だけで　　　b. もので

(2) 山田さんが手伝ってくれた(　　)、仕事が早く終わりました。ありがとう。

a. おかげで　　　b. ばかりに

(3) 台風の(　　)運動会が中止になった。

a. おかげで　　　b. せいで

(4) 恐ろしさの(　　)動けなかった。

a. あまり　　　b. おかげで

(5) 面白いドラマだった(　　)終わってしまって残念だ。

a. だけに　　　b. せいで

(6) お金もない(　　)、旅行するのはやめよう。

a. ことだし　　　b. ばかりに

(7) 薬を飲まなかった(　　)風邪をこじらせた。

a. あまり　　　b. ばかりに

(8) 見栄を(　　)つまらないうそをついた。

a. 張りたいことだし

b. 張りたいばかりに

(9) 彼に任せた(　　)、余計な口出しはしないつもりだ。

a. 以上　　　b. もので

(10) 課長の機嫌がよくない(　　)、取引先との話し合いがうまくいかなかったに違いない。

a. ところを見ると　b. ことだし

(11) 問題が(　　)難しいほどワクワクする。

a. 難しいと　　　b. 難しければ

(12) 階級が上がる(　　)責任も重くなる。

a. に従って　　　b. につけて

(13) 交通量の増加(　　)事故の危険性が高まった。

a. に伴って　　　b. に先立って

(14) 年齢(　　)耳が遠くなってきた。

a. に従って　　　b. とともに

정답

(1) b 일을 그만두고 매일 한가하기 때문에 여기저기 놀러 다니고 있습니다.
(2) a 야마다 씨가 도와준 덕분에 일이 빨리 끝났습니다. 고맙습니다.
(3) b 태풍 때문에 운동회가 중지 되었다
(4) a 너무 무서운 나머지 움직일 수 없었다.
(5) a 재미있는 드라마였던 만큼 끝나버려서 유감이다
(6) a 돈도 없고, 여행 가는 것은 관두자.
(7) b 약을 먹지 않은 탓에 감기를 악화시켰다.
(8) b 허세를 부리고 싶어서 시시한 거짓말을 했다.
(9) a 그에게 맡긴 이상 쓸데없는 말참견은 하지 않을 생각이다.
(10) a 과장님의 기분이 좋지 않은 것을 보니 거래처와의 교섭이 잘 되지 않은 것임에 틀림없다.
(11) b 문제가 어려우면 어려울수록 떨린다.
(12) a 계급이 올라감에 따라서 책임도 무거워진다.
(13) a 교통량의 증가에 따라서 사고 위험성도 높아진다.
(14) b 연령과 더불어 귀가 잘 들리지 않게 되었다.

기초문법

부정표현

～どころか	의미 ～하기는커녕, ～하기는 고사하고 접속 [동사, イ형용사, ナ형용사, 명사]의 보통형 + どころか ★단, ナ형용사와 명사는「だ」가 붙지 않으며, [ナ형용사–な]도 쓰인다 예문 高い薬を飲んだのに、治るどころか悪くなった。 비싼 약을 먹었는데 낫기는커녕 나빠졌다.
～ものか	의미 ～은/는 무슨, 절대로 ～하지 않는다 접속 [동사, イ형용사, ナ형용사, 명사]의 명사 수식형 + ものか 예문 飲み過ぎないように言ったのに、二日酔いになっても知るものか。 과음하지 말라고 했는데, 숙취로 고생해도 알 바 아니다.
～もしない	의미 ～도 하지 않다 접속 동사 ます형 + もしない 예문 よく知りもしないで知ったかぶるのはいけない。 잘 알지도 못하면서 아는 체를 해서는 안된다.
～わけがない ～はずがない	의미 ～할 리가 없다, ～될 수가 없다, ～할 까닭이 없다 접속 [동사, イ형용사, ナ형용사, 명사]의 명사 수식형 + わけがない 예문 彼がそんなふうに言うわけがない。きっと理由があるのだろう。 그가 그런 식으로 말할 리가 없다. 분명히 이유가 있을 것이다.
～とは限らない	의미 ～라고는 할 수 없다 접속 [동사, イ형용사, ナ형용사, 명사]의 보통형 + とは限らない 예문 いい大学を出れば必ず大企業に就職できるとは限らない。 좋은 대학을 나와도 반드시 대기업에 취직할 수 있다고는 할 수 없다.
～わけではない	의미 꼭 ～인 것만은 아니다 접속 [동사, イ형용사, ナ형용사, 명사]의 명사 수식형 + わけではない 예문 たとえ児童手当がなくても、生活に困るわけではない。 비록 자녀 수당이 없어도 생활이 어려운 것은 아니다.
～ないことはない ～なくはない ～なくもない	의미 ～하기는 하다, ～이/가 아닌 것은 아니다 접속 동사 ない형, イ형용사く, ナ형용사で, 명사で + ないことはない 예문 あなたの気持ちはわからないことはないけど、あきらめることも必要ですよ。 당신의 기분을 모르는 것은 아니지만, 포기하는 것도 필요해요.

～とは言(い)えない	의미 ～라고는 할 수 없다
	접속 [동사, イ형용사, ナ형용사, 명사]의 + とは言(い)えない
	예문 国(くに)の雇用(こよう)·失業対策(しつぎょうたいさく)は、まだ十分(じゅうぶん)とは言(い)えません。 나라의 고용 · 실업대책은 아직 충분하다고는 할 수 없습니다.
～のではない	의미 ～인 것은 아니다
	접속 [동사, イ형용사, ナ형용사,명사]의 보통형 + のではない ★단, ナ형용사와 명사는 [ナ형용사-な], [명사-な]가 된다
	예문 そんなつもりで言(い)ったのではありません。誤解(ごかい)しないでください。 그럴 생각으로 말한 것이 아닙니다. 오해하지 말아 주세요.
～というものではない	의미 항상 ～라고는 할 수 없다
	접속 [동사, イ형용사, ナ형용사, 명사]의 보통형 + というものではない
	예문 良(よ)い商品(しょうひん)を作(つく)ることが大切(たいせつ)なのであって、売(う)れれば何(なん)でもいいというものではない。 좋은 상품을 만드는 것이 중요한 것으로, 팔린다면 뭐든지 좋다고는 할 수 없다.

기초문법

연습해 봅시다

(1) 彼がこの手紙を(　　　)よ。韓国語がわからないんだから。

a. 読めるはずがない

b. 読めもしない

(2) 二度と (　　)、こんなまずい店。

a. 来もしない　　b. 来るものか

(3) よく(　　　)契約書(けいやくしょ)にサインをしてしまった。

a. 読みもしないで

b. 読むどころか

(4) 弟は (　　)開(ひら)き直(なお)った。

a. 謝(あやま)るはずがなく

b. 謝(あやま)るどころか

(5) 数学ができない(　　)。嫌いなのだ。

a. とは限(かぎ)らない　　b. のではない

(6) いつも怒(おこ)っている(　　　)んです、たまたま今日機嫌(きげん)が悪いだけで。

a. というものではない

b. わけではない

(7) お金があれば幸せになれる(　　)。

a. とは限らない　　b. のではない

(8) 裁判(さいばん)の結果が必ず正しい(　　)。

a. のではない　　b. とは言えない

(9) 徹夜(てつや)すればでき(　　　)けれど、やりたくない。

a. ないことはない

b. ることはない

(10) 彼女の気持ちは理解でき(　　　)が、だからといって許(ゆる)すわけにはいかない。

a. ないとは限らない

b. なくもない

(11) 手術(しゅじゅつ)をすれば治(なお)る(　　)。

a. というものではない

b. のでもない

정답　(1) a 그가 이 편지를 읽을 리 만무하다. 한국어를 모르니까.
(2) b 두 번 다시 올까 보냐. 이런 맛없는 가게.
(3) a 잘 읽지도 않고 계약서에 사인을 해버렸다.
(4) b 남동생은 사과를 하기는커녕 정색을 했다.
(5) b 수학을 못하는 것은 아니다. 싫어하는 것이다.
(6) b 언제나 화내고 있는 것은 아닙니다. 마침 오늘 기분이 안 좋을 뿐입니다.
(7) a 돈이 있으면 행복해 질수 있는 것은 아니다.
(8) b 재판 결과가 반드시 옳다고는 할 수 없다.
(9) a 밤새하면 못할 것도 없지만, 하고 싶지 않다.
(10) b 그녀의 기분은 이해하지 못하는 것은 아니지만 그렇다고 해서 용서할 수는 없다.
(11) a 수술을 하면 낫는 것은 아니다.

화자의 감각, 주장 판단, 추측 등

～ないわけにはいかない ～ざるを得ない	의미 ～하지 않을 수 없다, ～해야만 한다 접속 동사 ない형 + ないわけにはいかない / ざるを得ない ★단, 「する」는 「せざるを得ない」가 된다. 예문 社長に直接頼まれたら、嫌でもやらないわけにはいかない。 사장님에게 직접 부탁받으면, 싫어도 하지 않을 수 없다.
～てならない	의미 ～해서 견딜 수가 없다 접속 [동사 て형, イ형용사くて, ナ형용사で] + ならない 예문 大学受験をひかえた娘が心配でならない。 대학 수험을 앞두고 딸이 걱정돼서 견딜 수 없다.
～てしかたがない ～てしょうがない ～てたまらない	의미 ～해서 견딜 수가 없다, ～해서 죽겠다 접속 [동사 て형, イ형용사くて, ナ형용사で] + しかたがない 예문 このごろ仕事が楽しくてたまらないんです。 요즘 일이 즐거워서 죽겠어요.
～ないではいられない ～ずにはいられない	의미 ～하지 않을 수 없다, ～하지 않고는 견딜 수 없다 접속 동사 ない형 + ないではいられない / ずにはいられない ★단, 「する」는 「ぜずにはいたれない」가 된다. 예문 彼女に出会った瞬間、運命を感じないではいられなかった。 그녀를 만난 순간, 운명을 느끼지 않을 수 없었다.
～しかない ～(より)ほかない	의미 ～하는 수밖에 없다, ～해야 한다, 그것 외에 방법이 없다 접속 동사 사전형 + しかない 예문 やれるだけのことは全部やった。あとは結果を待つほかない。 할 수 있는 만큼은 전부 했다. 나머지는 결과를 기다리는 것뿐이다.
～に決まっている	의미 반드시 ～된다, ～인 것이 당연하다 접속 [동사, イ형용사, ナ형용사, 명사]의 보통형 + に決まっている ★단, ナ형용사와 명사는 「だ」가 붙지 않는다. 예문 毎日あんなに食べていたら太るに決まっていますよ。 매일 그렇게 먹으면 살찌는 게 당연해요.
～にすぎない	의미 ～에 지나지 않는다(불과하다) 접속 [동사 보통형, ナ형용사である, 명사 · 명사である] + にすぎない 예문 それは会社の方針ではなく、彼の個人的な意見にすぎない。 그것은 회사의 방침이 아니라, 그의 개인적인 의견에 불과하다.

기초문법

~にほかならない	의미	~이다, ~인 것이다, ~인 때문이다
	접속	[동사, イ형용사, ナ형용사,명사]의 보통형 + (から)にほかならない ★단, ナ형용사와 명사는「だ」가 붙지 않으며, [ナ형용사-である], [명사-である]의 형태도 사용한다.
	예문	親が子供をしかるのは、愛情があるからにほかならない。 부모가 아이를 꾸짖는 것은 애정이 있기 때문인 것이다.
~までだ ~までのことだ	의미	~하는 수밖에 없다
	접속	동사 사전형 + までだ
	예문	いつまでも残業が続くなら、こんな会社やめるまでのことだ。 언제까지나 야근이 계속 된다면, 이런 회사 그만 두는 수 밖에 없다.
~どころではない	의미	(말하는 사람이 주관적으로 판단해서) ~할 수 있는 상황이 아니다, ~할 여유가 없다
	접속	[동사 사전형, 명사] + どころではない
	예문	昨夜は子供に泣かれて寝るどころではなかった。 어젯밤은 아이가 울어서 잘 수 있는 상황이 아니었다.
~てはいられない	의미	~하고 있을 여유가 없다
	접속	동사 て형 + はいられない
	예문	仕事が忙しいので、旅行など行ってはいられない。 일이 바빠서 여행 같은거 갈 여유가 없다.
~わけにはいかない	의미	(심리적, 사회적 사정이 있어서) 그렇게 할 수 없다
	접속	동사 사전형 + わけにはいかない
	예문	友達が困っているのに知らないふりをするわけにはいかない。 친구가 곤란해 하고 있는데 모르는 척을 할 수는 없다.
~ようがない	의미	(방법이 없어서 또는 몰라서) ~하려고 해도 할 수가 없다
	접속	동사 ます형 + ようがない
	예문	当時の記録が残っていないので調べようがありません。 당시의 기록이 남아 있지 않기 때문에 조사하려고 해도 할 수 없습니다.
~かねる	의미	~하기 어렵다, ~할 수 없다
	접속	동사 ます형 + かねる
	예문	この連休どこに遊びに行くか、まだ場所を決めかねています。 이번 연휴에 어디에 놀러 갈지 아직 장소를 정하기가 어렵습니다.

～に違(ちが)いない ～に相違(そうい)ない	의미	～임에 틀림없다
	접속	[동사, イ형용사, ナ형용사, 명사]의 보통형 + に違(ちが)いない ★단, ナ형용사와 명사는 「だ」가 붙지 않는다.
	예문	あそこで山田(やまだ)さんと話(はな)している男(おとこ)の子(こ)が彼女(かのじょ)の弟(おとうと)に違(ちが)いない。 저기서 야마다 씨와 이야기 하고 있는 남자아이가 그녀의 남동생임에 틀림없다.
～おそれがある	의미	～할 우려가 있다
	접속	[동사 보통형, 명사の] + おそれがある
	예문	今夜(こんや)から明日(あした)の朝(あさ)にかけて大雪(おおゆき)のおそれがあります。 오늘 밤부터 내일 아침에 걸쳐서 큰 눈이 내릴 우려가 있습니다.
～とみえる ～とみえて	의미	(사실의 관측에서) ～것 같다, ～처럼, ～인듯,～는지
	접속	[동사, イ형용사, ナ형용사, 명사]의 보통형 + とみえる
	예문	彼(かれ)は相当怒(そうとうおこ)っているとみえて、朝(あさ)から口(くち)を利(き)いてくれない。 그는 상당히 화가 났는지 아침부터 말을 하지 않는다.
～まい	의미	～하지 않을 것이다(부정의 추측) (=～ないだろう)
	접속	동사 사전형 + まい ★단, 2,3그룹 동사의 경우 ない형에도 접속하며, 「する」는 「すまい」형태도 있다.
	예문	もう二度(にど)とここへ来(く)ることはあるまい。 두번 다시 여기에 오지 않을 것이다.
～かねない	의미	～할 수도 있다, ～하게 될 수도 있다
	접속	동사 ます형 + かねない
	예문	従業員(じゅうぎょういん)の態度(たいど)が悪(わる)いと、客(きゃく)の不評(ふひょう)を招(まね)きかねない。 종업원의 태도가 나쁘면 고객의 불평을 초래할 수도 있다.
～ことか ～ことだろう	의미	～했는지, 얼마나 ～한 것인가(감개・공감)
	접속	[동사, イ형용사, ナ형용사]의 명사 수식형 + ことか
	예문	一人(ひとり)っ子(こ)でも大変(たいへん)なのに、双子(ふたご)を育(そだ)てる親(おや)はどんなに大変(たいへん)なことか。 아이 한 명도 힘든데, 쌍둥이를 키우는 부모는 얼마나 힘든 것인가.
～ないものか	의미	～하지 못하는 것일까?, ～할 수 없는 것일까? (= ～できるといいなあ)
	접속	가능의 의미가 있는 동사 ない형 + ものか
	예문	どうにかしてこの商談(しょうだん)を成立(せいりつ)させることができないものか。 어떻게든 해서 이 상담을 성립시킬 수는 없는 것일까?

기초문법

①～たいものだ ②～てほしいものだ	의미	① 정말 ～하고 싶다 (소원) ② ～했으면 좋겠다
	접속	① 동사 ます형 + たいものだ ② 동사 て형 + ほしいものだ
	예문	自己主張だけでなく、周りの気持ちも理解してほしいものだ。 자기 주장뿐만 아니라, 주변의 마음 또한 이해했으면 한다.
～たものだ	의미	～하곤 했다 (회상)
	접속	동사 た형 + ものだ
	예문	子供の頃は、日が暮れるまで学校の運動場で遊んだものだ。 어렸을 때는, 날이 저물 때 까지 학교 운동장에서 놀곤 했다.
～ものだ	의미	～하다니 (감탄 • 칭찬)
	접속	[동사, イ형용사, ナ형용사]의 명사 수식형 + ものだ
	예문	便利になったものだ、ソウルからプサンまで２時間半で行けるとは。 이렇게 편리해지다니 서울에서 부산까지 두시간 반에 갈 수 있을 줄이야.
～(よ)うではないか	의미	～해야 되지 않겠는가, ～하자 (호소)
	접속	동사 의지형 + ではないか
	예문	もっと前向きに考えようではないか。 좀 더 긍정적으로 생각해야 되지 않겠는가.
～ことだ	의미	～해야 한다, ～하는 것이 좋다 (충고 • 명령)
	접속	[동사 사전형 · ない형] + ことだ
	예문	合格したいなら一生懸命勉強することだ。 합격하고 싶다면 열심히 공부해야 한다.
～ものだ ～ものではない	의미	～하는 법이다(당연, 진리), ～하는 게 아니다
	접속	[동사, イ형용사, ナ형용사]의 명사 수식형 + ものだ
	예문	親に向かって口答えするものではありませんよ。 부모에 대해서 말대답해서는 안 됩니다.
～べきだ ～べきではない	의미	～반드시 ～해야 한다(～하는 편이 좋다), ～해서는 안 된다
	접속	동사 사전형 + べきだ
	예문	マスコミは冷静に報道すべきだ。 매스컴은 냉정하게 보도해야 한다.

연습해 봅시다

(1) 娘がかわいく(　　)。
a. てしょうがない
b. ないわけにはいかない

(2) ペットがいなくなって(　　)。
a. 悲しまざるを得ない
b. 悲しくてならない

(3) 態度の悪い店員を見ると一言(　　)。
a. 言わずにはいられない
b. 言わなければならない

(4) いい大学に入るため、(　　)。
a. 勉強せざるを得ない
b. 勉強せずにはいられない

(5) この程度のことで(　　)。
a. あきらめるわけにはいかない
b. あきらめないわけにはいかない

(6) 恐ろしくてとても(　　)。
a. 見てはいられなかった
b. 見ないではいられなかった

(7) お客様の個人情報に関しましては(　　)。
a. お答えしてはいられません
b. お答えできかねます

(8) ビルの8階から落ちて助かるなんて奇跡としか(　　)。
a. 言いようがありません
b. 言うわけにはいきません。

(9) 彼女のことが気になって(　　)。
a. 勉強するわけにはいかなかった
b. 勉強どころではなかった

(10) 息子はそのおもちゃが(　　)毎日一緒に寝ている。
a. 気に入ったとみえて
b. 気に入に違いない

(11) 面と向かって批評されたら誰だって(　　)。
a. 怒るおそれがある
b. 怒るに違いない

(12) 先ほど申しあげたことは全て(　　)。
a. 事実に相違ありません
b. 事実の恐れがある

(13) こんな経営の仕方ではいずれ(　　)。
a. 倒産しかねる　　b. 倒産しかねない

(14) 経済の崩壊が政治の動乱に(　　)。
a. つながるおそれがある
b. つながるしかない

(15) もう二度と(　　)と思っていたが、縁があって再婚した。
a. 結婚するまい　　b. 結婚しかねない

(16) 私の誕生日ぐらい覚えていてほしい(　　)。
a. ものだ　　b. ことだ

(17) 楽してお金を稼ぐ方法はない(　　)といつも考えている。
a. ことか　　b. ものか

(18) 「知らぬが仏」とはよく言った(　　)。
a. ものだ　　b. ことだ

(19) 若い頃は夏になるとよく海に行った(　　)。
a. ことだ　　b. ものだ

(20) いじめの標的になって毎日どんなに辛かった(　　)だろう。
a. こと　　b. もの

(21) 女の子は、夜遅くなる前に帰宅する(　　)。
a. ものだ　　b. ことだろう

(22) 個人の自由を(　　)。
a. 尊重するべきだ
b. 尊重しかねない

(23) 田中さん、体調が悪いときはまずゆっくり(　　)。
a. 休んではいられないですよ
b. 休むことですよ

(24) お年寄りには席を(　　)よ。
a. ゆずるものです
b. ゆずったことです

(25) 人は外見で(　　)。
a. 判断することとみえる
b. 判断するものではない

(26) 皆で協力してこの危機を乗り越え(　　)。
a. ようではありませんか
b. ようと思いませんか

정답
(1) **a** 딸이 귀여워서 견딜 수 없다.
(2) **b** 애완동물이 없어져서 슬퍼서 참을 수 없다.
(3) **a** 태도가 나쁜 점원을 보면 한마디 하지 않을 수 없다.
(4) **a** 좋은 대학에 들어가기 위해서 공부를 하지 않을 수 없다.
(5) **a** 이 정도 일로 포기할 수는 없다.
(6) **a** 무서워서 도저히 보고 있을 수 없었다.
(7) **b** 고객의 개인 정보에 관해서는 대답해 드릴 수 없습니다.
(8) **a** 빌딩 8층에서 떨어져서 살아나다니 기적이라고 밖에 할 수 없습니다.
(9) **b** 그녀가 신경 쓰여서 공부할 상황이 아니었다.
(10) **a** 아들은 그 장난감이 마음에 든 듯, 매일 끼고 자고 있다.
(11) **b** 얼굴을 마주하고 비판당하면 누구라도 화낼 것임에 틀림없다.
(12) **a** 조금 전에 말씀 드린 것은 모두 사실입니다.
(13) **b** 이런 경영 방식으로는 언젠가 도산할지도 모른다.
(14) **a** 경제 붕괴가 정치의 동요로 이어질 우려가 있다.
(15) **a** 두 번 다시 결혼하지 않겠다고 생각했는데, 인연이 있어서 재혼했다
(16) **a** 내 생일 정도 기억해 주었으면 한다.
(17) **b** 편하게 돈을 버는 방법은 없는 것인가라고 항상 생각하고 있다.
(18) **a** '모르는 것이 약이다'라는 것은 정말 맞는 말이다.
(19) **b** 젊을 때는 여름이 되면 자주 바다에 가곤 했었다.
(20) **a** 괴롭힘의 표적이 되어 매일 얼마나 힘들었을까.
(21) **a** 여자아이는 밤 늦기 전에 귀가해야 한다.
(22) **a** 개인의 자유를 존중해야 한다.
(23) **b** 다나카 씨, 몸 상태가 좋지 않을 때는 우선 푹 쉬는 것이 좋습니다.
(24) **a** 노인에게는 자리를 양보해야 합니다.
(25) **b** 사람은 겉모습으로 판단해서는 안됩니다.
(26) **a** 모두가 협력해서 이 위기를 극복해야 하지 않겠습니까?

부사

必ずしも～ない	의미 반드시 ~인 것은 아니다, 반드시 ~라고 할 수 없다(부분 부정) 예문 高いカメラが必ずしもいいとは限らない。 비싼 카메라가 반드시 좋다고는 할 수 없다.
全く～ない	의미 전혀 ~않는다(없다)(완전부정) 예문 彼の言っていることは、全く意味がわからない。 그가 말하는 것은 전혀 의미를 알 수 없다.
たいして～ない	의미 그다지, 별로(정도가 심하지 않음) ★회화체 표현 예문 不動産屋に行ったが、たいしていい物件がなかった。 부동산에 갔는데, 별로 좋은 물건이 없었다.
めったに～ない	의미 좀처럼, 거의 예문 あの先生はめったに怒らない。저 선생님은 좀처럼 화내지 않는다.
何も～ない	의미 특별히, 굳이 예문 忙しいなら何もわざわざ来てくれなくてもいいよ。 바쁘면 굳이 오지 않아도 돼요.
それほど～ない そんなに ～ない そう～ない	의미 그렇게, 그정도, 그만큼(정도가 심하지 않음) 예문 それほどひどい傷ではないが、病院に行った。 그렇게 심한 상처는 아니지만 병원에 갔다. そんなに心配しなくても大丈夫だと言われた。 그렇게 걱정하지 않아도 괜찮다고 했다. そう痛くもなかったので、買い物してから帰った。 그렇게 아프지도 않았기 때문에 장을 보고 집에 갔다.
一向に～ない	의미 조금도, 전혀 예문 2年経っても一向に連絡が来ない。2년이 지나도 전혀 연락이 없다.
もう	의미 이미, 벌써 예문 こちらの商品はもう販売を終了しました。 이 상품은 벌써 판매를 종료했습니다.
とっくに	의미 훨씬 전에, 「もう」의 과장된 표현 ★회화체 표현 예문 映画はとっくに終わったよ。영화는 훨씬 전에 끝났어.
すでに	의미 이미, 벌써, 「もう」의 딱딱한 표현 예문 メールの返事はすでにしている。메일 답장은 이미 했다.

기초문법

かつて	의미	이전에, 옛날에 ★문장체
	예문	彼女はかつてバレリーナだった。 그녀는 이전에 발레리나였다.
いずれ	의미	언젠가, 결국
	예문	まだ先の話だが、いずれ彼女と結婚したいと思っている。 아직 훗날의 이야기지만, 언젠가 그녀와 결혼하고 싶다고 생각하고 있다.
そのうち	의미	머지않아, 가까운 시일 내에, 조만간
	예문	そのうちあなたも私の気持ちが分かるようになります。 머지않아 당신도 나의 기분을 알게 될 겁니다.
今に	의미	이제 곧, 머지않아 ★회화체 표현
	예문	タバコをやめないと、今に病気になりますよ。 담배를 끊지 않으면 머지않아 병에 걸릴거예요.
まもなく	의미	곧 ★격식차린 표현
	예문	まもなくコンサートが始まる。 곧 콘서트가 시작된다.
仮に	의미	가령, 만일 (가정조건)
	예문	仮に今より条件のいい会社があったら、転職しますか。 만일 지금보다 조건이 좋은 회사가 있다면 이직하겠습니까?
もしも	의미	만약, 혹시
	예문	もしも願いがかなうとしたら、何をお願いしますか。 만약 소원이 이루어진다면 무엇을 빌겠습니까?
万一	의미	만일(가정조건)
	예문	万一カギを紛失された場合は、実費をご負担いただきます。 만일 열쇠를 잃어버린 경우에는 실비를 부담해주셔야 합니다.
たとえ~ても	의미	비록 ~할지라도, 가령 ~할지라도
	예문	たとえ明日が来なくても今日という日を精一杯生きます。 비록 내일이 오지 않더라도 오늘 하루를 열심히 살겠습니다.
万一~ても	의미	만일(역접조건)
	예문	万一怪我や病気になったとしても、保険に入っていれば安心だ。 만일 다치거나 병에 걸린다고 해도, 보험에 들었으면 안심이다.
仮に~ても	의미	가령(역접조건)
	예문	仮に彼女に振られたとしても、気持ちを伝えられただけで幸せだ。 가령 그녀에게 차인다고 해도, 마음을 전한 것만으로 행복하다.

いくら～ても	**의미** 아무리 ~해도 **예문** いくら大変でも、自分で決めたことなのだから頑張りなさい。 아무리 힘들더라도 스스로 정한 일이니까 열심히 하세요.
ますます	**의미** 점점 더, 더욱 더 ★변화가 계속되어 전보다 더 **예문** 先生にほめられて、勉強がますます楽しくなった。 선생님에게 칭찬받아서 공부가 점점 즐거워졌다.
一段と	**의미** 한층, 더욱, 훨씬 ★전과 차이가 크다 **예문** 台風の接近で風雨が一段と強くなった。 태풍의 접근으로 비바람이 한층 강해졌다.
すっかり	**의미** 완전히, 아주 **예문** 彼女は結婚してからすっかり性格が変わってしまった。 그녀는 결혼하고부터 완전히 성격이 바뀌어 버렸다.
次第に	**의미** 서서히, 차츰 ★조금씩 변화 **예문** 塾に通い始めたら、次第に成績が上がってきた。 학원에 다니기 시작했더니 차츰 성적이 올라가기 시작했다.
見る見るうちに	**의미** 순식간에 ★보고 있는 동안에 변화가 급격하게 진행되다 **예문** この方法で勉強したら、見る見るうちに英語が上達するでしょう。 이 방법으로 공부하면 순식간에 영어가 능숙해지겠죠.
徐々に	**의미** 서서히, 조금씩 **예문** 長年の研究により、徐々に乳酸菌の効果が明らかになってきた。 오랜 세월의 연구로 인해 서서히 유산균의 효과가 밝혀졌다.
くれぐれも	**의미** 부디, 제발 **예문** 雪が積もっていますので、くれぐれも足元にご注意ください。 눈이 쌓여있으니 부디 발 밑을 조심해 주세요.
どうか	**의미** 아무쪼록, 부디 **예문** どうか彼と結婚できますように。부디 그와 결혼할 수 있기를.
何とかして	**의미** (어렵겠지만) 어떻게 해서든 **예문** 何とかして来週までにレポートを終わらせなければならない。 어떻게 해서든 다음 주까지는 리포트를 끝내지 않으면 안 된다.
さぞ	**의미** 아마, 필시, 얼마나, 오죽(감정을 담은 추측, 공감) **예문** 30代なのに学生に間違えられたんだって。彼女、さぞ嬉しかっただろうね。 30대인 그녀를 학생으로 착각했대. 분명 기뻤을 거야.

기초문법

どうも どうやら	의미 (확실한 추측) 아무래도, 어쩐지 ★「そうだ, ようだ, らしい」와 함께 사용될 때가 많다.
	예문 どうも足(あし)をねんざしたようだ。 아무래도 발을 삔 것 같다. どうやらまだ怒(おこ)っているらしい。 아무래도 아직 화가 난 것 같다.
もしかしたら もしかすると	의미 (자신없는 추측) 어쩌면
	예문 もしかしたら使(つか)うかもしれないから、取(と)っておこう。 어쩌면 사용할지도 모르니까 놔 두자.
おそらく	의미 (확신이 있는 추측) 아마, 어쩌면 ★「だろう, 思う」와 함께 사용될 때가 많다.
	예문 場所(ばしょ)はおそらくいつもの会議室(かいぎしつ)でしょう。 장소는 아마 여느 때와 같은 회의실이겠죠.
まさか	의미 (가능성이 없다고 추측) 설마
	예문 まさかそんなものが存在(そんざい)しているなんて。 설마 그런 것이 존재하다니.

연습해 봅시다

(1) あの子、(　　)気がきかないね。
a. 何も　　b. 全く

(2) 実は(　　)疲れていません。
a. めったに　　b. それほど

(3) 最近は(　　)忙しくありません。
a. こんなに　　b. そんなに

(4) 彼の成績は(　　)悪くありません。
a. そう　　b. こう

(5) あの映画は(　　)面白くない。
a. 大して　　b. 必ずしも

(6) この花は韓国では(　　)見られません。
a. 何も　　b. めったに

(7) (　　)この実験が成功するとは限りません。
a. 必ずしも　　b. 全く

(8) (　　)そこまで悩むことはないですよ。
a. 何も　　b. たいして

(9) 薬を飲んでも(　　)体調がよくならない。
a. 一向に　　b. めったに

(10) 佐藤さん、試験は(　　)終わったの？
a. まだ　　b. もう

(11) こちらの製品は(　　)製造中止になっております。
a. すでに　　b. まだ

(12) 彼が現れた時には約束の時間は(　　)過ぎていた。
a. とっくに　　b. やっと

(13) (　　)この村の大部分は畑だった。
a. かつて　　b. そのうち

(14) (　　)販売を終了します。
a. とっくに　　b. まもなく

(15) また(　　)会おうね。
a. そのうち　　b. かつて

(16) うそばかりついていると(　　) 罰が当たりますよ。
a. すでに　　b. 今に

(17) 結婚して子供ができれば、(　　)親の気持ちがわかるだろう。
a. いずれ　　b. とっくに

(18) (　　)道に迷ったら、事務所に連絡してください。
a. もしも　　b. 必ずしも

(19) (　　)あなたがこの会社の社長だったら、この問題をどう解決しますか。
a. 仮に　　b. たとえ

(20) (　　)火事になったら、すぐ逃げてください。
a. いくら　　b. 万一

(21) たとえ(　　)昨日よりは確実(かくじつ)に前進(ぜんしん)しているのだ。
a. 小さな一歩だと　b. 小さな一歩でも

(22) いくら(　)できないものはできない。
a. 上司の命令ならば
b. 上司の命令でも

(23) 仮(かり)に(　　)、それを教訓(きょうくん)にして次また頑張(がんば)ればよいのだ。
a. 失敗(しっぱい)したとしても
b. 失敗(しっぱい)しそうなので

(24) 万一(まんいち)(　　)、代わりに弟を行かせますからご心配なく。
a. 私が行けなくても
b. 私が行けたら

(25) しばらく見ない間に(　　)きれいになりましたね。
a. 徐々に　b. 一段と

(26) 子供の頃から目が悪かったが、最近パソコンを使うようになって(　　)悪くなった。
a. ますます　b. 次第(しだい)に

(27) 子供を産(う)んで今では(　　)いいお母さんになった。
a. 徐々(じょじょ)に　b. すっかり

(28) 台風(たいふう)が近づき、(　　)風雨(ふうう)が強くなってきた。
a. すっかり　b. 次第(しだい)に

(29) 景気(けいき)の回復(かいふく)や物価(ぶっか)の上昇(じょうしょう)に対応(たいおう)して金利(きんり)が(　　)上がるだろう。
a. 徐々(じょじょ)に　b. すっかり

(30) 報告(ほうこく)を聞いて(　　)上司の顔色(かおいろ)が変わった。
a. 見る見るうちに　b. もしかすると

(31) (　　)長生(ながい)きできますように。
a. 必ずしも　b. どうか

(32) (　　)後悔(こうかい)しないようにしてください。
a. くれぐれも　b. どうしても

(33) 明日までに(　　)このレポートを終わらせなければならない。
a. どうか　b. 何とかして

(34) (　　)母の病気を治(なお)してあげたい。
a. 何とかして　b. どうか

(35) (　　)この商品は大ヒットするだろう。
a. おそらく　b. どうやら

(36) (　　)熱があるようだ。
a. まさか　b. どうやら

(37) (　　)警察(けいさつ)は彼を疑(うたが)っているんじゃないかな。
a. まさか　b. もしかすると

(38) お帰りなさい。(　　)お疲れでしょう。
a. さぞ　b. まさか

(39) (　　)彼が私を騙(だま)すはずがない。
a. まさか　b. もしかすると

정답 (1) b 저 아이 전혀 눈치가 없네.
(2) b 사실은 그다지 피곤하지 않습니다.
(3) b 최근에는 그렇게 바쁘지 않습니다.
(4) a 그의 성적은 그렇게 나쁘지 않습니다.
(5) a 저 영화는 그다지 재미있지 않다.
(6) b 이 꽃은 한국에서는 좀처럼 볼 수 없습니다.
(7) a 반드시 이 실험이 성공한다고는 할 수 없습니다.
(8) a 굳이 거기까지 고민할 필요는 없어요.
(9) a 약을 먹어도 전혀 몸 상태가 좋아지지 않는다.
(10) b 사토 씨, 시험은 벌써 끝났나요?
(11) a 이 제품은 이미 제조 중지되었습니다.
(12) a 그가 나타났을 때에는 약속 시간은 훨씬 전에 지나 있었다.
(13) a 옛날에 이 마을의 대부분은 밭이었다.
(14) b 곧 판매를 종료합니다.
(15) a 또 조만간 만나자.
(16) b 거짓말만 하고 있으면 머지않아 벌 받습니다.
(17) a 결혼해서 아이가 생기면 언젠가 부모의 마음을 알 것이다.
(18) a 만약 길을 잃는다면 사무실로 연락하세요.
(19) a 만약 당신이 이 회사의 사장이라면 이 문제는 어떻게 해결하겠습니까?
(20) b 만에 하나 불이 난다면 바로 도망치세요.
(21) b 설령 작은 한걸음이라도 어제보다는 확실히 전진하고 있는 것이다.
(22) b 아무리 상사의 명령이라도 할 수 없는 것은 할 수 없다.
(23) a 가령 실패한다고 해도 그것을 교훈으로 삼아 다음에 또 노력하면 되는 것이다.
(24) a 만에 하나 내가 가지 못하더라도 대신 남동생을 보낼 테니 걱정하지 마세요.
(25) b 한동안 못 본 사이에 더욱 더 예뻐졌네요.
(26) a 어릴 때부터 눈이 나빴는데, 최근에 컴퓨터를 사용하게 되어서 더욱 나빠졌다.
(27) b 아이를 낳고 지금은 완전히 좋은 엄마가 되었다.
(28) b 태풍이 가까워져 점차 비바람이 강해졌다.
(29) a 경기회복이나 물가 상승에 대응하여 금리가 서서히 오를 것이다.
(30) a 보고를 듣고 순식간에 상사의 안색이 변했다.
(31) b 부디 장수할 수 있기를.
(32) a 부디 후회하지 않도록 해 주세요.
(33) b 내일까지는 어떻게 해서든 이 리포트를 끝내야 한다.
(34) a 어떻게 해서든 어머니의 병을 낫게 해주고 싶다.
(35) a 아마 이 상품은 대히트를 칠 것이다.
(36) b 아무래도 열이 있는 것 같다.
(37) b 어쩌면 경찰은 그를 의심하고 있는 것은 아닐까?
(38) a 다녀오셨어요. 필시 지쳤겠죠.
(39) a 설마 그가 나를 속일 리가 없다.

기초문법

접속사

접속사	구분	내용
だが	의미	그렇나, 그렇지만 ★「しかし」보다 딱딱한 느낌
	예문	体の調子が悪い。だが、病院に行く時間がない。 몸 상태가 안 좋다. 그렇지만 병원에 갈 시간이 없다.
それでも	의미	그럼에도 불구하고, 그런데도 ★앞의 문장이 사실이라도 그것에 영향 받지 않는다는 내용의 문장이 온다.
	예문	生まれ変わることができたとします。それでも、また奥さんと結婚しますか。 다시 태어날 수 있다고 합시다. 그런데도 지금의 부인과 다시 결혼하실 건가요?
それなのに	의미	그런데도, 그럼에도 불구하고
	예문	彼は何日も食事をしていない。それなのに、元気いっぱいだ。 그는 며칠 동안이나 식사를 하지 않았다. 그런데도 매우 건강하다.
ところが	의미	그러나, 그런데
	예문	彼はもう帰ったと思っていた。ところが、待っていてくれた。 그는 벌써 돌아갔을 것이라고 생각했다. 그런데 기다려 주었다.
すると	의미	그랬더니, 그러자
	예문	ドアを開けた。すると、知らない男が立っていた。 문을 열었다. 그러자 모르는 남자가 서있었다.
そのため	의미	그 때문에
	예문	今日は大雪だった。そのため、道路が渋滞した。 오늘은 폭설이었다. 그 때문에 도로가 정체됐다.
したがって	의미	따라서, 그러므로 ★문장체
	예문	今回の試験は難しかった。したがって、平均点も低い。 이번 시험은 어려웠다. 따라서 평균점도 낮다.
それで	의미	그러므로, 그래서
	예문	寝坊してしまって、それで、走ってきたんです。 늦잠을 자버려서, 뛰어 왔습니다.
そこで	의미	그래서, 그런 까닭으로
	예문	道に迷ってしまった。そこで、交番で聞いてみることにした。 길을 잃어버렸다. 그래서 파출소에 물어보기로 했다.

なお	의미 덧붙여 (말하면), 또한 예문 パンフレットをご覧ください。なお、ホームページでもご覧いただけます。팸플릿을 봐 주세요. 또한 홈페이지에서도 보실 수 있습니다.
ただし	의미 단, 다만 예문 入場に年齢制限はありません。ただし、小学生以下は保護者同伴が条件です。 입장에 연령제한은 없습니다. 단, 초등학생 이하는 보호자 동반이 조건입니다.
もっとも	의미 다만, 그렇다고는 하지만 예문 彼は体調不良を理由に会社を辞めた。もっとも、本当の理由は他にある。 그는 몸상태가 좋지 않음을 이유로 회사를 그만두었다. 하지만 진짜 이유는 따로 있다.
ちなみに	의미 덧붙여서 말하면 예문 私の父は銀行員です。ちなみに、兄も銀行員です。 저의 아버지는 은행원입니다. 덧붙여 말하면 형도 은행원입니다.
そればかりか	의미 그뿐만 아니라 예문 彼はしょっちゅう遅刻する。そればかりか、宿題もやってこない。 그는 자주 지각한다. 그뿐만 아니라 숙제도 해오지 않는다.
その上	의미 게다가, 또한, 더욱 예문 夫は毎日帰宅がおそい。その上、休日も出勤している。 남편은 매일 귀가가 늦다. 게다가 휴일에도 출근한다.
しかも	의미 그 위에, 게다가 예문 芸能人カップルが離婚した。しかも、結婚生活はわずか３ヶ月だった。 연예인 커플이 이혼했다. 게다가 결혼생활은 불과 3개월이었다.
また	의미 또한, 또 예문 玄米は栄養が豊富です。また、ガンの予防効果もあります。 현미는 영양이 풍부합니다. 또한, 암 예방효과도 있습니다.

기초문법

연습해 봅시다

(1) 証拠はない。(　　)、犯人はあの男に間違いない。

a. それなのに　　**b.** だが

(2) 家具を注文した。(　　)、数日後、品切れの連絡が来た。

a. ところが　　**b.** それでも

(3) 彼には何度も説明したんです。(　　)、また間違えたんですよ！

a. もしかすると　　**b.** それなのに

(4) 彼には犯罪歴がありますよ。(　　)いいんですか。

a. それでも　　**b.** だが

(5) 日本は地震が多い。(　　)、建築物には厳しい耐震基準が定められている。

a. そのため　　**b.** すると

(6) 家族に相談したんですが解決できませんでした。(　　)、専門家にお願いすることにしました。

a. すると　　**b.** それで

(7) 現場に残された指紋が彼のものと一致した。(　　)、犯人は彼しかいない。

a. それなのに　　**b.** したがって

(8) 久しぶりに引き出しの整理をした。(　　)、古い手紙が出てきた。

a. すると　　**b.** そのため

(9) 彼らはお互いを気に入っているようだ。(　　)、私がデートのきっかけを作ってあげることにした。

a. そこで　　**b.** すると

(10) 営業時間は、平日・土日祝日とも9:00～20:00です。(　　)、サービス受付時間は18:00までとなります。

a. もっとも　　**b.** ただし

(11) 返品・交換は、商品到着後「14日以内」でお願いいたします。(　　)、食品については、商品の性質上、不良品以外の返品はお受けできません。

a. なお　　**b.** もっとも

(12) 体重を落とすため運動を始めた。(　　)、それだけではやせないので食事制限もしている。

a. したがって　　**b.** もっとも

(13) 韓国では5月8日は父母の日です。(　　)、日本では6月の第3日曜日が父の日、5月の第2日曜日が母の日です。

a. ちなみに　　**b.** もっとも

(14) 会場準備(じゅんび)は鈴木さんが担当します。( )、当日の司会進行(しかいしんこう)は佐藤さんが担当します。

a. また　　**b.** しかも

(15) 山田さんは酒癖(さけぐせ)が悪い。( )、借金(しゃっきん)もある。

a. もっとも　　**b.** その上

(16) 友人は私の愚痴(ぐち)を黙(だま)って聞いてくれて、( )、食事までご馳走(ちそう)してくれた。

a. なお　　**b.** しかも

(17) 彼女はとても美人だ。( )、誰に対しても親切(しんせつ)だ。

a. そればかりか　　**b.** ただし

정답

(1) **b** 증거는 없다. 하지만, 범인은 그 남자임에 틀림없다.
(2) **a** 가구를 주문했다. 그런데 며칠 후 품절이라는 연락이 왔다.
(3) **b** 그에게는 몇 번이나 설명했습니다. 그런데 또 틀렸어요!
(4) **a** 그에게는 범죄이력이 있어요. 그래도 괜찮습니까?
(5) **a** 일본은 지진이 많다. 그 때문에 건축물에는 엄격한 내신 기준이 정해져 있다.
(6) **b** 가족과 의논했지만 해결할 수 없었습니다. 그래서 전문가에게 부탁하기로 했습니다.
(7) **b** 현장에 남겨진 지문이 그의 것과 일치했다. 따라서 범인은 그일 수 밖에 없다.
(8) **a** 오랜만에 서랍 정리를 했다. 그러자 오래된 편지가 나왔다.
(9) **a** 그들은 서로를 마음에 두고 있는 것 같다. 그래서 내가 데이트할 계기를 만들어 주기로 했다.
(10) **b** 영업 시간은 평일, 토요일, 공휴일 모두 9:00~20:00입니다. 단, 서비스 접수 시간은 18:00까지 입니다.
(11) **a** 반품, 교환은 상품 도착 후 '14일 이내'에 부탁 드립니다. 또한 식품에 대해서는 상품 성질상, 불량품 이외의 반품은 접수 받을 수 없습니다.
(12) **b** 체중을 줄이기 위해 운동을 시작했다. 하지만 그것만으로는 살이 빠지지 않기 때문에 식사 제한도 하고 있다.
(13) **a** 한국에서는 5월 8일은 어버이날 입니다. 덧붙여 말하자면 일본에서는 6월 셋째 주 일요일이 아버지의 날, 5월 둘째 주 일요일이 어머니의 날입니다.
(14) **a** 회장 준비는 스즈키 씨가 담당합니다. 또, 당일 사회진행은 사토 씨가 담당합니다.
(15) **b** 야마다 씨는 술버릇이 나쁘다. 게다가 빚도 있다.
(16) **b** 친구는 내 불평을 잠자코 들어주었고, 게다가 밥까지 사 주었다.
(17) **a** 그녀는 매우 미인이다. 그뿐 아니라 누구에 대해서도 친절하다.

기초문법

접미어

접미어	구분	내용
～ぬく	의미	열심히 마지막까지 ～하다
	접속	동사 ます형 + ぬく
	예문	すぐに答えが出ないとしても、考えぬくことで何かがわかるはずだ。 바로 답이 안 나오더라도, 끝까지 열심히 생각하면 뭔가를 알아낼 수 있을 것이다.
～きる	의미	마지막 까지 ～하다, 충분히 ～하다
	접속	동사 ます형 + きる
	예문	古いのを使いきってから、新しいのを買いましょう。 낡은 것을 다 사용하고 나서 새로운 것을 삽시다.
～かねる	의미	～하기 어렵다, ～할 수 없다
	접속	동사 ます형 + かねる
	예문	彼はエンジニアとして活躍するには十分とは言いかねる面もある。 그는 엔지니어로서 활약하기에는 충분하다고는 말하기 어려운 면도 있다.
～通す	의미	끝까지 포기하지 않고 ～하다
	접속	동사 ます형 + 通す
	예문	何があってもやり通す、その心意気が大切だ。 무슨 일이 있어도 끝까지 해낸다, 그 마음가짐이 중요하다.
～得る/得る	의미	～할 수 있다, 가능성이 있다
	접속	동사 ます형 + 得る
	예문	ふつうに買えば数千円のチケットを、あり得ない値段で買ってしまった。 일반적으로 사면 수천 엔의 티켓을 말도 안 돼는 가격에 사버렸다.
～かける	의미	～하고 있는 (동작을 시작했지만 아직 도중 단계)
	접속	동사 ます형 + かける
	예문	私は後から参加します。まだやりかけの仕事が残っているので。 저는 나중에 참가하겠습니다. 아직 하다만 일이 남아 있기 때문에.
～がち	의미	그렇게 되기 쉬움 ★마이너스 평가
	접속	동사 ます형 + がち
	예문	体力が落ちて、このごろ風邪をひきがちだ。 체력이 떨어져서, 요즘 감기에 잘 걸린다.

～っぱなし	의미	계속 ～한 상태, 계속 ～인 채 ★마이너스 평가
	접속	동사 ます형 + っぱなし
	예문	昨日(きのう)テレビをつけっぱなしにして寝(ね)てしまった。 어제 텔레비전을 켜놓은 채로 자버렸다.
～っぽい	의미	～의 느낌이 있다, 자주 ～해 버린다
	접속	동사 ます형 + っぽい
	예문	息子(むすこ)は飽(あ)きっぽい性格(せいかく)で、何(なに)をやっても続(つづ)かない。 아들은 싫증을 잘 내는 성격으로, 무엇을 해도 계속하지 못한다.
～きり	의미	～인 채, ～한 채
	접속	동사 た형 + きり
	예문	彼女(かのじょ)とは10年前(ねんまえ)に会(あ)ったきり、一度(いちど)も会(あ)っていない。 그녀와는 10년 전에 만난 후, 한번도 만나지 않았다.
～だらけ	의미	～투성이 (좋지 않은 것이 많이 있다) ★마이너스 이미지
	접속	명사 + だらけ
	예문	一ヶ月(いっかげつ)も掃除(そうじ)をしなかったので、部屋(へや)はほこりだらけだった。 한 달이나 청소를 하지 않았기 때문에 방은 먼지 투성이였다.
～め	의미	정도가 조금 ～이다
	접속	イ형용사 어간 + め
	예문	最近(さいきん)太(ふと)ってきたから少(すこ)し大(おお)きめの服(ふく)を買(か)わないと。 최근 살이 쪘기 때문에 큼직한 옷을 사야 한다.
～気味(ぎみ)	의미	조금 ～의 경향
	접속	동사 ます형, 명사 + 気味(ぎみ)
	예문	毎日(まいにち)降(ふ)り続(つづ)く雨(あめ)で工事(こうじ)が遅(おく)れ気味(ぎみ)だ。 매일 계속해서 내리는 비로 공사가 늦어질 기미이다.

기초문법

연습해 봅시다

(1) 食べ(　　)のものをくれるなんて、失礼だ。

a. かけ　　b. ぬき

(2) とても苦しかったが、200メートルを泳ぎ(　　)。

a. かけた　　b. きった

(3) 途中(とちゅう)であきらめないで最後までやり(　　)ことが合格への近道(ちかみち)だ。

a. かけた　　b. ぬく

(4) 5時間歩き(　　)、とうとう山頂(さんちょう)にたどり着いた。

a. 通して　　b. かねて

(5) 宇宙人(うちゅうじん)にさらわれるなんて、そんなことが本当に起こり(　　)のだろうか。

a. きる　　b. 得る

(6) 親に心配をかけるのではないかと相談(そうだん)し(　　)います。

a. かねて　　b. かけて

(7) 洋服を選(えら)ぶ時、ついデザインで(　　)だが、自分の体型(たいけい)にあったものを選(えら)ぶことも重要(じゅうよう)である。

a. 選びがち　　b. 選びっぱなし

(8) 最近ちょっと(　　)だ。

a. 夏バテだらけ　　b. 夏バテ気味

(9) 彼の気迫(きはく)に(　　)です。

a. 押(お)され気味(ぎみ)　　b. 押(お)されめ

(10) 窓を(　　)にしておいたら、虫が入ってきてしまった。

a. 開けっぽく　　b. 開けっぱなし

(11) 妻はふらりと(　　)、二度と戻ってこなかった。

a. 出て行ったきり　　b. 出て行き気味で

(12) 妹は花屋で働いているので、いつも手が(　　)だ。

a. 傷がち　　b. 傷だらけ

(13) 山田さん、今日の服、(　　)素敵(すてき)ね。

a. 大人だらけで　　b. 大人っぽくて

(14) 疲れているので、今夜は(　　)に寝ることにします。

a. 早め　　b. 早っぽく

정답 (1) a 먹던 것을 주다니 실례다.
(2) b 매우 고통스러웠지만 200미터를 끝까지 헤엄쳤다.
(3) b 도중에 포기하지 않고 끝까지 해내는 것이 합격의 지름길이다.
(4) a 5시간을 포기하지 않고 끝까지 걸어서 겨우 산 정상에 도달했다.
(5) b 우주인에게 유괴당하다니, 그런 일이 정말 일어날 수 있는 것인가.
(6) a 부모에게 걱정 끼치는 것은 아닐까 해서 의논하기를 꺼리고 있습니다.
(7) a 옷을 고를 때, 무심코 디자인으로 고르기 쉽지만, 자신의 체형에 맞는 것, 착용감이 좋은 것을 고르는 것도 중요하다.
(8) b 요즘 좀 더위를 먹은 것 같다.
(9) a 그의 기백에 밀리는 기색입니다.
(10) b 창문을 열어 놓은 채로 두어서, 벌레가 들어와 버렸다.
(11) a 아내는 홀연히 나가버린 채 두 번 다시 돌아오지 않았다.
(12) b 여동생은 꽃집에서 일하고 있기 때문에 언제나 손이 상처투성이다.
(13) b 야마다 씨, 오늘 옷 어른스럽고 멋지네.
(14) a 피곤해서 오늘밤은 빨리 자기로 하겠습니다.

問題 5 문법형식판단

문제유형 문법형식판단 (10문항)

문장 속에서 괄호 안에 들어갈 알맞은 기능어를 찾는 문제이다. 기존 시험에도 있던 유형이지만, 문항 수가 줄었다.

問題5 次の文の（　　　　）にいれるのに最もよいものを、1・2・3・4から一つ選びなさい。

26 1点差で負けるなんて、くやしい（　　　　）。

1 といったところだ　　2 といったらない
3 にかたくない　　4 までもない

1	① ● ③ ④

포인트

일본어 능력시험에서는 기능어 그 자체에 대한 단편적인 지식보다 문장구조에 대한 이해력과 판단력이 중요시되기 때문에 문말표현(~ずにはおかない 등)을 비롯하여 선택지가 긴 문제가 많아졌다. 출제기준 중에서 문어체 표현(~こととて, ~だに, ~たりとも, ~はおろか, ~まじき)은 일상생활에서의 활용력을 중시하는 신 출제기준에 의해 배제되고 있다. 그리고 기존 1급에서는 출제되지 않았던 경어문제가 N1에서는 1,2문제 정도 출제가 되기 때문에 경어 표현도 학습해야 한다.

학습요령

기존의 문법 공부할 때처럼 기능어를 단어처럼 달달 외워서는 안 되고, 기능어가 들어 있는 좋은 예문을 문장 단위로 외우는 연습이 필요하다. 이것은 문제 6을 푸는 힘을 키우기 위해서도 중요하다. 선택지가 긴 문제는 문제문을 해석하면서 한국어로 (　)안에 들어갈 말을 먼저 적어 놓은 다음, 답을 선택지에서 고르는 방법을 권하고 싶다. 선택지를 먼저 보게 되면 현혹되기 쉽기 때문이다.

확인문제 ①

해석 p.228

問題5 次の文の(　　　　　)に入れるのに最もよいものを、1・2・3・4から一つ選びなさい。

1 彼は15年も日本にいた(　　　　　)さすがに日本語が上手だ。
1 ことで　　2 からには　　3 だけあって　　4 にしては

2 誰が何と(　　　　　)、私は自分が思ったとおりにやるつもりだ。
1 言うと　　2 言ったら　　3 言わぬなら　　4 言おうと

3 私たちにこの仕事ができるかどうかは(　　　　　)、一度やるだけはやってみましょう。
1 まだしも　　2 ともかく　　3 いかんによらず　　4 にもかかわらず

4 どんなことが(　　　　　)、必ずそこへ行くつもりだ。
1 あると　　2 あったら　　3 あろうと　　4 あれば

5 会って話してみない(　　　　　)彼女の本当の気持ちはわからない。
1 ためには　　2 ことには　　3 からには　　4 わりには

6 この小説は実際にあった事件を(　　　　　)、作られている。
1 即して　　2 基にして　　3 応じて　　4 伴って

7 あの子は家で勉強する(　　　　　)学校から帰ってきたら毎日ゲームしかしてない。
1 どころか　　2 はずか　　3 ばかりか　　4 にもかかわらず

8 報告書は現地での綿密な調査(　　　　　)作成された。
1 に際して　　2 に比べて　　3 にあたって　　4 に基づいて

9 事故の処理をしている、その(　　　　　)また別の事故が起きた。
1 あとに　　2 最中に　　3 うちに　　4 まえに

10 あの子は注意しても言った(　　　　　)忘れてしまう。
1 ごとに　　2 たびに　　3 そばから　　4 あとから

정답　1③　2④　3②　4③　5②　6②　7①　8④　9②　10③

확인문제 ②

해석 p.228

問題5 次の文の（　　　　）に入れるのに最もよいものを、1・2・3・4から一つ選びなさい。

1 そこへは行きたくなかったが、（　　　　）行かないわけにはいかなかった。
1 からすると　2 かといって　3 ともすると　4 ともなると

2 そのホテルにはエアコン（　　　　）扇風機さえもなかった。
1 はおろか　2 ばかりで　3 にとどまらず　4 だけに

3 何が（　　　　）分からなくなってしまった。
1 何やら　2 何でも　3 何とか　4 何かも

4 友達がお金に困っているのを見るに（　　　　）少し貸してあげることにした。
1 見て　2 見ずに　3 見ないで　4 見かねて

5 子供にそんなことを言っても（　　　　）と思ってあきらめた。
1 わかるまい　2 わからず　3 わかりかねる　4 わかるべき

6 結婚して子供が生まれた時、どれだけ幸せだった（　　　　）。
1 なんて　2 ことか　3 ものを　4 とは

7 田中さんはしょうがない人で、海外旅行へ行くのにパスポートを忘れる（　　　　）。
1 きわみだ　2 しまつだ　3 ゆえだ　4 すえだ

8 何度断られても、彼はあきらめる（　　　　）交渉をつづけた。
1 までもなく　2 ことなく　3 わけでなく　4 ところがなく

9 驚いた（　　　　）優勝候補だった彼女が予選で敗れてしまった。
1 はずで　2 わけで　3 ものに　4 ことに

10 新しい経営陣の（　　　　）社員たちは会社の再建に取り組んだ。
1 もとで　2 ためて　3 せいで　4 うちで

정답　1② 2① 3① 4④ 5① 6② 7② 8② 9④ 10①

해석 p.228

問題5 次の文の（　　　　　）に入れるのに最もよいものを、1・2・3・4から一つ選びなさい。

1 田中さんがあんなに怒るのには（　　　　　）の理由があったのだろう。
1 それまで　2 それなり　3 それほど　4 それから

2 最近、忘れ（　　　　　）なって、人の名前を思い出せないことが多い。
1 っぽく　2 ばかりに　3 からに　4 ぶりに

3 政権交代を実現させて、新しい国を（　　　　　）と訴えた。
1 造ろうではあるまい　2 造ろうではないか
3 造ってやまない　4 造ろうではすまされない

4 A：新婚生活はいかがですか。
B：けんかも多いですが、なかなか楽しい（　　　　　）。
1 もんですよ　2 ことですよ　3 わけですよ　4 ところですよ

5 宇宙に生物が存在しないのは、水と空気がない（　　　　　）。
1 ことにはならないからだ　2 ものでもないからだ
3 までもないからだ　4 からにほかならない

6 父は来週入院するとはいっても、手術を（　　　　　）ということだった。
1 するに決まっている　2 するに限る
3 するとは限らない　4 しかねない

7 同じ失敗は二度と繰り返す（　　　　　）必死に努力した。
1 かわりに　2 まいと　3 からといって　4 ようにと

8 運動不足だから散歩をする（　　　　　）水泳をする（　　　　　）なにかしたらどうですか。
1 でも / でも　2 なり / なり
3 であれ / であれ　4 とういか / というか

해석 p.228

9 勉強もしないでテレビばかり見ている(　　　　　) 試験に合格するのは難しいだろう。

1 とはいえ　　2 ようでは　　3 ためには　　4 からには

10 難しいことはわかっているが、何とかして一流企業に就職できない(　　　　　)。

1 つもりはない　　2 わけにはいかない

3 ものだろうか　　4 はずだろうか

정답	1②	2①	3②	4①	5④	6③	7②	8②	9②	10③

확인문제 ④

해석 p.228

問題5 次の文の(　　　　　)に入れるのに最もよいものを、1・2・3・4から一つ選びなさい。

1 彼ほどの実力と経歴なら、就職先は(　　　　　)なかなか仕事が見つからないと困っている。

1 いくらでもできるようだが　2 誰にでもあるようだが
3 いくらでもありそうなものだが　4 誰にでもありそうなものだが

2 A：悪いけど、明日の土曜日、出社してもらえないかなあ。
B：申し訳ありません。実は明日は引越しをする(　　　　　)。

1 ものですから　2 わけですから　3 はずですから　4 ところですから

3 費用も時間も(　　　　　)今回の新都市開発は中止になった。

1 かかりすぎることから　2 かかりすぎることからして
3 かかりにくいことから　4 かかりにくいことからして

4 客　：どうですか。どこが悪いか、故障の原因は分かりましたか。
店員：そうですね。もうすこし(　　　　　)まだちょっとわかりませんね。

1 調べてみることなく　2 調べてみることには
3 調べてみないことなく　4 調べてみないことには

5 彼はけがのためプロの選手としてサッカーを続ける(　　　　　)、完全にサッカーをやめるつもりはない。

1 わけにはいかなくなったものの
2 ことではなくなったものの
3 わけにはいかなくなってからというもの
4 ことではなくなってからというもの

6 A：もしもし、山田課長いらっしゃいますか。
B：申し訳ございません。山田はただいま会議中でございますが、よろしければご用件を(　　　　　)。

1 うけたまわっていただきますか　2 うけたまわっていただけますか
3 うけたまわりますか　4 うけたまわれますか

해석 p.229

7 誰に何と(　　　　　) 私はこの計画を実行に移すつもりだ。

1 言おうと　2 言うまいと　3 言われまいと　4 言われようと

8 失敗することもあろう(　　　　　) 思います。

1 にも　2 とは　3 とて　4 かと

9 本物そっくりにできているので、まさかにせもの(　　　　　) 誰も思わないだろう。

1 などとは　2 でも　3 なら　4 なんか

10 そうですか、差し支えなければ理由を(　　　　　)。

1 お聞かせいたしましょうか　2 お聞かせ願えませんでしょうか。

3 お聞きくださいますでしょうか　4 お聞きになれますでしょうか

정답	1③	2①	3①	4④	5①	6③	7④	8④	9①	10②

확인문제 ⑤

해석 p.229

問題5 次の文の ＿＿＿＿＿＿ に入れるのに最もよいものを、1・2・3・4から一つ選びなさい。

1 できるかぎりのことはやったのだから、あとは運を天に任す(　　　　　)。
1 までもない　2 じまいだ　3 よりほかない　4 ではすまされない

2 明日から連休だし、今夜は大いに(　　　　　)と友達を誘った。
1 飲もうじゃあるまいし　2 飲まずにはおかない
3 飲もうじゃないか　4 飲むところだ

3 このような事故がいつまた(　　　　　)これからもよく注意してください。
1 起きろとも思えないし　2 起きるかわからないので
3 起きないではすまないし　4 起きないかもしれないので

4 優勝したといってもオリンピックで(　　　　　)そんなに大騒ぎする必要はありませんよ。
1 優勝したわけじゃあるまいし　2 優勝するわけじゃあるまいし
3 優勝したつもりにしても　4 優勝するつもりにしても

5 雑誌やテレビで紹介(　　　　　)店の中は言うまでもなく、毎日店の前にまで行列ができるようになった。
1 されるようになったものの　2 されるようになってからというもの
3 になることになったものの　4 になることになってからというもの

6 名誉ある賞を頂き、また、身に余るお褒めの言葉を賜り、光栄(　　　　　)。
1 のあまりです　2 を下りません　3 を禁じえません　4 の至りです

7 あの有名人が本当にここに来る(　　　　　)大変な騒ぎになることは間違いない。
1 が最後　2 なり　3 ばこそ　4 ともなれば

8 彼は入社して、たった1年(　　　　　)課長に昇進した。
1 たりとも　2 かぎりで　3 たらずで　4 にかけて

해석 p.229

9 不合格になった人(　　　　　　)合格した人がうらやましくないわけがないだろう。
1 にしてみれば　2 にしては　3 だけあって　4 のわりには

10 雪山で過ごした一夜の、あの凍り付くような寒さ(　　　　　　)。
1 でなくてなんだろう　2 を余儀なくされた
3 といったらなかった　4 をおいてほかにはなかった

정답　1③　2③　3②　4①　5②　6④　7④　8③　9①　10③

확인문제 ⑥

해석 p.229

問題5 次の文の(　　　　　)に入れるのに最もよいものを、1・2・3・4から一つ選びなさい。

1 お忙しいのはよくわかりますが、30分だけでもお時間を(　　　　　)。
1 頂戴できませんでしょうか　2 頂戴しませんでしょうか
3 さしあげられませんでしょうか　4 さしあげませんでしょうか

2 昨日から腰の痛みがひどくなって、腰をかがめて顔も洗えない(　　　　　)。
1 しまつだ　2 じまいだ　3 一方だ　4 かぎりだ

3 早く結論を出せれば、それに(　　　　　)がなかなか意見がまとまらない。
1 よったことはない　2 そったことはない
3 こしたことはない　4 とどまらない

4 一流の歌手になる(　　　　　)、彼女は日々歌の練習に明け暮れた。
1 べく　2 べき　3 べし　4 べからず

5 今日(　　　　　)職場を去る田中部長に対して、花束と記念品が贈られた。
1 が早いか　2 にあたって　3 をかぎりに　4 をかわきりに

6 検査の結果(　　　　　)、手術をすることになるかもしれない。
1 ならでは　2 いかんでは　3 はおろか　4 にしては

7 そんなことは、子供(　　　　　)知っていますよ。
1 にすら　2 がすら　3 ですら　4 もすら

8 この蛇の毒は猛毒だから、かまれた(　　　　　)死ぬことはほぼ間違いない。
1 ところで　2 やいなや　3 としたって　4 が最後

9 昔はいくらでも飲めたのに、最近はビール1杯でも酔ってしまうとは、まことにさびしい(　　　　　)。
1 かぎりだ　2 までだ　3 ところだ　4 しまつだ

10 男性中心の社会では、女性である(　　　　　)不利なこともある。
1 にせよ　2 うえに　3 かたわら　4 がゆえに

정답　1①　2①　3③　4①　5③　6②　7③　8④　9①　10④

問題5 문법형식판단 확인문제 해석

확인문제 1

1 그는 15년이나 일본에 있었던 만큼 역시 일본어를 잘한다.
2 누가 뭐라고 해도 나는 내가 생각한 대로 할 작정이다.
3 우리들에게 이 일이 가능할지 어떨지는 상관없이, 한번 하는 데까지는 해 봅시다.
4 어떤 일이 있어도 반드시 그 곳에 갈 작정이다.
5 만나서 이야기해 보지 않고서는 그녀의 본심은 알 수 없다.
6 이 소설은 실제 있었던 사건을 바탕으로 하여 만들어졌다.
7 저 아이는 집에서 공부하기는커녕 학교에서 돌아오면 매일 게임만 한다.
8 보고서는 현지에서의 면밀한 조사에 근거하여 작성되었다.
9 한창 사고처리를 하고 있는 중에 또 다른 사고가 일어났다.
10 저 아이는 주의를 줘도 말하자마자 까먹어 버린다.

확인문제 2

1 그곳에는 가고 싶지 않았지만, 그렇다고 해서 가지 않을 수는 없었다.
2 그 호텔에는 에어컨은 고사하고 선풍기조차 없었다.
3 뭐가 뭔지 알 수 없게 되어 버렸다.
4 친구가 돈 때문에 곤란해하는 것을 차마 볼 수 없어 조금 빌려주기로 했다.
5 아이에게 그런 것을 말해도 알 리가 없다고 생각해 포기했다.
6 결혼해서 아이가 태어났을 때, 얼마나 행복해 했는지 몰라.
7 다나카씨는 어쩔 수 없는 사람으로, 해외여행을 가는데 여권을 깜빡 잊어버렸다 (깜빡한 지경이다).
8 몇 번 거절당해도 그는 포기하지 않고 교섭을 계속했다.
9 놀랍게도 우승 후보였던 그녀가 예선에서 지고 말았다.
10 새로운 경영진 밑에서 사원들은 회사 재건에 착수했다.

확인문제 3

1 다나카 씨가 그렇게 화를 내는 데에는 그럴만한 이유가 있었을 것이다.
2 요즘 건망증이 심해져서, 사람 이름을 기억해내지 못하는 경우가 많다.
3 정권교체를 실현시켜 새로운 나라를 만들자고 호소했다.
4 A: 신혼생활은 어때요?
B: 싸움도 많이 하지만, 꽤 즐거워요.
5 우주에 생물이 존재하지 않는 것은 물과 공기가 없기 때문이다.
6 아버지는 다음 주에 입원한다고는 해도 꼭 수술하는 것은 아니라고 한다.
7 같은 실패는 두 번 다시 반복하지 않겠다고 필사적으로 노력했다.
8 운동부족이니까 산책을 하든 수영을 하든 무언가 하는게 어때요?
9 공부도 하지 않고 텔레비전만 보고 있어서는 시험에 합격하는 것은 어려울 것이다.
10 어려운 것은 알고 있지만, 어떻게든 일류 기업에 취직할 수는 없을까.

확인문제 4

1 그 남자 정도의 실력과 경력이라면 취직할 곳은 얼마든지 있을 것 같은데 좀처럼 일을 구하지 못한다고 힘들어 하고 있다.
2 A :미안하지만, 내일 토요일 출근해 줄 수 있을까?
B : 죄송합니다. 사실은 내일 이사를 하기 때문에.
3 비용도 시간도 너무 많이 들기 때문에 이번 신도시 개발은 중지되었다.
4 손님 : 어떻습니까? 어디가 안 좋은지 고장의 원인은 알았습니까?
점원 : 글쎄요. 조금 더 조사해보지 않고서는 아직 좀 알 수 없네요.

5 그는 부상 때문에 프로 선수로서 축구를 계속할 수 없게 되었지만, 완전히 축구를 그만둘 생각은 없다.
6 A : 여보세요, 야마다 과장님 계십니까?
B : 죄송합니다. 야마다는 지금 회의 중이라, 괜찮으시면 제가 용건을 듣도록 하겠습니다만….
7 누가 뭐라고 하든 나는 이 계획을 실행에 옮길 작정이다.
8 실패할 수도 있을 거라고 생각합니다.
9 진짜와 똑같이 만들어져 설마 가짜라고는 아무도 생각 안 할 것이다.
10 그렇습니까. 지장이 안된다면 이유를 들려 주시겠습니까?

확인문제 5

1 할 수 있는 것은 했으니, 이제는 운을 하늘에 맡기는 수 밖에 없다.
2. 내일부터 연휴이기도 하고, 오늘밤은 실컷 마셔보자며 친구를 불러냈다.
3 이와 같은 사고는 언제 또 일어날지 모르니까 앞으로도 주의해 주세요.
4 우승했다고 해도 올림픽에서 우승한 것도 아니고 그렇게 소란 피울 필요는 없습니다.
5 잡지나 텔레비전에 소개ㅌ되고 나서부터는 가게 안은 말할 것도 없이 매일 가게 앞까지 행렬을 이루게 되었다.
6 명예로운 상을 주시고 또 분에 넘치는 칭찬의 말을 해주셔서, 영광스럽기 그지없습니다.
7 그 유명인이 정말 여기에 온다고 하면 큰 소동이 일어날 것임에 틀림없다.
8 그는 입사해 1년도 채 되지 않아 과장으로 승진했다.
9 불합격이 된 사람 입장에는 합격한 사람이 부럽지 않을 리가 없을 것이다.
10 설산에서 지낸 하룻밤, 그 얼어붙는 듯한 추위는 이루 말할 수 없었다.

확인문제 6

1 바쁘신 것은 잘 알지만, 30분만이라도 시간을 내 주실 수 없겠습니까?
2 어제부터 허리 통증이 심해져 허리를 굽혀 얼굴도 씻지 못할 지경이다.
3 빨리 결론을 내릴 수 있다면, 그것이 가장 좋지만 좀처럼 의견이 통합되지 않는다.
4 일류 가수가 되기 위해, 그녀는 매일 노래 연습으로 나날을 보냈다.
5 오늘을 마지막으로 직장을 떠나는 다나카 부장님께 꽃다발과 기념품이 선사되었다.
6 검사 결과 여하로는 수술을 하게 될지도 모른다.
7 그런 것은 아이조차도 알고 있어요.
8 이 뱀의 독은 맹독이므로 물렸다가는 죽는 것은 거의 틀림 없다.
9 옛날에는 얼마든지 마실 수 있었는데, 요즘에는 맥주 한 잔으로도 취하고 말다니 정말로 쓸쓸하다.
10 남성 중심의 사회에서는 여성이기 때문에 불리한 일도 있다.

問題 6 문장완성

문제유형 문장완성 (5문항)

새로운 유형의 문법 문제로 문장을 바르게 나열하는 문제이다. 선택지 4개의 어휘를 올바른 순서로 나열해서 ＿★＿ 에 들어가는 답을 찾으면 된다.

例

問題6 次の文の ＿★＿ に入る最もよいものを、1・2・3・4から一つ選びなさい。

36 運動もしないで ＿＿＿ ＿＿＿ ＿★＿ ＿＿＿ 太ってしまいますよ。

1 ばかり　2 そんなに　3 いると　4 食べて

36	● ② ③ ④

포인트

정답이 들어가야 할 ★의 위치가 어디인지 혼동하지 않도록 주의하자.
★위치는 대부분 3번째이지만, 가끔 2번째일 때도 있다.

학습요령

① 문장 완성은 문제를 먼저 읽는 것이 아니고 4개의 선택지만으로 먼저 하나의 문장을 만들어 보면 된다. 4개의 선택지로 문맥에 맞게 연결하다 보면 하나가 남을 것이다. 그 하나를 4개의 빈칸 중 맨 앞 또는 맨 뒤에 넣고 나열하면 문맥에 맞는 문장이 되는 경우가 많다.

② 問題 6의 문장완성 문제에 대비하기 위해서는 단순히 문법적인 기능어만을 외우는 기존의 문법 공부 방식을 탈피하여 문법 기능어를 이용해서 문장을 만들어 보는 연습을 해 보는 것이 좋다. 새로운 형식의 문제라서 이 형식에 익숙해질 때까지는 반복적인 연습이 중요하다. 처음에는 어렵다고 생각되겠지만 문맥에 맞게 문장을 조합해 보는 연습을 계속하다 보면 작문 실력도 쑥쑥 올라갈 것이다.

해석 p.235

問題6 次の文の ＿★＿ に入る最もよいものを、1・2・3・4から一つ選びなさい。

1 ピアニストの彼女は、去年 ＿＿ ＿＿ ＿★＿ ＿＿ 演奏してまわった。
1 日本を　2 各地を　3 はじめ　4 世界の

2 あとで後悔する ＿＿ ＿★＿ ＿＿ ＿＿ やらないほうがいいじゃありませんか。
1 なら　2 から　3 くらい　4 はじめ

3 先週、出張で東京に ＿＿ ＿＿ ＿★＿ ＿＿ 友達に連絡して食事を一緒にした。
1 住んでいる　2 ついでに　3 近くに　4 行った

4 彼女は、みんなから ＿＿ ＿＿ ＿★＿ ＿＿ いい女性だった。
1 とおりに　2 頭も　3 美人で　4 聞いていた

5 本日は遠い ＿＿ ＿＿ ＿★＿ ＿＿ ありがとうございます。
1 おこし　2 わざわざ　3 ところを　4 くださいまして

6 あの選手はまだ高校生で、 ＿＿ ＿＿ ＿★＿ ＿＿ 伸びますよ。
1 もっと　2 年も　3 ことだし　4 若い

7 友達から借りた本は、とっくに返した ＿＿ ＿＿ ＿★＿ ＿＿ もらっていないと言われて驚いた。
1 返して　2 いたが　3 つもりで　4 まだ

8 私の日本での生活については ＿＿ ＿＿ ＿★＿ ＿＿ 語れない。
1 お世話になった　2 ぬきには　3 山田さん　4 なにも

9 山田氏を＿＿ ＿＿ ＿★＿ ＿＿ 選挙戦に注目が集まった。
1 立ち上げられた　2 代表とする　3 ことから　4 新政党が

10 先月までよく売れていた商品の売り上げが ＿＿ ＿＿ ＿★＿ ＿＿ 原因なのか調べてみた。
1 一方　2 何が　3 減る　4 なので

정답　1 ④ (1-3-4-2)　2 ① (3-1-4-2)　3 ③ (4-2-3-1)　4 ③ (4-1-3-2)　5 ① (3-2-1-4)　6 ③ (2-4-3-1)　7 ④ (3-2-4-1)　8 ② (1-3-2-4)　9 ① (2-4-1-3)　10 ④ (3-1-4-2)

해석 p.235

問題6 次の文の ＿★＿ に入る最もよいものを、1・2・3・4から一つ選びなさい。

1 山田さんってすごくやさしい人ですね。人は ＿＿ ＿＿ ＿★＿ ＿＿ 本当ですね。

1 って　2 見かけに　3 いうけど　4 よらない

2 私としては、友達のために ＿＿ ＿＿ ＿★＿ ＿＿ つもりです。

1 だけの　2 やれる　3 やった　4 ことは

3 こんなに壊れて ＿＿ ＿＿ ＿★＿ ＿＿ ないと店の人に言われた。

1 いては　2 しまって　3 ようが　4 直し

4 彼は何年 ＿＿ ＿＿ ＿★＿ ＿＿ と決心した。

1 かならず　2 かかっても　3 みせる　4 成功して

5 もう二度と酒は ＿＿ ＿＿ ＿★＿ ＿＿ 飲んでしまう。

1 決心しても　2 飲む　3 まいと　4 つい

6 彼は五年前に一度事故を起して ＿＿ ＿＿ ＿★＿ ＿＿ しなかった。

1 しようとは　2 二度と　3 運転を　4 以来

7 あの選手のように ＿＿ ＿＿ ＿★＿ ＿＿ いいという態度はスポーツ選手として立派なものではない。

1 さえ　2 勝ち　3 それで　4 すれば

8 彼は何度 ＿＿ ＿＿ ＿★＿ ＿＿ 実験を続けた。

1 ことなく　2 しても　3 失敗を　4 あきらめる

9 大事なお金だから ＿＿ ＿＿ ＿★＿ ＿＿ 必要にせまられて使ってしまった。

1 おこうと　2 急に　3 使わないで　4 したが

10 この仕事を ＿＿ ＿＿ ＿★＿ ＿＿ なんて、とても無理です。

1 まだしも　2 しあげる　3 今週中に　4 来週なら

정답 1 ① (2-4-1-3)　2 ④ (2-1-4-3)　3 ④ (2-1-4-3)　4 ④ (2-1-4-3)　5 ① (2-3-1-4)　6 ③ (4-2-3-1)　7 ④ (2-1-4-3)　8 ④ (3-2-4-1)　9 ④ (3-1-4-2)　10 ③ (4-1-3-2)

해석 p.235

問題6 次の文の ＿★＿ に入る最もよいものを、1・2・3・4から一つ選びなさい。

1 明日のパーティーに山本先生も ＿＿ ＿＿ ＿★＿ ＿＿ 先生に連絡だけはしておきましょう。

1 とりあえず　2 かどうかは　3 いらっしゃれる　4 ともかく

2 ＿＿ ＿＿ ＿★＿ ＿＿ 卑怯（ひきょう）なことはしない。

1 勝たんがため　2 そんな　3 いくら　4 とはいえ

3 A：すみませんが、袋をひとついただけますか。
B：どんな袋がいいですか。
A：この本が入る袋 ＿＿ ＿＿ ＿★＿ ＿＿ かまいませんが。

1 袋　2 だって　3 どんな　4 なら

4 実際に台風が ＿＿ ＿＿ ＿★＿ ＿＿ こしたことはない。

1 来ようが　2 もしもの場合に　3 備えるに　4 来るまいが

5 彼は ＿＿ ＿＿ ＿★＿ ＿＿ 彼女の名前を口にすることはなかった。

1 別れてから　2 一度も　3 彼女と　4 というもの

6 この薬は、ガン細胞の活動を ＿＿ ＿＿ ＿★＿ ＿＿ 大きな効果があると期待されている。

1 予防する　2 ばかりでなく　3 上でも　4 抑える

7 本当の病名については ＿＿ ＿★＿ ＿＿ ＿＿ 話してしまうんですか。

1 いいものを　2 黙っていれば　3 どうして　4 正直に

8 これまでの ＿＿ ＿＿ ＿★＿ ＿＿ 一言では言い表せません。

1 苦労　2 彼の　3 といったら　4 とても

9 子どもを育てる ＿＿ ＿＿ ＿★＿ ＿＿ 初めて理解できるようになった。

1 大変か　2 ことが　3 親になって　4 いかに

10 周りの人が賛成して ＿＿ ＿＿ ＿★＿ ＿＿ しかない。

1 やっていく　2 私なりに　3 くれまいが　4 くれようが

정답 1 ④ (3-2-4-1)　2 ④ (3-1-4-2)　3 ① (4-3-1-2)　4 ② (1-4-2-3)　5 ④ (3-1-4-2)　6 ① (4-2-1-3)　7 ① (2-1-3-4)　8 ③ (2-1-3-4)　9 ① (2-4-1-3)　10 ② (4-3-2-1)

問題6 次の文の ＿★＿ に入る最もよいものを、1・2・3・4から一つ選びなさい。

1 彼の論文は、＿＿ ＿★＿ ＿＿ ＿＿ 大変素晴らしい。
1 内容が　2 テーマも　3 構成と　4 さることながら

2 役員会をいつ開くかは、＿＿ ＿＿ ＿★＿ ＿＿ 私一人では決められません。
1 役員の　2 ことには　3 聞いてみない　4 みんなに

3 景気は少しずつ ＿＿ ＿＿ ＿★＿ ＿＿ まだ決していいとは言えない。
1 とはいえ　2 向かい　3 回復に　4 つつある

4 出版までにはまだ時間がありますから、原稿を提出するのが ＿＿ ＿＿ ＿★＿ ＿＿ ありません。
1 二、三日　2 たとえ　3 困ることは　4 遅れても

5 科学技術が ＿＿ ＿★＿ ＿＿ ＿＿ 問題も発生する。
1 さまざまな　2 とはいえ　3 発達すれば　4 便利になる

6 最高級のワイン ＿＿ ＿＿ ＿★＿ ＿＿ まるで違いますね。
1 さることながら　2 味も
3 香りが　4 だけあって

7 あの店のステーキなら、＿＿ ＿★＿ ＿＿ ＿＿ ところだろう。
1 二、三千円　2 高かった　3 ところで　4 といった

8 もう少し資金さえあれば、この土地を ＿＿ ＿＿ ＿★＿ ＿＿ と残念でならない。
1 までも　2 だろうに　3 全部は買えない　4 半分は買える

9 受賞にふさわしい人であれば、＿＿ ＿＿ ＿★＿ ＿＿ ではないだろうか。
1 しかるべき　2 外国人であれ　3 それが　4 賞を与えて

10 今月の売り上げ ＿＿ ＿＿ ＿★＿ ＿＿ ことになりそうだ。
1 余儀なくされる　2 店舗の撤収も　3 いかんでは　4 店舗の拡張はおろか

정답 1 ④ (2-4-3-1)　2 ③ (1-4-3-2)　3 ④ (3-2-4-1)　4 ④ (2-1-4-3)　5 ④ (3-4-2-1)　6 ① (4-2-1-3)　7 ③ (2-3-1-4)　8 ④ (3-1-4-2)　9 ④ (3-2-4-1)　10 ② (3-4-2-1)

확인문제 ❶

1. 피아니스트인 그녀는 작년 일본을 시작으로 세계 각지를 연주하며 돌았다.
2. 나중에 후회할 정도라면 처음부터 하지 않는 편이 좋지 않습니까?
3. 지난주 출장으로 도쿄에 간 김에 근처에 살고 있는 친구에게 연락해 함께 식사를 했다.
4. 그녀는 모두에게 들었던 대로 미인이고 머리도 좋은 여성이었다.
5. 오늘은 먼 곳을 일부러 찾아와 주셔서 감사합니다.
6. 저 선수는 아직 고등학생이고, 나이도 어리니까 더 성장할 것입니다.
7. 친구에게 빌린 책은 훨씬 전에 돌려줬다고 생각하고 있었는데 아직 돌려받지 못했다고 해서 놀랐다.
8. 내 일본에서의 생활에 대해서는 신세를 진 야마다 씨를 빼고는 아무것도 이야기 할 수 없다.
9. 야마다 씨를 대표로 하는 신정당이 창당되었다고 해 선거전에 주목이 쏠렸다.
10. 지난달까지 잘 팔리던 상품의 매출이 계속 줄기만 해서 무엇이 원인인지 조사해 보았다.

확인문제 ❷

1. 야마다 씨는 정말 친절한 분이시군요. 사람은 겉보기와는 다르다고 하던데 정말이네요.
2. 저로서는 친구를 위해서 할 수 있는 것은 한 셈입니다.
3. 이렇게 망가져버려서는 고칠 방법이 없다고 가게 사람이 말했다.
4. 그는 몇 년이 걸려도 반드시 성공해 보이겠다고 결심했다.
5. 두 번 다시 술은 마시지 않겠다고 결심해도 무심코 마시고 만다.
6. 그는 5년 전에 한번 사고를 일으킨 이래 두 번 다시 운전을 하려고는 하지 않았다.
7. 그 선수처럼 이기기만 하면 그걸로 된다는 식의 태도는 스포츠 선수로서 훌륭한 것은 아니다.
8. 그는 몇 번 실패를 해도 포기하지 않고 실험을 계속했다.
9. 중요한 돈이니까 쓰지 않고 두려고 했지만 급하게 필요해져서 쓰고 말았다.
10. 이 일을 다음 주라면 모르겠지만 이번 주 중에 끝낸다는 것은 도저히 무리입니다.

확인문제 ❸

1. 내일 파티에 야마모토 선생님도 오시든 오시지 않든 간에 우선 선생님께 연락만은 해 둡시다.
2. 아무리 이기기 위해서라고 해도 그런 비겁한 짓은 하지 않는다.
3. A: 죄송하지만 봉투를 하나 받을 수 있을까요?
   B: 어떤 봉투가 좋으신가요?
   A: 이 책이 들어가는 봉투라면 어떤 봉투여도 상관없습니다만.
4. 실제로 태풍이 오든 오지 않든 간에 만약의 경우에 대비하는 것이 가장 좋다.
5. 그는 그녀와 헤어진 후로 한번도 그녀의 이름을 말한 적은 없었다.
6. 이 약은 암세포 활동을 억제하는 것 뿐만 아니라 예방하는데 있어서도 큰 효과가 있다고 기대되고 있다.
7. 진짜 병명에 대해서는 잠자코 있으면 될 것을 어째서 솔직하게 말해버린 것입니까?
8. 이제까지의 그의 고생은 도저히 한마디로는 표현 할 수 없습니다.
9. 아이를 키우는 것이 얼마나 힘든지 부모가 돼서 비로소 이해할 수 있게 되었다.
10. 주위 사람들이 찬성해 주든 해 주지 않든 내 나름대로 해 나가는 수 밖에 없다.

확인문제 ❹

1. 그의 논문은 테마는 물론이거니와 구성과 내용이 아주 훌륭하다.
2. 임원회를 언제 열지는, 임원 모두에게 물어보지 않고서는 저 혼자 결정할 수 없습니다.
3. 경기는 조금씩 회복해 가고 있다고는 하지만, 아직 결코 좋다고는 할 수 없다.
4. 출판까지는 아직 시간이 있으니, 원고를 제출하는 것이 설령 2,3일 늦어져도 곤란한 일은 없습니다.
5. 과학기술이 발달하면 편리해진다고 하더라도 여러 가지 문제도 발생한다.
6. 최고급 와인인 만큼 맛은 물론이거니와 향기가 전혀 다르군요.
7. 저 가게 스테이크라면 비싸봤자 2~3천엔 정도겠지.
8. 자금만 좀 더 있으면 이 땅을 전부는 살 수 없더라도 절반은 살 수 있을 텐데 유감스럽기 그지없다.
9. 수상하기에 적합한 사람이라면 그 사람이 외국인이라도 상을 주는 것이 마땅하지 않을까?
10. 이번 달 매출에 따라서는 점포 확장은 커녕 점포 철수도 불가피하게 될 것 같다.

問題 7 글의 문법

문제유형 글의 흐름에 맞는 문법을 찾는 문제 (5문항)

주어진 글을 읽어가면서 글의 내용과 흐름에 맞는 말을 빈 칸에 넣는 문제이다.

問題7 次の文章を読んで、文章全体の趣旨を踏まえて、41から45の中に入る最もよいものを1・2・3・4から一つ選びなさい。

> 人の話をもっと上手に聞けるようにしたいと思ったことは、あるだろうか？ [41]、あなたは少数派に属する。たいていの人は、もっと上手に話せるようにしたいと思うことはあるにしても、もっと上手に聞けるようにしたいと思うことは、あまりない。そんなことはおもいもよらないというひとだって[42]。

[41] 1 もしあるとしても　　2 もしあるとしたら
3 あってもなくても　　4 もしないとすれば

41	① ● ③ ④

포인트

問題 7에서는 단락과 단락을 잇는 접속사와 긍정· 부정· 부분부정 등을 묻는 문말 표현 문제가 반드시 출제되며, 문맥상 적합한 지시어를 고르는 문제도 나올 수가 있다. 그리고 문법적인 기능어가 아니더라도 글의 흐름 속에서 중요한 역할을 가지고 있는 단어를 고르는 문제도 꼭 출제된다.

학습요령

問題 7은 問題 6과 달리 선택지를 먼저 봐서는 안 된다. 아무리 급해도 글 전체를 처음부터 차근차근 [　　] 안을 자신의 말로 채워가며 읽어간다. 그것을 토대로 선택지를 보면 정답이 보일 것이다.

[　　] 안에 들어갈 적당한 말을 찾기 어려울 때는 글의 흐름과 논리의 방향을 기호로만 표시해도 된다. 순접은 →, 역접은 ←, 부연은 〈, 바꾸어 말하기는 ≒, 긍정은 ○, 부정은 × 등과 같은 기호로 메모해 보자.

확인문제 ①

해석 p.242

問題7 次の文章を読んで、文章全体の趣旨を踏まえて、[1]から[5]の中に入る最もよいものを、1・2・3・4から一つ選びなさい。

「ヘタウマ」とか「ウマヘタ」などの言葉をよく使うようになった。この二つの意味は、「ヘタウマ」とは「下手そうに見えるが実は上手(うま)い」ことで、「ウマヘタ」とは「上手そうに見えるが実は下手」という意味である。このほかにも「ウマウマ(上手そうに見えて本当に上手い)」「ヘタヘタ(下手そうに見えて本当に下手)」という[1]。

一般的な常識では、「1．ウマウマ　2．ヘタウマ　3．ウマヘタ　4．ヘタヘタ」の順位である。特にプロスポーツなどでは、ウマヘタは所詮(しょせん)アマチュア、ヘタヘタは完全な素人(しろうと)であるから、ウマウマかヘタウマしかない。プロレベルになると、素人目(しろうとめ)には不格好(ぶかっこう)で下手に見えても「プロの技」を持っていないと通用しないから、実際にはみんな上手いのである。

しかし、絵の世界(せかい)では「1．[2-a]　2．[2-b]　3．ウマウマ　4．[2-c]」の順位となるのだそうだ。芸術の世界ではヘタウマが最高でウマヘタが最低なのはなんとなくわかるが、[2-b]がウマウマよりも上にランクされているのは門外漢(もんがいかん)には理解が難しい。

聞いてみると、どんなに上手くかけた絵でも[3]絵としては魅力がない。しかし、「何だこれ、何が描いてあるんだろう？」という人の注意を引く絵は、もうそれだけで芸術としてのランクが上なのだそうだ。[4]、なるほどだ。ここが私たち小説家とは違うところだ。絵は、その全体がいっぺんに目に入るから、文章とは違う[5]。

1　1 意味もある　2 意味にもなる　3 言い方もある　4 言い方にもなる

2
1 a ヘタウマ　b ヘタヘタ　c ウマヘタ
2 a ヘタウマ　b ウマヘタ　c ヘタヘタ
3 a ヘタヘタ　b ヘタウマ　c ウマヘタ
4 a ウマヘタ　b ヘタウマ　c ヘタウマ

3
1 人の目を引いたりしては　2 人の目を引かなければ
3 うまく描かなければ　4 うまく描けば

4
1 聞けば聞くほど　2 聞いたとすれば
3 言われたとすれば　4 言われてみれば

5
1 ことになるところだ　2 ことになるわけだ
3 ことになるはずだ　4 ことにするものだ

정답　1③　2①　3②　4④　5②

 해석 p.242

問題7 次の文章を読んで、文章全体の趣旨を踏まえて、[1]から[5]の中に入る最もよいものを、1・2・3・4から一つ選びなさい。

外国へ行けば、環境があるから簡単に外国語が習得できる、と信じている人が多いようだ。周りの人と外国語で会話するチャンスができて、自動的に話せるようになると思い込んでいる。ところが、実際そんなに簡単にいくだろうか？答えは否である。

あなたがひとりで外国で生活したとしても、頻繁に会話をする知り合いなどいない。[1]、外国へ行ってあなたが現地人と会話するチャンスは、自国にいて知らない人と話をするくらいの頻度でしか存在しないのである。自然に友達ができる、と思う人もいるかもしれない。しかし、[2]、もしあなたなら、言葉の通じない人と根気よく会話を続けるほどの暇があるだろうか？言葉の不自由な外国人に、無料で会話の練習相手になってくれるような奇特な人はまず存在しない。

さらに、近代生活にほぼ言葉は必要ない。切符を買って電車に乗るのも、バスに乗るのも、別に[3-a]は必要ない。金の払い方と行き先さえ知っていれば充分である。看板や案内を見ればそれくらいはわかるから言葉を使う必要はないのである。少しでも会話の可能性があるのは店員くらいか。しかし、彼らもあなたの[3-b]の相手をするのが[3-c]ではない。会話練習のために利用しようとすれば、邪魔だから帰ってください、と言われてしまう。

[4]、お金を払って学校に行くしかない方法はない。授業料を払えば、根気よく会話の相手になってくれる人がいる。留学にせよ、自国学習にせよ、まず基本的な会話ができなければ友達など[5]。

基本的な会話が出来るまでは、学校で習い、ひとりで練習するしか道はないのである。そこを突破して初めて、会話を楽しむという次の段階にいけるのである。

1 1 つまり　2 にもかかわらず　3 おまけに　4 なぜならば

2 1 友達ができればできるほど　2 友達ができてもできなくても
3 考えることは考えても　4 考えてみてほしい

3 1 a. 言葉　b. 言葉　c. 会話　2 a. 会話　b. 仕事　c. 言葉
3 a. 言葉　b. 会話　c. 言葉　4 a. 会話　b. 会話　c. 仕事

4 1 それに比べると　2 そうは言っても
3 そう考えると　4 それはそうとしても

5 1 できないわけがない　2 できるはずがない
3 留学に来るわけがない　4 留学に行くはずがない

정답　1①　2④　3④　4③　5②

해석 p.242

問題7 次の文章を読んで、文章全体の趣旨を踏まえて、[1] から [5] の中に入る最もよいものを、1・2・3・4から一つ選びなさい。

日本の店員の接客態度はよいとよく言われる。これは世界的に見てもトップクラスであるそうだ。しかし、日本の接客態度は昔からそんなに [1]。そうではない。以前は、そんなものはなかった。特に、敗戦後の貧しかった時代には、物が少なく欲しい人が多かったから、店の立場のほうが強かった。接客態度など最悪でも自分に売ってもらっただけで客は感謝してくれたのだ。なので、客に頭をさげる店員はおらず、むしろ客がお店に頭を下げていた。

こうして苦しい年月が過ぎた後、だんだんと物資が増えていく。[2]、今度は物が溢れるほど多いが、それを欲しがる人が少ないという情況になっていく。各製造会社は競争し、客に買ってもらおうと工夫する。

こうなると以前の店と客の立場が逆転し [3] 店の立場となる。店はただ黙って商品を置いているだけでは客がものを買ってくれない。だから、接客態度が必然的によくなるという仕組みである。接客態度がよいからといって、別に日本人が特別に親切ということはないのだ。今もし再び物資が不足し出したら、日本中の接客態度は [4] 悪化するだろう。

日本人の接客態度がいいのは結局は、利益を狙っての表面的な行いに過ぎない。[5]、利害関係がない状態で、本当に親切な人がまったくいないとはいわない。ただ、そういう人は非常に稀(まれ)だということである。

商売とは、自己利益のみでなく他人の利益にも尽くすことである、というのが私の信条である。それを考えたら立場の強弱など関係なく、接する人にはみな平等に親切にするべきである。それが商売の基本であり王道であると私は信じている 。

1
1 よくはなかった　2 いいはずがない
3 よかったのだ　4 よかったのだろうか

2
1 それとは逆に　2 それでも　3 その上　4 その結果

3
1 客のほうが　2 客よりも　3 客も店も　4 客が来れば

4
1 やはり　2 もっと　3 多少　4 とたんに

5
1 だから　2 だとすると　3 だからといって　4 たとえば

정답　1④　2④　3①　4④　5③

해석 p.243

問題7 次の文章を読んで、文章全体の趣旨を踏まえて、[1]から[5]の中に入る最もよいものを、1・2・3・4から一つ選びなさい。

ある映画が思いがけずにヒットする。元々低予算で、無名監督に無名俳優をキャスティングして作ったこの映画は、制作会社に意外な利益をもたらす。[1]、この映画がまだ人々の熱い話題になっているうちに、映画会社は続編を望む。まったく新しい映画を一本撮るより、続編を撮ったほうが話題にもなり、宣伝効果も高い。そこで、やや多額の金を投資して、より制作費をかける。商業行為として、それに[2]。

しかし、どう見ても見事に完成したはずなのに、さらに続編を作りつづけるのは[3]。すでに完成されたものをさらにいじるということは、作品を壊す方向にしか働かない。一作目が[4-a]、二作目が[4-b]となると、もうその映画をそれ以上に発展させる余地はない。それなのに無理して続編を作ると、元々なかった設定を後で考えて増やしたり、完成した人物に余計な後日談(ごじつだん)(注)を追加することなどにより、完成した二作目までをもぶち壊すことになる。

それは、ファンに対する裏切り行為でもあるのだ。そうした制作会社の便乗行為を[5]、やはり我々映画ファンの厳しい目が必要だ。安易に制作された不要な続編には、酷評をもって反省を促すべきである。それが、より良質の映画を提供させる原動力となるのだ。

（注）後日談(ごじつだん)：ある事件や物語などが一段落ついた、その後の話

1 1 たとえば　2 そこで　3 言い換えれば　4 というのは

2 1 希望はない　2 異論はない
3 投資する必要はない　4 続編を作る必要はない

3 1 簡単だ　2 どうしてかと思う
3 不可能だ　4 どうかと思う

4 1 a. ヒット　b. 続編　2 a. 無名　b. 有名
3 a. 80点　b. 90点　4 a. 90点　b. 100点

5 1 やめさせるには　2 やめさせるより
3 やめさせなければ　4 やめさせたとしても

정답　1②　2②　3④　4④　5①

확인문제 5

해석 p.243

問題7 次の文章を読んで、文章全体の趣旨を踏まえて、[1]から[5]の中に入る最もよいものを、1・2・3・4から一つ選びなさい。

食べ物を平気で残す人間を、私は信用しない。なぜなら、それは生命であるからだ。他の生命の犠牲の上に、私たちの毎日が築かれていることを[1-a]、食べ物を粗(そ)末(まつ)にできる[1-b]。

食べ物を平気で残し捨てている人たちは、それがかつて貴重な生命であったことを忘れているのだろう。もし、自分で豚でも飼ってみれば、愛情が移ってしまい、食べるなどとんでもないと思うだろう。あなたが平気で残した食べ物も、そうした可愛い命であったものなのだ。

自分で飼って、ペットが食べられないのはなぜだろう？ それは、自分にとって特別の存在だからだ。身の回りにある特別なもの、特別な人には愛着があるから壊れたり亡くなったりすると悲しむ。

自分と関係ない人が事故などで亡くなっても、身内や友人ほど悲しくは感じない。[2]、亡くなった人たちも誰かにとっては特別な存在なのだ。相対的に見れば、特別でないものなど何一つ存在しない。[3]がたった一つの貴重な命なのだ。私たちはそれを奪い食料とするのである。それを考えれば、食べ物を無駄にすることがどれだけ罪深いかわかるであろう。命を犠牲に[4]、無駄にはしないのが食べる者の義務である。

学校の成績が悪いのは個人の問題だが、食べ物を粗末にするのは個人だけの問題ではない。人間性の問題でもある。親は、子供に勉強しろ勉強しろと言う前に、もっと大切なことをしっかり教えなくてはならない。[5]を大切にすること、それこそが人生の基本なのだから。

1
1 a 考えても　b ことがない
2 a 考えれば　b はずがない
3 a 知っても　b ものではない
4 a 知れば　b わけではない

2
1 なぜなら　2 それに　3 けれども　4 だから

3
1 これ　2 それ　3 どれか　4 どれも

4
1 した以上　2 したからといって
3 する前に　4 するばかりでなく

5
1 親　2 人間性　3 食べ物　4 命

정답　1②　2③　3④　4①　5④

확인문제 ①

'ヘタウマ' 나 'ウマヘタ' 등의 말을 자주 사용하게 되었다. 이 두 가지의 의미는 'ヘタウマ'란 '못하는 것 같아 보이지만 사실은 잘한다'는 것이며, 'ウマヘタ'란 '잘하는 듯 보이지만 사실은 못한다'라는 의미이다. 이 외에도 'ウマウマ(잘할 것 같이 보이는데 정말로 잘한다)', 'ヘタヘタ(못할 것 같이 보이는데 정말로 못한다)'라는 표현도 있다.

일반적인 상식으로는 '1. ウマウマ 2. ヘタウマ 3. ウマヘタ 4. ヘタヘタ'의 순이다. 특히 프로 스포츠 등에서는 ウマヘタ는 결국 아마추어, ヘタヘタ는 완전히 초보이기 때문에, ウマウマ나 ヘタウマ밖에 없다. 프로 레벨이 되면, 문외한의 눈에는 볼품없고 서툴러 보여도 '프로의 기술'을 가지고 있지 않으면 통용되지 않으므로 실제로는 모두 능숙한 것이다.

그러나 그림의 세계에서는 '1. ヘタウマ 2. ヘタヘタ 3. ウマウマ 4. ウマヘタ'의 순이 된다고 한다. 예술의 세계에서는 ヘタウマ가 최고이고, ウマヘタ가 최악이라는 것은 어쩐지 알 것 같지만, ヘタヘタ가 ウマウマ보다도 위에 랭크 되어 있는 것은 문외한에게는 이해가 잘 되지 않는다. 물어보니 아무리 잘 그린 그림이라도 사람의 눈을 끌지 못하면 그림으로서는 매력이 없다. 하지만 '이건 뭐지, 무엇이 그려져 있는 걸까?' 하며 사람의 주의를 끄는 그림은 이미 그것만으로 예술로서의 랭크가 위라고 한다. 듣고 보니 과연 그렇다. 이것이 우리들 소설가와는 다른 점이다. 그림은 그 전체가 한 눈에 들어오기 때문에 글과는 다른 것이 되는 것이다.

확인문제 ②

외국에 가면, 환경이 있으니 간단하게 외국어를 습득할 수 있다고 믿고 있는 사람이 많은 것 같다. 주변 사람과 외국어로 대화할 기회가 생겨서, 자동적으로 말을 할 수 있게 된다고 믿고 있다. 하지만, 실제로는 그렇게 간단하게 될까? 정답은 아니다 이다.

당신이 혼자서 외국에서 생활하더라도 빈번하게 대화할 지인 따위 없다. 즉, 외국에 가서 당신이 현지인과 대화할 기회는 자기 나라에서 모르는 사람과 이야기할 정도의 빈도로 밖에 존재하지 않는 것이다. 자연스럽게 친구가 생긴다고 생각하는 사람도 있을지도 모른다. 하지만, 생각해 보라. 만약 당신이라면 말이 통하지 않는 사람과 끈기 있게 대화를 계속할 정도로 한가로운가? 언어가 부자유스러운 외국인에게 무료로 회화 연습 상대가 되어 주는 기특한 사람은 거의 존재하지 않는다.

더욱이 근대 생활에서 말은 거의 필요 없다. 표를 사서 전철을 타는 것도, 버스를 타는 것도, 특별히 대화는 필요없다. 돈을 지불하는 법과 행선지만 알면 충분하다. 간판이나 안내를 보면 그 정도는 알 수 있기 때문에 말을 쓸 필요는 없는 것이다. 조금이라도 대화할 가능성이 있는 것은 점원 정도일까? 하지만, 그들도 당신의 회화 상대를 하는 것이 업무는 아니다. 회화 연습을 위해서 이용하려고 한다면, 방해되니 돌아가 주세요라고 할 것이다.

그렇게 생각하니 돈을 내고 학교에 가는 수 밖에 방법은 없다. 수업료를 지불하면 끈기있게 회화 상대가 되어주는 사람이 있다. 유학이든 자국 학습이든 우선 기본적인 회화가 되지 않으면 친구 따위 생길 리가 없다.

기본적인 회화가 가능해질 때까지는 학교에서 배우고, 혼자서 연습하는 수밖에 길은 없는 것이다. 그것을 돌파해야 비로소 회화를 즐긴다고 하는 다음의 단계로 갈 수 있는 것이다.

확인문제 ③

일본 점원의 접객 태도는 좋다고 자주 일컬어진다. 이것은 세계적으로 봐도 정상급이라고 한다. 하지만, 일본의 접객 태도는 예전부터 그렇게 좋았던 것일까? 그렇지는 않다. 이전에는 그렇지 않았다. 특히 패전 후의 가난했던 시절에는 물자가 적고 원하는 사람이 많았기 때문에, 가게의 입장이 강했다. 접객 태도 따위 최악이어도 자신에게 물건을 팔아준 것만으로도 손님은 감사했던 것이다. 그래서 고객에게 머리를 숙이는 점원은 없고, 오히려 고객이 가게에 머리를 숙였었다.

이렇게 힘든 세월이 지나간 후, 점점 물자가 늘어났다. 그 결과, 이번에는 물건이 넘칠 정도로 많지만, 그것을 원하는 사람이 적은 상황으로 되어 간다. 각 제조회사는 경쟁하여, 고객이 구매하도록 연구한다.

이렇게 되면 이전의 가게와 손님의 입장이 역전되어 손님 쪽이 가게의 입장이 된다. 가게는 그저 입 다물고 상품을 두고 있는 것만으로는 손님이 물건을 사주지 않는다. 그래서 접객 태도가 필연적으로 좋아진다는 구조이다. 접객 태도가 좋다고 해서 특별히 일본인이 친절하다는 것은 아니다. 지금 혹시 다시 물자가 부족해지기 시작한다면, 일본 내의 접객 태도는 바로 악화될 것이다.

일본인의 접객 태도가 좋은 것은 결국, 이익을 노린 표면적인 행위에 지나지 않는다. 그렇다고 해서, 이해관계가 없는 상태에서 정말로 친절한 사람이 전혀 없다는 것은 아니다. 단지, 그러한 사람은 매우 드물다는 것이다.

장사란, 자기 이익뿐 아니라 타인의 이익에도 힘쓰는 것이라는 것이 나의 신조이다. 그것을 생각하면 입장의 강약에 관계없이 접하는 사람에게는 모두 평등하게 친절하게 해야 한다. 그것이 장사의 기본이며, 왕도라고 나는 믿고 있다.

확인문제 4

어떤 영화가 뜻밖에 흥행한다. 원래 저 예산으로 무명 감독에 무명 배우를 캐스팅하여 만든 이 영화는 제작회사에 뜻밖의 이익을 가져다 준다. 그래서 이 영화가 여전히 사람들의 뜨거운 화제가 되고 있는 사이에 영화사는 속편을 기대한다. 완전히 새로운 영화를 한편 찍는 것보다 속편을 찍는 편이 화제도 되고, 선전효과도 높다. 그래서 다소 고액의 돈을 투자하여 보디더 제작비를 들인다. 상업행위로서 그것에 이의는 없다.

하지만 아무리 봐도 멋지게 완성되었을 터인데, 다시 속편을 만드는 것은 좀 그렇다. 이미 완성된 것을 다시 손댄다는 것은 작품을 망치는 방향으로밖에 작용하지 않는다. 첫 번째 작품이 90점, 두 번째 작품이 100점이 되면, 이미 그 영화를 그 이상 발전시킬 여지는 없다. 그런데도 무리해서 속편을 만들면, 원래 없던 설정을 나중에 생각해서 늘리거나, 완성된 인물에 쓸데없는 후일담을 추가하는 등으로 인해, 완성된 두 번째 작품까지도 망치게 된다.

이것은 팬에 대한 배신 행위이기도 한 것이다. 그러한 제작사의 편승행위를 못 하게 하려면 역시 우리 영화 팬들의 엄격한 눈이 필요하다. 안이하게 제작된 불필요한 속편에는 혹평으로 반성을 촉구해야 한다. 그것이 보다 양질의 영화를 제공하게 하는 원동력이 될 것이다.

확인문제 5

음식을 아무렇지 않게 남기는 인간을 나는 신용하지 않는다. 왜냐하면 그것은 생명이기 때문이다. 다른 생명의 희생으로 우리들의 매일이 이루어지고 있다는 것을 생각하면 , 음식을 소홀히 할 수 있을 리가 없다.

음식을 아무렇지 않게 남겨서 버리는 사람들은 그것이 일찍이 귀중한 생명이었다는 것을 잊고 있는 것이다. 만약에, 자신이 돼지라도 키워보면 애정이 생겨 먹는 것 등은 당치도 않다고 생각할 것이다. 당신이 아무렇지 않게 남긴 음식도 그렇게 사랑스러운 생명이었던 것이다.

자신이 기른 애완동물을 먹을 수 없는 건 어째서일까? 그것은 자신에게 있어서 특별한 존재이기 때문이다. 주변에 있는 특별한 것, 특별한 사람에게는 애착이 있기 때문에 망가지거나 죽거나 하면 슬퍼한다.

자기와 관계없는 사람이 사고 등으로 죽어도, 친척이나 친구만큼 슬프다고는 느끼지 않는다.

하지만, 죽은 사람들도 누군가에게 있어서는 특별한 존재이다. 상대적으로 보면 특별하지 않은 것은 하나도 존재하지 않는다. 모두가 오직 하나뿐인 귀중한 생명인 것이다. 우리들은 그것을 빼앗아 식재료로 삼는 것이다. 그것을 생각하면 음식을 헛되이 하는 것이 얼마나 죄가 무거운지 알게 될 것이다. 생명을 희생시킨 이상, 헛되이 하지 않는 것이 먹는 자의 의무이다.

학교 성적이 나쁜 것은 개인의 문제이지만, 음식을 소홀히 하는 것은 개인만의 문제가 아니다. 인간성의 문제이기도 하다. 부모는 자녀에게 공부해라 공부해라 하기 전에 더욱 중요한 것을 확실히 가르쳐야 한다. 생명을 소중히 하는 것, 그것이야말로 인생의 기본이기 때문이다.

問題5 次の文の（　　　　）に入れるのに最もよいものを、1・2・3・4から一つ選びなさい。

26 意見が分かれたので多数決（　　　　）決めることにした。
1 に　　2 で　　3 から　　4 と

27 彼の話では、いったいどこでタクシーを降りた（　　　　）記憶さえないという。
1 とはいえ　　2 ところで　　3 かの　　4 のが

28 車内アナウンス「現金でバス料金をお支払いになる際は、小銭を（　　　　）。」
1 ご用意願います　　2 ご用意いただけます
3 ご必要になられます　　4 ご必要に存じます

29 A「こっちは山田さんのためだと思って注意してあげたのにね。」
B「あの人って、ほんと何も（　　　　）ね。」
1 わかんないって　　2 わかってない
3 わかったんだって　　4 わかりようない

30 一応相手の気持ちを考えて出された謝礼を（　　　　）、やっぱり返すことにした。
1 受け取りでもしたからは　　2 受け取りはした以上
3 受け取りでもしたのだが　　4 受け取りはしたものの

31 A「部長、新人の田中くんなんですけど、私からアドバイスしてもいいでしょうか。」
B「もう、どんどん（　　　　）よ。」
1 言ってやって　　2 言ってもらって
3 言われてもらおう　　4 言わせてあげよう

32 A「山田さん、もっと言葉のつかい方に気をつけないとねえ。」
B「そう、そこなんですよ、（　　　　）。」
1 大事なんだけど　　2 大事なんだから
3 大事なものを　　4 大事なのは

33 A「なんか山田さんって、感じ悪いよね。」
B「そうそう、人の言うこと、(　　　　　　)でしょう。」

1 聞こうともしない　　2 聞くも聞かないもない
3 聞くどころじゃない　　4 聞きっぱなし

34 乗ろうとした電車が事故に遭ったと聞いて、もしあの電車に(　　　　　　)、恐くなった。

1 乗っていたらと思うと　　2 乗ったと思っていると
3 乗ろうと乗るまいと　　4 乗ったら乗ったで

35 他人のことをどうこう言うつもりはさらさらないのだけれど、自分自身にうそをついてまで、命令に従うようなことをしたら(　　　　　　)なるだろう。

1 自分に自分が許されなく　　2 自分が自分を許せなく
3 自分から許さざるをえなく　　4 自分では許さないでもなく

問題6 次の文の ＿★＿ に入る最もよいものを、1・2・3・4から一つ選びなさい。

問題例　あそこで　　あそこで ＿＿ ＿＿ ＿★＿ ＿＿ は田中さんです。
1 本　　2 読んでいる　　3 を　　4 人

解答の仕方方

1. 正しい文はこうです。

あそこで ＿＿ ＿＿ ＿★＿ ＿＿ は田中さんです。
1 本　3 を　2 読んでいる　4 人

2. ＿★＿ に入る番号を解答用紙にマークします。

解答用紙	(例) ① ● ③ ④

36 提出期限まで後一日あるから、見落とし ＿＿ ＿＿ ＿★＿ ＿＿ にした。
1 再確認　　2 する　　3 こと　　4 のないように

37 ブラック企業と呼ばれるような怪しい会社には、いかに ＿＿ ＿＿ ＿★＿ ＿＿ とも、関わらないほうがいいだろう。
1 場合であろう　　2 提示された条件が
3 他に比べて良い　　4 と思える

38 事件に巻き込まれ、相当なショックを受けたにもかかわらず、彼女は本当の ＿＿ ＿＿ ＿★＿ ＿＿ いつもどおり仕事をこなしていった。
1 さえ　　2 胸の内を　　3 出さずに　　4 顔に

39 公衆の面前で ＿＿ ＿＿ ＿★＿ ＿＿ 目を疑った。
1 だれもが　　2 とった態度には
3 彼女に対して　　4 彼が

40 A「Cさん、旅行、行かないのかな？　返事あった？」
B「それがまだなのよ。＿＿ ＿＿ ＿★＿ ＿＿ ねえ。」
1 ほしいんだけど　2 行かないで　3 早く連絡して　4 行かないなら

問題7 **次の文章を読んで、文章全体の趣旨を踏まえて、41 から 45 の中に入る最もよいものを、1・2・3・4から一つ選びなさい。**

中国の黄土高原というところは、大層な田舎で、何か事前に目的を決めて計画を立てて実行しようとすると、恐ろしいくらい、次から次へと困難がふりかかり、ひどい目にあいます。たとえば誰かに会いたいと思って、車でどこかへ移動しようとしても、車が見つからない。車が見つかっても車がなかなか来ない。車が来ても、今度は車が壊れる。車が壊れなくても、運転手のやる気がなくて止まる。運転手のやる気があっても大渋滞で進まない、等々。こういうことが連続で［41］。私が参加した深尾葉子氏の率いる調査グループは、過去にこのような経験を数限りなくしていました。

それでとうとう諦めて、目的も計画もなく、ただブラブラしていると、人が面白がって寄ってきます。そこでおしゃべりしていると、その人が偶然、私たちが会いたい人の知り合いだったりします。それで「その人に会いたいのだ」と言うと、じゃあ今すぐ行こうということになります。だけど車がない、と思っていると、その人の知り合いがたまたま車で通りかかる。その人が止める。運転手と話す。するとたまたま、その方向に行く［42］。じゃあ乗せてくれ、と言って乗ると、道も混(こ)まずに辿(たど)りつく。着いたら会うべき人は、客と会うために家にいたのだけれど、その客が急に来られなくなったので、暇を持て余していた。「ちょうど良いところにきた」ということで、［43］人とたっぷり話すことができる、等々。

そういう経験をしているうちに、「流れに［44］」ということを嫌でも覚え、深尾氏はこういうやり方を「波乗り方式」と呼んでいました。流れに乗って波乗りをしていると、思いもかけない、面白いことに次々出遇(であ)うからです。この調査に参加して同じ経験をした私は、「目的」や「計画」や「責任」といったものは、［45］を邪魔するものだ、と考えるようになりました。

（安冨歩「今を生きる親鸞」樹心社）

41
1 襲われてしまいます
2 襲わせてしまいます
3 襲い出してきます
4 襲いかかってきます

42
1 べきだった
2 ところだった
3 のみだった
4 かもしれなかった

43
1 忙しいはずの
2 忙しいつもりの
3 忙しいわけのない
4 忙しくあるまい

44
1 逆らわないものでもない
2 逆らってもさしつかえない
3 逆らってはいけない
4 逆らうに越したことはない

45
1 交流
2 波乗り
3 偶然
4 面白み

언어지식(문법) 실전문제 정답 및 해설

問題 5 다음 문장의 (　　　)에 들어갈 가장 적당한 것을 1・2・3・4에서 하나 고르시오.

26 意見が分かれたので多数決(　　　)決めることにした。

1 に　　2 で　　3 から　　4 と

정답 **2** 의견이 갈라졌기 때문에 다수결로 정하기로 했다.

어휘 意見(いけん) 의견 | 分(わ)かれる 갈라지다 | 多数決(たすうけつ) 다수결 | 決(き)める 정하다

해설 이 문제는 올바른 조사를 고르는 문제로 선택지 2번의「で」는 수단, 방법, 재료, 도구, 이유, 기한 등을 나타내는 경우에는 '~으로'의 뜻이며, 장소를 나타내는 경우에는 '~에서'의 뜻을 나타내는 조사이다. 여기에서는 방법의 의미로 사용되었다.

---

27 彼の話では、いったいどこでタクシーを降りた(　　　)記憶さえないという。

1 とはいえ　　2 ところで　　3 かの　　4 のが

정답 **3** 그의 이야기로는 도대체 어디에서 택시를 내렸는지에 대한 기억조차 없다고 한다.

어휘 いったい 도대체 | タクシー 택시 | 降(お)りる 내리다 | 記憶(きおく) 기억 | ~さえ ~조차

해설 이 문제 또한 조사의 올바른 쓰임새를 묻는 문제로 정답인 선택지 3번의「かの」는 불확실한 뜻을 나타내는 조사「か」에 명사를 수식하는 용법으로 사용된 조사「の」가 붙어 이루어진 표현으로 우리말로 '~인가에 대한' 의 의미를 나타낸다.

---

28 車内アナウンス「現金でバス料金をお支払いになる際は、小銭(こぜに)を(　　　)。」

1 ご用意願います　　2 ご用意いただけます

3 ご必要になられます　　4 ご必要に存じます

정답 **1** 차내방송 '현금으로 버스 요금을 지불하실 때에는 잔돈을 준비하시길 바랍니다.'

어휘 車内(しゃない)アナウンス 차내방송 | 現金(げんきん) 현금 | 料金(りょうきん) 요금 | 支払(しはら)い 지불 | ~際(さい) ~때 | 小銭(こぜに) 잔돈 | 用意(ようい) 준비 | 願(ねが)う 바라다, 기원하다 | 存(ぞん)じる 생각하다(思(おも)う의 겸양표현)

해설 이 문제는 경어 용법을 묻는 문제이다. 경어표현에는 존경표현, 겸양표현, 정중표현이 있는데 정답은 겸양표현으로 정중하게 부탁하고 있는 선택지 1번이 정답이 되겠다. 즉,「お(ご)+명사+願(なが)う」의 형태로 우리말 '~해 주시길 바랍니다(부탁 드립니다)'의 의미를 나타내는 겸양표현이다. 참고로 동사의 경우에는「お+ます형+願(ねが)う」의 형태로 이야기 할 수 있다.

예) お電話願(でんわねが)います。전화 부탁 드리겠습니다.
　　お調(しら)べ願(ねが)います。조사를 부탁 드리겠습니다.

29 A「こっちは山田さんのためだと思って注意してあげたのにね。」

B「あの人って、ほんと何も(　　　)ね。」

1 わかんないって　　2 わかってない

3 わかったんだって　　4 わかりようない

정답 **2** A 이쪽은 야마다 씨를 위해서 라고 생각해서 주의를 줬는데.
B 그 사람은 정말로 아무것도 모르네.

어휘 ため 이익, 위함 | 注意(ちゅうい) 주의 | ～てあげる ~해 주다 | ほんと 정말, 진짜

해설 이 문제는 수수표현의 쓰임새를 묻는 문제로 「～てあげる」는 1인칭이 2인칭과 3인칭에게 '~해 주다'의 의미를 나타내는 표현이다. 즉, A는 상대방을 생각해서 내가 주의를 주었는데 상대는 그 호의를 전혀 모르고 있다고 하고, B는 상대방의 이야기에 맞장구 치고 있는 내용이다. 따라서 선택지 2번이 정답이다.

30 一応相手の気持ちを考えて出された謝礼を(　　　)、やっぱり返すことにした。

1　受け取りでもしたからは　　　2　受け取りはした以上

3　受け取りでもしたのだが　　　4　受け取りはしたものの

정답 **4** 일단 상대의 마음을 생각하여 나온 사례금을 받기는 했지만 역시 되돌려 주기로 했다.

어휘 一応(いちおう) 일단 | 相手(あいて) 상대 | 謝礼(しゃれい) 사례(금) | 返(かえ)す (제자리로)갖다 놓다, (돈 등을) 갚다 | 受(う)け取(と)る 받아서 넣어두다, 납득하다

해설 이 문제는 조사의 용도를 묻는 문제로 선택지 4번의 「ものの」는 앞 문장 끝에 와서 앞 뒤 문장의 관계를 모순, 대립 관계로 만드는 접속 조사로서, 우리말로 '~기는 하나, ~이지만'의 의미를 나타낸다.

31 A「部長、新人の田中くんなんですけど、私からアドバイスしてもいいでしょうか。」

B「もう、どんどん(　　　)よ。」

1　言ってやって　　　2　言ってもらって

3　言われてもらおう　　　4　言わせてあげよう

정답 **1** A 부장님 신입인 다나카 군에 관한 일인데요, 제가 충고 해도 될까요?
B 아, 자꾸자꾸 이야기 해 줘요.

어휘 部長(ぶちょう) 부장 | 新人(しんじん) 신인, 신입 | アドバイス 충고 | 言(い)ってやる 말해주다

해설 보조 동사의 용도를 묻는 문제로 선택지 4번의 「～てやる」는 남을 위해서 '~해 주다'라는 표현이다. 즉, 정답인 선택지 1번의 「言ってやって」는 허락을 구하는 A의 말을 부장이 받아들여 '말해 줘라'라는 의미로 사용되었다.

32 A「山田さん、もっと言葉のつかい方に気をつけないとねえ。」

B「そう、そこなんですよ、(　　　)。」

1　大事なんだけど　　　2　大事なんだから

3　大事なものを　　　4　大事なのは

정답 **4** A 야마다 씨, 좀 더 말 사용을 조심하지 않으면 안되겠는데요.
B 그래요, 바로 그 점 이예요, 중요한 건

어휘 もっと 좀 더 | 言葉(ことば) 말, 단어 | 気(き)をつける 조심하다 | 大事(だいじ) 중요함, 소중함

해설 상대방의 대화 내용에 공감을 하면서 화제로 제시하는 대화문으로 여기에서 「そこなんですよ」는 우리말로 '그 점입니다'라는 뜻이며, 중요한 것은 바로 그 점이라고 말한 선택지 4번이 정답인 것을 알 수 있다.

33 A「なんか山田さんて、感じ悪いよね。」

B「そうそう、人の言うこと、(　　　)でしょう。」

1 聞こうともしない　　2 聞くも聞かないもない

3 聞くどころじゃない　　4 聞きっぱなし

정답 **1** A 왠지 야마다씨라는 사람, 인상이 안 좋아요.
B 맞아요, 남이 하는 말, 들으려고 하지 않죠?

어휘 なんか 왠지 | 感じ悪い 느낌이 나쁘다 | そうそう 그래 그래

해설 이 문제 또한 상대방의 이야기에 공감하는 대화 내용으로 선택지 1번의「聞こうともしない(들으려고도 하지 않는다)」가 정답이다. 참고로「聞こうとも」에서 조사「も」는 뒤의 부정문을 강조하는 의미이다.

34 乗ろうとした電車が事故に遭ったと聞いて、もしあの電車に(　　　)、恐くなった。

1 乗っていたらと思うと　　2 乗ったと思っていると

3 乗ろうと乗るまいと　　4 乗ったら乗ったで

정답 **1** 타려고 했던 전차가 사고를 당했다고 듣고 만약 그 전차를 탔었더라면 하고 생각하니 무서워졌다.

어휘 乗る 타다 | 電車 전차 | 事故に遭う 사고를 당하다 | もし 만약 | 恐い 무섭다, 겁나다

해설 이 문제는 동사의 가정형의 용법을 묻는 문제로 정답인 선택지 1번의「乗っていたらと思うと」에서「~たら」는 여기에서 어떠한 일이 발생했을 경우를 가정하는 표현이며, '타고 있었다고 생각하면'의 의미를 나타낸다.

35 他人のことをどうこう言うつもりはさらさらないのだけれど、自分自身にうそをついてまで、命令に従うようなことをしたら(　　　)なるだろう。

1 自分に自分が許されなく　　2 自分が自分を許せなく

3 自分から許さざるをえなく　　4 自分では許さないでもなく

정답 **2** 타인에 관한 일을 이러니 저러니 말할 생각은 조금도 없지만 자기 자신에게 거짓말을 하면서 까지 명령에 따르는 것을 한다면 내가 내자신을 용서할 수 없을 것이다.

어휘 他人 타인 | どうこう言う 이러니저러니 말하다 | さらさら 조금도 | 自分自身 자기자신 | うそをつく 거짓말을 하다 | 命令 명령 | 従う 따르다 | 許す 용서하다

해설「~てまで」의 표현은 우리말 '~(하면)서까지'의 의미로 강조 표현이다. 또한 선택지 2번의「自分が自分を許せなく」에서「許せない」는「許す」의 가능 동사의 부정형으로 '용서할 수 없다'라는 뜻이다.

問題6 다음 문장의 ＿★＿에 들어갈 가장 적당한 것을 1·2·3·4에서 하나 고르시오.

36 提出期限まで後一日あるから、見落とし＿＿ ＿＿ ＿★＿ ＿＿にした。

1 再確認　　2 する　　3 こと　　4 のないように

정답 **2** 제출 기한까지 앞으로 하루 있으니까 간과하는(빠뜨리고 보는) 일이 없도록 재확인 하기로 했다.
提出期限まで後一日あるから、見落としのないように再確認することにした。

어휘 提出(ていしゅつ) 제출 | 期限(きげん) 기한 | 後一日(あといちにち) 앞으로 하루 | 見落(みお)とし 간과(빠뜨리고 봄) | 再確認(さいかくにん)재확인

해설 「동사의 원형 + ことにする」는 화자의 결심을 나타내며, 우리말로 '~하기로 하다'의 의미이다.

37 ブラック企業と呼ばれるような怪しい会社には、いかに ＿＿＿ ＿＿＿ ★ ＿＿＿ とも、関わらないほうがいいだろう。

1 場合であろう　2 提示された条件が　3 他に比べて良い　4 と思える

정답 4 블랙 기업이라고 불리는 수상쩍은 기업에는 아무리 제시된 조건이 다른 곳에 비교하여 좋다고 생각되어도 관계되지 않는 편이 좋을 것이다.
いかに提示された条件が他に比べて良いと思える場合であろうとも、関わらないほうがいいだろう。

어휘 いかに 아무리 | 提示(ていじ) 제시 | 条件(じょうけん) 조건 | 比(くら)べる 비교하다 | 思(おも)える 생각되다 | 関(かか)わる 관계되다

해설 「いかに～とも」는 문어적 용법으로 구어적 용법의 「どんなに～ても」와 같은 표현이다. 즉 우리말 '아무리~하여도'의 의미를 나타낸다. 예를 들면 다음과 같다.

예) いかに寒(さむ)かろうとも ＝ どんなに寒(さむ)くても 아무리 춥더라도
いかに便利(べんり)であろうとも ＝ どんなに便利(べんり)でも 아무리 편리하더라도
いかに食(た)べようとも ＝ どんなに食(た)べても 아무리 먹어도

38 事件に巻き込まれ、相当なショックを受けたにもかかわらず、彼女は本当の ＿＿＿ ＿＿＿ ★ ＿＿＿ いつもどおり仕事をこなしていった

1 さえ　2 胸の内を　3 出さずに　4 顔に

정답 1 사건에 휘말려 상당한 쇼크를 받았음에도 불구하고 그녀는 진정한 심정을 얼굴에 조차 드러내지 않고 평소대로 일을 처리해 갔다.
事件に巻き込まれ、相当なショックを受けたにもかかわらず、彼女は本当の胸の内を顔にさえ出さずにいつもどおり仕事をこなしていった。

어휘 事件(じけん) 사건 | 巻(ま)き込(こ)まれる 휘말리다, 연루되다 | 相当(そうとう) 상당함 | ショックを受(う)ける 충격을 받다 | ~にもかかわらず ~임에도 불구하고 | 胸(むね)の内(うち) 심중(마음속,심정) | いつもどおり 평소대로 | 仕事(しごと)をこなす 일을 처리하다

해설 조사 「さえ」는 조사 「も」를 강조하는 표현으로 '~마저, ~조차, ~까지도'의 의미를 나타낸다.
예) そんなことは子供(こども)でさえ分(わ)かる。그런건 아이 조차도 안다
兄(あに)は親(おや)にさえ相談(そうだん)せずに、留学(りゅうがく)に行(い)った。형은 부모에게까지도 의논하지 않고 유학을 갔다

39 公衆の面前で ＿＿＿ ＿＿＿ ★ ＿＿＿ 目を疑った。

1 だれもが　2 とった態度には　3 彼女に対して　4 彼が

정답 2 사람들 앞에서 그가 그녀를 향해 취한 태도에는 누구나가 눈을 의심했다.
公衆の面前で彼が彼女に対してとった態度にはだれもが目を疑った。

어휘 公衆(こうしゅう) 공중 | 面前(めんぜん) 면전(남의 앞) | 態度(たいど) 태도 | 目(め)を疑(うたが)う 눈을 의심하다

해설 「～に対(たい)して」는 방향성과 양쪽을 대비하는 경우에 사용하는 표현이다. 즉 방향성을 나타내는 경우에는 '~을 향해서'의 의미와 대비를 나타내는 경우에는 '~에 반해서, ~과 달리'라고 해석된다. 예를 들면 다음과 같다.

예) [방향성] 質問(しつもん)に対(たい)して答(こた)える。질문에 대해서(질문을 향해서) 대답하다

[대비] 日本語(にほんご)に対(たい)して中国語(ちゅうごくご)は発音(はつおん)が難(むずか)しい。일본어에 반해서 중국어는 발음이 어렵다

40 A「Cさん、旅行、行かないのかな？返事あった？」

B「それがまだなのよ。＿＿＿ ＿＿＿ ＿★＿ ＿＿＿ ねえ。」

1 ほしいんだけど　2 行かないで　3 早く連絡して　4 行かないなら

정답 **3** A C씨 여행 안 가는 건가? 답변 왔어?

B 그게… 아직 없어요. 가지 않으면 가지 않는 대로 빨리 연락 주었으면 하는데요.

それがまだなのよ。行かないなら行かないで早く連絡してほしいんだけどねえ。

어휘 旅行(りょこう) 여행 | 返事(へんじ) 답장 | ～てほしい ~해 주었으면 한다

해설 「～なら～で」는 '~이면 ~인 대로'의 의미를 나타낸다. 참고로 부정문에도 사용할 수 있는 표현이다. 예를 들면 다음과 같다.

예) あったらあったで、있으면 있는 대로

いやならいやで、싫으면 싫은 대로

時間(じかん)がなかったらないで、시간이 없으면 없는 대로

問題7 다음 글을 읽고 글 전체의 취지를 근거로 하여 41 에서 45 안에 들어갈 가장 적당한 것을 1・2・3・4에서 하나 고르시오.

해석 중국의 황토 고원이라고 하는 곳은 대단히 시골이어서 무언가 사전에 목적을 정해 계획을 세워 실행하려고 하면 무서울 만큼 잇따라 곤란한 일이 닥쳐서 곤욕을 치릅니다. 예를 들면 누구를 만나고 싶어서 차로 어딘가로 이동하려고 해도 차가 눈에 띄지 않는다. 차가 눈에 띄어도 좀처럼 차가 오지 않는다. 차가 오더라도 이번에는 차가 망가진다. 차가 망가지지 않더라도 운전사가 의욕이 없어 멈춘다. 운전사가 의욕이 있어도 심한 정체로 앞으로 가지 않는 등. 이러한 일이 연속으로 덮쳐 오기 시작합니다. 내가 참가한 후카오 요코 씨가 이끄는 조사 그룹은 과거에 이와 같은 경험을 수없이 했습니다.

그래서 결국 포기하고 목적도 계획도 없이 그저 빈둥빈둥 거리고 있자 사람들이 흥미로워하면서 다가 왔습니다. 그래서 이야기를 하게 되면 그 사람이 우연하게도 우리들이 만나고 싶은 사람의 아는 사이 이거나 합니다. 그래서 '그 사람을 만나고 싶다'라고 말하면 그럼 지금 바로 가자고 하게 됩니다. 하지만 차가 없다고 생각하고 있자 그 사람의 아는 사람이 때마침 차로 지나간다. 그 사람이 멈추게 한다. 운전사와 이야기 한다. 그렇게 하면 때마침 그 방향으로 가는 참이었다. 그럼 태워 달라고 하고 타면, 길도 붐비지 않고 도착한다. 도착하면 만나야 할 사람은 손님과 만나기 위해서 집에 있었지만 그 손님이 갑자기 못오게 되어서 한가한 시간을 주체 못하고 있었다. '딱 좋은 때에 왔다'고 함으로써 틀림없이 바쁠 사람과 많이 이야기 할 수 있는 등.

그러한 경험을 하는 있는 사이에 '흐름을 거역해서는 안 된다'라고 하는 것을 싫어도 기억하게 되어 후카오요코 씨는 이러한 방법을 '파도타기 방식'이라고 불렀습니다. 흐름을 타면서 파도타기를 하고 있으면 생각지도 않은 흥미로운 일을 잇따라 만나기 때문입니다. 이 조사에 참가하여, 같은 경험을 한 나는 '목적'과 '계획'과 '책임'이라고 하는 것은 파도타기를 방해하는 것이라고 생각하게 되었습니다.

어휘 黄土高原 황토고원 | 大層 무척 | 田舎 시골 | 事前に 사전에 | 計画を立てる 계획을 세우다 | 実行 실행 | 恐ろしい 두렵다 | 次から次へと 잇따라 | 困難 곤란 | ふりかかる (좋지 않은 일이) 덮치다 | ひどい目にあう 곤욕을 치르다 | 移動 이동 | 見つかる 발견되다 | 壊れる 망가지다 | 運転手 운전 | やる気 의욕 | 止まる 멈추다 | 大渋滞 심한 정체 | 等々 등등 | 連続 연속 | 参加 참가 | 率いる 거느리다 | 調査 조사 | 過去 과거 | 経験 경험 | 数限りない 수 없다 | 諦める 단념하다 | 目的 목적 | ブラブラする 빈둥빈둥 거리다 | 寄ってくる 다가오다 | 偶然 우연 | 知り合い 아는 사이 | 通りかかる 마침 지나가다 | 方向 방향 | 乗せる 태우다 | 混む 붐비다 | 辿りつく 겨우 도착하다 | 急に 갑자기 | 暇を持て余す 한가한 시간을 주체 못하다 | 嫌 싫음 | 覚える 기억하다 | やり方 하는 법 | 波乗り 파도타기 | 方式 방식 | 呼ぶ 부르다 | 流れ 흐름 | 思いもかけない 생각지도 않다 | 面白い 재미있다 | 出遇う 만나다 | 調査 조사 | 参加 참가 | 責任 책임 | 邪魔する 방해하다

41 1 襲われてしまいます　2 襲わせてしまいます
3 襲い出してきます　4 襲いかかってきます

정답 **4** 공격해오기 시작합니다

해설 문말 표현의 올바른 형태를 묻는 문제로 정답인 선택지 4번의 「襲いかかってきます」에서 「~てくる」는 변화 문장에 사용되는 경우에는 우리말 '~하기 시작하다'라고 해석해야 함으로 앞 단어의 「連続で~てくる」와 연결되어 '연속으로 ~하기 시작하다'라고 하는 흐름의 문장임을 알 수 있다.

42 1 べきだった　2 ところだった　3 のみだった　4 かもしれなかった

정답 **2** ~하는 참이었다

해설 문말표현의 올바른 형태를 묻는 문제로 앞 문장에 있는 접속사 「すると」와 부사인 「たまたま」에서 힌트를 얻을 수 있다. 「すると」는 앞 문장의 결과가 바로 뒤 문장에 이어지는 경우에 사용하는 표현으로 '그러하니, 그러하자' 의 의미이고, 「たまたま」는 '우연히, 때마침'의 의미임으로 어떠한 상황이 딱 들어 맞는 경우에 사용하는 「~ところだった(~하는 참이었다)」가 뒤 문장에 온 선택지 4번이 정답임을 알 수 있겠다.

43 1 忙しいはずの　2 忙しいつもりの　3 忙しいわけのない　4 忙しくあるまい

정답 **1** 틀림없이 바쁠 것인

해설 이 문제는 앞 문장 「客と会うために家にいたのだけれど、その客が急に来られなくなったので、暇を持て余していた。ちょうど良いところにきたということで、」 '손님과 만나기 위해서 집에 있었지만 그 손님이 갑자기 못오게 되어 한가한 시간을 주체 못하고 있었다. 딱 좋을 때에 왔다고 함으로써'에서 원인을 이야기하고 있고 그 원인에 대한 확실한 예상을 한 선택지 1번 「忙しいはずの」 '틀림없이 바쁠 ' 이 정답인 것을 알 수 있다.

44 1 逆らわないものでもない　2 逆らってもさしつかえない
3 逆らってはいけない　4 逆らうに越したことはない

정답 **3** 거역해서는 안 된다

해설 필자는 첫 단락에서「何か事前に目的を決めて計画を立てて実行しようとすると、恐ろしいくらい、次から次へと困難がふりかかり、ひどい目にあいます。」'무언가 사전에 목적을 정해서 계획을 세워 실행하려고 하면 무서울 만큼 잇따라 곤란한 일이 닥쳐서 곤욕을 치릅니다.' 문제를 제기하고 그 뒤의 문장과 두 번째 단락에서는 문제 제기한 것에 대해 설명을 하고 있으면서 세 번째 단락에서 결론을 이야기 하고 있다. 즉 필자는 싫어도 흐름에 거역해서는 안 되는 것을 기억하게 되었다고 말한 선택지 3번「逆らってはいけない」'흐름에 거역해서는 안 된다' 가 정답인 것을 알 수 있다.

---

45 1 交流 2 波乗り 3 偶然 4 面白み

정답 **2**

해설 세 번째 단락 두 번째 문장「深尾氏はこういうやり方を「波乗り方式」と呼んでいました」'深尾葉子(ふかおようこ) 씨는 이러한 방법을 '파도타기 방식'이라고 불렀습니다'에서 이야기하고 있고 세 번째 줄 문장 중「この調査に参加して同じ経験をした私は、」'이 조사에 참가하여 같은 경험을 한 나는'에서 필자는 사전에 계획 등은 '파도타기'를 방해하는 것이다라고 생각하고 있는 것을 알 수 있다.

| M | E | M | O |

|M|E|M|O|

JLPT

N1

読解

- 독해의 비결

- 問題 8　내용이해(단문)
- 問題 9　내용이해(중문)
- 問題 10　내용이해(장문)
- 問題 11　종합이해
- 問題 12　주장이해(장문)
- 問題 13　정보검색

독해의 비결

❶ 글의 내용 (누가 주체인가)

「주어와 서술어의 관계가 멀리 떨어져 있는 경우」「주어가 표현되어 있지 않는 경우(생략)」「여러 주체자가 등장하는 경우」와 같이 독해문제를 풀 때, 문장 속에 서술어의 주체가 애매모호한 경우가 있다. 이 경우 「誰(누구)」를 생각하면서 글을 읽으면 글이 가지는 전체적인 의미를 더욱 더 파악하기 쉬워진다.

단문에서의 행위의 주체자

彼女はあの男が自殺を図った事件に関与しなかったから無事だったのである。

Q 無事だったとあるが、だれが無事だったのか。

1 彼女　　2 あの男

＊이 문장은 행위의 주체자가 복수이므로 내용을 이해하기 쉽지 않다. 문장이 길어지거나 여러 개의 문장이 오면 더더욱 어려워진다. 하나의 긴 문장에서 행위의 주체자를 찾아내기 위해서는 문장 안의 수식관계를 이해할 필요가 있다.

彼女は　あの男が　自殺を　図った　事件に　関与しなかった　から　無事だったのである。

(あの男が 自殺を 図った → 수식 → 事件)

＊수식관계를 알면, 문장을 깔끔하게 해 이해하기 쉽다.

彼女は　関与しなかった　から　無事だったのである。

＊더 정리해 보자.

彼女は　無事だったのである。

＊여기까지 이해하면 정답은「1 彼女」라는 것을 알 수 있다.

두 개 이상의 문장에서의 행위의 주체자

人は他人の意見より自分の意見のほうが正しいと思いがちである。しかし、自分の意見は思うほど正しくないことも多い。

Q 思うとあるが、誰が思うのか。

1 他人　　2 自分　　3 人

* 복수의 문장에서 행위의 주체자를 찾을 때는 단문에서 찾을 때보다 더 어려워진다. 생각할 수 있는 행위의 주체자를 문장 속에 넣어 보자.

1 自分の意見は 他人が 思うほど正しくないことも多い。

2 自分の意見は 自分が 思うほど正しくないことも多い。

3 自分の意見は 人が 思うほど正しくないことも多い。

* 문장이 길어서 파악하기 어려울 때는 필요없는 부분은 잘라내고 문장의 뿌리가 되는 부분만 주목하자.

1 自分の意見は 他人が 思うほど正しくない。

2 自分の意見は 自分が 思うほど正しくない。

3 自分の意見は 人が 思うほど正しくない。

* 이렇게 해서 정답은 「2 自分」이라는 것을 이끌어 낼 수 있다. 긴 문장에서 막혔을 때는 항상 문장을 심플하게 해서 생각해 보자.

독해의 비결

복문에서의 행위의 주체자

科学技術は、操作する側とされる側が無関係なときにのみ有効である。父親と息子という人間関係があるところでは、それは役立たない。そのことを忘れて、現代人は他人を上手に操作して自分の思いどおりにすることができると錯覚(さっかく)しているのではないだろうか。

Q 忘れてとあるが、誰が忘れるのか。

1 科学技術　　2 操作される側　　3 他人　　4 現代人

* 행위를 나타내는 단어가 있는 문장을 보면, 행위가 두 개가 되는 「복문」이라는 것을 알 수 있다. 즉, 주어와 서술어가 있는 문장이 두 개 있다는 것이 된다(주어 중에서 하나는 생략되어 있다). 그러므로 문장을 두 개로 나눠 보면 다음과 같다.

行為① (　　　) はそのことを忘れる。
行為② 現代人 は他人を上手に操作して自分の思いどおりにすることができると錯覚(さっかく)している。

* 행위의 주체가 같을 경우, 행위의 주체를 나타내는 단어는 앞 문장이나 뒷 문장 중 어느 하나에만 있다. 원래는 앞에 있는 경우가 많지만, 이 문장에서는 뒤에 있다.

現代人 はそのことを忘れて、他人を上手に操作して自分の思いどおりにすることができると錯覚(さっかく)している。

そのことを忘れて、現代人 は他人を上手に操作して自分の思いどおりにすることができると錯覚(さっかく)している。

* 정답은 「4 現代人」이다.

다음 물음에 답해 보세요.

(1)

あの先生の講演に行くたびに、過去の経験をしょっちゅう聞かされる。ある話が聞く側にとって魅力あるものだとわかると、内面に隠されていた体験や経験が次から次へと湧(わ)き出てくるようである。その結果、講演のテーマと大幅にずれ、関係者をあわてさせることがよくある。

Q わかると、とあるが、誰がわかるのか

1 先生　　2 話を聞いている人

3 関係者　　4 先生と関係者

(2)

世間の人々に実力不足と言われようとも、彼はコーチとともに研究やトレーニングを重ね、見えないところで努力を続けてきた。その努力が花を咲かせたのが、今年のオリンピックだ。世界のメダル候補(こうほ)たちに大きな差をつけ、世間の注目を浴びたのである。

Q 注目を浴びたのは誰か。

1 世間の人々　　2 彼　　3 コーチ　　4 メダル候補(こうほ)たち

(3)

2008年4月より実施されている後期高齢者医療制度(こうきこうれいしゃいりょうせいど)だが、国民による反対の声が大きく、今までにも何度か制度改正がなされている。政府は2010年度末までに調整をしたうえで、2011年の国会に関連法案(かんれんほうあん)を提出し、2013年から新制度(しんせいど)をスタートさせる意向との事だ。

Q 新制度をスタートさせるとあるが、それをしようとしているのは誰か。

1 後期高齢者　　2 国民　　3 医者　　4 政府

정답　(1) 1　(2) 2　(3) 4

❷ 글의 내용 (무엇을 가리키는가?)

어디에서 어디까지 가리키는지를 읽고 알 수 있어야 한다

私たちが訪れたのは、今にも崩れてしまいそうな外観の小さな旅館だった。「ボロ屋」と呼ぶのにふさわしいその見た目からは想像も出来ないが、そこは100年以上もの歴史を持つ由緒(ゆいしょ)ある旅館で、おかみさんの気さくな人柄(ひとがら)も手伝って、毎年シーズンになるとキャンセル待ちが出るほど人気なのだそうだ。

Q そうだの内容を示すのはどの部分か。

1 毎年～人気なのだ　　2 おかみさんの～人気なのだ
3 そこは～人気なのだ　　4 「ボロ屋」～人気なのだ

*「～そうだ」「～らしい」「～とのことだ」「～という」 등이 있을 때는 ~의 내용이 어디에서 어디까지를 가리키는지를 정확하게 집어낼 수 있어야 한다. 글 중간에서 가리키는 경우도 있지만, 첫 부분에서 가리키는 경우도 있으므로 글이 길어지는 경우는 찾기 어려울 때도 있다.

「ボロ屋」と呼ぶのにふさわしいその見た目からは想像も出来ないが、 そこは100年以上もの歴史を持つ由緒(ゆいしょ)ある旅館で、おかみさんの気さくな人柄(ひとがら)も手伝って、毎年シーズンになるとキャンセル待ちが出るほど人気なのだそうだ。

* 첫 부분부터 문장을 읽어나가면, 「~が、」에서 일단 문장이 일단락지어져 있다. 문장이 긴 경우 맨 처음의 「~が、」까지의 내용과 그 이후의 내용은 두 개의 문장으로 나눌 수 있는 경우가 많다.

① (人々は)[주어] 「ボロ屋」と呼ぶのにふさわしいその見た目からは(○○を)想像も出来ない[서술어]。

② そこは 100年以上もの歴史を持つ由緒(ゆいしょ)ある旅館で、おかみさんの気さくな人柄(ひとがら)も

주어

手伝って、毎年シーズンになるとキャンセル待ちが出るほど 人気なのだ そうだ。

서술어

＊ ①과 ②처럼 나누면, ①의 문장은 필자가 생각한 내용에 대해 서술하고 있는 것이고, ②의 문장은 다른 것에서 정보를 얻은 '전문(伝聞)'의 내용에 대해 쓰여져 있다는 것을 알 수 있다. 「そうだ」의 내용을 나타내는 부분은, 즉 '전문(伝聞)'의 내용을 나타내는 부분이기 때문에 정답은 「3 そこは ～人気なのだ」가 된다.

독해의 비결

같은 부분을 간파한다

近年、どんな分野においても「若年化」が進んでいるように思う。ドラマの子役や歌手などの芸能活動やスポーツなど、ありとあらゆる分野で「若い子」が大活躍しているのである。若い子が頑張っている姿を見るのは微笑(ほほえ)ましいものだが、態度や行動において、大人がびっくりするようなことをする子供たちもいる。最近では、小学生の中にヒールをはいて化粧をする子がいるというのだから驚きだ。

Q 大人がびっくりするようなことあるが、どういうことか。

1 子供が大人のようなおしゃれをすること
2 大人に対する子供の態度が悪いこと
3 子供が芸能界やスポーツ界で活躍すること
4 芸能人やスポーツ選手が頑張ること

＊어떤 어구나 문장과 같은 의미를 가진 부분을 찾기 위해서는 먼저 그 어구나 문장이 가진 의미를 정확하게 이해하는 것이 중요하다. 여기서는「大人がびっくりするようなこと」라고 되어 있으므로 '어른이 아닌 사람 = 아이·학생 등…'이 하는 것을 가리킨다는 것을 알 수 있다. 그래서 아이가 하는 것에 대해서 어떤 것을 예로 들고 있는가를 보면…

・ドラマの子役や歌手などの芸能活動やスポーツなど、ありとあらゆる分野で「若い子」が大活躍している

・小学生の中にヒールをはいて化粧をする子がいる

＊본문에서「態度や行動において、大人がびっくりするようなこと」라고 되어 있으므로 '어른이 아이의 태도나 행동에 깜짝 놀란다'는 것을 알 수 있다. 위에 그러한 예가 나와 있는데, 여기서 필자가「びっくりするようなこと」라고 평가한 것은 어느 것인가를 구분할 수 있어야 한다. 정리하면 다음과 같이 된다.

・ドラマの子役や歌手などの芸能活動やスポーツなど、ありとあらゆる分野で「若い子」が大活躍している → 若い子が頑張っている姿を見るのは微笑(ほほえ)ましい

・小学生の中にヒールをはいて化粧をする子がいる → 大人がびっくりする

＊정답은「1 子供が大人のようなおしゃれをすること」이다.

다음 물음에 답해 보세요.

(1)

「携帯依存症」という言葉を聞いたことがあるだろう。携帯電話を常にそばに置いておかないと落ち着かない、という現代人をよく表現している。かくいう自分も、仕事に行くときに携帯電話を家に置いてきたりすると、一日中仕事が手につかない。大急ぎで家に帰ってきて携帯電話を開いてみると不在着信どころかメールすら届いてなく、ほっとしたような、がっかりしたような、なんともいえない気持ちになることがある。

Q1 「携帯依存症」の症状はどういったものか。

携帯電話を..。

Q2 なんともいえない気持ちとあるが、どんな気持ちか。

....気持ち。

(2)

日本の大学受験のシステムについて、よくアメリカの①それと比較して批判されることがある。日本の大学は入学するほうが卒業するより難しく、アメリカの大学は入学するより卒業するほうが難しい、というものである。大学という機関が勉強をするための場所であることを考えれば、どちらのほうが多くの勉強ができるところであるのかは、②言わずと知れている。

Q1 ①それとは何を指すか。

....。

Q2 ②言わずと知れているのは何か。

(　　　　)の大学より(　　　　)の大学ほうが多くの勉強ができるところであること。

정답　(1) Q1 常にそばに置いておかないと落ち着かない　Q2 ほっとしたような、がっかりしたような
(2) Q1 大学受験のシステム　Q2 日本・アメリカ

❸ 결과 · 결론(어떤 의미인가?)

글을 읽다 보면 하나 하나의 문장은 알 것 같아도 「결과는 무엇인가? 결론은 무엇인가?」를 파악할 수 없는 경우가 있다. ③에서는 결과 · 결론을 파악하는 연습을 해 보자.

부정형은 긍정형으로 바꾸어 본다

私の20代は、自分の夢を実現するために、ありとあらゆる情報や人間関係を求めて努力を惜しまなかった。しかし、いつも後一歩のところで夢は遠くなり失望の日々でもあった。もしあの時あきらめていたら、今のように自分の名を誇る機会はなかっただろう。

Q 自分の夢とあるが、その夢は実現したのか。

1 実現しなかった　　2 実現した

* 여기서는 마지막 문장에 주목해야 한다. 부정형의 문말 표현(〜なかっただろう)으로 되어 있어서 말하고자 하는 것을 파악하기 어렵다. 이것을 문장 속의 부정 · 긍정을 반대로 바꿔 보면 말하고자 하는 것이 확실해진다.

あの時あきらめていたら、今のように自分の名を誇る機会はなかっただろう。

⇨ あの時あきらめなかったので、今のように自分の名を誇る機会がある。

* 따라서 정답은 「2 実現した」이다.

요약문과 접속사를 힌트로 해 보자

「個性的になりたい」といってもそう簡単な話ではない。人は個性的になろうとしてなれるわけではないからである。だが、子供の個性を育てようとする教育が進められる中で、それは、小さな子供たちの中に少しずつ芽生えてきているようだ。

Q この文章で言いたいことはどれか

1 子供たちは個性的になりつつある　　2 誰も個性的にはなれない
3 子供たちは個性的になった　　4 誰もが個性的になれる

＊여기서는 글의 흐름을 파악하는 것이 중요하다. 먼저 첫 두 문장을 간단하게 요약해 보자.

「個性的になりたい」といってもそう簡単な話ではない。
⇨ 個性的になるのは難しい。

人は個性的になろうとしてなれるわけではないからである。
⇨ すぐには個性的はなれない。

＊그리고 바로 뒤의 접속사에 주목하면, 역접을 나타내는 「だが」가 있다. 그러므로 다음 문장에서는 이것과 반대의 내용이 온다는 것을 알 수 있다. 여기서 예상할 수 있는 것은…

個性的になるのは難しい。すぐには個性的になれない。

⇩ だが

① 個性的になれる。なった人がいる。
② 個性的になればいいことがある。
③ 個性的になることはそれほど重要ではない。

＊①~③과 같은 내용이 다음에 온다는 것이다. 이것을 예상하면서 다음 문장을 읽으면 「個性は小さな子供たちの中に少しずつ芽生えてきている」이다. 위의 ①에 해당한다. 「少しずつ~きている」이므로 아이들이 완전히 개성이 싹튼 상태는 아니다. 그러므로 정답은 「1 子供たちは個性的になりつつある」가 된다. 독해는 이처럼 다음에 오는 전개를 예상하면서 읽는 것도 아주 중요하다.

다음 물음에 답해 보세요.

(1)

名前が人に与える印象というのは大きい。K-1の選手だった魔裟斗(まさと)にしてもそうである。名前だけを見ると、どうも不気味で恐ろしい感じがする。それが相手の選手をおびえさせ、勝負の際に有利に働くことだってあったかもしれない。もし「魔裟斗(まさと)」という名前でなかったならば、彼が世界チャンピオンになれたかどうかは定かではない。

Q 魔裟斗(まさと)は世界チャンピオンになれたのか。

1 なれた　　2 なれなかった

(2)

観葉植物(かんようしょくぶつ)というのは正直なもので、その性質や環境に合わせてきちんと手入れをしていれば、ちゃんと育って私たちの目を楽しませてくれる。しかし、手をかけなければやはりそれなりなのである。私は、今までに何度植物を殺してきたことか。それをわかっているはずなのに、いつも同じ失敗を繰り返してしまう。数ヶ月前「サボテンなら」と思い切って鉢植えを買ってきたのだが、今朝出かける際に見てみると、(　　　　　　)。

Q (　　　)に入る最も適当なものはどれか。

1 ちゃんと育っていたのだった
2 花を咲かせていたのだった
3 虫が止まっていたのだった
4 ぐったりしおれていたのだった

정답　(1) 1　(2) 4

❹ 독해에 자주 나오는 부사어

相変わらず	여전히 相変わらずお忙しいですね。여전히 바쁘시군요.
案の定	생각한 대로, 예상했던 대로 だるいと思ったら、案の定熱があった。나른하다 했더니, 생각대로 열이 있었다.
いわば	말하자면, 이를테면 その料理はいわばピザのようなものだ。그 음식은 말하자면 피자같은 것이다.
いわゆる	이른바, 소위 彼はいわゆる警察のエリート組だ。그는 이른바 경찰엘리트 부류다.
かえって	오히려 いつもと違う髪形にしたら、かえって似合うと言われた。 평소와 다른 머리스타일로 했더니, 오히려 어울린다는 말을 들었다.
結局	결국 ずいぶん迷ったが、結局A社に入社することにした。 꽤 망설였지만, 결국 A사에 입사하기로 했다.
さすが	(뭐니 뭐니 해도) 역시, 과연 さすが、腕のいい医者は違いますね。역시 실력이 좋은 의사는 다르군요.
しょせん	(흔히 부정적인 표현이 뒤에 와서) 어차피, 필경 しょせん私なんかには分かりませんよ。어차피 저 같은 사람은 이해 못 해요.
たとえば	예를 들면 たとえば、次のような例があります。예를 들면 다음과 같은 예가 있습니다.
つまり	즉, 결국 つまり、結論はこういうことです。즉, 결론은 이런 것입니다.
どうせ	어차피, 이왕에 どうせやらなければならないのなら、早く片付けてしまおう。 어차피 해야 한다면, 빨리 해치우자.
要するに	요컨대 要するに、この部分が大事だということですね。 요컨대, 이 부분이 중요하다는 것이군요.

독해의 비결

다음 물음에 답해 보세요.

1 僕は和食、＿＿＿＿＿寿司や天ぷらなどが大好物(だいこうぶつ)です。

1　つまり　　2　例えば　　3　いわゆる　　4　いわば

2 使い捨ての文化は＿＿＿＿＿高度成長の落(お)とし子(ご)だ。

1　つまり　　2　例えば　　3　いわゆる　　4　いわば

3 戦後のベビーブームの時に生まれた子供たち、＿＿＿＿＿団塊(だんかい)の世代というのは、ベトナム反戦運動と激しい学生運動を体験してきた世代である。

1　なるほど　　2　例えば　　3　いわゆる　　4　いわば

4 社会に出るということは＿＿＿＿＿大人になるということです。

1　つまり　　2　なるほど　　3　3　案の定　　4　さすが

5 僕の方は、＿＿＿＿＿貧乏暇(びんぼうひま)なしだよ。

1　やはり　　2　なるほど　　3　相変わらず　　4　さすがに

6 ＿＿＿＿＿ベテラン教師だけあって、教え方が上手だ。

1　さすが　　2　なるほど　　3　相変わらず　　4　案の定

7 突然優しくされると、＿＿＿＿＿気味が悪くなる。

1　やはり　　2　なるほど　　3　果たして　　4　かえって

8 コミュニケーションとは＿＿＿＿＿相手を理解するということだ。

1　かえって　　2　なるほど　　3　要するに　　4　案の定

9 色々治療を試みたが、＿＿＿＿＿治らなかった。

1　つまり　　2　要するに　　3　結局　　4　どうせ

10 いくら彼女が好きでも、＿＿＿＿＿僕には高嶺(たかね)の花だ。

1　つまり　　2　要するに　　3　いわゆる　　4　しょせん

정답　1②　2④　3③　4①　5③　6①　7④　8③　9③　10④

|M|E|M|O|

問題 8 내용이해(단문)

문제유형 **내용이해(단문)**

생활, 업무, 학습 등을 주제로 한 설명문과 지시문 등의 200자 정도의 지문을 읽고 내용을 이해하였는지를 묻는 문제로 주로 글의 개요를 이해할 수 있는지를 측정한다.

▶글 그 자체를 이해하였는지를 묻는 문제

- （筆者が考える） ＿＿＿＿とはどのようなものか。
- （筆者は） ～とは何だと述べているか。
  筆者の言いたいことはどれか。

  ✲「筆者」라는 말이 들어가더라도 개요에 대해 묻는 문제가 많이 출제될 것으로 예상한다.

▶글의 키워드를 이해하였는지를 묻는 문제

- ＿＿＿＿とは何か。
- ＿＿＿＿とはどういうことか。
- ＿＿＿＿とはどのようなものか。

  ✲ 밑줄 친 부분을 묻는 문제

▶글의 개요를 요약할 수 있는 능력을 묻는 문제

- この文章のタイトル(件名)は何か。
- この文章は何について書かれているか。

JLPT N1

포인트

문제를 풀기 전에 질문을 꼼꼼하게 읽고, 무엇을 묻고 있는지를 정확하게 이해하는 것이 중요하다.

비즈니스 문서는 편지나 이메일의 형태로 출제되기 때문에 그 형식만 파악하고 있으면 그다지 어렵지 않게 문제를 풀 수 있을 것이다. 편지를 예로 들면, 위에서부터 날짜, 받는 사람, 보내는 사람, 건명(件名), 인사말 그리고 가장 중요한 사항인 그 문서의 취지 순으로 쓰여져 있는 경우가 많다. 각각 대강 어디쯤에 위치하는지 기억해 두자. 사실문도 글 중간에 나오는 숫자와 어려운 단어에 현혹되지 말고, 글의 개요를 파악한다는 생각으로 읽어나가면 쉽게 풀 수 있다.

問題8 次の文章を読んで、後の問いに対する答えとして最もよいものを、1・2・3・4から一つ選びなさい。

(1)

液晶画面で見るいわゆる電子ブックも、今のところ紙で出来た本にとってかわるほどの勢いはない。たしかに書籍の出版は、世のデジタルな進歩だけでは追いつけないものを持っている。書かれた中身だけが「本」ではないのだ。装丁はもちろん、手に取ったときの感触やにおい等のデジタルなものにない物理性や、または目に見えないこだわりもそうだ。一冊の本は紙で出来たひとつの表現なのだ。

しかし、そう考えると逆に、別に「本」である必要のないものが本になって出回っている気がしないでもない。本屋で平積みになった新刊を眺めていると、表現である以上に紙で出来た商品に思えてしまう時が多いのだ。

（近田春夫『僕の読書感想文』国書刊行会による）

1 「本」である必要のないものとはどのような本のことか。

1 電子ブックなどデジタルな本
2 書かれていることが少ない本
3 装丁や手に取った感触が悪い本
4 売ることだけを目的に作った本

해설 p.280

(2)

人は生まれ育った環境こそが自然だと感じるもので、成長したあとに現れた新しい技術には違和感を抱くものである。例えば、新幹線は東京・大阪間を8時間から3時間に縮めた。これに対して当初は、あまり早すぎるのもよくない、旅はもっとのんびりするものだ、という批判が起きた。しかし、江戸時代の人に言わせてみれば、東京と大阪は15日かけて歩くのが普通だと言うだろう。

我々は新しい科学技術に対して最初は衝撃を覚え拒否するが、時間が過ぎると、それがあたかも昔からあったかのごとくに使いこなし受け入れていく。それが人間であるゆえんなのだ。

2 それは何を指しているか。

1 人は生まれ育った環境こそが自然だと感じるものだということ
2 人は新たな技術に対して、違和感を抱くものであるということ
3 人が新たな技術と古くからの伝統を使い分ける存在だということ
4 人は新しい技術でも、次第に慣れていくことができるということ

(3)

職場というのは、本当に不思議な存在だと思います。家と同じように、「いってらっしゃい」といって送り出し、「お帰りなさい」といって迎えてくれる職場もあれば、お互いに声をかけることなく、誰がいつ出社したのか、退社したのかさえわからない、そんな職場もあります。

人が集まれば、そこに何らかの感情の交流が起こります。お互いによい感情を伝え合うことができれば、職場が家庭のように自分が帰る場所、自分の居場所になっていくのに、負の感情が連鎖してしまうと、自分を追い詰める場所、関わりたくない場所に変わってしまいます。

（高橋克徳「職場をイキイキさせる方法」講談社による）

3 筆者のここで最も言いたいことは何か。

1 すべての職場での人間関係は家族的であるべきだ。
2 ほかの社員の行動を気にしすぎるのはよくないことだ。
3 現在の職場はすべての社員にとって生きづらい場所である。
4 互いの努力によって、職場を居心地のよい場所に変えられる。

(4)

田中産業株式会社
代表取締役　田中太郎様

斉藤電気
中山　康弘

拝啓
時下ますますご清栄のこととお慶び申し上げます。
　さて、先日はご多忙の中、ご丁寧にお見舞い状をいただき、まことにありがとうございました。
　入院期間中、御社には大変ご不便をおかけいたしましたこと、お詫びいたします。今後とも、末永いお取引を賜(たまわ)りますよう、よろしくお願いいたします。営業車を運転している際にトラックと衝突し、「右足骨折、全治2ヶ月」との診断でしたが、来週から会社に復帰する予定でございます。復帰後改めてご挨拶に参りたいと存じますが、まずは書面をもちましてお礼申し上げます。…

4　この文書は何のために書かれたものか。

1　入院のお見舞いのため
2　事故の報告をするため
3　お礼とお詫びを言うため
4　新しい取引を始めるため

(5)

先月、中国で珍(めずら)しいチョウが採集された、という新聞記事が出た。チョウは昆虫の中では、人に好かれるものの代表で、「チョウよ花よ、とかわいがる」という言い方もあるくらいだから、珍(ちん)チョウの発見が新聞紙上をにぎわせても不思議なわけではない。

これがゴキブリであれば、<u>こうはいかない</u>。人に嫌われる代表のような昆虫であるゴキブリは、チョウよりもはるかに種類が少なく、したがって珍(めずら)しいゴキブリが発見されればやはり事件となるであろうが、「珍(ちん)ゴキブリ発見」という記事では、よほどうまく書かれていないと、採用されないに違いない。

（養老孟司『ヒトの見方』筑摩書房による）

5 <u>こうはいかない</u>。とあるが、どういうことか。

1 めずらしいゴキブリが発見されることは、きわめて難しいということ
2 ゴキブリがチョウのように人に好かれ、かわいがられることはないということ
3 めずらしいゴキブリの発見が記事となり、話題を呼ぶことはないということ
4 めずらしいゴキブリが発見されても、チョウの発見より不思議ではないということ

(6)

サッカーには全く不案内なのだが、いつも思うのは、サッカーファンがどうしてあそこまで熱狂的になれるのかということである。あの競技にはきっと魔力があるのだろう。そうでなければワールドカップの異常な盛り上がりは説明がつかない。日本にいるとよくわからないが、海外では観客同士の乱闘などが当たり前だと聞く。いわゆるフーリガンだけではなく、一般のファンが暴徒と化して死傷者まで出る、というのもめずらしくないらしい。そんなスポーツは他にないだろう。

（近田春夫『僕の読書感想文』国書刊行会による）

6 筆者の言いたいことは次のどれか。

1　サッカーほど暴力的なスポーツはないだろう。
2　サッカーほど熱狂的なスポーツはないだろう。
3　サッカーは、日本人には理解できないスポーツだ。
4　サッカーは、日本人には説明できないスポーツだ。

問題8 내용이해(단문) 확인문제 정답 및 해설

(1)

액정화면으로 보는 이른바 전자책도 아직은 종이로 된 책과 뒤바뀔 정도의 기세는 없다. 분명히 서적 출판은 세상의 디지털적인 진보만으로는 따라잡을 수 없는 것을 가지고 있다. 쓰인 내용만이 '책'은 아니다. 책 디자인은 물론, 손에 집어 들었을 때의 감촉이나 냄새 같은 디지털적인 것에는 없는 물리성이나 또는 눈에 보이지 않는 고집도 그렇다. 한 권의 책은 종이로 만들어진 하나의 표현이다.

그러나 그렇게 생각하면 반대로 특별히 '책'일 필요가 없는 것이 책으로 만들어져 유통되고 있는 듯한 느낌이 들지 않는 것은 아니다. 책방에 쌓여 있는 신간을 보고 있자면 표현 이상으로 종이로 만들어진 상품으로 여겨질 때가 많은 것이다.

(치카다 하루오 『나의 독서감상문』 국서간행회)

어휘 液晶(えきしょう) 액정 | 画面(がめん) 화면 | 電子(でんし)ブック 전자책 | 勢(いきお)い 기세 | たしかに 분명 | 書籍(しょせき) 서적 | 出版(しゅっぱん) 출판 | デジタル 디지털 | 進歩(しんぽ) 진보 | 中身(なかみ) 내용물, 알맹이 | 装丁(そうてい) 장정, 모양새, 디자인 | 感触(かんしょく) 감촉 | 物理性(ぶつりせい) 물리성 | こだわり 고집, 구애받음 | 一冊(いっさつ) 한 권 | 表現(ひょうげん) 표현 | 逆(ぎゃく)に 반대로 | 出回(でまわ)る 나돌다 | 平積(ひらづ)み 책 표지가 보이도록 쌓아 놓음 | 新刊(しんかん) 신간 | 眺(なが)める 바라보다 | 商品(しょうひん) 상품

1 '책'일 필요가 없는 것이란 어떤 책인가?

1 전자책 등 디지털적인 책
2 쓰여진 것이 적은 책
3 책 디자인이나 손에 집어 든 감촉이 나쁜 책
4 파는 것만을 목적으로 만든 책

정답 4

해설 바로 앞 문장에서 한 권의 책이란 '종이로 만들어진 하나의 표현이다'라고 했다. 첫 번째 단락에서는 일반 책이 전자책과는 다른 장점이 있다는 점을 설명하였으나, 두 번째 단락 마지막에 '종이로 만들어진 상품'으로 여겨진다는 것은 비록 전자책이 아닌 종이책으로 만들어졌으나 단순히 팔기 위한 것을 목적으로 만들어진 물건, 즉 '상품'으로 보인다는 것이기에 정답은 4번이다.

(2)

사람은 태어나서 자란 환경이야말로 자연이라고 느끼며, 성장한 뒤에 나타난 새로운 기술에는 위화감을 느끼는 법이다. 예를 들어 신칸센은 도쿄 · 오사카 사이를 8시간에서 3시간으로 단축했다. 이에 대해 처음에는 너무 빠른 것도 좋지 않다, 여행은 더 느긋이 하는 법이라는 비판이 일었다. 그러나 에도 시대 사람에게 들어보면 도쿄와 오사카는 15일 걸려서 걷는 것이 보통이라고 할 것이다. 우리는 새로운 과학기술에 대해 처음에는 충격을 느끼고 거부하지만, 시간이 지나면 그것이 마치 예전부터 있었다는 듯이 활용하고 받아들인다. 그것이 인간이기 때문인 것이다.

어휘 生(う)まれ育(そだ)つ 태어나서 자라다 | 環境(かんきょう) 환경 | 自然(しぜん) 자연 | 感(かん)じる 느끼다 | 成長(せいちょう) 성장 | 現(あらわ)れる 나타나다 | 技術(ぎじゅつ) 기술 | 違和感(いわかん) 위화감 | 抱(いだ)く (감정을) 느끼다, 품다 | 例(たと)えば 예를 들어, 예컨대 | 新幹線(しんかんせん) 신칸센 | 縮(ちぢ)める 축소시키다, 단축하다 | 当初(とうしょ) 당초 | 旅(たび) 여행 | 批判(ひはん) 비판 | 江戸時代(えどじだい) 에도 시대 | 普通(ふつう) 보통 | 我々(われわれ) 우리 | 科学(かがく) 과학 | 衝撃(しょうげき) 충격 | 批判(ひはん) 비판 | 覚(おぼ)える (어떤 감정을) 느끼다 | 拒否(きょひ) 거부 | 昔(むかし) 옛날 | ～のごとく ～와 같이 | 使(つか)いこなす 활용하다 受(う)け入(い)れる 받아들이다 | ゆえん 이유, 까닭, 근거

2 그것은 무엇을 가리키는가?

1 사람은 태어나서 자란 환경이야말로 자연이라고 느끼는 법이라는 것
2 사람은 새로운 기술에 대해 위화감을 느끼는 법이라는 것
3 사람이 새로운 기술과 예로부터의 전통을 구별하는 존재라는 것
4 사람은 새로운 기술이라도 점차 익숙해져 갈 수 있다는 것

정답 4

해설 밑줄 친 내용을 묻는 문제로, 특히 그것이 지시대명사인 경우 바로 앞 문장을 주목해야 한다. 본문은 '그것이 사람이기 때문', 즉 사람이라는 까닭이라고 말하고 있으므로 앞 문장을 살펴보면 '우리는 새로운 과학기술에 대해 처음에는 충격을 느끼고 거부하지만, 시간이 지나면 그것이 마치 예로부터 있었다는 듯이 활용하고 받아들인다'라고 했으므로, 선택지에서 이 내용과 같은 것은 4번밖에 없다.

(3)

직장이란 정말로 신기한 존재라고 생각합니다. 집처럼 "다녀오세요"라고 배웅하고, "잘 다녀왔어요?"라고 맞이해주는 직장이 있는가 하면, 서로 말을 거는 일 없이 누가 언제 출근했는지, 퇴근했는지조차도 모르는 그런 직장도 있습니다.
사람이 모이면 거기서 어떤 감정의 교류가 생깁니다. 서로 좋은 감정을 주고받을 수 있다면 직장이 가정처럼 자신이 돌아 갈 곳, 자신이 있을 곳이 되는데, 부정적인 감정이 연쇄적으로 일어나 버리면 자신을 막다른 지경에 몰아넣는 장소, 관여하고 싶지 않은 장소로 변하고 맙니다.

(다카하시 가츠노리「직장을 활력있게 하는 방법」『책 2009년 10월호』 고단샤)

어휘 職場 직장 | 不思議だ 신기하다 | 存在 존재 | 送り出す 내보내다, 배웅하다 | (お)互い 서로 | 声をかける 말을 걸다 | 誰 누구 | 出社 출근 | 退社 퇴근 | 感情 감정 | 交流 교류 | 伝え合う 서로 전하다 | 家庭 가정 | 居場所 있을 곳 | 負の 부정적인 감정(↔ 正の) | 連鎖 연쇄 | 追い詰める 몰아넣다, 몰아세우다 | 関わる 관계되다

3 필자가 여기서 가장 말하고 싶은 것은 무엇인가?

1 모든 직장에서의 인간관계는 가족적이어야 한다.
2 다른 사원의 행동을 지나치게 신경 쓰는 것은 좋지 않다.
3 현재의 직장은 모든 사원에게 있어서 살아가기 힘든 장소이다.
4 서로의 노력에 의해 직장이라는 장소를 있기 편한 장소로 바꿀 수 있다.

정답 4

해설 문장 구조를 본다. 첫 번째 단락에서는 구체적인 사례를 들면서 서로에게 관심을 갖는 직장과 무관심한 직장을 설명하고, 두 번째 단락에서는 '서로 좋은 감정을 주고받을 수 있다면 직장이 가정처럼 자신이 돌아갈 곳, 자신이 있을 곳이 되는데, 부정적인 감정이 연쇄적으로 일어나 버리면 자신을 몰아넣는 장소, 관여하고 싶지 않은 장소로 변하고 맙니다'라고 했다. 즉, 이를 요약하면 '서로'가 하기에 따라서는 분위기가 좋아질 수도 나빠질 수도 있다는 내용이므로 정답은 4번이다. 또한 특정 내용을 강하게 주장하고 있지 않으므로 1번은 아니다.

(4)

다나카 산업주식회사
대표이사 다나카 타로 귀하

사이토 전기
나카야마 야스히로

크나큰 발전을 축하합니다.
얼마 전에는 바쁘신 와중에도 친절히 병문안 편지를 주셔서 대단히 감사합니다.
입원 기간 중 귀사에 큰 불편을 끼쳐 드린 점을 사과 드립니다. 앞으로도 계속해서 거래할 수 있도록 잘 부탁합니다. 영업차량 운전 중에 트럭과 충돌하여 '오른쪽 다리 골절, 전치 2개월'이라는 진단이었으나, 다음 주부터 회사로 복귀할 예정입니다. 복귀 후 다시금 인사차 찾아뵙고자 합니다만, 우선 서면으로 감사의 말씀을 전합니다.

어휘 産業(さんぎょう) 산업 | 株式会社(かぶしきがいしゃ) 주식회사 | 代表取締役(だいひょうとりしまりやく) 대표이사 | 拝啓(はいけい) 일본에서 편지에 사용되는 양식으로서 특별한 의미는 없음 | 多忙(たぼう) 다망, 매우 바쁨 | 丁寧(ていねい)に 친절하게, 정중하게 | お見舞(みま)い 병문안 | 入院(にゅういん) 입원 | 期間中(きかんちゅう) 기간 중 | 御社(おんしゃ) 상대 회사를 높여서 부르는 말 | お詫(わ)びいたします 사과 드립니다 | 末永(すえなが)い 오래도록 | 取引(とりひき) 거래 | 賜(たま)わる '받다'의 겸양어 | 衝突(しょうとつ) 충돌 | 骨折(こっせつ) 골절 | 全治(ぜんち) 전치 | 診断(しんだん) 진단 | 復帰(ふっき) 복귀 | 改(あらた)めて 다시금 | 挨拶(あいさつ) 인사 | 参(まい)りたいと存(ぞん)じます 찾아 뵙고 싶다고 생각합니다 | 書面(しょめん) 서면 | お礼(れい)を申(もう)し上(あ)げます 감사의 말씀을 드립니다

4 이 문서는 무엇을 위해 쓴 것인가?

1 입원의 병문안을 위해
2 사고 보고를 하기 위해
3 감사와 사과를 하기 위해
4 새로운 거래를 시작하기 위해

정답 3

해설 글의 양식에 주목하자. 설명문이나 평론 같은 경우 70% 이상이 결론은 마지막 단락에 오지만, 편지 양식인 글의 경우에는 처음과 마지막에 형식적인 글이 오며 그 문장의 요점은 본문 중간 부분에 위치해 있다는 점을 알아두어야 한다. 그리고 본론으로 들어가는 경우에는「ところで」,「さて」,「じつは」등과 같이 화제전환을 나타내는 접속사가 오는 경우가 많다. 이 문제에서도「さて」다음에서 병문안 서신을 받았다는 점에 대해 감사의 뜻을 전하고 바로 이어서 입원 기간 중에 불편을 끼쳐드려 죄송하다는 뜻을 밝히고 있으므로 정답은 3번이다. 1번은 다른 사람이 아닌 자신이 입원한 것이고, 2번은 단순한 사고 보고만이 아니기 때문에, 4번은 새로운 거래가 아닌 기존 거래를 계속 오랫동안 하자는 내용이므로 각각 정답이 아니다.

(5)

지난달 중국에서 희귀한 나비가 채집되었다는 신문기사가 실렸다. 나비는 곤충 중에서는 사람들이 좋아하는 대표적인 것으로 '나비야 꽃이야 하며 예뻐한다'는 말이 있을 정도이므로, 희귀한 나비 발견이 신문지상에서 화제가 된다 해도 이상하지는 않다.
이것이 바퀴벌레였다면 이렇게는 되지 않는다. 사람들이 싫어하는 대표적 곤충인 바퀴벌레는 나비보다 훨씬 종류가 적으며, 따라서 희귀한 바퀴벌레가 발견된다면 역시 뉴스 거리가 될 수 있겠지만, '희귀한 바퀴벌레 발견'이라는 기사로는 어지간히 잘 쓰지 않았다면 분명 채택되지 않을 것이다.

(요로 타케시『사람의 관점』치쿠마 쇼보)

어휘 珍(めずら)しい 진귀하다, 보기 드물다 | 採集(さいしゅう) 채집 | 記事(きじ) 기사 | 昆虫(こんちゅう) 곤충 | 好(す)かれる 호감을 받다 | 代表(だいひょう) 대표 | 言(い)い方(かた) 말하는 방법 | 発見(はっけん) 발견 | にぎわせる 떠들썩하게 하다, 번창하게 하다 | 不思議(ふしぎ) 이상함 | ゴキブリ 바퀴벌레 | はるかに 훨씬 | 種類(しゅるい) 종류 | したがって 따라서, 그러므로 | 事件(じけん) 사건 | よほど 상당히, 무척 | 採用(さいよう) 채용, 채택 | ~に違(ちが)いない ~임이 분명하다

5 이렇게는 되지 않는다고 하는 것은 어떤 것인가?

1 희귀한 바퀴벌레가 발견되는 일은 극히 드물다는 것
2 바퀴벌레를 나비처럼 사람들이 좋아하고 예뻐하는 일은 없다는 것
3 희귀한 바퀴벌레의 발견이 기사가 되어 화제를 불러 일으키는 일은 없다는 것
4 희귀한 바퀴벌레가 발견되어도 나비의 발견보다 이상하지 않다는 것

정답 3

해설 「こう(이렇게)」가 무엇을 가리키는지를 분석해야 한다. 1번째 단락에서 '나비야 꽃이야, 하며 예뻐한다'는 것은 우리말의 표현으로라면 '금이야, 옥이야'가 된다. 또한 그처럼 가치를 인정받으며 신문지상을 장식한다, 즉 신문에 기사화되어 화제를 불러일으킨다는 내용으로 단락이 끝나고, 바로 이어 '이렇게는 되지 않는다'고 했으므로 정답은 3번이다.

(6)

축구에 관해서는 문외한이지만, 항상 느끼는 것은 축구팬이 왜 그토록 열광적이 될 수 있을까 하는 것이다. 저 경기에는 분명히 마력이 있는 것이겠지. 그렇지 않다면 월드컵의 비정상적인 성황은 설명이 되지 않는다. 일본에 있으면 잘 모르겠지만, 해외에서는 관객끼리 난투를 벌이는 것이 당연하다고 한다. 흔히 말하는 훌리건뿐만이 아니라 일반 팬이 폭도로 변하여 사상자까지 나오는 일도 드물지 않다고 한다. 그러한 스포츠는 이것 말고는 없을 것이다.

(치카다 하루오 『나의 독서감상문』 국서간행회)

어휘 サッカー 축구 | 全く(まった) 전혀 | 不案内(ふあんない) 정황 · 사정에 어두움 | ファン 팬 | 熱狂的(ねっきょうてき) 열광적 | 競技(きょうぎ) 경기 | 魔力(まりょく) 마력 | ワールドカップ 월드컵 | 異常(いじょう) 이상, 비정상 | 盛り上がり(もあ) 성황, 고조됨 | 説明(せつめい) 설명 | 海外(かいがい) 해외 | 観客(かんきゃく) 관객 | ~同士(どうし) ~끼리 | 乱闘(らんとう) 난투 | 当たり前(あまえ) 당연함 | フーリガン 훌리건 | 一般(いっぱん) 일반 | 暴徒(ぼうと) 폭도 | ~と化する(か) ~화하다, ~처럼 되다 | 死傷者(ししょうしゃ) 사상자

6 필자가 말하고 싶은 것은 다음 중 무엇인가?

1 축구만큼 폭력적인 스포츠는 없을 것이다.
2 축구만큼 열광적인 스포츠는 없을 것이다.
3 축구는 일본인으로서는 이해할 수 없는 스포츠이다.
4 축구는 일본인으로서는 설명할 수 없는 스포츠이다.

정답 2

해설 '축구팬이 왜 저토록 열광적이 될 수 있을까'라는 질문으로 본문이 시작된다. 훌리건을 예로 들면서 단순히 폭력적이라는 점을 강조한 것이 아닌, 그와 같은 문제들은 모두 팬들이 열광적이기 때문에 벌어지는 문제라고 보고 있다. 또한 '축구'라는 스포츠에 대한 일본인의 이해를 주장하는 내용도 아니므로 정답은 2번이다.

問題 9 내용이해(중문)

문제유형 **내용이해(중문)**

평론, 해설, 수필 등 500자 정도의 지문을 읽고, 인과관계나 이유, 필자의 의견 등을 이해할 수 있는지를 묻는 문제

▶이유 · 인과관계를 묻는 문제

・～はなぜか。
・～の理由は何か。
・～と～の関係は？

▶필자의 의견을 묻는 문제

・筆者の考えと合っているものはどれか。

▶밑줄 친 부분에 관해 묻는 문제

・________の理由は何か。

▶각각의 형식이 조금씩 더해지는 경우도 있다.

・筆者が～と考えるのはなぜか。

먼저 이러한 질문들을 잘 읽고, 무엇을 묻고 있는지와 이야기의 주제를 파악한 후 본문을 읽으면 된다.

JLPT N1

포인트

문제 9의 글의 구성은 [첫 단락 → 말하려고 하는 주제], [중간 단락 → 주제에 관한 설명(이유 · 구체적인 사례 · 체험담)], [마지막 단락 → 결론, 글 전체의 내용]으로 되어 있는 경우가 많기 때문에, 글 전체에 관한 문제에 대해서는 마지막 단락을 힌트로 하는 것이 좋다. 또 단락에 관한 문제에 대해서는 밑줄 친 부분을 묻는 것이라면 밑줄 친 부분의 앞뒤 문장을 잘 읽어보면 정답의 힌트를 발견할 수 있다. 단, 밑줄 친 부분이 문장의 첫 부분에 있는 경우는 글 전체에 관해 묻는 경우가 많기 때문에 주의하기 바란다.

問題9 次の文章を読んで、後の問いに対する答えとして最もよいものを、1・2・3・4から一つ選びなさい。

(1)

最近は、テレビのコマーシャルにクラシック音楽が盛んに登場して、しかもそれが驚くほど新鮮な魅力を持っていたりする。しかし、こうしたことがすぐに①クラシック音楽の普及につながるなどと考えない方がいいだろう。

クラシック音楽は難しいという人は結構多い。彼らが口をそろえて言うのは、曲が長くて途中で退屈してしまう、暗く閉ざされたコンサート会場で長時間物音ひとつ立てずにじっと座っているのは苦痛だ、ということだ。このことは、つまり、クラシック音楽というのは、長い曲を聴き通すこと、それも何かをしながらではなく集中して曲全体を聴き通すことであり、旋律やリズムや音響といった現象的な快楽にとどまらない、総合的でドラマティックな体験であるということを示している。もちろん細部が全体に劣るわけではない。だが、②曲全体という世界の中に位置づけられることで、細部は、それだけで存在する以上の意味を持つことができる。

しかし、コマーシャルの15秒のクラシック音楽は、そういう体験にはほど遠い。それはたしかに作品の一部には違いないが、その向こうに作品全体を暗示することのない、むしろ作品という根から切り離された、個別的で快楽的な現象である。だから、コマーシャルにクラシック音楽が続々と登場し、それが感動を誘っているとしても、かならずしもそれで人々が容易にクラシック音楽に導かれるとは考えないほうが良い。ともかく、こうしたことは、音楽の受け止め方が変質しつつあることを示しているのではないだろうか。

（岡田敦子 『永遠の瞬間のなかに』作品社による）

5 ①クラシック音楽の普及につながるなどと考えない方がいいと筆者が考える理由は何か。

1 コマーシャルに使われるクラシック音楽は、作品全体と切り離されてしまったものだから。
2 コマーシャルに使われるクラシック音楽は、作品全体が次第に変質していったものだから。
3 コマーシャルに使われるクラシック音楽は、もとの作品全体を15秒に縮めたものだから。
4 コマーシャルに使われるクラシック音楽は、もとの作品の一部であることに違いないから。

6 ②曲全体という世界の中に位置づけられることで、細部は、それだけで存在する以上の意味を持つことができるとあるが、どういうことか。

1 曲全体を聞くよりも、一部分だけ聞いた方がより深い感動が得られる。
2 世界的に有名な曲は、一部分を聞いただけで曲全体が分かるものである。
3 世界的に有名な曲は、一部分を聴いただけでも深い感動が得られる。
4 曲を部分に分けないで、全体的に聞くことでより深い感動が得られる。

7 クラシック音楽について、筆者の考えに近いものはどれか。

1 クラシック音楽は難解で、一曲が長すぎて退屈である。
2 クラシック音楽は、旋律などの現象的な快楽を体験するものである。
3 クラシック音楽は、じっと座って聞かなければならないのが苦痛である。
4 クラシック音楽を聴くことは、総合的でドラマティックな体験である。

(2)

大きなものから小さなものまで、東京には数え切れないほどたくさんの公園がある。私はもともと草や樹(き)が好きだったので、公園で時間を過ごすのも楽しかった。

ところが、いつからか、公園の中をのんびりと歩けなくなっていた。まるでラッシュアワーの駅のプラットホームのように、せかせかと歩く自分に気付き、もっとゆっくり過ごしてもいいんじゃないかと自分自身に言い聞かせてみるのだが、それができない。なぜか？ と考えても理由はわからなかった。周囲を眺めると、花壇を囲んだブロック、丸く刈り込まれた樹木、歩道を固めたコンクリート、街灯、箒(ほうき)で掃除した跡……、人の手が入ったところばかり、やたらに目についてしかたがなかった。無理に緑の木々を眺めていようとすると何だか白けてしまって、5分も続かない。これが公園嫌い(こうえんぎら)の始まりだった。

公園は、目的など持たずに時を過ごす場所として、木々や草原(くさはら)を柵(さく)で囲っている。私にはそれが庶民に配給されたもののように思えてならなかった。必要な意味のある建物を作った残りの部分をほんの少しだけ分け与えられた土地、そこでゆったりとした時間を過ごして元気になったら、さあ、次は街の中へ戻って働くなり勉強するなりしなさいと、だれかに命じられている気がした。

そう思うと、今度は、自分の<u>暮らしが、ばらばらに分断され人工化されている</u>ことに気付いた。自分の部屋、 毎日利用する食堂やレストラン、 喫茶店、 図書館、映画館など、私はそれらを行ったり来たりして生活している。「いいじゃないか、電車を使うほど広い家に住んでいると思えば。」という考えは、私には、気休めにしかならなかった。

私の公園嫌い(こうえんぎら)は、（　　　　）。

（中沢けい『往きがけの空』河出書房新社による）

해설 p.295

8 筆者が公園嫌い（こうえんぎら）になったのはなぜか。

1 公園がラッシュアワーの駅のプラットホームのように感じられたから
2 公園が効率よく働くために与えられた休憩施設のように感じられたから
3 公園の中のものは全て人工的に作られたものであることに気付いたから
4 公園は目的を持たずに自由に過ごせる場所であることに気付いたから

9 暮らしが、ばらばらに分断され人工化されているとあるが、どういうことか。

1 部屋から部屋へ移動するのに電車を使うほど広い家に住んでいるということ
2 生活に必要なものを得るために、そのつど移動しなければならないということ
3 生活に必要なものが全て与えられていて、とても便利であるということ
4 毎日の生活が、規則正しくスケジュールどおりに進んでいくということ

10 （　　　　）に入る言葉として最も適当なものはどれか。

1 なんとかおさまった
2 少しやわらいできた
3 いっそう強まった
4 かえって弱まった

(3)

交通信号の赤を見ると、私たちは止まらなければなりません。青を見ると、進めという意味に理解します。もしそのときに、赤信号が、「止まれ。」という意味以外に何か私たちの感覚や感情を刺激するものを表すなら、事故が起きてしまいます。ですから、信号に対しては、否応(いやおう)なしに「一か、ゼロか」、あるいは「Aか、非Aか」というデジタルな捉え方をしなければなりません。さもなければ秩序が乱れてしまいます。このように、日常生活においては、①コトバが信号化することは確かなことです。

たとえば私が、「コップをください」と言ったときに、皿が来たら困るわけですから、「コップ」という語はとにかくコップという物を指す記号であり、「皿」という語は皿を指す記号であるわけです。しかし同時に、私たちは、経験的に②そうではないコトバがあることを知っているのではないかと思うのです。

つまり、舞台で演じる人の表情や動作、音楽とか絵画とかと同じように、聞くたびに読むたびに、そのつど新しい意味を与えられる、そういうコトバのことです。あるときは人のコトバに感動し、またあるときは激しく傷つけられる。こういう二度と味わえない体験を引き起こすコトバがある。そこに込められた複雑な感情を私たちは、そのコトバのイントネーションや声の調子などから感じ取ります。これは非常に重要なことです。文学や哲学の作品に、私たちが体験の一回性を読み取るのは、そういうコトバで書かれているからにほかならないのです。

（丸山圭三郎『フェティシズムと快楽』紀伊國屋書店による）

해설 p.296

11 ①<u>コトバが信号化する</u>とあるが、どういうことか。

1 信号が人間の感覚や感情を刺激すること
2 信号にはデジタルな対応が求められること
3 言葉を一つの意味だけに限定して使うこと
4 言葉が信号のように事故を防いでいること

12 ②<u>そうではないコトバ</u>とは、何のことか。

1 ひとつの物だけを指す言葉
2 いろいろな意味がある言葉
3 意味を持っていない言葉
4 感情が込められた言葉

13 この文章で筆者が言いたいことは、どういうことか。

1 言葉は一度しか聞くことができないから、相手の話し方に注意することが大切だ。
2 言葉には記号的な面だけでなく、芸術的な面もあるのを知ることは重要なことだ。
3 生活の秩序を乱さないためには、一つの言葉にいろいろな意味があるのはよくない。
4 日常生活のなかで記号化してしまった言葉を、芸術的な言葉に変えていくべきだ。

(4)

「①自分にしか出来ない仕事をしたい」これは、なかなか理想的な仕事観である。日本では今年の大学卒業者約55万9030人のうち、就職したのは35万7285人。就職率は63.9％でリーマン・ショックの影響で雇用環境が悪化した2年前の60.8%と比較すると、若干の回復は見られるものの依然厳しい状況が続いている。こうした中で意欲を失い、収入さえ確保できるなら何でもいいやと開き直っているよりはよっぽど立派だろう。では、100％完璧かというと、そうも言えない。まあ、②60％というところか。

このような考えを持っている若者は、どうやら何か専門知識やテクニックを持ち、周囲に必要とされて働く自分を思い描いているらしい。だが、果たしてそんなことが可能だろうか。それも新卒で社会経験など皆無に等しい若者にである。誰もやりたがらない「きつい、汚い、危険」といったいわゆる３Ｋ労働ならともかく、大概の仕事は「自分じゃなくても誰でも出来る」というのが現実だろう。

職業のジャンルはある程度限られていて、しかも受験と同じで思い通りになることなんて滅多にない。そう考えれば、必然的に「何をやるのか」より「どうやるのか」を求められているのがわかるだろう。天才科学者や芸術家でもない限り、自分にしか出来ない仕事などない。ひとつの事に何十年と取り組み、努力と経験を積むことによって自らの力で築き上げていくことが大切なのである。

해설 p.298

14 若者の考える① 自分にしか出来ない仕事とは何か。

1 自分が企画・提案した仕事
2 知識や技術の必要な専門職
3 きつい、汚い、危険な職業
4 自らの力で築き上げた仕事

15 ② 60%というところか。とあるが、どうしてか。

1 雇用環境が回復せず、就職率がなかなか上がらないから
2 お金さえもらえれば何でもいいと考えるより立派だから
3 若者が思い描く仕事像はあまり現実的ではないから
4 他国と比べ、就職率が60%程度なのはいいほうだから

16 筆者はどのような仕事観を持っているか。

1 どんな仕事でも、それに取り組む姿勢こそが重要だ。
2 努力と経験の対価として収入を得るのが仕事である。
3 他人には出来ない専門的な仕事に就くことが大切だ。
4 誰もやりたがらない仕事にこそやりがいを見出せる。

問題 9 내용이해(중문) 확인문제 정답 및 해설

(1)

최근에는 텔레비전 광고에 클래식 음악이 자주 등장하고, 게다가 그것이 놀라울 정도로 신선한 매력을 가지곤 한다. 그러나 이와 같은 일이 곧 ①클래식 음악 보급으로 이어진다고는 생각하지 않는 편이 좋을 것이다.

클래식 음악은 어렵다는 사람들이 제법 많다. 그들이 입을 모아 말하는 것은 곡이 길어서 도중에 지루해 지는 어둡고 밀폐된 콘서트장에서 장시간 동안 소리 하나 내지 않고 가만히 앉아 있는 일은 고통스럽다는 것이다. 이 점은 즉 클래식 음악이란 긴 곡을 끝까지 듣는 것, 그것도 무언가를 하면서가 아닌 집중해서 곡 전체를 처음부터 끝까지 듣는 일이며, 선율이나 리듬, 음향같은 현상적인 쾌락에 그치지 않는, 종합적이고 극적인 체험이라는 것을 나타낸다. 물론 작은 부분이 전체보다 못하는 것은 아니다. 그러나 ②곡 전체라는 세계 속에 자리 매김함으로써 작은 부분은 그것만으로 존재하는 것 이상의 의미가 있을 수 있다.

그러나 텔레비전 광고에서의 15초 동안의 클래식 음악은 그러한 체험과는 거리가 멀다. 그것은 분명히 작품의 일부에는 틀림없지만, 그 너머에 작품 전체를 암시하는 것은 없는, 오히려 작품이라는 뿌리로부터 단절된 개별적이고 쾌락적인 현상이다. 그래서 텔레비전 광고에 클래식 음악이 연이어 등장하고 그것이 감동을 불러일으킨다고 해도, 그것으로 사람들이 쉽게 클래식 음악 쪽으로 끌린다고는 생각하지 않는 편이 낫다. 아무튼 이와 같은 일은 음악을 받아들이는 방법이 변질되어가고 있다는 것을 나타내는 것은 아닐까.

(오카다 아츠코 『영원한 순간 속으로』 사쿠힌샤)

어휘 コマーシャル 텔레비전 광고 | クラシック音楽 클래식 음악 | 盛んに 활발히, 빈번히, 자주 | 登場 등장 | 驚く 놀라다 | 新鮮 신선 | 魅力 매력 | 普及 보급 | 結構 꽤, 퍽 | 口をそろえる 입을 모으다 | 途中 도중 | 退屈 지루함, 따분함 | 暗い 어둡다 | 閉ざされる 닫혀지다, 폐쇄되다 | コンサート 콘서트, 연주회 | 会場 회장, 행사 장소 | 長時間 장시간, 오랜 시간 | 物音ひとつ立てずに 소리 하나 내지 않고 | じっと 오랫동안 가만히 | 苦痛 고통 | 聴き通す 끝까지 듣다 | 集中 집중 | 旋律 선율 | リズム 리듬 | 音響 음향 | 快楽 쾌락 | ～にとどまらない ～에 머물지 않는 | 総合的 종합적 | ドラマティック 드라마틱 | 体験 체험 | 示す 보이다, 가리키다 | 細部 세부 | 劣る 뒤떨어지다, 뒤지다 | 位置づけられる 자리 매김하다 | 存在 존재 | ～には違いない ～임은 틀림 없다, ～임은 분명하다 | 暗示 암시 | むしろ 오히려 | 根 뿌리 | 切り離す 분리하다 | 個別的 개별적 | 続々と 계속해서 | 感動を誘う 감동을 불러 일으키다 | かならずしも～ない 반드시 ～인 것은 아니다 | 人々 사람들 | 容易に 손쉽게 | 導く 인도하다 | 受け止める 받아들이다 | 変質 변질 | ～(し)つつある 점차 ～해가고 있다, 점차 ～되어가고 있다

5 ①클래식 음악의 보급으로 이어진다고는 생각하지 않는 편이 좋을 것이라고 필자가 생각하는 이유는 무엇인가?

1 텔레비전 광고에 사용되는 클래식 음악은 작품 전체와 분리되어버린 것이기 때문에
2 텔레비전 광고에 사용되는 클래식 음악은 작품 전체가 점차 변질되어간 것이기 때문에
3 텔레비전 광고에 사용되는 클래식 음악은 본래의 작품 전체를 15초로 축소시킨 것이기 때문에
4 텔레비전 광고에 사용되는 클래식 음악은 본래 작품의 일부인 것임에는 틀림 없기 때문에

정답 1

해설 세 번째 단락을 주목한다. 여기서 필자는 15초에 불과한 텔레비전 광고 음악은 작품이라는 뿌리에서 잘려나간 개별적 현상이라고 주장한다. 이러한 내용은 1번이다.

6 ②곡 전체라는 세계 속에 자리 매김함으로써 작은 부분은 그것만으로 존재하는 것 이상의 의미가 있을 수 있다고 하는데 무슨 뜻인가?

1 곡 전체를 듣기보다는 일부만을 듣는 편이 보다 깊은 감동을 얻을 수 있다.
2 세계적으로 유명한 곡은 일부를 듣는 것만으로도 곡 전체를 알 수 있는 법이다.
3 세계적으로 유명한 곡은 일부를 듣기만 해도 깊은 감동을 얻을 수 있다.
4 곡을 부분으로 나누지 말고 전체적으로 들음으로써 보다 깊은 감동을 얻을 수 있다.

정답 4

해설 '곡 전체라고 하는 세계 속에 자리 매김함으로써 작은 부분은 그것만으로 존재하는 것 이상의 의미가 있을 수 있다'는 말을 재구성하면 '작은 부분', 즉 세부적인 부분은 곡 전체 속에 포함되어 있어야 더욱 큰 의미를 지닐 수 있다는 뜻이므로, 이와 같은 의미는 4번 외에 없다.

7 클래식 음악에 대해서 필자 생각에 가까운 것은 무엇인가?

1 클래식 음악은 난해하고 한 곡이 너무 길어 지루하다.
2 클래식 음악은 선율 등의 현상적인 쾌락을 체험하는 것이다.
3 클래식 음악은 가만히 앉아서 들어야 하는 것이 고통스럽다.
4 클래식 음악을 듣는 것은 종합적이고 극적인 체험이다.

정답 4

해설 두 번째 단락을 보면 선택지 1번, 3번은 필자의 생각이 아닌 클래식 음악이 어렵다고 하는 사람의 생각이라는 것을 알 수 있으므로 제외된다. '선율이나 리듬, 음향 같은 현상적인 쾌락에 그치지 않는 종합적이고 극적인 체험이라는 것을 나타낸다'라고 했으므로 클래식 음악은 현상적인 쾌락을 체험하는 것이라고 한 선택지 2번도 제외되며, 종합적이고 극적인 체험이라고 한 4번이 정답이다.

(2)

큰 것부터 작은 것까지 도쿄에는 셀 수 없을 만큼 많은 공원이 있다. 나는 본래 풀이나 나무를 좋아했기 때문에 공원에서 시간을 보내는 것도 즐거웠다.
그러나 언제부터인지 공원 안을 한가로이 걸을 수 없게 되었다. 마치 러시아워의 역 승강장처럼 빠른 걸음으로 걷는 나 자신을 발견하고는 좀 더 여유있게 살아도 되지 않는가 하고 자신을 타일러보고 있으나 그럴 수가 없다. 왜인가, 하고 생각해 봐도 이유는 알 수 없었다. 주변을 돌아보면 화단을 둘러싼 블록, 동그랗게 깎여진 나무, 보도를 가득 메운 콘크리트, 가로등, 빗자루로 쓸어낸 자국……, 사람 손이 가해진 곳만이 유난히 눈에 들어와 어쩔 수 없었다. 억지로 푸른 나무들을 감상하려 해도 왠지 흥이 깨져서 불과 5분도 볼 수가 없다. 이것이 공원을 멀리하게 된 시작이었다.
공원은 목적 같은 것은 갖지 않고 시간을 보내는 장소로서 나무들이나 풀밭을 울타리로 둘러놓았다. 나에게는 그것이 서민들한테 배급된 것처럼 느껴졌다. 필요한 의미 있는 건물을 세우고 남은 부분을 아주 조금만 나누어 부여된 땅, 거기서 안락한 시간을 보내며 기운을 차리면, 자, 다음에는 시내로 돌아가 일하든 공부하든 하라고 누군가로부터 명령받는 것처럼 느껴졌다.
그런 생각을 하자 이번에는 자신의 <u>생활이 토막토막으로 잘려 인공화되어 있다</u>는 점을 깨달았다. 자신의 방, 매일 이용하는 식당이나 레스토랑, 찻집, 도서관, 영화관 등, 나는 그것들을 왔다 갔다 하면서 생활하고 있다. '괜찮잖아? 전철을 쓸 만큼 넓은 집에 살고 있다고 생각하면'이라는 생각은 내게 그저 일시적인 위안 밖에는 되지 않았다.
내가 공원을 싫어하는 마음은 (　　　).

(나카자와 케이 『길목의 하늘』 가와데 쇼보신샤)

어휘 数(かぞ)え切(き)れないほど 셀 수 없을 만큼 | のんびり 느긋이 | ラッシュアワー 러시아워, 혼잡 시간대 | プラットホーム 승강장 | せかせかと 부지런히, 빠른 속도로 | 気付(きづ)く 어떤 사실을 알아차리다 | 周囲(しゅうい) 주위, 주변 | 眺(なが)める 바라보다 | 花壇(かだん) 화단 | 囲(かこ)む 둘러싸다 | ブロック 블록 | 丸(まる)く 둥글게 | 刈(か)り込(こ)まれる 깎여지다 | 樹木(じゅもく) 수목 | 歩道(ほどう) 보도 | 固(かた)める 다지다 | コンクリート 콘크리트 | 街灯(がいとう) 가로등 | 箒(ほうき) 빗자루 | 掃除(そうじ) 청소 | 跡(あと) 자국, 흔적 | やたらに 함부로 | 無理(むり)に 억지로, 무리하게 | 白(しら)ける 흥이 깨지다, 김이 새다 | 囲(かこ)う 둘러싸다, 감춰두다 | 庶民(しょみん) 서민 | 配給(はいきゅう) 배급 | 建物(たてもの) 건물 | 分(わ)け与(あた)えられる 분배되다 | 土地(とち) 토지 | 街(まち) 도시, 동네(「町(まち)」보다 규모가 큰 경우) | ～なり ～なり ～을(를) 하든 ～을(를) 하든 | 命(めい)じられる 명령받다 | 今度(こんど) 이번에 | 暮(く)らし 생활 | 分断(ぶんだん) 분단 | 人工化(じんこうか) 인공화 | 部屋(へや) 방 | 食堂(しょくどう) 식당 | レストラン 레스토랑 | 喫茶店(きっさてん) 찻집 | 図書館(としょかん) 도서관 | 電車(でんしゃ) 전철 | 気休(きやす)め 일시적인 안심이나 위안, 또는 이를 위한 행동

8 필자가 공원이 싫어진 이유는 왜인가?

1 공원이 러시아워의 역 승강장처럼 느껴졌기 때문에
2 공원이 효율적으로 일하기 위해 주어진 휴게시설처럼 느껴졌기 때문에
3 공원 안에 있는 것은 인공적으로 만들어졌다는 것을 깨달았기 때문에
4 공원은 목적없이 자유롭게 지낼 수 있는 장소라는 것을 깨달았기 때문에

정답 3

해설 두 번째 단락이 '이것이 공원을 멀리 하게 된 시작이었다'로 끝난다. 첫 번째 단락은 자신이 공원에서 보내는 시간이 즐거웠다고 했으므로, 왜 공원을 멀리하게 되었는지에 대한 이유는 여기에 들어있을 거라 짐작을 할 수 있다. 두 번째 단락은「ところが(그러나)」라고 하는 역접으로 시작한다. 중반에는 주변을 돌아보니 화단을 둘러싼 블록, 인위적으로 깎인 수목들, 보도를 가득 메운 콘크리트, 가로등, 빗자루 등의 예를 들어가면서 이와 같은 인공적인 면에만 눈이 가기에 김이 샜다고 했으므로 이와 같은 선택지는 3번 밖에 없다.

9 생활이 토막토막으로 잘려 인공화되어 있다고 하는데 무슨 뜻인가?

1 방에서 방으로 이동하는데 전철을 이용할 만큼 넓은 집에 살고 있다는 것
2 생활에 필요한 것을 얻기 위해 그 때마다 이동해야 한다는 것
3 생활에 필요한 것이 모두 주어져서 매우 편리하다는 것
4 매일 생활이 규칙적으로 스케줄대로 진행되고 있다는 것

정답 2

해설 자신의 토막 난 생활에 대한 설명이 네 번째 단락 후반에 나온다. 내용을 보면 자신의 방, 식당, 찻집, 도서관, 영화관 등을 왔다 갔다 하면서 생활한다고 하면서, 넓은 집을 쓴다고 생각하라는 말도 일시적인 위로밖에 되지 않는다고 하므로 이 사실에 대해 탐탁하게 생각하지 않는다는 것을 알 수 있다. 즉, 선택지 중 긍정적인 측면을 나타내는 1번, 3번, 4번은 정답이 될 수 없으며, 목적에 의해 그 때마다 이동해야 한다고 하는 2번이 정답이다.

10 (　　　)에 들어가는 말로서 가장 적합한 것은 무엇인가?

1 간신히 진정되었다
2 조금 나아졌다
3 한층 강해졌다
4 오히려 약해졌다

정답 3

해설 필자는 공원이 '인공화'되어 있다는 점 때문에 멀리하게 되었고, 또한 자신의 생활이 '인공화'되어 있다는 점을 깨닫게 되었다는 점을 들어 좋지 않은 감정을 갖게 된다. 결국 '인공화'라는 작용이 감소하는 내용은 본문 중에서 찾아볼 수 없으므로 이와 같은 증상이 가라앉았다는 1번이나 약해졌다고 하는 2번과 4번은 정답이 될 수 없으므로, 한층 더 강해졌다는 3번이 정답이 된다.

(3)

빨간 교통신호를 보면 우리는 멈춰서야 합니다. 파랑을 보면 가라는 의미로 이해합니다. 만약 그때 빨간 신호가 '멈추시오'라는 의미 외에 무언가 우리의 감각이나 감정을 자극하는 것을 나타내는 것이라면 사고가 일어나고 맙니다. 그러므로 신호에 대해서는 선택의 여지 없이 '1인지 0인지' 또는 'A인지 A가 아닌지'와 같이 디지털적인 파악을 해야 합니다. 그렇지 않으면 질서가 무너지고 맙니다. 이처럼 일상생활에서는 ①언어가 신호화한다는 것은 분명합니다.
예를 들어 내가 "컵을 주세요"라고 말했을 때 접시가 오면 곤란하므로 '컵'이라는 단어는 무조건 컵이라는 사물을 가리키는 기호이며, '접시'라는 단어는 접시를 가리키는 기호입니다. 그러나 동시에 우리는 경험적으로 ②그렇지 않은 언어가 있다는 것을 아는 것이 아닐까 합니다.

즉, 무대에서 연기하는 사람의 표정이나 동작, 음악이나 그림 등도 마찬가지로 들을 때마다 읽을 때마다 새로운 의미를 주는, 그와 같은 언어입니다. 어떤 때는 사람의 언어에 감동하고, 또 어떤 때는 심하게 상처를 받습니다. 이처럼 두 번 다시 맛볼 수 없는 체험을 불러일으키는 말이 있습니다. 거기에 담긴 복잡한 감정을 우리는 억양이나 목소리 상태로 느낍니다. 이는 매우 중요한 부분입니다. 문학이나 철학 작품에 우리가 체험의 일회성을 간파하는 것은 그와 같은 언어로 쓰여있기 때문입니다.

(마루야마 케이자부로 『페티시즘과 쾌락』 키노쿠니야 쇼텐)

어휘 職場 직장 | 交通信号 교통신호 | 進め 전진하시오 | 理解 이해 | 赤信号 빨간 신호 | 止まれ 멈추시오 | 以外 이외 | 感覚 감각 | 感情 감정 | 刺激 자극 | 否応なしに 여지없이 | 捉え方 받아들이거나 이해하는 방법 | 秩序 질서 | 乱れる 흐트러지다 | 日常生活 일상생활 | 確かな 명확한 | 皿 접시 | 指す 가리키다 | 記号 기호 | 同時に 동시에 | 経験的に 경험적으로 | 舞台 무대 | 演じる 연기하다 | 表情 표정 | 動作 동작 | 絵画 회화, 그림 | 感動 감동 | 激しく 극심하게 | 傷つけられる 상처 받다 | 味わう 맛보다 | 体験 체험 | 引き起こす 유발하다 | 複雑 복잡 | イントネーション 억양 | 声の調子 목소리의 억양, 느낌 | 非常に 매우 | 重要な 중요한 | 文学 문학 | 哲学 철학 | 一回性 일회성 | 読み取る 간파하다, 알아차리다

11 ①언어가 신호화한다고 하는데 무슨 뜻인가?

1 신호가 인간의 감각이나 감정을 자극하는 것
2 신호에는 디지털적인 대응이 요구되는 것
3 언어를 하나의 뜻만으로 한정해서 사용하는 것
4 언어가 신호처럼 사고를 막고 있는 것

정답 3

해설 문제의 내용이 포함된 1번째 단락 마지막 문장의 「このように」는 '이처럼'이라는 뜻으로, 앞의 내용을 요약할 때 사용하는 접속사이다. 즉 이 문제에서 묻고 있는 '언어가 신호화한다'는 내용은 「このように」 앞에 있는 문장이라고 할 수 있다. 첫 번째 단락에서는 신호를 예로 들면서 막연한 방식이 아닌 1인지 0인지, A인지 A가 아닌지 하는 디지털 방식, 즉 하나의 신호로서 몇 가지 뜻이 아니라 하나의 뜻만으로 한정해야 한다는 의미이므로 3번이 정답이다. 1번은 감각이나 감정을 자극하는 것은 디지털적인 것과 거리가 멀며, 2번은 대응을 요구하는 것이 아니다. 또한 언어가 어떠한 사고 발생을 막고 있는 것도 아니기 때문에 정답이 될 수 없다.

12 ②그렇지 않은 언어란 무슨 뜻인가?

1 한 가지 사물만을 가리키는 언어
2 여러 의미가 있는 언어
3 의미를 가지고 있지 않는 언어
4 감정이 담긴 언어

정답 4

해설 밑줄 친 부분의 문장 전체를 보면 「しかし」라는 역접 조사로 시작하고 있다. 그리고 「つまり(즉)」이라는 설명을 나타내는 접속사가 그 뒤를 잇는다. 여기서 알아두어야 하는 점은 「AつまりB」는 A에 대한 내용을 B라는 형식으로 바꾸어 말하거나 A에 대한 내용을 요약해서 B로 말하는 경우에 사용되는데, 중요한 점은 A와 B는 외형적으로만 다를 뿐 그 내용은 같다는 것이다. 여기서는 A에 해당되는 글이 밑줄 친 부분이고 B에 해당되는 부분은 「つまり」 다음에 나온다. 본문에서 살펴보면 '무대에서 연기하는 사람의 표정이나 동작, 음악이나 그림 등도 마찬가지로 들을 때마다 읽을 때마다 새로운 의미를 주는, 그와 같은 언어'가 바로 '그렇지 않은 언어'에 해당되는 것이다. 이에 대한 내용은 본 문장 후반으로 이어지며 '복잡한 감정이 담겨진 언어', 즉 4번이 정답이다.

13 이 글에서 필자가 말하고 싶은 것은 어떤 것인가?

1 언어는 한 번 밖에 들을 수 없으므로, 상대방의 화법에 주의하는 것이 중요하다.
2 언어에는 기호적인 면뿐 아니라, 예술적인 면도 있는 것을 아는 것은 중요한 것이다.
3 생활의 질서를 흐트러뜨리지 않기 위해서는 하나의 단어에 여러가지 의미가 있는 것은 좋지 않다.
4 일상 생활 속에서 기호화되어 버린 언어를 예술적인 언어로 바꾸어 가야할 것이다.

정답 2

해설 설명문의 경우 그 글에 대해서 목적이 있으며, 특히 강조하는 단어는 유의해야 한다. 본문의 첫 번째 단락과 두 번째 단락 중반까지는 한 가지 단어에 한 가지만 뜻이 있는 점을, 두 번째 단락 중반부터 세 번째 단락에는 같은 단어라도 읽을 때마다 다른 느낌을 받는 언어에 대해서 설명하면서, 마지막에 '이는 매우 중요한 점'이라고 강조한다. 즉, 필자는 이 글을 통해서 디지털적인 언어가 있지만 감정과 억양이 담긴 언어도 있다는 점이 중요하다고 강조하고 있으므로 정답은 2번이다. 1번은 언어를 한 번 밖에 들을 수 없다는 점, 3번은 한 가지 단어에 여러 뜻이 있다는 것은 좋지 않다고 하는 점, 4번은 기호화된 언어를 예술적인 언어로 바꾸어 가야 한다는 점 등은 본문에서 찾아볼 수 없다.

(4)

'①나만이 할 수 있는 일을 하고 싶다' 이것은 매우 이상적인 직업관이다. 일본에서는 올해 대졸자 약 55만9,030명 중, 취직한 사람은 35만 7285명. 취직률은 63.9%로 리먼 쇼크의 영향으로 고용환경이 악화된 2년 전의 60.8%와 비교하면 다소의 회복은 보이지만 여전히 힘든 상황이 계속되고 있다. 이런 가운데 의욕을 잃고, 수입만 확보 된다면 뭐든 상관없다며 될대로 되라는 식보다는 훨씬 훌륭하다. 그럼 100% 완벽한가 하면 그렇다고도 할 수 없다. 뭐 ②60% 정도일까?
이런 생각을 가지고 있는 젊은이는 아무래도 어떤 전문지식이나 기술을 가지고 있어, 주위에서 필요로 해서 일하는 자신을 상상하고 있는 것 같다. 하지만 과연 그런 것이 가능할까? 그것도 대학을 갓 졸업한 사회경험이 전혀 없는 것과 마찬가지인 젊은이에게 말이다. 아무도 하고 싶어하지 않는 '힘들고, 더럽고, 위험한' 이른바 3K노동이라면 몰라도, 대개의 일은 '자신이 아니라도 누구든 가능하다'라는 것이 현실이다.
직업의 장르는 어느 정도 정해져 있고, 게다가 수험과 마찬가지로 생각대로 되는 일은 좀처럼 없다. 그렇게 생각하면 필연적으로 '무엇을 해야 하는가'보다 '어떻게 해야 하는가'가 요구된다는 것을 알 수 있을 것이다. 천재과학자나 예술가가 아닌 이상 나 밖에 할 수 없는 일은 없다. 하나의 일에 몇 십 년 간 임해서, 노력과 경험을 쌓으면서 스스로의 힘으로 한걸음 한걸음 만들어 가는 것이 중요하다.

어휘 理想的 이상적 | 就職する 취직하다 | 影響 영향 | 雇用環境 고용환경 | 悪化する 악화되다 | 比較する 비교하다 | 若干 다소 | 回復 회복 | 依然 여전히 | 状況 상황 | 意欲を失う 의욕을 잃다 | 収入 수입 | 確保 확보 | 開き直る 정색하다 | 完璧 완벽 | 専門知識 전문지식 | 思い描く 상상하다 | 果たして 과연 | 皆無 전혀 없음 | 等しい 같다, 마찬가지다 | 滅多にない 좀처럼 없다 | 必然的 필연적 | 天才科学者 천재 과학자 | 芸術家 예술가 | 取り組む 맞붙다, 임하다 | 努力 노력 | 経験を積む 경험을 쌓다 | 築き上げる 쌓아 올리다, 한걸음 한걸음 만들어 내다

14 젊은이가 생각하는 ①나만이 할 수 있는 일은 무엇인가?

1 자신이 기획 · 제안한 일
2 지식이나 기술이 필요한 전문직
3 힘들고, 더럽고, 위험한 일
4 자신의 힘으로 쌓아 올린 일

정답 2

해설 두 번째 단락 첫부분「このような考えを持っている若者は、どうやら何か専門知識やテクニックを持ち、周囲に必要とされて働く自分を思い描いているらしい (이런 생각을 가지고 있는 젊은이는 아무래도 어떤 전문지식이나 기술을 가지고 있어, 주위에서 필요로 해서 일하는 자신을 상상하고 있는 것 같다)」에서 2번이 정답이라는 것을 알 수 있다.

15 ②60%정도일까?라고 했는데, 어째서인가?

1 고용환경이 회복되지 않아서, 취직률이 좀처럼 오르지 않기 때문에
2 돈만 있으면 뭐든지 좋다고 생각하는 것 보다는 훌륭하기 때문에
3 젊은이가 상상하는 직업상은 그다지 현실적이지 않기 때문에
4 다른 나라에 비해 취직률이 60% 정도인 것은 좋은 편이기 때문에

정답 3

해설 두 번째 단락 마지막 부분 「誰もやりたがらない「きつい、汚い、危険」といったいわゆる3K労働ならともかく、大概の仕事は「自分じゃなくても誰でも出来る」というのが現実だろう (아무도 하고 싶어하지 않는 '힘들고, 더럽고, 위험한' 이른바 3K노동이라면 몰라도, 대개의 일은 '자신이 아니라도 누구든 가능하다'라는 것이 현실이다)」에서 젊은이가 생각하는 직업상이 현실적이지 않다는 것을 알 수 있으므로 3번이 정답이다.

16 필자는 어떤 직업관을 가지고 있는가?

1 어떤 일이든 그에 임하는 자세가 중요하다.
2 노력과 경험의 대가로 수입을 얻는 것이 일이다.
3 타인은 할 수 없는 전문적인 일을 하는 것이 중요하다.
4 아무도 하고 싶어하지 않는 일이야 말로 보람을 찾을 수 있다.

정답 1

해설 마지막 단락 「天才科学者や芸術家でもない限り、自分にしか出来ない仕事などない。ひとつの事に何十年と取り組み、努力と経験を積むことによって自らの力で築き上げていくことが大切なのである (천재 과학자나 예술가가 아닌 한 나밖에 할 수 없는 일은 없다. 하나의 일에 몇 십 년간 임해서, 노력과 경험을 쌓으면서 스스로 힘을 쌓아가는 것이 중요하다)」에서 필자의 직업관을 알 수 있으므로 1번이 정답이다.

問題10 내용이해(장문)

문제유형 내용이해(장문)

해설, 수필, 소설 등 1000자 정도의 지문을 읽고, 개요나 필자의 생각 등을 이해하였는지를 묻는 문제

출제경향과 질문문의 경향은 문제 9 와 비슷하기 때문에, 같은 형식의 글이 길어졌다고 생각하면 된다. 단, 「筆者が最も言いたいことは何か (필자가 가장 말하고 싶은 것은 무엇인가?)」, 「この文章から分かる～は何か (이 글에서 알 수 있는 것은 무엇인가?)」와 같이 내용을 요약할 필요가 있는 문제도 출제된다. 그리고 부분 이해에 관한 질문과 개요 이해에 관한 질문도 나올 가능성이 있다.

▶부분 이해에 관한 문제

- ________とはどういうことか。
- ________とは何か。

▶개요 이해에 관한 문제

- 이것은 질문형식이 정해져 있지 않아, 글에 따라 다양한 질문형식이 있을 것으로 예상한다. 그리고 본문의 개요를 요약한 글을 괄호 안에 넣는 문제가 출제되는 경우도 있다.

JLPT N1

포인트

얼핏 보면 정답처럼 보이는 선택지가 매우 많아, 상식이나 요령으로 오답을 배제해 나가는 것이 어렵다. 본문을 읽기 전에 선택지를 읽어 버리면 오답에 현혹되기 때문에, 본문을 읽기 전에는 질문문만 읽도록 해야 한다.
또 선택지를 고를 때에는 한 글자, 한 글자에 주의하고, 함정문제에 빠지지 않도록 주의하기 바란다.
긴 글을 읽는 방법으로서, 먼저 각 단락이 말하려고 하는 것을 대략적으로라도 파악할 수 있으면 된다. 그리고 나서 접속사에 주의하면서, 각 단락끼리의 관계를 파악해 나가면 전체의 흐름이 보일 것이다.

학습요령

글은 길지만, 문제 8과 마찬가지로 글의 내용을 한 문장으로 요약하는 연습을 꼭 하기 바란다.

問題10 次の文章を読んで、後の問いに対する答えとして最もよいものを、1・2・3・4から一つ選びなさい。

(1)

「人生とは思い通りにならない」と誰かが言えば、「人生はそんなもの」と誰かが答える。もしこれが真実ならば「人生＝決して思い通りにならないもの」という命題が成立してしまうが、果たして本当にそうだろうか。

歴史に名を残している人々、例えばオリンピックの金メダリストや各種大会での優勝者や、そんな偉人でなくとも、受験で第一志望に合格したり司法試験などの難関を突破し人生において成果をあげた人たちはどうだろう。もし、先に述べたことが真実ならば、彼らは「自らの望み通りではなかったものの、素晴らしい結果を残した」ことになるのだが、①まさかそんなことはあるまい。

「そんなのは、ほんの一握りの人間だよ」と意地を張る人もいるだろう。確かにオリンピックでメダルを獲得できるのは限られた人達であるし、受験や様々な資格試験では合格者より不合格者が多いのは事実である。あえてそれを否定するつもりはないが、でも実際目標を達成した人なんて、それこそ世の中にごまんといるではないか。

自己成就予言という言葉をご存知だろうか。 ある考えや自分が望む結果を信じて、意識的にでも無意識的にでもそれにつながる行動をとることによって、結果、期待通りになることをいうそうだ。勿論全ての事柄に当てはまるわけではない。だが、やはり人生は「思い通りにならない」のではなく「思った通りになる」と私は言いたい。

ただ、②それには条件がある。何の努力もせずに「金メダルを獲ってやる」「医者になってみせる」などと思っているばかりでは、それはただの妄想にすぎず人生に何の変化も与えない。また「いつか宝くじを当てたい」などというような運まかせもいけない。人生に前向きな変化をもたらすためには、やはり具体的な出発点とゴールを決めて人生の筋道を立てることが不可欠だろう。「メダルを獲るにはどの種目に挑戦すべきか」「医者になるには何から始めなければならないか」がそれである。そして、もうひとつ、その目標が自分の努力で成し得ることなのかという現実性の確認だ。このことさえクリアすれば、すぐにでも目標に向かって歩き出すことが出来るだろう。

それでも少なからず失敗や挫折で心が折れそうになることがあるかもしれない。でも、あきらめないでほしい。それは新たな目標の出現かもしれない。「仮説と異なる結果が出たといって、がっかりしてはいけない。それは新しい発見につながるのだから」これは、iPS細胞（人口多能性幹細胞）の発見でノーベル医学生理学賞を受賞した山中教授の言葉である。時には失敗もすれば落胆もする、でもそこからまた筋道を立て目標に向かって歩き出せば、人生は必ず思った通りになるのだ。

17 ①まさかそんなことはあるまいとあるが、なぜそう思うのか。

1 人生が思い通りにならないというのは本当のことだから
2 成果をあげた人は自分が思っていた以上の結果を残したから
3 人生が自分の期待した通りになる人もいるはずだから
4 成果をあげた人は良い結果になることを願っていたはずだから

18 ②それとは、何か。

1 自分の思い描いた通りの人生を歩むこと
2 誰かに自分の思い通りの行動をとらせること
3 自己成就予言を人生に当てはめて考えること
4 人生が自分の思った通りになるとは限らないこと

19 この文章では、人生を変えるためにはどうしたらいいと述べているか。

1 現実的な目標を定め、それに向かって具体的に行動する。
2 目標を設定して具体的な計画を立てたら、運にまかせる。
3 出発点とゴールを決めて、必ず実現すると強く信じる。
4 現実的で、自分が無理せず成し得ることを目標にする。

20 筆者は「人生」をどのようなものだと考えているか。

1 素晴らしい結果を残すことだけが幸せだとは限らない。
2 才能がないと思い通りにはならない不公平なものだ
3 地道な努力なしには思い通りにならないものだ。
4 失敗や挫折を乗り越えてはじめて成功できるのだ

해설 p.309

(2)

チンパンジーは、さまざまなあいさつの仕方を持っている。おじぎ、握手、抱擁、ひれ伏す、肩を叩く、軽く相手にさわる、それにキスさえする。ゴリラは深いおじぎをするが、その他のあいさつ行動は貧弱である。なぜ①チンパンジーにだけあいさつ行動が豊富なのか。

その理由は彼らの特殊な社会構造に求められる。チンパンジーの集団は、ニホンザル(注)の群れと同じく、複数の雄と複数の雌による20～100頭の集団である。②ニホンザルの群れは閉鎖的で、青年以上の個体が群れから遠く離れて4、5日も行動したりすると、群れに戻りにくくなる。特に雄は、まず復帰できず、よそ者とみなされて追い出されてしまう。ところが、チンパンジー社会は、メンバーの離合集散が日常的に行われる社会で、若い雄と雌が仲良く旅行に出かけて行き、1か月もたってから帰ってくるといったこともある。そうしたとき、帰ってきた連中は、集団の仲間にあいさつをする。そうすると、ごくスムーズに集団に入れてもらえる。

このように、時間的空間的に離れていたための距離感、疎遠感をあいさつによって消し去り、もとの社会関係を回復することができるのである。チンパンジー社会では、個体の行動の自由度が大きく保障されているが、あいさつはそれを可能にするための行動なのである。

このことは、われわれ人間のあいさつ行動に照らしてみると、よく理解できる。なぜ、いつ、われわれはあいさつをするのか。

③それは、日常的には、相互に時間的空間的に離れている場合に限られている。2、3日出張して職場に戻ったとき、仲間にあいさつする。あるいは、家族の間でも夜寝る前に「おやすみ」と言い、朝起きると「おはよう」とあいさつする。眠るという行為は、相互の認知空間の遮断である。つまり、眠っている間は、人と人の関係は断たれている。どうやら、人間関係というものは、いかに深い間柄でも、わずか一夜の隔たりがあると薄められてしまうものらしい。あいさつという行動は、薄められた関係をもとの濃度に還元する作用を持つものなのだ。

つまり、あいさつは、薄められた個体関係の間に、相互の心の通い合うチャンネルを作る行為なのである。

（河合雅雄　『子供と自然』岩波書店による）

（注）ニホンザル：日本特産種の猿

21 ①チンパンジーにだけあいさつ行動が豊富なのはなぜか。

1 チンパンジー社会は、メンバー間の関係が薄く、開放的な反面よくメンバー同士の対立が起きるから。
2 チンパンジー社会は、雄（おす）と雌（めす）の関係が自由なため、メンバーの離合集散がよく行われるから。
3 チンパンジー社会では、あいさつの行動に社会関係を回復し、個体の自由度を保障する機能があるから。
4 チンパンジーは、時間的空間的感覚が発達しており、相手のあいさつ行動に対して敏感であるから。

22 ②ニホンザルの群れは閉鎖的とあるがどういうことか。

1 あいさつの行動が貧弱であるということ
2 雄（おす）と雌（めす）の関係が自由でないということ
3 集団が小さく、活動的でないということ
4 よそ者を群れに入れないということ

23 ③それは何を指しているか。

1 離れていたときの距離感や疎遠感
2 チンパンジーと人間のあいさつ
3 あいさつ行動をよく理解すること
4 人間がいつあいさつをするのか

24 この文章からわかる「あいさつ行動」の機能はどんなことか。

1 あいさつすることで、職場や家庭での規則正しい生活を維持することができる。
2 あいさつすることで、相互の関係をちょうど良い距離に保つことができる。
3 薄められた関係を、あいさつすることでもとの関係にもどすことができる。
4 あいさつによって相互の関係を遮断し、適当に調整することができる。

問題 10 내용이해(장문) 확인문제 정답 및 해설

(1)

'인생이란 생각대로 되지 않는다'라고 누군가가 말한다면, '인생은 원래 그런 것이야'라고 누군가가 답한다. 만약 이것이 진실이라면 '인생=결코 생각대로 되지 않는 것'이라는 명제가 성립되어야겠지만, 과연 정말 그럴까?
역사에 이름을 남긴 사람들, 예를 들면 올림픽 금메달리스트나 각종 대회의 우승자나, 그런 위대한 사람이 아니라도 수험에서 제1지망에 합격하거나 사법시험 등의 난관을 돌파하여 인생에 있어서 성과를 올린 사람들은 어떨까? 만약 앞에서 말한 것이 진실이라면 그들은 '자기가 원한대로는 아니지만 멋진 결과를 남겼다'라는 것이 되지만, ①설마 그렇지는 않을 것이다.
'그런 것은 극히 일부의 인간이다'라고 억지를 부리는 사람도 있을 것이다. 확실히 올림픽에서 메달을 획득할 수 있는 것은 한정된 사람들이고, 수험이나 다양한 자격시험에서도 합격자보다 불합격자가 많은 것은 사실이다. 굳이 그것을 부정할 생각은 없지만 그래도 실제 목표를 달성한 사람들은 세상에 얼마든지 있지 않은가?
자기성취예언이라는 말을 알고 있는가? 어떤 생각이나 자신이 바라는 결과를 믿고, 의식적이든 무의식적이든 그것에 연결되는 행동을 함으로써, 결과적으로 기대대로 되는 것을 말한다고 한다. 물론 모든 일이 해당되는 것은 아니다. 하지만 역시 인생은 '생각대로 되지 않는다'는 것이 아닌 '생각한대로 된다'고 나는 말하고 싶다.
단, ②그것에는 조건이 있다. 아무런 노력도 하지 않고 '금메달을 따고 말겠다' '의사가 되고야 말겠다'라고 생각하기만 해서는 그것은 단지 망상에 지나지 않고 인생에 아무런 변화도 주지 않는다. 또 '언젠가 복권에 당첨되고 싶다'와 같이 운에 맡기는 것도 안 된다. 인생에 긍정적인 변화를 가져오게 하려면 역시 구체적인 출발점과 골을 정해서 인생의 계획을 세우는 것이 불가결할 것이다. '메달을 따려면 어떤 종목에 도전해야 하나''의사가 되려면 무엇부터 시작해야 하는지'가 그것이다. 그리고 또 한가지, 그 목표가 자신의 노력으로 이룰 수 있는 것인가 하는 현실성의 확인이다. 이것만 클리어 한다면 금방이라도 목표를 향해 나아갈 수 있을 것이다.
그래도 적잖이 실패나 좌절로 마음이 약해질 경우도 있을지도 모른다. 하지만 포기 하지 않길 바란다. 그것은 새로운 목표의 출현일지도 모른다. '가설과 다른 결과가 나왔다고 해서 실망해서는 안 된다. 그것은 새로운 발견으로 이어지니까' 이것은 iPS세포(인구다능성간 세포)의 발견으로 노벨 의학생물학상을 수상한 야마나카 교수의 말이다. 때로는 실패도 하고 낙담도 한다. 하지만 거기서부터 또 차근차근 목표를 향해 걸어 가면 인생은 반드시 생각한대로 되는 것이다.

어휘 真実 진실 | 命題 명제 | 成立する 성립하다 | 歴史 역사 | 名を残す 이름을 남기다 | 各種大会 각종대회 | 優勝者 우승자 | 偉人 위인 | 難関 난관 | 突破する 돌파하다 | 成果をあげる 성과를 올리다 | 一握り 극소수 | 意地を張る 고집을 부리다 | 獲得する 획득하다 | 資格試験 자격시험 | あえて 굳이 | 否定する 부정하다 | 目標 목표 | 達成する 달성하다 | 自己成就 자기성취 | 意識的 의식적 | 事柄 사정 | 妄想 망상 | 前向き 긍정적 | メダルを捕る 메달을 따다 | 挑戦する 도전하다 | 現実性 현실성 | 失敗 실패 | 挫折 좌절 | 出現 출현 | 仮説 가설 | 細胞 세포 | 受賞する 수상하다 | 落胆する 낙담하다

17 ①설마 그렇지는 않을 것이다 라고 했는데, 왜 그렇게 생각하는가?

1 인생이 생각대로 되지 않는다는 것은 진실이기 때문에
2 성과를 올린 사람은 자신이 생각했던 것 이상의 결과를 남긴 것이기 때문에
3 인생이 자신의 기대대로 되는 사람도 있을 것이기 때문에
4 성과를 올린 사람은 좋은 결과가 되기를 바라고 있었을 것이기 때문에

정답 4

해설 첫 번째 단락에서 '인생=결코 생각대로 되지 않는 것' 명제가 진실이라면 어려운 시험에 합격한 사람들은 합격을 원하지 않았는데 '자기가 원한대로는 아니지만 멋진 결과를 남겼다'라는 것이 된다. ①설마 그렇지는 않을 것이다는 즉 멋진 결과를 남긴 사람들도 좋은 결과를 바랐을 것이라는 4번이 정답이다.

18 ②그것이란 무엇인가?

1 자신이 상상한 대로의 인생을 사는 것
2 누군가에게 자신의 생각대로 행동을 하게 하는 것
3 자기성취예언을 인생에 적용시켜 생각하는 것
4 인생이 자신이 생각한대로 된다고 만은 할 수 없는 것

정답 1

해설 ②그것의 바로 앞 문장을 보면「やはり人生は「思い通りにならない」のではなく「思った通りになる」と私は言いたい (역시 인생은 '생각대로 되지 않는다'는 것이 아닌 '생각한대로 된다'고 나는 말하고 싶다)」에서 그것이 가리키는 것을 알 수 있다. 즉 인생은 생각한대로 된다는 1번이 정답이다.

19 이 글에서는 인생을 바꾸기 위해서는 어떻게 하면 된다고 말하고 있는가?

1 현실적인 목표를 정해서, 그것을 향해 구체적으로 행동한다
2 목표를 설정해서 구체적인 계획을 세우면 운에 맡긴다.
3 출발점과 골을 정해서, 반드시 실현된다고 굳게 믿는다.
4 현실적으로 자신이 무리하지 않고 이룰 수 있는 목표로 한다

정답 1

해설 세 번째 단락의「人生に前向きな 変化をもたらすためには (인생에 긍정적인 변화를 가져오게 하려면)」이후의 문장을 보면 구체적인 출발점과 골을 정하는 것과 목표가 자기의 노력으로 이룰 수 있는 것인지의 현실성의 확인이라고 했으므로 1번이 정답이다.

20 필자는 '인생'을 어떤 것이라고 생각하고 있는가?

1 멋진 결과를 남기는 것만이 행복이라고는 할 수 없다.
2 재능이 없으면 생각한대로는 되지 않는 불공평한 것이다.
3 착실한 노력 없이는 생각한대로는 되지 않는 법이다.
4 실패나 좌절을 극복해야 비로소 성공할 수 있는 것이다.

정답 3

해설 마지막 문장「時には失敗もすれば落胆もする、でもそこからまた筋道を立て目標に向かって歩き出せば、人生は必ず思った通りになるのだ (때로는 실패도 하고 낙담도 한다, 하지만 거기서부터 다시 계획을 세워 목표를 향해 걸어 가면, 인생은 반드시 생각한대로 되는 것이다)」에서 3번이 정답이라는 것을 알 수 있다.

(2)

침팬지는 다양한 인사법을 가지고 있다. 고개 숙이기, 악수, 포옹, 절하기, 어깨 누드리기, 가벼운 스킨십, 심지어 기스까지 한다. 고릴라는 깊숙이 고개를 숙이지만, 그 외의 다른 인사 행동은 빈약하다. 왜 ①침팬지만이 인사 행동이 풍부할까?
그 이유는 그들의 특수한 사회구조에서 찾아볼 수 있다. 침팬지 집단은 일본원숭이 무리와 마찬가지로 복수의 수컷과 복수의 암컷에 의한 20~100마리로 구성된 집단이다. ②일본원숭이의 무리는 폐쇄적으로, 청년 이상의 개체가 무리에서 4, 5일이나 멀리 떨어져 행동하거나 하면 무리로 돌아오기 어려워진다. 특히 수컷은 절대 복귀할 수 없으며, 이방인 취급당하고 쫓겨난다. 그러나 침팬지 사회는 구성원의 이합집산이 일상적으로 이루어지는 사회로, 젊은 수컷이 암컷과 사이 좋게 여행을 떠났다가 한 달이나 지나고서 돌아오거나 하는 경우도 있다. 그럴 때 돌아온 그들은 같은 무리 친구들한테 인사한다. 그러면 매우 자연스럽게 무리 속으로 들어갈 수 있다.
이처럼 시간적, 공간적으로 떨어져 있어서 생긴 거리감, 소원함을 인사로 지워버리고, 본래 사회관계를 회복할 수 있다. 침팬지 사회에서는 개체의 행동 자유도가 크게 보장되어 있는데, 인사는 이를 가능하도록 하기 위한 행동이다.
이것은 우리 인간의 인사 행동과 비추어보면 잘 이해할 수 있다. 왜, 언제 우리들은 인사를 하는가?
③그것은 일상적으로는 상호 간에 시간적 공간적으로 떨어져 있을 때에 한한다. 2, 3일 출장을 갔다가 직장으로 돌아왔을 때 직장 동료들한테 인사한다. 또는 가족 간에도 밤에 자기 전에 '잘 자요'라고 말하고, 아침에 일어나면 '잘 잤어요?'라고 인사한다. 잠을 잔다는 행위는 상호 간의 인지공간의 차단이다. 즉, 잠을 자는 동안에는 사람과 사람 사이의 관계는 단절되어 있다. 아무래도 인간관계란 아무리 깊은 사이라 하더라도 불과 하룻밤 동안의 간격이 있으면 희박해지는 것 같다. 인사라는 행동은 희박해진 관계를 본래의 농도로 되돌리는 작용을 갖는 것이다.

問題 10 내용이해(장문) 확인문제 정답 및 해설

즉, 인사는 희박해진 개체관계 사이에 상호 간의 마음이 서로 통하는 채널을 만드는 행위인 것이다.

(가와이 마사오 『어린이와 자연』 이와나미 서점)

(주) ニホンザル : 일본원숭이

어휘 チンパンジー 침팬지 | さまざまな 다양한 | あいさつ 인사 | 仕方 방법 | おじぎ 머리를 숙여 하는 인사 | 握手 악수 | 抱擁 포옹 | ひれ伏す 납작 엎드리다 | 肩 어깨 | 叩く 두드리다 | 軽く 가볍게 | 相手 상대, 상대방 | さわる 만지다 | ~さえする ~조차 한다, ~까지도 한다 | ゴリラ 고릴라 | 行動 행동 | 貧弱 빈약 | 豊富 풍부 | 理由 이유 | 特殊な 특수한 | 社会 사회 | 構造 구조 | 求められる 요구되다 | 集団 집단 | 群れ 무리 | 同じく 마찬가지로 | 複数 복수(↔ 単数 단수) | 雄 수컷 | 雌 암컷 | 頭 마리(큰 동물을 세는 조수사) | 閉鎖的 폐쇄적 | 青年 청년 | 個体 개체 | 特に 특히 | 復帰 복귀 | よそ者 외부인 | みなされる 간주되다(みなす의 수동태) | 追い出す 내쫓다 | メンバー 멤버, 구성원 | 離合集散 이합집산 | 日常的 일상적 | 行われる 행해지다 | 若い 젊다 | 仲良く 사이 좋게 | 旅行 여행 | 連中 같은 무리 | 仲間 친구, 동료 | ごく 지극히, 매우 | スムーズ 원활함 | 時間的 시간적 | 空間的 공간적 | 距離感 거리감 | 疎遠感 소원함, 서먹함 | 消し去る 깨끗이 지우다, 일소하다 | 関係 관계 | 回復 회복 | 保障 보장 | 照らしてみる 비추어보다 | 理解 이해 | 相互 상호, 서로 | 出張 출장 | 職場 직장 | 戻る 되돌아가다 | 眠る 잠을 자다 | 行為 행위 | 認知 인지 | 遮断 차단 | 断たれている 단절되어 있다 | いかに 얼마나 | 間柄 사람과 사람 사이의 관계 | わずか 불과 | 隔たり 거리, 간격 | 薄める 엷게 하다 | 濃度 농도 | 還元 환원 | 作用 작용 | 心の通い合う 마음이 서로 통하다

21 ①<u>침팬지만이 인사 행동이 풍부</u>한 것은 왜인가?

1 침팬지 사회는 구성원 간의 관계가 희박하고 개방적인 반면, 자주 구성원끼리의 대립이 일어나기 때문에.
2 침팬지 사회는 수컷과 암컷 간의 관계가 자유로워서 구성원의 이합집산이 자주 일어나기 때문에.
3 침팬지 사회에서는 인사라는 행동에 사회관계를 회복하고 개체의 자유도를 보장하는 기능이 있기 때문에.
4 침팬지는 시간적 공간적 감각이 발달하여 상대방의 인사 행동에 대하여 민감하기 때문에.

정답 3

해설 두 번째 단락 후반과 세 번째 단락에서 '먼 여행을 다녀온 침팬지는 인사를 함으로써 집단 안으로 자연스럽게 들어오며, 인사는 본래 사회관계를 회복시켜준다'는 내용이 있으므로 정답은 3번이다. 1번은 본문에 없으며, 2번에서의 수컷과 암컷 간의 관계가 자유롭다라는 말도 본문에 없다.

22 ②<u>일본원숭이 무리는 폐쇄적</u>이라고 하는데 무슨 뜻인가?

1 인사 행동이 빈약하다는 것
2 수컷과 암컷 관계가 자유롭지 못하다는 것
3 집단이 작고 활동적이지 않다는 것
4 이방인을 무리 속으로 넣지 않는다는 것

정답 4

해설 바로 뒤에 설명이 되어 있다. '일본원숭이 무리는 청년 이상의 개체가 멀리 떨어져 여행한 뒤에는 무리로 돌아오지 못하고 이방인으로 여겨져 쫓겨난다'고 했으므로 4번이 정답이다.

23 ③그것은 무엇을 가리키는가?

1 떨어져 있었을 때의 거리감과 소원함
2 침팬지와 인간의 인사
3 인사 행동을 잘 이해하는 것
4 인간이 언제 인사하는가

정답 4

해설 지시 내용을 묻는 문제는 그 특성상 문장 앞에 답이 있으며, 대부분 바로 직전에 위치한다. 여기서는 바로 앞문장의 '왜 언제 우리(인간)는 인사하는가'에서 4번이 정답임을 알 수 있다.

24 이 글에서 알 수 있는 '인사 행동'의 기능은 무엇인가?

1 인사함으로써 직장이나 가정에서의 규칙적인 생활을 유지할 수 있다.
2 인사함으로써 상호관계를 알맞은 거리로 유지할 수 있다.
3 희박해진 관계를 인사함으로써 본래 관계로 되돌릴 수 있다.
4 인사함에 따라 상호관계 관계를 차단하고 적당히 조절할 수 있다.

정답 3

해설 여섯 번째 단락 마지막에 인사에 대한 기능에 대해 '즉, 인사는 희박해진 개체관계 사이에 상호 간의 마음이 서로 통하는 채널을 만드는 행위인 것이다'라고 설명이 나와 있다. 이와 동일한 내용은 3번이다.

問題11 ▶ 통합이해

문제유형　통합이해

복수의 지문(합계 600자 정도)을 대조해서 읽고, 비교 · 통합하면서 이해하였는지를 묻는 문제

例

〈문제 11〉은 신 시험부터 새롭게 등장한 유형이다.
같은 주제에 관해 2~3개의 글을 서로 대조하여 읽은 후,

▶주제에 관한 의견을 비교하는 문제
・二つ(三つ)の文章で触れられていることは何か。
・共通の意見は何か。
・それぞれの立場は賛成か反対か(肯定的か否定的か)。

▶한 쪽의 글 혹은 양쪽 모두의 글에서 언급하고 있는 사실에 대해 묻는 문제
・～に関する、A(またはB)の主張はどれか。
・二つの文からわかる～は何か。
와 같은 문제를 푸는 형식이다.

포인트

의견을 비교하는 문제는 의견을 말할 때 쓰이는 문말표현「～なければならない(～하지 않으면 안 된다)」,「～べきだ(～(해)야만 한다)」,「～と思う(～라고 생각한다)」,「～に違いない(～에 틀림없다)」,「～はずだ (～일 것이다)」,「～のではないだろうか(～인 것은 아닐까)」,「～と思えてならない(아무리 생각해 봐도) ～라고 생각된다)」에 주의하면서 본문을 읽으면 그 글의 전체흐름 혹은 입장을 명확하게 파악할 수 있다.

어떤 형태의 문제라도 먼저 질문문과 선택지를 읽는 것이 중요하다. 선택지 중에서 나온 표현(의미가 비슷하지만 다른 어휘가 사용되는 경우도 있으므로 주의할 것)을 체크하면서 본문을 읽으면, 꼭 읽어야 할 부분이 어느 부분인지를 알 수 있다. 답을 찾지 못했을 경우에는 다시 한 번 그 부분을 읽어 보는 것이 좋다.

학습요령

▶ 두 개의 글이 주어지는 경우

글 A	글 B
문제 제기글 • 전체 테마 부여 역할 • 개인적 의견 여부를 확인	문제 제기글 • 전체 테마 부여 역할 • 개인적 의견 여부를 확인

풀이 방법

• A, B 두 글을 정독하고 테마를 확인

• 각각의 의견제시 부분을 비교 분석

▶ 세 개의 글이 주어지는 경우

글 A	글 B	글 C
문제 제기글 • 전체 테마 부여 역할 • 개인적 의견 여부를 확인	• 글 A에 대한 평가 여부를 확인 • 개인적 의견	• 글 A에 대한 평가 여부를 확인 • 개인적 의견

풀이 방법

• 글 A에서 테마 확인

• 글 B와 C의 테마에 대한 전체적 평가를 확인

▶ 비교문이라는 문제의 특성을 이용하라

- 비교문은 반드시 공통된 주제에 대하여 서술하므로 테마와 키워드를 파악하는 것이 가장 중요하다.
- 비교는 흔히 차이점만을 찾으려 하지만, 차이점과 함께 공통점도 파악해 두어야 한다.

▶ 선입관을 버려야 한다.

- 글이 반드시 대조적 의견을 갖고 있을 거란 생각을 버려라.

▶ 같은 의견이나 주장이지만 정도의 차이가 있을 수 있다.

- 문제 제기 문장에서도 의견과 제안이 있을 수 있다.

▶ 글 A는 항상 테마 부여만 할 것이라는 선입관을 버려야 한다.

- 그 글만의 의견이 존재할 수도 있다.

問題11 次の文章を読んで、後の問いに対する答えとして最もよいものを、1・2・3・4から一つ選びなさい。

(1)

A

日本では、姓は一つの家族のまとまりを示すものである。だから家族が皆同じ姓を名乗ることで、連帯感を感じることができる。結婚して、好きな人と同じ姓になることはうれしいことだし、結婚したという実感がわき、共に新しい家族を作っていこうとする大事な契機にもなる。夫婦の大半が男性の姓を名乗ることは差別ではないかという主張もあるが、それは差別ではなく「慣習」である。欧米のように、ファーストネームで呼び合う文化とは異なり、名字で相手を呼ぶ習慣の日本では、夫婦が同姓であることの社会的意義は、はるかに大きいと思われる。もし、姓が変わることが女性の仕事に不都合となるなら、仕事の時だけ旧姓を使うことを認めればよく、多数が満足している現状を変える必要はないだろう。

B

夫婦が別々の姓になると「家庭が崩壊する」という人もいるが、家族を不幸にしようと思って別姓を選択する人などいない。むしろ姓が違うからというだけで、家族のつながりを感じられないことが問題ではないか。夫婦別姓となれば、何らかの事情で母親や父親と名字が違う子供が差別されることも少なくなるだろう。また、現在は、女性は旧姓だと独身、改姓すれば既婚、また旧姓に戻れば離婚したことも明白だ。これは女性のプライバシー侵害につながりかねないが、男性にはそういった心配が少ない。さらに、仕事を持つ女性が名字が変わったことを取引先などに知らせるには、電話代や葉書(はがき)代、本人の労働時間など、多大なコストがかかる。夫婦同姓が日本の文化や習慣だという意見もあるが、文化や習慣は時代と共に変化するものである。女性の選挙権や社会進出にしても、その当時の慣例を打ち破ってきたものであったはずだ。

해설 p.318

25 夫婦別姓について、Ａの筆者とＢの筆者はそれぞれどのような立場をとっているか。

1　ＡもＢも賛成である。
2　ＡもＢも反対である。
3　Ａは反対だが、Ｂは賛成である。
4　Ａは賛成だが、Ｂは反対である。

26 姓に関連して、ＡもしくはＢの一方でしか<u>触れられていない</u>ことはどれか。

1　家族の一体感
2　男女間の不平等
3　子供に与える影響
4　日本の文化・習慣

27 夫婦同姓について、Ａの筆者とＢの筆者に共通している意見はどれか。

1　最近の日本の家庭事情は複雑である。
2　働く女性に不利益が生じる可能性がある。
3　プライバシー侵害につながることがある。
4　古くからの文化や習慣は守っていくべきである。

(2)

A

いわゆるスポーツ好きには、どうも二通りあるようです。それはスポーツを実際にプレイする人と、自分の好きな野球やサッカーチームなどの試合で専ら応援に専念する人。スポーツの何に惹きつけられるかは人によって違うでしょうから、広い意味では両者ともスポーツ愛好家と言えるかもしれません。でも、本来スポーツとは、走ったり、投げたり、汗を流して楽しむものではないでしょうか。勿論、多忙な日々を送る現代人にとって、スポーツチームに所属し仕事の合間を縫って練習に励んだり、合宿や遠征に参加したりというようなことは、そう簡単ではないと思います。家族と一緒に試合観戦を楽しむのもいいでしょう。しかし、手軽にできる卓球やジョギングなども立派なスポーツです。適度なスポーツは心身の健康に効果的ですし、なにより目で見るよりも身体を動かすことに本当の楽しみを見出せるのではないかと思うのです。

B

一口にスポーツと言っても、種目もルールも様々だ。また、楽しみ方も多様で、年齢や性別など条件の異なる人々がどこに魅力を感じるかは千差万別だが、個々の趣向に合わせて楽しむことが可能である。そして、それはまさにスポーツと運動の違いでもある。運動とは、実際に身体を使って行うものであるから、何より「健康」という要素が必要とされる。病弱であったり、障害の壁が立ちはだかっている場合、少なからず楽しみは制限され、限られた人しか満喫することが出来ない。その点、スポーツは選手やチームを応援することによっても可能なのである。そして、このようなスポーツファンは、決して「おまけ」つまり、あってもなくてもいい存在ではない。なぜなら、どんなに素晴らしい技量を持つ野球チームがあったとしても、その応援を楽しむ観戦者（ファン）を抜きにしては、チームの運営そのものが成り立たないからである。

해설 p.319

28 スポーツの魅力について、AとBの文章で共通して述べていることは何か。

1 スポーツの魅力とは、多種多様な楽しみ方にある。
2 楽しみながら身体を鍛えられるのがスポーツの魅力だ
3 スポーツの魅力の感じ方は、人それぞれ異なるものだ。
4 身体を動かさなければ、スポーツの魅力はわからない。

29 スポーツを楽しむことについて、AとBはどのように考えているか。

1 Aはスポーツの楽しみは身体を動かすことにあると考え、Bは身体を動かすことと応援することの両方にあると考えている。
2 Aはスポーツ観戦は家族と一緒に楽しむものだと考え、Bはチームとファンが一体となって楽しむものだと考えている。
3 AもBも実際に身体を動かしてスポーツを楽しむことは、心身の健康のためにもよいことだと考えている。
4 AもBも、実際にスポーツをするのが難しい場合は、試合を観戦することで楽しめばよいと考えている。

問題 11 통합이해 확인문제 정답 및 해설

(1)

A

일본에서 성씨는 한 가족의 단합을 나타내는 것이다. 그러므로 가족이 모두 같은 성씨를 가짐으로써 연대감을 느낄 수가 있다. 결혼해서 좋아하는 사람과 같은 성이 되는 것은 기쁜 일이며, 결혼했다는 실감이 나고, 함께 새로운 가족을 만들어 가려는 중요한 계기도 된다. 부부의 대부분이 남성의 성을 따르는 것은 차별이 아닌가 하는 주장도 있으나, 그것은 차별이 아니라 '관습'이다. 서구처럼 이름으로 서로 불리는 문화와는 달리 성씨로 상대방을 부르는 관습이 있는 일본에서는 부부가 성이 같다는 것에 대한 사회적 의의는 훨씬 크다고 여겨진다. 만약 성씨가 바뀌는 것이 여성이 일할 때 불편하다면, 일할 때만 옛 성을 사용하는 것을 인정하면 되고, 대다수가 만족하고 있는 현재 상황을 바꿀 필요는 없을 것이다.

B

부부가 다른 성씨가 되면 '가정이 붕괴된다'는 사람도 있으나, 가족을 불행하게 하기 위해 다른 성씨를 선택하는 사람은 없다. 오히려 성씨가 다르다는 것만으로 가족의 유대를 느끼지 못한다는 점이 문제가 아닐까. 부부가 각각 다른 성씨가 되면 어떠한 사정으로 모친이나 부친과 성씨가 다른 아이가 차별받는 일도 줄어들 것이다. 또한, 현재 여성은 옛 성씨면 독신, 성씨를 바꾸면 기혼, 옛 성씨로 돌아오면 이혼했다는 점도 명백하다. 이는 자칫 여성의 프라이버시 침해에 이어질 수 있으나, 남성은 그와 같은 우려가 적다. 더욱이 직업을 가진 여성이 성씨가 바뀌었다는 점을 거래처 등에 알리기 위해서는 전화비나 엽서 비용, 본인의 노동시간 등 막대한 비용이 든다. 부부 동성(同姓)이 일본 문화나 관습이라는 의견도 있으나 문화나 관습은 시대와 함께 변화하는 것이다. 여성의 선거권이나 사회진출을 보아도 그 당시의 관례를 타파해온 것이었을 것이다.

어휘 姓 성씨 | 示す 제시하다, 나타내다 | 皆 모두(=みんな) | 名乗る 자신의 이름 등을 말하다 | 連帯感 유대감 | 実感がわく 실감이 나다 | 共に 함께 | 大事な 소중한, 중요한 | 契機 계기 | 夫婦 부부 | 大半 대부분 | 差別 차별 | 主張 주장 | 慣習 관습 | 欧米 유럽과 미국 | ファーストネーム 이름 | 呼び合う 서로의 이름 등을 부르다 | 異なる 다르다 | 名字 성씨(= 苗字) | 相手 상대방 | 習慣 습관, 관습 | 同姓 같은 성 | 社会的意義 사회적 의의 | 仕事 업무, 일 | 不都合 불편 | 旧姓 옛 성 | 認める 인정하다 | 多数 다수 | 満足 만족 | 現状 현재 상황 | 変える 바꾸다 | 別々の 별개의 | 崩壊する 붕괴하다 | 不幸 불행 | 別姓 다른 성 | 選択 선택 | 何らかの事情 어떤 사정 | 独身 독신 | 改姓 성씨를 바꿈 | 既婚 기혼 | 戻る 원 상태로 되돌아가다 | 離婚 이혼 | 明白だ 명백하다 | プライバシー 프라이버시 | 侵害 침해 | 取引先 거래처 | 電話代 전화비 | 葉書 엽서 | 本人 본인 | 労働時間 노동 시간 | 多大な 막대한 | コストがかかる 비용이 들다 | 選挙権 선거권 | 社会進出 사회 진출 | 慣例 관례 | 打ち破る 타파하다

25 부부별성(別姓)에 대해 A필자와 B 필자는 각각 어떤 입장을 취하고 있는가?

1 A도 B도 찬성이다.
2 A도 B도 반대이다.
3 A는 반대이고, B는 찬성이다
4 A는 찬성이고, B는 반대이다

정답 3

해설 같은 성을 사용하는 것은 가족의 단합을 나타내며 유대감을 가질 수 있고, 함께 새로운 가족을 만들어 가는 계기가 될 수 있으며, 이와 같은 제도가 여성이 일하는 데에 있어서 불편하다면 업무상에서만 옛 성을 사용하면 되므로 현재 상황을 바꿀 필요는 없다는 의견이 A이다. 반면 B는 부부가 별개의 성씨를 사용하면 가정사정에 의해 부모와 성씨가 다른 아이들이 차별대우를 받는 일은 줄어들 것이며, 결혼제도에 의해 여성의 성씨가 변해서 여성의 프라이버시가 침해 당할 우려도 있다는 등의 이유를 들어 반대하고 있으므로 3번이 정답이다.

26 성씨에 관련하여 A 또는 B 중 한쪽에서만 언급한 것은 어느 쪽인가?

1 가족의 일체감
2 남녀간의 불평등

3 아이에게 주는 영향
4 일본 문화 · 관습

정답 3

해설 가족의 일체감에 대해서 A에서는 첫 번째 문장~두 번째 문장, B에서는 두 번째 문장에서 가족에 대한 유대(연결)에 대해 언급하고 있다. 남녀간의 불평등 문제는 A의 경우 네 번째 문장에서, B의 경우도 네 번째 문장에서 다루고 있고, 또한 일본의 문화나 관습에 대해서는 A의 경우 다섯 번째 문장에서, B의 경우 일곱 번째 문장에서 각각 설명하고 있으나, 아이에게 주는 영향에 대해서는 B의 세 번째 문장에서 내용이 있을 뿐 A에서는 찾아볼 수 없으므로 정답은 3번이다.

27 부부동성(同姓)에 대하여 A 필자와 B 필자에 공통되는 의견은 무엇인가?

1 최근 일본의 가정 사정은 복잡하다.
2 일하는 여성에게 불이익이 발생할 가능성이 있다.
3 프라이버시 침해로 이어질 수가 있다.
4 오래 전부터의 문화나 관습은 지켜가야 한다.

정답 2

해설 우선 일본 가정 사정이 복잡하다는 내용은 없으므로 1번은 제외된다. 2번의 경우 A와 B 각각 여섯 번째 문장에서 업무상 불편한 점이 발생할 수 있다는 점을 언급하고 있다. 그러나 프라이버시에 대해서는 B에서 다섯 번째 문장에서 언급하고 있고, 문화나 관습에 대해서는 A의 다섯 번째 문장에서 지키는 데에 있어서 사회적 의의가 크다고 할 뿐이므로 정답은 2번이다.

(2)

A

이른바 스포츠광은 두 종류가 있는 것 같습니다. 그것은 스포츠를 실제로 플레이 하는 사람과, 자신이 좋아하는 야구나 축구 팀 등의 시합에서 오로지 응원에 전념하는 사람. 스포츠의 무엇에 끌렸는지는 사람마다 다르니까 넓은 의미에서는 둘 다 스포츠 애호가라고 할 수 있을지도 모릅니다. 하지만 본래 스포츠란, 달리거나 던지거나 땀을 흘리며 즐기는 것이 아닐까요? 물론, 바쁜 일상을 보내는 현대인에게 있어서 스포츠 팀에 소속되어 짬을 내서 연습에 몰두하거나, 합숙이나 원정에 참가하는 것은 그렇게 간단하지는 않을 것입니다. 가족과 함께 시합 관전을 즐기는 것도 좋겠지요. 하지만 손쉽게 할 수 있는 탁구나 조깅 등도 훌륭한 스포츠입니다. 적당한 스포츠는 심신의 건강에 효과적이고, 무엇보다 눈으로 보는 것보다 몸을 움직이는 것에서 진정한 즐거움을 찾아낼 수 있는 것이 아닐까 싶습니다.

B

한마디로 스포츠라고 하더라도 종목과 룰도 다양하다. 또, 즐기는 방법도 다양해서 연령이나 성별 등 조건이 다른 사람들이 무엇에 매력을 느끼는 것은 천차만별이지만, 각각의 취향에 맞춰서 즐길 수 있다. 그리고, 그것은 다름아닌 스포츠와 운동의 차이이기도 하다. 운동은 실제로 몸을 사용해서 하는 것이니까, 무엇보다 '건강'이라는 요소가 필요하다. 병약하거나 장애의 벽이 가로막고 있는 경우, 적잖이 즐거움은 제한되어 한정된 사람밖에 만끽할 수 없다. 그 점에서 스포츠는 선수나 팀을 응원하면서도 가능하다는 것이다. 그리고 이러한 스포츠 팬은 결코 '덤' 즉, 있어도 없어도 되는 존재가 아니다. 왜냐하면 아무리 훌륭한 기량을 가진 야구 팀이 있다고 해도 그 응원을 즐길 관전하는 사람(팬)을 빼고서는 팀의 운영 그 자체가 성립되지 않기 때문이다.

어휘 いわゆる 이른바, 소위 | 二通り 두 종류 | 試合 시험 | 専ら 오로지 | 応援 응원 | 専念する 전념하다 | 惹きつける (마음을)끌다 | スポーツ愛好家 스포츠 애호가 | 投げる 던지다 | 汗を流す 땀을 흘리다 | 多忙だ 다망하다 | 所属する 소속하다 | 合間を縫う 짬을 내다 | 練習に励む 연습에 매진하다 | 合宿 합숙 | 遠征 원정 | 参加する 참가하다 | 観戦 관전 | 手軽に 손쉽게 | 適度だ 적당하다 | 見出す 찾아내다 | 種目 종목 | 多様だ 다양하다 | 年齢 연령 | 性別 성별 | 条件 조건 | 異なる 다르다 | 魅力 매력 | 千差万別 천차만별 | 趣向に合わせる 취향에 맞추다 | 要素 요소 | 病弱 병약 | 障害 장애 | 立ちはだかる 가로막다 | 制限される 제한되다 | 満喫する 만끽하다 | おまけ 덤 | 存在 존재 | 技量を持つ 기량을 가지다 | 運営 운영 | 成り立つ 이루어지다, 성립하다

28 스포츠의 매력에 대해서 A와 B의 글에서 공통되게 말하고 있는 것은 무엇인가?

1 스포츠의 매력이란 다양하게 즐길 수 있다는 것이다.
2 즐기면서 신체를 단련하는 것이 스포츠의 매력이다.
3 스포츠의 매력을 느끼는 것은 사람마다 다르다.
4 몸을 움직이지 않으면 스포츠의 매력을 알 수 없다.

정답 3

해설 A의 「スポーツの何に惹きつけられるかは人によって違うでしょうから、広い意味では両者ともスポーツ愛好家と言えるかもしれません (스포츠의 무엇에 끌렸는지는 사람마다 다르니까 넓은 의미에서는 둘 다 스포츠 애호가라고 할 수 있을지도 모릅니다)」와 B의 「年齢や性別など条件の異なる人々がどこに魅力を感じるかは千差万別だが (연령이나 성별 등 조건이 다른 사람들이 무엇에 매력을 느끼는 것은 천차만별이지만)」에서 3번이 정답이라는 것을 알 수 있다.

29 스포츠를 즐기는 것에 대해서 A와 B는 어떻게 생각하고 있는가?

1 A는 스포츠의 즐거움은 몸을 움직이는 것에 있다고 생각하고, B는 몸을 움직이는 것과 응원하는 것 둘 다에 있다고 생각하고 있다.
2 A는 스포츠관전은 가족과 함께 즐기는 것이라고 생각하고, B는 팀과 팬이 하나가 되어서 즐기는 것이라고 생각하고 있다.
3 A도 B도 실제로는 몸을 움직여서 스포츠를 즐기는 것은 심신의 건강을 위해서도 좋다고 생각하고 있다.
4 A도 B도 실제로 스포츠를 하는 것이 어려운 경우에는 시합을 관전하는 것으로 즐기면 된다고 생각하고 있다.

정답 1

해설 A는 「なにより目で見るよりも身体を動かすことに本当の楽しみを見出せるのではないかと思うのです (무엇보다 눈으로 보는 것보다 몸을 움직이는 것에서 진정한 즐거움을 찾을 수 있는 것이 아닐까 싶습니다)」에서 스포츠의 즐거움을 몸을 움직이는 것에 있다는 것을 언급하고 있다. B는 도입부분에 스포츠를 즐기는 법이 다양하다고 하며 「運動は、実際に身体を使って行うものであるから~ (운동은 실제로 몸을 사용해서 하는 것이니까~)」, 「スポーツは選手やチームを応援することによっても可能~ (스포츠는 선수나 팀을 응원하면서도 가능~)」라고 하며 몸을 움직이는 것과 응원하는 것의 즐거움을 말하고 있으므로 1번이 정답이라는 것을 알 수 있다.

問題 12 주장이해(장문)

문제유형 주장이해(장문)

사설, 평론 등 추상성 · 논리성이 있는 1000자 정도의 지문을 읽고, 전체를 통해서 전하려고 하는 주장이나 의견을 파악할 수 있는지를 묻는 문제

〈문제 12〉의 경우 글의 길이는 문제 10과 비슷하지만, 문제 10보다 추상적이고 논리성이 있는 글이다. 그 글을 읽고, 그 글이 주장하는 것과 필자의 생각 등 내용에 관한 질문에 답해야 한다.

포인트

필자의 주장과 생각을 묻는 문제 「この文章で筆者が最も言いたいことはどれか(이 글에서 필자가 가장 말하고 싶은 것은 어느 것인가?)」와 같은 질문문은 반드시 출제된다. 지금까지의 시험에서는 본문을 읽지 않아도 '너무 극단적인 의견'이나 '본문과는 관계가 없는 의견'을 배제할 수도 있었지만, 신 시험의 선택지는 얼핏 봐서는 상식적으로는 모두 정답이 될 수 있는 것뿐이다. 그렇기 때문에 선택지를 먼저 읽으면 본문에 대해 선입관이 생겨버리기 때문에 본문을 읽기 전에는 선택지를 읽지 않는 것이 좋다. 먼저 질문을 읽고 난 다음 선택지 속에서 재빨리 단어만을 골라내어 그것을 힌트로 하여 본문을 읽기 시작하도록 하는 것이 좋다.

학습요령

문제 10의 장문과 마찬가지로 먼저 각 단락에서 무엇을 말하려고 하는지를 파악한 다음, 접속사 등에 주의하면서 각 단락의 관계를 파악할 수 있도록 읽으면 된다. 이 문제에서는 필자가 말하고자 하는 것과 주장이 반드시 마지막 단락에 오지는 않는다. 각 단락의 내용을 잘 이해하는 것이 중요하다.

問題12 次の文章を読んで、後の問いに対する答えとして最もよいものを、1・2・3・4から一つ選びなさい。

(1)

「希望」とか「絶望」とか、あるいは「後悔」とか、そういう言葉を心理学辞典で引いてみたことがあるだろうか。そんな日常的な言葉などわざわざ引くまでもあるまいと思うかもしれないが、実際、心理学辞典をいろいろ見てみたら、そもそもそういった項目がのっていないのである。そんな言葉は国語辞典の領分であって、心理学の辞典にのっていなくても当たり前だということだろうか。しかし、①それは変ではないか。私たちの日常の心理現象の中で希望や絶望、未練や後悔は大事なもので、だれにとっても非常に大きな問題であるはずだ。それが心理学の辞典にのっていない。つまり、 心理学の対象にされていないのである。それは、なぜか。

一つは、人を外側から捉えようとする②視点の問題がある。つまり、現代心理学は、いわば「他者の心理学」に徹している。かんたんに言えば、子どもの発達を研究するとき、子どもの外に視点を置き、そこから子どもに「生後何歳何カ月」といった時計的な時間の物差しを当てて、その育つ過程を観察する。しかし、そうした見方からは、子どもが昨日の体験を抱え、明日に向かって、今を生きるという、子ども自身の主体の世界は見えてこないのではないか。

だれもが生まれてから死ぬまで、時の流れの中を生きている。その時の流れの中に身を置いた視点からしか見えてこない主体の世界がある。それを研究の枠から外しておいて、人間の心をとらえることはできないのではないか。私はそう思う。だが、主観の世界などというあいまいなものは相手にしないという立場をとる現代の心理学は、結局、外から客観的に観察することの可能な「他者の心理学」に徹して、そこから出ようとはしない。とすれば、そこでは希望とか絶望とか、そういう概念が問題にならないのは当然だろう。

もう一つは、科学そのものの問題である。自然科学は現在の「現象＝結果」を過去の原因に結び付け法則化する学問である。心理学も科学である以上、この「原因⇒ 結果」の枠組みから逃れられない。現在の心理をすべて過去によって説明しようとする。しかし、そうなると、私たちの心的世界の多くを占めている「明日」とはいったい何なのだろうか。人間を外から観察して未来を予測するだけならそれでいいかもしれない。しかし、その人間を内側から見たとき「明日」は単なる予測の対象などではない。明日は、私の中で希望として、絶望として、あるいは不安として、期待として現象するのだ。

こうしてみれば、③心理学辞典に「希望」がないわけははっきりする。今の心理学が「希望」を語る枠組みを持っていないからにほかならない。生物学辞典のどこを見ても「希望」がないのと同じなのである。

（浜田寿美男『意味から言葉へ』ミネルヴァ書房による）

30 ①それは変ではないかとあるが、筆者は何が変だと言っているか。

1 日常的な言葉の意味を心理学辞典で引いてみること
2 国語辞典にのっている言葉が心理学辞典にないこと
3 重要な心理現象を表す言葉が心理学辞典にないこと
4 心理学の対象である言葉が国語辞典にあること

31 ②視点の問題とあるが、どういうことか。

1 現代心理学は客観的に人を捉えるが、それでは人間の心が見えないのに変えようとしないということ
2 現代心理学は人を外側から捉える立場と、内側から捉える立場の中間にあり、視点があいまいだということ
3 現代心理学は、あいまいな主観の世界を捉えようとして客観的な立場に徹することができていないということ
4 現代心理学は、客観的に人を捉える視点に立ちながら、主体的な世界も見ようとして矛盾しているということ

해설 p.330

32 筆者は、③心理学辞典に「希望」がないわけは何だと言っているか。

1 生物学辞典にない言葉は心理学辞典にもないものだから。
2 「希望」は現代心理学では予測ができない未来のことだから。
3 「希望」は科学的に重要ではない主観的な現象にすぎないから。
4 人を内側から見ない現代心理学に「希望」は説明できないから。

33 この文章で筆者が言いたいことはどれか。

1 現代心理学が日常的な心理現象を研究の対象としないのは、心理学も科学である以上、仕方のないことである。
2 現代心理学は、科学的な立場と主観的な立場との中間に立って、そのバランスを維持することが重要である。
3 現代心理学が人間の日常的な心理現象を理解するためには、人間の主観的な世界も研究の対象とするべきである。
4 現代心理学は、日常の心理現象の中で人にとって大事な問題を無視してきたが、今後は積極的に研究するべきである。

問題12 次の文章を読んで、後の問いに対する答えとして最もよいものを、1・2・3・4から一つ選びなさい。

(2)

子どものときから、忘れてはいけない、忘れてはいけない、と教えられ、忘れたと言っては、叱（しか）られてきた。そのせいもあって、忘れることに恐怖心を抱き続けている。忘れることは悪いことと決めてしまっている。

学校が忘れるな、よく覚えろ、と命じるのはそれなりの理由がある。教室では知識を与える。知識を増やすのを目標にする。せっかく与えたものを片端から捨ててしまっては困る。よく覚えておけ。覚えているかどうか、時々試験をして調べる。覚えていなければ減点して警告する。点はいいほうがいいに決まっているから、みんな知らず知らずのうちに、忘れるのをこわがるようになる。

教育程度が高くなればなるほど、そして、頭がいいと言われれば言われるほど知識をたくさん持っている。つまり、忘れないでいるものが多い。頭の優秀さは、記憶力の優秀さとしばしば同じ意味を持っている。

ここで、われわれの頭をどう考えるかが問題である。

①これまでの教育では、人間の頭脳を倉庫のようなものだと見てきた。知識をどんどん蓄積する。倉庫は大きければ大きいほどよろしい。中にたくさん詰まっていればいるほど結構だということになる。

②倉庫としての頭にとっては、忘却は敵である。ところが、こういう人間の頭脳にとっておそるべき敵が現れた。コンピューターである。これが倉庫としてはすばらしい能力を持っている。いったん入れたものは決して失わない。必要な時には、さっと引きだすことができる。整理も完全である。

コンピューターの出現、普及にともなって、人間の頭を倉庫として使うことに疑問がわいてきた。コンピューター人間を育てていたのでは、本物のコンピューターにかなうわけがない。そこで、ようやく人間の創造性が問題になってきた。
コンピューターのできないことをしなくては、というのである。

人間の頭はこれからも、一部は倉庫の役を続けなければならないだろうが、それだけではいけない。新しいことを考え出す工場でなくてはならない。倉庫なら、入れたものを紛失しないようにしておけばいいが、ものを作り出すには、そういう保存保管の能力だけでは仕方がない。

해설 p.332

第一、工場に余計なものが入っていては作業能率が悪い。余計なものは処分して広々としたスペースをとる必要がある。そうかと言って、全てのものを捨ててしまっては仕事にならない。③整理が大事になる。

倉庫にも整理は欠かせないが、それはものを順序よく並べる整理である。それに対して、工場内の整理は、作業のじゃまになるものを取り除く整理である。この工場の整理に相当するのが忘却である。人間の頭を倉庫としてみれば、危険視される忘却だが、工場として能率を良くしようと考えれば、どんどん忘れてやらなくてはいけない。

そのことが今の人間にはわかっていない。それで、工場の中を倉庫のようにして喜んでいる人が現れる。それでは、工場としても倉庫としても、両方ともうまく機能しない頭になりかねない。コンピューターには、こういう忘却ができないのである。だから、コンピューターには倉庫として機能させ、人間の頭は、知的工場として働かせることに重点を置くのが、これからの方向でなくてはならない。

（外山滋比古　『思考の整理学』筑摩書房による）

34 ①これまでの教育とあるが、どのような教育か。

1 知識の量よりも、知識の密度や質を重視した教育
2 忘れることを敵視し、記憶力を重視した教育
3 忘れることの恐怖に負けないように、精神力をきたえる教育
4 コンピューターを上手に使って、多くの知識を蓄積する教育

35 ②倉庫としての頭とあるが、どういうことか。

1 忘れたとき、すぐ補充できるように知識を蓄積できる頭脳のこと
2 必要な知識を瞬時に取り出せる、とても機能的な頭脳のこと
3 知識をできるだけ多く蓄積するスペースとしての頭脳のこと
4 コンピューター以上に保存、保管、整理の能力がすぐれた頭脳のこと

해설 p.332

36 ③整理が大事になるとあるが、どういうことか。

1 じゃまになる知識を忘れることが大事だ。
2 今ある知識を順序よく並べることが大事だ。
3 知識の蓄積を危険視することが大事だ。
4 知識を能率よく作り出すことが大事だ。

37 この文章で筆者が言いたいことは何か。

1 コンピューターの出現によって、知識の量を問う教育は無意味となった。もはや、学校で忘却を敵視するべきではない。
2 コンピューターの出現によって、知識の量を問う教育だけでは不十分となった。今後は、創造性をより重視するべきだ。
3 人間の頭を倉庫として働かせるか、工場として働かせるか、それが問題だ。両方は難しいため、どちらか一方に重点を置くべきだ。
4 コンピューターは、倉庫としての機能は非常にすぐれている。今後はさらに、コンピューターを知的工場として働かせるべきだ。

問題 12 주장이해(장문) 확인문제 정답 및 해설

(1)

'희망'이나 '절망' 또는 '후회' 등 그러한 단어를 심리학 사전에서 찾아본 적이 있는가? 그런 일상적인 말을 일부러 찾을 것까지는 없다고 생각할지도 모르나, 실제로 심리학 사전을 여러 가지 봤더니 애당초 그와 같은 항목이 실려 있지 않다. 그런 말은 국어사전의 영역이며, 심리학 사전에 실려 있지 않는 것이 당연하다는 것일까? 그러나 ①그것은 이상하지 않은가? 우리의 일상적인 심리현상 속에서 희망이나 절망, 미련이나 후회는 중요한 것으로서, 누구에게 있어서나 매우 큰 문제일 것이다. 그것이 심리학 사전에 실려 있지 않다. 즉, 심리학 대상이 되고 있지 않은 것이다. 그것은 왜인가?

첫째는 사람을 외부에서 파악하려고 하는 ②시점의 문제가 있다. 즉, 현대 심리학에서는 이른바 '타인의 심리학'으로 일관하고 있다. 간단하게 말하면 아이의 발달을 연구할 때 아이의 외부에 시점을 두고 거기서부터 아이에게 '생후 몇 살 몇 개월'이라는 시계적인 시간을 척도로 대고, 그 성장 과정을 관찰한다. 그러나 그와 같은 견지에서는 아이가 어제의 체험을 하고, 내일을 향해, 지금을 살아간다고 하는 아이 자신의 주체적 세계는 보이지 않는 것이 아닐까?

누구나 태어나서 죽을 때까지 시간의 흐름 속에서 살아가고 있다. 그 시간의 흐름 속에 몸을 둔 시점에서 밖에 보이지 않는 주관적인 세계가 있다. 이를 연구의 틀에서 떼어내어 인간의 마음을 파악하는 일은 불가능하지 않을까? 나는 그렇게 생각한다. 하지만, 주관적인 세계라는 등 애매한 것은 상대를 안 한다는 입장을 취하는 현대 심리학은 결국 외부로부터 객관적으로 관찰하는 것이 가능한 '타인의 심리학'에 입각해서 거기에서 나오려 하지 않는다. 그렇다면 거기서는 희망이나 절망이나 그런 개념이 문제되지 않는 것은 당연할 것이다.

또 하나는 과학 그 자체의 문제이다. 자연과학은 현재 '현상 = 결과'를 과거의 원인에 연결지어 법칙화하는 학문이다. 심리학도 과학인 이상 이 '원인 ⇒ 결과'라는 틀에서 벗어날 수 없다. 현재의 심리를 모두 과거에 의해 설명하려 한다. 그러나 그렇게 되면 우리의 심리적 세계의 많은 부분을 차지하는 '내일'이란 과연 무엇인가? 인간을 외부에서부터 관찰하여 미래를 예측할 뿐이라면 그것으로 충분할지도 모른다. 그러나 그 인간을 내면에서부터 보았을 때 '내일'은 단순한 예측의 대상 같은 것은 아니다. 내일은 우리 속에서 희망으로서, 절망으로서, 또는 불안으로서, 기대로서 실제로 존재하는 것이다.

이렇게 본다면 ③심리학 사전에 '희망'이 없는 이유는 분명해진다. 지금 심리학이 '희망'을 논하는 틀을 가지고 있지 않기 때문이다. 생물학 사전 어디를 보더라도 '희망'이 없는 것과 마찬가지이다.

(하마다 스미오 『의미에서 단어로』 미네르바 쇼보)

어휘 希望 희망 | 絶望 절망 | 後悔 후회 | 言葉 말, 단어 | 心理学 심리학 | 辞典を引く 사전에서 단어를 찾다 | 日常的 일상적 | 実際 실제 | そもそも 애당초, 처음 | 項目 항목 | 国語辞典 국어사전 | 領分 영역 | 当たり前だ 당연하다 | 心理現象 심리 현상 | 未練 미련 | 対象 대상 | 外側 외부 | 捉える 파악하다 | 視点 시점, 관점 | 現代 현대 | 他者 타인 | 徹する 일관하다 | 発達 발달 | 研究 연구 | 生後 생후 | 何歳 몇 살 | 何カ月 몇 개월 | 時計的 시계적, 시간적 | 物差しを当てる 척도를 대다 | 過程 과정 | 観察 관찰 | 見方 관점 | 体験 체험 | 抱える 안다, 처리해야 할 부담을 지다 | 明日に向かって 내일을 향해 | 主体の世界 주체적인 세계 | 時の流れ 시간의 흐름 | 研究の枠 연구의 틀 | 外す 제거하다, 빼내다 | 主観 주관 | 相手にしない 상대하지 않다 | 立場をとる 입장을 취하다 | 結局 결국 | 客観的に 객관적으로 | 可能な 가능한 | 概念 개념 | 当然 당연 | 自然 자연 | 結果 결과 | 過去 과거 | 結び付ける 관련 짓다 | 法則化 법칙화 | 学問 학문 | 枠組み 틀을 짬 | 逃れる 벗어나다 | 現在 현재 | 心的世界 심적 세계 | 占める 점하다 | 予測 예측 | 内側 내부, 내면 | 単なる 단순한 | 不安 불안 | 期待 기대 | 生物学 생물학

30 ①그것은 이상하지 않은가라고 하는데, 필자는 무엇이 이상하다고 하는가?

1 일상적인 단어의 의미를 심리학 사전에서 찾아보는 것
2 국어사전에 실려 있는 단어가 심리학 사전에 없는 것
3 중요한 심리현상을 나타내는 단어가 심리학 사전에 없다는 것
4 심리학의 대상인 단어가 국어사전에 있다는 것

정답 3

해설 앞 문장에서 필자는 '희망'이나 '절망', '후회'라는 단어를 심리학 사전에서 찾아보았으나 아예 그와 같은 항목이 실려있지 않다고 하면서, '그것은 이상하지 않는가'라고 했다. 즉, 그와 같은 내용이 심리학 사전에 실려있지 않다는 점에 의문을 가진 것이므로 정답은 3번이다.

31 ②시점의 문제라고 하는데 무슨 뜻인가?

1 현대 심리학은 객관적으로 사람을 파악하지만, 그것으로는 인간의 마음이 보이지 않는데도 바꾸려고 하지 않는다는 뜻
2 현대 심리학은 사람을 외부로부터 파악하려는 입장과 내부로부터 파악하려는 입장의 중간에 있어, 시점이 애매하다는 뜻
3 현대 심리학은 애매한 주관적인 세계를 파악하려고 하여 객관적인 입장에 입각할 수가 없다는 뜻
4 현대 심리학은 객관적으로 사람을 파악하는 시점에 서면서 주체적인 세계도 보려고 하여 모순되어 있다는 뜻

정답 1

해설 두 번째 단락 밑줄 뒤인「つまり」이후부터 살펴본다. 현대심리학은 제 3자의 심리학을 일관하고 있으며 시계적인 시간이라는 척도로써 성장과정을 관찰하는데, 이렇게 되면 아이 자신의 주체적인 세계는 보이지 않게 되지 않을까 하는 의문을 갖는다. 정답은 1번이다.

32 필자는 ③심리학 사전에 '희망'이 없는 이유가 무엇이라고 말하고 있는가?

1 생물학 사전에 없는 단어는 심리학 사전에도 없는 것이기 때문에
2 '희망'은 현대 심리학에서는 예측할 수 없는 미래의 것이기 때문에
3 '희망'은 과학적으로 중요하지 않은 주관적인 현상에 불과하기 때문에
4 사람을 내면에서부터 보지 않는 현대 심리학으로 '희망'은 설명할 수 없기 때문에

정답 4

해설 세 번째 단락 후반에서 '주관적인 세계라는 등 애매한 것은 상대를 안 한다는 입장을 취하는 현대 심리학은 결국 외부로부터 객관적으로 관찰하는 것이 가능한 '타인의 심리학'에 입각해서 거기에서 나오려 하지 않는다. 그렇다면 거기서는 희망이나 절망이나 그런 개념이 문제되지 않는 것은 당연할 것이다'라고 했으므로 이와 동일한 내용을 담고 있는 것은 4번이다.

33 이 글에서 필자가 말하고 싶은 것은 무엇인가?

1 현대 심리학이 일상적인 심리현상을 연구 대상으로 하지 않는 것은 심리학도 과학인 이상 어쩔 수 없는 것이다.
2 현대 심리학은 과학적인 입장과 주관적인 입장의 중간에 서서 그 균형을 유지하는 것이 중요하다.
3 현대 심리학이 인간의 일상적인 심리현상을 이해하기 위해서는 인간의 주관적인 세계도 연구대상으로 하여야 한다.
4 현대 심리학은 일상적인 심리현상 속에서 사람에게 있어서 중요한 문제를 무시해왔으나 앞으로는 적극적으로 연구해야 한다.

정답 3

해설 현대 심리학이 일상적인 심리현상을 연구대상으로 하지 않는다는 언급이나 과학적인 입장과 주관적인 입장의 중간에서 균형을 유지해야 한다는 내용은 없으므로 1번과 2번은 정답이 아니다. 또한, 선택지 4번은 중요한 문제, 즉 여기서 나오는 단순한 희망이나 절망 등에 대한 것만을 언급하고 있는 것이 아니기에 정답이라고 보기 어렵다.
세 번째 단락 두 번째 문장에서 필자는 '그 시간의 흐름 속에 몸을 둔 관점에서만이 보이지 않는 주관적인 세계가 있다. 이를 연구의 틀에서 떼어내어 인간의 마음을 파악하는 일은 불가능하지 않을까? 나는 그렇게 생각한다'라며 인간의 주체적인 세계를 연구에 포함시켜야 한다고 주장하므로 3번이 정답이다.

(2)

어릴 때부터 잊어버리면 안 돼. 잊어 버리면 안 돼, 라고 배워왔고, 잊어버렸다고 하면 꾸중도 들었다. 그 탓이기도 해서 잊는다는 것에 공포심을 계속 느끼고 있다. 잊는다는 것은 나쁜 것이라고 확신해 버린 것이다.

학교가 잊지 마라, 꼭 기억하라고 명하는 데에는 그 나름의 이유가 있다. 교실에서는 지식을 가르쳐 준다. 지식을 늘리는 것을 목표로 한다. 기껏 준 것을 모두 버려 버리면 곤란하다. 잘 외워둬라. 외우고 있는지 가끔 시험을 통해 알아본다. 외우고 있지 못하면 감점하고 경고한다. 점수가 좋은 것이 당연히 좋으니까 모두 자기도 모르는 사이에 잊어 버리는 것을 두려워하게 된다.

교육 정도가 높으면 높을수록, 그리고 머리가 좋다는 말을 들으면 들을수록 지식을 많이 가지고 있다. 즉, 잊지 않는 것이 많다. 머리의 우수함은 기억력의 우수함과 자주 같은 의미를 가진다.

여기서 우리는 머리를 어떻게 생각할 것인가가 문제이다.

①<u>지금까지의 교육</u>에서는 인간의 두뇌를 창고와도 같은 것으로 여겨왔다. 지식을 계속해서 축적한다. 창고는 크면 클수록 좋다. 안에 많은 것이 채워져 있으면 있을수록 좋다는 말이 된다.

②<u>창고로서의 머리</u>에 있어서 망각은 적이다. 그러나 이와 같은 인간의 두뇌에 있어서 경계할 만한 적이 나타났다. 컴퓨터이다. 이것이 창고로서 훌륭한 능력을 갖추고 있다. 일단 넣어둔 것은 절대 잃지 않는다. 필요할 때에 곧바로 뽑아낼 수 있다. 정리도 완전하다.

컴퓨터의 출현, 보급에 따라 인간의 머리를 창고로써 사용하는 것에 의문이 생겨났다. 컴퓨터 인간을 키웠다가는 진짜 컴퓨터를 당해낼 리가 없다. 그래서 그제야 인간의 창조성이 문제가 되었다. 컴퓨터가 할 수 없는 일을 해야 한다는 것이다.

인간의 머리는 앞으로도 일부는 창고의 역할을 해야 할 것이지만, 그것만으로는 안 된다. 새로운 것을 생각해내는 공장이 아니면 안 된다. 창고라면 넣은 것을 분실하지 않도록 두면 되지만, 물건을 만들어 내는 데는 그러한 보존 · 보관 능력만으로는 방법이 없다.

첫째로 공장에 불필요한 것이 들어 있어서는 작업능률이 안 오른다. 불필요한 것은 처분해서 널찍한 공간을 만들 필요가 있다. 그렇다고 해서 모든 것을 버려버리면 일을 할 수가 없다. ③<u>정리가 중요해진다</u>.

창고에도 정리는 빼놓을 수 없지만, 그것은 물건들을 순서에 맞게 진열하는 정리이다. 그것에 비해 공장 내의 정리는 작업에 방해되는 것을 제거하는 정리이다. 이 공장 정리에 해당하는 것이 망각이다. 인간의 머리를 창고로 본다면 위험시되는 망각이지만, 공장으로서 능률을 높이려고 생각한다면 계속해서 잊어주어야만 한다.

그것을 지금 인간들은 모르고 있다. 그래서 공장 안을 창고처럼 해 놓고 좋아하는 사람이 나타난다. 그렇게 되면 공장으로도, 창고로도 양쪽 모두 제대로 역할하지 않는 머리가 될 지도 모른다. 컴퓨터는 이와 같은 망각을 하지 못한다. 그래서 컴퓨터에게는 창고로서의 역할을 시키고, 인간의 머리는 지적 공장으로서 활용하는 것에 중점을 두는 것이 앞으로의 방향이 되어야 한다.

(토야마 시게이코 『사고의 정리학』 치쿠마 쇼보)

어휘 せい 탓 | 恐怖心 공포심 | 抱く (뜻이나 느낌을) 품다 | 命じる 명하다 | 知識 지식 | 増やす 늘리다 | 目標 목표 | せっかく 기껏 | 片端から 모조리, 닥치는 대로(=かたっぱしから) | 減点 감점 | 警告 경고 | 知らず知らずのうちに 자신도 모르는 사이에 | こわがる 두려워하다 | 程度 정도 | 優秀さ 우수함 | しばしば 자주, 종종 | 頭脳 두뇌 | 倉庫 창고 | どんどん 잇따라, 계속해서 | 蓄積 축적 | 詰まる 꽉 차다 | 結構だ 흡족하다, 매우 좋다 | 忘却 망각 | 敵 적 | 現れる 나타나다 | 決して 절대, 결코 | さっと 순식간에, 빠른 속도로, 재빨리 | 引き出す 꺼내다, 끌어내다 | 整理 정리 | 出現 출현 | 普及 보급 | 疑問 의문 | 育てる 키우다 | 本物 (가짜가 아닌) 진짜 | ようやく 그제서야 | 創造性 창조성 | 役 역할, 배역 | 紛失 분실 | 保存 보존 | 保管 보관 | 余計なもの 불필요한 것 | 能率 능률 | 処分 처분 | 広々とした 널찍한 | 欠かせない 빼 놓을 수 없다, 불가결하다 | 取り除く 제거하다 | 相当する 해당하다 | 危険視される 위험시되다 | 機能 기능 | 동사의 ます형+かねない ~할 지도 모른다 | 重点を置く 중점을 두다

34 ①<u>지금까지의 교육</u>이란 어떤 교육인가?

1 지식의 양보다도 지식의 밀도나 질을 중시한 교육
2 잊는 것을 적대시하고 기억력을 중시한 교육
3 잊는 것에 대한 공포에 지지 않도록 정신력을 단련하는 교육
4 컴퓨터를 잘 활용하여 많은 지식을 축적하는 교육

정답 2

해설 지금까지의 교육에 대한 모습은 첫 번째 단락~세 번째 단락을 통해 학교에서는 지식을 주고 이를 기억하고 잊지 않도록, 많은 지식을 갖도록 해왔다는 점을 지적하고 있으므로 정답은 2번이다. 1번은 이후 새로운 방향성으로 필자가 제시하고 있는 교육이며, 3번의 정신력에 대한 언급은 본문에 없다. 또한, 4번의 컴퓨터를 잘 활용하여 많은 지식을 축적시킨다는 내용은 본문과 맞지 않다.

35 ②창고로서의 머리란 무엇인가?

1 잊었을 때 바로 보충할 수 있도록 지식을 축적할 수 있는 두뇌
2 필요한 지식을 순식간에 뽑아낼 수 있는 매우 기능적인 두뇌
3 지식을 가급적 많이 축적하는 공간으로서의 두뇌
4 컴퓨터 이상으로 보존, 보관, 정리 능력이 뛰어난 두뇌

정답 3

해설 1번과 4번은 본문에 언급이 없다. 2번은 여섯 번째 단락에서 컴퓨터의 특성으로 설명하고 있다. 첫 번째 단락과 두 번째 단락에서 과거 교육방법은 교실에서 가르치는 지식을 늘리는 것에 목표를 둔 것이었으며, 이를 잊는다는 것은 나쁜 것이었다고 필자는 말하므로 정답은 3번이다.

36 ③정리가 중요해진다란 무슨 뜻인가?

1 방해가 되는 지식을 잊어버리는 것이 중요하다.
2 지금 있는 지식을 순서대로 진열하는 것이 중요하다.
3 지식 축적을 위험시하는 것이 중요하다.
4 지식을 효율적으로 만들어내는 것이 중요하다.

정답 1

해설 열한 번째 단락 마지막에 설명이 있다. '인간의 머리를 창고로 본다면 위험시되는 망각이지만, 공장으로서 능률을 높이려고 생각한다면 계속해서 잊어주어야만 한다'고 했으므로 1번이 정답이다. 다섯 번째 단락부터 본문은 인간의 두뇌와 컴퓨터의 두뇌에 대해 비교하고 있다. 특히 9번째 단락 이후에서는 전자를 공장으로, 후자를 창고로 설명하고 있으며, 열한 번째 단락에서 언급하고 있는 지식을 순서대로 진열하는 것은 창고, 즉 컴퓨터에 해당되는 사항이므로 정답이 아니다. 3번은 본문에 없다. 또한 지식을 효율적으로 만들어내는 것이 아니라 열두 번째 단락 마지막에서 '인간의 머리는 지적 공장으로써 일을 시키는 것에 중점을 두는 것이 앞으로의 나아갈 방향이 되어야 한다.'고 했으므로 4번 역시 정답이 아니다.

37 이 글에서 필자가 말하고 싶은 것은 무엇인가?

1 컴퓨터의 출현으로 지식의 양을 묻는 교육은 무의미하게 되었다. 이제 학교에서는 망각을 적대시해서는 안 된다.
2 컴퓨터의 출현으로 지식의 양을 묻는 교육만으로는 불충분하게 되었다. 앞으로 창조성을 보다 중시해야 한다.
3 인간의 머리를 창고로서 활용할 것인지 공장으로서 활용할 것인지 그것이 문제이다. 양쪽 모두는 어렵기에 어느 한 쪽에 중점을 두어야 한다.
4 컴퓨터는 창고로서의 기능은 매우 뛰어나다. 이후에는 나아가 컴퓨터를 지적 공장으로서 활용해야 한다.

정답 2

해설 선택지 1번과 2번에서 전반부는 유사하나 학교에서 망각을 적대시해서는 안 된다는 설명은 8번째 단락에서처럼 이제 인간의 창조성이 문제되기 시작했으며, 11번째 단락~12번째 단락에서 주장하는 바와 같이 망각은 공장, 즉 인간의 두뇌의 효율을 높이기 위해 필요한 것이라는 점을 강조하기 위해 제시된 내용이기 때문에 정답은 2번이다. 마지막 단락에서 공장 즉 인간의 두뇌를 공장과 창고 양면으로 사용하면 모두 제대로 역할하지 않는다고 하며, 같은 단락에서 컴퓨터가 아닌 인간의 머리를 지적 공장으로 활용해야 한다고 하므로 3번과 4번은 정답이 아니다.

問題13 정보검색

문제유형 정보검색

광고, 팸플릿, 정보지, 비즈니스 문서 등의 정보소재(700자 정도) 속에서 필요한 정보를 찾아낼 수 있는지를 묻는 문제

▶자신의 조건과 정보 소재(예를 들면, 연령 · 성별 · 학년 등 4개 정도의 조건)를 대조해 가면서 답하는 문제

▶필요한 정보가 정보 소재 전체의 어디에 있는가(예를 들어, 신청서에 관한 질문이면 전체의 내용에서 신청방법, 제출서류 등이 쓰여 있는 부분 등)를 찾는 문제

- 次のうち(申し込み)ができるのはどれ(誰)か。
- (申し込みに)必要なものはどれか。
- ～をするにはどうしたらいいか。

포인트

자신의 조건과 정보 소재를 대조하면서 답해야 하는 문제에 관해서는 질문문을 읽고, 체크하지 않으면 안 되는 조건 · 항목은 무엇인가를 정확하게 파악하여 정보 소재 안에서 하나의 기본이 되는 조건을 정한 후 하나씩 체크해나가면 답을 찾을 수 있다.
필요한 정보가 정보 소재 전체의 어디에 있는지를 찾는 문제에 관해서는 먼저 질문문과 선택지를 읽고, 필요한 정보는 무엇인가를 파악하는 것이 필요하다. 그런 다음 그것이 정보 소재 전체의 어느 부분에 쓰여 있는가를 찾으면 된다.
중요 기호와 괄호는 철저하게 확인한다.
(예 : ! ☆ ＊ ▲ ∴ ㊟…) (예 : 『 』【 】[ ])
– 주요 접속부사에 주의 : 又(また)は · 或(ある)いは · 及(およ)び
– 예외 조항을 두는 정보에 주의 : 注(ちゅう) · ただし · ～別途(べっと) · ～のみ · ～以外(いがい) · ～場合(ばあい) · しかし · ～は除(のぞ)く

JLPT N1

학습요령

〈문제 13〉 정보검색은 일본에서 생활할 경우, 생활하면서 볼 수 있는 정보소재를 사용하여, 스스로 필요한 정보를 빠르게 찾을 수 있는 능력이 있는지를 묻는 문제이다. 한국에 있는 학습자는 평소부터 이런 형식의 지문을 읽는 연습을 반복하여, 글에 익숙해질 필요가 있다.

問題13 右のページは、さくら市が運営する、外国人からの苦情を受け付けるインターネット・サイトの利用案内である。下の問いに対する答えとして、最もよいものを1・2・3・4から一つ選びなさい。

38 李運博さんは、さくら市にあるIT関連企業に勤める外国人で、昨年日本人女性と結婚し、さくら市の近くの町に住んでいる。李さんがこのサイトを通して、さくら市に苦情の申し立てをする時には何が必要か。

1 外国人登録証または運転免許証
2 外国人登録証と戸籍謄本
3 社員証と戸籍謄本
4 外国人登録証と社員証

39 李さんが、このサイトを通して苦情を申し立てても、苦情が処理されないものは、次のうちどれか。

1 さくら市役所の職員の不親切な対応に対して苦情を申し立てた。
2 日本語より英語の方が得意なので、英語で苦情を申し立てた。
3 勤務中の会社から突然解雇通知を受けたので苦情を申し立てた。
4 妻のメールアドレスを使い、本人の名前・国籍・住所・暗証番号を入力して苦情を申し立てた。

(1)

さくら市　外国人苦情申し立てサイト　利用案内

◆外国人苦情申し立てサイトでは、さくら市の行政機関に対して、次のような内容の苦情を申し立てることができます。

・市の施策や行政制度の運営改善についての申し立て
・行政機関の違法・不当な処理や処分、及び不合理な行政制度により、住民の権利が侵害されたり、住民に不利、負担を与える事項についての申し立て
・その他、行政機関に対し、特定の行為を要求する事項

◆外国人苦情申し立てサイトでは次の方々が苦情申し立て書を提出することができます。

（1）さくら市に居住している外国人
　－外国人登録証、運転免許証など現住所が確認できるものをお持ちの方
（2）さくら市に通勤または通学している外国人
　－（1）の書類に加えて、社員証や学生証など、通勤先、通学先が確認できるものをお持ちの方
（3）さくら市在住の日本人と結婚した外国人
　－（1）の書類に加えて、配偶者の戸籍謄本を準備できる方

申請及び処理の手続き

① 外国人苦情申し立てサイトのホームページ（http://www.◇kujo○.go.jp）にアクセスします。
② 言語を選択します。（日本語・中国語・韓国語・英語・ベトナム語・ポルトガル語）
③ 苦情申し立て方法と処理手続きを確認します。
④ お名前、国籍、住所、メールアドレス及び暗証番号を入力し、苦情の申し立てをします。
⑤ 提出された苦情申し立て書は担当機関に割り当てされます。
⑥ 担当機関で苦情を処理します。担当者が苦情申し立て書に回答を入力すると、申し立て書提出の際に記入されたメールアドレスにお知らせが届きます。
⑦ ホームページで処理された結果を確認します。
＊結果の確認のためには提出の際に記入したお名前、メールアドレス、暗証番号が必要です。

以下の事項は苦情として扱いません。

・匿名·仮名·虚偽の住所を使って申し立てをした場合
・行政機関や公共団体に所属する職員が行政機関に特定の行為を要求する場合

問題13 右のページは、ある大学の公開講座のリストである。下の問いに対する答えとして、最もよいものを1・2・3・4から一つ選びなさい。

40 今回初めて公開講座を受講する会社員のAさんは、平日、午後6時以降に通うことができ、教材費も含めて1万円以内で受けられる講座を探している。Aさんが受講可能な講座はいくつあるか。

1 1つ
2 2つ
3 3つ
4 4つ

41 主婦のBさんは、金曜と日曜を除いては午後5時まで時間があるので、今回初めて公開講座を受講することにした。Bさんは次の4つの講座に興味を引かれたが、年末は忙しくなるため、12月15日までに修了することと、また11月中旬から受講できることを望んでいる。Bさんの条件に合う講座はどれか。

1 観光の見方・考え方・楽しみ方
2 食の安全 -- 食品機能学のすすめ
3 使える英会話表現
4 異文化コミュニケーション

(2)

新宿大学公開講座のご案内

	講座名	曜日	開始-終了	回数	期間・対象	受講料
1	「ビジネスマナーの基本」	火	19：00 ～20：30	3	11/10～11/24	7,300円 ＊教材費の1,300円は含まず
2	「新世代のインターネットビジネス」	金	19：00 ～20：30	4	10/23～11/13	9,700円
3	「売れない時代の売れる仕組み マーケティング入門」	土	18：30 ～20：00	8	10/17～12/5	19,400円
4	「世界経済と日本経済 危機脱却のシナリオ」	金	19：00 ～20：30	4	期間：10/16～11/6 継続中の講座のため 前回受講者のみ受講可	9,700円
5	「観光の見方・考え方・楽しみ方」	木	13：00 ～16：30	4	10/29・11/5（２日のみ）	9,700円
6	「健康科学の基本理論」	日	10：00 ～15：40	3	12/6(１日のみ) 継続中の講座のため 前回受講者のみ受講可	7,300円
7	「病気と心 －患者の心理」	月	19：00 ～20：30	5	11/2～11/30 健康科学の基本理論 修了者のみ対象	9,700円
8	「食の安全 －食品機能学のすすめ」	土	10：30 ～14：10	6	11/14～12/5 ＊11/28は休講	14,500円
9	「やさしい英会話」	木	10：00 ～11：30	4	10/22～11/12	9,700円 ＊教材費の1,600円は含まず
10	「使える英会話表現」	水	10：00 ～11：30	4	11/18～12/9 やさしい英会話修了者のみ対象	9,700円
11	「異文化 コミュニケーション」	土	13：30 ～15：00	3	11/28～12/12	7,300円
12	「合格！漢字検定講座」	水	19：00 ～20：30	6	12/9～1/13	10,200円 ＊教材費の1,200円は含まず

[注意]：授業の回数は90分を１回とします。休憩時間をはさんで行う講座もあります。

(1)

38 이운박 씨는 사쿠라 시에 있는 IT 관련기업에 근무하는 외국인으로서 작년 일본인 여성과 결혼해서 사쿠라 시 근처 동네에 살고 있다. 이 씨가 이 사이트를 통해서 사쿠라 시에 민원을 신청할 때에는 무엇이 필요한가?

1 외국인등록증 또는 운전면허증
2 외국인등록증과 호적등본
3 사원증과 호적등본
4 외국인등록증과 사원증

정답 4

해설 이운박 씨는 현재 사쿠라 시 근처 동네에 살고 있으며, 사쿠라 시에 있는 회사에 근무하고 있다. 또한 일본인 여성과 결혼했다는 세 가지 상황을 염두에 두자.
우선 외국인이 민원 신청을 하려는 것이므로, 외국인등록증이나 운전면허증 등 현주소를 확인할 수 있는 것이 필요하므로 1번, 2번, 4번이 해당된다. 그러나 이운박 씨는 사쿠라 시 근처 동네에 살고 있기 때문에 호적등본은 필요하지 않아서 1번과 4번이 남는다. 다음으로 사쿠라 시에 통근을 하고 있으므로 이를 증명할 사원증이 필요하므로 정답은 4번 외국인등록증과 사원증이다.

39 이 씨가 이 사이트를 통해서 민원을 신청해도 민원이 처리되지 않는 것은 다음 중 어느 것인가?

1 사쿠라 시청 직원의 불친절한 대응에 대해 민원을 신청했다.
2 일본어보다 영어를 더 잘하기 때문에 영어로 민원을 신청했다.
3 근무 중인 회사로부터 갑자기 해고통지를 받았으므로 민원을 신청했다.
4 부인 메일주소를 사용하여 본인의 이름 · 국적 · 주소 · 비밀번호를 입력하여 민원을 신청했다.

정답 3

해설 상단에 민원을 청구할 수 있는 사항이 제시되어 있다. 먼저 1번의 경우 '시청'은 행정기관이므로 본 기관에 대해 특정 행위를 요구하는 행위에 해당되기 때문에 이는 처리될 수 있다. 또한 〈신청 및 처리절차〉의 제 2항을 보면 영어로도 접수할 수 있다. 4번의 경우 마지막 부분에서 처리할 수 없는 민원 중 자신의 이름과 주소를 사용해야 한다는 내용은 있으나 메일주소도 본인 것이어야 한다는 내용은 없기 때문에 가능하다. 마지막으로 당사자가 근무하는 곳이 기업이며 이를 대상으로 한 민원은 신청할 수 없기에 정답은 3번이다.

어휘 苦情 민원, 불평, 고충 | 申し立て 신청 | サイト 사이트 | 利用案内 이용 안내 | 行政機関 행정기관 | ~に対して ~에 대하여 | 施策 시책 | 行政制度 행정제도 | 運営改善 운영 개선 | 違法 위법 | 不当な処理 부당한 처리 | 処分 처분 | 及び 및 | 不合理 불합리 | 住民 주민 | 権利 권리 | 侵害 침해 | 不利 불리 | 負担 부담 | 与える 부여하다 | 事項 사항 | その他 기타 | 特定の行為 특정 행위 | 要求 요구 | 提出 제출 | 居住 거주 | 外国人登録証 외국인등록증 | 運転免許証 운전면허증 | 確認 확인 | 書類 서류 | ~に加えて ~에 더해서 | 社員証 사원증 | 学生証 학생증 | 通勤先 근무처 | 通学先 통학처 | 在住 재주, 거주 | 結婚 결혼 | 配偶者 배우자 | 戸籍謄本 호적등본 | 申請 신청 | 処理 처리 | 手続き 절차 | ホームページ 홈페이지 | アクセス 접속 | 言語 언어 | 選択 선택 | 国籍 국적 | メールアドレス 메일주소 | 暗証番号 비밀번호 | 入力 입력 | 担当機関 담당 기관 | 割り当て 할당 | 担当者 담당자 | 回答 회답, 답신 | ~の際に ~할 때에 | 記入 기입 | 届く 도착하다 | 匿名 익명 | 仮名 가명 | 虚偽 허위 | 公共団体 공공단체 | 所属 소속 | 職員 직원

사쿠라 시 외국인 민원 신청 사이트 이용 안내

◆외국인 민원신청 사이트에서는 사쿠라 시의 행정기관에 대해 다음과 같은 민원을 신청할 수 있습니다.
- 시의 시책이나 행정제도의 운영개선에 대한 신청
- 행정기관의 위법 · 부당한 처리나 처분 및 불합리한 행정제도에 의해 주민의 권리가 침해되거나 주민에게 불리, 부담을 주는 사항에 대한 신청
- 기타 행정기관에 대해 특정한 행위를 요구하는 사항

◆외국인 민원 신청 사이트에서는 다음 분들이 민원신청서를 제출할 수 있습니다.

(1) 사쿠라 시에 거주하고 있는 외국인
  - 외국인등록증, 운전면허증 등 현 주소가 확인될 수 있는 것을 소지하신 분

(2) 사쿠라 시에 통근 또는 통학하고 있는 외국인
  - (1)의 서류와 더불어 사원증이나 학생증 등 통근처, 통학처를 확인할 수 있는 것을 소지하신 분

(3) 사쿠라 시에 거주하는 일본인과 결혼한 외국인
  - (1)의 서류와 더불어 배우자의 호적등본을 준비할 수 있는 분

신청 및 처리 절차

① 외국인 민원신청 사이트의 홈페이지(http://www.◇kujo○.go.jp)에 접속합니다.
② 언어를 선택합니다.(일본어 · 중국어 · 한국어 · 영어 · 베트남어 · 포르투갈어)
③ 민원신청 방법과 처리절차를 확인합니다.
④ 이름, 국적, 주소, 메일주소 및 비밀번호를 입력하고 민원신청을 합니다.
⑤ 제출된 민원신청서는 담당기관으로 할당됩니다.
⑥ 담당기관에서 민원을 처리합니다. 담당자가 민원신청서에 답변을 입력하면 신청서 제출시에 기입해 주신 메일주소로 보내드립니다.
⑦ 홈페이지에서 처리된 결과를 확인합니다.
*결과 확인을 위해서는 제출시에 기입한 이름, 메일주소, 비밀번호가 필요합니다.

다음 사항은 민원으로서 취급하지 않습니다.

- 익명 · 가명 · 허위 주소를 사용하여 신청한 경우
- 행정기관이나 공공단체에 소속하는 직원이 행정기관에 대해 특정 행위를 요구하는 경우

問題 13 정보검색 확인문제 정답 및 해설

(2)

40 이번에 처음으로 공개 강좌를 수강하는 회사원 A 씨는 평일 오후 6시 이후에 다닐 수 있으며, 교재비를 포함하여 만 엔 이내로 수강할 수 있는 강좌를 찾고 있다. A 씨가 수강 가능한 강좌는 몇 개인가?

1 1개
2 2개
3 3개
4 4개

정답 2

해설 조건은 다음과 같은 세 가지이다. 첫째는 처음으로 강좌를 수강한다는 점, 둘째는 평일 6시 이후, 셋째는 교재비 포함해서 만 엔 이내라는 조건이다.
먼저 첫째 조건부터 살펴보면 이에 해당되는 강좌는 4번과 6번, 7번, 10번을 제외한 모든 강좌이다. 이 중 평일 6시 이후 강좌는 1번, 2번, 12번이다. 마지막으로 교재를 포함해서 1만 엔인 강좌를 찾아본다. 먼저 1번은 7,300 + 1,300 = 8,600엔이므로 수강할 수가 있다. 2번도 수강료가 9,700엔이므로 역시 가능하다. 그러나 12번은 이미 1만 엔을 초과했으므로 결국 수강할 수 있는 과목은 1번과 2번이므로 정답은 2번이다.

41 주부 B 씨는 금요일과 일요일을 제외하고는 오후 5시까지 시간이 있으므로 이번 처음 공개강좌를 수강하기로 했다. B 씨는 다음 4개 강좌에 흥미가 있었지만, 연말은 바빠져서 12월 15일까지 수료할 것과 또 11월 중순부터 수강하는 것을 원하고 있다. B 씨의 조건에 맞는 강좌는 어느 것인가?

1 관광의 관점 · 생각하는 법 · 즐기는 법
2 음식의 안전 – 식품기능학의 권유
3 활용할 수 있는 영어회화 표현
4 이문화 커뮤니케이션

정답 2

해설 조건은 다음과 같다. 첫째는 금요일과 일요일을 제외한 오후 5시까지이며, 둘째는 처음으로 강좌를 수강한다는 점, 셋째는 11월 중순부터 시작하여 12월 15일까지 수료하는 조건이다. 1번의 경우 처음 두 가지 조건에는 해당되지만, 마지막 조건인 11월 중순부터 시작하지 않기 때문에 제외된다. 2번은 금요일과 일요일도 아니며 오후 2시 10분에 끝나고, 수강 조건이 있는 것도 아니며 기간도 11월 14일에 시작하여 12월 5일에 끝나므로 이것이 정답. 3번은 수강조건이 있어서 처음으로 수강하는 경우에는 들을 수 없다. 4번은 11월 중순이 아닌 하순부터 시작하기 때문에 조건에 맞는 선택지는 2번이다.

어휘 講座名 강좌명 | 曜日 요일 | 開始 개시, 시작 | 終了 종료 | 回数 횟수 | 期間 기간 | 対象 대상 | 受講料 수강료 | 基本 기본 | 教材費 교재비 | 含まず 포함되지 않음 | 新世代 신세대 | 仕組み 구조 | 入門 입문 | 世界経済 세계 경제 | 経済危機 경제 위기 | 脱却 탈출, 탈피 | シナリオ 시나리오 | 継続中 진행 중, 계속 중 | 前回 전회 | 受講者 수강자 | 受講可 수강 가능 | 観光 관광 | 見方 관점 | 考え方 생각하는 방법 | 楽しみ方 즐기는 법 | 健康科学 건강 과학 | 基本理論 기본 이론 | 病気 질병 | 患者 환자 | 心理 심리 | 修了者 수료자 | 食の安全 음식의 안전 | 食品機能学 식품기능학 | 英会話 영어 회화 | 表現 표현 | 異文化 이문화 | 合格 합격 | 漢字検定 한자 검정 | 休憩時間 휴식 시간, 쉬는 시간

신주쿠 대학 공개강좌 안내

	강좌명	요일	시작-종료	횟수	기간 · 대상	수강료
1	「비즈니스 매너의 기본」	화	19 : 00 ~20 : 30	3	11/10~11/24	7,300엔 *교재비 1,300엔은 미포함
2	「신세대의 인터넷 비즈니스」	금	19 : 00 ~20 : 30	4	10/23~11/13	9,700엔
3	「팔리지 않는 시대에 팔리는 구조 마케팅 입문」	토	18 : 30 ~20 : 00	8	10/17~12/5	19,400엔
4	「세계 경제와 일본 경제 위기탈출 시나리오」	금	19 : 00 ~20 : 30	4	기간 : 10/16~11/6 진행 중인 강좌인 관계상 전회 수강자에 한하여 수강 가능	9,700엔
5	「관광의 관점·생각하는 법·즐기는 법」	목	13 : 00 ~16 : 30	4	10/29 · 11/5(단, 이틀)	9,700엔
6	「건강과학의 기본 이론」	일	10 : 00 ~15 : 40	3	12/6(단, 하루) 진행 중인 강좌인 관계상 전회 수강자에 한하여 수강 가능	7,300엔
7	「질병과 마음 -환자의 심리」	월	19 : 00 ~20 : 30	5	11/2~11/30 건강과학의 기본이론 수료자에 한하여 대상	9,700엔
8	「음식의 안전 -식품기능학의 권유」	토	10 : 30 ~14 : 10	6	11/14~12/5 *11/28은 휴강	14,500엔
9	「쉬운 영어 회화」	목	10 : 00 ~11 : 30	4	10/22~11/12	9,700엔 *교재비 1,600엔은 미포함
10	「활용할 수 있는 영어 회화 표현」	수	10 : 00 ~11 : 30	4	11/18~12/9 쉬운 영어회화 수료자에 한하여 대상	9,700엔
11	「이문화 커뮤니케이션」	토	13 : 30 ~15 : 00	3	11/28~12/12	7,300엔
12	「합격! 한자검정강좌」	수	19 : 00 ~20 : 30	6	12/9~1/13	10,200엔 *교재비 1,200엔은 미포함

주의 : 수업 횟수는 90분을 1회로 합니다. 중간에 쉬는 시간을 두고 열리는 강좌도 있습니다.

問題8 次の(1)から(4)の文章を読んで、後の問いに対する答えとして最よいものを、1・2・3・4から一つ選びなさい。

(1)

人間の欲求というのは、低次のものから高次のものへと至る階層性があるといいます。まず、生理的欲求や安全を求める欲求がある。これらは個体が生きていくために不可欠のもので、一番基本的な欲求です。低次といってもある意味では一番大切なものです。生存するために必要なものですから。しかし、それが十分に満たされると、親和動機のような人間関係的な欲求が出てくる。

たとえば、ある集団に属して愛情を受けたいとか、他の人から認められたいという欲求が出てくる。さらにそういう人間関係的な欲求が満たされると、こんどは個々の人たちの自己実現とか成長の欲求が出てくるというわけです。

(市川伸一『学ぶ意欲の心理学』PHP研究所による)

46 筆者によると「親和動機のような人間関係的な欲求」とは何か。

1 階層性の中では最も低次でありながらも、生きていくためには一番基本的な欲求
2 生理的欲求よりも高次ではあるが、どこかに所属して安全を求めたいという欲求
3 自分の夢の実現や、能力の向上を望む一方で、誰かに認めてもらいたいという欲求
4 特定のグループの一員となることで、承認されたり、愛されたりしたいという欲求

정답 p.364

(2)

「数に強くない人」とはどんな人か。ひとりは、数学が出来る人である。意外な気がするかもしれないが、数学をやる人は、「数(かず)に強い」のではなくて「数(すう)に強い」のである。数学をやる人は「数(すう)」という数学的な抽象的概念を扱うのには長けている。しかし、現実世界の物事から数量を引き出して、「数(かず)」を作り出すことは苦手である。もうひとりは物知り博士である。なんでもかんでも数を覚えこんでいる人がいるが、こういう人は単なる記憶容量が大きい人である。

（畑村洋太郎『数に強くなる』による）

47 「数に強くない」人について、この文章ではどのように述べられているか。

1 「数に強くない人」は、「数(かず)に強い人」であり、抽象的概念をも扱う人である。
2 「数に強くない人」は、「数(すう)に強い」人か、単に記憶容量の大きい人である。
3 「数に強くない人」は、物知り博士であると同時に、「数(すう)に強い」人でもある。
4 「数に強くない人」は、物事から数量を引き出し、「数(すう)」を作り出す人である。

(3)

精神的存在から物質的存在へと、人間は死によって変化する。生命が終わるとき人は一個の「もの」に変わる。マグリット(注1)は《バルコニー》(注2)の登場人物の空虚さを分析し、ちぐはぐさの原因が互いの意思疎通のなさにあることを見抜いた。そして、その欠落をはっきりとわからせるために、登場人物を死の視覚化したイメージである棺桶(かんおけ)(注3)に変え、彼らが「もの」へと変わり果てた人間であることを提示した。

(吉川節子『印象派の誕生　マネとモネ』による)

（注1）マグリット：ベルギーの画家

（注2）《バルコニー》：マネの絵画

（注3）棺桶(かんおけ)：遺体を入れる箱

48 筆者は、マグリットが《バルコニー》の登場人物を棺桶(かんおけ)に変えたのはなぜだと言っているか。

1 《バルコニー》の登場人物全員の、物質的存在としての美しさを表現するため
2 人間はみな死によって変化し、人間が一個の「もの」に変わることを表現するため
3 コミュニケーションなしでは、人間は生きているとは言えないことを表現するため
4 《バルコニー》の登場人物は全て死んでおり、生命の終わりを視覚化して表現するため

(4)

助詞は、日常の会話や文章の言葉の中に自然にあるとか、使うといった感じであって、ことさらに取り上げてみる必要があるのか、と思う。だが、取り上げているうちに、その自然に使っていた助詞が微妙にいろいろな意味を持っているのだと気づかされたり、同じ「音（文字）」の助詞でも違う分類に入っているのだと教えられたりする。

気づかされたり、教えられたりするのはありがたいけれど、微妙すぎて、迷路に入ってゆくような思いの時もある。「文法」を学ぼうとして、そういうのが負担になってしまい、「文法」は苦手だ、となるのだろうか。

（藤井常世『短歌の〈文法〉歌あそび言葉あそびのススメ』による）

49 この文章で筆者が言いたいことは何か。

1 普段使う助詞のニュアンスが学ぶことで分かるようになる。
2 助詞は普段使うものなので、わざわざ勉強する必要はない。
3 「文法」は負担になるので、わざわざ教えたりすることはない。
4 「文法」の意味を教えられたりするのは、ありがたいことである。

問題9 次の(1)から(3)の文章を読んで、後の問いに対する答えとして最よいものを、1・2・3・4から一つ選びなさい。

(1)

若い時には多くの人がそうであるように、①このような事柄に深く注意することもなかったし、進んで他の教えを乞(こ)うだけの思慮ももたなかった。少年の生活を訪れる個々の現実は、ただ現実として無関心にこれを見送りながら、時を経てこれを反省する機会を得ると、初めてその無関心を悔やんだり、またはその後の経験と分別によって得た判断を、すでにその当時から持ち合わせていたかのような錯覚に陥る、一人の一生にはそのような例は決して少なくないと思う。

有難いことには、現実がいかに苦悩に満ちたものであっても、時の経つにつれて、人はそれに馴(な)れたり、それを忘れたりする習性をもっている。無限の苦悩という言葉はあるにしても、実際は果していかなるものか。そう数多くあるものとは思われない。

(中略)

平凡なこの道理を、彼等はその耐乏生活によって体得している。その生活に馴(な)れるまでは辛い。幾度繰り返しても、学期初めの数日は正に地獄である。しかしこれに堪え、これを忍べば、やがて学校生活が苦しみのみではないことが判(わか)る。豊かな家庭生活では思いもよらない愉快が必ずそこに待っていることを悟るし、②バターはトーストの両面には塗ってない、その一面だけを見て捨ててしまうのは愚であることを知るのである。忍耐の精神がそこに生まれ、少年達自身は幾度か繰り返された経験をもとに、たとえ無意識であるにせよ、人間のもつ適応性を信頼して、正面から現実と取り組んでゆく勇気が起るのである。

(池田潔『自由と規律』による)

50 ①このような事柄とあるが、どのようなことか。

1 耐乏生活
2 学期初めの数日
3 豊かな家庭生活
4 無限の苦悩

51 ②バターはトーストの両面には塗ってない、その一面だけを見て捨ててしまうのは愚であるとあるが、筆者はこの言葉で何を言いたいのか。

1 トーストにバターが塗ってあっても、反対側を確認してからどうするか判断すべきである。
2 学校での耐乏生活は厳しいものだが、そこには必ず愉快があるので、堪え、忍ぶべきである。
3 人間は時が経てば、どんなことにでも馴(な)れたり忘れたりできるので、苦しむべきではない。
4 どんな出来事でも、一面的に判断するのではなく、他の面を見ようとすべきである。

52 著者がこの文章を通して一番言いたいことは何か。

1 人間は豊かな経験から、多面的に物事を見る方法を体得できる。
2 若いころの辛い経験は年をとれば、だれでも必ず反省できる。
3 堪え、忍ぶ経験から、人生にとって必要なことを体得できる。
4 どんなことも我慢することで、適応性を身につけることができる。

(2)

僕にも子供が二人います。けれども後年、①子供をバカにしたつもりはないのにバカにしたようなことになってしまったことがあります。小さい時に公園かどこかに連れて行って遊ばせていたときのことです。二人で愉快(ゆかい)そうに滑(すべ)り台や砂場で結構楽しそうに遊んでいるので、僕は②いい気になってポケットから本を取り出して読んではときどき子供の方を見ていたことがありました（笑）。そういうのを後年子供たちが青春期(注1)になった頃、オヤジ(注2)は子供たちをよく遊ばせてやったみたいに言うけれども、自分たちだけで遊んでいたのだ。オヤジは本を読んだり、あらぬことを考えたりしてベンチに座っているだけだったじゃないか、なんて言われてアッと思いましたね。（中略）

③そんなことを夢にも思ってみませんでしたから、なるほどその通りだと思ってショックでしたね。確かに大丈夫だと思って勝手に本を読んだりしていたのですが、娘たちはそれをちゃんと見ていて、もしかすると内心では面白くなくて、オヤジも一緒に体を動かして遊んでほしいという気持ちがあったのかなと思いますが、だいたい外から様子を見ていただけではそうは思えないのですね。

（吉本隆明『子供はぜーんぶわかってる』批評社による）

（注1）青春期：15～22歳ごろ

（注2）オヤジ：父親

정답 p.368

53 ①子供をバカにしたつもりはないのにバカにしたようなことになってしまったのは、なぜか。

1　子供は面白くないと思っているのに、公園ばかりに連れていったから。
2　子供が青春期になったころ、子供の本当の気持ちを軽く扱ったから。
3　子供が感じ取っていることに考えを及ばせることができなかったから。
4　子供を自由に遊ばせないで、いつも近くに座ってずっと見ていたから。

54 ②いい気になってとあるが、どうしていい気になったのか。

1　子供たちと遊んでいる間に本が読めるから。
2　子供たちと一緒に公園で遊ぶのが好きだから。
3　子供たちにいい父親だと思われているから。
4　子供たちが喜んで遊んでいると思ったから。

55 ③そんなこととあるがどういうことか。

1　子供たちは公園で遊びたいとは思っていなかったこと
2　子供たちが遊びながらオヤジをちゃんと見ていたこと
3　子供たちが公園でのオヤジの態度を不満に感じていたこと
4　子供たちが自分たちだけで自由に遊びたがっていたこと

(3)

結婚しない人が増えているというが、先日、ある調査で①独身男女の結婚観に開きがあることが分かった。

一昔前までは、「男は外で働き、女は家を守る」という考えが男女ともに主流であったが、最近の男性は、結婚相手が自分より年収が高くてもいい、女性にもある程度は稼いでもらいたいと考えている人が7割を超えるという。不況の今、自分の収入だけで妻子を養う自信はない、だから女性にも稼いでほしいという本音(ほんね)がうかがえる。

一方、女性はというと、「自分が働かなくても家計が成り立つ人と結婚したい」と考えている人がほとんどだった。女性の社会進出が進んだ今でも、高収入の男性と結婚し出産後は専業主婦に、という価値観はまだまだ支配的なようだ。

こういう独身男女を「わがままだ」と非難するのはたやすいが、貧富の差が広がる、いわゆる「格差社会」という現実に直面している彼らにしてみれば、②しかたのないことなのだろう。経済的不安を抱える男女が、結婚相手に高収入を期待するのは無理もない。

ここで、新たな可能性がうかがえるのは、高収入の女性と低収入の男性のカップルだ。だが、これにも条件がある。女性は、「男が家族を養うものだ」という従来の価値観を捨てること。男性は、「家事は女性が」と言わずに、しっかり家事をこなす力を身につけることだ。③そこからは、きっと明るい未来が見えてくる。ともかく、男女双方、お互いに努力しなければ、今以上に独身男女が世にあふれることになるだろう。

정답 p.369

56 ①独身男女の結婚観に開きがあるとあるが、どういうことか。

1 女性の社会進出が進んで、男女間の経済格差が広がっているということ
2 男性は古い価値観のままだが、女性の価値観が変わっているということ
3 男女ともに、価値観が古い人と新しい人の差が広がっているということ
4 経済的な面で、男性は女性を、女性は男性を当てにしているということ

57 ②しかたのないことなのだろうと筆者が考える理由は何か。

1 経済的自信のない者が相手を頼りにするのは当然だから
2 格差社会では、若者がわがままになるのは当然だから
3 経済的な格差が進み、貧困層が増えるのは当然だから
4 独身時代の男女が主観的でわがままなのは当然だから

58 ③そこからは、きっと明るい未来が見えてくるとあるが、筆者の考えに近いものはどれか。

1 結婚しない男女が増えれば、格差社会の問題は解決できるだろう。
2 女性が男性を養うことができれば、経済的不安はなくなるだろう。
3 男性が家事の能力をつければ、少子化や晩婚化は解決できるだろう。
4 男女が互いに古い価値観を捨てれば、新しい夫婦が増えるだろう。

독해 실전 문제

問題10 次の文章を読んで、後の問いに対する答えとして最もよいものを、1・2・3・4から一つ選びなさい。

今年もクリスマスの季節がやってきたが、現在のような陽気なサンタクロースのイメージをつくり上げたのは20世紀のアメリカだったことを、ご存じだろうか。

無償のプレゼントを届けてくれるサンタクロースと、利潤を追求する資本主義の聖地アメリカ。考えてみれば、奇妙な取り合わせだが、小馬(こんま)徹さんは「①サンタクロースは、市場経済と合理主義にどっぷり(注1)浸(つ)かった大人たちにこそ、必要とされた」と話す。

どういうことだろうか。

市場経済の中で使われるお金は、いつでも誰とでも、価値の違う物を交換できる便利なツール(注2)だ。だが一方で、お金は物を交換したその場でお互いの関係をきれいさっぱり切断し、後はすべてが市場(しじょう)に委(ゆだ)ね(注3)られる。それまで人々の生活は、お互いに物を贈り、贈られる贈与交換によって成立していたが、②市場経済の登場とともに、伝統的な共同体が徐々に解体され、人々は贈り物を通じてふれあう温かみから遠ざかってしまった。

「本来、贈り物は、何かを贈れば、必ず自分のところに返ってくるものでしたから、贈るというのは待つことでもあったわけです。資本主義の世界にどっぷり浸かっている私たちは、自分以外の誰かに感謝する気持ちや自分の心を窺(うかが)い(注4)見るようなことを希薄(きはく)にしてしまったと同時に、③待つという心の中にあった楽しさや喜びもなくしてしまったのかもしれません。また、市場経済は、他者や社会に対して無関心でいられる④アパシー（無気力・無感動）も生み出した」と小馬(こんま)さんは言う。

たとえば、資本主義の世界では、お金儲(もう)けのために一国のＧＤＰに匹敵するお金を動かす富豪が出現する一方、何十万人もの人が飢(う)えに苦しんでいたり、戦争で何の罪もない人たちが殺されていても、何の感情も示さないというようなことが起きる。また、大金持ちの不用意な寄付なども新たなアパシーを生む、と小馬(こんま)さんは言う。

「たとえば、アフリカなどに多額の寄付をすると、もらった方はそのうちにもらうことが当たり前になります。つまり、自立を度外視(注5)した寄付や援助が、他者や社会に対して感謝を感じない新たなアパシーを生み、連鎖していくんです」

そうした市場経済が進展し、アパシーが連鎖する中、お互いの凍(い)てついた関係

정답 p.370

に耐え切れなかった大人たちが、贈り贈られることの喜びを確かめ合う特別なものとしてクリスマスを求めたというわけだ。

（「贈り物をして初めて、ヒトは人間になった—文化人類学者の小馬徹さんと考える贈り物の秘密」

（『THE BIG ISSUE JAPAN 108』ビッグイシュー日本による）

（注1）取り合わせ：組み合わせ

（注2）ツール：道具

（注3）委ねる：まかせる

（注4）窺い見る：一部を見て全体の様子を考えること

（注5）度外視：まったく考えないこと

59 ①サンタクロースは、市場経済と合理主義にどっぷり浸かった大人たちにこそ、必要とされたとあるが、どういうことか。

1 人々にとって、感謝の気持ちを表す贈り物の象徴としての存在であるサンタクロースが必要だった。
2 人々にとって、物を贈れば必ず返ってきた伝統的な社会を思い出させるサンタクロースが必要だった。
3 人々にとって、消費を増やし、市場への大きな経済的効果が期待できるクリスマスが必要だった。
4 人々にとって、物を交換する際に人とふれあう温かさが感じられるクリスマスが必要だった。

60 ②市場経済の登場とともに、伝統的な共同体が徐々に解体されたのはなぜか。

1 お金を使うことで、他者と関係を結ばなくてもよくなったから。
2 ほかの人にもらうのが当然で感謝する気持ちがなくなったから。
3 クリスマスにだけお互いに贈り物を贈りあうようになったから。
4 戦争でたくさんの人が殺されても全く無関心な人が増えたから。

61 ③待つという心の中にあった楽しさや喜びもなくしてしまったのはなぜか。

1 大人のところにはサンタクロースが来なくなったから。
2 物を贈り合う代わりにお金ですませるようになったから。
3 贈り物をもらってもお返しをする人が少なくなったから。
4 大金持ちの人と貧乏な人の格差が大きくなってきたから。

62 ④アパシーにあたる心理はどれか。

1 多額の寄付をもらっていても、他者に対して感謝を感じない心理
2 多額の寄付をもらわなければ、社会に対して感謝を感じない心理
3 他者に対して感謝を感じていなくても、多額の寄付をする心理
4 社会に対して感謝を感じているのに、まったく寄付をしない心理

정답 p.372

問題11 次のAとBの文章を読んで、後の問いに対する答えとして最もよいものを、1・2・3・4から一つ選びなさい。

A

指揮者の存在は、私にとって、謎だった。
オーケストラにおけるすべての音をコントロールすることは不可能だ。同時に、完成したハーモニーの、どこまでが指揮者の果たした役割なのかを証明するのも難しい。しかし、同じオーケストラあるいは曲でも、指揮者によって演奏がドラマティックにもなれば、初々(ういうい)しくもなる。音も色も変わる。名演奏と呼ばれるものが、指揮者によって成立していることは確かだ。
（中略）
究極の指揮者は、棒を振らない。ただ、そこにいるだけで、感化作用があるのだ。ハーモニーの一分子として、演奏している音楽家たちの中心に立ち、彼らを感化しながらも音楽家自身による自発的な表現を促す存在。それが、指揮者だということになる。

（茂木健一郎『すべては音楽から生まれる　脳とシューベルト』による）

B

詰まる所、指揮者のいる民族音楽など存在しないのである。アフリカやアジア、或いは、中南米の音楽も同様だ。そこには指揮者の居ない風景が未だ延々と広々と続いている。指揮者のいるロックが存在しないのもわざわざ指摘するまでもないだろう。この事実は即ち、こうした音楽の演奏形態が、クラシック音楽における様な階級制を持たない事を、何よりも雄弁に物語っている。（中略）指揮者の様に、全く音を出さず、演奏に加わらず、それでいてビートとリズムを決定し、かつ音楽の隅々にわたって、彼（女）の音楽的解釈を演奏家に指示する、こんな特異な存在は他にない。そして、もしかしたら、オーケストラの指揮者になりたい！ と思う動機は、会社社長になりたい！と思う動機と、何ら変わりないのかもしれない。それはつまり、帝国主義的な意味合いにおいて、権力掌握への野心とでも言おうか。

（森本恭正『西洋音楽論　クラシックに狂気を聴け』による）

63 AとBの認識で、共通していることは何か。

1　指揮者は、他のメンバーよりも偉い。
2　指揮者の存在が演奏を左右する。
3　音楽には、指揮者は必要だ。
4　音楽に、指揮者は必要ない。

64 AとBの二つの文章を以下のようにまとめる場合、①と②に入るものの組み合わせとして適切なのはどれか。

「Aの筆者は（　①　）と考えているが、Bの筆者は（　②　）と考えている。」

1　①指揮者は演奏の中心に立っているだけで良い
　　②指揮者は演奏者に指示しなければならない
2　①指揮者は演奏者の一部である
　　②指揮者は実際に演奏をしている
3　①指揮者は演奏に大きな影響を与える
　　②指揮者はけっして特異な存在とは言えない
4　①指揮者は演奏者の自発的表現を促す
　　②指揮者は演奏者に自分の解釈を与える

정답 p.374

問題12 次の文章を読んで、後の問いに対する答えとして最もよいものを、1・2・3・4から一つ選びなさい。

千葉県の県立高校が、入学式当日に納付を定めていた入学金などを持参しなかった男女生徒2人を式に参加させなかった。2人の保護者は遅れて全額あるいは一部を納め、2人は入学を認められたが、式には出られなかった。

問題の側面は二つある。一つは、第一義的に保護者の責任である問題で学校側が子供を式や他の新入生たちから隔離（かくり）するような措置（そち）を取ったこと。もう一つは、今回に限らず、例えば義務教育段階でも給食費未納が全国的に見られることに相通ずる問題である。すなわちルール無視の風潮だ。

学校は3月の説明会で入学予定者の保護者たちに、全額納入が難しい場合は分納が可能で、事前に相談するようにと知らせていた。

一方式参加を拒まれた男子生徒の保護者は「後で払う」と電話で答えたが、学校側は「滞納の可能性がある」と式参加を認めず、納付金全額が届けられた時には式は終わっていた。女生徒の場合は、保護者の相談であらかじめ分納を認められていたが、その納付金がなかったので、式参加を認めなかった。お金は夕方届けられたという。

今回の判断について校長は「授業料滞納が目立ち、未納は負担の先送りと思った。苦渋（くじゅう）の決断だったが、当然の判断だったと思っている」と説明する。

既に学校に授業料滞納がある状況で、新入生の保護者に「後で」と言われても、「これもやはり未納か」と疑い、毅然（きぜん）とした態度でルール厳守を求めよう―というのは一理ある。だが、それはまず保護者に働きかけるべきことであり、説明会で通告していたとしても、ただ一度しかない入学式の前で子供に「足止め」をかけるような措置（そち）をするのは誤りだ。これに関して子供には何の非もない。

だがその誤りを批判するだけでは今回の問題を教訓として生かしきれまい。

近年の全国の給食費未納問題など、払えない正当な理由がないのに「踏み倒し」同然に支払いを拒否したり、学校に食ってかかる保護者の問題が広く指摘されている。さらには、「モンスターペアレント」も教員を悩ませる。一方で所得や地域格差で経済的に阻害（そがい）[注1]された家庭が増え、教育経費を負いきれないという例も多く指摘されるようになった。

各学校がすべて個別に問題を抱え解決を図るのでは、限界がある。例えば、一定範囲の地域、教育委員会などの管内などで各公的機関が連携(れんけい)し、事態の把握や利用しやすい相談窓口の設置、不当な不払いに対する迅速適正な措置(そち)などができるようにしてはどうか。

学校も保護者・子供も、孤立するとえてして(注2)極端な手法を選択しかねない。

子供を一時的にしろ引き離した今回のケースは、それを示唆(しさ)している。

（「社説」2008年4月15日付け　毎日新聞朝刊による）

（注1）モンスターペアレント：学校に対して自己中心的な要求を繰り返す保護者。近年社会問題化している。

（注2）えてして：そうなる傾向が強いこと

65 2人は入学を認められたが、式には出られなかったのはなぜか。

1　この生徒たちの保護者に入学式の前に授業料不払いが目立っていたから。
2　この生徒たちの保護者が入学式までに入学金などを全く支払わなかったから。
3　この生徒たちの保護者が入学式までに入学金などを一部しか支払わなかったから。
4　この生徒たちの保護者が入学式の後で入学金などを全額支払うと言ったから。

66 今回の問題が明らかになった後の学校の立場はどれか。

1　この生徒たちの保護者に非があり、学校側の措置はやむを得なかった。
2　この生徒たちの保護者には非がなく、学校側の措置は行き過ぎだった。
3　この生徒たちの保護者にも非はあるが、学校側の措置は行き過ぎだった。
4　この生徒たちの保護者には非がないが、学校側の措置もやむを得なかった。

정답 p.374

67 今回の問題に対する筆者の立場はどれか。

1 この生徒たちの保護者に非があり、学校側の措置はやむを得ない。
2 この生徒たちの保護者には非がなく、学校側の措置は行き過ぎだ。
3 この生徒たちの保護者にも非はあるが、学校側の措置は行き過ぎだ。
4 この生徒たちの保護者には非がないが、学校側の措置もやむを得ない。

68 今後この問題を教訓とするための提案として、文章の内容とあっているものはどれか。

1 家庭の経済的な事情を把握するために、各学校が調査を進めるべきだ。
2 保護者の不当な要求を阻止するために、各学校が対策を進めるべきだ。
3 生徒に対する学校の極端な措置を防ぐために、各機関が監督すべきだ。
4 学校と保護者双方とも孤立させないために、各機関が協力すべきだ。

問題13 **右のページは、「古河区民センター」の団体向け利用案内である。下の問いに対する答えとして最もよいものを、1・2・3・4から一つ選びなさい。**

69 利用案内によると、以下のグループのうち、古河区民センターで団体登録が可能なものはどれか。

グループ	会員構成	代表
1	港区在住の学生7名、古河区在住の学生4名、及び新宿区在住で古河区内の大学在学の学生3名	古河区在住の学生
2	新宿区在勤の会社員6名、古河区在勤の会社員4名、及び港区在住で古河区内の大学在学の学生4名	古河区在勤の会社員
3	古河区在住の学生3名、古河区在住で新宿区在勤の会社員3名、及び港区在住の会社員4名	港区在住の会社員
4	港区在住で古河区の大学在学の学生2名、古河区在勤の会社員5名、及び古河区在住で新宿区の大学在学の学生6名	古河区在住で新宿区の大学在学の学生

70 古河区内在住の会社員6名（うち代表1名）と新宿区民5名（うち2名は古河区に勤務、1名は古河区に在学）の団体が団体登録をする場合、必ず準備しなければならない書類はどれか。

1 代表者の身分証明書、会員名簿、利用団体登録申請書、団体会則
2 代表者の在勤証明書、会員名簿、会員の身分証明書、団体会則、利用団体登録申請書
3 代表者の運転免許証と健康保険証、会員の身分証明書、団体規約、利用団体登録申請書
4 代表者の在勤証明書と健康保険証、会員名簿、団体規約、利用団体登録申請書

古河区民センター[生涯学習館] 利用案内

◆ 団体利用について

団体利用ついては、2つの利用区分があります。

1. 一般団体利用：生涯学習活動を行う全ての個人・団体を対象にした利用区分です。
2. 登録団体利用：区内在住・在勤者から成る団体を対象にした利用区分です。

※ 登録済みの団体には、利用時に割引料金が適用されます。

◆ 団体の登録について

要件：生涯学習活動を目的とした団体で、以下の要件を備えている団体。

・会員数が10名以上であり、かつ半数以上が区内在住者または区内在勤者であること。
　※在学地は在勤地として認めません。

・代表者は、区民または区内在勤者であること。
・規約または会則に基づく自主的な会であること。
・学習活動を継続的または定期的に行っていること。
・会は会費で運営されていること。
・入退会が自由であること。

必要書類：登録にあたっては、以下の書類を事前にご準備いただきます。

1. 利用団体登録申請書（各生涯学習館施設の窓口で配布）
2. 団体の規約または会則
3. 会員名簿
・区内在住者（住所・氏名・電話番号）
・区内在勤者（住所・氏名・勤務先名・勤務先の所在地・勤務先または自宅の電話番号）
・その他の会員（住所・氏名・電話番号）
4. 代表者の住所が確認できる健康保険証・運転免許証など公的機関発行の身分証明書。
　在勤資格で登録の場合は在勤証明書など。

登録受付：

【受付場所】上記の1.～4.までの書類を揃えて、主に利用する生涯学習館にお申し込みください。

【注意事項】

・書類の審査に2週間ほどかかります。ご了承ください。
・承認後、登録された生涯学習館の窓口で登録証を交付します。
・承認日から登録団体としての資格が得られます。

登録期限：

・登録承認日より3年後の同月末日

독해 실전문제 정답 및 해설

문제 8 **다음 글을 읽고 질문에 대한 답으로써, 가장 적당한 것을 1 · 2 · 3 · 4에서 하나 고르시오.**

(1)

인간의 욕구라는 것은 낮은 차원의 것에서부터 높은 차원의 것으로 이르는 계층성이 있다고 합니다. 우선 생리적 욕구와 안전을 요구하는 욕구가 있습니다. 이것들은 개체가 살아가기 위해서 불가결한 것이고 제일 기본적인 욕구입니다. 낮은 차원이라고 하더라도 어떤 의미로는 제일 중요한 것입니다. 생존을 위해 필요한 것이기 때문에. 그러나 그것이 충분하게 충족이 되면 친화 동기와 같은 인간관계적인 욕구가 나오기 시작합니다. 예를 들면 어느 집단에 속하면서 애정을 받고 싶다든가 다른 사람으로부터 인정받고 싶은 욕구가 생깁니다. 거기에 그러한 인간관계적인 욕구가 충족되면 이번에는 개개인 사람들의 자기 실현이라든가 성장의 욕구가 나오기 시작하는 것입니다.

(이치카와 신이치 『배우는 의욕의 심리학』)

어휘 欲求 욕구 | 低次 저 차원 | 高次 고차원 | 至る 이르다 | 階層性 계층성 | 生理的 생리적 | 安全 안전 | 求める 구하다 | 個体 개체 | 生きる 살다 | 不可欠 불가결 | 基本的 기본적 | 意味 의미 | 大切 중요함 | 生存 생존 | 必要 필요함 | 十分 충분함 | 満たす 충족시키다 | 親和動機 친화 동기 | 人間関係的 인간관계적 | 集団 집단 | 属する 속하다 | 愛情を受ける 애정을 받다 | 認める 인정하다 | 個々 개개 | 自己実現 자기 실현 | 成長 성장

46 필자에 의하면 '친화 동기와 같은 인간관계적인 욕구'란 무엇인가?

1 계층성 안에서는 제일 낮은 차원이지만 살아가기 위해서는 가장 기본적인 욕구
2 생리적 욕구 보다 높은 차원이기는 하지만 어딘가에 소속되어 안전을 구하고 싶은 욕구
3 자기 꿈의 실현과 능력의 향상을 바라기만 해서 누군가에게 인정 받고 싶은 욕구
4 특정한 그룹의 일원이 됨으로써 인정 받거나 사랑 받거나 하고 싶은 욕구

정답 4

해설 이 문제는 필자의 생각을 묻는 문제이면서 동시에 의미 해석 문제에 가까운 문제이다. 즉, 질문의 의미를 잘 이해하면 비교적 쉽게 답을 찾을 수 있는 문제이다. 필자는 본문 아래에서 세 번째 문장「たとえば、ある集団に属して愛情を受けたいとか、他の人から認められたいという欲求が出てくる (예를 들면 어느 집단에 속하면서 애정을 받고 싶다든가 다른 사람으로부터 인정받고 싶은 욕구가 생긴다)」에서 인간적인 관계의 욕구가 무엇을 이야기 하고 있는지를 알 수 있겠다. 이처럼 무엇을 묻는 문제인지 질문의 유형을 잘 파악하는 것이 정답을 찾는데 중요한 점이다.

(2)

'숫자에 강하지 않은 사람'이란 어떤 사람인가. 하나는 수학을 잘하는 사람이다. 의외의 생각이 들지 모르겠지만 수학을 하는 사람은 '숫자에 강한'것이 아니고 '수에 강한' 것이다. 수학을 하는 사람은 '수'라는 수학적인 추상적 개념을 다루는 데에는 능숙하다. 그러나 현실세계의 모든 일로부터 수량을 끌어내서 '숫자'를 만들어 내는 일은 서툴다. 또 하나는 만물박사이다. 무엇이든지 수를 잘 기억하는 사람이 있는데 이러한 사람은 단순한 기억 용량이 큰 사람이다.

(하타무라 요타로 『숫자에 강해진다』)

어휘 数 숫자 | 強い 강하다 | 数学 수학 | 出来る 할 수 있다 | 意外 의외 | 気がする 느낌이 들다 | 抽象的概念 추상적 개념 | 扱う 취급하다 | 現実世界 현실세계 | 物事 사물 | 数量を引き出す 수량을 끌어내다 | 作り出す 만들어 내다 | 苦手 잘 못함 | 物知り博士 만물박사 | なんでもかんでも 뭐든지 | 覚えこむ 완전히 익히다 | 単なる 단순한 | 記憶容量 기억 용량

47 '숫자에 강하지 않은' 사람에 대해서 이 문장에서는 어떻게 서술되고 있는가?

1 '숫자에 강하지 않은 사람'은 '숫자에 강한 사람'이고 추상적 개념도 다루는 사람이다.
2 '숫자에 강하지 않은 사람'은 '수에 강한'사람이거나 기억 용량이 큰 사람이다.
3 '숫자에 강하지 않은 사람'은 만물박사임과 동시에 '수에 강한' 사람이기도 하다.
4 '숫자에 강하지 않은 사람'은 모든 일에서 수량을 끌어내서 '수' 를 만들어 내는 사람이다.

정답 2

해설 이 문제는 지문의 내용을 묻는 문제로 필자는 마지막 문장에서「なんでもかんでも数を覚えこんでいる人がいるが、こういう人は単なる記憶容量が大きい人である (무엇이든지 숫자를 잘 기억하는 사람이 있는데 이러한 사람은 단순한 기억 용량이 큰 사람이다)」에서 숫자에 강하지 않은 사람은 뭐든지 수를 잘 기억하는 단순히 기억 용량이 큰 사람이라고 말하고 있음을 알 수 있다.

(3)

정신적인 존재에서 물질적 존재로 인간은 죽음에 의해서 변화된다. 생명이 끝날 때 사람은 하나의 '사물'로 변한다. 마그리트(주1)는 '발코니'(주2)의 등장인물의 공허함을 분석하여 부조합의 원인이 서로 의사 소통의 부재에 있는 것을 깨달았다. 그리고 그 결핍을 분명히 알게 하기 위해서 등장인물을 죽음을 시각화한 이미지인 관(주3)으로 바꾸어 그들이 '사물'로 완전히 변한 인간이라는 것을 제시했다.

(요시카와 세츠코『인상파의 탄생 마네와 모네』)

(注1) マグリット : 영국의 화가의 '마그리트'
(注2)《バルコニー》: 프랑스 화가 마네의 그림 '발코니'
(注3) 棺桶(かんおけ) : 유해를 넣는 관

어휘 精神的(せいしんてき) 정신적 | 存在(そんざい) 존재 | 死(し) 죽음 | 変化(へんか) 변화 | 生命(せいめい) 생명 | 終(お)わる 끝나다 | 一個(いちこ) 한 개 | 変(か)わる 변하다 | 登場人物(とうじょうじんぶつ) 등장인물 | 空虚(くうきょ)さ 공허함 | 分析(ぶんせき) 분석 | ちぐはぐさ 부조합 | 原因(げんいん) 원인 | 互(たが)い 서로 | 意思疎通(いしそつう) 의사 소통 | 見抜(みぬ)く 간파하다, 깨닫다 | 欠落(けつらく) 누락 | はっきり 분명히 | 視覚化(しかくか) 시각화 | イメージ 이미지 | 棺桶(かんおけ) 관 | 変(か)わり果(は)てる 완전히 변하다 | 提示(ていじ) 제시

48 필자는 미그리트 '발코니'의 등장인물을 관으로 바꾼 이유는 어째서라고 말하고 있는가?

1 '발코니'의 등장인물 전원의 물질적 존재로써의 아름다움을 표현하기 위해서
2 인간은 모두 죽음에 의해서 인간이 하나의 '사물'로 바뀌는 것을 표현하기 위해서
3 의사소통 없이는 인간은 살아있다고는 말할 수 없는 것을 표현하기 위해서
4 '발코니'의 등장인물은 모두 죽어서 생명의 끝을 시각화해 표현하기 위해서

정답 3

해설 이 문제는 이유를 묻는 문제로 필자는 위에서 세 번째 문장「ちぐはぐさの原因が互いの意思疎通のなさにあることを見抜いた。そして、その欠落をはっきりとわらかせるために (부조합의 원인이 서로 의사 소통이 없음에 있는 것을 깨달았다. 그리고 그 결핍을 분명히 알게 하기 위해서)」에서 의사소통 없이는 인간이 살아있다고는 말할 수 없는 것을 표현하기 위해서 등장인물을 관으로 바꾼 것을 알 수 있다. 이처럼 이유를 묻는 문제는 문장 끝 표현에「から・ので・ために」등이 오는 경우가 많다는 것도 정답을 찾는 힌트가 되겠다.

(4)

조사는 일상 대화나 문장의 낱말 속에 자연스럽게 있으면서 사용하는 느낌이어서 특별히 문제 삼아 볼 필요가 있을까? 하고 생각한다. 하지만 문제 삼고 있는 사이에 그 자연스럽게 사용하고 있었던 조사가 미묘하게 여러 의미를 가지고 있다는 것을 깨닫거나 같은 '음(문자)'의 조사라도 다른 분류로 들어간다는 것을 배우거나 한다. 새롭게 알게 되거나 배우거나 하는 것은 고맙지만 너무 미묘해서 미로에 들어가는 것 같다는 생각이 들 때도 있다.'문법'을 배우려고 하다가 그러한 것이 부담이 되고 말아서 '문법'은 접근하기 힘들어지는 걸까?

(후지이 토고요『단가의 〈문법〉 시와 언어 유희에 대한 조언』)

어휘 助詞(じょし) 조사 | 日常(にちじょう) 일상 | 会話(かいわ) 회화 | 文章(ぶんしょう) 문장 | 言葉(ことば) 낱말 | 自然(しぜん) 자연 | 使(つか)う 사용하다 | 感(かん)じ 느낌 | ことさらに 특별히 | 取(と)り上(あ)げる 다루다, 채택하다 | 微妙(びみょう) 미묘함 | 気(き)づかされる 알게 되다 | 文字(もじ) 문자 | 分類(ぶんるい) 분류 | 数(かぞ)える (숫자를) 세다 | 思(おも)い 생각 | ありがたい 고맙다 | 文法(ぶんぽう) 문법 | 学(まな)ぶ 배우다 | 迷路(めいろ) 미로 | 負担(ふたん) 부담 | 苦手(にがて) 잘 못함

49 이 문장에서 필자가 말하고 싶은 것은 무엇인가?

1 평소 사용하는 조사의 뉘앙스를 배움으로써 알게 된다.
2 조사는 평소 사용하는 것이기 때문에 일부러 공부할 필요는 없다.
3 '문법'은 부담이 되기 때문에 일부러 가르치거나 할 필요는 없다.
4 '문법'의 의미를 배우게 되는 것은 고마운 일이다.

정답 1

해설 이 문제는 필자가 말하고 싶은 것을 묻는 문제로 필자는 앞에서 세 번째 문장「だが、取り上げているうちに、その自然に使っていた助詞が微妙にいろいろな意味を持っているのだと気づかされたり (하지만 문제 삼고 있는 사이에 그 자연스럽게 사용하고 있었던 조사가 미묘하게 여러 의미를 가지고 있는 것이다 라고 알게 되거나)」과 마지막 문장「そういうのが負担になってしまい、文法は苦手だ、となるのだろうか (문법을 배우려고 하다가 그러한 것이 부담이 되고 말아서 문법은 접근하기 힘들어 지는 걸까?)」에서 필자는 배움으로써 조사의 뉘앙스를 알 수 있다는 것을 말하고 싶은 것을 알 수 있다. 이처럼 필자가 하고 싶은 이야기는 글을 쓴 목적임을 이해하고 마지막 문장에 쓰는 경우가 많다는 것을 알고 있으면 정답을 찾는데 도움이 되겠다.

문제 9 **다음 글을 읽고 질문에 대한 답으로써, 가장 적당한 것을 1 · 2 · 3 · 4에서 하나 고르시오.**

(1)

젊을 때에는 많은 사람이 그러 하듯이 ①이러한 일에 깊이 주의할 필요도 없었고 자진해서 다른 가르침을 청할 만큼의 사려도 가지지 않았다. 소년 시절에 찾아 오는 개개의 현실은 단지 현실로써 무관심하게 이것을 그냥 보내면서 시간이 지나 이것을 반성할 기회를 얻으면 비로소 그 무관심을 후회하거나 또는 그 후의 경험과 분별에 의해서 얻은 판단을 이미 그 당시부터 가지고 있었던 것 같은 착각에 빠지는 한 사람의 일생에는 그와 같은 예는 결코 적지 않다고 생각한다.
고마운 일은 아무리 고뇌로 가득 찬 것이어도 시간이 지남에 따라 사람은 그것에 익숙해지거나 그것을 잊거나 하는 습성을 가지고 있다. 무한한 고뇌라는 말은 있어도 실제로는 과연 어떠한가? 그렇게 수없이 많이 있다고는 생각되지 않는다. (중략)
평범한 이 도리를 그들은 이 내핍 생활에 의해서 체득하고 있다. 그 생활에 익숙해질 때까지는 힘들다. 몇 번 반복해도 학기 초의 며칠 간은 참으로 지옥이다. 그러나 이것을 참고 이것을 극복해 내면 머지 않아 학교 생활이 괴로운 것만이 아닌 것을 안다. 풍족한 가정 생활에서는 생각지도 못한 유쾌함이 반드시 거기에 기다리고 있다는 것을 깨닫고, ②버터는 토스트의 양면에 바르지 않는다. 한 쪽만을 보고 버리고 마는 것은 어리석다는 것을 아는 것이다. 인내의 정신이 거기에서 만들어지고 소년들 자신은 몇 번인가 반복된 경험을 토대로 비록 무의식일지라도 인간이 가지는 적응성을 신뢰하여 정면에서부터 현실과 맞서 가는 용기가 생기는 것이다.

(이케다 키요시 『자유와 규율』)

어휘 若い 젊다 | 事柄 일, 사항 | 深い 깊다 | 注意 주의 | 進んで 자진해서 | 教えを乞う 가르침을 구하다 | 思慮 사려 | 少年 소년 | 生活 생활 | 訪れる 찾아가다 | 個々 개개 | 現実 현실 | 無関心 무관심 | 見送る 배웅하다 | 時を経る 세월이 지나다 | 反省 반성 | 機会を得る 기회를 얻다 | 初めて 처음 | 無関心 무관심 | 悔やむ 후회하다 | 経験 경험 | 分別 분별 | 判断 판단 | すでに 이미 | 当時 당시 | 持ち合わせる 마침 필요한 것을 가지고 있다 | 錯覚に陥る 착각에 빠지다 | 一生 평생 | 決して 결코 | 少ない 적다 | 有難い 고맙다 | いかに 아무리 | 苦悩 고뇌 | 満ちる 가득 차다 | 経つ (시간이) 경과하다 | 馴れる 익숙해지다 | 習性 습성 | 無限 무한 | 実際 실제 | 果して 과연 | いかなる 어떠한 | 数多い 수 없다 | 平凡 평범 | 道理 도리 | 彼等 그들 | 耐乏生活 내핍생활 | 体得 체득 | 辛い 힘들다 | 幾度 몇 번 | 繰り返す 반복하다 | 学期初め 학기초 | 数日 수 일 | 正に 틀림없이 | 地獄 지옥 | 堪える 견디다 | 忍ぶ 견디다 | やがて 이윽고 | 苦しみ 괴로움 | ～のみ ～만 | 判る 알다 | 豊か 풍부함 | 思いもよらない 생각지도 않다 | 愉快 유쾌 | 必ず 반드시 | 悟る 깨닫다 | 両面 양면 | 塗る 칠하다 | 一面 한쪽 면 | 捨てる 버리다 | 愚か 어리석음 | 精神 정신 | 生まれる 생기다 | たとえ 비록 | 無意識 무의식 | 適応性 적응성 | 信頼 신뢰 | 正面 정면 | 取り組む 몰두하다 | 勇気が起る 용기가 생기다

50 ① 이와 같은 사항이라고 있지만, 어떠한 것인가?

1 내핍 생활
2 학기 초의 며칠 간
3 풍족한 가정생활
4 무한한 고뇌

정답 1

해설 이 문제는 지시어가 가리키는 것을 찾는 문제이다. 본문은 먼저 지시어를 제시하고 지시어가 가리키는 것을 뒤 문장에 써 내려간 문장으로 필자는 첫 단락과 두 번째 단락의 내용을 세 번째 단락 첫 줄「平凡なこの道理を、彼等はその耐乏生活によって体得している (평범한 이 도리를 그들은 이 내핍생활에 의해서 체득하고 있다)」에서 이와 같은 일이 가리키는 것이 내핍생활을 말하고 있는 것을 알 수 있겠다. 참고로, 여기에서 내핍 생활이란 어려운 일을 참고 견디는 생활을 말한다.

51 ② 버터는 토스트의 양면에 바르지 않는다. 한 쪽만을 보고 버리고 마는 것은 어리석다고 하는데, 필자는 이 말로 무엇을 말하고 싶은 건가?

1 토스트에 버터가 발라져 있어도 반대쪽을 확인하고 나서 어떻게 할까 판단함이 마땅하다.
2 학교에서의 내핍 생활은 힘는 것이지만 거기에는 빈드시 유괴함이 있기 때문에 참고 이겨냄이 마땅하다.
3 인간은 시간이 지나면 어떤 일이라도 익숙해지거나 잊거나 할 수 있기 때문에 괴로워해서는 안 된다.
4 어떤 일이라도 한 쪽 면만을 판단하는 것이 아니고 다른 면을 보려고 함이 마땅하다.

정답 4

해설 세 번째 단락 두 번째 줄「しかしこれに堪え、これを忍べば、やがて学校生活が苦しみのみではないことが判る。豊かな家庭生活では思いもよらない愉快が必ずそこに待っていることを悟るし (그러나 이것을 참고 이것을 극복해 내면 머지 않아 학교 생활이 괴로운 것만이 아닌 것을 안다)」에서 필자는 지금의 상황만을 보고 판단하지 말고 참고 견디다 보면 반드시 좋은 일이 온다는 것을 말하고 싶은 것을 알 수 있다.

52 필자가 이 문장을 통해서 제일 말하고 싶은 것은 무언인가?

1 인간은 풍부한 경험으로부터 다면적으로 매사를 보는 방법을 체득할 수 있다.
2 젊었을 때의 힘든 경험은 나이를 먹으면 누구든지 반드시 반성할 수 있다.
3 참고 이겨내는 경험으로부터 인생에 있어서 필요한 것을 체득할 수 있다.
4 어떤 일도 참음으로써 적응성을 몸에 익힐 수가 있다.

정답 3

해설 이 문제는 필자가 하고 싶은 말을 찾는 문제이다. 다시 말해서 글을 쓴 목적을 찾는 문제이다. 글을 쓴 목적은 본문의 내용을 그대로 적은 선택지보다는 무언가 계몽적인 메시지가 전해지는 내용이어야 한다는 것에 유의하기 바란다. 필자는 세 번째 단락 마지막 문장「忍耐の精神がそこに生まれ、少年達自身は幾度か繰り返された経験をもとに、たとえ無意識であるにせよ、人間のもつ適応性を信頼して、正面から現実と取り組んでゆく勇気が起るのである (인내의 정신이 거기에서 만들어지고 소년들 자신은 몇 번인가 반복된 경험을 토대로 비록 무의식일지라도 인간이 가지는 적응성을 신뢰하여 정면에서부터 현실과 맞서 가는 용기가 생기는 것이다)」에서 참고 이겨내는 경험으로부터 인생에 있어서 필요한 것을 체득할 수 있다는 것을 말하고 싶은 것을 알 수 있다.

(2)

나에게도 아이가 둘 있습니다. 하지만, 후에 ①아이를 무시할 마음은 없었는데, 무시한 것처럼 되어버린 경우가 있었습니다. 어렸을 때 공원인가 어딘가로 데려가 놀게 했을 때의 일입니다. 둘이서 즐거운 듯이 미끄럼틀이나 모래밭에서 꽤 재미있게 놀고 있길래, 나는 ②괜찮겠다 싶어서, 주머니에서 책을 꺼내 읽으며 가끔씩 아이들 쪽을 바라보곤 했습니다(웃음). 그러한 것을 나중에 아이들이 청소년기가 되었을 무렵, 아버지는 아이들을 잘 놀게 해준 것처럼 말하지만, 우리들끼리만 놀았던 것이다. 아버지는 책을 읽거나 엉뚱한 생각을 하면서 벤치에 앉아있기만 하지 않았느냐는 말을 듣고 앗! 하고 생각했어요. (중략)

③그런 것을 꿈에도 생각하지 못했기 때문에, 맞다, 그랬었다고 생각하니 충격이었어요. 분명 괜찮겠지 싶어 마음대로 책을 읽거나 했습니다만, 딸들은 그것을 정확히 보고 있었고, 어쩌면 속으로는 재미없어서, 아버지도 함께 몸을 움직여 놀아줬으면 하는 마음이 있었던 건가 하고 생각했습니다만, 대체로 곁에서 노는 모습을 보고 있던 것만으로는 그렇게는 생각할 수 없었던 것이지요.

(요시모토 타카아키『아이는 모~두 알고 있다』비평사)

(주1) 青春期 : 15~22살 경
(주2) オヤジ : 아버지

어휘 後年(こうねん) 후년, 후일 | バカにする 무시하다 | 愉快(ゆかい) 유쾌 | 滑り台(すべりだい) 미끄럼틀 | 砂場(すなば) 모래밭 | あらぬこと 엉뚱한 일, 터무니 없는 일 | 夢(ゆめ)にも思(おも)ってみなかった 꿈에도 생각 못했다 | もしかすると 어쩌면 | 内心(ないしん) 내심, 속마음

53 ①아이를 무시할 마음은 없었는데, 무시한 것처럼 되어 버린 것은 왜인가?

1 아이는 재미없다고 생각하는데, 공원에만 데리고 갔기 때문에
2 아이가 청소년기가 됐을 때, 아이의 진심을 가볍게 다루었기 때문에
3 아이가 느끼고 있는 것에 생각이 미치지 못했기 때문에
4 아이를 자유롭게 놀게 하지 않고, 언제나 가까이 앉아서 쭉 보고 있었기 때문에

정답 3

해설 밑줄 친 부분과 관련된 내용을 파악하는 문제로, 밑줄에 관련된 이유나 내용 파악 문제의 해결 포인트는, 정답의 힌트가 밑줄과 멀리 있는 경우는 드물다는 것이다. 대부분의 경우 밑줄 전후를 읽으면 정답을 찾을 수 있지만 이번 문제는 밑줄이 있는 단락 전체의 내용을 파악해야만 한다.

정답은 필자가 느낀 감정과 아이들이 느낀 감정의 차이를 설명한 부분을 찾으면 된다. 필자는 아이들이 즐겁게 놀고 있다고 생각한 반면, 아이들은 '아버지는 아이들을 잘 놀게 해준 것처럼 말하지만, 우리들끼리만 놀았던 것이다. 아버지는 책을 읽거나 엉뚱한 생각을 하면서 벤치에 앉아있기만 하지 않았는가'라는 부분에서 알 수 있듯이 정답은 3번이 된다.

54 ②괜찮겠다 싶어서 라고 했는데, 왜 괜찮겠다고 했는가?

1 아이들이 놀고 있는 사이에 책을 읽을 수 있기 때문에
2 아이들과 함께 공원에서 노는 것을 좋아하기 때문에
3 아이들에게 좋은 아버지라고 생각되고 있기 때문에
4 아이들이 즐겁게 놀고 있다고 생각했기 때문에

정답 4

해설 이 문제 역시 밑줄에 관련된 내용을 파악하는 문제로, 밑줄 전후를 읽으면 쉽게 정답을 찾을 수 있다. 밑줄 바로 앞부분에 '둘이서 즐거운 듯이 미끄럼틀이나 모래밭에서 꽤 재미있게 놀고 있어서'라는 내용이 있기 때문에 정답은 4번이 된다.

55 ③그런 것이라고 했는데 어떤 것인가?

1 아이들은 공원에서 놀고 싶다고는 생각하지 않았던 것
2 아이들이 놀면서 아버지를 정확히 보고 있었던 것
3 아이들이 공원에서의 아버지 태도를 불만스럽게 생각한 것
4 아이들이 자신들끼리만 자유롭게 놀고 싶어했던 것

정답 3

해설 지시어 관련 문제의 해결 포인트는 지시어가 가리키는 내용을 정확히 파악하는 것과 지시어가 가리키는 것은 대개 지시어의 앞문장에 온다는 것이다. 이번 문제는 50번 문제를 풀었다면 자연스럽게 정답을 구할 수 있는 문제이다. 두 번째 단락에서도 '분명 괜찮겠지 싶어 마음대로 책을 읽거나 했지만, 딸들은 그것을 정확히 보고 있었고, 어쩌면 속으로는 재미없어서, 아버지도 함께 몸을 움직여 놀아줬으면 하는 마음이 있었는지 모르겠습니다'라고 다시 한번 아이들의 입장을 기술했으므로 정답은 3번이 된다.

(3)

결혼하지 않는 사람이 늘고 있다고 하는데, 얼마 전 어떤 조사에서 ①독신남녀의 결혼관에 차이가 있다는 사실이 밝혀졌다. 예전에는 '남자는 밖에서 일하고 여자는 집을 지킨다'는 생각이 남녀 모두에게 주류였으나, 요즘 남성은 결혼상대가 자신보다 연봉이 높아도 좋다, 여성도 어느 정도 돈을 벌었으면 좋겠다는 사람이 70%가 넘는다고 한다. 불황인 지금, 자신의 수입만으로 부인과 자녀를 부양할 자신은 없기에 여성도 벌기를 바라는 본심을 엿볼 수 있다.
한편 여성 쪽은 '자신이 일하지 않아도 가계를 꾸릴 수 있는 사람과 결혼하고 싶다'고 생각하는 사람이 대부분이었다. 여성의 사회 진출이 활발해진 지금도 고수입 남성과 결혼해서 출산 후에는 전업주부를 바라는 가치관은 아직도 지배적인 것 같다.
이와 같은 독신남녀를 '제멋대로다'라고 비난하기는 쉬우나, 빈부 격차가 벌어지는 이른바 '격차사회'라는 현실에 직면하고 있는 그들로서는 ②어쩔 수 없는 일일 것이다. 경제적 불안을 떠안은 남녀가 결혼 상대한테 고수입을 기대하는 것은 무리도 아니다.
여기서 새로운 가능성을 엿볼 수 있는 것은 고수입 여성과 저수입 남성의 커플이다. 그러나 여기에도 조건이 있다. 여성은 '남성이 가족을 부양하는 것'이라는 기존 가치관을 버릴 것. 남성은 '가사일은 여성이'라고 말하지 않고 제대로 집안일을 해내는 능력을 갖추어야 한다. ③거기서부터는 분명 밝은 미래가 보이기 시작한다. 여하튼 남녀 양쪽이 서로 노력하지 않으면 지금 이상으로 독신남녀가 세상에 넘쳐나게 될 것이다.

어휘 先日(せんじつ) 얼마 전 | 独身(どくしん) 독신 | 男女(だんじょ) 남녀 | 開(ひら)きがある 거리가 있다, 괴리가 있다 | 一昔前(ひとむかしまえ) 예전 | 主流(しゅりゅう) 주류 | 年収(ねんしゅう) 연봉 | 女性(じょせい) 여성 | 稼(かせ)ぐ (돈이나 시간을) 벌다 | 7割(ななわり) 70퍼센트 | 超(こ)える 넘다 | 不況(ふきょう) 불황 | 妻子(さいし) 처자식 | 養(やしな)う 부양하다, 양육하다 | 自信(じしん) 자신감 | 本音(ほんね) 본심 | 一方(いっぽう) 한편 | 家計(かけい) 가계 | 進出(しんしゅつ) 진출 | 高収入(こうしゅうにゅう) 고수입 | 出産(しゅっさん) 출산 | 専業主婦(せんぎょうしゅふ) 전업주부 | 価値観(かちかん) 가치관 | 支配的(しはいてき) 지배적 | 非難(ひなん) 비난 | 貧富(ひんぷ) 빈부 | 格差(かくさ) 격차 | 現実(げんじつ) 현실 | 直面(ちょくめん) 직면 | 不安(ふあん) 불안 | 抱(かか)える 부담을 지다 | 期待(きたい) 기대 | 無理(むり)もない 무리도 아니다 | 新(あら)たな 새로운 | 可能性(かのうせい) 가능성 | カップル 커플 | 条件(じょうけん) 조건 | 従来(じゅうらい) 기존 | 家事(かじ) 가사 | 未来(みらい) 미래 | 双方(そうほう) 양쪽, 쌍방 | 努力(どりょく) 노력 | あふれる 넘치다

56 ① 독신남녀의 결혼관에 차이가 있다고 하는데, 무슨 뜻인가?

1 여성의 사회진출이 활발해져서 남녀간의 경제격차가 넓어졌다는 뜻
2 남성은 오래된 가치관을 여전히 가지고 있으나, 여성의 가치관이 변했다는 뜻
3 남녀 모두 가치관이 오래된 사람과 새로운 사람의 차이가 넓어졌다는 뜻
4 경제적인 면에서 남성은 여성을, 여성은 남성에 대해 기대하고 있다는 뜻

정답 4

해설 먼저 글의 맨 첫 부분에 남녀간의 차이, 즉 '남성과 여성간의 결혼관에 있어서 차이'가 있다고 했다. 이와 같이 앞에 비교를 나타내는 구문이 올 경우, 본문에서는 반드시 각각의 특징을 나타내는 설명이 나온다. 또한 문장의 흐름을 파악하기 위해서는 문장에서 사용되는 접속사를 살펴야 하는데, 세 번째 단락에서 「一方(いっぽう)(한편)」라는 '대비'를 나타내는 접속사가 사용된 점을 유의해야 한다. 「A 一方(いっぽう) B」라고 할 경우, A에 해당하는 두 번째 단락에서는 남성에 대해 '최근 남성은 결혼상대가 자신보다 연봉이 높아도 좋다. 여성도 어느 정도 돈을 벌기를 바라는 사람이 70%가 넘는다고 한다'는 특징을, B에 해당하는 세 번째 단락에서는 '자신이 일하지 않아도 가계를 꾸릴 수 있는 사람과 결혼하고 싶다고 생각하는 사람이 대부분'이라는 특징을 가진다고 설명한다. 그러므로 이는 모두 경제적인 특징을 제시하고 있으므로 정답은 4번이다.

57 ② 어쩔 수 없는 일일 것이라고 필자가 생각하는 이유는 무엇인가?

1 경제적 자신감이 없는 사람이 상대방을 의지하는 것은 당연하기 때문에
2 격차사회에서는 젊은이가 제멋대로 되는 것은 당연하기 때문에
3 경제적인 격차가 진척되어 빈곤층이 늘어나는 것은 당연하기 때문에
4 독신인 남녀가 주관적이고 제멋대로인 것은 당연하기 때문에

정답 1

해설 무엇이 '어쩔 수 없는 것인가'를 찾아야 한다. 앞 문제에서 살펴본 바와 같이 두 번째 단락에서 남성은 결혼상대가 자신보다 연봉이 높아도 좋으며, 결혼 후에도 직업이 있기를 바라고, 이에 반해 세 번째 단락에서 여성은 결혼 후에는 전업주부를 원한다는 의견이 대부분이었다고 한다. 바로 이 점이 '어쩔 수 없는 일'이라고 할 수 있을 것이다. 즉, 여기에서는 경제적인 측면에서 상대방에게 의지하고 싶어하는 서로의 의견을 나타내고 있으므로 답은 1번이다.

58 ③ 거기서부터는 분명 밝은 미래가 보이기 시작한다고 하는데, 필자의 생각에 가까운 것은 무엇인가?

1 결혼하지 않는 남녀가 늘어나면 격차사회 문제는 해결될 수 있을 것이다.
2 여성이 남성을 부양할 수 있으면 경제적 불안은 사라질 것이다.
3 남성이 가사 능력을 갖추면 저출산이나 만혼이 해결될 수 있을 것이다.
4 남녀가 서로 오래된 가치관을 버리면 새로운 부부가 늘어날 것이다.

정답 4

해설 해당 단락에서 여성은 '남성이 가족을 부양해야 한다'는 기존 가치관을, 그리고 남성은 '가사는 여성만 해야 한다'는 기존 가치관을 버려야 한다는 점을 주장한다. 이렇게 함으로써 밝은 미래가 보여오기 시작한다는 내용이므로 정답은 4번이다.

문제 10 **다음 글을 읽고 질문에 대한 답으로써, 가장 적당한 것을 1 · 2 · 3 · 4에서 하나 고르시오.**

올해도 크리스마스의 계절이 찾아 왔는데, 현재와 같은 밝은 모습의 산타클로스의 이미지를 만들어낸 것은 20세기의 미국이었다는 것을 아는가?
무상의 선물을 전해주는 산타클로스와 이윤을 추구하는 자본주의의 성지 미국. 생각해 보면 기묘한 조합이지만, 콘마 토오루 씨는 '①산타클로스는 시장경제와 합리주의에 푹 빠져 있는 어른들에게야말로 필요하게 되었다'라고 말한다.
무슨 말일까?
시장경제 속에서 사용되는 돈은 언제든 누구하고라도, 가치가 다른 물건을 교환할 수 있는 편리한 도구이다. 하지만 한편으로, 돈은 물건을 교환한 그 자리에서 서로의 관계를 깔끔히 단절시키고, 그 후엔 모든 것이 시장에 맡겨진다. 그때까지 사람들의 생활은 물물교환에 의해 성립되었지만, ②시장경제의 등장과 함께 전통적인 공동체가 서서히 해체되어, 사람들은 선물을 통해 서로 느끼는 따뜻함에서 멀어져 버렸다.
'본래 선물은 무언가를 보내면 반드시 자신에게 돌아오는 것이었기 때문에, 보낸다는 것은 기다리는 것이기도 했던 것입니다. 자본

주의 세계에 푹 빠져버린 우리들은 자신 이외의 누군가에게 감사하는 마음이나 자신의 마음을 살펴보는 일을 희박하게 만듦과 동시에 ③기다림이라는 마음속에 있었던 즐거움이나 기쁨도 잃어버린 것인지도 모릅니다. 또, 시장경제는 타인과 사회에 대해 무관심하게 있을 수 있는 ④애퍼시(apathy:무기력, 무감동)도 낳았다'고 콘마 씨는 말한다.
예를 들면, 자본주의 세계에서는 돈벌이를 위해 어느 한나라의 GDP에 필적하는 돈을 움직이는 부호가 출현하는 한편, 몇 십만 명의 사람이 굶주림에 괴로워하거나 전쟁으로 아무 죄도 없는 사람들이 살해당해도, 아무런 감정도 보이지 않는 일이 발생한다. 또한, 큰 부자의 부주의한 기부 등도 새로운 애퍼시를 낳는다고 콘마 씨는 말한다.
'예를 들면, 아프리카 등에 거액의 기부를 하면, 받는 쪽은 머지않아 받는 것이 당연하다고 여깁니다. 즉, 자립을 도외시한 기부나 원조가 타인이나 사회에 대해 감사를 느끼지 않는 새로운 애퍼시를 낳고, 연쇄되어가는 것입니다.'
그러한 시장경제가 진전되고, 애퍼시가 연쇄되는 가운데 서로간에 얼어붙은 관계를 견디지 못한 성인들이 주고 받는 일의 기쁨을 서로 확인하는 특별한 것으로서 크리스마스를 찾았다는 것이다.
(선물을 하고 나서야 비로소, 사람은 인간이 됐다–문화인류학자 콘마 토오루 씨와 생각하는 선물의 비밀
『THE BIG ISSUE JAPAN 108』 빅이슈 일본)

(주1) 取り合わせ : 조합
(주2) ツール : 도구
(주3) 委ねる(ゆだ) : 맡기다
(주4) 窺い見る(うかが) : 일부를 보고 전체 모습을 생각하는 것
(주5) 度外視 : 전혀 생각하지 않은 것

어휘 陽気(ようき) 밝고 쾌활한 모양 | ご存じ(ぞん) 알고 계심 | 無償(むしょう) 무상 | 利潤(りじゅん) 이윤 | 追求(ついきゅう)する 추구하다 | 資本主義(しほんしゅぎ) 자본주의 | 聖地(せいち) 성지 | 市場経済(しじょうけいざい) 시장경제 | 合理主義(ごうりしゅぎ) 합리주의 | どっぷり 물을 듬뿍 머금은 모양 | 漬(つ)かる 잠기다, 담그다 | 交換(こうかん)する 교환하다 | きれいさっぱり 깔끔히, 깨끗이 | 切断(せつだん)する 단절하다 | 贈(おく)る (선물을) 보내다 | 贈与交換(ぞうよこうかん) 증여 교환 | 登場(とうじょう) 등장 | ～とともに ～와 함께 | 伝統的(でんとうてき) 전통적 | 共同体(きょうどうたい) 공동체 | 徐々(じょじょ)に 서서히 | 解体(かいたい)する 해체하다 | ふれあう 스치다, 서로 통하다 | 温(あたた)かみ 따스함 | 遠(とお)ざかる 멀어지다 | 感謝(かんしゃ)する 감사하다 | 希薄(きはく) 희박함 | 生(う)み出(だ)す 낳다, 새로 만들어내다 | お金(かね)儲(もう)け 돈벌이 | 匹敵(ひってき)する 필적하다 | 富豪(ふごう) 부호 | 飢(う)え 굶주림 | 罪(つみ) 죄 | 不用意(ふようい) 부주의 | 寄付(きふ) 기부 | 自立(じりつ) 자립 | 援助(えんじょ) 원조 | 連鎖(れんさ) 연쇄 | 凍(い)てつく 얼어붙다 | 耐(た)え切(き)れない 견디지 못하다 | 確(たし)かめ合(あ)う 서로 확인하다

59 ①산타클로스는 시장경제와 합리주의에 푹 빠져있는 어른들에게야 말로, 필요하게 되었다라고 했는데, 무슨 의미인가?
1 사람들에게 있어서 감사의 마음을 나타내는 선물의 상징적인 존재로서의 산타클로스가 필요했다.
2 사람들에게 있어서 물건을 보내면 반드시 돌아오는 전통적인 사회를 떠올리게 하는 산타클로스가 필요했다.
3 사람들에게 있어서 소비를 늘리고, 시장에 대한 커다란 경제효과를 기대할 수 있는 크리스마스가 필요했다.
4 사람들에게 있어서 물건을 교환할 때에 사람과 통하는 따뜻함을 느낄 수 있는 크리스마스가 필요했다.

정답 4
해설 밑줄에 관련된 내용을 파악하는 문제로, 다음에 나오는 단락의 내용 이해가 문제풀이 포인트이다. 세 번째 단락에서 '무슨 말일까?'라고 밑줄의 내용을 묻고, 네 번째 단락에서 '시장경제의 등장과 함께, 전통적인 공동체가 서서히 해체되어 사람들은 선물을 통해 서로 느끼는 따뜻함에서 멀어져 버렸다'라고 답했으므로 정답은 4번이 된다.

60 ②시장경제의 등장과 함께, 전통적인 공동체가 서서히 해체된 것은 왜인가?
1 돈을 사용함으로써 타인과의 관계를 맺지 않아도 됐기 때문에
2 다른 사람에게서 받는 것이 당연해 감사하는 마음이 사라졌기 때문에
3 크리스마스에만 서로간에 선물을 주고받게 됐기 때문에
4 전쟁으로 많은 사람이 죽어도 전혀 관심이 없는 사람이 늘었기 때문에

정답 1
해설 밑줄에 관련된 이유를 묻는 문제로, 전통적인 공동체가 해체되기 시작한 이유는 '돈은 물건을 교환한 그 자리에서 서로의

관계를 깔끔히 단절시키고, 그 후엔 모든 것이 시장에 맡겨진다'라는 문장에서 알 수 있다. 따라서 정답은 1번이다.

61 ③기다림이라는 마음 속에 있던 즐거움이나 기쁨도 잃어버린 것은 왜인가?

1 어른에게는 산타클로스가 오지 않게 됐기 때문에
2 물건을 주고받는 대신에 돈으로 해결할 수 있게 됐기 때문에
3 선물을 받아도 감사의 표시를 하지 않는 사람이 적어졌기 때문에
4 부자와 가난한 사람과의 격차가 커졌기 때문에

정답 2

해설 밑줄 친 부분의 이유를 묻는 문제로, '기다림이라는 마음속의 즐거움이나 기쁨도 잃어버린 것'을 달리 말하면 '선물을 통해 서로 느끼는 따뜻함에서 멀어져 버렸다'라는 의미로, 그렇게 된 이유는 결국 돈이 모든 것을 해결하는 자본주의 세계에 푹 빠져있기 때문이다. 따라서 정답은 2번이다.

62 ④애퍼시에 해당하는 심리는 어느 것인가?

1 거액의 기부를 받아도, 타인에 대해 감사를 느끼지 않는 심리
2 거액의 기부를 받지 않으면, 사회에 대해 감사를 느끼지 않는 심리
3 타인에 대해 감사를 느끼지 않고 있어도, 거액의 기부를 하는 심리
4 사회에 대해 감사를 느끼고 있는데, 전혀 기부를 하지 않는 심리

정답 1

해설 '애퍼시(무기력, 무감동)'라는 단어의 의미를 묻는 문제로, 바로 다음 단락에서 '몇 십만 명의 사람이 굶주림에 괴로워하거나 전쟁으로 아무 죄도 없는 사람들이 살해당해도, 아무런 감정도 보이지 않는 일이 발생한다'고 하고 있고, 그 다음 단락에서도 '타인이나 사회에 대해 감사를 느끼지 않는 새로운 애퍼시를 낳고, 연쇄되어가는 것입니다'라고 애퍼시에 대해 설명하고 있다. 따라서 정답은 1번이다.

문제 11 **다음 A와 B의 글을 읽고, 다음 물음에 대한 답으로서 가장 적당한 것을 1 · 2 · 3 · 4에서 하나 고르시오.**

A

지휘자의 존재는 나에게 있어서 불가사의한 것이었다.
오케스트라에서의 모든 소리를 컨트롤하는 것은 불가능하다. 동시에 완성된 하모니의 어디까지가 지휘자가 다한 역할인가를 증명하는 것도 어렵다.
그러나 같은 오케스트라 혹은 곡이라도 지휘자에 의해서 연주가 드라마틱 해지기도 하지만 미숙해지기도 한다. 소리도 색도 변한다. 명 연주라고 불리어지는 것이 지휘자에 의해서 성립되고 있는 것은 확실하다. (중략)
최고의 지휘자는 지휘봉을 흔들지 않는다. 단지 거기에 있는 것만으로 감화 작용이 있는 것이다. 하모니의 한 분자로서 연주하고 있는 음악가들의 중심에 서서 그들을 감화시키면서 음악가 자신에 의한 자발적인 표현을 촉구하는 존재. 그것이 지휘자라고 한다.

B

결국 지휘자가 있는 민족 음악 등은 존재하지 않는다. 아프리카와 아시아 혹은 중남미의 음악도 마찬가지이다. 거기에는 지휘자가 없는 풍경이 지금도 오래도록 널리 이어지고 있다. 지휘자가 있는 록 음악이 존재하지 않는 것도 일부러 지적할 필요도 없을 것이다. 이 사실은 즉 이러한 음악의 연주 형태가 클래식 음악에서와 같은 계급 제도를 가지지 않은 것을 무엇보다도 잘 이야기해주고 있다. (중략) 지휘자와 같이 전혀 소리를 내지 않고 연주에 참여하지 않고, 그러면서도 비트와 리듬을 결정하고 또한 음악의 구석구석에 걸쳐 그(녀)의 음악적인 해석을 연주가에게 지시하는 이런 특이한 존재는 없다. 그리고 혹시 오케스트라의 지휘자가 되고 싶다고 생각하는 동기는 회사 사장님이 되고 싶다는 동기와 아무런 차이가 없는 것일지도 모른다. 그것은 즉 제국주의적인 의미에서 권력 장악에 대한 야심이라고나 할까?

(모리모토 유키마사 『서양음악론　클래식에서 광기를 들어라』)

어휘 指揮者 지휘자 | 存在 존재 | 謎 수수께끼 | オーケストラ 오케스트라 | における ~에서의 | すべて 모두 | コントロールする 조절하다 | 不可能 불가능 | 完成 완성 | ハーモニー 하모니(조화) | 果たす 달성하다 | 役割 역할 | 証明 증명 | 同じ 같음 | あるいは 혹은 | 曲 곡 | 演奏 연주 | ドラマティック 드라마틱(극적) | 初々しい 앳되다 | 名演奏 명 연주 | 呼ぶ 부르다 | 成立 성립 | 確か 확실함 | 究極 궁극(적) | 棒を振る 막대를 흔들다 | 感化作用 감화 작용 | 一分子 한 분자 | 中心に立つ 중심에 서다 | 自発的 자발적 | 表現 표현 | 促す 촉구하다 | 詰まる 막히다, 꽉 차다 | 民族音楽 민족음악 | 或いは 혹은 | 中南米 중남미 | 同様 같은 모양 | 風景 풍경 | 未だ 아직도 | 延々と 끝없이 | 広々と 널찍함 | 続く 계속되다 | ロック 락 | わざわざ 일부러 | 指摘 지적 | 事実 사실 | 即ち 다시 말하면 | 形態 형태 | クラシック 클래식 | 階級制 계급제도 | 雄弁 웅변 | 物語る 이야기하다 | 全く 전혀, 완전히 | 加わる 더해지다 | ビート 비트(박자) | リズム 리듬(율동) | 決定 결정 | かつ 또한 | 隅々 구석구석 | 解釈 해석 | 指示 지시 | 特異 특이함 | 動機 동기 | つまり 즉 | 帝国主義的 제국주의적 | 意味合い 연유, 내용 | 権力掌握 권력 장악 | 野心 야심

63 A와 B의 인식에서 공통되고 있는 것은 무엇인가?

1 지휘자는 다른 멤버보다도 훌륭하다.
2 지휘자의 존재가 연주를 좌우한다.
3 음악에는 지휘자는 필요하다.
4 음악에 지휘자는 필요 없다.

정답 2

해설 A지문에서는 두 번째 단락「しかし、同じオーケストラあるいは曲でも、指揮者によって演奏がドラマティックにもなれば、初々しくもなる (그러나 같은 오케스트라 혹은 곡이라도 지휘자에 의해서 연주가 드라마틱해지기도 하지만 미숙해지기도 한다)」B지문에서는 위에서 네 번째 문장「指揮者の様に、全く音を出さず、演奏に加わらず、それでいてビートとリズムを決定し、かつ音楽の隅々にわたって、彼(女)の音楽的解釈を演奏家に指示する、こんな特異な存在は他にない (지휘자와 같이 전혀 소리를 내지 않고 연주에 참여하지 않고 그러면서도 비트와 리듬을 결정하고 또한 음악의 구석구석에 걸쳐 그(녀)의 음악적인 해석을 연주가에게 지시하는 이런 특이한 존재는 없다)」에서 공통적으로 지휘자의 존재가 연주를 좌우한다고 이야기하고 있는 것을 알 수 있다.

64 A와 B의 두 개의 문장을 아래와 같이 정리할 경우 ①과 ②에 들어갈 조합으로써 적절한 것은 어느 것인가?

'A의 필자는 (　　)라고 생각하고 B의 필자는 (　　)라고 생각하고 있다.'

1 ① 지휘자는 연주의 중심에 서 있는 것만으로 좋다.
　② 지휘자는 연주자에게 지시하지 않으면 안 된다.

2 ① 지휘자는 연주자의 일부이다.
　② 지휘자는 실제로 연주를 하고 있다.

3 ① 지휘자는 연주에 큰 영향을 준다.
　② 지휘자는 결코 특이한 존재라고는 말할 수 없다.

4 ① 지휘자는 연주자의 자발적 표현을 촉구한다.
　② 지휘자는 연주자에게 자신의 해석을 부여한다.

정답 4

해설 A지문의 경우는 마지막 단락「彼らを感化しながらも音楽家自身による自発的な表現を促す存在 (그들을 감화시키면서 음악가 자신에 의한 자발적인 표현을 촉구하는 존재)」에서 필자의 생각을 이야기 하고 있고 B지문에서는 위에서 다섯 번째 문장「音楽の隅々にわたって、彼(女)の音楽的解釈を演奏家に指示する、こんな特異な存在 (음악의 구석구석에 걸쳐 그(녀)의 음악적인 해석을 연주가에게 지시하는 이런 특이한 존재)」에서 지휘자는 연주자에게 자신의 해석을 부여하고 있는 것을 알 수 있다.

문제 12 **다음 글을 읽고, 질문에 대한 답으로서 가장 적당한 것을 1 · 2 · 3 · 4에서 하나 고르시오.**

치바 현의 현립 고등학교가 입학식 당일에 납부해야하는 입학금 등을 지참하지 않은 남녀학생 2명을 입학식에 참가시키지 않았다. 2명의 보호자는 늦게 전액 혹은 일부를 납부하여 2명은 입학을 인정받았지만, 입학식에는 참석할 수 없었다.
문제의 측면은 두 가지다. 하나는 가장 근본적으로 보호자 책임인 문제를 가지고 학교 측이 아이를 입학식이나 다른 신입생들로부터 격리시키는 듯한 조치를 취한 것. 다른 하나는 이번뿐만 아니라, 예를 들어 의무교육 단계에서도 전국적으로 볼 수 있는 급식비 미납과 일맥상통하는 문제이다. 즉, 규칙을 무시하는 풍조이다.
학교는 3월 설명회에서 입학 예정자의 보호자들에게 전액 납부가 어려운 경우는 분납이 가능하고, 사전에 상담하도록 알렸다.
한편, 입학식 참가를 거부당한 남학생의 부모는 '나중에 지불하겠다'고 전화로 답했지만, 학교 측은 '체납의 가능성이 있다'며 입학식 참가를 인정하지 않고, 납부금 전액이 전해졌을 때는 식은 끝나 있었다. 여학생의 경우는 보호자 상담에서 사전에 분납을 인정받았지만, 그 납부금이 없었기 때문에 입학식 참가를 인정하지 않았다. 돈은 저녁에 전해졌다고 한다.
이번 판단에 대해 학교장은 '수업료 체납이 눈에 띄게 늘어, 미납은 나중에 돌아올 부담이라고 생각했다. 괴로운 결단이었지만, 당연한 판단이었다고 생각한다'라고 설명했다.
이미 학교에 수업료 체납이 있는 상황에서 신입생 보호자가 '나중에'라고 말을 해도 '이것도 역시 미납인가'라고 의심해서, 단호한 태도로 규칙 엄수를 요구하는 것은 일리가 있다. 단지, 그것은 우선 보호자에게 요청해야 하는 것이고, 설명회에서 통보했다 하더라도 한번밖에 없는 입학식 전에 아이에게 '족쇄'를 채우는 듯한 조치는 잘못이다. 이 일에 관해서 아이에게는 아무 죄도 없다.
하지만, 그 잘못을 비판하는 것만으로는 이번 문제를 교훈으로서 살릴 수는 없을 것이다.
최근 전국의 급식비 미납문제 등, 납부하지 못할 정당한 이유가 없는데도 '빚 떼먹기'와 다름없이 지불을 거부하거나, 학교에 함부로 하는 보호자의 문제가 널리 지적되고 있다. 나아가서는 '몬스터 페어런트(문제 학부형)'도 교원을 힘들게 한다. 한편으로 소득이나 지역격차로 경제적으로 저해된 가정이 늘어, 교육비를 끝까지 짊어지지 못한다는 예도 자주 지적받게 되었다.
각 학교가 모두 개별적으로 문제를 떠안고 해결을 도모하는 데는 한계가 있다. 예를 들면, 일정범위의 지역, 교육위원회 등의 관내 등에서 각 공적 기관이 연계해 사태의 파악이나 이용하기 쉬운 상담창구 설치, 부당한 미지급에 대한 신속 적절한 조치 등을 할 수 있도록 하면 어떨까?
학교도, 보호자와 아이도 고립되면 자칫 극단적인 방법을 선택할 지도 모른다.
아이를 일시적이지만, 갈라놓은 이번 경우는 그것을 시사하고 있다.

(주1) モンスターペアレント : 학교에 대해 자기중심적인 요구를 반복하는 보호자. 최근 사회문제화 되고있다.
(주2) えてして : 그렇게 될 경향이 강한 것

어휘 県立高校 현립 고등학교 | 納付 납부 | 定める 정하다 | 持参する 지참하다 | 保護者 보호자 | 全額 전액 | あるいは 혹은 | 納める 납부하다 | 側面 측면 | 第一義的 제일의, 가장 근본적인 | 責任 책임 | 隔離する 격리하다 | 措置をとる 조치를 취하다 | ~に限らず ~뿐만 아니라 | 義務教育 의무교육 | 給食費 급식비 | 未納 미납 | 相通ずる 상통하다 | すなわち 즉 | 風潮 풍조 | 納入 납입 | 分納 분납 | 事前に 사전에 | 拒む 거부하다 | 滞納 체납 | あらかじめ 미리, 사전에 | 先送り 나중으로 미룸 | 苦渋の決断 괴로운(힘든) 결정 | 既に 이미 | 毅然とした 의연한 | 厳守 엄수 | 一理ある 일리 있다 | 働きかける 요청하다, 손을 쓰다 | 通告する 통보하다 | 足止め 못 가게 붙잡음 | 誤り 잘못 | 非がない 잘못이 없다 | 批判する 비판하다 | 教訓 교훈 | 生かす 살리다 | 踏み倒す (대금, 빚을) 떼먹다 | 拒否する 거부하다 | 食ってかかる 사납게 대들다 | 指摘する 지적하다 | 所得 소득 | 格差 격차 | 阻害 저해 | 負う 책임을 지다, 짊어지다 | 問題を抱える 문제를 떠안다 | 解決を図る 해결을 도모하다 | 限界 한계 | 範囲 범위 | 管内 관내 | 公的機関 공적기관 | 連携する 연계하다 | 把握 파악 | 不当 부당 | 不払い 미지급 | 迅速 신속 | 適正 적정 | 孤立する 고립되다 | 極端 극단 | 選択 선택 | ~かねない ~일지도 모른다 | 引き離す 떨어뜨리다, 갈라놓다 | 示唆する 시사하다

65 2명은 입학을 인정받았지만, 입학식에는 참석할 수 없었던 것은 왜인가?

1 이 학생들의 보호자에게 입학식 전에 수업료 미지급이 눈에 띄었기 때문에
2 이 학생들의 보호자가 입학식까지 입학금 등을 전혀 지급하지 않았기 때문에

3 이 학생들의 보호자가 입학식까지 입학금 등을 일부 밖에 지급하지 않았기 때문에
4 이 학생들의 보호자가 입학식 후에 입학금 등을 전액 지급한다고 했기 때문에

정답 2

해설 밑줄 친 부분의 이유를 묻는 문제로 앞부분에 '입학식 당일에 납부를 결정한 입학금 등을 지참하지 않았던 남녀학생 2명을 입학식에 참가시키지 않았다'라고 했으므로 정답은 2번이다.

66 이번 문제가 불거진 후 학교의 입장은 어느 것인가?

1 이 학생들의 보호자에게 잘못이 있고, 학교 측의 조치는 어쩔 수 없었다.
2 이 학생들의 보호자에게는 잘못이 없고, 학교 측의 조치는 지나쳤다.
3 이 학생들의 보호자에게도 잘못은 있으나, 학교 측의 조치는 지나쳤다.
4 이 학생들의 보호자에게는 잘못이 없으나, 학교 측의 조치도 어쩔 수 없었다.

정답 1

해설 학교의 입장을 서술한 부분을 찾으면 된다. 세 번째 단락에 '학교는 3월 설명회에서 입학 예정자의 보호자들에게 전액 납부가 어려운 경우는 분납이 가능하고, 사전에 상담하도록 알렸다'고 했는데도 학부모의 잘못으로 납부가 미루어진 점, 다섯 번째 단락에 '수업료 체납이 눈에 띄게 늘어, 미납은 나중에 돌아올 부담이라고 생각했다. 괴로운 결단이었지만, 당연한 판단이었다고 생각한다'라고 학교장이 말한 부분이 학교의 입장이므로 정답은 1번이다.

67 이번 문제에 대한 필자의 입장은 어느 것인가?

1 이 학생들의 보호자에게 잘못이 있고, 학교 측의 조치는 어쩔 수 없다.
2 이 학생들의 보호자에게는 잘못이 없고, 학교 측의 조치는 지나쳤다.
3 이 학생들의 보호자에게도 잘못은 있으나, 학교 측의 조치는 지나쳤다.
4 이 학생들의 보호자에게는 잘못이 없으나, 학교 측의 조치도 어쩔 수 없다.

정답 3

해설 이번 사태에 대한 필자의 생각은 두 번째 단락에 이번 문제의 2가지 측면에 대해 기술한 부분과 일곱 번째 단락의 '단지, 한번밖에 없는 입학식 전에 아이에게 '족쇄'를 채우는 듯한 조치는 잘못이다. 이 일에 관해서 아이에게는 아무 죄도 없다'라는 부분을 종합해 보면 정답은 3번이다.

68 앞으로 이 문제를 교훈으로 삼기 위한 제안으로서, 글의 내용과 맞는 것은 어느 것인가?

1 가정의 경제적인 사정을 파악하기 위해 각 학교가 조사를 진행시켜야 한다.
2 보호자의 부당한 요구를 저지하기 위해 각 학교가 대책을 강구해야 한다.
3 학생에 대한 학교의 극단적인 조치를 막기 위해 각 기관이 감독해야 한다.
4 학교와 보호자 쌍방이 고립되지 않도록 각 기관이 협력해야 한다.

정답 4

해설 제안하는 문장은 마지막에서 두 번째 단락에 '일정범위의 지역, 교육위원회 등의 관내 등에서 각 공적 기관이 연계해 사태의 파악이나 이용하기 쉬운 상담창구 설치, 부당한 미지급에 대한 신속 적절한 조치 등을 할 수 있도록 하면 어떨까?'라고 말하며, 이어서 '학교도 보호자와 아이도 고립되면 자칫 극단적인 방법을 선택할 지도 모른다'라고 했으므로 정답은 4번이다.

문제 13 **오른쪽 페이지는 「고가 구민 센터」의 단체 이용안내이다. 아래 질문에 대한 답으로서 가장 적당한 것을 1·2·3·4에서 하나 고르시오.**

69 이용 안내에 의하면 이하의 그룹 중 고가 구민 센터에서 단체 등록이 가능한 것은 어느 것인가?

그룹	회원구성	대표
1	미나토 구 거주 학생 7명, 고가 구 거주 학생 4명, 또는 신주쿠 구에 거주하고 고가 구내 대학 재학 학생 3명	고가 구 거주 학생
2	신주쿠 구 출근 회사원 6명, 고가 구 출근 회사원 4명, 또는 미나토 구에 거주하고 고가 구내의 대학 재학 학생 4명	고가 구 출근 회사원
3	고가 구 거주 학생 3명, 고가 구 거주 신주쿠 구 출근 회사원 3명, 또는 미나토 구 거주 회사원 4명	미나토 구 출근 회사원
4	미나토 구 거주 고가 구 대학 재학 학생 2명, 고가 구 출근 회사원 5명, 또는 고가 구 거주이고 신주쿠 구 대학 재학 학생 6명	고가 구에 거주하고 신주쿠 구 대학 재학 학생

정답 4

해설 고가 구 구민 센터에서 단체 등록이 가능한 것을 묻는 문제로 조건이 단순해서 정답을 비교적 쉽게 찾을 수 있는 문제이다. 단체 등록 요건 부분을 읽으면 단체 등록 할 수 있는 것은 선택지 4번인 것을 알 수 있다. 이처럼 이 문제 유형은 질문의 내용을 잘 파악하고 조건에 맞는 정보 부분을 찾아내는 것이 정답을 빨리 찾을 수 있는 방법이다.

70 고가 구내 거주 회사원 6명(그 중 대표 1명)과 신주쿠 구민 5명(그 중 2명은 고가 구에 근무, 1명은 고가 구에 재학)의 단체가 단체 등록을 할 경우 반드시 준비해야 하는 서류는 어느 것인가?

1 대표자의 신분증명서, 회원 명부, 이용단체 등록 신청서, 단체회칙
2 대표자 재근 증명서, 회원 명부, 회원의 신분증명서, 단체 회칙, 이용 단체 등록 신청서
3 대표자의 운전 면허증과 건강보험증, 회원의 신분증명서, 단체규약, 이용 단체 등록 신청서
4 대표자의 재근 증명서와 건강보험증, 회원 명부, 이용 단체 등록 신청서

정답 1

해설 문제의 조건이 단체 등록시 필요한 서류에 대한 문제이므로, 필요 서류의 정보란을 읽으면 정답이 1번인 것을 비교적 쉽게 찾을 수 있겠다.

어휘 港区 미나토 구(지명) | 新宿区 신주쿠 구(지명) | 古河区 고가 구(지명) | 団体 단체 | 利用 이용 | 区分 구분 | 一般 일반 | 生涯学習活動 생애학습활동 | 行う 행하다 | 全て 모두 | 個人 개인 | 対象 대상 | 登録 등록 | 区内 구내 | 在住 거주 | 在勤 재직 | ～から成る ～로 이루어진 | 登録済み 등록 완료 | 割引 할인 | 料金 요금 | 適用 적용 | 要件 요건 | 目的 목적 | 備える 준비하다 | 会員数 회원 수 | かつ 또한 | 半数 반 수 | 在学地 재학 지역 | 認める 인정하다 | 代表者 대표자 | 区民 구민 | 規約 규약 | 会則 회칙 | 自主的 자주적 | 会 모임 | 継続的 계속적 | 定期的 정기적 | 会費運営 회비 운영 | 入退会 입·탈퇴 | 自由 자유 | 必要書類 필요서류 | 事前に 사전에 | 準備 준비 | 申請書 신청서 | 施設 시설 | 窓口 창구 | 配布 배포 | 名簿 명부 | 住所 주소 | 氏名 성명, 이름 | 電話番号 전화번호 | 勤務先 근무지 | 所在地 소재지 | 自宅 자택 | 確認 확인 | 健康保険証 건강보험증 | 運転免許証 운전면허증 | 公的機関 공적 기관 | 発行 발행 | 身分証明書 신분증명서 | 資格 자격 | 場合 경우 | 受付 접수(처) | 上記 상기 | 書類を揃える 서류를 갖추다 | 主に 주로 | 申し込む 신청하다 | 事項 사항 | 審査 심사 | 了承 양해 | 承認 승인 | 交付 교부 | 得る 얻다 | 期限 기한

고가 구민센터 '생애학습관' 이용안내

◆ 단체 이용에 대해서

두 개의 이용 구분이 있습니다.

1. 일반 단체 이용 : 생애 학습활동을 행하는 모든 개인·단체를 대상으로 한 이용구분입니다.
2. 등록 단체 이용 : 구내 거주, 출근 자로 이루어진 단체를 대상으로 한 이용구분입니다.

※등록을 완료한 단체에게는 이용시 할인요금이 적용됩니다.

◆ 단체 등록에 대해서

요건 : 생애 학습 활동을 목적으로 한 단체로 이하의 요건을 갖추고 있는 단체.

회원수가 10명 이상이고 또한 반수 이상이 구내 거주자 또는 구내 출근 자 일 것

* 재학 지는 출근 지로써 인정하지 않습니다.

- 대표자는 구민 또는 구내 출근 자일 것
- 규약 또는 회칙에 의거한 자주적인 모임일 것
- 학습 활동을 계속 또는 정기적으로 행하고 있을 것
- 모임은 회비로 운영되고 있을 것
- 입회 탈퇴가 자유일 것

필요서류 : 등록할 때에는 이하의 서류를 사전에 준비하십시오.

1. 이용 단체 등록 신청서(각 생애학습관 시설 창구에서 배포)
2. 단체의 규약 또는 회칙
3. 회원 명부
   - 구내 거주자(주소, 이름, 전화번호)
   - 구내 출근자(주소, 이름, 근무처 명, 근무처 소재지, 근무처 또는 자택 전화번호)
   - 기타 회원(주소, 이름, 전화번호)
4. 대표자의 주소를 확인할 수 있는 건강보험증, 운전면허증 등 공적 기관 발행의 신분증명서. 출근 자격으로 등록한 경우는 출근 증명서 등

등록접수 :

[접수 장소] 상기의 1~4까지 서류를 갖추고 주로 이용하는 생애학습관에 신청해 주십시오.

[주의사항]

- 서류심사에 2주일 정도 걸립니다. 양해해 주십시오.
- 승인 후 등록된 생애학습관 창구에서 등록증을 교부합니다.
- 승인일부터 등록단제로써의 지격을 얻을 수 있습니다.

등록기한 :

- 등록일로부터 3년 후 같은 달 말일

MEMO

JLPT

N1

聴解

청해의 비결

- 問題 1　과제이해
- 問題 2　포인트이해
- 問題 3　개요이해
- 問題 4　즉시응답
- 問題 5　종합이해

청해의 비결

1 발음 1

촉음

일본어에는 작은 「つ」로 표시하는 '촉음'이라는 것이 있습니다. 촉음이 있는지 없는지 구별해서 들을 수 있어야 합니다. 그러기 위해서는 먼저 스스로 소리를 내면서 발음해 보는 것이 중요합니다.

포인트 「つ」뒤에는 カ·サ·タ·バ·キャ·シャ·チャ행 (k, s, t, p, sh, ch)밖에 오지 않습니다.
예 かっこう(kakko), ぐっすり(gussuri)

연습

a,b 중 어느 쪽의 발음일까요?

(1) ⓐ かこう　ⓑ かっこう
(2) ⓐ ぶか　ⓑ ぶっか
(3) ⓐ きって　ⓑ きて
(4) ⓐ おっと　ⓑ おと
(5) ⓐ いっさい　ⓑ いさい

정답 (1) ⓐ (2) ⓑ (3) ⓑ (4) ⓐ (5) ⓑ

음의 변화 2

구어체는 다음과 같이 음이 축약되는 경우가 많습니다.

「ん」으로 바뀌는 음	ナ행의 「に」「の」, ラ행의 「ら」「り」「る」「れ」는 「ん」으로 음이 바뀌는 경우가 많습니다. 예문 いちにち → いちんち そんなもの → そんなもん
「っ」로 바뀌는 음	「～か」 앞의 글자는 「っ」로 음이 바뀌는 경우가 있습니다. 예문 どこか → どっか そうか → そっか
요음(拗音)이 섞인 음으로 바뀌는 경우	「れは・れば」→「りゃ」 「ては・では」→「ちゃ・じゃ」 「～てしまう・～でしまう」→「～ちゃう・～じゃう」

	예문 これはないよね。→ こりゃないよね。 今日、かさ持ってくればよかった。 → 今日、かさ持ってくりゃよかった。 入ってはだめ。→ 入っちゃだめ。

※ 위의 예 이외에도 やはり → やっぱり・やっぱ、～じゃない → ～じゃん 과 같이 바뀌는 경우도 있습니다.

연습

1. a,b 중 어느 문장일까요?

(1) ⓐ どこか行こうよ　　ⓑ どっか行こうよ

(2) ⓐ こんなもんいらないよ　　ⓑ こんなものいらないよ

2. 들리는 대로 써 보세요.

(1) ____________________

(2) ____________________

(3) ____________________

정답

1. (1) ⓑ　(2) ⓐ

2. (1) ほら、ちゃんと持たないからこぼれちゃったじゃん。

(2) 誕生日(たんじょうび)には、やっぱすしがいちばんだよなあ。

(3) いくらなんでもそりゃ、ひどいよ。

모음(a,i,u,e,o)의 생략과 연음화 3

발음하기 쉽게 바뀐 구어체입니다.

모음 생략	「～ている」「～ていく」의 「い」, 「もう」의 「う」는 생략되는 경우도 있습니다. 예문 今、持っていくから。→ 今、持ってくから。 もう少し、待っていてくれる? → も少し、待っててくれる?
모음의 연음화	タ행 다음에 모음이 올 경우, T음과 다음 모음만 발음하고, 중간의 모음은 생략하는 경우도 있습니다. 예문 うちに電話しておいてね。→ うちに電話しといてね。 電話しておいてあげるよ。→ 電話しといたげるよ。

연습

1. a,b 중 어느 문장일까요?

(1) ⓐ あとでやっときます。 ⓑ あとでやっておきます。

(2) ⓐ すぐ着くので、先に始めていてください。
ⓑ すぐ着くので、先に始めててください。

(3) ⓐ も少しがんばってね。 ⓑ もう少しがんばってね。

2. 들리는 대로 써 보세요.

(1) ______________________________

(2) ______________________________

(3) ______________________________

정답

1. (1) ⓐ (2) ⓑ (3) ⓐ
2. (1) とりあえず、そこに置いといて。
(2) 卵は、お母さんが買ってくって。
(3) えっ、先に見とくって言ってたでしょ。

모음의 무성화 4

모음의 무성화는 「キ・ク・シ・ス・チ・ツ・ヒ・フ・ピ・プ・シュ」 등의 음이 カ행・サ행・タ행・ハ행・パ행・キャ행・シャ행・チャ행・ヒャ행・ピャ행 및 「ッ」 앞에 왔을 때 일어나는 경우가 많습니다(여기서는 무성음을 ◯로 표기합니다).

「キ・シ・チ・ヒ・ピ」 모음의 무성화	예문 支度(シタク) → 支度(シタク) 増築(ゾーチク) → 増築(ゾーチク)
「ク・ス・ツ・フ・プ」 모음의 무성화	예문 不都合(フツゴー) → 不都合(フツゴー) 直接(チョクセツ) → 直接(チョクセツ)
「シュ」 모음의 무성화	예문 出演(シュツエン) → 出演(シュツエン) 合宿(ガッシュク) → 合宿(ガッシュク)

※ 뒤의 음에 영향을 받아서 앞의 음(밑줄 친 부분)이 무성화됩니다.

포인트 이외에도, 문장 속에서 뒤의 음에 영향을 받아서 모음이 없어지기도 합니다. 「手術(しゅじゅつ)した (シュジュツシタ)」 → 「手術(しゅじゅつ)した (シュジュツシタ)」와 같이 모음의 무성화가 일어납니다.

1. a,b 중 어느 쪽일까요?

	ⓐ	ⓑ
(1)	ⓐ ケシトメル	ⓑ ケシトメル
(2)	ⓐ チッソク	ⓑ チッソク
(3)	ⓐ ドクショ	ⓑ ドクショ
(4)	ⓐ ホーシュツ	ⓑ ホーシュツ
(5)	ⓐ ミカエス	ⓑ ミカエス
(6)	ⓐ シアイ	ⓑ シアイ

정답 1. (1) ⓑ (2) ⓐ (3) ⓑ (4) ⓑ (5) ⓐ (6) ⓐ

비슷한 음 5

일본어에는 발음이 비슷하기 때문에 듣고 구별하기가 힘든 음이 있습니다.

청음과 탁음	일본어에는 「 ゛」이 붙는 탁음과 아무것도 붙지 않는 청음이 있습니다. 반복해 들으면서 귀에 익숙해지도록 합시다. **예문** また・まだ 天気(テンキ)・電気(デンキ) 学校(ガッコー)・格好(カッコー) 韓国(カンコク)・監獄(カンゴク)
ガ행음과 비탁음	조사 「が」 및 어두에 오지 않는 「ガ」음은 콧소리 비슷하게 나는 비탁음(「ンア」에 가까운 음)으로 발음됩니다(여기서는 「カ゚」로 표기합니다). **예문** 私がやります。(ワタシカ゚ ヤリマス) 中学校(チュウカ゚ ッコー)
「ン」음	「ン」은 뒤에 오는 음에 따라서 여러 가지 음으로 변화합니다. 특히 뒤에 모음이 왔을 때의 음에 주의합시다. **예문** 単位(タンイ) 負担を(フタンオ)

청해의 비결

「ザ・ズ・ゾ」와 「ジャ・ジュ・ジョ」의 음	한국인 학습자가 구별하기 힘든 발음이므로 잘 듣고 큰 소리로 반복해서 따라 해 봅시다. 예문 情勢(ジョーセー)・造成(ゾーセー) ジャージャー(물이 나오는 소리)・ザーザー(비가 내리는 소리)

연습

1. a,b 중 어느 쪽일까요?

(1) ⓐ ゲタ　　ⓑ ケタ
(2) ⓐ ゴーテー　　ⓑ コーテー
(3) ⓐ トーキ　　ⓑ ドーキ
(4) ⓐ カレキ　　ⓑ ガレキ

2. 음성을 듣고 (　　　)안에 들어갈 말을 써 보세요.

(1) 彼は、(　　　)時代を大阪で過ごした。
(2) (　　　)の参考資料として、(　　　)を用意した。
(3) 就職するのに、(　　　)は必要でしょうか。

3. 음성을 듣고 (　　　) 안에 들어갈 말을 써 보세요.

(1) (　　　)開けたら、雪が降っていた。
(2) 家から(　　　)近いので、送り迎えはそれほど苦ではない。
(3) 僕達は、夏休みに(　　　)しようと約束をした。

4. 들리는 대로 써 보세요.

(1) ____________________
(2) ____________________
(3) ____________________

정답

1. (1) ⓐ　(2) ⓑ　(3) ⓐ　(4) ⓑ
2. (1) 小学校　(2) 会議 / グラフ　(3) 学歴
3. (1) 玄関を　(2) 幼稚園は　(3) 探検を
4. (1) ぞうしゅう(増収)　(2) じょうじる(乗じる)　(3) みんぞく(民族)

❷ 청해 문제에 자주 나오는 표현

다음에 정리한 표현은 들으면 들을수록 청해 문제가 쉬워지는 표현입니다. 청해 문제 뿐만 아니라 독해에도 자주 사용되는 표현이므로 외워두면 유용하게 쓸 수 있습니다. 확실하게 기억해 둡시다.

비즈니스1 「거래 · 상품 · 제품」 6

納期(のうき)、納品(のうひん) 납기, 납품 「納期までに必(かなら)ず納品(のうひん)してください。 납기까지 반드시 납품해 주세요」

売(う)り上(あ)げ 매출 「売(う)り上(あ)げが伸(の)びる・落(お)ちる(落(お)ち込(こ)む) 매출이 오르다 · 떨어지다」

伸(の)び率(りつ) 신장률

マーケット 마켓, 시장

アピール 어필, 남의 흥미를 끎

外回(そとまわ)り 외근 「内勤(ないきん)(내근)・外勤(がいきん)(외근)」 등과 같은 표현도 있음.

비즈니스2 「회의」 7

議事録(ぎじろく) 의사록

打(う)ち合(あ)わせ 미리 상의함, 협의, 미팅

プレゼン プレゼンテーション (프레젠테이션)의 약자

プロジェクター、スクリーン 프로젝터, 스크린

抜(ぬ)ける 빠지다 「会議(かいぎ)を抜(ぬ)ける 회의 도중에 나가다 」

「プロジェクトチームから抜(ぬ)ける 프로섹트팀에서 빠지다」

長引(ながび)く 지연되다 「会議(かいぎ)が長引(ながび)く 회의가 길어지다」

お開(ひら)き 회의 등이 종료되는 것 「今日はこれでお開(ひら)きにしましょう 오늘은 이것으로 끝냅시다」

見合(みあ)わせる 보류하다

手(て)を打(う)つ (수단,방법을) 쓰다 「言(い)い値(ね)で手(て)を打(う)つ 부르는 값으로 타협하다」

청해의 비결

비즈니스3 「근무」 8

フレックスタイム制 플렉스타임제 (선택적 근로시간제), 하루에 일정한 근로시간 범위 내에서, 유연하게 출퇴근 시간을 선택할 수 있는 제도

サービス残業 야근 수당을 받지 않고 일하는 것

単身赴任 단신부임

人手 일손 「人手が足りる (일손이 충분하다)」, 「人手が足りない (일손이 부족하다)」

비즈니스4 「기타」 9

業界 업계 「業界全体が業績不振に陥っている (업계 전체가 업적 부진에 빠져 있다)」

上半期、下半期 상반기, 하반기

受信、返信、転送 메일을 사용할 때 쓰는 용어. 「受信(수신, 메일받기)」, 「返信(답장)」, 「転送(전송)」

お世話になります 항상 신세지고 있습니다 (거래처와 통상적으로 나누는 인사말)

お疲れ様です 수고하십니다 (사내에서 사용하는 인사말. 상사, 동료, 부하 모두에게 사용 가능)

電話を入れる 전화를 넣다 (걸다)

上に通す (어떤 사항이나 안건을) 윗선에 통과시키다

～に(が)強い、弱い ～를 잘 한다(잘 못한다) 「パソコンに強い (컴퓨터를 잘 하다)」 등. 「説明が弱い (설명이 부족하다)」, 「説得力が弱い (설득력이 부족하다)」 등과 같이 부족한 부분을 설명할 때도 사용됨.

대학생활 중요표현 10

休講 휴강

前期、後期 전기, 후기

代返 대리출석

サークル 서클, 동아리

単位 학점

落とす、落ちる (학점을) 이수 못하다, 낙방하다

접수 · 캔슬 · 수속 중요표현 11

(ご)捺印(なついん) 날인, 도장을 찍는 것

(ご)署名(しょめい) 서명, 사인

フルネーム 풀네임, 이름과 성

市外局番(しがいきょくばん) 지역번호

右詰(みぎづめ) 오른쪽 정렬 「右詰(みぎづめ)で書(か)いてください (오른쪽 정렬로 써 주세요)」

本人確認(ほんにんかくにん) 본인 확인 「本人確認(ほんにんかくにん)のため… (본인 확인을 위해서…)」

「本人確認(ほんにんかくにん)のできる書類(しょるい) (본인 확인이 가능한 서류)」

保険証(ほけんしょう)、免許証(めんきょしょう)、パスポート 보험증(건강보험증), 면허증, 여권

暗証番号(あんしょうばんごう) 비밀번호

キャンセル料(りょう) 캔슬(취소)요금, 예약한 것을 취소할 때 지불하는 요금

振(ふ)り込(こ)む 납입, 은행계좌에 입금해서 대금을 지불하는 것

(お金(かね)を)入(い)れる、おろす 돈을 넣다(입금하다), 돈을 찾다(인출하다)

가족 · 가정 중요표현 12

水回(みずまわ)り 배수 설비(부엌이나 세면대 등 물이 있는 주변을 밀함)

リビング 리빙, 거실(リビング · ルーム의 준말)

植木(うえき) 집 마당 등에 심는 나무 정원수

バルコニー 발코니

日当(ひあ)たり 볕이 듦, 양지 「日当(ひあ)たりのいい部屋(へや) (햇볕이 잘 드는 방)」

車庫(しゃこ) 차고 「ガレージ라고도 함」

維持費(いじひ) 유지비 「ガソリン代(だい) (기름값), 保険料(ほけんりょう) (보험료), 駐車場代(ちゅうしゃじょうだい) (주차장 비)」 등

청해의 비결

쇼핑 중요표현 13

～割引(わりびき)、～パーセント引(び)き 할인 (상품의 할인율)

安売(やすう)り、バーゲン、セール 염가판매, 할인판매, 세일

お買(か)い得(どく) 사면 득이 됨

エコバッグ、お買(か)い物袋(ものぶくろ) 장 본 것을 넣는 봉투(가방), 쇼핑백

取(と)り置(お)き 그 날은 사지 않고, 일정 기간 다른 사람에게 판매하지 않고 따로 두게 하는 것, 키프(keep), 확보

内金(うちきん)、前金(まえきん)、手付金(てつけきん) 계약금, 선금, 착수금

手数料(てすうりょう) 수수료

会費(かいひ) 회비 月会費(つきかいひ)(월회비), 年会費(ねんかいひ)(연회비) 등이 있음.

レシート・袋(ふくろ)はいいです 영수증 · 봉투가 필요 없을 때 사용하는 말

병 · 약 중요표현 14

食前(しょくぜん)、食後(しょくご)、食間(しょっかん) 식사 전, 식사 후, 식사와 식사 사이를 말함

飲(の)み薬(ぐすり)、塗(ぬ)り薬(ぐすり)、貼(は)り薬(ぐすり) 먹는 약, 바르는 약, 붙이는 약

平熱(へいねつ) 평상시 체온 「微熱(びねつ)がある (미열이 있다)」라고 함

上(うえ)、下(した) 최고혈압, 최저혈압을 말함 「血圧(けつあつ)は、上(うえ)が120で下(した)が70です (혈압은 최고가 120, 최저가 70입니다)」

アレルギー 알레르기

服用(ふくよう)する 복용하다

전철 · 역 중요표현 15

乗(の)り換(か)え 환승(갈아타는 것)

快速(かいそく)、特急(とっきゅう)、急行(きゅうこう)、普通(ふつう) 쾌속, 특급, 급행, 보통(전철의 빠르기의 종류)

駅員(えきいん) 역무원

車掌(しゃしょう) 차장

券売機(けんばいき) 표 발매기

乗車券(じょうしゃけん) 승차권

人身事故(じんしんじこ) 인사사고, 사람이 철로에 떨어지는 사고

ダイヤ 열차 운행표. 「ダイヤが乱(みだ)れる (열차 운행에 혼란이 생기다)」

構内(こうない)アナウンス 구내 방송

マナーモード 매너모드, (휴대전화의) 진동

○○まで先(さき)に到着(とうちゃく)します。 ○○역에 빨리 도착하는 것

○○で特急(とっきゅう)の待(ま)ち合(あ)わせをします。 ○○역에서 특급이 올 때까지 그 전철은 홈에 정지해 있는 것을 말함

공항 · 비행기 중요표현 16

乗(の)り継(つ)ぎ 환승 (다른 비행기로 갈아 타는 것)

シートベルト 안전벨트

便名(びんめい) 비행기의 편명

入(出)国審査(にゅう(しゅつ)こくしんさ) 입(출)국심사

手荷物検査(てにもつけんさ) 수하물검사

免税店(めんぜいてん) 면세점

気流(きりゅう)の乱(みだ)れ 난기류 (기후 영향으로 비행기가 흔들리는 것)

離陸(りりく)、着陸(ちゃくりく) 이륙, 착륙

청해의 비결

연습

1. 음성을 듣고,(　　　　)안에 들어갈 말을 써 보세요. 17

(1) （　　　　）を拡大するには、適切な（　　　　）調査が必要だ。

(2) うちの主人、来月から九州に（　　　　）するんです。

(3) 今日の3限、（　　　　）だってさ。（　　　　）棟で時間つぶしてよっか。

(4) こちらにお名前を（　　　　）でご記入の上、（　　　　）お願い致します。

(5) （　　　　）しますので、本日は（　　　　）の2000円を頂戴いたします。

(6) 血圧は、（　　　　）とちょっと高めですね。
（　　　　）を出しておきましょう。

(7) （　　　　）の影響で、（　　　　）に大幅な（　　　　）が生じる。

(8) 飛行機が（　　　　）した瞬間、耳の中が痛くなった。

(9) この電車は、次の神奈川新町まで（　　　　）。

(10) A：田中君はどこに行ったの？
B：（　　　　）に行きました。

2. 들리는 대로 써 보세요.

(1) ______________________________

(2) ______________________________

(3) ______________________________

(4) ______________________________

(5) ______________________________

(6) ______________________________

(7) ______________________________

(8) ______________________________

(9) ______________________________

(10) ______________________________

정답

1. (1) マーケット / ニーズ (2) 単身赴任 (3) 休講 / サークル
(4) フルネーム / ご捺印 (5) お取り置き / 内金 (6) 上が140で下が90 / 食後の薬
(7) 人身事故 / ダイヤ / 乱れ (8) 離陸 (9) 先にまいります (10) 外回り

2. (1) きょう(今日)は、このあたりでおひらき(開き)にしましょうか。
(2) いつもおせわ(世話)になっております。さくらでんき(桜電気)のやまだ(山田)ですけれど。
(3) ひあたり(日当たり)がよくて、リビングがひろいへや(広い部屋)は ありますか。
(4) あんぜん(安全)のために、シートベルトをしめる。
(5) レシートはいいです。
(6) あした(明日)のプレゼンのうちあわせ(打ち合わせ)をしたいのですが。
(7) じゅぎょうちゅう(授業中)はけいたい(携帯)をマナーモードにしておいてください。
(8) ほこりのアレルギーで、くしゃみがとまらない(止まらない)。
(9) しかたない(仕方ない)。このねだん(値段)でてをうつか(手を打つか)。
(10) かいぎしつ(会議室)に、プロジェクターとスクリーンをだして(出して)おいてください。

3 즉시응답에 나오는 다양한 표현

즉시응답에 나올 수 있는 문제와 그에 대한 다양한 대답을 소개한 코너입니다.
*A는 질문, B는 그에 대한 대답으로 어울리는 표현

A お先に失礼いたします。

B 1 お疲れ様でした。

2 また明日ね。

3 あれ、もう帰るの？

A 田中さんをお願いできますか。

B 1 今、席をはずしているのですが。

2 今、呼んでまいります。

3 少々お待ちください。

4 お約束はしていらっしゃいますか。

※「~をお願いできますか」는 전화를 걸 때나 접수처 등에서 사용하는 표현이다.

A では、次回はいかがいたしましょうか。

B 1 来週の水曜日はご都合がつきますでしょうか。

2 また、こちらから連絡いたします。

3 ご希望はありますか。

※「いかがいたしましょうか」는 상대방의 의향을 물을 때 사용하는 표현이다.

A コンサートに行くなら誘ってくれればよかったのに。

B 1 その日バイトかと思ってたよ、ごめん。

2 いつも忙しいから無理かと思って。

3 だって、クラシックは興味ないって言ってたじゃん。

※「～ればよかったのに」에는 상대방이 이미 한 행동에 대해 꾸짖는 마음이 담겨 있다

A そんな決定は、部長が許さないんじゃないですか。

B 1 そうは言っても、社長の決めたことだから。

2 ええ、ずいぶん怒っていましたよ。

3 でも、もう変えられないですし。

※「～んじゃないですか？」는 「～でしょう？」와 같은 의미.「ないんじゃないですか」처럼 길어지면 의미를 알기 어려워지지만 확실하게 구별해서 듣자.

A そんな急な仕事を頼まれても…

B 1 そこを何とか。

2 お願いしますよ。

3 私の顔を立てると思って。

※「そんな～ても…」는 상대방의 행동이나 언동에 대해 난처하다는 것을 나타낸다.

A ドアが閉まる直前に電車に乗れたんだけど、ドアにはさまれるところだったよ。

B 1 危ないなあ。

2 そんな無理しちゃだめじゃない。

※「～ところだった」는 「～しそうだったが、しなかった」라는 의미이다.

A 明日のプレゼン、うまくいくといいんですが。

B 1 大丈夫、きっとうまくいくよ。

2 田中さんなら心配ないよ。

※「～といいんですが」는 무언가를 바랄 때 쓰는 표현이다.

청해의 비결

A こんなご馳走(ちそう)が作れるなんて、山田さんって、さすが料理研究家だけのことはあるよね。

B 1 本当、すごいよね。

2 うん、そうだね。

※「～だけのことはある」는 「さすが～だ」라며 칭찬할 때 쓰는 표현이다.

A その椅子、もう少し右側に置いていただけるとありがたいのですが。

B 1 あっ、すみません。

2 この辺でいいですか。

※「～いただけるとありがたいのですが」는 「～てください」라는 의미이다.

A 部長ったら、あれもこれも俺に押し付けて。もうやってられないよ。

B 1 それは大変だね。

2 私でよければ何か手伝うよ。

3 いつもお疲れ様。

※「やっていられない」는 「これ以上続けることが難しい」라는 의미로 실제로 계속할지 어떨지는 차치하더라도 그 정도로 힘들다는 뜻이다.

A 今日は、わざわざご足労いただき、ありがとうございます。

B 1 とんでもないです。

2 いえ、ついでの用事もありましたので。

※「ご足労(そくろう)いただく」는 와준 것에 대한 미안한 마음과 감사의 마음을 나타낼 때 사용하는 표현이다.

A そのアイディア、いいね。上に通してみよう。

B 1 では、大急ぎで企画書を作成します。

2 本当ですか、ありがとうございます。

※「上に通す」는 비즈니스 4 '기타' 참고

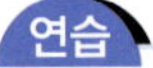

문장과 그에 대한 답을 듣고 1~3 중에서 가장 적당한 것을 하나 고르세요.  19

(1) ~(12)

— メモ —

정답

(1) 野球を観に行くなら、誘ってくれればよかったのに。

① ごめん。次は必ず誘うから。　② 私は構わないよ。

③ 昨日観に行ってきたんだ。

(2) これは、結構なものを頂戴しまして…

① そうですか。　② 心ばかりですが。

③ では、拝見いたします。

(3) 田中君、例の企画書、金曜日までに出してくれるとありがたいんだけど。

① わかりました、やってみます。　② では、金曜日までに取りに伺います。

③ 金曜日は定時に帰宅する予定なのですが。

(4) 急に、大阪へ長期出張って言われても…

① いい人が、小林さんをおいて他にいないんですよ。

② のんびりしてきてくださいよ。　③ 私も明日大阪に行きますから。

(5) テストの結果、61点だって。もう少しで、単位落っことすところだったよ。

① もうちょっとだったのに、惜しかったね。

② 大事なものなんだから、しっかり持ってないと。

③ そんな簡単な科目を落としたら、洒落にならないよ。

(6) お砂糖とミルクはいかがいたしましょうか。

① 持ち帰りでお願いします。　② お砂糖はいくらですか。

③ 結構です。

(7) この企画書、上に通したらまるで話にならないって。

① 頑張った甲斐があったね。　② あんなに頑張って作ったのにね。

③ 薄い紙を使えば通るんじゃない。

(8) 部長ったら、今日から全員で残業しろって。もうやってらんないよ。

① それは、あんまりだね。　② そんな会社辞めて正解だったね。

③ じゃあ、明日は早く帰ろう。

(9) 小川さんをお願いできますか。

① 失礼ですが、どちら様でしょうか。　② こちらでお召し上がりでよろしいでしょうか。

③ 小川様でよろしいでしょうか。

(10) 今日の午後までに届くといいのですが。

① どうして早く持ってこなかったんですか。　② 早く予約しないと、間に合いませんよ。

③ 昨日の夜の発送だと、ちょっと微妙ですね。

(11) 子供の頃からやっていただけのことはあるね。

① 大人になったらやろうと思っていたんです。② すみません。

③ 恐縮です。

(12) お先に失礼します。

① いいよ、別に。　② うん、お疲れ。

③ はい、ありがとう。

問題 1 과제 이해

문제유형 과제 이해 (6문항)

과제 해결에 필요한 정보를 듣고 나서 무엇을 해야 하는지 찾기

상황설명과 문제를 듣는다 ➡ 본문 대화를 듣는다 ➡ 다시 한 번 문제를 듣는다

➡ 문제지에 인쇄된 선택지나 그림을 보고 정답을 고른다.

포인트

문자로 된 선택지의 경우, 대부분 대화 내용에 나왔던 표현(예: 会議が長引きそうだから) 그대로가 아닌 다른 표현(예: 会議室の使用時間を延長する)으로 바꿔서 나올 확률이 높다. 그러므로 아리송한 문제는 대화내용에 나오지 않았던 표현을 찾는 것이 정답일 확률이 높다.

학습요령

선택지가 그림이나 도표로 제시되는 문제가 대폭 축소될 것으로 예상한다.
질문이 음성으로 먼저 제시되므로 본문을 듣기 전에 과제를 수행할 사람이 여자인지 남자인지 확인해 두어야 한다. 그런 다음 두 사람 대화에서 과제를 수행할 사람이 어떤 일을 해야 하는지 메모하면서 본문을 들어야 한다.
미리 문제지에 인쇄되어 있는 선택지나 그림을 본다.

확인문제 ①

해설 p.403

問題1 問題1では、まず質問を聞いてください。それから話を聞いて、問題用紙の1から4の中から、最もよいものを一つ選んでください。

1 20

1 シンプルにしたアイディアを郵送する
2 注文方法の案をメールで送る
3 会議に間に合うように会社へ行く
4 注文をまとめて報告する

2 21

1 落し物の携帯電話を持ち主に返却する
2 迷子の保護者をサービスカウンターに呼び出す
3 落し物と迷子について館内放送を流す
4 携帯電話をサービスカウンターに預ける

3 22

1 自分の部屋で洋服を探す
2 同じ部屋の人に連絡する
3 フロントからの連絡を待つ
4 クリーニングの担当に直接聞く

問題1 ▶ 과제 이해　확인문제 ②

해설 p.405

問題1 問題１では、まず質問を聞いてください。それから話を聞いて、問題用紙の１から４の中から、最もよいものを一つ選んでください。

1 23

1 店に予約を入れる

2 店の予約をキャンセルする

3 会議室の予約を入れる

4 会議室の使用時間を延長する

2 24

1 大久保駅まで引き返す

2 駅の改札を出て待つ

3 そのまま電話を待つ

4 山田さんに電話をする

3 25

1 レポートの文章をもっと短くする

2 レポートの文章をもっとわかりやすくする

3 レポートの引用文献について調べる

4 レポートの引用文献を正確に書く

해설 p.407

問題1 問題1では、まず質問を聞いてください。それから話を聞いて、問題用紙の1から4の中から、最もよいものを一つ選んでください。

1 26

1 社長の決裁をもらう

2 契約書にサインをもらう

3 男の人に電話で知らせる

4 会議が終わるまで待ってもらう

2 27

1 栗山先輩から3千円を返してもらう

2 栗山先輩に部費を払ってもらう

3 男の学生から3千円を返してもらう

4 男の学生の部費を代わりに払う

3 28

1 佐藤さんに通訳の仕事を頼む

2 佐藤さんに3万円を支払う

3 佐藤さんの電話番号を山本さんに教える

4 山本さんの事務所に電話するよう佐藤さんに言う

4 29

1 区役所(くやくしょ)に行(い)って資料(しりょう)を探(さが)す

2 いろいろな世代(せだい)の人(ひと)と話(はな)す

3 最近(さいきん)の漫画(まんが)や小説(しょうせつ)を読(よ)む

4 当時(とうじ)の日本映画(にほんえいが)を見(み)る

5 30

1 田中課長(たなかかちょう)と山田(やまだ)さんに会(あ)うために会議室(かいぎしつ)に行(い)く

2 山田(やまだ)さんと会(あ)って打(う)ち合(あ)わせをする

3 田中課長(たなかかちょう)とお茶(ちゃ)を飲(の)むために応接室(おうせつしつ)に行(い)く

4 山田(やまだ)さんに会(あ)って会議(かいぎ)の時間(じかん)を変更(へんこう)する

6 31

1 ホテルに行(い)って部屋(へや)の広(ひろ)さを確(たし)かめる

2 ホテルに行(い)って予約金(よやくきん)を払(はら)う

3 鈴木(すずき)さんからお金(かね)を受(う)け取(と)る

4 ホテルに５万円(まんえん)を振(ふ)り込(こ)む

확인문제 정답 및 해설

확인문제 1

문제1. 문제1에서는 먼저 질문을 들으세요. 그리고 이야기를 듣고 문제지의 1~4 중에서 가장 적당한 것을 하나 고르세요.

1  20

食品会社の女の人が、ホームページ製作会社の男の人と話しています。男の人は、明日の午前中までに何をしなければなりませんか。

男 完成したホームページ、見ていただけましたか。
女 ええ。うちの会社のイメージにぴったりで、素敵でした。どうもありがとうございます。
男 それはよかったです。
女 ただ一点、うちで扱う食品って、年配の方が注文されることが多いんですよ。それで、注文の方法を、もう少しシンプルにしていただけたら、と思っているんですが。
男 ああ、確かに、ちょっと複雑だったかもしれませんね。
女 そうなんです。何かいい方法はありますか。
男 そうですねぇ。じゃあ、アイディアをいくつかまとめて、田中さんのアドレスに送らせていただきますよ。
女 ありがとうございます。あ、もしできたら、明日の午前中の会議で検討させていただきたいのですが・・・それまでにお願いできますか。
男 ええ、大丈夫ですよ。

男の人は、明日の午前中までに何をしなければなりませんか。
1 シンプルにしたアイディアを郵送する。
2 注文方法の案をメールで送る。
3 会議に間に合うように会社へ行く。
4 注文をまとめて報告する。

식품 회사의 여자가 홈페이지 제작 회사의 남자와 이야기하고 있습니다. 남자는 내일 오전까지 무엇을 해야 합니까?

남 완성된 홈페이지 보셨나요?
여 네. 우리 회사의 이미지와 맞아서 멋졌어요. 감사합니다.
남 그것 참 다행이네요.
여 다만 한 가지. 우리 회사에서 취급하는 식품은 나이가 지긋하신 분들이 주문하시는 경우가 많아요. 그래서 주문방법을 좀 더 심플하게 해 주시면 좋을 것 같은데요.
남 아.. 확실히. 좀 복잡했는지도 모르겠네요.
여 그래요. 뭔가 좋은 방법은 있나요?
남 글쎄요. 그럼 아이디어를 몇 가지 정리해서 다나카 씨의 메일주소로 보내드릴게요.
여 감사합니다. 아 가능하면 내일 오전 회의에서 검토하고 싶은데요… 그때까지 부탁드려도 될까요?
남 네. 괜찮아요.

남자는 내일 오전까지 무엇을 해야 합니까?
1 심플하게 한 아이디어를 우편으로 보낸다.
2 주문방법안을 메일로 보낸다.
3 회의에 늦지 않게 회사에 간다.
4 주문을 정리하여 보고한다.

정답 2

2 21

デパートで、男の店員と女の店員が話しています。女の店員は、これから何をしなければなりませんか。

男 田中さん、ちょっとお願いしたいんだけど。
女 はい。
男 2階の婦人服売り場で、会計カウンターに携帯電話を置いていっちゃったお客さんがいるんだけど、放送かけてもらっていい?
女 はい。特徴を教えていただけますか。
男 えっと、色は黒で・・・ドコノの携帯だね。猫のキャラクターのストラップがついてる。あ、スカートを買ったお客さんだってことも、一緒に言っておいて。
女 わかりました。サービスカウンターでのお預かりでいいですね。

백화점에서 남자 점원과 여자 점원이 이야기하고 있습니다. 여자 점원은 앞으로 무엇을 해야 하나요?

남 다나카 씨. 부탁 좀 하고 싶은데..
여 네.
남 2층 부인복 매장에서 계산대에 휴대전화를 놓고 간 손님이 있는데, 방송 좀 해 줄래?
여 네. 특징을 알려 주세요.
남 음. 색은 검정이고, 도코노의 휴대전화야. 고양이 캐릭터 휴대폰 줄이 달려 있어. 아! 스커트를 산 손님이라는 것도 함께 말해 줘.
여 알겠습니다. 서비스 카운터에서 맡아 두고 있다고 하면 되죠?

男 そう。それから、さっきの迷子のお母さん、まだ迎えに来ていないみたいだから、もう一回よろしく。
女 はい、わかりました。
男 じゃあ、よろしくね。

女の店員は、これから何をしなければなりませんか。
1 落し物の携帯電話を持ち主に返却する。
2 迷子の保護者をサービスカウンターに呼び出す。
3 落し物と迷子について館内放送を流す。
4 携帯電話をサービスカウンターに預ける。

남 그래. 그리고 아까 미아가 된 아이의 어머니, 아직 데리러 오지 않은 모양이니까 한 번 더 부탁할게.
여 네. 알겠습니다.
남 그럼 부탁할게.

여자 점원은 앞으로 무엇을 해야 하나요?
1 분실물인 휴대전화를 주인에게 돌려준다.
2 미아가 된 아이의 보호자를 서비스 카운터로 부른다.
3 분실물과 미아에 대해서 관내 방송을 한다.
4 휴대전화를 서비스 카운터에 맡긴다.

정답 3

3 22

ホテルで、男の人がフロントの女の人と話しています。男の人は、このあとどうしますか。

男 すみません、1208号室の者なんですけど。一昨日の夜クリーニングに出したものが返ってきていないんですけど、まだですか。
女 大変申し訳ございません。すぐにお調べいたします。・・・1208号室の、山田様ですね。ズボンとワイシャツ、2点ずつのお預かりでお間違いないでしょうか。
男 はい。
女 こちらは、昨日の朝、お部屋にお届けしておりますね。ご不在でしたので、ベッドの上に置かせていただいたようなのですが。
男 えっ、じゃあ、一緒の部屋の奴がどこかに片付けちゃったのかな。昨日は、夜遅く帰ってきて、まだ話をしてないもんですから。
女 そうでしたか。それでは、大変恐れ入りますが、まずはその方に確認を取っていただいてもよろしいでしょうか。その上で見つからない場合は、またフロントまでご連絡いただけますか。
男 ええ、そうですね。どうもすみません。

男の人は、このあとどうしますか。
1 自分の部屋で洋服を探す。
2 同じ部屋の人に連絡する。
3 フロントからの連絡を待つ。
4 クリーニングの担当に直接聞く。

호텔에서 남자가 프론트의 여자와 이야기하고 있습니다. 남자는 이 다음에 어떻게 합니까?

남 죄송합니다. 1208호실 사람인데요. 그저께 밤에 클리닝 맡긴 것을 못 받았는데, 아직인가요?
여 정말 죄송합니다. 바로 알아보겠습니다. …1208호실 야마다 님이시죠. 바지와 와이셔츠 2점씩 맡기신 것 맞으세요?
남 네.
여 이건 어제 아침 방으로 가져다 드렸군요. 부재중이셨기 때문에 침대 위에 올려 두었다고 합니다만.
남 엣? 그럼 같이 방을 쓰는 녀석이 어딘가에 치워 버린 건가? 어제는 밤늦게 돌아와서 아직 이야기하지 않았거든요.
여 그러신가요. 그럼 정말 죄송하지만 우선 그 분께 확인해주시겠습니까? 그래도 찾을 수 없을 경우에는 다시 프론트로 연락 주시겠습니까?
남 네, 그렇네요. 죄송합니다.

남자는 이 다음에 어떻게 합니까?
1 자신의 방에서 옷을 찾는다.
2 같은 방을 쓰는 사람에게 연락한다.
3 프론트의 연락을 기다린다.
4 클리닝 담당에게 직접 묻는다.

정답 2

확인문제 2

문제1. 문제1에서는 먼저 질문을 들으세요. 그리고 이야기를 듣고 문제지의 1~4 중에서 가장 적당한 것을 하나 고르세요.

男の人と女の人が、今日の予定について話しています。女の人は、このあと何をしなければなりませんか。

女 部長、今日、本社から社長がお見えになる件なんですが。
男 ああ、君にも連絡入ってると思うけど、社長との昼食会はキャンセルになったから。
女 ええ、承知しております。
男 で、営業会議の方は、だいじょうぶかな。
女 はい、第２会議室で、３時から２時間とってあります。
男 そう。いや、もう１時間余裕をみておいてくれるかな。今日は、会議が長引きそうだから。
女 わかりました。
男 で、その後の新入社員の話を聞く会の方はどうなってる?
女 はい、全員に連絡済みです。こないだの店に予約入れておきました。

女の人は、このあと何をしなければなりませんか。
1 店に予約を入れる
2 店の予約をキャンセルする
3 会議室の予約を入れる
4 会議室の使用時間を延長する

남자와 여자가 오늘 예정에 대해서 이야기하고 있습니다. 여자는 이 다음 무엇을 해야 합니까?

여 부장님, 오늘 본사에서 사장님이 오시는 것에 관한 건입니다만….
남 아아, 자네도 연락 받았겠지만, 사장님과의 점심 모임은 취소되었으니까.
여 예, 알고 있습니다.
남 그런데 영업회의 쪽은 괜찮은가?
여 예, 제2회의실에서 3시부터 2시간 잡혀 있습니다.
남 그래, 그럼 한 시간 더 여유를 두어 주겠나? 오늘은 회의가 길어질 것 같으니까.
여 알겠습니다.
남 그리고 그 다음에 있을 신입 사원 얘기를 듣는 모임 쪽 일은 어떻게 되어가고 있나?
여 네. 전원에게 다 연락 했습니다. 얼마 전에 갔던 가게로 예약해 두었습니다.

여자는 이 다음 무엇을 해야 합니까?
1 가게 예약을 한다
2 가게 예약을 취소한다
3 회의실 예약을 한다
4 회의실 사용 시간을 연장한다

정답 4

어휘 連絡(れんらく) 연락 | 昼食会(ちゅうしょくかい) 점심 모임 | キャンセル(cancel) 취소 | 承知(しょうち) 알아들음, 승낙, 동의 | 営業会議(えいぎょうかいぎ) 영업회의 | 余裕(よゆう) 여유 | 長引(ながび)く 오래 끌다, 지연되다 | 予約(よやく) 예약

해설 여자가 이 다음 해야 할 일 찾기! 점심 모임 취소된 것은 여자도 알고 있음 → 영업회의에 사용할 회의실은 잡아 두었음 → 남자가 회의가 길어질 것 같으니 영업회의 1시간 여유를 두라고 함 → 여자가 알았다고 함(아직 안 한 일) → 신입사원 모임 쪽 일은 전원에게 연락했고 가게도 예약했음. 여자의 남은 할 일은 회의실 사용 시간 연장뿐이다. 여자가 수행하는 입장이므로 남자의 말을 중심으로 듣되 여자의 대답에 집중하자!

2 24

女の人と男の人が、電話で話をしています。男の人は、これからどうしますか。

男 すみません。電車をまちがえちゃって、今、中野という駅のホームにいるんですが…。
女 ああ、快速電車に乗られたんですね。
男 そうみたいです。今から、大久保駅まで引き返しますので、ちょっと時間に遅れますが…。
女 えーとですね。今、うちの社の山田が車でお迎えに向かっ

여자와 남자가 전화로 이야기하고 있습니다. 남자는 지금부터 어떻게 합니까?

남 죄송합니다. 전철을 착각해서 지금 나카노라는 역 홈에 있는데요….
여 아, 쾌속 전철을 타셨군요.
남 그런 것 같습니다. 지금부터 오쿠보 역까지 되돌아가야 해서 좀 늦어질 것 같습니다만….
여 그럼 말이죠. 지금 저희 회사의 야마다가 차로 마중 나갔으

ておりまして、中野でしたらその前を通るはずですので…。
男 ああ、それなら、この駅の改札を出たところでお待ちしましょうか。
女 そうですね…。ああ、でもしばらくそのままでお待ちいただけますか。すぐ山田に連絡をとりますので。携帯の番号をおっしゃっていただけますか。
男 あ、はい。090－1234－5678です。じゃ、すみませんが、よろしくお願いします。

男の人は、これからどうしますか。
1 大久保駅まで引き返す
2 駅の改札を出て待つ
3 そのまま電話を待つ
4 山田さんに電話をする

니, 나카노라면 그 앞을 지나갈 겁니다.
남 아, 그렇다면 이 역 개찰구에서 나가서 기다릴까요?
여 글쎄요…. 아, 근데 잠깐만 그 자리에서 기다려 주시겠습니까? 곧 야마다에게 연락을 할 테니 휴대폰 번호를 말씀해 주시겠습니까?
남 아, 네, 090-1234-5678입니다. 그럼 죄송하지만, 잘 부탁드립니다.

남자는 지금부터 어떻게 합니까?
1 오쿠보 역까지 되돌아간다
2 역 개찰구를 나와서 기다린다
3 그 자리에서 전화를 기다린다
4 야마다 씨에게 전화한다

정답 3

어휘 快速電車(かいそくでんしゃ) 쾌속전철 | 引き返す(ひきかえす) 되돌아가다(오다) | お迎え(おむかえ) 마중 | 改札(かいさつ) 개찰(구) | 連絡(れんらく)をとる 연락을 취하다 | 携帯(けいたい) 휴대(전화)

해설 남자가 앞으로 해야 할 일 찾기! 남자는 전철을 착각해서 나카노 역 홈에 있음 → 여자 회사 쪽 사람(야마다)이 마중 나갔고 거기를 지날 것임→ 남자가 개찰구를 나가서 기다릴까 라고 물음 → 여자는 그대로 기다려 달라고 하고 야먀다에게 연락을 할 테니 남자에게 휴대폰 번호를 알려달라고 함. 그 자리라는 것은 나카노 역 홈을 뜻하고, 남자의 휴대폰 번호를 묻는 것은 연락을 기다리라는 것이다.

3 25

先生が、学生のレポートについて話しています。学生は、これからどうしますか。

女 先生、レポートは読んでいただけたでしょうか。
男 ああ、君のは、再提出だな。
女 あー、私の文章、主観的でわかりにくいってよく言われるんです。
男 まあ、実はまだ全部読んではいないんだけど、ちょっと長すぎるって気もするし、文章もわかりにくいけど、それよりも、まず、引用した文献には、正確に著者と書名と出版社、それに本が出た年も書かないとだめだよ。あれじゃ、どこから引用したのかよくわからないよね。
女 すみません。いちおう全部調べてはあるんですが…。
男 そう。だったら、それをちゃんと書いて提出すること。内容についてはそれからだな。
女 わかりました。

学生は、これからどうしますか。
1 レポートの文章をもっと短くする
2 レポートの文章をもっとわかりやすくする
3 レポートの引用文献について調べる
4 レポートの引用文献を正確に書く

선생님이 학생의 리포트에 대해서 이야기하고 있습니다. 학생은 앞으로 어떻게 합니까?

여 선생님, 리포트는 읽으셨습니까?
남 아, 자네 것은 다시 제출해야겠어.
여 아~, 제 글이 주관적이어서 이해하기 어렵다는 말은 자주 듣습니다.
남 뭐, 실은 아직 전부 읽지는 않았지만, 좀 긴 것도 같고 글도 이해하기 어려운데, 그것보다도 우선 인용한 문헌에는 정확하게 저자와 책 제목과 출판사, 게다가 책이 나온 연도도 적지 않으면 안 돼. 그것으로는 어디서 인용했는지 모르잖아.
여 죄송합니다. 일단 전부 조사는 했습니다만….
남 그래. 그렇다면 그것을 제대로 써서 제출할 것. 내용에 대해서는 그 다음부터네.
여 알겠습니다.

학생은 앞으로 어떻게 합니까?
1 리포트 문장을 더 짧게 한다
2 리포트 문장을 더 알기 쉽게 한다
3 리포트 인용문헌을 조사한다
4 리포트 인용문헌을 정확하게 쓴다

정답 4

어휘 レポート(report) 리포트, 보고서 | 再提出 다시 제출함 | 文章 글, 문장 | 主観的 주관적 | 引用 인용 | 文献 문헌 | 正確 정확 | 著者 저자 | 書名 서명 | 出版社 출판사 | 調べる 조사하다 | 内容 내용

해설 학생이 앞으로 해야 할 일 찾기! 학생이 자신의 리포트에 대해 선생님에게 물음 → 선생님은 무엇보다도 인용한 문헌에 정확하게 저자와 책 제목, 출판사, 연도를 적어야 된다고 지적 → 학생은 일단 전부 조사했다고 함 → 선생님은 그것(조사 중인 문헌에 대한 자세한 정보)을 써서 제출하라고 함. 선생님의 말 중에 인용문헌 조사에 대한 언급은 없었고, 다만, 인용문헌을 정확하게 기재하라고 했다.

확인문제 3

문제1. 문제1에서는 먼저 질문을 들으세요. 그리고 이야기를 듣고 문제지의 1~4중에서 가장 적당한 것을 하나 고르세요.

1 26

会社で男の人と女の人が話しています。女の人は高橋さんが来たら、どうすればいいですか。

男 じゃあ、会議室に行ってきます。2時間ぐらいで戻ってくると思うけど。

女 あの、3時に誠建設の高橋さんが見えることになっていますが…。

男 あ、そうか。忘れてた。うーん、3時じゃ会議終わらないなあ。あー、高橋さんとことの契約は、もう社長の決裁ももらってあったんだよね。

女 あ、はい。あとは高橋さんがいらしたら、契約書にサインをいただくだけです。

男 そう。じゃあ、見えたらね、電話入れてよ、会議室に。

女 よろしいんですか。

男 うん、ちょっと抜けてくるから。サインもらうだけでしょ。

女 はい。

女の人は高橋さんが来たら、どうすればいいですか。

1 社長の決裁をもらう
2 契約書にサインをもらう
3 男の人に電話で知らせる
4 会議が終わるまで待ってもらう

회사에서 남자와 여자가 이야기하고 있습니다. 여자는 다카하시 씨가 오면 어떻게 하면 됩니까?

남 그럼, 회의실에 다녀오겠습니다. 2시간 정도면 돌아올 거야.

여 저, 3시에 마코토 건설의 다카하시 씨가 오시기로 되어 있는데요….

남 아, 그런가? 깜빡했네. 음, 3시면 회의가 끝나지 않겠지. 아, 다카하시 씨와의 계약은 이미 사장님 결재도 받아 두었지?

여 아, 예. 남은 건 다카하시 씨가 오시면 계약서에 사인을 받기만 하면 됩니다.

남 그래. 그럼, 오시면 전화 넣어 줘, 회의실로.

여 괜찮겠습니까?

남 응. 잠시 빠져 나올거니까. 사인만 받으면 되잖아.

여 예.

여자는 다카하시 씨가 오면 어떻게 하면 됩니까?

1 사장의 결재를 받는다
2 계약서에 사인을 받는다
3 남자에게 전화로 알린다
4 회의가 끝날 때까지 기다리게 한다

정답 3

어휘 会議室 회의실 | 戻る 되돌아오다 | 建設 건설 | 見える 오시다 | 契約 계약 | 決裁 결재 | サイン(sign) 사인 | 抜ける 빠지다, 빠져 나오다

해설 여자가 해야 할 일 찾기!
남자는 회의에 들어가면 2시간 정도 걸림 → 3시쯤에 다카하시 씨가 오지만 그때까지 회의는 끝나지 않음 → 결재는 이미 받았고 남은 건 계약서의 사인 → 남자는 여자에게 다카하시가 오면 회의실로 전화를 해 달라고 함. 따라서 여자가 해야 할 일은 다카하시가 오면 남자에게 전화를 하는 것이다. 여자가 할 일을 남자가 지시하고 있으므로 남자의 말에 주의!

2 27

男の学生と女の学生が話しています。女の学生はこれからどうしますか。

女 吉田くーん。バドミントン部の部費もらいに来たわよ。はい、3千円。
男 えー、ないよ、そんな大金。
女 何言ってんのよ、あのケチの栗山先輩も払ったのよ、さっき。
男 へー。でも、俺、今1万円札1枚しかないんだけど、おつりあるの?
女 あら、大変。今はないわね、おつり。
男 じゃ、また今度ってことで…。
女 だめだめ、じゃ、私が立て替えとくから、明日私に返して。
男 あれ?そう言えば、俺、昨日栗山先輩に3千円貸したんだ。あのさ、じゃ、こうしようよ。先輩が払った分を俺のにしといてよ。先輩は俺に3千円返さなきゃなんないんだから。
女 だめだめ、そんなのややこしくなるからだめよ。じゃあね、明日返してよ。

女の学生はこれからどうしますか。
1 栗山先輩から3千円を返してもらう
2 栗山先輩に部費を払ってもらう
3 男の学生から3千円を返してもらう
4 男の学生の部費を代わりに払う

남학생이 여학생과 이야기하고 있습니다. 여학생은 이제부터 어떻게 합니까?

여 요시다 군. 배드민턴부의 회비 받으러 왔어. 3천 엔 줘.
남 뭐, 없어! 그런 큰돈.
여 무슨 소리 하는 거야. 구두쇠인 구리야마 선배도 냈어. 아까.
남 와~. 하지만, 난 지금 만 엔 지폐 한 장밖에 없는데, 거스름돈 있어?
여 어머, 큰일이네. 지금은 없어. 거스름돈.
남 그럼, 다음에 줄게.
여 안 돼, 안 돼! 그럼, 내가 대신 내 줄 테니까 내일 나에게 갚아 줘.
남 어? 그러고 보니 나 어제 구리야마 선배한테 3천 엔 빌려줬어. 저기 말야. 그럼, 이렇게 하자. 선배가 낸 만큼을 내 것으로 해 줘. 선배가 나한테 3천 엔 갚아야 하니까.
여 안 돼, 안 돼! 그런 건 복잡해지니까 안 돼. 그럼 안녕. 내일 갚아.

여학생은 이제부터 어떻게 합니까?
1 구리야마 선배에게 3천 엔을 받는다
2 구리야마 선배에게 회비를 내게 한다
3 남학생에게 3천 엔을 받는다
4 남학생의 회비를 대신 낸다

정답 4

어휘 バドミントン(badminton) 배드민턴 | 部費(ぶひ) 부(회)비 | 大金(たいきん) 대금, 큰돈 | ケチ 인색함, 구두쇠 | 先輩(せんぱい) 선배 | 払(はら)う 지불하다 | 俺(おれ) 나 | おつり 거스름돈 | 今度(こんど) 이번, 이 다음 | 立(た)て替(か)える 대신 치르다, 지불하다 | 貸(か)す 빌려주다

해설 여학생은 이제부터 어떻게 하는가 찾기!
여학생이 회비 3천 엔을 받으러 왔는데 남학생에게는 돈이 없음 → 여학생은 자신이 대신 내 줄테니 내일 갚으라고 함 → 남학생은 구리야마 선배에게 3천 엔을 빌려줬고 그걸 대신해 달라고 함 → 여학생은 복잡해서 안 된다고 했으므로 여학생이 이제부터 할 것은 남학생 대신 회비를 내는 것이다. 3번의 '남학생에게 3천 엔을 받는 것'은 그 다음이다.

3 28

留守番電話にメッセージが入っていました。このメッセージを聞いた人はどうしなければなりませんか。

男 こんにちは、山本です。BB企画の山本です。例の通訳の件なんですが、あの時ご紹介いただいた佐藤さんにお願いすることになりました。謝礼は3万円です。通訳の経験豊富ということで、もう少し出したかったのですが、悪しからずご了承ください。それで、佐藤さんと至急打ち合わせをしたいのですが、佐藤さんの電話番号をメモした紙をなくしてしまいました。すみません。大変申し訳ありませんが、佐藤さんに私の事務所

자동 응답 전화에 메시지가 들어 있습니다. 이 메시지를 들은 사람은 어떻게 해야 합니까?

남 안녕하세요. 야마모토입니다. BB기획의 야마모토입니다. 말씀드렸던 그 통역 건입니다만, 그때 소개받은 사토 씨에게 부탁하게 되었습니다. 사례는 3만 엔입니다. 통역 경험이 풍부하다고 해서 좀 더 드리고 싶었지만, 부디 양해해 주십시오. 그래서 사토 씨와 급히 미팅을 하고 싶은데, 사토 씨의 전화번호를 메모한 종이를 잃어버렸습니다. 미안합니다. 대단히 죄송하지만, 사토 씨가 제 사무실 쪽으로 전화를 주도록 말씀해 주시지 않겠습니까? 오늘은 밤 8시까지 사무실에 있습

の方へ電話をくれるようおっしゃっていただけませんでしょうか。今日は夜8時まで事務所におります。今日中に連絡が取れればありがたいのですが…。よろしくお願いします。

このメッセージを聞いた人はどうしなければなりませんか。
1 佐藤さんに通訳の仕事を頼む
2 佐藤さんに3万円を支払う
3 佐藤さんの電話番号を山本さんに教える
4 山本さんの事務所に電話するよう佐藤さんに言う

니다. 오늘 중으로 연락이 되면 고맙겠습니다. 잘 부탁합니다

이 메시지를 들은 사람은 어떻게 해야 합니까?
1 사토 씨에게 통역 일을 부탁한다
2 사토 씨에게 3만 엔을 지불한다
3 사토 씨 전화번호를 야마모토 씨에게 가르쳐준다
4 야마모토 씨의 사무실에 전화하도록 사토 씨에게 말한다

정답 4

어휘 留守番電話(るすばんでんわ) 자동 응답 전화기 | メッセージ(message) 메시지 | 企画(きかく) 기획 | 通訳(つうやく) 통역 | 紹介(しょうかい) 소개 | 謝礼(しゃれい) 사례 | 経験(けいけん) 경험 | 豊富(ほうふ) 풍부 | 悪(あ)しからず (부디) 나쁘게(언짢게) 생각하지 말아 주시오 | 了承(りょうしょう) 양해, 납득함, 승낙함 | 至急(しきゅう) 지급(매우 급함) | 打(う)ち合(あ)わせ 타협, 협의, 미리 상의함, 미팅 | 事務所(じむしょ) 사무소 | 連絡(れんらく)が取(と)れる 연락이 되다

해설 남자의 메시지를 들은 사람의 할 일 찾기!
남자(야마모토)는 사토 씨에게 통역을 부탁하려고 하는데 사토 씨의 전화 번호 종이를 잃어버림 → 사토 씨를 소개받은 업체에 남자는 자신의 사무실로 연락을 하도록 사토 씨에게 말해달라고 자동응답기에 메시지를 남겼으므로 메시지 들은 사람은 사토 씨에게 남자(야마모토)의 사무실로 전화하라고 전달한다.

4 29

大学の先生が、レポートの課題について話しています。学生はレポートを書く前に、何をしなければなりませんか。

女 えー、今度のレポートですが、1970年代、つまり今から40年ぐらい前の日本語の会話と、今の会話の言葉遣いとの違いについて調べてレポートを書いてください。皆さんのご両親やお年寄りの方にインタビューしたり、当時の漫画や小説を読むという方法もありますが、一番いいのは映像資料です。市役所の映像文化ライブラリーには、たくさんの日本映画が保存されています。そこへ行って、映像資料を探して、見てみてください。いくつか見れば、必ず違うところがわかると思います。今から40年前の日本語の使われ方、表現方法を観察すれば、おもしろいことがいろいろわかると思いますよ。

学生はレポートを書く前に、何をしなければなりませんか。
1 区役所に行って資料を探す
2 いろいろな世代の人と話す
3 最近の漫画や小説を読む
4 当時の日本映画を見る

대학 교수가 리포트 과제에 대해서 이야기하고 있습니다. 학생은 리포트를 쓰기 전에 무엇을 해야 합니까?

여 에~, 이번 리포트는 1970년대, 즉 지금으로부터 40년쯤 전의 일본어 회화와 지금의 회화의 말투의 차이에 대해서 조사해 리포트를 써 주세요. 여러분의 부모님이나 노인분에게 인터뷰를 하거나, 당시의 만화나 소설을 읽는 방법도 있습니다만, 가장 좋은 것은 영상 자료입니다. 시청의 영상 문화 도서관에는 많은 일본 영화가 보존되어 있습니다. 거기에 가서 영상 자료를 찾아서 보세요. 몇 개 정도 보면 반드시 차이점을 알 수 있을 겁니다. 지금부터 40년 전의 일본어 사용 방법, 표현 방법을 관찰하면 재미있는 것을 여러 가지 알게 될 겁니다.

학생은 리포트를 쓰기 전에 무엇을 해야 합니까?
1 구청에 가서 자료를 찾는다
2 여러 세대의 사람과 이야기한다
3 최근의 만화나 소설을 읽는다
4 당시의 일본 영화를 본다

정답 4

어휘 レポート(report) 리포트, 보고서 | 言葉遣(ことばづか)い 말씨, 말투 | 当時(とうじ) 당시 | 漫画(まんが) 만화 | 小説(しょうせつ) 소설 | 映像資料(えいぞうしりょう) 영상자료 | 市役所(しやくしょ) 시청 | ライブラリー(library) 도서관 | 保存(ほぞん) 보존 | 表現(ひょうげん) 표현 | 観察(かんさつ) 관찰

해설 학생들이 리포트 쓰기 전에 해야 할 일!
40년 전과 지금의 일본어 회화의 말투 차이에 대한 리포트 작성 → 방법으로는 부모님이나 노인분들을 인터뷰하거나 당시 만화나 소설 읽기가 있지만 가장 좋은 것은 영상 자료이며, 시청의 영상 문화 도서관에 일본영화가 보존되어 있으니 그것을 찾아 보라고 함

5 30

会社で男の人と女の人が話しています。女の人は、このあとどうしますか。

女 あれ？田中課長どっか行ったの。
男 あ、はい。さっきお客様がいらっしゃって。
女 ああそう。明日の会議の時間を変更したいんだけど。
男 じゃ、戻られたら、お伝えしておきます。
女 あー、でも、課長の都合も確認しないとね…。今日ちょっと打ち合わせしたいこともあるんだけどな。お客様って誰？
男 ABC企画の山田さんという方ですが。
女 なんだ。山田さんが来てるんだ。それ早く言ってよ。応接室にいるの？
男 あ、2階の会議室にいらっしゃいますが。
女 あ、そう。じゃ、ちょっと2階にお茶持ってきて。私のもね。
男 はい。

女の人は、このあとどうしますか。
1 田中課長と山田さんに会うために会議室に行く
2 山田さんと会って打ち合わせをする
3 田中課長とお茶を飲むために応接室に行く
4 山田さんに会って会議の時間を変更する

회사에서 남자와 여자가 이야기하고 있습니다. 여자는 이 다음 어떻게 합니까?

여 어? 다나카 과장님 어디 간 거야?
남 아, 예. 아까 손님이 오셔서.
여 아, 그래. 내일 회의 시간 변경했으면 하는데.
남 그럼, 돌아오시면, 전해 드리겠습니다.
여 아, 근데, 과장님의 상황도 확인해야 하고…. 오늘 잠시 미리 상의할 일도 있는데. 손님이 누구지?
남 ABC기획의 야마다 씨라는 분인데요.
여 뭐야~, 야마다 씨가 와 있었군. 그런 건 빨리 말해야지. 응접실에 있는 거야?
남 아, 2층 회의실에 계십니다만.
여 아, 그래. 그럼 잠시 2층으로 차 가지고 와. 내 것도.
남 네.

여자는 이 다음 어떻게 합니까?
1 다나카 과장님과 야마다 씨를 만나기 위해서 회의실로 간다
2 야마다 씨와 만나서 미리 의논을 한다
3 다나카 과장과 차를 마시기 위해 응접실에 간다
4 야마다 씨를 만나서 회의 시간을 변경한다

정답 1

어휘 会議(かいぎ) 회의 | 変更(へんこう) 변경 | 都合(つごう) 사정, 형편 | 確認(かくにん) 확인 | 打(う)ち合(あ)わせ 협의, 미리 의논함 | 企画(きかく) 기획 | 応接室(おうせつしつ) 응접실

해설 여자의 다음 행동 찾기!
여자가 회의 시간 변경을 위해 다나카 과장을 찾자, 남자는 손님이 와서 없으니 돌아오면 용건 전달하겠다고 함 → 여자는 과장의 상황 확인과 미리 상의할 것이 있다며 손님이 누구냐고 질문함. 남자가 야마다 씨이며 2층 회의실에 있다고 하자 2층으로 차를 가져오라고 하며 자신의 것도 부탁 → 즉, 자신도 2층 회의실에 가겠다는 것임.

6  31

留守番電話のメッセージです。このメッセージを聞いた人は、最初に何をしなければなりませんか。

男 こんばんは。木村です。えっと、卒業パーティーの会場の件なんだけど、さっきホテルの人から電話があって、部屋とれそうなんだって。ただ、人気がある日なんで明日までに予約金を5万円ぐらい払ってほしいっていうんだよ。でも、オレ、明日は朝からバイトだから、代わりにやっといてもらえないかなあ。お金は鈴木さんが持ってるけど、鈴木さんも明日は行けないって言ってるから、彼女にお金もらって行って来てよ。えーと、お金だけ振り込むこともできるんだけど、こないだ見てきた部屋とは違う部屋だって言うし、広さなんかも確かめてきてほしいんだ。悪いけどそういうことで、よろしくー。

このメッセージを聞いた人は最初に何をしなければなりませんか。

1 ホテルに行って部屋の広さを確かめる
2 ホテルに行って予約金を払う
3 鈴木さんからお金を受け取る
4 ホテルに5万円を振り込む

자동 응답 전화의 메시지입니다. 이 메시지를 들은 사람은 제일 처음에 무엇을 해야 합니까?

남 안녕. 기무라야. 저~ 졸업 파티의 회장 건인데, 아까 호텔 직원한테 전화가 왔었는데, 방을 구할 수 있을 거라고 하네. 다만, 인기가 있는 날이라 내일까지 예약금 5만 엔 정도 지불해 줬으면 좋겠대. 근데, 나, 내일은 아침부터 아르바이트라서 대신해 줄 수 없을까 해서. 돈은 스즈키 씨가 가지고 있는데, 스즈키 씨도 내일은 갈 수 없다고 하니까 그녀에게 돈을 받아서 다녀와. 음, 돈만 송금할 수도 있는데, 요전에 보고 온 방과는 다른 방이라고 하고, 크기 같은 것도 확인하고 왔으면 해서. 미안하지만 그런 이유로, 부탁할게~.

이 메시지를 들은 사람은 제일 처음에 무엇을 해야 합니까?

1 호텔에 가서 방 크기를 확인한다
2 호텔에 가서 예약금을 지불한다
3 스즈키 씨로부터 돈을 받는다
4 호텔에 5만 엔을 납입한다

정답 3

어휘 留守番電話(るすばんでんわ) 자동 응답 전화기 | メッセージ(Message) 메시지 | 卒業(そつぎょう) 졸업 | 予約金(よやくきん) 예약금 | 振り込む(ふりこむ) (예금 계좌 등에) 돈을 불입하다

해설 메시지를 들은 사람이 처음에 해야 할 일!
호텔에 예약금 5만 엔 지불해야 하는데 자신(기무라)은 아르바이트 때문에 할 수 없고, 스즈키 씨가 돈을 가지고 있는데 그녀도 갈 수 없으니 돈을 받아서 지불하고 방 크기도 확인할 것을 부탁.

問題2 포인트 이해

문제유형 포인트 이해 (6 또는 7문항)

2016년 2차 시험까지는 7문항이 출제되었지만, 2017년 1차 시험에서는 6문항으로 축소되었다.

상황설명과 문제를 듣는다 ➡

선택지를 읽는다(문제지에 인쇄된 선택지 읽을 시간이 주어짐) ➡

본문 대화를 듣는다 ➡ 다시 한 번 문제를 듣는다

➡ 문제지에 인쇄된 선택지를 보고 정답을 고른다

포인트

처음에 질문을 듣고, 무엇을 묻는지 확실하게 체크해 두는 것이 중요하다.
문제2는 질문에서 지시하는 사항(どうして(왜), どんな(어떤) , 何が(무엇이) 등)만 듣고 그 이외의 것은 들을 필요가 없다.

학습요령

인쇄된 선택지를 보고 정답을 미리 예상하는 것도 좋은 방법이기는 하지만 질문의 지시 사항에 모든 신경을 집중하여 들으면서 한글로 정답을 써라. 그 한글을 토대로 선택지에서 정답을 고르도록 하자. 이 문제를 두더지 잡기 게임에서 생각해 보면 지시된 색깔, 빨간 두더지(「どうして(왜)」라는 색깔의 두더지)의 두더지만 잡아라 이다. 즉 질문의 지시가 빨간 두더지(「どうして(왜)」)면 노란 두더지(「どんな(어떤)」), 파란 두더지(「何が(무엇이)」)가 튀어 나와도 빨간 두더지(「どうして(왜)」)만 잡으면 된다는 의미이다. 이 빨간 두더지(「どうして(왜)」)는 내용의 앞부분, 중간부분, 마지막 부분의 어디서 갑자기 튀어 나올지 모르니 필요한 두더지만 잡을 수 있도록 해야 한다.

해설 p.418

問題2 問題２では、まず質問を聞いてください。そのあと、問題用紙のせんたくしを読んでください。読む時間があります。それから話を聞いて、問題用紙の１から４の中から、最もよいものを一つ選んでください。

1 32

1 インターネットや携帯を使って知り合いを増やすこと

2 インターネットで知らない人とコミュニケーションすること

3 インターネットが現実からの逃げ場になっていること

4 会ったこともない人に、ほんとうの気持ちを伝えること

2 33

1 磁石が埋め込まれていること

2 肩こりによく効くこと

3 一目で磁気ネックレスだとわかること

4 だれも磁気ネックレスだとわからないこと

3 34

1 仕事に疲れているから

2 上司に言いたいことが言えないから

3 上司に悪口を言われるから

4 仕事が効率的ではないから

問題2 ▶ 포인트 이해 확인문제 2

問題2 問題2では、まず質問を聞いてください。そのあと、問題用紙のせんたくしを読んでください。読む時間があります。それから話を聞いて、問題用紙の1から4の中から、最もよいものを一つ選んでください。

1 35

1 男の人とケンカしたから
2 お酒を飲みすぎて頭が痛いから
3 恋人に会いに行ったから
4 宿題がたまっているから

2 36

1 お金がたまったから
2 クイズに当たったから
3 親戚が結婚するから
4 杉山さんの友達が行けなくなったから

3 37

1 隣の犬が出産するので、喜んでいる
2 女の人が運動をしないので、悲しんでいる
3 女の人の言うことが前と違うので、あきれている
4 女の人が昔のことを言うので、怒っている

해설 p.420

4 38

1 今週の火曜日までに返さなければならない

2 今週の水曜日までに返さなければならない

3 今週の木曜日までに返さなければならない

4 今週の金曜日までに返さなければならない

5 39

1 古いことと駅から遠いこと

2 狭いことと駅から遠いこと

3 日当たりと水回りが悪いこと

4 ペットが飼えないこと

6 40

1 食糧を作るには大量の水が必要なこと

2 日本の食糧自給率が低いこと

3 世界の水不足が深刻なこと

4 食糧の輸入と世界の水不足には関係があること

7 41

1 言葉を豊かにしてくれるから

2 読書は気が重くなるから

3 興味がない分野のことも教えてくれるから

4 最新の情報や知識が得られるから

問題2 ▶ 포인트 이해　확인문제 ③

問題2 問題２では、まず質問を聞いてください。そのあと、問題用紙のせんたくしを読んでください。読む時間があります。それから話を聞いて、問題用紙の１から４の中から、最もよいものを一つ選んでください。

1　42

1　新幹線が去年より込んでいたこと
2　家族の看病で疲れたこと
3　おかゆを作って右手をやけどしたこと
4　やけどの痛みを我慢しなければならなかったこと

2　43

1　それぞれの生徒が自分の考えを持っていること
2　いいリーダーがいてよくまとまっていること
3　わがままな生徒よりも個性的な生徒が多いこと
4　騒がしくても、すぐ静かになること

3　44

1　いろいろなタイプの手帳を使う
2　スケジュールを上手に管理する
3　目標を書き込んで達成度を見る
4　1年後と5年後のスケジュールを比較する

해설 p.425

4 45

1 ガソリン代や維持費が高くつくから

2 交通機関が便利で安くなったから

3 修理が面倒だから

4 若者が車に興味を持たなくなったから

5 46

1 ときどき大声を出して、声を出す筋肉を鍛える

2 毎日規則的に声を使い、のどには負担を与えない

3 乾燥した部屋の中には入らない

4 できるだけ小さな声で話す

6 47

1 どんな方向から見ても美しい女の人

2 誰が見てもきれいだと思える女の人

3 誰に対しても愛想がいい女の人

4 嫌われるのが嫌な男の人

7 48

1 長い間修理の必要がない風車を作ること

2 政府が補助金を出して風車メーカーを育てること

3 政府が外国の技術を導入すること

4 メーカーが努力して風力発電を普及させること

확인문제 1

문제2. 문제2에서는 먼저 질문을 들으세요. 그 후, 문제지의 선택지를 읽으세요. 읽을 시간이 있습니다. 그리고 이야기를 듣고 문제지의 1~4 중에서 가장 적당한 것을 하나 고르세요.

テレビで女の人が、高校生について話しています。女の人は、何が一番の問題だと言っていますか。

女 高校生というのは、大人に比べて実際の知人や友人は少ないかもしれませんが、インターネットを通してたくさんの人とコミュニケーションする力は大人以上です。ただ、携帯やインターネットの上では、自分が関係したい人だけを選べるので、そこにはもちろんプラスの面もありますが、マイナスの面も伴います。例えば、自分と同じような言葉を使い、同じような価値観を持っている人に、実際に会ったことはないけれど、ほんとうの気持ちを打ち明ける。もちろんこれは、良い面にもなるでしょう。ただそうすると、同級生や家族など、周りの人に自分の感じていることを話す必要がなくなってしまうのです。インターネットでのコミュニケーションを、現実の人間関係からの逃げ場にする。そういう方向に偏ってしまうというのは、よくないと思うのです。

女の人は、何が一番の問題だと言っていますか。
1 インターネットや携帯を使って知り合いを増やすこと
2 インターネットで知らない人とコミュニケーションすること
3 インターネットが現実からの逃げ場になっていること
4 会ったこともない人に、ほんとうの気持ちを伝えること

텔레비전에서 여자가 고등학생에 대해서 이야기하고 있습니다. 여자는 무엇이 가장 문제라고 말하고 있습니까?

여 고등학생이라는 것은 어른에 비해 실제로 지인이나 친구는 적을지도 모르지만, 인터넷을 통해서 많은 사람과 커뮤니케이션 하는 힘은 어른 이상입니다. 단, 휴대전화나 인터넷 상에서는 자신이 사귀고 싶은 사람만을 고르기 때문에 그곳에는 물론 플러스적인 면도 있지만, 마이너스 면도 수반합니다. 예를 들면 자신과 같은 말을 사용하고 같은 가치관을 가지고 있는 사람과 실제로 만난 적은 없지만 진심을 털어놓는다. 물론 이것은 좋은 면이 될 수도 있겠지요. 단 그렇게 하면 동급생이나 가족 등 주변 사람에게 자신이 느끼고 있는 것을 이야기할 필요가 없어져 버리는 것입니다. 인터넷에서의 커뮤니케이션을 현실의 인간관계로 부터의 도피처로 삼는다. 그런 방향으로 기울어져 버린다는 것은 좋지 않다고 생각합니다.

여자는 무엇이 가장 문제라고 말하고 있습니까?
1 인터넷이나 휴대전화를 사용하여 지인을 늘리는 것
2 인터넷에서 모르는 사람과 커뮤니케이션 하는 것
3 인터넷이 현실로 부터의 도피처가 되고 있는 것
4 만난 적도 없는 사람에게 본심을 전하는 것

정답 3

2 33

男の人がネックレスの説明をしています。このネックレスは、どこが優れていると言っていますか。

男 見てください、この金のネックレス。上品なデザインで、おしゃれですよね。小さな金のボールをつないでできているネックレスなんですが、その一つ一つに磁石が埋め込まれているんです。実はこれ、肩こりのための健康商品で、これをつけていると、肩のこりがスーッと楽になるんです。よく、街で年配の方が、大きなボールの磁気ネックレスをしてらっしゃいますが、それと同じ効果があるんですね。大きなものだと一目で磁石だとわかりますが、これならもう、だれも磁気ネックレスだと気がつかない。このすばらしい商品をぜひお試しください。

このネックレスは、どこが優れていると言っていますか。
1 磁石が埋め込まれていること

남자가 목걸이에 대한 설명을 하고 있습니다. 이 목걸이는 어떤 점이 우수하다고 말하고 있습니까?

남 보세요. 이 금 목걸이. 고상한 디자인으로 세련되었죠? 작은 금 볼을 이어서 만든 목걸이입니다만, 그 하나하나에 자석이 박혀 있습니다. 사실은 이것 어깨 결림을 위한 건강상품으로 이것을 차면 어깨 결림이 싹 낫습니다. 종종 거리에서 나이가 지긋하신 분들이 큰 볼의 자기 목걸이를 하고 계시는데, 그것과 같은 효과가 있습니다. 큰 것은 한눈에 자석인 것을 알 수 있지만, 이것이라면 아무도 자기 목걸이라고는 눈치채지 못합니다. 이 훌륭한 상품을 꼭 시험해 보세요.

이 목걸이는 어떤 점이 우수하다고 하고 있습니까?
1 자석이 박혀 있는 것

2 肩こりによく効くこと
3 一目で磁気ネックレスだとわかること
4 だれも磁気ネックレスだとわからないこと

2 어깨 결림에 잘 듣는 것
3 한눈에 자기 목걸이라는 것을 알 수 있는 것
4 누구도 자기 목걸이라는 것을 알 수 없는 것

정답 4

3 34

女の人と男の人が酔っ払いについて話しています。女の人は、日本人がお酒に酔っ払うのは、どうしてだと言っていますか。

女 いやー。また、酔っ払い。お酒くさーい。
男 まあ、まあ。仕事で疲れてるから飲んじゃうんだよ、きっと。気にしないで行こうよ。
女 ほらまた、そうやって同情する。だから日本人は酔っ払いに甘いって言われるんだよ。
男 まあ、そうだねえ。日本人の悪いところかもしれないねえ。
女 酔っ払いって、仕事で言いたいことを言えないから、お酒の席で上司の悪口を言ってストレス発散するんでしょ？
男 そうかもしれないけど・・・まあ、言いたいことが言えたら、誰も苦労しないよね。
女 でも、酔っ払ったって、問題は解決しないし。効率悪いよね。
男 でも、まあ、気持ちはすっきりするんだからいいじゃないの。

女の人は、日本人がお酒に酔っ払うのは、どうしてだと言っていますか。
1 仕事に疲れているから
2 上司に言いたいことが言えないから
3 上司に悪口を言われるから
4 仕事が効率的ではないから

여자와 남자가 술에 취한 사람에 대해서 이야기하고 있습니다. 여자는 일본인이 술에 취하는 것은 어째서라고 말하고 있습니까?

여 아~ 정말 또 술 취한 사람. 술 냄새 나.
남 그럴 수도 있지. 일에 지쳐서 마시는 거야. 분명. 신경 쓰지 말고 가자.
여 이거 봐 또, 그렇게 동정한다. 그러니까 일본인은 술 취한 사람에게 관대하다는 소리를 듣는 거야.
남 뭐 그렇지. 일본인의 나쁜 점일지도 모르겠네.
여 술에 취한 사람이라는 건, 일하면서 할 말을 못하니까, 술자리에서 상사의 험담을 하며 스트레스 발산하는 거지?
남 그럴지도 모르지만… 뭐 할 말을 다 할 수 있다면 아무도 고생하지 않을 거야.
여 그렇지만 술에 취한다 해도 문제는 해결되지 않잖아. 비효율적이야.
남 하지만 뭐 기분은 상쾌해지니까 좋지 않아?

여자는 일본인이 술에 취하는 것은 어째서라고 말하고 있습니까?
1 일에 지쳐 있기 때문에
2 상사에게 하고 싶은 말을 못하기 때문에
3 상사가 험담을 하니까
4 일이 효율적이지 않으니까

정답 2

확인문제 2

문제2. 문제2에서는 먼저 질문을 들으세요. 그 후, 문제지의 선택지를 읽으세요. 읽을 시간이 있습니다. 그리고 이야기를 듣고 문제지의 1~4 중에서 가장 적당한 것을 하나 고르세요.

1 35

女の人と男の人が話しています。佐藤さんは、どうして来ないのですか。

女 あれ、佐藤くんはどうしたの。いっしょじゃないの?
男 それがね…。
女 ケンカでもしたの?それとも勉強で忙しいとか?
男 いや、それはないよ。宿題がたまってるとは言ってたけど。それで友だちとの約束をすっぽかすようなやつじゃないでしょ。
女 そりゃそうだけど。
男 実は、きのう、佐藤の彼女と3人でお酒を飲みに行ったんだけどね。
女 うん。
男 ぼくがトイレから戻ると2人の仲がおかしくなっていて…。
女 ケンカしたんだ。
男 そう。だから、きょうはどうしても仲直りしたいって、彼女のとこへ。
女 ふーん。ほんとは、お酒、飲みすぎたんじゃないの?
男 いやいや本当なんだって。あいつ今、ほかんことは何にも考えられないんだよ。

佐藤さんは、どうして来ないのですか。
1 男の人とケンカしたから
2 お酒を飲みすぎて頭が痛いから
3 恋人に会いに行ったから
4 宿題がたまっているから

여자와 남자가 이야기하고 있습니다. 사토 씨는 왜 안 온 겁니까?

여 어! 사토 군은 어떻게 된 거야? 같이 온 거 아니었어?
남 그게 말이지….
여 싸우기라도 했어? 아니면 공부로 바쁘다던가?
남 아니 그건 아니야. 숙제가 밀려 있다고는 했지만. 그걸로 친구와의 약속을 어길만한 녀석은 아니잖아.
여 그건 그렇지만.
남 실은 어제 사토의 여자친구와 세 명이서 술 마시러 갔는데.
여 응.
남 내가 화장실에 갔다 오니까 두 사람 사이가 이상해져서….
여 싸웠구나.
남 응. 그래서 오늘은 꼭 화해하고 싶다고 해서 여자 친구 만나러.
여 흠. 사실은 술, 너무 많이 마신 거 아냐?
남 아냐, 아냐~. 정말이라니깐! 그 녀석 지금 딴 생각은 전혀 할 수 없어.

사토 씨는 왜 안 온 겁니까?
1 남자와 싸웠기 때문에
2 술을 너무 마셔서 머리가 아프기 때문에
3 애인 만나러 갔기 때문에
4 숙제가 밀렸기 때문에

정답 3

어휘 ケンカ 싸움, 다툼 | 約束(やくそく) 약속 | すっぽかす (해야 할) 약속 · 일 따위를 하지 않고 제쳐 놓다, 어기다 | 宿題(しゅくだい) 숙제 | たまる 쌓이다, 밀리다 | 戻(もど)る 되돌아 가(오)다 | 仲(なか) 사이 | 仲直(なかなお)り 화해

해설 사토 씨가 안 온 이유에 대한 답 찾기! 약속 자리에 사토 군이 오지 않음 → 여자가 이유를 물음 → 남자는 어제 술자리에서 사토 군과 사토의 여자 친구가 싸웠고, 오늘 화해하러 갔다고 함 → 여자는 과음해서가 아니냐고 물음(어디까지나 추측) → 남자는 아니라고 여자의 말에 강하게 부정. 사토 군과 함께 있었던 것은 남자이며, 여자는 묻고 있는 입장이므로 남자의 말에 집중해야 한다.

2 36

男の人と女の人が話しています。女の人はどうしてハワイに行くことになったのですか。

男 どうしたの?そんなにニコニコして。気味が悪いなあ。
女 えへん。私ハワイに行くの。来週、杉山さんと。

남자와 여자가 이야기하고 있습니다. 여자는 왜 하와이에 가게 된 겁니까?

남 무슨 일이야? 좋아서 싱글벙글이네. 기분 나쁜데.
여 에헴, 나 하와이에 가거든. 다음 주, 스기야마 씨하고.

男 へえー。金持ちはいいなぁ。
女 それが、タダなの、実は。あのね、杉山さんの友達で大野さんって人がいるんだけど、この人がクイズでハワイ旅行に当たっちゃって、そこまでは良かったんだけど、大野さん、親戚の結婚式か何かと重なっちゃって、行けなくなっちゃったの。それで、そのお鉢がわたくし、秋山に回ってきたって、まあそういうわけなのよ。吉田さんも行きたいでしょ? じゃあね、アロハー。

女の人はどうしてハワイに行くことになったのですか。
1 お金がたまったから
2 クイズに当たったから
3 親戚が結婚するから
4 杉山さんの友達が行けなくなったから

남 와~. 부자는 좋겠네.
여 그게 말이지, 공짜야! 실은 말이지, 스기야마 씨 친구인 오노 씨라는 사람이 있는데, 이 사람이 퀴즈로 하와이 여행에 당첨되어서, 거기까진 좋았는데 오노 씨의 친척 결혼식하고 겹쳐서 갈 수 없게 되어 버렸거든. 그래서 그 순번(기회)이 나, 아키야마에게 돌아왔지 뭐야. 뭐, 그렇게 된 거야. 요시다 씨도 가고 싶지? 그럼 안녕~. 알로하~.

여자는 왜 하와이에 가게 된 겁니까?
1 돈이 모였기 때문에
2 퀴즈에 당첨되었기 때문에
3 친척이 결혼하기 때문에
4 스기야마 씨의 친구가 갈 수 없게 되었기 때문에

정답 4

어휘 ニコニコ 생긋생긋, 싱글벙글 | 気味 기미, 경향, 기색, 기분 | 気味が悪い 어쩐지 기분 나쁘다, 어쩐지 무서운(싫은) 느낌이 들다 | タダ 공짜 | 旅行 여행 | 当たる 당첨되다 | 親戚 친척 | 重なる 겹치다, 거듭되다 | お鉢が回ってくる 순번이 돌아오다

해설 여자가 하와이에 가게 된 이유 찾기! 스기야마 씨와 하와이 여행을 가게 된 여자를 남자가 부러워함 → 스기야마 씨의 친구인 오노 씨가 퀴즈로 하와이 여행에 당첨되었지만, 친척 결혼식과 겹쳐서 못 가게 되어 자신 즉, 아키야마에게 순번이 돌아왔다고 함. 즉, 스기야마 씨의 친구인 오노 씨가 못 가게 되어서 대신 가게 된 것이다.

3 37

女の人と男の人が話しています。男の人は、どう感じていますか。

女 秋よね。
男 なんだよ、急に。あやしいなあ。
女 お隣のシロちゃん、来月出産ですって。子犬が生まれたら、うちにくれないかなぁ。
男 何、言ってんだよ、今ごろ。
女 だってかわいいじゃない。
男 庭がないからかわいそうだし、家が汚れるのが嫌だって、あれほど言ってたくせに。何だよ、今さら。
女 一緒に公園を散歩したら、運動にもなるし、いいじゃない。
男 言ってることが全然違うじゃん、前と。
女 「女心と秋の空。」って昔の人はいいこと言うわねー。
男 あー。もう、こりゃだめだ。

男の人は、どう感じていますか。
1 隣の犬が出産するので、喜んでいる
2 女の人が運動をしないので、悲しんでいる
3 女の人の言うことが前と違うので、あきれている
4 女の人が昔のことを言うので、怒っている

여자와 남자는 이야기하고 있습니다. 남자는 어떻게 느끼고 있습니까?

여 가을이네.
남 뭐야~, 갑자기. 수상한 걸!
여 이웃집에 시로 짱, 다음 달 출산한대. 강아지가 태어나면 우리 집에 주지 않으려나?
남 무슨 소리 하는 거야. 뜬금없이.
여 근데, 귀엽잖아.
남 정원이 없어서 가엾고, 집이 더러워지는 것이 싫다고 입이 닳도록 말한 주제에. 뭐야~ 이제 와서.
여 같이 공원을 산책하면 운동도 되고 좋잖아.
남 말하는 게 전혀 다르잖아. 전과는.
여 '여자의 마음과 가을 하늘'이라고 옛 선인들은 말도 잘 하지~.
남 아~. 두 손 두 발 다 들었어!

남자는 어떻게 느끼고 있습니까?
1 이웃집 개가 출산하기 때문에 기뻐하고 있다.
2 여자가 운동을 하지 않기 때문에 슬퍼하고 있다.
3 여자가 말하는 것이 전과 달라서 어이없어 하고 있다.
4 여자가 옛날 일을 말해서 화를 내고 있다.

정답 3

어휘 隣 이웃, 옆 | 出産 출산 | 子犬 강아지 | 嫌 싫음 | くせに ~인 (한)주제에 | 散歩 산책 | 全然 전연, 전혀 | 違う 다르다 | 女心と秋の空 여자의 마음과 가을 하늘(변하기 쉬운 것의 비유) | 喜ぶ 기뻐하다 | 悲しむ 슬퍼하다 | あきれる 어이없다, 기가 막히다 | 怒る 화내다

해설 남자의 감정 상태 찾기! 여자는 이웃집 개가 출산하면 강아지를 얻고 싶어 함 → 전에는 여자가 정원이 없고 집이 더러워지는 게 싫어서 개를 키우는 건 싫다고 했었음 → 남자는 전과 달라진 여자의 태도에 어쩔 수 없다고 체념함. 즉, 전과 달라서 어이없어한다는 3번이 정답이다. 평소에 사람의 성격이나 감정 상태를 나타내는 형용사를 숙지해 둘 것!

4 38

留守番電話のメッセージです。松田さんは本をどうしなければなりませんか。

女1 (9月3日月曜日、午後1時40分のメッセージです)

女2 こんにちは。こちらは東町図書館です。松田様がお借りになっている本の返却日が過ぎておりますので、今週金曜日までにお返しください。本のご返却は、開館時間が過ぎましても返却ポストの方にお入れいただければそれで結構です。開館時間は朝9時半から夜6時半までです。なお、館内一部改修工事のため、今週の木曜日と金曜日は臨時休館日とさせていただきますので、休館中は返却ポストをご利用ください。それでは、よろしくお願いいたします。

松田さんは本をどうしなければなりませんか。

1 今週の火曜日までに返さなければならない
2 今週の水曜日までに返さなければならない
3 今週の木曜日までに返さなければならない
4 今週の金曜日までに返さなければならない

자동 응답 전화의 메시지입니다. 마쓰다 씨는 책을 어떻게 해야 합니까?

여1 (9월 3일 월요일, 오후 1시 40분 메시지입니다)

여2 안녕하십니까. 여기는 히가시초 도서관입니다. 마쓰다 님께서 빌리신 책의 반납일이 지났으므로, 이번 주 금요일까지 반납해 주십시오. 책 반납은 개관시간이 지나도 반납 포스트에 넣어 주시면 됩니다. 개관 시간은 아침 9시 반부터 저녁 6시 반까지입니다. 또한 관내 일부 개수공사로 이번 주 목요일과 금요일은 임시 휴관일이오니, 휴관 중에는 반납 포스트를 이용해 주십시오. 그럼, 잘 부탁드리겠습니다.

마쓰다 씨는 책을 어떻게 해야 합니까?

1 이번 주 화요일까지 반납해야 한다.
2 이번 주 수요일까지 반납해야 한다.
3 이번 주 목요일까지 반납해야 한다.
4 이번 주 금요일까지 반납해야 한다.

정답 4

어휘 留守番電話 자동 응답 전화 | メッセージ(Message) 메시지 | 図書館 도서관 | 返却 반납 | 改修工事 개수 공사 | 臨時休館日 임시 휴관일

해설 책을 어떻게 해야 하는가를 찾기! 책의 반납일은 금요일까지이며 개관 시간이 지나거나 임시 휴관일 중에는 반환 포스트를 이용하면 된다. 선택지를 보면 반납 기한을 묻고 있으므로 즉, 반납 방법은 신경 쓸 필요가 없다.

5 39

女の人と男の人が話しています。女の人は部屋について何が不満だと言っていますか。

男 いい部屋、見つかった？この前話してた部屋に決めたの？

女 うん、それがね、不動産屋で話を聞いたときはよかったんだけど、実際に見てみるといろいろと･･･。

男 日当たりも良さそうだし、ペットも飼えるしって喜んでたじゃない。

여자와 남자가 이야기하고 있습니다. 여자는 방에 대해서 무엇이 불만이라고 말하고 있습니까?

여 좋은 방 찾았어? 요전에 이야기했던 방으로 정한 거야?

여 응, 그게 말이야~. 부동산에서 이야기를 들었을 때는 좋았었는데, 실제로 보니 여러 가지로···.

남 볕도 잘 드는 것 같고, 애완 동물도 키울 수 있다고 해서 기뻐하지 않았어?

女 うん、それはよかったんだけれど。話では最寄り駅まで徒歩10分だったのが、実際は20分近くかかるのよ。
男 それって、良くあることなんだってね。
女 うん、まあ、ありがちなことなんだけど。あと、私、服やかばんがたくさんあるから、それがね・・・。全部ちゃんと収納できるかどうか心配。
男 いっそのこと、これを機会にいろいろ処分しちゃえば？
女 えー！それはできないわよ。あの部屋、水回りもそこそこだし、新築だし・・・。いい物件なんだけどな。

女の人は部屋について何が不満だと言っていますか。

1 古いことと駅から遠いこと
2 狭いことと駅から遠いこと
3 日当たりと水回りが悪いこと
4 ペットが飼えないこと

여 응, 그건 좋았지만, 말로는 가장 가까운 역까지 도보로 10분이었던 것이 실제로는 20분 가까이 걸리는 거 있지.
남 그런 건 흔히 있는 일이라며.
여 응, 뭐 흔히 있을법한 일이지만. 그것 말고도 나는 옷이나 가방이 많이 있어서 그게 말이지…. 전부 제대로 수납할 수 있을 지 없을지 걱정이야.
남 차라리 이번 기회에 이래저래 처분해 버리는 게 어때?
여 뭐~. 그렇게는 할 수 없어. 그 방은 배수 설비도 그럭저럭 괜찮고, 신축이고…. 좋은 물건인데.

여자는 방에 대해서 무엇이 불만이라고 합니까?

1 낡은 것과 역에서 먼 것
2 좁은 것과 역에서 먼 것
3 볕 드는 것과 배수 설비가 나쁜 것
4 애완 동물을 키울 수 없는 것

정답 2

어휘 部屋 방 | 不満 불만 | 不動産屋 부동산 소개업자 | 実際 실제 | 日当たり 볕이 듦 | ペット(pet) 애완용 동물 | 飼う 키우다 | 喜ぶ 기뻐하다 | 最寄り 가장 가까움, 근처 | 駅 역 | 徒歩 도보 | 동사의 ます형, 명사＋がち ～하는 경향이 있다, ～하기 십상이다 | ちゃんと 정확히, 확실히 | 収納 수납 | いっそ(のこと) 차라리, 도리어 | 機会 기회 | 処分 처분 | 水回り 싱크대나 화장실 주변 배수에 관련된 설비 | そこそこ 그럭저럭, ～될까 말까 | 新築 신축 | 物件 물건

해설 여자의 불만 찾기! 남자가 여자에게 방에 대해 물음 → 가장 가까운 역이 실제로 도보 20분 정도 걸리고 여자는 자신의 물건을 다 수납할 수 있을 지 걱정 즉, 방과 역과의 거리와 방의 크기에 불만을 가지고 있다. 여자의 불만만 찾으면 되므로 장점은 중요하지 않다.

6 40

男の人が話しています。男の人が驚いたのは何についてですか。

男 いやあ、知りませんでした。全く。これからは世界のあちこちで水が不足して水のために戦争も起こりかねないということや、日本が食糧の半分以上を輸入に頼っていることは知っていましたが、この二つの間に関係があるとは知りませんでした。いや、昨日のテレビ番組で知ったんですがね、日本は世界一の水の輸入国だそうなんですよ。そうでしょう。日本はこんなに水に恵まれているのにですよ。ただ、これは飲み水ではなくて、バーチャルウォーターといって目に見えない水のことで、1キロのとうもろこし、1キロの牛肉を作るにも大量の水が必要になるので、食糧というのは結局「水」なんですね。だから、たくさんの食糧を輸入することは、たくさんの水を輸入することと同じになるわけですよ。日本は海外の水に依存して、世界の水不足と直接つながっていたんですね。いやあ、そうだったんだーって、認識を新たにしました。

남자가 이야기하고 있습니다. 남자가 놀란 것은 무엇에 대해서입니까?

남 아~, 전혀 몰랐습니다. 앞으로는 세계 여기저기에서 물이 부족해서 물 때문에 전쟁도 일어날지도 모른다는 것이나 일본이 식량의 반 이상을 수입에 의존하고 있다는 것은 알고 있었지만, 이 두 가지 사이에 관계가 있다는 것은 몰랐습니다. 아니, 어제 텔레비전 프로그램에서 안 것입니다만, 일본은 세계 최고의 물 수입 국가라고 합니다. 그렇죠, 일본은 이렇게 물이 풍부한데도 말이죠. 단지 이것은 마시는 물 뿐만 아니라 버추얼 워터(가상적인 물)라고 해서 눈에 보이지 않는 물로 1Kg의 옥수수, 1Kg의 쇠고기를 만드는 데도 대량의 물이 필요하기 때문에 식량이라는 것은 결국 '물'인 거죠. 그러므로 많은 식량을 수입하는 것은 많은 물을 수입하는 것과 같은 것이 되는 셈입니다. 일본은 해외의 물에 의존하기에 세계의 물 부족과 직접 연관되어 있었던 거죠. 아~, 그랬구나 하고 인식을 새로이 했습니다.

男の人が驚いたのは何についてですか。
1 食糧を作るには大量の水が必要なこと
2 日本の食糧自給率が低いこと
3 世界の水不足が深刻なこと
4 食糧の輸入と世界の水不足には関係があること

남자가 놀란 것은 무엇에 대해서입니까?
1 식량을 만드는 데는 대량의 물이 필요한 것
2 일본의 식량 자급률이 낮은 것
3 세계의 물 부족이 심각한 것
4 식량의 수입과 세계의 물 부족에는 관계가 있는 것

정답 4

어휘 全く 전혀 | 世界 세계 | 不足 부족 | 戦争 전쟁 | 동사의 ます형 + かねない ~할 지도 모른다 | 食糧 식량 | 輸入 수입 | 頼る 의지하다 | 関係 관계 | 番組 프로그램 | 恵む (은혜를) 베풀다 | バーチャルウォーター(virtual water) 가상의 물 | とうもろこし 옥수수 | 牛肉 쇠고기 | 大量 대량 | 結局 결국 | 海外 해외 | 依存 의존 | 直接 직접 | つながる 연결되다 | 認識 인식 | 新に 새로이

해설 남자가 놀란 이유 찾기! 앞으로 세계는 물 부족으로 전쟁도 일어날 수 있음 → 일본은 식량의 반 이상을 수입 → TV에서 일본은 세계최고의 물 수입국이라고 함 → 마시는 물 뿐만 아니라 눈에 보이지 않는 물(1kg의 옥수수, 1kg의 쇠고기 등 식량을 만드는 데 드는 대량의 물)이 필요 → 식량 = 물이므로 식량 수입 = 물 수입 → 세계의 물 부족과 관계 있음. 즉 남자가 놀란 것은 식량 수입과 세계 물 부족과 관계가 있음을 새로이 인식했기 때문이다.

7 41

男の人が話しています。男の人が新聞を読むことを勧める一番の理由は何ですか。

男 えー、本をたくさん読みなさいと言うと気が重くなる人もいらっしゃいますが、新聞なら毎日気軽に手に取ることができますよね。毎日、新聞を読むことのいい点は、無意識のうちに言葉の勉強が続けられることです。新聞には、政治・経済からスポーツ、家庭生活に至るまで、あらゆる分野の記事が掲載されています。ただ、自分はこの分野には興味がない、などと言っていては、言葉を豊かにすることはできません。広告も含めて、一面から全部のページに目を通したいものです。新聞の広告には、新しい流行語や、詩のようにすぐれた表現も使われるので、これもいい勉強になります。もちろん、新聞が最新の情報や知識を得る上でも欠かせないことは言うまでもありませんが。

남자가 이야기하고 있습니다. 남자가 신문을 읽기를 권하는 가장 큰 이유는 무엇입니까?

남 에, 책을 많이 읽으라고 하면 마음이 무거워지는 사람도 있으시겠지만, 신문이라면 매일 부담없이 손에 쥘 수 있습니다. 매일 신문을 읽는 것의 좋은 점은 무의식중에 단어 공부를 계속할 수 있는 것입니다. 신문에는 정치・경제부터 스포츠, 가정생활에 이르기까지 모든 분야의 기사가 게재되어 있습니다. 단지, 자신은 이 분야에 흥미가 없다는 식으로 말해서는 단어를 풍부하게 할 수 없습니다. 광고도 포함해서 1면부터 전 페이지를 훑어보았으면 합니다. 신문 광고에는 새로운 유행어나 시 같은 훌륭한 표현도 사용되기 때문에 이것도 좋은 공부가 됩니다. 물론, 신문이 최신 정보나 지식을 얻는 데에도 빼놓을 수 없다는 것은 말할 필요도 없습니다만.

男の人が新聞を読むことを勧める一番の理由は何ですか。
1 言葉を豊かにしてくれるから
2 読書は気が重くなるから
3 興味がない分野のことも教えてくれるから
4 最新の情報や知識が得られるから

남자가 신문을 읽기를 권하는 가장 큰 이유는 무엇입니까?
1 단어를 풍부하게 해 주기 때문에
2 독서는 마음이 무거워지기 때문에
3 흥미가 없는 분야의 것도 가르쳐 주기 때문에
4 최신 정보나 지식을 얻을 수 있기 때문에

정답 1

어휘 気が重い 마음이 무겁다 | 気軽に 선뜻, 부담없이 | 手に取る 손에 잡다 | 無意識 무의식 | 言葉 말, 단어 | 続ける 계속하다 | 政治 정치 | 経済 경제 | 家庭 가정 | 동사의 사전형, 명사 + に至るまで ~에 이르기까지 | あらゆる 모든, 온갖 | 分野 분야 | 記事 기사 | 掲載 게재 | 興味 흥미 | 豊かな 풍족한, 풍부한 | 広告 광고 | 含める 포함하다, 포함시키다

| 一面 일면, 신문의 첫 페이지 | 目を通す 대충 훑어보다 | 流行語 유행어 | 表現 표현 | 情報 정보 | 知識 지식 | 欠かす 빠뜨리다, 빼다 | 동사의 사전형 + までもない ~할 것까지도 없다, ~할 필요도 없다

해설 신문 읽는 것을 권유하는 가장 큰 이유 찾기! 책을 읽으라고 하면 마음이 무거워지지만 신문이라면 가볍게 볼 수 있음 → 신문을 읽는 좋은 점은 무의식중에 언어, 단어 공부를 할 수 있음 → 신문에는 여러 분야의 기사가 게재되어 있으므로 전 페이지를 훑어보는 것으로 공부가 됨 → 광고에도 훌륭한 표현(말)을 사용 → 좋은 공부가 됨. 남자가 반복해서 주장하는 것은 「言葉(단어)」이며, 선택지에 보기로 나온 내용이 대화에 섞여 나오는데 그것에 휘말리면 안 된다.

확인문제 3

문제2. 문제2에서는 먼저 질문을 들으세요. 그 후, 문제지의 선택지를 읽으세요. 읽을 시간이 있습니다. 그리고 이야기를 듣고 문제지의 1~4 중에서 가장 적당한 것을 하나 고르세요.

1 42

女の人と男の人が話しています。男の人は何が一番大変だったと言っていますか。

女 お正月の休みは実家に帰ったの?
男 うん、毎年帰ってるんだけど、大変だったよ、今回は。
女 どうしたの?新幹線が込んでたの?
男 それは毎年のことだから、覚悟してたよ。
女 じゃ、何?
男 うん。嫁さんと子供が順番に風邪で寝込んじゃって、その看病でうちの母親も倒れちゃってさ。しょうがないから、家族のためにおかゆでも作ってやろうと思ったら…ほら、これ。やけど。
女 わあ…気が付かなかった。右の手だから不便でしょう。
男 そうなんだよ。慣れないことはするもんじゃないね。それでね、近くの病院は、お正月で閉まっちゃってるし、あちこち探してやっと開いてるとこ一つ見つけて、そこ行ったんだけど、もう、すごい人で。これが一番まいっちゃったよ。痛いのがまんして。どのくらい待ったかなあ。

男の人は何が一番大変だったと言っていますか。
1 新幹線が去年より込んでいたこと
2 家族の看病で疲れたこと
3 おかゆを作って右手をやけどしたこと
4 やけどの痛みを我慢しなければならなかったこと

여자와 남자가 이야기하고 있습니다. 남자는 무엇이 가장 힘들었다고 합니까?

여 설 연휴는 본가에 갔어?
남 응, 매년 가긴 하는데, 힘들었어, 이번엔.
여 왜 그래? 신칸센이 붐볐던 거야?
남 그건 매년 있는 일이니까 각오했었어.
여 그럼, 뭐야?
남 응. 아내와 아이가 연이어 감기로 몸져누워 버려서, 그 간호로 어머니도 쓰러져서. 어쩔 수 없이 가족을 위해 죽이라도 만들어 줄려다가…. 이봐, 이거. 화상.
여 우와…. 몰랐었어. 오른손이라 불편하겠다.
남 그래. 익숙하지 않은 일은 하는 게 아닌가 봐. 그래서 근처 병원은 설이라 닫혀 있고, 여기저기 찾아서 겨우 열려 있는 곳 하나 발견해서 거기에 갔는데, 정말 사람이 많아서, 여기에 가장 질려 버린 거지. 아픈 거 참으며 얼마나 기다렸는지~.

남자는 무엇이 가장 힘들었다고 합니까?
1 신칸센이 작년보다 붐볐던 일
2 가족의 간병으로 지친 일
3 죽을 만들며 오른손에 화상입은 일
4 화상의 아픔을 참아야 했던 일

정답 4

어휘 お正月 정월, 설 | 実家 본가 | 込む 붐비다 | 覚悟 각오 | 嫁さん 아내, 며느리 | 順番 순서 | 寝込む 푹 잠들다, 몸져눕다 | 看病 간병 | おかゆ 죽 | やけど 화상 | 慣れる 익숙하다 | やっと 겨우

해설 남자가 무엇을 가장 힘들어했는가?
설 연휴에 본가에 갔는데 힘들었다고 함 → 신칸센이 붐비는 건 각오했다고 함(1번-×) → 죽을 끓이다가 오른손에 화상을 입었고 불편했다고 함 → 연휴라 겨우 병원을 찾아서 갔는데 사람이 많아서 기다렸다고 함.

2 43

中学校の職員室で女の先生と男の先生が話しています。女の先生は、C組の一番の長所は何だと言っていますか。

女 わたし、今年のC組にはちょっと期待しているんですよ。
男 えっ。C組はさわがしくて大変じゃないですか？言うことを素直に聞かない子とか、すぐに怒り出すような子もいましたけどねえ。
女 確かにそんな子もいるんですけど、リーダー格の子がいて、けっこうクラスをまとめてくれるんですよ。それから、「わー」って騒いでも、あとはちゃんと静かになるんで、思ったほど大変じゃないですよ。
男 そうですか？
女 何よりもいいのは、みんな、一人ひとり自分の考えを持ってるんです。ホームルームの時間なんかに意見とか感想とか言わせると、大人顔負けの議論になることもありますし、みんな自分というものを持ってるんですよ。
男 ま、個性が強い子が多いのはたしかだけど、それはわがままなだけなのかもしれませんけどね。

女の先生は、C組の一番の長所は何だと言っていますか。
1 それぞれの生徒が自分の考えを持っていること
2 いいリーダーがいてよくまとまっていること
3 わがままな生徒よりも個性的な生徒が多いこと
4 騒がしくても、すぐ静かになること

중학교 교무실에서 여선생님과 남선생님이 이야기하고 있습니다. 여선생님은 C반의 가장 큰 장점은 무엇이라고 합니까?

여 난, 올해 C반에 좀 기대하고 있어요.
남 어, C반은 시끄러워서 힘들지 않습니까? 하는 말을 고분고분 듣지 않는 아이라든가, 걸핏하면 화를 내는 아이도 있는데요.
여 분명히 그런 아이도 있지만, 리더 격인 아이가 있어서 제법 반을 하나로 모아 주거든요. 그리고 '와~'하며 떠들어도 나중에는 확실히 조용해지기 때문에 생각만큼 힘들지 않아요.
남 그렇습니까?
여 무엇보다 좋은 것은 모두 한 사람 한 사람 자신의 생각을 가지고 있어요. 홈룸 시간 같은 데에서 의견이라든가 감상 같은 걸 물으면, 어른이 무색해질 정도의 토론이 될 때도 있고요. 모두 자신이라는 것을 가지고 있어요.
남 뭐, 개성이 강한 아이가 많은 것은 분명하지만, 그건 제멋대로 구는 것 뿐인 것 같은데요.

여선생님은 C반의 가장 큰 장점은 무엇이라고 합니까?
1 각각의 학생이 자신의 생각을 가지고 있는 것
2 좋은 리더가 있어서 잘 통합되는 것
3 제멋대로인 학생보다도 개성적인 학생이 많은 것
4 시끄러워도 금방 조용해지는 것

정답 1

어휘 職員室(しょくいんしつ) 직원실 | 長所(ちょうしょ) 장점 | 期待(きたい) 기대 | 素直(すなお) 고분고분함, 순진함, 솔직함 | リーダー(leader) 리더, 지도자 | ホームルーム(home room) 홈룸[중,고교에서 담임선생과 학생이 특정시간에 모여서 자율적 교육활동을 하는 것 또는 그 시간], 특활시간 | 顔負け(かおまけ) 무색해짐 | 議論(ぎろん) 토론, 논의 | 個性(こせい) 개성

해설 여선생님이 생각하는 C반의 가장 큰 장점은 무엇인가?
여선생님이 C반에 기대를 하고 있으며 그 이유로는 리더 격인 아이가 반을 통합해 주며(2번–장점의 하나), 무엇보다도 좋은 것은 한 사람 한 사람 자신의 생각이 있는 것이라고 함(1번) ⇒ 여자의 생각의 묻고 있으므로 여자의 말에 집중

3 44

ある講座の最初に、講師が手帳の使い方について話しています。この人はどのような手帳の使い方を勧めていますか。

男 最近はいろいろなタイプの手帳が売られていますが、有効に活用できている人は意外と少ないのではないでしょうか。スケジュール管理にお使いの方は多いと思いますが、それだけが手帳の役割ではありません。うまく活用すれば、あなたの夢をかなえるツールにすることができます。たとえば1年後、5年後に自分がどうなりたいかを考え、それ

어느 강좌의 시작 부분에 강사가 수첩의 사용법에 대해서 이야기하고 있습니다. 이 사람은 어떠한 수첩 사용법을 권하고 있습니까?

남 최근 여러 가지 타입의 수첩이 팔리고 있습니다만, 효율적으로 활용할 수 있는 사람은 의외로 적은 게 아닌가 합니다. 스케줄 관리에 사용하시는 분은 많을 거라고 생각합니다만, 그것만이 수첩의 역할은 아닙니다. 잘 활용하면 당신의 꿈을 이룰 수 있는 도구로 만들 수가 있습니다. 예를 들면 1년 후, 5년 후에 자신이 어떻게 되고 싶은지를 생각하고, 그것을 목

に向けて何をすればいいかを考えて、そのプロセスを一つずつ具体的に書き込むのです。そして、週末や月末にはそれが達成できたかをチェックします。この講座では、こうした手帳の活用法についてお話しします。

표로 무엇을 하면 좋을지 생각해서 그 과정을 하나씩 구체적으로 써 넣는 겁니다. 그리고 주말이나 월말에 그것이 달성되었는지를 체크합니다. 이 강좌에서는 이러한 수첩 활용법에 대해서 이야기하겠습니다.

この人はどのような手帳の使い方を勧めていますか。

1 いろいろなタイプの手帳を使う
2 スケジュールを上手に管理する
3 目標を書き込んで達成度をみる
4 1年後と5年後のスケジュールを比較する

이 사람은 어떠한 수첩 사용법을 권하고 있습니까?

1 여러 가지 타입의 수첩을 사용한다.
2 스케줄을 잘 관리한다.
3 목표를 기입해서 달성도를 본다.
4 1년 후와 5년 후의 스케줄을 비교한다.

정답 3

어휘 講座 강좌 | 講師 강사 | 手帳 수첩 | 勧める 권하다 | 有効 유효 | 活用 활용 | 意外 의외 | 管理 관리 | 役割 역할 | ツール(tool) 툴, 도구 | プロセス(process) 과정 | 具体的 구체적 | 達成 달성

해설 강사는 **어떤 수첩 사용법**을 권하고 있나?

수첩을 대부분 스케줄 관리에 사용하고 있는데 수첩의 역할은 그것만이 아니며 잘 사용하면 꿈을 이룰 수 있는 도구가 될 수 있다고 함 → 1년 후, 5년 후 자신이 되고 싶은 것을 적고 그것을 위해 해야 할 일을 구체적으로 적은 뒤 주말이나 월말에 그것을 달성했는가를 체크! ⇒ 어떤 방법을 물을 때는「具体的に」「たとえば」라는 말에 주의!

4 45

女の人と男の人が、車が売れなくなった理由について話しています。女の人は何が一番大きい理由だと言っていますか。

女 最近、車が売れなくなってるんですってね。
男 そうらしいね。不景気だからかな。ガソリンも高いし、駐車場とか維持費もかかるし。
女 それもあるんだけど、あのね、特に若い人が車に魅力を感じなくなってるんだって。
男 へー、そうなんだ。昔はデートのときなんか、かっこいい車に乗りたいって、みんな思ってたけどね。真っ赤なスポーツカーとかさ。
女 今の若い人たちは、車はエコじゃないし、渋滞とか修理とかいろいろ面倒だって、嫌がるそうよ。免許を取る人も減ってるんだって。
男 一番車に乗るはずの世代が車に憧れなくなったら、そりゃ売れないよな。
女 そうよね。それに、今はだいたいどこでも電車で間に合うもんね。
男 まあ、昔に比べたら、電車や地下鉄も便利になったからなあ。

여자와 남자가 차가 팔리지 않게 된 이유에 관해서 이야기하고 있습니다. 여자는 무엇이 가장 큰 이유라고 합니까?

여 최근 차가 팔리지 않게 되었다면서요?
남 그렇다나봐 불경기라서인가? 기름도 비싸고, 주차장이라든가 유지비도 들고.
여 그런 이유도 있지만, 있지, 특히 젊은 사람이 차에 매력을 느끼지 않게 되었대.
남 어~, 그렇구나. 옛날에는 데이트할 때 멋있는 차 타고 싶다고 모두 그랬는데. 새빨간 스포츠카라든가 말이지.
여 요즘 젊은 사람들은 차는 친환경적이지도 않고, 정체라든지 수리라든지 여러 가지로 귀찮아서 싫어한대. 면허 따는 사람도 줄고 있대.
남 가장 차를 많이 탈 법한 세대가 차를 동경하지 않게 되었다면, 그야말로 팔리지 않는 거지.
여 그렇지. 게다가 지금은 대개 어디든 전철로 해결되니까.
남 뭐, 옛날과 비교하면 전철이나 지하철도 편리해졌기 때문이지.

女の人は何が一番大きい理由だと言っていますか。

1 ガソリン代や維持費が高くつくから
2 交通機関が便利で安くなったから
3 修理が面倒だから
4 若者が車に興味を持たなくなったから

여자는 무엇이 가장 큰 이유라고 합니까?

1 기름 값이나 유지비가 비싸게 들기 때문에
2 교통기관이 편리하고 싸졌기 때문에
3 수리가 귀찮기 때문에
4 젊은이가 차에 흥미를 갖지 않게 되었기 때문에

정답 4

어휘 不景気 불경기 | ガソリン(gasoline) 가솔린, 휘발유 | 駐車場 주차장 | 維持費 유지비 | 魅力 매력 | エコ(eco) 환경, 생태 | 渋滞 정체 | 修理 수리 | 面倒 귀찮음, 성가심, 돌봄 | 免許 면허 | 憧れる 동경하다 | 間に合う 시간에 대다, (급한 대로, 아쉬운 대로) 쓸 수 있다, 족하다

해설 여자가 생각하는 차가 안 팔리는 가장 큰 이유는?
차가 안 팔리는 이유로 남자는 비싼 가솔린+주차장+유지비라고 하고 여자는 '특히' 젊은 사람이 차에 매력을 느끼지 않게 되었음을 이유로 들고 있다. 차는 환경에 좋지 않고 정체나 수리 등이 귀찮고 싫어해서 면허 따는 사람도 줄고 있고, 대신 전철로도 충분하다고 함 ⇒ '가장 큰 이유'를 묻고 있으므로 그에 상응하는 「特に」라는 말이 포인트!

5 46

ラジオの番組で女の人が声について話しています。声を健康に保つためにはどうしたらいいと言っていますか。

女 ご年配のみなさんは、若いころに比べて、声がかすれたり、低くなったりしていませんか。これは、声を出すための筋肉が衰え、声帯が縮まって、隙間が空いている状態になっているからです。声を使わない生活をしていると、声の老化も早まりますから、毎日２、３時間は誰かと話したりして、声を使うようにしましょう。でも、大声を出したり必要以上に大きな声で歌を歌ったりするのはよくありません。声帯を無理に振動させると、傷つくことがあるからです。また、乾燥した部屋の中に長時間いるのもよくありません。冬は特に部屋の中が乾燥しやすいですから加湿器を使うなどの工夫も必要です。

声を健康に保つためにはどうしたらいいと言っていますか。

1 ときどき大声を出して、声を出す筋肉を鍛える。
2 毎日規則的に声を使い、のどには負担を与えない。
3 乾燥した部屋の中には入らない。
4 できるだけ小さな声で話す。

라디오 프로그램에서 여자가 목소리에 대해서 이야기하고 있습니다. 목소리를 건강하게 유지하기 위해서 어떻게 하면 된다고 합니까?

여 중년의 여러분은 젊은 시절에 비해서 목소리가 쉬었다거나 낮아지거나 하지 않았습니까? 이것은 소리를 내기 위한 근육이 약해지고 성대가 수축해서 틈이 벌어진 상태가 되었기 때문입니다. 목소리를 사용하지 않는 생활을 하면, 목소리의 노화도 빨라지기 때문에 매일 2, 3시간은 누군가와 이야기를 하거나 해서 목소리를 사용하도록 합시다. 하지만, 큰 소리를 내거나 필요 이상으로 큰 소리로 노래를 부른다거나 하는 것은 좋지 않습니다. 성대를 무리하게 진동시키면, 상처가 날 수 있기 때문입니다. 또한, 건조한 방 안에 장시간 있는 것도 좋지 않습니다. 겨울에는 특히 방안이 건조하기 쉽기 때문에 가습기를 사용하는 등의 궁리도 필요합니다.

목소리를 건강하게 유지하기 위해서 어떻게 하면 된다고 합니까?

1 때때로 큰 소리를 내서 목소리를 내는 근육을 단련한다.
2 매일 규칙적으로 소리를 사용하고 목에는 부담을 주지 않는다.
3 건조한 방에는 들어가지 않는다.
4 되도록 작은 소리로 이야기한다.

정답 2

어휘 健康 건강 | 保つ 유지하다, 견디다 | 年配 연배, 중년 | かすれる (목이) 쉬다 | 低い 낮다 | 筋肉 근육 | 衰える 쇠약하다, 쇠퇴하다 | 声帯 성대 | 縮まる 오그라(줄어)들다 | 隙間 (빈)틈 | 状態 상태 | 老化 노화 | 振動 진동 | 傷つく 다치다, 상처를 입다 | 乾燥 건조 | 加湿器 가습기 | 工夫 궁리, 고안

해설 목소리를 건강하게 유지하기 위한 방법은?
목소리를 사용하지 않으면 퇴화가 되므로 매일 2~3시간씩 목소리 사용 → 큰 소리를 내거나 큰 소리로 노래 부르는 것 좋지 않음(성대가 상처 입을 수 있음) → 건조한 방에 장시간 있는 것도 좋지 않음(겨울에는 가습기 사용) ⇒ 즉, 목소리의 규칙적 사용+목에 부담 주지 않기(2번)

6  47

男の人が女の人にことばの意味について聞いています。男の人は最初、どんな意味だと思っていましたか。

男 僕の会社に、すっごくきれいな女の先輩がいるんですけど、こないだその先輩に「ほんと、八方美人ですよね」って言ったら、なんか機嫌が悪くなっちゃって…。
女 えーっ、そりゃそうでしょ。ほめことばじゃないもの。
男 え? ほめことばじゃないんですか?でも、八方っていろんな方向、どこから見てもって意味ですよねぇ?
女 八方がいろんな方向っていうのはそうだけど、う～ん、誰に対してもっていう意味で、美人っていうのも、ここでは人当たりがいいとか、誰にでもいい顔をするとか。
男 いい顔をする?笑ったりして愛想のいいことですか?
女 愛想もそうだけど、うーん、難しいなあ。嫌われるのが嫌で、誰にでも気に入られようとする人っていうほうがぴったりくるかな。
男 ああ、じゃ、男の人にも使えるんですね。
女 ええ、そうよ。

男の人は最初、どんな意味だと思っていましたか。
1 どんな方向から見ても美しい女の人
2 誰が見てもきれいだと思える女の人
3 誰に対しても愛想がいい女の人
4 嫌われるのが嫌な男の人

남자가 여자에게 단어의 의미에 관해서 묻고 있습니다. 남자는 처음에, 어떤 의미라고 생각했습니까?

남 저의 회사에 굉장히 예쁜 여자 선배가 있는데, 요전에 그 선배에게 '정말 팔방 미인이네요'라고 말했더니, 왠지 기분 나빠해서.
여 앗~, 그야 그렇지. 칭찬하는 말이 아니니까.
남 네? 칭찬하는 말이 아닌가요? 하지만 팔방이란 여러 방향, 어디에서 봐도라는 의미죠?
여 팔방이란 여러 방향이란 것은 맞지만, 음~ 누구에 대해서나라는 의미이고, 미인이라는 것도 여기에서는 대인관계가 좋다던가 누구에게나 호의적인 얼굴을 한다던가.
남 호의적인 얼굴을 한다? 웃기도 하고 붙임성이 좋은 거 말입니까?
여 붙임성도 있지만, 음, 어렵네~. 미움 받는 게 싫어서 누구에게나 마음에 들려고 하려는 사람이라는 편이 이해하기 쉬울라나.
남 아아, 그럼, 남자에게도 사용할 수 있는 거네요.
여 어, 그렇지.

남자는 처음에, 어떤 의미라고 생각했습니까?
1 어떤 방향에서 봐도 아름다운 여자
2 누가 봐도 예쁘다고 여겨지는 여자
3 누구에 대해서도 붙임성이 좋은 여자
4 미움받는 것을 싫어하는 남자

정답 1

어휘 意味 의미 | 先輩 선배 | 八方美人 팔방미인 | 機嫌 기분 | ほめことば 칭찬하는 말 | 人当たり 응대하는 태도, 남에게 주는 인상, 대인관계

해설 남자가 말을 처음에 어떤 의미로 이해한 것인가?
남자는 예쁜 여자 선배에게 '팔방 미인'이라고 했는데 기분 나빠하는 것 같아서 여자에게 묻자 여자는 칭찬하는 말이 아니라고 함 → 이에 남자는 팔방이란 어느 방향, 어디에서 봐도라는 칭찬의 뜻이 아니냐고 묻는 대목에서 남자가 처음에 이해한 의미가 나온다(1번) ⇒ 포인트 이해에서는 무엇을 묻는가(질문)를 파악하고 듣는 게 중요!

7 48

専門家が日本の風力発電について話しています。この人は今、何が一番必要だと言っていますか。

男 風力発電は風の力で巨大な風車を回して電気を作るわけですが、この風車は相当高いところにあるので、修理が難しい。ですから、20年ぐらいは壊れないようなものにする必要があります。日本の技術ではそれが可能なんですが、日本では、風力発電が普及していないため、メーカーが作っても売る所がないんです。ですから、政府が補助金を出して、風力発電を普及させ、風車メーカーを育てることが

전문가가 일본의 풍력 발전에 대해서 이야기하고 있습니다. 이 사람은 지금, 무엇이 가장 필요하다고 말하고 있습니까?

남 풍력발전은 바람의 힘으로 거대한 풍차를 돌려서 전기를 만드는 것이지만, 이 풍차는 상당히 높은 곳에 있어서 수리가 어렵기 때문에 20년 정도는 고장나지 않는 것으로 만들 필요가 있습니다. 일본의 기술로는 그것이 가능하지만, 일본에서는 풍력발전이 보급되어 있지 않기 때문에 제조회사가 만들어도 팔 곳이 없는 것입니다. 때문에 정부가 보조금을 내서 풍력발전을 보급시켜 풍차 제조 회사를 육성하는 것이 지금

今一番必要なことだと私は思います。日本で、今風車を作っているのはヨーロッパのような専門のメーカーではないので、このままでは技術面でも外国との競争に負けてしまうことになりかねません。

この人は今何が一番必要だと言っていますか。

1 長い間修理の必要がない風車を作ること
2 政府が補助金を出して風車メーカーを育てること
3 政府が外国の技術を導入すること
4 メーカーが努力して風力発電を普及させること

가장 필요한 일이라고 저는 생각합니다. 일본에서 지금 풍차를 만들고 있는 것은 유럽 같은 전문 제조 회사가 아니기 때문에 이대로는 기술면에서도 외국과의 경쟁에 지게 될지도 모릅니다.

이 사람은 지금, 무엇이 가장 필요하다고 말하고 있습니까?

1 오랫동안 수리가 필요 없는 풍차를 만드는 것
2 정부가 보조금을 내서 풍차 제조회사를 육성하는 것
3 정부가 외국의 기술을 도입하는 것
4 제조회사가 노력해서 풍력발전을 보급시키는 것

정답 2

어휘 専門家(せんもんか) 전문가 | 風力発電(ふうりょくはつでん) 풍력발전 | 巨大(きょだい) 거대 | 風車(ふうしゃ) 풍차 | 修理(しゅうり) 수리 | 壊(こわ)れる 부서지다, 고장나다 | 技術(ぎじゅつ) 기술 | 普及(ふきゅう) 보급 | メーカー(Maker) 메이커, 제조업체 | 政府(せいふ) 정부 | 補助金(ほじょきん) 보조금 | 競争(きょうそう) 경쟁

해설 일본의 풍력 발전에 있어 무엇이 가장 필요한가?
풍력발전은 풍차를 돌려 전기를 만드는 것이며 일본은 기술은 있지만, 보급되어 있지 않아 만들어도 팔 곳이 없음 → 정부가 보조금을 내서 풍력 발전을 보급하고 회사를 육성하는 것이 가장 필요하다고 말함 ⇒「一番必要なこと」란 말이 문장의 앞이 아닌 뒤쪽에 도치되어 나오는 경우가 많으므로 주의!

問題3 개요 이해

문제유형 개요이해 (6문항)

내용 전체를 듣고 화자의 의도나 주장을 이해하는 문제로 처음에 문제가 나오지 않는다. 내용 형식은 주로 한 사람이 말하는 형식(부재중 전화 녹음, 텔레비전 아나운서가 말하는 장면 등)이 중심이 될 것이다.

상황설명을 듣는다 ➡ 본문(주로 혼자 말하는 내용)을 듣는다

➡ 문제를 듣는다 ➡ 선택지를 듣고 정답을 고른다

본문을 듣기 전에는 문제를 모르는 상태이고, 문제가 음성으로 한 번 만 제시되기 때문에 문제의 난이도가 훨씬 높아진다.

포인트

포인트를 좁혀서 들으려고 하지 말고 전체적인 흐름을 생각하면서 대강의 요점을 파악한다. 질문의 형태는 크게 두 가지로 볼 수 있다. 하나는 이야기의 주제(theme)이고 또 하나는 말하는 이의 의견(opinion)이나 주장이다. 문제 3에서는 내용 전체를 요약할 줄 알아야 하며 추상적인 주제가 많은 만큼 모르는 단어도 많아지고, 한 문장의 길이도 길어져 세세한 것까지는 의미를 모른다고 해도 전체적인 의미는 파악할 수 있어야 한다.

학습요령

선택지가 음성으로만 나오기 때문에 내용을 들으면서 꼭 메모를 해야 한다. 화자의 주장이나 의견이면 찬성 또는 반대, 긍정 또는 부정이냐를 파악해야 하고 대부분 결론이 후반부에 나오기 때문에 후반부에 나왔던 표현이 나오는 선택지가 정답 일 가능성이 많다. 그리고 이야기의 주제나 내용을 묻는 것이면 구체적인 숫자나 고유명사를 신경 쓰지 말고 이야기의 큰 줄거리를 메모하면 된다.

問題3 ▸ 개요 이해　확인문제 ①

해설 p.435

問題3 問題3では、問題用紙に何も印刷されていません。この問題は、全体としてどんな内容かを聞く問題です。話の前に質問はありません。まず話を聞いてください。それから、質問とせんたくしを聞いて、1から4の中から、最もよいものを一つ選んでください。

1~3 

— メモ —

問題3 ▶ 개요 이해 확인문제 ②

해설 p.436

問題3 問題３では、問題用紙に何も印刷されていません。この問題は、全体としてどんな内容かを聞く問題です。話の前に質問はありません。まず話を聞いてください。それから、質問とせんたくしを聞いて、１から４の中から、最もよいものを一つ選んでください。

1~6 52~57

— メモ —

問題3 ▶ 개요 이해　확인문제 ③

해설 p.440

問題3 問題３では、問題用紙に何も印刷されていません。この問題は、全体としてどんな内容かを聞く問題です。話の前に質問はありません。まず話を聞いてください。それから、質問とせんたくしを聞いて、１から４の中から、最もよいものを一つ選んでください。

1~6 

— メモ —

확인문제 정답 및 해설

확인문제 1

문제3. 문제3에서는 문제지에 아무것도 인쇄되어 있지 않습니다. 이 문제는 전체적으로 어떤 내용인가를 묻는 문제입니다. 이야기 전에 질문은 없습니다. 우선 이야기를 들으세요. 그리고 질문과 선택지를 듣고, 1~4 중에서 가장 적당한 것을 하나 고르세요.

1 49

テレビで専門家が話しています。

男 今、果物に異変が起きています。今年は、例年より2倍近くも大きいものが見られるようになりました。なぜ果物のサイズがこのように変化したかといいますと、それは地球の温暖化と関係があると言われています。果物は農作物の中でも最も気温差に敏感であるため、温度変化の影響を受けやすいのです。果物はまず暖かくなってから花が咲き、暑い時期に実を太らせ、寒くなる頃赤や黄色に色づき、十分に気温が下がってから収穫されます。ところが、近年では、通常より早くから花が咲き、そして秋を過ぎてもなかなか寒くならないために、成長期間がのびて実が巨大化すると考えられます。

専門家の話のテーマは何ですか。
1 果物と季節との関係
2 果物を大きくする方法
3 果物が収穫されるまでの過程
4 温暖化が果物に与える影響

텔레비전에서 전문가가 이야기하고 있습니다.

남 지금 과일에 이변이 일어나고 있습니다. 올해는 작년보다 2배 가까이 큰 것을 볼 수 있게 되었습니다. 왜 과일의 사이즈가 이처럼 변화한 것인가 하면, 그것은 지구의 온난화와 관계가 있다고 합니다. 과일은 농작물 중에서도 가장 기온 차에 민감하기 때문에 온도변화의 영향을 받기 쉽습니다. 과일은 우선 따뜻해진 후부터 꽃이 피고, 더운 시기에 열매가 커져, 추워질 때쯤 빨갛거나 노란 색으로 물들어 충분히 기온이 떨어진 후에 수확됩니다. 하지만, 최근에는 통상보다 빨리 꽃이 피고 그리고 가을이 지나서도 좀처럼 추워지지 않기 때문에 성장기간이 늘어나 열매가 거대화 된다고 생각됩니다.

전문가의 이야기 테마는 무엇입니까?
1 과일과 계절과의 관계
2 과일을 크게 하는 방법
3 과일이 수확되기까지의 과정
4 온난화가 과일에 끼치는 영향

정답 4

2 50

大学の先生が、自然科学について話しています。

男 私の専門は、自然科学の研究ですが、最近は、歴史などの社会科学についても研究を始めました。そんな私ですが、自然科学の勉強は、理科系の人だけでなく、どんな分野に進む人にも必要だと言いたいのです。たとえ、どんな生き方をするようになろうと、「本当のことと間違ったことを見分ける能力」が必要になることは間違いないのです。自然科学も、まだまだ不完全ですが、他に比べれば、ずっと納得しやすい分野です。だから、基礎をきちんと学んで、身につけるといいと思うのです。

先生が言いたいのはどのようなことですか。
1 多くの人たちに歴史を研究してほしい。
2 多くの人たちに社会科学を知ってもらいたい。
3 多くの人たちに自然科学を学んでほしい。
4 多くの人たちに勉強が好きになってもらいたい。

대학 교수가 자연과학에 대해서 이야기하고 있습니다.

남 제 전공은 자연과학 연구이지만, 최근에는 역사 등의 사회과학에 대해서도 연구를 시작했습니다. 그런 저 이지만 자연과학의 공부는 이과계의 사람뿐 아니라, 어떤 분야로 나갈 사람에게든 필요하다고 말하고 싶습니다. 설령 어떻게 살아가게 되든, '진짜와 틀린 것을 구분하는 능력'이 필요해지는 것은 틀림없습니다. 자연 과학도 여전히 불완전 하지만 다른 것에 비하면 훨씬 납득하기 쉬운 분야입니다. 그러니 기초를 잘 배워서 익히면 좋을 것이라 생각합니다.

교수가 말하고 싶은 것은 어떤 것입니까?
1 많은 사람들이 역사를 연구했으면 한다.
2 많은 사람들이 사회과학을 알았으면 한다.
3 많은 사람들이 자연과학을 공부했으면 한다.
4 많은 사람들이 공부를 좋아하게 되었으면 한다.

정답 3

3 ◎51

男の人が、言葉について話しています。

男 言葉というものは、文化である前に、まず、生きていくための道具であります。だから、実際のところ、相手に通じればいいのです。例えば、海でおぼれているときに文法を気にして何も言えなければ、助かりません。大声で叫べばいいのです。病気のときは、痛いところを指で指し示す。そして、知ってる単語を並べれば、それでいい。なにも、完璧を目指すことはないのです。

男の人は、どう考えていますか。

1 言葉は、心の叫びである。
2 言葉は、単語を並べたものである。
3 言葉は、相手に通じることが大事だ。
4 言葉は、なるべく正しく使った方がいい。

남자가 말에 대해서 이야기하고 있습니다.

남 말이라는 것은 문화이기 전에 우선 살아 가기 위한 도구입니다. 따라서 실제로 상대에게 통하면 되는 것입니다. 예를 들어 물에 빠졌을 때 문법을 신경 써서 아무말도 못하면 살 수 없습니다. 큰 소리로 외치면 되는 것입니다. 병에 걸렸을 때는 아픈 곳을 손가락으로 가리킵니다. 그리고 알고 있는 단어를 나열하면 그것으로 됩니다. 특별히 완벽을 지향할 필요는 없습니다.

남자는 어떻게 생각하고 있습니까?

1 말은 마음의 외침이다.
2 말은 단어를 나열하는 것이다.
3 말은 상대방에게 통하는 것이 중요하다.
4 말은 가능한 정확하게 사용한 것이 좋다.

정답 3

확인문제 2

문제3. 문제3에서는 문제지에 아무것도 인쇄되어 있지 않습니다. 이 문제는 전체적으로 어떤 내용인가를 묻는 문제입니다. 이야기 전에 질문은 없습니다. 우선 이야기를 들으세요. 그리고 질문과 선택지를 듣고, 1~4 중에서 가장 적당한 것을 하나 고르세요.

1  52

大学の先生が話しています。

男 では、特別講義の内容について、簡単に説明します。「人間は社会的な動物だ」と言われますが、これは私たちが日ごろの生活において、多くの人と接し、関係を持っているということです。この、人間が相互に影響を与える現象、つまり私たち人間が引き起こすさまざまな社会的行動は、どのようにして起こるのか。そのメカニズムに迫ります。具体的には、流行やブームはなぜ起こるのか、とか、第一印象は何で決まるのか、とか、集団や組織におけるリーダーとはどんな人か？それから、男女が恋に落ちる条件とは？などなど、幅広い問題について考察していきます。

この講義のテーマは何ですか。

1 人間と動物の共通点
2 リーダーたちの共通点
3 人間の社会行動のメカニズム
4 恋愛のメカニズム

대학 선생님이 이야기하고 있습니다.

남 그럼, 특별 강의 내용에 대해서 간단하게 설명하겠습니다. '인간은 사회적 동물이다'라고 하는데, 이것은 우리가 평소 생활에서 많은 사람과 접하고 관계를 맺고 있다는 것입니다. 이러한 인간이 서로 영향을 주는 현상, 즉 우리 인간이 일으키는 여러 가지 사회적 행동은 어떻게 해서 일어나는 것인가? 그 매커니즘에 다가갑니다. 구체적으로는 유행이나 붐은 왜 일어나는 것인가, 첫인상은 무엇으로 결정되는 것인가, 집단이나 조직에 있어서 리더란 어떤 사람인가? 그리고 남녀가 사랑에 빠지는 조건이란? 등등, 폭넓은 문제에 대해서 고찰해 가겠습니다.

이 강의의 테마는 무엇입니까?

1 인간과 동물의 공통점
2 리더들의 공통점
3 인간의 사회행동의 매커니즘
4 연애의 매커니즘

정답 3

어휘 特別 특별 | 講義 강의 | 日ごろ 평소 | 接する 접하다 | 関係 관계 | 相互 상호 | 影響 영향 | 与える 주다 | 現象 현상 | 引き起こす 일으키다 | 行動 행동 | メカニズム(mechanism) 매커니즘, 구조 | 具体的 구체적 | 流行 유행 | ブーム(boom) 붐 | 第一印象 첫인상 | 集団 집단 | 組織 조직 | リーダー(leader) 리더, 지도자 | 条件 조건 | 幅広い 폭 넓다 | 考察 고찰

해설 강의 내용 설명 → '인간은 사회적 동물이다' → 우리는 평소 많은 사람과 접하며 상호 작용을 함 → 인간의 사회적 행동은 어떻게 일어나는가는 매커니즘에 다가감 → 구체적으로는 유행, 붐, 첫인상의 결정, 어떤 사람이 리더인가, 사랑에 빠지는 조건 등. 따라서 강의 테마는 인간은 사회적 동물 → 사회적 행동 → 매커니즘으로 정리된다.

2 53

政治家が景気対策について話しています。

男 えー、景気回復のためにはいろいろな対策が考えられますが、空港やダムを作るといったいわゆる公共事業では、もはや効果が望めなくなっています。もちろん必要な道路工事などの公共事業を今すぐ中止しろとは言いませんが、景気に新たな刺激を与えるとは、私は思いません。それよりも、現在のような経済状況では、個人消費を刺激することの方が大事で、たとえば、ハイブリッドや電気自動車のように、環境にやさしい車の税金を減らしたことは非常に効果的であったと思います。購入価格が安くなったことでエコカーの売れ行きは伸びていますし、自動車産業も活気を取り戻しています。

男の人は、どのような景気対策がいいと考えていますか。

1 自動車産業を育てること
2 税金をなくすこと
3 個人消費を刺激すること
4 公共事業を増やすこと

정치가가 경기대책에 대해서 이야기하고 있습니다.

남 음~, 경기회복을 위해서는 여러 가지 대책을 생각할 수 있습니다만, 공항이나 댐을 만드는 것과 같은 이른바 공공 사업으로는 이젠 효과를 바랄 수 없게 되었습니다. 물론 필요한 도로공사 등의 공공 사업을 지금 곧 중지하라는 건 아니지만, 경기에 새로운 자극을 주리라고는 저는 생각하지 않습니다. 그것보다도 현재와 같은 경제 상황으로는 개인 소비를 자극하는 일 쪽이 중요하고, 예를 들면 하이브리드나 전기 자동차같이 친환경적인 차의 세금을 줄인 일은 굉장히 효과적이었다고 생각합니다. 구입 가격이 싸져서 에코카의 팔림새는 증가하고 있고 자동차 산업도 활기를 되찾고 있습니다.

남자는 어떠한 경기 대책이 좋다고 생각하고 있습니까?

1 자동차 산업을 육성하는 일
2 세금을 없애는 일
3 개인 소비를 자극하는 일
4 공공사업을 늘리는 일

정답 3

어휘 景気 경기 | 回復 회복 | 対策 대책 | 空港 공항 | ダム(dam) 댐 | いわゆる 소위, 이른바 | 公共 공공 | 事業 사업 | もはや 벌써, 이미 | 効果 효과 | 望む 바라다, 기대하다 | 経済 경제 | 状況 상황 | 個人 개인 | 消費 소비 | 刺激 자극 | ハイブリッド (hybrid) 하이브리드 | 環境 환경 | 税金 세금 | 減らす 줄이다 | 非常に 대단히 | 購入 구입 | 価格 가격 | 売れ行き 팔림새 | 産業 산업 | 活気 활기 | 取り戻す 되찾다 | エコカー(eco car) 환경을 생각하는 차

해설 경기회복을 위해서는 공공 사업으로는 효과를 바랄 수 없다 → 그것보다도 현재 같은 경제 상황에서는 개인 소비를 자극하는 일이 중요 → 환경 친화적인 차의 세금을 줄인 것은 효과적이었고 환경 차의 팔림새가 증가해 자동차 산업에 활기를 되찾고 있는다는 예를 들면서 경기대책으로 좋은 것은 개인 소비를 자극하는 것이라고 말하고 있다(내용 중 ~それよりも, ~大事で, ~効果的であった라는 문구를 사용해 강조).

3 54

女の人が、話しています。

女 「朝バナナダイエット」っていうのを聞いたことがあると思いますが、これは朝食にバナナを食べて、食後に水を飲むというものなんですが、効果がある、効果はない、と賛否両論あるようです。朝、バナナを食べるだけで痩せられるなら、それに越したことはないのですが、ダイエットの効果は、人それぞれのようです。ただ、バナナそのものに脂肪を燃焼させて体重を減らす作用はありません。ですから、太っている人が朝ご飯をバナナだけで済ませば、体重は減るかもしれませんが、それがバナナのおかげかと言えば、それは疑問だと言うしかありません。

女の人は、どう考えていますか。

1 バナナはダイエットにとてもいい。
2 バナナはダイエットにかえってよくない。
3 バナナはダイエットにいいとは言えない。
4 朝、バナナを食べるのは健康にいい。

여자가 이야기하고 있습니다.

여 '아침 바나나 다이어트'라는 것을 들은 적이 있을 텐데요, 이 것은 아침 식사로 바나나를 먹고 식후에 물을 마시는 것인데, 효과가 있다, 효과가 없다는 찬반 양론이 있는 것 같습니다. 아침에 바나나를 먹는 것만으로 살이 빠질 수 있다면 그보다 좋을 순 없겠지만, 다이어트의 효과는 사람 각각 나름인 것 같습니다. 그저 바나나 그 자체에 지방을 연소시켜서 체중을 줄이는 작용는 없습니다. 그래서 살찐 사람이 아침밥을 바나나만으로 때우면 체중은 줄지 모르겠지만, 그것이 바나나 덕분이라고 말한다면, 그것은 의문이라고 할 수 밖에 없습니다.

여자는 어떻게 생각하고 있습니까?

1 바나나는 다이어트에 아주 좋다.
2 바나나는 다이어트에 오히려 좋지 않다.
3 바나나는 다이어트에 좋다고는 할 수는 없다.
4 아침에 바나나를 먹는 것은 건강에 좋다.

정답 3

어휘 ダイエット(diet) 다이어트 | 食後 식후 | 朝食 조식, 아침 식사 | 効果 효과 | 賛否両論 찬반 양론 | 痩せる 살이 빠지다 | 脂肪 지방 | 燃焼 연소 | 体重 체중 | 作用 작용 | 済ます 끝내다, 때우다, 해결하다 | 疑問 의문 | 동사, イ형용사, ナ형용사, 명사의 보통형(현재) + に越したことはない(단, ナ형용사와 명사는 だ는 X) ~하는 편이 좋다, ~보다 좋을 수는 없다

해설 아침 바나나 다이어트에 대한 찬반 양론이 있음 → 효과는 사람마다 다름 → 바나나에 지방연소의 효과는 없음 → 아침을 바나나로 때우면 체중이 줄지도 모르나 바나나 덕분인지는 모르겠다며 여자는 바나나 다이어트에 의문을 가지고 있다.

4 55

男の人が話しています。

男 今日、私がお勧めしたいのはこの一冊です。第1章では、南米の森に住むミミナガザルの話が出てくるんですが、このサルは耳が大きく、オスは発情期になると、この耳が赤くなるんです。オスは気に入ったメスに、自分の耳の赤さをアピールして近づきます。第2章ではトリの例を紹介しています。北アフリカに住むキイロカンムリドリのオスは、恋の季節になると巣をつくり、その巣の周りを黄色い花で飾る習性があります。黄色い花をたくさん飾って巣を魅力的に見せ、メスを誘うわけですね。この本では、このようにさまざまな動物たちが異性をひきつけるために見せる面白い習性を紹介しています。

この本は、どのようなことについて書かれた本ですか。

1 猿と鳥の習性
2 猿と鳥の魅力

남자가 이야기하고 있습니다.

남 오늘 제가 추천하고 싶은 것은 이 한 권입니다. 제 1장에서는 남미 숲에 사는 미미나가 원숭이의 이야기가 나오는 건데요, 이 원숭이는 귀가 크고 수컷은 발정기가 되면 이 귀가 빨개집니다. 수컷은 마음에 드는 암컷에게 자신의 빨간 귀를 어필하며 접근합니다. 제 2장에서는 새에 대한 예를 소개하고 있습니다. 북아프리카에 사는 노랑머리 새의 수컷은 사랑의 계절이 되면 둥지를 만들어 그 둥지의 주변을 노란색 꽃으로 장식하는 습성이 있습니다. 노란색 꽃을 많이 장식해서 둥지를 매력적으로 보여서 암컷을 유혹하는 것입니다. 이 책에서는 이처럼 여러 가지 동물들이 이성을 매혹하기 위해 보이는 재미있는 습성을 소개하고 있습니다.

이 책은 어떠한 것에 대해서 쓰인 책입니까?

1 원숭이와 새의 습성
2 원숭이와 새의 매력

3 動物のオスとメス
4 動物の求愛行動

3 동물의 수컷과 암컷
4 동물의 구애 행동

정답 4

어휘 勧める 권(유)하다 | 一冊 한 권 | 南米 남미 | 森 숲 | サル 원숭이 | オス 수컷 | 発情期 발정기 | 気に入る 마음에 들다 | メス 암컷 | アピール(appeal) 어필, 호소 | 近づく 접근하다 | トリ 새 | 例 예 | 紹介 소개 | 恋 사랑 | キイロカンムリドリ 노랑머리새 | 季節 계절 | 巣 둥지 | 周り 주변 | 黄色い花 노란색 꽃 | 飾る 장식하다 | 習性 습성 | 魅力的 매력적 | 誘う 권유하다, 유혹하다 | 動物 동물 | 異性 이성 | ひきつける 마음을 끌다, 매혹하다

해설 책의 제1장에서는 수컷 원숭이가 암컷에게 접근하는 방법이, 제2장에서는 수컷 새가 암컷을 유혹하는 방법이 나와 있고 남자가 이 책에서는 동물들이 이성을 매혹하기 위한 습성을 소개한다고 했다. 즉 동물의 이성을 매혹하기 위한 습성, 동물의 구애 행동에 대해 쓰인 책이다.

5 56

女の人が話しています。

女 来年から全国の中学3年生を対象に国語と数学の学力を調査する学力テストが行われることになり、今その実施方法やそもそもテストを行うべきかどうかを巡ってさまざまな議論が起こっています。学力差が全国規模で数字となって確認できるのはいいといった賛成意見もありますし、テストにかかる莫大な費用を学校設備の拡充に回すべきだといった反対意見もあります。わたしもそんなお金があれば、学校の設備をもっとよくしてほしいとも思いますが、テストというものは、生徒の学力ばかりでなく先生方の指導力も測ることができるという意味で、実施を歓迎したいと思っています。

女の人は学力テストについてどう考えていますか。

1 賛成でも反対でもない。
2 どちらかといえば賛成だ。
3 どちらかといえば反対だ。
4 全面的に賛成だ。

여자가 이야기하고 있습니다

여 내년부터 전국의 중학교 3학년생을 대상으로 국어와 수학 학력을 조사하는 학력 테스트를 시행하게 되어 현재 그 시행 방법이나 애초부터 테스트를 시행해야 하는지 아닌지를 둘러싸고 여러 가지 논의가 벌어지고 있습니다. 학력차를 전국 규모로, 숫자로 확인할 수 있는 것은 좋다는 찬성 의견도 있고, 테스트에 드는 막대한 비용을 학교 설비의 확충으로 돌려야 한다는 반대 의견도 있습니다. 저도 그러한 돈이 있다면 학교 설비를 좀 더 좋게 하길 바라지만, 테스트라는 것은 학생의 학력뿐만 아니라 선생님의 지도력도 가늠할 수 있다는 의미에서 시행을 환영하고 싶습니다.

여자는 학력 테스트에 관해서 어떻게 생각하고 있습니까?

1 찬성도 반대도 아니다.
2 어느 쪽인가 하면 찬성이다.
3 어느 쪽인가 하면 반대이다.
4 전면적으로 찬성이다.

정답 2

어휘 全国 전국 | 対象 대상 | 国語 국어 | 数学 수학 | 学力 학력 | 調査 조사 | 実施 시행, 실시 | 方法 방법 | そもそも 도대체 | ~巡って ~을 둘러싸고 | 議論 논의, 의론 | 規模 규모 | 数字 숫자 | 確認 확인 | 賛成 찬성 | 意見 의견 | 莫大 막대 | 費用 비용 | 設備 설비 | 拡充 확충 | 反対 반대 | 生徒 학생 | 指導力 지도력 | 測る 헤아리다, 가늠하다 | 歓迎 환영

해설 내년부터 전국 중학교 3학년생을 대상으로 학력 테스트를 시행 → 그것을 둘러싸고 찬반 의견이 있음 → 화자는 테스트에 드는 돈으로 학교 설비를 좋게 하는 것도 좋지만, 학생의 학력뿐만이 아닌 선생님의 지도력도 가늠할 수 있어 테스트 시행을 환영한다고 함. 중간에 학교 설비 확충도 바란다는 점에선 약간의 반대 의견도 말했지만, 결국 마지막에 시행을 환영한다는 말에서 찬성 쪽임을 알 수 있다.

6 57

大学の先生が話しています。

男 えー、それでは今日は人工知能の問題について考えてみることにします。人工知能とは人間のように振舞う、あるいは人間の知的活動を助けるコンピューターのことを言いますが、人工知能は近年どんどん進化をして、ますます人間に近づいてきています。そのうち、何かを聞くとあらゆることを教えてくれ、あらゆることもアドバイスしてくれる人工知能が登場するかもしれません。ただ、ここで気をつけたいのは、何でも人工知能に代わりをやってもらおうとすると、人間の脳が退化してしまう恐れがあるということです。現在でもわれわれは、昔に比べて計算能力や記憶能力が弱くなってしまっています。そこで、今日の授業では人間の脳を退化させずに、人間ができないことを助けてくれる人工知能について、その望ましい研究開発の方向について考えてみたいと思います。

この授業でとりあげる内容はどのようなことですか。

1 人工知能の退化
2 人工知能を開発する必要性
3 人工知能を開発するときの課題
4 人工知能と人間の脳の違い

대학 선생님이 이야기하고 있습니다

남 음~, 그러면 오늘은 인공지능의 문제에 관해서 생각해 보기로 하겠습니다. 인공지능이란, 인간처럼 행동하는 혹은 인간의 지적 활동을 돕는 컴퓨터를 말하지만, 인공지능은 요 몇 년 간 계속 진화를 해서 점점 인간에 가까워졌습니다. 머지않아 무언가를 물으면 그에 대한 모든 것을 가르쳐 주고, 무엇이든 충고해 주는 인공지능이 등장할 지도 모르겠습니다. 단지 여기서 주의해야 하는 것은 무엇이든 인공지능이 대신해 주면 인간의 뇌가 퇴화해 버릴 우려가 있다는 겁니다. 현재에도 우리는 예전에 비해 계산능력이나 기억능력이 약해져 있습니다. 그래서 오늘 수업에서는 인간의 뇌를 퇴화시키지 않고 인간이 할 수 없는 일을 도와주는 인공지능에 관해서, 그 바람직한 연구개발 방향에 관해서 생각해 보고자 합니다.

이 수업에서 다루는 내용은 어떠한 것입니까?

1 인공지능의 퇴화
2 인공지능을 개발할 필요성
3 인공지능을 개발할 때의 과제
4 인공지능과 인간의 뇌의 차이

정답 3

어휘 人工知能 인공지능 | 振舞う 행동하다 | 知的活動 지적 활동 | どんどん 자꾸, 계속, 척척 | 進化 진화 | 近づく 접근하다 | あらゆる 모든, 온갖 | アドバイス(advice) 충고, 조언 | 登場 등장 | 脳 뇌 | 退化 퇴화 | ~の恐れがある ~할 우려가 있다 | 計算能力 계산능력 | 記憶能力 기억능력 | 望ましい 바람직하다 | 研究開発 연구개발 | 方向 방향

해설 인공지능이 진화해서 인간에 가까워짐 → 뭐든 인공지능이 대신하면 인간의 뇌는 퇴화 → 인간의 뇌를 퇴화시키지 않고 인간을 도와주는 인공지능의 바람직한 연구개발 방향에 대해 생각 해 보고 싶음. 즉 개발할 때의 과제에 대해 말하고 있다.

확인문제 3

문제3. 문제3에서는 문제지에 아무것도 인쇄되어 있지 않습니다. 이 문제는 전체적으로 어떤 내용인가를 묻는 문제입니다. 이야기 전에 질문은 없습니다. 우선 이야기를 들으세요. 그리고 질문과 선택지를 듣고, 1~4 중에서 가장 적당한 것을 하나 고르세요.

1 58

女の人が電話で友達に、ある読書サークルについて話しています。

女 あのね、こないだネットで見つけたんだけど、おもしろい読書サークルがあるのよ。あなたも入らない？あのね、前もって会員たちで読む本を決めて、参加者を募って、週末に

여자가 전화로 친구에게 어느 독서 서클에 관해서 이야기하고 있습니다.

여 저기 있지, 얼마 전에 인터넷에서 찾았는데 재미있는 독서 서클이 있어. 너도 가입할래? 사전에 회원들끼리 읽을 책을 정하고 참가자를 모집해서 주말에 모이는데, 매회 50명 정

集まるんだけど、毎回５０人ぐらい集まるんだって。５０人ってすごいでしょ。で、１０人ぐらいのグループに分かれて討論するんだって。 私、本買っただけで机の上に置きっぱなしってことよくあるから、読書サークルに入って、期限ができれば頑張って読むことになるし。人と話すことで作品に対する理解も深まるし、いいんじゃないかなあって思ってるのよ。でも全然知らない人に会うのってちょっと恐いし、勇気要るでしょ?だから。

도 모인대. 50명이라니, 대단하지? 10명 정도의 그룹으로 나눠서 토론한다고 해. 난 책은 사기만 하고 책상에 방치하는 일이 많으니까, 독서 서클에 들어가서 기한이 생기면 열심히 읽게 될 거고. 다른 사람과 이야기함으로써 작품에 대한 이해도 깊어지고 좋지 않을까 생각해. 하지만 전혀 모르는 사람을 만나는 게 조금 겁나기도 하고, 용기가 필요하겠지? 그래서….

女の人はこの読書サークルについてどう思っていますか。
1 あまり入りたくない
2 もう一度よく考えてから入りたい
3 今すぐに入りたい
4 友達と一緒になら入りたい

여자는 이 독서 서클에 대해서 어떻게 생각하고 있습니까?
1 그다지 들고 싶지 않다
2 한 번 더 생각해 보고 나서 들고 싶다
3 지금 당장 들고 싶다
4 친구와 함께라면 들고 싶다

정답 4

어휘 読書(どくしょ) 독서 | サークル(circle) 서클, 동호회 | 前(まえ)もって 미리, 사전에 | 会員(かいいん) 회원 | 参加(さんか) 참가 | 募(つの)る 모집하다, 모으다(他) | 討論(とうろん) 토론 | 동사ます형 + っぱなし ~인 채로 쭉 | 頑張(がんば)る 분발하다, 노력하다 | 作品(さくひん) 작품 | 理解(りかい) 이해 | 深(ふか)まる 깊어지다 | 勇気(ゆうき) 용기

해설 독서 서클에 대한 여자의 생각!
여자는 독서 서클에 친구에게 가입을 권하고 있음→ 자신은 책을 사서 방치해 둘 때가 많아서 여기에 가입하면 책을 읽게 되고 작품의 이해도 깊어져서 좋을 거라고 함 → 그러나 낯선 사람을 만나는 게 겁나고 용기가 필요할 거라고 함 → 그 말에 이에 '그래서~'라는 말을 한 건 결국, 함께 들었음 좋겠다는 뜻이 된다(4번) ⇒ 이야기의 흐름을 필기해 둘 것!

2 59

講演会で女の人が、話しています。

女 今、子どもの火遊びによる火災が問題になっています。その原因の多くが使い捨てライターによるもので、子どもが死亡するケースも多く、国が対策を急いでいます。使い捨てライターの中には、マンガのキャラクターが印刷されたものやライトがつくおもちゃのようなものも販売されていますが、これまで特に国の規制はありませんでした。外国では子どもが簡単に火をつけられないような構造ものが普及しており、日本でも同様の商品が販売されていますが、価格が高いため売れ行きはよくないということです。ただ、子どもにとって使いづらいものは、お年寄りや体の不自由な人にも使いづらいものとなりますから、この点には工夫が必要となりそうです。

강연회에서 여자가 이야기하고 있습니다

여 요즘, 아이들의 불장난으로 말미암은 화재가 문제되고 있습니다. 그 원인의 대부분이 일회용 라이터에 의한 것으로 아이가 사망하는 경우도 많아서 국가가 대책을 서두르고 있습니다. 일회용 라이터 중에는 만화 캐릭터가 인쇄된 것이나 불이 켜지는 장난감 같은 라이터도 판매되고 있습니다만, 지금까지 특별히 국가의 규제는 없었습니다. 외국에서는 아이가 쉽게 불을 붙일 수 없는 구조의 라이터가 보급되고 있고, 일본에서도 같은 상품이 판매되고 있습니다만, 가격이 비싸기 때문에 잘 팔리지 않는다고 합니다. 단, 아이가 사용하기 힘든 것은 노인이나 몸이 불편한 사람도 사용하기 힘들기 때문에 이 부분에서는 연구가 필요할 것 같습니다.

女の人は使い捨てライターのどんな点が問題だと言っていますか。
1 簡単に火がつけられること
2 外国に比べて値段が高いこと
3 デザインが悪いこと
4 お年寄りが使いづらいこと

여자는 일회용 라이터의 어떤 점이 문제라고 말하고 있습니까?
1 간단히 불을 붙일 수 있는 것
2 외국에 비해 값이 비싼 것
3 디자인이 나쁜 것
4 노인이 사용하기 힘든 것

정답 1

어휘 講演会 강연회 | 火遊び 불장난 | 火災 화재 | 原因 원인 | 使い捨て 일회용 | ライター(lighter) 라이터 | 死亡 사망 | 対策 대책 | キャラクター(character) 캐릭터, 성격 | 印刷 인쇄 | 販売 판매 | 規制 규제 | 構造 구조 | 普及 보급 | 同様 같음 | 商品 상품 | 価格 가격 | 売れ行き 팔림새(팔리는 상태) | お年寄り 노인 | 不自由 부자유

해설 일회용 라이터의 문제점!

아이들의 불장난에 의한 화재가 문제 → 대부분의 원인이 일회용 라이터→ 일회용 라이터 중에는 만화캐릭터가 인쇄되어 있거나 불이 켜지는 장난감 같은 것도 판매되고 있으나 특별히 국가의 규제가 없음 → 외국의 경우는 아이가 쉽게 불을 붙일 수 없는 라이터가 보급되고 있지만, 일본에서는 비싸서 잘 팔리지 않음 → 아이가 사용하기 힘든 것은 노인이나 몸이 불편한 사람도 사용하기 어려우므로 연구가 필요 ⇒ 즉, 지금의 라이터는 쉽게 불을 붙일 수 있는 것이 문제

3 60

男の人が映画について話しています。

男 ゆうベテレビでおもしろい映画見ちゃったよ。「目黒のさんま」っていう映画でさ、久しぶりに映画見て泣いちゃったよ。映画のあちこちに落語が出てきて、笑えるところもいっぱいあるんだけど。高校１年の男の子の話でさ、背がちっちゃくて、いつもみんなからいじめられてるから、お笑いやったら友達できるかもしれないって考えて、落語習いに行くんだよ。最初はいらいらするぐらい下手なんだけど、ある日、目の見えないおじいちゃんと出会って、それからどんどん上手くなるんだ。で、それと同時に変わってくるんだよ、その子の顔が。ラストシーンは胸に迫るよ～。うわあ、人間、ここまで変われるんだって。涙出ちゃったよ。

男の人が見た映画はどんな映画だったと言っていますか。

1 落語のおもしろさを紹介する映画
2 おじいさんの目が見えなくなる悲しい映画
3 高校生とおじいさんの友情を描いた映画
4 一人の高校生が成長していく感動的な映画

남자가 영화에 대해서 이야기하고 있습니다.

남 어젯밤에 텔레비전에서 재미있는 영화를 봤어. '메구로의 꽁치'라는 영화인데, 오랜만에 영화보고 울어버렸어. 영화 여기저기에 라쿠고가 나와서 웃기는 부분도 많이 있었지만, 고등학교 1학년인 남자아이 이야기로, 키가 작아서 항상 모두에게 따돌림 당하니까 웃기는 이야기를 하면 친구가 생길지도 모른다고 생각해서 라쿠고를 배우러 가는 거야. 처음엔 짜증 날 정도로 서툴렀지만, 어느 날, 눈이 보이지 않는 할아버지를 만나서 그 뒤로 실력이 쑥쑥 느는 거야. 그리고 그와 동시에 변하기 시작하는 거야. 그 아이의 얼굴이. 마지막 장면은 가슴에 복받치는 거야. 우와~ 사람이 이렇게까지 바뀔 수 있구나 하고, 눈물이 났어.

남자가 본 영화는 어떤 영화였다고 말합니까?

1 만담의 재미를 소개하는 영화
2 할아버지의 눈이 보이지 않게 되는 슬픈 영화
3 고등학생과 할아버지의 우정을 그린 영화
4 한 명의 고등학생이 성장해 가는 감동적인 영화

정답 4

어휘 目黒 메구로(지명) | さんま 꽁치 | 落語 한 사람이 역할을 나누어 연기를 하고 해학적인 이야기를 하며 특별한 비약을 가진 결말을 내는 만담[*漫才 두 사람이 익살스럽게 주고받는 재담] | お笑い 만담, 웃음거리 | 胸に迫る 가슴 속 깊이 느끼다

해설 남자가 본 영화의 내용 찾기!

남자는 영화를 보고 울었는데, 내용은 고교 1학년인 남자아이가 키가 작아서 따돌림을 당하자 친구를 만들기 위해 만담을 배우러 감 → 서툴던 실력이 맹인 할아버지를 만난 이후 점차 능숙해지면서 아이의 얼굴(표정)이 변화 되어가는 그 부분에서 남자는 감동을 받음 ⇒ 영화나 소설이 나오면 내용 중심으로 필기할 것!

4 61

テレビの番組で男のお医者さんと女性アナウンサーが話しています。

男 失礼ですが、田中さんの平熱は何度ぐらいですか。
女 そうですね。だいたい35度台だと思いますけれど。
男 それはちょっと注意が必要ですね。実はガン細胞が最も活発に活動するのが35度台だと言われているんです。
女 え?そうなんですか。
男 ええ。日本人の、特に女性には、平熱が35度台のいわゆる低体温の方が多いと言われているんですが、理想的な体温というのは36度５分から37度ぐらいなんですね。それよりも体温が１度下がると、体を病気から守ってくれる免疫力が3割も下がり、病気になる確率が高くなるんです。逆に体温が１度上がると、どうなると思いますか。
女 免疫力が3割上がるんでしょうか。
男 実はそれ以上で、5割から6割ぐらいアップします。風邪をひいたときなどに発熱するのは、そのためなんですね。

お医者さんは何について話していますか。
1 風邪と発熱の関係
2 ガン細胞と風邪の関係
3 体温と免疫力の関係
4 日本人女性の体温

텔레비전 프로그램에서 남자 의사와 여자 아나운서가 이야기하고 있습니다.

남 실례지만, 다나카 씨의 평상시 체온은 몇 도 정도입니까?
여 글쎄요. 대략 35도 대인 것 같은데요.
남 그렇다면 약간의 주의가 필요하겠네요. 실은 암세포가 가장 활발하게 활동하는 것이 35도 대라고 하거든요.
여 에? 그렇습니까?
남 예. 일본인, 특히 여성에게는 평상시 체온이 35도 대인 이른바 저체온인 분이 많다고 합니다만, 이상적 체온이라는 것은 36도 5분에서 37정도 거든요. 그보다도 1도 내려가면 몸을 병으로부터 지켜주는 면역력이 30%나 내려가, 병에 걸릴 확률이 높아지게 되는 겁니다. 반대로, 체온이 1도 올라가면 어떻게 될 것 같습니까?
여 면역력이 30% 오르는 겁니까?
남 실은 그 이상으로 50~60%정도 올라갑니다. 감기에 걸렸을 때 열이 나는 것은 그 때문인 겁니다.

의사는 무엇에 관해서 이야기하고 있습니까?
1 감기와 발열의 관계
2 암세포와 감기의 관계
3 체온과 면역력의 관계
4 일본인 여성의 체온

정답 3

어휘 番組(ばんぐみ) 프로그램 | アナウンサー(announcer) 아나운서 | 平熱(へいねつ) 평상시 체온 | 癌(がん) 암 | 細胞(さいぼう) 세포 | 活発(かっぱつ) 활발 | いわゆる 이른바, 소위 | 低体温(ていたいおん) 저체온 | 理想的(りそうてき) 이상적 | 免疫力(めんえきりょく) 면역력 | 確率(かくりつ) 확률 | 逆(ぎゃく)に 반대로 | 発熱(はつねつ) 발열

해설 내용의 주제 찾기!
여자 아나운서의 평상시 체온이 35도라고 하자 남자 의사는 암세포가 활발하게 활동하는 온도이므로 주의가 필요하다고 한다. 이상적인 체온은 36도 5분에서 37도 정도, 그보다 낮아지면 면역력이 낮아져 병에 걸리기 쉽고 반대로 올라가면 면역력이 올라간다고 함 ⇒ 주제(테마)를 묻는 문제는 구체적인 것보다 전체적 흐름이 중요

5 62

ある会合で男の人が話しています。

男 今、この地球からなくなりつつあるものは、野生動物や植物ばかりではありません。数千種類もあるという人間の言葉もどんどんなくなっています。世界各地のジャングルや山の奥地に暮らす人たちの言葉です。言葉は毎日の生活の中で、親や周りの大人たちが子供に話して伝えなければなりませんが、世界中で経済開発が進む中、未開部族や少数民族の共同体はどんどん姿を消しています。動物や植物と同じで、言葉は一度失われると取り戻すことは不可能になります。なんとかならないものかとは思いますが…。これが人間の文明の進歩というものなのでしょうかねえ。

어느 모임에서 남자가 이야기하고 있습니다.

남 지금, 이 지구에서 사라져 가는 것은 야생동물이나 식물만은 아닙니다. 수천 종류나 있다는 인간의 언어도 점점 사라지고 있습니다. 세계 각지의 정글이나 산 속 오지에 사는 사람들의 언어입니다. 언어는 매일의 생활 속에서 부모나 주변의 어른들이 아이에게 말을 해서 전해야 하지만, 전 세계에서 경제개발이 진행되는 가운데 미개 부족이나 소수민족의 공동체는 점점 모습을 감추고 있습니다. 동물이나 식물과 마찬가지로 언어는 한번 잃게 되면 되찾는 것은 불가능해집니다. 어떻게 할 수 없는 것일까하고 생각하지만, 이것이 인간 문명의 진보라는 것이겠죠.

男の人は言葉がなくなることについてどう思っていますか。
1 そのうち何とかなると思っている
2 さびしいことだと思っている
3 当たり前だと思っている
4 くだらないと思っている

남자는 언어가 없어지는 것에 관해서 어떻게 생각하고 있습니까?
1 머지않아 어떻게든 될 거라고 생각하고 있다
2 섭섭한 일이라고 생각하고 있다
3 당연한 일이라고 생각하고 있다
4 시시하다고 생각하고 있다

정답 2

어휘 会合(かいごう) 회합, 집회, 모임 | 地球(ちきゅう) 지구 | 동사ます형 + つつある ~해 가고 있다 | 野生動物(やせいどうぶつ) 야생 동물 | 植物(しょくぶつ) 식물 | 種類(しゅるい) 종류 | 世界各地(せかいかくち) 세계각지 | ジャングル(jungle) 정글, 밀림 | 奥地(おくち) 오지 | 経済開発(けいざいかいはつ) 경제개발 | 未開部族(みかいぶぞく) 미개부족 | 少数民族(しょうすうみんぞく) 소수민족 | 共同体(きょうどうたい) 공동체 | 失う(うしな) 잃다 | 取り戻す(ともど) 되찾다, 회복하다 | 可能(かのう) 가능 | 文明(ぶんめい) 문명 | 進歩(しんぽ) 진보

해설 말이 없어지는 것에 대한 남자의 생각!
지구상에서 야생동물이나 식물만 사라져 가는 것이 아니라 인간의 언어도 사라지고 있음 (특히 오지에 사는 사란들의 언어가 그러함) → 언어는 생활 속에서 전해지는 것인데 경제개발과 함께 미개 부족과 소수민족이 사라지고 있으며 한번 잃게 된 말은 되찾기 힘듦 → 어떻게든 하고 싶지만, 이것이 인간문명의 진보임 ⇒「なんとかならないものかとは思いますが」이란 대목에서 서운한 마음을 알 수 있다.

6 63

講演会で大学の先生が話しています。

男 えーみなさんは買い物のときに、「限定100個」とか「5割引」などという宣伝文句に惹かれて、思わぬものを買ってしまったということがおありではないでしょうか。私たちの消費は、いつも、常に理性的だとは限らないのです。はるか大昔から、人間は目の前においしそうな動物や木の実があるのを見つけると、毒があってもとにかくすぐに取ったり食べたりするのが、生存競争に勝つために必要なことでした。現在の我々の消費行動も、おいしそうなものに弱いのは昔と同じです。私は人間のこのような心理的な要因も取り入れた消費者行動論という、経営学の一分野の研究をしています。

この先生は何について研究をしていると言っていますか。
1 経営学の歴史
2 経営学全般
3 消費者のさまざまな行動
4 心理学と人間行動学

강연회에서 대학의 선생님이 이야기하고 있습니다.

남 에~여러분은 쇼핑할 때 '한정 100개'라든가 '50% 할인' 등의 선전문구에 끌려서 생각지도 않은 것을 사버린 적이 있지 않으신가요? 우리들의 소비는 언제나, 늘 이성적이라고는 할 수 없습니다. 아득히 먼 옛날부터 인간은 눈앞에 맛있어 보이는 동물이나 나무열매가 있는 걸 발견하면, 독이 있어도 일단 당장 따거나 먹거나 하는 것이 생존경쟁에 이기기 위해 필요한 것이었습니다. 현재의 우리들의 소비행동도 맛있어 보이는 것에 약한 것은 옛날과 마찬가지입니다. 저는 인간의 이러한 심리적 요인까지 도입한 소비자 행동론이라는 경영학의 한 분야의 연구를 하고 있습니다.

이 선생님은 무엇에 관해서 연구하고 있다고 합니까?
1 경영학의 역사
2 경영학 전반
3 소비자의 여러 가지 행동
4 심리학과 인간 행동학

정답 3

어휘 講演会(こうえんかい) 강연회 | 限定(げんてい) 한정 | 割引(わりびき) 할인 | 宣伝文句(せんでんもんく) 선전문구 | 惹かれる(ひ) (마음 등이) 끌리다 | 消費(しょうひ) 소비 | 常に(つね) 항상, 늘 | 理性的(りせいてき) 이성적 | 毒(どく) 독 | 生存競争(せいぞんきょうそう) 생존경쟁 | 勝つ(か) 이기다 | 心理的(しんりてき) 심리적 | 要因(よういん) 요인 | 取り入れる(とい) 도입하다, 받아들이다 | 行動論(こうどうろん) 행동론 | 経営学(けいえいがく) 경영학 | 分野(ぶんや) 분야 | 研究(けんきゅう) 연구

해설 연구내용 찾기!
선전문구에 끌려 생각지도 않은 것을 산 경험이 있듯이 우리의 소비는 늘 이성적이지 않음 → 옛날부터 인간은 맛있어 보이는 것을 우선 취하고 보며 이것은 생존경쟁에 이기기 위해 필요한 것 → 현재의 소비행동도 옛날처럼 맛있는 것에 약한 것은 같으며 이러한 인간의 심리를 도입한 소비자 행동론이라는 경영학의 한 분야를 연구하고 있음.

問題 4 즉시 응답

문제유형 즉시응답 (13 또는 14문항)

2016년 2차 시험까지는 14문항이 출제되었지만, 2017년 1차 시험에서는 13문항으로 축소되었다.

짧은 문장의 말을 듣는다 ➡ 세 개의 선택지를 듣고, 정답을 고른다

포인트

짧은 시간에 문제가 끝나고 다음 문제로 바로 넘어가기 때문에, 정답에 확신이 안 설 경우라도 미련 두지 말고 바로 다음 문제에 집중해야 한다. 그렇지 않으면 더 많은 문제를 놓치게 된다.

학습요령

이 문제는 짧은 문장을 듣고 적절한 응답을 찾으면 되는데 자신의 반사적인 직감을 믿고 정답이 1이라고 생각되면 2, 3은 듣지 않는 등 정답이라고 생각되는 것 이외의 것은 과감히 버리는 것도 한 방법이 될 수 있다.
직장 상사와 부하, 선생님과 학생, 부부나 친구 사이에 하는 짧은 대화가 많이 나오므로 평소 일상생활 장면에서 많이 쓰이는 말은 꼭 기억해 두는 것이 좋다.

해설 p.449

問題4 問題4では、問題用紙に何も印刷されていません。まず文を聞いてください。それから、それに対する返事を聞いて、1から3の中から、最もよいものを一つ選んでください。

1~23 64~86

— メモ —

해설 p.452

問題4 問題(もんだい)4では、問題用紙(もんだいようし)に何(なに)も印刷(いんさつ)されていません。まず文(ぶん)を聞(き)いてください。それから、それに対(たい)する返事(へんじ)を聞(き)いて、1から3の中(なか)から、最(もっと)もよいものを一(ひと)つ選(えら)んでください。

1~14 

— メモ —

확인문제 ③

해설 p.456

問題4 問題4では、問題用紙に何も印刷されていません。まず文を聞いてください。それから、それに対する返事を聞いて、1から3の中から、最もよいものを一つ選んでください。

1~14 101~114

— メモ —

확인문제 정답 및 해설

확인문제 1

문제4. 문제 4에서는 문제지에 아무것도 인쇄되어 있지 않습니다. 먼저 문장을 들으세요. 그리고 그것에 대한 대답을 듣고, 1~3 중에서 가장 적당한 것을 하나 고르세요.

1 64

男 もし、よかったら、いっしょに夕食でもいかがですか?
女 1 どうぞ、おかまいなく。そろそろ失礼しますので。
2 どうぞ、ごえんりょなく。冷めないうちに。
3 どうぞ、お気をつけて。行ってらっしゃい。

2 65

男 君の言ったとおり、とちゅうで雨にぬれちゃったよ。
女 1 いやな思いをさせて、ごめんなさい。
2 たまたま、予想が当たっただけですよ。
3 だから、傘を持って行った方がいいって言ったのに。

3 66

男 悪いけど、机、動かすの、手伝ってくれる?
女 1 ほんとうに、悪いですね。
2 いえ、悪くないですよ。
3 はい、すぐ行きます。

4 67

男 ほんと、田中さんの作る料理は、さすがですね。
女 1 いえ、それほどでも…
2 そんなにまずいですか?
3 ええ、まあまあです。

5 68

女 だいじょうぶ?血が出てるんじゃない?
男 1 これぐらい、どうってことないよ。
2 どういたしまして。けっこうです。
3 おかげさまで、元気です。

6 69

女 車で行くのは、やめたら?まんいち、事故にあわないとも限らないから。
男 1 車がないと、不便だね。
2 そんなに心配しなくても、だいじょうぶだよ。
3 わかった。じゃあ、あいつに運転させるよ。

7 70

男 写真を見ただけでは、何とも言えないね。
女 1 それなら、言わないほうがいいわね。

1 정답 1

남 혹시 괜찮다면 저녁식사 같이 어떠세요?
여 1 아무쪼록 개의치 마세요. 이제그만 실례할게요.
2 아무쪼록 사양하지 마시고, 식기 전에 드세요.
3 아무쪼록 조심해서 다녀오세요.

2 정답 3

남 네가 말한 대로 도중에 비에 젖어버렸어.
여 1 안 좋은 기분 들게 해서 미안해요.
2 우연히 예상이 들어맞은 것뿐이에요.
3 그러니까 우산 가지고 가는 편이 좋을 거라고 말한건데.

3 정답 3

남 미안하지만 책상 옮기는 것 도와줄래?
여 1 정말 나쁘네요.
2 아니요 나쁘지 않아요.
3 네. 금방 갈게요.

4 정답 1

남 정말 다나카 씨가 만든 요리는 역시(맛있)네요.
여 1 아니요 그 정도는…
2 그렇게 맛없나요?
3 네, 그럭저럭이네요.

5 정답 1

여 괜찮아? 피 나는 것 아냐?
남 1 이 정도 아무것도 아냐.
2 천만에요. 괜찮습니다.
3 덕분에 건강합니다.

6 정답 2

여 차로 가는 것은 그만 두는 것이 어때? 만에 하나, 사고가 나지 않는다고도 단정할 수 없잖아.
남 1 차가 없으면 불편하네.
2 그렇게 걱정하지 않아도 괜찮아.
3 알았어. 그럼 그 녀석에게 운전시킬게.

7 정답 2

남 사진을 본 것 만으로는 뭐라고도 할 수 없네요.
여 1 그렇다면 말하지 않는 편이 좋네요.

2 本物を見てからでないとね。
3 口では表せないぐらい、すばらしいね。

2 실물을 보고 나서가 아니면….
3 말로는 표현할 수 없을 정도로 멋지네요.

8 71

男 お手数ですが、明日の午前中に、再度、お電話をいただきたく存じます。
女 1 はい、お電話、待ってます。
2 いえ、何もあげられませんよ。
3 じゃあ、明日、午前中に。

8 정답 3

남 수고를 끼쳐드립니다만, 내일 오전 중에 다시 한 번 전화 주셨으면 합니다.
여 1 네. 전화 기다리겠습니다.
2 아니요. 아무것도 줄 수 없습니다.
3 그럼 내일 오전 중에.

9 72

女 また、ここにゴミを捨てて行った人がいますよ。何とかなりませんかねえ。
男 1 ほんとうに、困ったもんですねえ。
2 いえ、私が捨てたのではありません。
3 いえ、何ともございません。

9 정답 1

여 또 여기에 쓰레기를 버리고 간 사람이 있어요. 어떻게 안 될까요.
남 1 정말 곤란하네요.
2 아니요 제가 버린 것은 아닙니다.
3 아니요. 아무렇지도 않습니다.

10 73

男 調子悪そうだよ。一度、病院に行ってみたら?
女 1 おかげさまで。ちょっと忙しくて。
2 うん、ありがとう。そうしてみる。
3 どういたしまして。かまいません。

10 정답 2

남 몸이 안 좋아 보여요. 병원에 한번 가보는 것이 어때?
여 1 덕분에. 조금 바빠서.
2 응 고마워. 그렇게 해볼게.
3 천만에요. 괜찮습니다.

11 74

女 早く寝なさいって、何度言ったらわかるの!
男 1 もう一回、言ってくれる?
2 はーい、ごめんなさい。
3 ごめん、よくわからないんだ。

11 정답 2

여 빨리 자라고 몇 번 말해야 알겠니!
남 1 다시 한번, 말해 줄래?
2 네~, 죄송해요.
3 미안, 잘 모르겠어.

12 75

男 困ってるなら、相談してくれればよかったのに。
女 1 そうね。ほんとうによかったわ。
2 わかった。相談に乗るわよ。
3 でも、なかなか言い出せなくて…。

12 정답 3

남 힘들었다면, 의논해 줬으면 좋았을 걸..
여 1 그렇네, 정말 다행이다.
2 알았어 상담에 응할게요.(들어줄게)
3 하지만 좀처럼 말을 꺼낼 수 없어서…

13 76

男 ぼくが優秀だなんて、からかわないでくださいよ。
女 1 何、言ってるの。からかってなんかいないわよ。
2 やっぱり優秀じゃなかったのね。
3 どうして、優秀じゃないってわかったの?

13 정답 1

남 내가 우수하다니, 놀리지 마세요.
여 1 무슨 말을 하는 거야. 놀리는 거 아니야.
2 역시 우수하지 않았네.
3 어째서 우수하지 않다는 것을 알았어?

14 77

女 あ、田中くん、 山田先生が、研究室に来るようにって、おっしゃってたわよ。
男 1 じゃあ、ちょっと行ってくるね。

14 정답 1

여 아, 다나카 군, 야마다 선생님이 연구실로 오라고 말씀하셨어.

남 1 그럼, 잠깐 갔다 올게.

2 いつ、いらっしゃるんだろうね。
3 じゃあ、君が行って来れば？

15 78

女 さすが田中くん、だいぶ腕を上げたわね。
男 1 まだ、一番上まで上がらないんですよ。
2 さっき上げたところです。
3 いえ、まだまだです。

16 79

男 ぼくが食事に誘ったんだから、払わなくてもいいよ。
女 1 それは悪いよ。別々にしましょう。
2 お金がないなんて、失礼ね。
3 そういえば、一回も払ったことがないね。

17 80

男 調理師の免許を持ってるとは、知らなかったなあ。
女 1 まさか、信じられませんね。
2 もう5年になるんですよ。
3 きっと無理だと思います。

18 81

女 山田さんの絵、いつも拝見して娘と感心しております。
男 1 それは、あんまりです。
2 それは、申し訳ありません。
3 それは、おそれいります。

19 82

女 こんなときに、よくそんなのんきなこと言ってられるよね。
男 1 ええ、よく言ってるんですよ。
2 いえ、それほどでも。
3 すみません、そういう意味では…

20 83

男 この前久しぶりに田中さんに会ったんだけどさ…いやー変わったなんてもんじゃなかったよ。
女 1 へー、そんなに変わったの？
2 へー、やっぱり相変わらずなんだね。
3 へー、そういうもんじゃないんだね。

21 84

男 山田さん、英語、得意だったよね。この翻訳、ぜひ山田さんにお願いしたいんだけど。
女 1 えっ、翻訳なんか、けっこうですよ。
2 えっ、私にできるでしょうか。

2 언제 오시는 걸까.
3 그럼 네가 갔다 오면 어때?

15 정답 3

여 과연 다나카 군, 꽤 실력이 늘었네.
남 1 아직 제일 위에까지 올라가지 못해요.
2 조금 전에 올린 참이에요.
3 아니요. 아직이에요.

16 정답 1

남 내가 밥먹자고 했으니까 돈은 내지 않아도 돼.
여 1 그건 미안해서 안돼. 각자 냅시다.
2 돈이 없다니 실례네요.
3 그러고 보니 한번도 돈을 낸 적이 없네요.

17 정답 2

남 조리사 면허를 가지고 있다니, 몰랐네요.
여 1 설마. 믿을 수 없어요.
2 벌써 5년이나 되었어요.
3 분명 무리라고 생각해요.

18 정답 3

여 야마다 씨의 그림, 항상 보면서 딸과 감탄하고 있습니다.
남 1 그건 너무합니다.
2 그건 정말 죄송합니다.
3 그건 정말 황송합니다.

19 정답 3

여 이런 때에, 잘도 그런 한가한 소리를 하고 있는구나.
남 1 네, 자주 말하고 있어요.
2 아니요, 그 정도는 아니에요.
3 죄송합니다. 그런 의미는 아니었는데….

20 정답 1

남 일전에 오랜만에 다나카 씨를 만났는데… 변한 정도가 아니었어
여 1 헤~ 그렇게 변했어?
2 헤~ 역시 변함 없구나.
3 헤~ 그런 것이 아니구나.

21 정답 2

남 야마다 씨, 영어 잘하죠. 이 번역 꼭 야마다 씨에게 부탁하고 싶은데요.
여 1 에? 번역 같은 거, 됐어요.
2 에? 제가 할 수 있을까요.

3 えっ、そんなのやっていただけませんよ。

3 에? 그런 것 해 주실 수 없어요.

22 85

男 あーあ、今日の午後は、社長の土産話のおかげで、仕事どころじゃなかったよ。
女 1 社長の話好きも困ったもんね。
2 へー、旅行の仕事じゃなかったの。
3 そう、それはよかったじゃない。

22 정답 1

남 아~ 오늘 오후는 사장님의 여행담 덕분에 일할 수 있는 상황이 아니었어요.
1 사장님은 수다를 너무 좋아해서 곤란하다니까.
2 헤, 여행에 관한 일 아니었어?
3 그래, 그건 정말 잘됐네.

23 86

男 ほんと、あんなことするなんてさ。あのときはどうかしてたんだな、僕たち。
女 1 うん、どうやってやったんだろうね。ほんとに。
2 うん、何かしてたんだろうね。ほんとに。
3 うん、何考えてたんだろうね。ほんとに。

23 정답 3

남 정말 그런 일을 하다니. 그 때는 어떻게 됐었나봐 우리들.
여 1 응, 어떻게 했을까. 정말로.
2 응, 뭔가 했었던 거네. 정말로
3 응, 뭘 생각했었던 거지. 정말로.

확인문제 2

문제4. 문제 4에서는 문제지에 아무것도 인쇄되어 있지 않습니다. 먼저 문장을 들으세요. 그리고 그것에 대한 대답을 듣고, 1~3 중에서 가장 적당한 것을 하나 고르세요.

1 87

女 はい。こないだ頼まれた書類。全部書いて来ましたよ。
男 1 じゃ、全部書いて来てください。
2 書類は全部送りました。
3 わあ、助かりました。

여 예, 얼마 전에 부탁한 서류. 전부 써 왔어요.
남 1 그럼, 전부 써 오세요.
2 서류는 전부 보냈습니다.
3 와, 덕분에 살았어요. (도움이 됐어요).

정답 3

어휘 頼(たの)む 부탁하다 | 書類(しょるい) 서류 | 全部(ぜんぶ) 전부 | 送(おく)る 보내다 | 助(たす)かる 살아나다, 구제되다, 도움이 되다

해설 부탁한 서류를 전부 써왔다는 말에 '도움이 되었다'는 뜻의 3번이 정답이다. 1번은 부적절하고, 2번은 서류는 어떻게 했냐는 질문에 대한 대답으로 적절하다.

2 88

男 お客様がお探しの本は、今ちょっとありませんので、お取り寄せになりますが…。
女 1 そうですか。じゃ、けっこうです。
2 じゃ、ちょっと探してください。
3 じゃ、すぐ呼んで来てください。

남 손님이 찾으시는 책은 지금 없어서 주문하셔야 되겠는데요.
여 1 그렇습니까? 그럼, 됐습니다.
2 그럼, 좀 찾아 주세요.
3 그럼, 곧 불러와 주세요.

정답 1

어휘 探(さが)す 찾다 | 取(と)り寄(よ)せる (주문하거나 말해서) 가져오게 하다 | けっこう 괜찮음, 이제 됐음

해설 책이 없어 주문해야 한다는 말에 '그럼, 됐습니다.'라고 정중히 사양하고 있는 1번이 정답이다. 2번은 책이 있다는 전제 하에 올 수 있는 대답이고, 3번은 부적절하다.

3 89

男 いやー、結婚式のときの彼女の美しさといったら、そりゃあ、なかったよ。
女 1 そんなにきれいだったの。
2 そんなに美しくなかったのね。
3 そんな言い方したら、失礼よ。

남 야, 결혼식 때 그녀 정말 아름다웠어!

여 1 그렇게 예뻤어?
2 그렇게 아름답지 않았었군.
3 그런 말투는 실례야.

정답 1

어휘 結婚式(けっこんしき) 결혼식 | 美(うつく)しさ 아름다움 | そりゃあ(それは) 정말로, 그야말로 | 言(い)い方(かた) 말투, 말씨 | 失礼(しつれい) 실례

해설 결혼식에서 그녀가 너무 아름다웠다고 감탄하는 말에 '그렇게 아름다웠냐'고 묻고 있는 1번이 정답이다. 2번과 3번은 부적절하다. 여기서 「~といったらそない」는 도저히 말로 표현 못할 정도로 ~하다는 의미이다.

4 89

女 新入社員の木村さんにこの仕事を任せるのは、ちょっと問題なんじゃないでしょうか。
男 1 いや、そんなものはないと思いますよ。
2 いや、そんなことはないと思いますよ。
3 いや、木村さんには任せないと思いますよ。

여 신입 사원인 기무라 씨에게 이 일을 맡기는 건 좀 문제 있는 건 아닐까?
남 1 아니요, 그런 것은 없을 거예요.
2 아니요, 그런 일은 없을 거예요.
3 아니요, 기무라 씨에게 맡기지 않을 거라 생각해요.

정답 2

어휘 新入社員(しんにゅうしゃいん) 신입사원 | 仕事(しごと) 일 | 任(まか)せる 맡기다 | 問題(もんだい) 문제

해설 '신입 사원인 기무라 씨에게 일을 맡기는 것은 문제 있지 않을까'하고 불안해하는 질문에 '아니요, 그런 일은 없을 거예요'라고 하며 대답한 2번이 정답이다. 1번은 「こと」가 아닌 「もの」를 넣어 다른 뜻이 되어 버렸고, 3번은 답변으로 맞지 않다.

5 91

男 あ、しまった。大変なことになっちゃった。
女 1 何時に閉まったの。
2 何?どこ行くの。
3 何?どうしたの。

남 아, 아뿔사! 큰일났다.
여 1 몇 시에 닫혔어?
2 뭐야? 어디 가는 거야?
3 뭐야? 왜 그래?

정답 3

어휘 しまった 아차, 아뿔사 | 大変(たいへん) 큰일, 대단히, 몹시 | 閉(し)まる 닫다

해설 '아뿔사, 큰일났다'하면서 당황해 하는 말에 무엇 때문에 그러는지 묻는 3번이 정답이다. 1번은 「しまった」를 동음인 「閉まった」로 착각한 것이므로 오답이며, 2번은 답변으로 적절하지 않다.

6 92

女 そうそう。おいしいコーヒーがあるんですよ。今、入れますね。
男 1 どうぞ、よろしく。
2 どうぞ、おかまいなく。
3 ごちそうさまでした。

여 아, 참! 맛있는 커피가 있어요. 지금 끓일게요.

남 1 잘 부탁합니다.
2 (저는) 조금도 신경 쓰지 마세요.
3 잘 먹었습니다.

정답 2

어휘 そうそう 그래 그래, 아! 참(긍정할 때 또는 생각이 떠 올랐을 때 하는 말) | お構(かま)い 염두에 둠, 꺼림

해설 커피를 끓인다고 하는 것은 상대에게 대접하겠다는 말이므로, 자신은 신경 쓰지 말라고 응답한 2번이 정답이다. 3번은 뭔가를 다 먹고 난 뒤에 대답하는 말이며, 1번은 어떤 일을 잘 부탁한다는 의미이다.

7 93

男 あ、ちょっとお待ちください。お泊りのホテルまで車でお送りしますので。

女 1 おそれいります。
2 失礼します。
3 ごめんください。

남 아, 잠시 기다려 주세요. 머무시는 호텔까지 차로 바래다 드리겠습니다.

여 1 황송합니다(고맙습니다).
2 실례합니다.
3 실례합니다.

정답 1

어휘 泊(と)まり 묵음, 묵는 곳, 머무는 곳 | 恐(おそ)れ入(い)る 황송하다, 송구스러워하다

해설 숙박하는 곳까지 바래다 주겠다는 말에 죄송해하며 감사해하는 1번이 정답이다. 2번은 작별, 가벼운 사과, 부탁 등에 사용하는 말이며, 3번은 방문이나 사과를 할 때 사용하는 말이다.

8 94

女 ねえ、だめでもともとなんだから、山口さんに一度お願いしてみたら?

男 1 そうだね。やっぱりだめだよね。
2 そうだね。山口さんに頼んでみるか。
3 山口さんには昨日お願いしたしね。

여 있지, 밑져야 본전이니 야마구치 씨에게 한 번 부탁해 보는 게 어때?

남 1 그렇네. 역시 안 되네.
2 그렇지. 야마구치 씨에게 부탁해 볼까?
3 야마구치 씨에게는 어제 부탁했어.

정답 2

어휘 だめでもともと = 駄目元(だめもと) 밑져야 본전 | 一度(いちど) 한번 | 頼(たの)む 부탁하다 | だめ 소용없음 | お願(ねが)い 부탁

해설 밑져야 본전이니 야마구치 씨에게 부탁해 보라고 권유하자 '부탁해 볼까'라고 대답한 2번이 정답이다. 2번과 3번은 부적절하다.

9 95

男 いやあ、こう毎日暑くちゃかないませんね。

女 1 ほんとに、きりがありませんね。
2 ほんとに、しょうがありませんね。
3 ほんとに、たまりませんね。

남 야~, 이렇게 매일 더워서는 견딜 수가 없네요.

여 1 정말로 끝이 없네요.
2 정말로 어쩔 수 없네요
3 정말로 견디지 못하겠네요.

정답 3

어휘 ~てはかなわない(~ちゃかなわない) ~해서는 견딜 수가(참을 수가) 없다

해설 더워서 견딜 수 없다는 말에 '정말로 견디지 못하겠다'고 맞장구 친 3번이 정답이다. 1번과 2번은 답변으로 부적절하다.

10 96

女 ね、そうでしょ?このカメラ、高いだけのことはあったでしょ。
男 1 うん、買えばよかったね。
2 うん、買わなければよかったね。
3 うん、買ってよかったね。

여 그렇지? 이 카메라 비쌀 만하지?
남 1 응, 샀으면 좋았을걸.
2 응, 사지 않았으면 좋았을 걸.
3 응, 사길 잘했어.

정답 3

어휘 カメラ 카메라 | 高(たか)い 비싸다 | ~だけのことはある ~만큼의 가치는 있다, ~할 만하다

해설 '이 카메라 비쌀 만하지?'라고 말한 건 비싼 만큼 그 값을 한다는 뜻이고, 그 말에 '사길 잘했어'라고 대답한 3번이 정답이다. 1번과 2번은 답변으로 부적절하다.

11 97

男 これ、宅急便でお送りしましょうか。持って帰られるのは重いでしょうから。
女 1 じゃ、お言葉に甘えて。
2 どうぞお持ち帰りください。
3 重いなんてもんじゃありませんでしたよ。

남 이거, 택배로 보내드릴까요? 가지고 가시기엔 무거울 테니까요.
여 1 그럼, 염치없지만 그렇게 하겠습니다.
2 부디 가지고 돌아 가십시오.
3 이만저만 무거운 게 아니에요.

정답 1

어휘 宅急便(たっきゅうびん) 일본의 야마토 운수가 제공하는 택배편 서비스 상품명, 일반적으로 宅配(たくはい)라고 함 | お言葉(ことば)に甘(あま)えて 말씀을 고맙게 받아들여 | 甘(あま)える 응석부리다, (호의, 친절 등을) 스스럼없이 받아들이다 | 持(も)ち帰(かえ)る 가지고 돌아가다

해설 무거우니 택배로 보내주겠다고 하자 상대방의 배려에 그 호의를 받아들이겠다는 1번이 정답이다. 3번은 짐이 많이 무거운지 물었을 때의 대답으로 어울리고, 2번은 적절하지 않다.

12 98

男 どうも長々とお邪魔をいたしました。
女 1 いいえ、邪魔じゃありませんよ。
2 いいえ、何のおかまいもしませんで。
3 まったく困ったもんですね。

남 너무 오랫동안 실례했습니다.
여 1 아니요, 방해 아닙니다.
2 아니요, 별다른 대접도 못했는데요.
3 정말 난처하군요.

정답 2

어휘 お邪魔(じゃま)する 실례하다, 방문하다(겸양표현) | ながなが 오랫동안 | おかまい 손님 접대, 대접

해설 너무 오랫동안 실례했다는 것은 방문해서 오래 있어서 폐를 끼쳤다는 뜻인데 오히려 '별다른 대접도 못했다'고 예의를 갖춰 말한 2번이 정답이다. 1번과 3번은 답변으로 적절하지 않다.

13 99

男 あのさ、就職する時に車の免許証って、なくちゃいけないのかなあ。
女 1 そりゃ、あるに越したことはないわよ。
2 そりゃ、あるに決まってるわよ。
3 車の免許はあるにはあるわよ。

남 저 말이야, 취직할 때 운전 면허증, 있어야 하나?
여 1 그야, 있는 게 좋죠.
2 그야, 당연히 있지.
3 운전면허증은 있긴 있죠.

정답 1

어휘 就職(しゅうしょく) 취직 | 免許証(めんきょしょう) 면허증 | ~に決(き)まっている ~로 정해져 있다(당연히 ~하다) | ~に越(こ)したことはない ~보다 더 좋을 수 없다, ~하는 편이 좋다

해설 취직할 때 운전면허증이 필요하냐는 질문에 '있는 게 좋다'고 대답한 1번이 정답이다. 2번과 3번은 운전면허증을 가지고 있냐는 질문에 대한 응답으로는 적절하다.

14 100

女 ねえ、知ってた?うちの支店長、こんど本社に戻って取締役に昇進するんだって。
男 1 支店長も苦労ばっかりだね。
2 取締役になるんじゃないんだ。
3 それじゃ、お祝いしなきゃね。

여 저, 알고 있었어? 우리 지점장이, 이번에 본사로 돌아가서 이사로 승진한대.
남 1 지점장도 고생만 하는군.
2 이사가 되는 게 아니구나.
3 그럼, 축하해야겠네.

정답 3

어휘 支店長(してんちょう) 지점장 | 本社(ほんしゃ) 본사 | 戻(もど)る 돌아가(오)다 | 取締役(とりしまりやく) 중역, 이사 | 苦労(くろう) 고생 | 祝(いわ)い 축하

해설 지점장이 이사로 승진한다는 것은 좋은 일이므로 그 말에 축하해야겠다고 대답한 3번이 정답이다. 1번과 2번은 부적절하다.

확인문제 3

문제4. 문제 4에서는 문제지에 아무것도 인쇄되어 있지 않습니다. 먼저 문장을 들으세요. 그리고 그것에 대한 대답을 듣고, 1~3 중에서 가장 적당한 것을 하나 고르세요.

1 101

男 昨日どうしたの。来るって言ってたから待ってたのに。
女 1 はい、おまちどおさま。
2 だめですよ。早く帰っちゃ。
3 ちょっと急用ができちゃって。ごめんなさい。

남 어제 어떻게 된 거야? 온다고 해서 기다렸는데.
여 1 예, 오래 기다리게 해서 미안합니다.
2 빨리 돌아가지 않으면 안 됩니다.
3 잠시 급한 용무가 생겨서, 미안합니다.

정답 3

어휘 おまちどおさま 오래 기다렸습니다(상대방을 기다리게 해서 죄송하다는 뜻의 인사말) | 急用(きゅうよう) 급한 용무

해설 기다렸는데 왜 오지 않았느냐는 질문에 **못 오게 된 이유**를 설명한 3번이 정답이다.

2 102

女 悪いけど、ちょっと買い物頼まれてくれる?
男 1 うん、誰に頼もうか?
2 じゃ、すぐ頼んでくるよ。
3 ちょっと、今、手が離せないんだけど。

여 미안하지만, 잠시 장보기 부탁해도 될까?
남 1 응, 누구에게 부탁할까?
2 그럼, 당장 부탁하고 올게.
3 좀, 지금 하는 일, 손을 뗄 수 없어서.

정답 3

어휘 手が離せない 손을 뗄 수 없다

해설 부탁의 질문에는 승낙의 대답이 많지만, 3번과 같이 거절의 대답이라도 자신이 하는 일이 바빠서 도와줄 수 없다는 이유가 나와 있기 때문에 정답이 될 수 있으며, 「頼まれてくれる?」는 '나의 부탁을 받아주지 않을래 ?'라는 의미이다.

3 103

男 こんな面倒な仕事を引き受けてくれる人いるかなあ。
女 1 いいえ、それほどじゃありませんよ。
2 誰かいると思いますよ。
3 そんな必要はないと思いますよ。

남 이런 귀찮은 일을 맡아 줄 사람이 있을까?
여 1 아니요, 그 정도는 아닙니다.
2 누군가 있을 거라고 생각해요.
3 그럴 필요는 없을 거라고 생각해요.

정답 2

어휘 面倒 성가심, 귀찮음 | 引き受ける 맡다, 인수하다

해설 일을 맡아 줄 사람이 있을까 하고 걱정하고 있는 말의 대답으로 2번과 같이 안심시켜 주는 말이 적당하다.

4 104

女 こないだの旅行、雨ばっかり降って大変だったんだって?
男 1 うん、行くんじゃなかったよ。
2 早く晴れるといいのにね。
3 行ってみなきゃわかんないよ。

여 얼마 전에 갔던 여행, 비만 내려서 힘들었다면서?
남 1 응, 가는 게 아니었어.
2 빨리 날이 개이면 좋을 텐데.
3 가 보지 않으면 몰라.

정답 1

어휘 こないだ 얼마 전에 | 晴れる (하늘이) 개다

해설 비 때문에 힘든 여행이라고 들었다는 질문에 후회하는 말인 1번이 정답으로 적당하다.

5 105

男 今から行ったところでもう間に合わないんじゃないの?
女 1 それがそうもいかなくて。
2 ぎりぎりで間に合ったよ。
3 でも、行くだけ行ってみようよ。

남 지금부터 가 봤자 이미 시간에 맞출 수 없지 않아?
여 1 그게 그렇게 되지 않아서.
2 아슬아슬하게 시간 맞췄어. (늦지 않았어)
3 하지만, 갈 수 있을 만큼 가 보자.

정답 3

어휘 동사 과거형 + たところで ~해 봤자, ~해 본들 | 間に合う 시간에 대다 | ぎりぎり 빠듯함, 빠듯이

해설 이미 시간 안에 갈 수 없다는 것은 가 봤자 소용없다는 의미인데, 안 되겠지만 그래도 가 보자는 의미의 3번이 가장 적당하며, 2번은 아슬아슬하게 시간에 맞춰서 도착했다는 의미이기 때문에 적당하지는 않다.

6 106

女 あーあ、このごろ何やってもうまくいかなくて、嫌んなっちゃう。
男 1 まあ、そんな時もあるよ。
2 そう。よく頑張ったね。
3 よく嫌にならないね。

여 아~아, 요즘, 뭘 해도 잘 안 돼서 지긋지긋해.
남 1 뭐, 그런 때도 있는 거야.
2 그래. 참 열심히 했네.
3 잘도 질리지 않네.

정답 1

어휘 頑張(がんば)る 분발하다, 노력하다 | 嫌(いや)になる 싫어지다, 지겨워지다

해설 뭘 해도 잘 안 된다는 말에 그런 때도 있다는 위로의 말로 응대한 1번이 정답으로 적당하다.

7 107

男 どうしたの?その指。包帯なんかして。けんかでもしたの?
女 1 怪我するからやめなさいよ。
2 そんなわけないでしょ。転んだの。
3 けんかするわけにはいかないよ。

남 왜 그래? 그 손가락. 붕대 같은 걸 감고. 싸움이라도 한 거야?
여 1 다치니까 하지마.
2 그럴 리가 없잖아? 넘어진 거야.
3 싸울 수는 없잖아.

정답 2

어휘 包帯(ほうたい) 붕대 | 怪我(けが) 상처 | 転(ころ)ぶ 넘어지다, 구르다 | 동사 사전형 + わけにはいかない ~할 수는 없다

해설 붕대 감은 이유가 싸워서냐고 묻는 말에 그 때문이 아니라 넘어진 거라고 설명을 한 2번이 정답이다.

8 108

女 日本へはよくお見えになるんですか。
男 1 はい、いつも拝見しております。
2 ええ、お目にかかります。
3 1年に4、5回参ります。

여 일본으로는 자주 오십니까?
남 1 예, 항상 보고 있습니다.
2 네, 찾아뵙겠습니다.
3 일년에 4, 5번 옵니다.

정답 3

어휘 お見(み)えになる 오시다 (「来(く)る」의 존경표현) | 拝見(はいけん)する 보다 (「見(み)る」의 겸양표현) | お目(め)にかかる 뵙다 (「会(あ)う」의 겸양표현) | 参(まい)る 가시다, 오시다 (「行(い)く」, 「来(く)る」의 겸양표현)

해설 일본에 자주 오냐는 질문에 일년에 4~5번 온다고 횟수를 말한 3번이 정답이며, 이 문제는 경어표현을 알고 있으면 간단히 풀 수 있다.

9 109

男 今度の試験、難しいって聞いてたけど、どうってことなかったね。
女 1 うん、別にたいしたことなかったね。
2 ほんとに何もなかったね。
3 うん、全然できなかったね。

남 이번 시험, 어렵다고 들었는데, 별거 아니었지.
여 1 응, 특별히 대단한 건 없었지.
2 정말로 아무것도 없었지.
3 응, 전혀 할 수 없었지.

정답 1

어휘 どうってことない 대수롭지 않다 | たいしたことない 대단한 것 없다 | 全然(ぜんぜん) 전혀

해설 대수롭지 않았단 말에 '응'이라고 대답한 뒤 맞장구치는 1번이 정답이 되며, 3번은 어려웠다고 했을 때의 대답으로 적당하다.

10 110

女 会社をやめるべきかどうかは、すぐに決めないでほかの人の意見も聞いてみたら?
男 1 そんなにいろいろ聞かないでください。
2 それはいいチャンスですね。
3 その方がいいかもしれませんね。

여 회사를 그만 둬야만 할지 말지는 당장 정하지 말고 다른 사람의 의견도 들어 보는 게 어때?
남 1 그렇게 이것저것 묻지 말아 주세요.
2 그것은 좋은 기회네요.
3 그 편이 좋을지도 모르겠네요.

정답 3

어휘 동사 사전형 + べき (응당) 그렇게 해야 함, ~할 만함, 적절함(온당함) | 意見 의견

해설 「~てみたら?」라고 충고하는 말에 3번처럼 「~方がいいかもしれない」라고 의견을 받아들이는 것이 대답으로 적당하다.

11 111

男 今、東京でマンション探してるんだけど、いやあ、高いの高くないのって。
女 1 へー、そんなに高いんですか。
2 さすがに高いだけのことはありますね。
3 いくらするか聞いてみたらどうですか。

남 지금 도쿄에서 맨션을 찾고 있는데, 이건 말도 못하게 비싼 걸.
여 1 저런, 그렇게 비쌉니까?
2 역시 비싼 만큼의 가치가 있군요.
3 얼마 하는지 물어 보면 어떻습니까?

정답 1

어휘 さすが 역시, 과연 | ~だけのことはある ~할 만한 가치는 있다, ~할 만하다 | ~の~ないのって 심하게 ~인 상태

해설 「高いの高くないのって」는 '비싸다'를 강조한 회화체의 말이며 그에 어울리는 대답은 1번이다.

12 112

女 山本さんが話してたこと、本当みたいですね。
男 1 本当に話が上手ですね。
2 ええ、うそじゃなさそうですね。
3 うそをつくのはよくないですね。

여 야마모토 씨가 얘기한 것, 정말인 것 같네요.
남 1 정말로 이야기를 잘 하네요.
2 네, 거짓말이 아닌 것 같아요.
3 거짓말하는 것은 좋지 않아요.

정답 2

어휘 うそをつく 거짓말 하다

해설 주관적 추측표현인 「みたい」를 사용해 '정말인 것 같다'라는 말에 양태표현인 「そうだ」를 사용해 '거짓말이 아닌 것 같다'라고 응대한 2번이 답으로 적당하다.

13 113

男 いやあ、残念だったね。合格間違いなしと期待してたんだけどね。
女 1 ええ、みなさんのおかげです。
2 ご期待に添えず、申し訳ありません。
3 まことに恐れ入ります。

남 야~유감스럽네. 합격이 틀림없을 거라고 기대했는데.
여 1 네, 여러분 덕분입니다.
2 기대에 부응하지 못해서 죄송합니다.
3 정말로 황송합니다.

정답 2

어휘 残念(ざんねん) 유감스러움 | 間違(まちが)いなし 틀림없음 | 期待(きたい) 기대 | ~に添(そ)えない ~에 부합되지 못하다, 따르지 못하다 | 恐(おそ)れ入(い)る 황송하다

해설 '합격이 틀림없을 거라고 기대했었는데'라는 것은 생각했던 것과는 달리 떨어졌다는 의미이므로, 상대방에 기대에 부응하지 못한 것에 대해 죄송해하는 2번이 정답이다.

14 114

女 あの、先日の件ですが、あの話はなかったことにしてもらいたいんですが…。

男 1 でも、そこまでしてもらっては。
2 それはないですよ、今さら。
3 思い出しても腹が立ちますね。

여 저, 일전의 건입니다만, 그 이야기는 없었던 걸로 했으면 합니다만….

남 1 하지만, 그렇게까지 해 주면.
2 그건 아니죠. 이제 와서.
3 생각해도 화가 나네요.

정답 2

어휘 今(いま)さら 이제 와서, 새삼 | 思(おも)い出(だ)す 생각해 내다, 상기(회상)하다 | 腹(はら)が立(た)つ 화가 나다

해설 '~한 것으로 하다'라는 뜻의「ことにする」는 '사실과는 반대로 취급'하는 것! 따라서 '없던 걸로 했으면 한다'는 것은 '실은 있었던 일'이며, 수긍했다면 그렇게 하겠노라고 했을 것이고, 그렇지 않다면 2번과 같이 부정으로 답하는 것이 적당하다.

問題5 통합 이해

문제유형 통합이해 (4문항)

다소 긴 내용을 듣고 복수의 정보를 비교 통합하면서 내용을 이해하는 문제로 크게 2 종류의 문제가 나온다.

(1) 상황설명을 듣는다 ➡ 본문대화를 듣는다 ➡ 문제를 듣는다

➡ 선택지를 듣고 정답을 고른다

(2) 상황설명을 듣는다 ➡ 한 사람이 무언가에 대해 말하는 내용을 듣는다

➡ 그 사람이 한 말에 대해 두 사람이 하는 대화를 듣는다

➡ 질문1,2 에 대한 문제를 듣고 문제지에 인쇄된 선택지에서 정답을 고른다

포인트

긴 내용의 문제라도 결국은 하고자 하는 말을 요약해서 들으면 된다. 본문 대화가 나온 후 문제가 나중에 나오기 때문에 조금 더 어렵게 느껴지지만 본문을 들으면서 포인트 부분을 잘 메모하면 그렇게 어렵지 않다.

학습요령

내용이 다소 길어 정보가 많기 때문에 메모하면서 들어야 한다. (1)형식의 패턴은 크게 두 가지이다. 하나는 등장인물 중의 한 사람의 행동이나 생각에 대해서 나머지 사람들의 비판 또는 조언을 하는 패턴이고, 또 다른 한 가지는 의견 대립이 있는 두 사람 사이에서 한 사람이 중재를 하는 패턴이다. (2)형식은 방송이나 판매원 등의 이야기를 들은 남녀가 어떤 것을 선택할까 하는 패턴의 문제가 많다.

해설 p.468

問題5 問題5では、長めの話を聞きます。この問題には練習はありません。メモをとってもかまいません。

1番　2番

問題用紙に何も印刷されていません。まず話を聞いてください。それから、質問とせんたくしを聞いて、1から4の中から、最もよいものを一つ選んでください。

— メモ —

問題5 ▶ 통합 이해 확인문제 1

해설 p.469

3番　4番　5番

まず話を聞いてください。それから、二つの質問を聞いて、それぞれ問題用紙の１から４の中から、最もよいものを一つ選んでください。

3 117

質問 1

1 第１位の理由　　2 第２位の理由

3 第３位の理由　　4 第５位の理由

質問2

1 第２位の理由　　2 第３位の理由

3 第４位の理由　　4 第５位の理由

4 118

質問 1

1 Aのタイプ　　2 Bのタイプ

3 Cのタイプ　　4 Dのタイプ

質問2

1 Aのタイプ　　2 Bのタイプ

3 Cのタイプ　　4 Dのタイプ

5 119

質問 1

1 １階　　2 ２階

3 ３階　　4 ４階

質問2

1 １階　　2 ２階

3 ３階　　4 ４階

 해설 p.471

問題5 問題5では、長めの話を聞きます。この問題には練習はありません。メモをとってもかまいません。

1番　2番

問題用紙に何も印刷されていません。まず話を聞いてください。それから、質問とせんたくしを聞いて、1から4の中から、最も良いものを一つ選んでください。

— メモ —

問題5 ▶ 통합 이해　확인문제 ②

해설 p.474

3番

まず、話を聞いてください。それから二つの質問を聞いて、それぞれ問題用紙の１から４の中から、最もよいものを一つ選んでください。

質問１

1 森の物語
2 月の物語
3 風の物語
4 星の物語

質問2

1 森の物語
2 月の物語
3 風の物語
4 星の物語

問題5 ▶ 통합 이해　확인문제 ③

해설 p.475

問題5 問題5では、長めの話を聞きます。この問題には練習はありません。メモをとってもかまいません。

1番, 2番

問題用紙に何も印刷されていません。まず話を聞いてください。それから、質問とせんたくしを聞いて、1から4の中から、最もよいものを一つ選んでください。

— メモ —

해설 p.477

3番(ばん)

まず、話(はなし)を聞(き)いてください。それから二(ふた)つの質問(しつもん)を聞(き)いて、それぞれ問題用紙(もんだいようし)の１から４の中(なか)から、最(もっと)もよいものを一(ひと)つ選(えら)んでください。

125

質問(しつもん)1

1 コンコンA
2 コンコンB
3 パル
4 スーパーパル

質問(しつもん)2

1 コンコンA
2 コンコンB
3 パル
4 スーパーパル

확인문제 1

문제5. 문제5에서는 좀 긴 이야기를 듣습니다. 이 문제에는 연습은 없습니다. 메모를 해도 됩니다.

1番 2番

問題用紙に何も印刷されていません。まず話を聞いてください。それから、質問とせんたくしを聞いて、１から４の中から、最もよいものを一つ選んでください。

1번 2번

문제지에 아무것도 인쇄되어 있지 않습니다. 먼저 이야기를 들으세요. 그리고 질문과 선택지를 듣고 1~4 중에서 가장 적당한 것을 하나 고르세요.

1 115

空港で、家族３人が話をしています。

男１ あっ、どうしよう!俺のパスポート、家に置いてきちゃった!
女 ええっ?あれだけ念を押してたのに、何やってんの!
男２ まあまあ、そう怒るなって。ばあちゃんに電話して、途中の駅まで持ってきてもらおう。
女 だめよ。足の悪いおばあちゃんに来させるなんて･･･
男１ 俺、自分で取ってくるよ。リムジンバスに乗れば、２時間はかからないでしょ。
男２ バスの時間さえ合えばな。あ、あれ?今行ったの、リムジンバスか?あーあ、次は３０分後だな。
女 ちょっとお金はもったいないけど、タクシーがいいんじゃない?
男１ そんなお金どこにあるの。じゃあ、電車で行くよ。
男２ 電車じゃ、往復２時間以上はかかるだろ。それじゃ飛行機に遅れるぞ。
女 仕方ないわね。やっぱり届けてもらいましょう。
男１ じゃ、そこまでは電車で行けばいいね。

３人は、どうすることにしましたか。
1 男の子が、電車で家まで行く。
2 男の子が、タクシーで途中の駅まで行く。
3 祖母に、空港まで来てもらう。
4 祖母に、途中の駅まで来てもらう。

공항에서 가족 3명이 이야기하고 있습니다.

남1 앗! 어떡해! 나 여권 집에 놓고 와 버렸어!
여 에엣? 그렇게 몇 번이고 이야기를 했는데도 뭐하는 거니!
남2 자자, 그렇게 화내지 말고. 할머니한테 전화해서 도중 역까지 가지고 와달라고 하자.
여 안돼. 다리가 불편한 할머니한테 오라고 하다니…
남1 나 직접 가지고 올께. 리무진버스 타면 2시간은 안 걸리지?
남2 버스 시간만 맞다면 말이야. 어? 지금 간 거 리무진 버스야? 아…. 다음은 30분 후지.
여 좀 돈이 아깝지만 택시가 낫지 않아?
남1 그럴 돈이 어딨어. 그럼 전철로 갈게.
남2 전철이라면 왕복 2시간 이상 걸리잖아. 그럼 비행기에 늦어.
여 할 수 없네. 역시 가지고 와 달라고 하자.
남1 그럼 거기까지는 전철로 가면 되겠네.

3명은 내일 어떻게 하기로 했습니까?
1 남자 아이가 전철로 집까지 간다.
2 남자 아이가 택시로 도중 역까지 간다.
3 할머니에게 공항까지 가지고 오게 한다.
4 할머니에게 도중 역까지 가지고 오게 한다.

정답 4

2 116

薬局で、男の人が店員と話しています。

男 (ゴホンゴホン)すみません。咳と熱によく効く薬が欲しいんですが。
女 風邪みたいですね。お薬のアレルギーはありませんか。
男 ええ。(ゴホンゴホン)
女 では、こちらのパボロンはどうですか。ちょっと眠くなりますけどね。眠くならないのだと･･･こちら、キューワックですね。朝昼２回だけ飲めば１日中よく効くので、こちらをお求めになる方も多いですよ。ただ、胃が弱い方は服用しないほうがいいですね。

약국에서 남자가 점원과 이야기하고 있습니다.

남 (콜록 콜록) 죄송합니다. 기침과 열에 잘 듣는 약이 필요한데요.
여 감기 같네요. 약에 알레르기는 없습니까?
남 네 (콜록)
여 그럼 이쪽 파보론은 어떠세요? 좀 졸리겠지만. 졸리지 않는 것이라면… 이쪽, 큐워크에요. 아침 점심 두 번만 먹으면 하루 종일 효과가 있기 때문에 이쪽을 찾는 분도 많습니다. 단, 위가 약하신 분은 복용하지 않는 편이 좋습니다.

男 どっちも困るなぁ。(ゴホン)
女 そうですか・・・あとは、漢方薬か、ヘンザブロックくらいですかね・・・ヘンザブロックは、こちらの２つほど効果はありませんが、その代わり副作用も少ないですよ。
男 あのう、漢方薬って効くんですか。
女 ええ、ゆっくりですが、効きますよ。ちょっと苦いですけど。
男 苦いのも嫌だなぁ。じゃあ、そのよく効くのにしてください。胃薬も一緒につけてもらえますか。

男の人は、どの薬を買いますか。

1 パボロン
2 キューワック
3 漢方薬
4 ヘンザブロック

남 둘 다 곤란한데…(콜록)
여 그런가요… 그럼 한방약이나 헨자브록 정도네요. 헨자브록은 이쪽의 2개 만큼 효과는 없지만, 그 대신 부작용은 적습니다.
남 저, 한방약은 잘 듣나요?
여 네, 천천히지만 들어요. 좀 쓰지만..
남 쓴 것도 싫은데.. 그럼 잘 듣는 것으로 주세요. 위장약도 같이 주시겠어요?

남자는 어떤 약을 구입합니까?

1 파보론
2 큐워크
3 한방약
4 헨자브록

정답 2

3番 4番 5番

まず話を聞いてください。それから、二つの質問を聞いて、それぞれ問題用紙の１から４の中から、最もよいものを一つ選んでください。

3 117

男の人が、テレビで「独身男女の結婚しない理由」について話しています。

男１ このたび、30代の独身男女が結婚しない理由を調べてみました。その中で、最も多かった理由を１位から５位まで紹介します。まず第１位は、男女ともに「適当な相手にめぐり会わないから」という理由でした。つまり、「縁がないから、運がないから」ということですね。続いて、男性の第２位が「経済力がないから」、第３位が「趣味を楽しみたいから」、第４位は「自分の時間やお金が少なくなるから」という理由でした。女性の場合、この三つの順位がちょうど逆になっています。女性は、第２位が「時間とお金」、第３位が「趣味」で男性と同じ、第４位が「経済力」となっています。面白いのが第５位の理由です。男性の場合、「女性とうまく付き合えないから」という理由、女性の第５位は、「仕事に集中したいから」というものなんです。
男２ へえー。鈴木さんだったら、なんて答える?
女 別に結婚したくないわけじゃないけど・・・ひとつ選ぶなら、やっぱり仕事かな。１位は別として、２位から４位までの理由って、別に結婚の障害にはならないんじゃない?女性は、そこまで経済力がなくてもいいじゃない。
男２ そうだねえ。
女 で、田中くんはどうなの?もしかして第５位の理由じゃないでしょうね。

3번 4번 5번

먼저 이야기를 들으세요. 그리고 두 개의 질문을 듣고 각각 문제지의 1~4중에서 가장 적당한 것을 하나 고르세요.

남자가 텔레비전에서 '독신남녀가 결혼하지 않는 이유'에 대해서 이야기하고 있습니다.

남1 이번에 30대 독신 남녀가 결혼하지 않는 이유를 조사해 보았습니다. 그 중에서 가장 많았던 이유를 1위에서 5위까지 소개하겠습니다. 우선 제 1위는 남녀 모두 '적당한 상대를 만나지 못했기 때문'이라는 이유였습니다. 즉 '인연이 없어서, 운이 없어서'라는 것이죠. 이어서 남성 제 2위가 '경제력이 없으니까', 제 3위가'취미를 즐기고 싶으니까', 제 4위는 '자신의 시간이나 돈이 적어지니까'라는 이유였습니다. 여성의 경우, 이 세 가지 순위가 조금 거꾸로 되어있습니다. 여성은 제 2위가 '시간과 돈', 제 3위가 '취미'로 남성과 같고, 제4위가 '경제력'으로 되어있습니다. 재미있는 건 제 5위의 이유입니다. 남성의 경우 '여성과 잘 사귀지 못하니까'라는 이유, 여성의 제5위는 '일에 집중하고 싶으니까'라는 것입니다.
남2 헤~. 스즈키 씨라면 뭐라고 대답할래?
여 특별히 결혼하고 싶지 않은 것은 아니지만… 하나만 고른다면 역시 일이려나. 1위는 별개로 하고, 2위에서 4위까지의 이유는 별로 결혼에 장애는 안되잖아? 여성은 그렇게까지 경제력이 없어도 괜찮잖아.
남2 그렇네.
여 그래서 다나카 군은 어때? 혹시 제 5위의 이유인건 아니야?

男2 まさかそんな。ちゃんと鈴木さんと付き合ってるじゃん。
女 それにしても、男の人の理由の第２位が「経済力がないから」っていうのは、いたたまれないなぁ。
男2 ほんとだよね。でも僕は、それよりも「自分の時間とお金を大事にしたい」って理由のほうが実感がわくな。まあ、どちらかというと、お金より時間の方を大事にしたいけど。

質問１ 女の人が結婚しない理由は、どれですか。
1 第１位の理由　2 第２位の理由
3 第３位の理由　4 第５位の理由

質問２ 男の人が結婚しない理由は、どれですか。
1 第２位の理由　2 第３位の理由
3 第４位の理由　4 第５位の理由

남2 설마 그럴리가. 스즈키 씨와 잘 사귀고 있잖아.
여 그렇다 해도 남자의 이유 제 2위가 '경제력이 없으니까'라는 것은 견딜 수 없네.
남2 정말로. 하지만 나는 그것보다 '자신의 시간과 돈을 소중히 하고 싶다'라는 이유 쪽이 실감이 나.
뭐 둘 중에 굳이 고르자면 돈보다는 시간 쪽을 소중히 하고 싶지만.

질문1 여자가 결혼하지 않는 이유는 무엇입니까?
1 제 1위의 이유　2 제 2위의 이유
3 제 3위의 이유　4 제 5위의 이유

질문2 남자가 결혼하지 않는 이유는 무엇입니까?
1 제 2위의 이유　2 제 3위의 이유
3 제 4위의 이유　4 제 5위의 이유

정답 (1) 4 (2) 3

4 118

大学の先生が、人の心理について話しています。

女 人は、自分の希望がかなわなかったとき、自分をだますことで解決しようとします。この自分をだます方法ですが、４つのタイプに分けて考えてみましょう。まずAのタイプですが、これは、自分の欲求を抑え込んでしまうタイプで、はじめからなかったことにしてしまうのです。次に、Bのタイプは、なんでも自分に都合のいいように理由をつけてしまうタイプ。いいわけが上手なタイプですね。それからCは、欲求や不安の対象を別のものに置き換えてしまうタイプ。うまくいかないと家族に怒りをぶつけてしまうタイプがこれです。そして最後に、Dのタイプ。これは、うまくいかなかったとき、みんなに褒められるようないいことをして、社会的に認められようとするタイプです。もう一度言いますね。Aは抑え込むタイプ。Bは、都合のいい理由を考えるタイプ、Cは別のものに置き換えるタイプ、Dは褒められようとがんばるタイプです。

質問１ 女優になりたかったがその夢がかなわなかった人が、一生懸命勉強していい大学に入る場合、どのタイプになると考えられますか。
1 Aのタイプ　2 Aのタイプ
3 Cのタイプ　4 Dのタイプ

質問２ ダイエットに失敗した人が、健康のためにダイエットをやめたと人に話す場合、どのタイプになると考えられますか。
1 Aのタイプ　2 Bのタイプ
3 Cのタイプ　4 Dのタイプ

대학 선생님이 사람의 심리에 대해서 이야기하고 있습니다.

여 사람은 자신의 희망이 이루어지지 않았을 때, 자신을 속여서 해결하려고 합니다. 이 자신을 속이는 방법을 4가지 타입으로 나눠서 생각해 봅시다. 우선 A타입입니다만, 이것은 자신의 욕구를 억제해버리는 타입으로 처음부터 없었던 일로 해버리는 것입니다. 다음으로 B타입은 무엇이든 자신에게 유리하도록 이유를 붙여버리는 타입. 변명을 잘하는 타입입니다. 그리고 C는 욕구나 불안의 대상을 다른 것으로 바꿔버리는 타입. 잘되지 않으면 가족에게 화를 내버리는 타입이 이것입니다. 그리고 마지막으로 D타입. 이것은 잘 되지 않았을 때 모두에게 칭찬받을 만한 좋은 일을 하여 사회적으로 인정받으려고 하는 타입입니다. 다시 한 번 말하겠습니다. A는 억제하는 타입. B는 유리한 이유를 생각하는 타입. C는 다른 것으로 바꾸는 타입. D는 칭찬받으려고 노력하는 타입입니다.

질문1 여배우가 되고 싶었지만 그 꿈을 이루지 못한 사람이 열심히 공부해서 좋은 대학에 들어가는 경우 어느 타입이라고 생각됩니까?
1 A 타입　2 A 타입
3 C 타입　4 D 타입

질문2 다이어트에 실패한 사람이 건강을 위해 다이어트를 그만두었다고 사람들에게 말할 경우, 어느 타입이라고 생각합니까?
A 타입　2 A 타입
3 C 타입　4 D 타입

정답 (1) 4 (2) 2

5 119

男の人と女の人が本屋で店のアナウンスを聞いています。

女1 本日は中村書店へご来店いただき誠にありがとうございます。当店の開店を記念いたしまして、1階から4階までさまざまなイベントを開催しております。1階雑誌売り場におきましては、本日ご来店の皆さまに当店特製カレンダーを無料でお配りしております。2階、絵本・児童書売り場内プレイルームにおきましては、絵本の読み聞かせを行います。お子様連れのお客様、ぜひご参加ください。3階文芸書売り場では、午後3時より人気作家浅井なおさんのサイン会を開催いたします。この機会にお買い求めください。4階、専門書売り場横の喫茶室では、コーヒーの半額サービスを行っております。ぜひご利用ください。

女2 サインほしいけど、まだ2時前かあ…。ちょっと疲れたし、コーヒーでも飲みに行こっか。

男 サインっていったって、本買わなきゃサインしてもらえないんだよ。それよりただでもらえるものはもらわないと。

女2 えー?カレンダーなんかうちにいっぱいあるから、いらないわよ。それより早く座りたいんだけど。

男 はいはい。でも、ちょっとだけ、カーライフって雑誌、見に行ってもいい?

女2 じゃ、私先に行ってるね。心理学の本買わなきゃいけないから、それ買ったら隣で待ってるから。

男 あれ?前に話してた子どもの絵本、見なくていいの?

女2 うん、それは、後でいっしょに行こうよ。

質問1 男の人はこのあと何階に行きますか。

1 1階　2 2階　3 3階　4 4階

質問2 女の人はこのあと何階に行きますか。

1 1階　2 2階　3 3階　4 4階

남자와 여자가 서점에서 안내 방송을 듣고 있습니다.

여1 오늘은 나카무라 서점에 내점해 주셔서 대단히 감사합니다. 본 점포의 개점을 기념하여 1층부터 4층까지 다양한 이벤트를 개최하고 있습니다. 1층 잡지 매장에서는 오늘 내점하신 여러분께 본 점포 특제 캘린더를 무료로 나눠 드리고 있습니다. 2층 그림책 · 아동도서 매장의 플레이 룸에서는 그림책 읽어 주기를 하고 있습니다. 자녀분을 동반하신 고객님 꼭 참가해 주세요. 3층 문예서 매장에서는 오후 3시부터 인기 작가 아사이 나오 씨의 사인회를 개최합니다. 이 기회에 구입해 주세요. 4층 전문서 매장 옆의 찻집에서는 커피 반값 서비스를 실시하고 있습니다. 꼭 이용해 주세요.

여2 사인 받고 싶은데 아직 2시 전이네… 좀 피곤하기도 하고 커피라도 마시러 갈까?

남 사인이라고 해도 책을 사지 않으면 사인 받을 수 없어. 그보다 공짜로 받을 수 있는 것은 받아야지.

여2 에? 캘린더는 우리 집에도 잔뜩 있으니까 필요 없어. 그것보다 빨리 앉고 싶은데.

남 알았어. 하지만 잠깐 카 라이프라는 잡지 보러 가도 될까?

여2 그럼 난 먼저 가 있을게. 심리학 책 사야 하니까 그거 사서 옆에서 기다리고 있을 테니까.

남 어? 전에 이야기했던 아이들 그림책 보지 않아도 돼?

여2 응. 그건 나중에 같이 가자.

질문1 남자는 이 후에 몇 층에 갑니까?

1 1층　2 2층　3 3층　4 4층

질문2 여자는 이 후에 몇 층에 갑니까?

1 1층　2 2층　3 3층　4 4층

정답 (1) 1 (2) 4

확인문제 2

문제5. 문제5에서는 좀 긴 이야기를 듣습니다. 이 문제에는 연습은 없습니다. 메모를 해도 됩니다.

1番　2番

問題用紙に何も印刷されていません。まず話を聞いてください。それから、質問とせんたくしを聞いて、1から4の中から、最もよいものを一つ選んでください。

1번　2번

문제지에 아무것도 인쇄되어 있지 않습니다. 먼저 이야기를 들으세요. 그리고 질문과 선택지를 듣고 1~4 중에서 가장 적당한 것을 하나 고르세요.

1 120

会社で上司の課長と部下が、新商品の企画について話しています。

男1 新商品の企画のことで、君たち二人の意見が合わないんだって?
男2 はい。ぼくは、販売の対象を地域に限定したほうがいいと思うんです。
男1 地域と言っても、どれくらいの規模で考えているのかな。
男2 はい。人口30万人前後の地方都市を考えています。
男1 ふーむ。で、佐藤さんのほうは?
女 わたしは、今後も高齢化は進む一方だから、高齢者を対象に開発するべきだと考えます。
男1 田中君は地域、佐藤さんは年齢というわけだな。確かに、日本はもう4分の1が高齢者の時代だからな。
女 そうです、課長。利益を上げるためには、マーケットは大きいほうがいいに決まっています。
男1 でも、その分、他社との競争も厳しくなるし、広告宣伝費も嵩むよね。……田中君の考え方は新しいと思うが、それで、利益は見込めるのかね。
男2 はい、課長。他社でも成功した例はいくつかあります。
男1 うーん。ぼくも、これからは地域社会がおもしろくなるんじゃないかと思うね。ただ、このことは上と相談しないと決められないからな。うん、一応、佐藤さんの意見も上に通してみて、それで、社の方針を決めてもらおう。いいね。

課長は、部下の意見について、どう考えていますか。
1 どちらかというと男性社員の意見に賛成である。
2 どちらかというと女性社員の意見に賛成である。
3 どちらの意見にも賛成である。
4 どちらの意見にも反対である

회사에서 상사인 과장과 부하가 신상품 기획에 관해서 이야기하고 있습니다.

남1 신상품 기획 건으로 자네들 두 사람의 의견이 맞지 않는다고?
남2 예, 저는 판매 대상을 지역으로 한정하는 편이 좋다고 생각합니다.
남1 지역이라고 하면, 어느 정도의 규모로 생각하고 있나?
남2 예. 인구 30만명 전후의 지방도시를 생각하고 있습니다.
남1 흠, 그래서 사토 쪽은?
여 저는 향후에도 고령화가 계속 진행되니까 고령자를 대상으로 개발해야 한다고 생각합니다.
남1 다나카 군은 지역, 사토는 연령이라는 거군. 확실히 일본은 이미 4분의 1이 고령자인 시대니까.
여 그렇습니다. 과장님. 이익을 올리기 위해서는 시장은 당연히 큰 편이 좋습니다.
남1 하지만, 그만큼 타사와의 경쟁도 치열해질거고 광고 선전비도 늘겠군. …다나카 군의 생각은 새롭긴 하지만 그걸로 이익은 예상할 수 있을지.
남2 예, 과장님. 타사에서도 성공한 예는 몇 건인가 있습니다.
남1 음, 나도 이제부터는 지역사회가 좋아지지 않을까 하고 생각해. 단, 이 일은 윗선과 상담하지 않으면 결정할 수 없으니. 음, 일단 사토의 의견도 상부에 말해 보고, 그리고 회사의 방침을 정하도록 하지. (그럼) 됐지.

과장은 부하의 의견에 대해서 어떻게 생각하고 있습니까?
1 어느 쪽인가 하면 남성 사원의 의견에 찬성이다.
2 어느 쪽인가 하면 여성 사원의 의견에 찬성이다.
3 어느 쪽 의견에도 찬성이다.
4 어느 쪽 의견에도 반대이다.

정답 1

어휘 上司(じょうし) 상사 | 部下(ぶか) 부하 | 新商品(しんしょうひん) 신상품 | 企画(きかく) 기획 | 意見(いけん) 의견 | 販売(はんばい) 판매 | 対象(たいしょう) 대상 |地域(ちいき) 지역 | 限定(げんてい) 한정 | 規模(きぼ) 규모 | 人口(じんこう) 인구 | 前後(ぜんご) 전후 | 地方都市(ちほうとし) 지방도시 | 高齢化(こうれいか) 고령화 | 進(すす)む 진행되다 | 開発(かいはつ) 개발 | 年齢(ねんれい) 연령 | 確(たし)か 확실함 | 時代(じだい) 시대 | 利益(りえき) 이익 | 他社(たしゃ) 타사 | 競争(きょうそう) 경쟁 | 広告(こうこく) 광고 | 宣伝(せんでん) 선전 | 嵩(かさ)む 부피가 커지다, 불어나다 | 見込(みこ)む 기대하다, 내다보다 | 成功(せいこう) 성공 | 方針(ほうしん) 방침

해설 신상품 기획에서 부하 두 명의 의견이 다름 → 그 중 남자는 판매대상을 지역을 여자는 고령자를 대상으로 보고 있음 → 상사는 여자의 의견에 고령화 시대인 것을 인정하나, 타사와의 경쟁이 치열해지고 광고비가 늘어날 것으로 예상함 → 남자에게 이익의 전망을 묻자 남자는 성공 선례가 있다고 함 → 그에 상사는 자신도 지역사회가 좋아지지 않을까라고 생각함, 단 윗선과 상담 후에 정해야 한다고 함.
과장의 의견은 마지막에 남자 사원의 말에 '나도 지역사회가 좋아지지 않을까 라고 생각한다'고 하며 동의하고 있다.

2 121

家族三人が、娘のアルバイトについて話しています。

女1 ねえ、お母さん、わたし、アルバイト始めたいんだ。いいでしょう?
女2 そうねえ、まだ大学に入ったばかりなんだから、勉強の方、しっかりやったほうがいいんじゃないの。
女1 でも、友だちはみんなやってるし、お金も必要だし…。
女2 お金って、ちゃんとおこづかいあげてるでしょう? お父さんも、言ってやってくださいよ。
女1 お父さんだって、学生時代、アルバイトをやってたんでしょう?
男 そうだな。でも、おまえは、授業料のために働くわけじゃないんだろう?
女1 そりゃ、そうだけど。サークルって、けっこうお金がかかるの。そのたびにお母さんに出してもらうわけにはいかないでしょう?
女2 じゃあ、サークルをやめたら?サークルなんて、遊びでしょう?
女1 もう! これじゃ話にならないわ!
男 まあまあまあ、ふたりとも、けんかしないで。…わかった。こうしよう。アルバイトはしないで、お父さんの仕事を手伝ってくれ。コンピューターで原稿を打つの。1枚千円でどうだ。けっこう大変だぞ。
女1 えっ、ほんとに? 原稿ってたくさんあるの?
男 うん。月に5, 60枚くらいにはなるよ。
女1 わかった。じゃあそうする。
女2 よかったわね、花子。それなら安心だわ。大学の勉強も忘れないでよ。

娘の花子さんは、なぜアルバイトをしないことにしましたか。
1 大学の勉強が忙しいから
2 サークルが忙しいから
3 母親に反対されたから
4 父親の仕事を手伝うから

가족 3명이 딸의 아르바이트에 대해서 이야기하고 있습니다.

여1 있지, 엄마. 나, 아르바이트 시작하고 싶어. 괜찮지?
여2 글쎄, 아직 대학에 들어간 지 얼마 안 되었는데 공부를 제대로 하는 편이 좋지 않을까?
여1 하지만, 친구들 모두 하고 있고, 돈도 필요하고….
여2 돈이라면 꼬박꼬박 용돈 주고 있잖니? 여보, 따끔하게 말 좀 해요.
여1 아빠도 학창 시절 아르바이트를 했죠?
남 그렇지, 하지만 너는 수업료 때문에 일하는 건 아니잖아.
여1 그건 그렇지만, 서클에 돈이 꽤 든단 말이에요. 그 때마다 엄마에게 달라고 할 수도 없잖아요.
여2 그럼 서클을 그만 두는 게 어때? 서클이라고 해도 노는 거잖아.
여1 정말! 이러면 대화가 되지 않아.
남 자자~, 둘 다 싸우지 말고, …알았다. 이렇게 하자. 아르바이트는 하지 말고 아빠 일을 도와줘! 컴퓨터로 원고를 치는 거야. 1장에 1,000엔이면 어때. 꽤 힘들거야.
여1 정말? 원고는 많이 있어요?
남 응, 한 달에 5~60장 정도는 돼.
여1 알았어요. 그럼 그렇게 할게.
여2 잘됐네, 하나코. 그거라면 안심이야. 대학 공부도 잊지 마.

딸 하나코는 왜 아르바이트를 하지 않기로 했습니까?
1 대학공부가 바쁘기 때문에
2 서클이 바쁘기 때문에
3 엄마가 반대하기 때문에
4 아버지의 일을 돕기 때문에

정답 4

어휘 家族(かぞく) 가족 | 娘(むすめ) 딸 | アルバイト 아르바이트 | 勉強(べんきょう) 공부 | しっかり 단단히, 꽉, 똑똑히, 확고히 | 必要(ひつよう) 필요 | おこづかい 용돈 | 学生時代(がくせいじだい) 학창 시절 | 授業料(じゅぎょうりょう) 수업료 | 働(はたら)く 일하다 | サークル(circle) 서클 | けっこう 꽤, 제법 | お金(かね)がかかる 돈이 들다 | 동사의 사전형, 명사の + たびに ~할 때마다 | 동사의 사전형 + わけにはいかない ~할 수는 없다 | 仕事(しごと) 일 | 手伝(てつだ)う 돕다 | コンピューター(computer) 컴퓨터 | 原稿(げんこう) 원고 | 大変(たいへん) 엄청남, 매우, 대단함 | 安心(あんしん) 안심

해설 질문과 선택지가 이야기 후에 나오므로 대강의 흐름을 필기한다.
딸이 아르바이트를 하고 싶어 함 → 엄마는 공부에 신경 쓰길 바라며 반대 → 친구 모두가 하고 있고 서클 활동에 돈이 든다고 함 → 엄마는 서클을 그만두라고 함→ 둘의 대화를 듣던 아버지가 딸에게 자신의 일(컴퓨터로 원고를 치는 일)을 도와 달라고 함 → 그에 딸도 동의하고 엄마도 아르바이트를 하지 않아도 되어서 안심함. 하나코가 아르바이트를 안 하기로 한 이유는 아버지 일을 돕기로 했기 때문이다.

3番

まず話を聞いてください。それから、二つの質問を聞いて、それぞれ問題用紙の１から４の中から、最もよいものを一つ選んでください。

3 122

女の人が、新しい香りの商品について話しています。

女1　こちらが今テレビでもおなじみの「アロマ物語」でございます。それぞれの香りが持ちます効果によって４つの種類がございます。まず、気持ちが落ち込んでいて元気になりたい、そんな方にお勧めしたいのが「森の物語」。森の木々に囲まれ、緑からパワーをもらって元気になる、そんな効果がございます。こちらは「月の物語」。これは落ち着いた気分になりたいときにお勧めです。夜お休みになる前に枕元に置かれるのもよろしいかと思います。さあ、仕事をするぞ、というときに、頭をすっきりさせる効果があるのがこちら「風の物語」です。ちょっと鼻にツーンと来るのが特徴で、眠気も吹き飛ばしてくれます。そして４つ目が「星の物語」。これはリラックス効果が高く、何かとストレスがたまりやすい方にお勧めです。ただし眠くなりますので車を運転なさる時にはお使いにならないでください。

男　へー、面白そうだね。１つずつ、買ってかない？最近、ストレス多くて疲れてるから、これかな、僕は。

女2　でもそれ、眠くなるからだめよ。あなた車乗ってる時間が長いんだから。こっちの方にしなさいよ。心を落ち着かせる効果があるって言ってたでしょ。

男　そうか。じゃ、これにするか。

女2　私も家事でストレス多いからなあ。よく眠れるようにこれにしよう。

男　えー！　いつも気持ちよさそうに寝てますよ、いびきかいて。それより頭がすっきりする香りがいいんじゃないの？また、落ちたんでしょ、車の免許、筆記試験で。

女2　わかったわよ。じゃ、これにする。

質問１ この男の人は、どれを買いますか。

1 森の物語　　2 月の物語
3 風の物語　　4 星の物語

質問２ この女の人は、どれをを買いますか。

1 森の物語　　2 月の物語
3 風の物語　　4 星の物語

3번

먼저 이야기를 들으세요. 그리고 두 개의 질문을 듣고 각각 문제지의 1~4중에서 가장 적당한 것을 하나 고르세요.

여자가 새로운 향기 상품에 대해서 이야기하고 있습니다.

여1　이쪽이 지금 텔레비전에서도 잘 알려진 '아로마 이야기'입니다. 각각의 향기가 가지는 효과에 따라서 네 종류가 있습니다. 우선, 기분이 침울해서 기운을 내고 싶다는 분에게 권해드리고 싶은 것이 '숲의 이야기'. 숲의 나무들에 둘러싸여 신록으로부터 힘을 얻어 기운이 나는 효과가 있습니다. 이쪽은 '달의 이야기'. 이것은 차분한 기분이 되고 싶을 때에 추천합니다. 밤에 주무시기 전에 머리맡에 두시는 것도 좋을 거라 생각합니다. 자아, 일을 해야지 할 때 머리를 상쾌하게 하는 효과가 있는 것이 이 쪽의 '바람의 이야기' 입니다. 약간 코를 톡 쏘는 것이 특징이라 졸음도 날려 줍니다. 그리고 네 번째가 '별의 이야기'. 이것은 긴장을 풀어주는 효과가 높고, 여러모로 스트레스 쌓이기 쉬운 분에게 추천합니다. 단, 졸리기 때문에 차를 운전하실 때에는 사용하시지 말아 주세요.

남　에~, 재미있을 것 같군. 한 개씩 사 가지고 가지 않을래? 요즘에 스트레스도 많고 피곤하니까 이건가, 나는?

여2　하지만, 그거 졸리니까 안 돼. 당신은 차 타고 있는 시간이 기니깐. 이쪽에 있는 걸로 해. 마음을 안정시키는 효과가 있다잖아.

남　그런가. 그럼 이걸로 할까?

여2　나도 가사 일로 스트레스가 많으니까. 잠이 잘 오도록 이걸로 해야지.

남　어! 항상 기분 좋은 듯이 자고 있잖아, 코 골며. 그것보다 머리가 상쾌해지는 향기가 좋지 않겠어? 또 떨어졌잖아. 운전면허, 필기시험에서.

여2　알았어! 그럼 이걸로 할게.

질문1 이 남자는 어느 것을 삽니까?

1 숲의 이야기　　2 달의 이야기
3 바람의 이야기　　4 별의 이야기

질문2 이 여자는 어느 것을 삽니까?

1 숲의 이야기　　2 달의 이야기
3 바람의 이야기　　4 별의 이야기

정답 (1) 2　(2) 3

어휘 香り(かお) 향기 | 商品(しょうひん) 상품 | おなじみ 잘 앎, 친숙함 | 物語(ものがたり) 이야기 | 効果(こうか) 효과 | 種類(しゅるい) 종류 | 落ち込む(おこ) (기분이)

침울해지다 | 元気 원기, 기운 | 勧める 권하다, 추천하다 | 森 숲 | 囲む 둘러싸다 | 緑 녹색, 신록 | 落ち着く (마음, 행동이) 침착하다 | 枕元 머리맡, 베갯머리 | 仕事 일 | すっきり 상쾌함 | 特徴 특징 | 眠気 졸음 | 吹き飛ばす 불어 날려 버리다, 물리치다 | リラックス(relax) 릴랙스, 긴장을 품 | 運転 운전 | 家事 가사 | 免許 면허 | 筆記 필기

해설 문제지에 선택지가 있으니 그 옆에 내용을 들으며 필기하며 듣기!
'아로마 향기'는 효과에 따라서 네 종류가 있다.
• 숲의 이야기 : 기분이 침울해서 기운 내고 싶을 때, • 달의 이야기 : 차분해지고 싶을 때, 머리맡에 두면 좋음, • 바람의 이야기 : 머리를 상쾌하게 하는 효과, 졸음도 날려 줌, • 별의 이야기 : 긴장을 풀어줌, 스트레스 쌓이기 쉬운 사람에게 좋음. 단, 졸리므로 운전할 때는 사용하면 안 됨.
남자는 최근 스트레스가 많고 피곤해서 '별의 이야기'로 하려다가 운전을 많이 하므로 졸리지 않고 마음을 안정시키는 '달의 이야기'를 선택했고 여자는 가사 일로 스트레스가 많아 잠이 잘 오는 '별의 이야기'로 하려다가 머리가 상쾌해지는 향기를 권하는 남자의 말대로 '바람의 이야기'를 선택했다.

확인문제 3

문제5. 문제5에서는 좀 긴 이야기를 듣습니다. 이 문제에는 연습은 없습니다. 메모를 해도 됩니다.

1番　2番
問題用紙に何も印刷されていません。まず話を聞いてください。それから、質問とせんたくしを聞いて、1から4の中から、最もよいものを一つ選んでください。

1 123

兄二人と妹の3人兄弟が、あるアンケートの結果について話しています。

男1　へー。新聞におもしろいアンケートの結果が出てるよ。「増やしたい時間と減らしたい時間」だってさ。
女　ふうん。面白いアンケートねえ。わたしが増やしたいのは趣味の時間かな。
男1　うん。このアンケートでも増やしたい時間の1位は趣味の時間だって。
男2　ええ?趣味なんかより、僕は寝る時間がほしいよ。
男1　うん。そうだな。オレも。
女　えー、お兄ちゃんたち、休みの日は昼まで寝てるじゃない?まだ足りないの?
男1　アンケートの第2位は睡眠・休息の時間だから、もっと寝たいって思っている人は多いんだよ。お気の毒様。
女　へー、そうなんだ。減らしたい時間の方は?わたし学校遠いから、通学時間減らしたいなあ。
男1　1位は仕事、次は家事・育児。3位が無駄な時間、だって。そりゃそうだよな。無駄な時間はいらないよな。
男　でも、たまにはぼーっとする時間も必要かも。

1번　2번
문제지에 아무것도 인쇄되어 있지 않습니다. 먼저 이야기를 들으세요. 그리고 질문과 선택지를 듣고 1~4 중에서 가장 적당한 것을 하나 고르세요.

오빠 2명과 여동생, 3남매가 어느 앙케트의 결과에 대해서 이야기하고 있습니다.

남1　헤~ 신문에 재미있는 앙케트 결과가 나와 있어. '늘리고 싶은 시간과 줄이고 싶은 시간'이라네.
여　흠~, 재미있는 앙케트네. 내가 늘리고 싶은 건 취미시간이랄까.
남1　응, 이 앙케트에서도 늘리고 싶은 시간의 1위는 취미시간이래.
남2　에~? 취미 같은 것보다 나는 자는 시간을 갖고 싶어.
남1　응, 그래. 나도.
여　뭐~ 오빠들, 쉬는 날은 정오까지 자지 않아? 그래도 부족한 거야?
남1　앙케트의 제 2위는 수면 · 휴식시간이니까 좀 더 자고 싶다는 사람은 많거든. 안 됐군!
여　아~ 그렇구나. 줄이고 싶은 시간 쪽은? 나는 학교가 멀기 때문에 통학시간을 줄이고 싶어.
남1　1위는 일, 다음은 가사 · 육아. 3위가 쓸데 없는 시간이래. 그건 그래. 쓸데없는 시간은 필요없지.
남2　하지만 가끔은 멍하니 있는 시간도 필요할지도.

兄たち二人が増やしたい時間は何ですか。

1 趣味の時間
2 睡眠時間
3 通学時間
4 無駄な時間

오빠 두 명이 늘리고 싶은 시간은 무엇입니까?

1 취미시간
2 수면시간
3 통학시간
4 쓸데없는 시간

정답 2

어휘 趣味(しゅみ) 취미 | 睡眠(すいみん) 수면 | 休息(きゅうそく) 휴식 | お気(き)の毒様(どくさま) 안됐군요, 미안합니다 | 通学(つうがく) 통학 | 家事(かじ) 가사 | 育児(いくじ) 육아 | 無駄(むだ) 쓸데없음

해설 통합 이해 유형 중 선택지가 없는 문제이며, 질문을 내용 다음에 들려주므로 전체적인 흐름을 필기! '늘리고 싶은 시간과 줄이고 싶은 시간'이란 앙케트 조사 결과이며 삼남매(오빠2명+여동생)가 서로 자신의 의견을 주고 받는 상황임. → 늘리고 싶은 것에 대해 여동생은 취미 시간을 말했는데 결과에서 1위로 나왔고, 오빠 둘은 자는 시간을 늘리고 싶다고 했는데 이것이 결과의 2위임 → 줄이고 싶은 것에 대에 여동생은 통학시간이라고 했으나 조사결과는 '일 – 가사, 육아 – 쓸데 없는 시간' 순으로 나왔고 오빠 중 한 명은 쓸데없는 시간에 대해 필요 없다고 하고, 또 다른 한명은 때로는 필요할지도 모른다고 함 ⇒ 오빠들이 늘리고 싶어 하는 시간은 수면시간

2 124

セールスマンが会社のパンフレットを見せながら、男の人と女の人に野菜の宅配を勧めています。

男1 私どもの会社は、このような建物の中で野菜を作って、直接各ご家庭にお届けしてるんですが、内部はご覧のように、土がありません。土を使わないことで、虫もつきませんし。
女 土を使わないで、どうやって野菜を育てるんですか。
男2 栄養入りの水で育てるんだろう?かえって栄養分は多いんじゃないの。
男1 おっしゃる通りです。栄養分を混ぜたきれいな水と、太陽代わりの照明の光で、一年中おいしい野菜の収穫ができるというわけなんです。
男2 ということは値段も安定しているってことですね。スーパーなんかより安いんですか。
男1 それは、ちょっと。野菜の種類によって、違ってくるんですが…。市販のものよりお安く出来るものもありますし…。
女 まあ、それは直接届けてくれるんだから、割高になるのはわかるんだけど…。でも、建物の中でずっと育てられるんでしょ。太陽の光、当たらないわよね。
男2 でも、衛生的でいいじゃないの。スーパーに買い物にいく手間も省けるし…
女 う〜ん、そういうことじゃないのよ。

女の人が、気が進まない理由は何ですか。

1 栄養分が少ないから
2 自然の野菜の方がいいから
3 スーパーで買うより高いから
4 衛生的ではないから

세일즈맨이 회사 팸플릿을 보여 주면서 남자와 여자에게 채소 택배 배달을 권하고 있습니다.

남1 저희 회사는 이런 건물 안에서 채소를 만들어서 직접 각 가정에 보내드리고 있는데요, 내부는 보시는 바와 같이 흙이 없습니다. 흙을 사용하지 않으므로 벌레도 먹지 않습니다.
여 흙을 사용하지 않고 어떻게 채소를 키웁니까?
남2 영양이 들어 있는 물로 키우겠지? 오히려 영양분은 많은 거 아니야?
남1 말씀하신 대로입니다. 영양분을 섞은 깨끗한 물과 태양 대신에 조명 빛으로, 일년 내내 맛있는 채소를 수확할 수 있는 것입니다.
남2 그렇다는 것은 가격도 안정적이라는 거네요. 슈퍼마켓 같은 곳보다 싼 겁니까?
남1 그건, 약간 채소 종류에 따라서 다른데요. 시판되는 것보다는 싸게 살 수 있는 것도 있고….
여 뭐, 그건 직접 배달해 주니까 비교적 비싸지는 건 이해하지만, 그래도 건물 안에서 쭉 키워지는 거잖아요. 태양빛은 쬐지 못하는 거죠.
남2 하지만 위생적이어서 좋지 않아? 슈퍼마켓에 장보러 가는 수고도 덜고.
여 음~, 그런 게 아니야

여자가 마음에 내키지 않는 이유는 무엇입니까?

1 영양분이 적기 때문에
2 자연의 채소 쪽이 좋기 때문에
3 슈퍼마켓에서 사는 것보다 비싸기 때문에
4 위생적이지 않기 때문에

정답 2

어휘 セールスマン(sales man) 세일즈맨 | パンフレット(pamphlet) 팸플릿 | 宅配 택배 | 直接 직접 | 内部 내부 | 栄養 영양 | 育てる 키우다 | 混ぜる 섞다 | 照明 조명 | 光 빛 | 収穫 수확 | 安定 안정 | 種類 종류 | 市販 시판 | 割高 (품질, 분량 따위에 비해) 값이 비쌈 | 衛生的 위생적 | 手間を省く 수고를 덜다

해설 통합 이해 유형 중 선택지가 없는 문제이며 질문을 내용 다음에 들려주므로 전체적인 흐름을 필기!
세일즈맨이 여자와 남자에게 채소 택배를 권하고 있음. 건물 안에서 흙을 사용하지 않고, 영양분이 섞인 물과 조명 빛으로 키워 벌레도 먹지 않고, 일년 내내 채소 수확을 할 수 있다고 함 → 그 말에 남자는 가격도 안정적이며 슈퍼보다 싸냐고 묻자 채소 종류에 따라 다르며, 싸게 살 수 있는 것도 있다고 함 → 비교적 비싼 것은 알겠지만 건물 안에 있으니 '태양빛을 쬘 수 없는 거네요' 라고 여자가 강하게 확인을 하자, 위생적이고 수고도 덜고 좋지 않냐는 남자의 말에 여자는 그런게 아니라고 함 ⇒ 즉, 여자가 내키지 않는 이유는 자연의 채소가 좋기 때문

3番

まず、話を聞いてください。それから二つの質問を聞いて、それぞれ問題用紙の1から4の中から、最もよいものを一つ選んでください。

3 125

薬局の人が、風邪薬の説明をしています。

女1 風邪のお薬は今、「コンコン」とか「パル」とか売れてますね。こちらの、「コンコンA」は咳とかのどの痛みによく効きます。「コンコンB」は、アメのようになめるタイプのお薬で、咳よりはのどですね。それから、こっちの「パル」の方は風邪の熱によく効きます。「パル」も2種類あって、熱の他に体がだるい場合は、この「スーパーパル」がお勧めです。「パル」は、でも、ちょっと眠くなる方もいらっしゃるので、運転される場合は、避けたほうがいいですけどね。
女2 熱もあるんでしょ?
男 うん。熱も少しあるけど、咳が止まらなくて。のどもずっと痛いんだよ。
女2 いいかげんにたばこやめなさいよ。もー風邪ひいても吸ってるんだから。
男 ゴホンゴホン。とにかくじゃ、これにするよ。
女2 運転もやめた方がいいよ。
男 それはこっちじゃないでしょ。
女2 あ、そうだっけ。私もなんだかあなたの風邪、うつったみたいだから、このなめるやつ買っとこ。

質問1 この男の人はどれを買いますか。
1 コンコンA
2 コンコンB
3 パル
4 スーパーパル

質問2 この女の人はどれを買いますか。

3번

먼저 이야기를 들으세요. 그리고 두 개의 질문을 듣고 각각 문제지의 1~4 중에서 가장 적당한 것을 하나 고르세요.

약사가 감기약 설명을 하고 있습니다.

여1 감기약은 지금 '콘콘'이라든가 '팰'같은 것이 팔리고 있습니다. 이쪽의 '콘콘A'는 기침이라든가 목이 아플 때에 잘 듣습니다. '콘콘B'는 사탕처럼 빨아먹는 타입의 약으로 기침보다는 목입니다(목에 좋습니다). 그리고 이쪽의 '팰'은 감기의 열에 즉시 . '팰'도 2종류가 있고, 열 외에 몸이 나른한 경우는 이 '슈퍼 팰'을 추천합니다. 하지만 '팰'은 졸리는 분도 계시기 때문에 운전하시는 경우에는 피하는 편이 좋겠습니다.
여2 열도 있지?
남 응, 열도 좀 있지만, 기침이 멈추지 않아서, 목도 계속 아프네.
여2 이제 슬슬 담배 끊어. 정말이지 감기 걸려도 피운다니까.
남 콜록콜록. 어쨌든, 그럼, 이걸로 할게.
여2 운전도 안 하는 게 좋아.
남 그건 이쪽이 아니잖아.
여2 아, 그랬던가. 나도 어쩐지 너한테 감기 옮은 것 같으니깐 빨아먹는 약 사둬야겠어.

질문1 이 남자는 어느 것을 삽니까?
1 콘콘A
2 콘콘B
3 팰
4 슈퍼 팰

질문2 이 여자는 어느 것을 삽니까?

問題 5 통합 이해 확인문제 정답 및 해설

1 コンコンA
2 コンコンB
3 パル
4 スーパーパル

1 콘콘A
2 콘콘B
3 팰
4 슈퍼 팰

정답 [1] 1 [2] 2

어휘 薬局 약국 | 風邪薬 감기약 | 説明 설명 | 咳 기침 | のど 목 | なめる 빨다, 핥다 | 熱 열 | だるい 나른하다 | 避ける 피하다 | ゴホンゴホン 콜록콜록 | いいかげん 적당히, 어지간히

해설 통합 이해 유형 중 선택지가 있는 문제이며 선택지에 직접 해당사항을 필기하면서 듣기!
콘콘A : 기침+목 아플 때, 콘콘B : 목(빨아먹는 타입), 팰 : 열에 효과, 슈퍼 팰 : 나른할 때 하지만 팰 종류는 졸리므로 운전할 때는 피하는 편이 좋음. 남자는 열이 약간 나고, 기침이 멈추지 않아 목이 아픔 호소– 콘콘A / 여자는 남자의 감기가 옮은 것 같아 빨아 먹는 것으로 삼 – 콘콘B

청해 실전 문제

정답 p.489

問題1　126

問題1では、まず質問を聞いてください。それから話を聞いて、問題用紙の1から4の中から、最もよいものを一つ選んでください。

1番

1　プロジェクターの設置をする

2　会場に来客の席を確保する

3　ネットで昼食の注文をする

4　社長に確認の電話を入れる

2番

1　上映する作品を変更したこと

2　予定の変更をニュースで確認すること

3　予定変更のために集まること

4　上映したい作品を部長に連絡すること

3番

1　この10年間の農家の調査

2　この10年間の消費者の調査

3　ブランド野菜コーナーの設置

4　野菜料理の実演販売の企画

4番

1　入試課の先生に報告する

2　別の大学の研究室を訪問する

3　研究計画書を完成させる

4　別の大学の先生にコンタクトをとる

5番

1 駅前の交通整理をする

2 警察に協力を依頼する

3 関係者に相談しに行く

4 ほかのメンバーに声をかける

6番

1 英語や中国語会話の勉強を始める

2 メニューをネットで紹介してもらう

3 メニューを3か国語に翻訳する

4 新しい魚料理のメニューを考える

問題2

問題2では、まず質問を聞いてください。そのあと、問題用紙のせんたくしを読んでください。読む時間があります。それから話を聞いて、問題用紙の1から4の中から、最もよいものを一つ選んでください。

1番

1 お金に換えて、生活費にすることができるから
2 被災者を能動的な立場にすることができるから
3 地域社会に全く新しい人間関係が生まれるから
4 保管して、他の地域への救援に利用できるから

2番

1 コストを削減して、保養所を維持する
2 外部の会員制サービス会社に委託する
3 インターネットで利用できるようにする
4 施設の料金やサービスの種類を見直す

정답 p.494

3番

1 自分の欠点を直せるようになること

2 目標を決める必要がなくなること

3 自分の実力が正確にわかること

4 自分の長所を伸ばせるようになること

4番

1 効率化を追求し、収益力を上げること

2 正社員を増やし、社員のきずなを強めること

3 創業時の価値観を社員が共有すること

4 技術力を上げて、チャンスを増やすこと

5番

1 原作にない意外な結末を映像化した点

2 人間の微妙な心理を映像で表現した点

3 原作の内容に沿ってていねいに描写した点

4 有名な小説を自由に解釈して映像化した点

6番

1 アメリカの金融政策が失敗したから

2 新興国の実体経済が不況になったから

3 日本の公的機関が株を売ったから

4 下落の前に上がりすぎていたから

7番

1 母親がスポーツジムに誘って、いっしょに運動する

2 父親がジョギングに誘って、いっしょに運動する

3 母親が通っているヨガ教室に、一人で行かせる

4 友だちを誘わせて、一人でスポーツジムに通わせる

정답 p.498

問題3

問題3では、問題用紙に何も印刷されていません。この問題は、全体としてどんな内容かを聞く問題です。話の前に質問はありません。まず話を聞いてください。それから、質問と選択肢を聞いて、1から4の中から、最もよいものを一つ選んでください。

問題4

問題4では、問題用紙に何も印刷されていません。まず文を聞いてください。それから、それに対する返事を聞いて、1から3の中から、最もよいものを一つ選んでください。

정답 p.505

問題5

問題5では、長めの話を聞きます。この問題には練習はありません。メモをとってもかまいません。

1番、2番

問題用紙に何も印刷されていません。まず話を聞いてください。それから、質問と選択肢を聞いて、1から4の中から、最もよいものを一つ選んでください。

정답 p.511

3番

まず話を聞いてください。それから、二つの質問を聞いて、それぞれ問題用紙の1から4の中から、最もよいものを一つ選んでください。

質問1

1 1番のＣＤ
2 2番のＣＤ
3 3番のＣＤ
4 4番のＣＤ

質問2

1 1番のＣＤ
2 2番のＣＤ
3 3番のＣＤ
4 4番のＣＤ

문제 1 **문제1에서는 우선 질문을 들으세요. 그리고 이야기를 듣고 문제지의 1~4중에서 가장 적당한 것을 하나 고르게요.**

1 02:00

会社で女の人と男の人が話しています。男の人はこのあとまず何をしますか。

女 明日の企画全体会議の件なんだけど、社長の入りは、どうなった？
男 はい。先ほど、社長から連絡いただきまして、予定通り第二部の頭から参加されるそうです。
女 そう。じゃあ、会場のセッティングのほうは？
男 それはあの……明日の朝一でも間に合うかな、と思っていたんですが。今回はプロジェクターの設置だけだと聞いてたものですから。
女 いや、外部からのお客さんも参加するはずだから、受付も通して、ちゃんと席の用意もしなきゃね。
男 そうなんですか。じゃあ、確認して、今日中に準備しておきます。
女 うん、それから、お昼なんだけど、こないだのネットで注文できるのがあったでしょ。あれを人数分、頼んどいてくれると助かるんだけど。明日の会議だから早いほうがいいかな。
男 承知しました。
女 こっちは、社長に連絡して、車の手配が要るかどうか確認するから、よろしくね。
男 はい。

男の人はこのあとまず何をしますか。
1 プロジェクターの設置をする。
2 会場に来客の席を確保する。
3 ネットで昼食の注文をする。
4 社長に確認の電話を入れる。

회사에서 여자와 남자가 이야기하고 있습니다. 남자는 이 후에 우선 무엇을 합니까?

여 내일 기획 전체 회의 건인데, 사장님 입장은 어떻게 하기로 되었지?
남 네. 조금 전에 사장님께 연락을 받았는데, 예정대로 2부의 처음부터 참가하신다고 합니다.
여 그래. 그럼 회의장의 배치는?
남 그건 저... 내일 아침 일찍 하면 되지않을까 생각했거든요. 이번에는 프로젝터 설치만 하면 된다고 들어서.
여 아니야. 외부에서 손님도 참가할 테니까 접수처와 제대로 좌석 준비도 해야해요.
남 그렇습니까? 그럼, 확인하고 오늘 중으로 준비해 놓겠습니다.
여 응, 그리고 점심인데, 요전에 인터넷으로 주문할 수 있는게 있었지? 그것을 인원 수만큼 주문해 주면 고맙겠어. 내일 회의니까 빠른 편이 좋겠지.
남 알겠습니다.
여 이쪽은 사장님께 연락해서 차량 준비가 필요한지 확인할 테니까 부탁해.
남 네.

남자는 이 후에 우선 무엇을 합니까?
1 프로젝터 설치를 한다.
2 회의장에 방문객의 좌석을 확보한다.
3 인터넷으로 점심 식사 주문을 한다.
4 사장님께 확인 전화를 넣는다.

정답 3 **문제유형** 과제이해

어휘 連絡 확인 | 手配 준비 | 要る 필요하다 確認 확인 | 明日 내일 | 企画 기획 | 全体 전체 | 会議 회의 | 先ほど 조금 전 | 連絡 연락 | いただく 받다 | 予定通り 예정대로 | 参加 참가 | 会場 회의장 | セッティン 세팅, 배치함 | 朝一 아침에 제일 먼저 | 間に合う 시간에 대다 | プロジェクター 프로젝터, 영사기 | 設置 설치 | 外部 외부 | 受付 접수 | ちゃんと 분명히 | 用意 준비 | 確認 확인 | 今日中に 오늘 중으로 | 準備 준비 | お昼 점심 | 注文 주문 | 人数分 인원 수 | 頼んどく 부탁해 두다 | 助かる 살아나다, 도움이 되다 | 承知する 이해하다

해설 이 문제는 과제 수행자가 남자인 것을 파악하고 듣는 게 무엇보다 중요하다. 마지막의 여자의 대화 중「あれを人数分、頼んどいてくれると助かるんだけど (그것을 인원 수만큼 주문해 주면 고맙겠어)」에서 여자는 과제 수행자인 남자에게 점심 식사 주문의 과제를 내고 있음을 알 수 있다.

청해 실전문제 해석

2 03:42

大学の「映画研究サークル」の部室で、女の学生と男の学生が話しています。女の学生はサークルの他のメンバーに何を伝えますか。

女 部長、この秋の映画の上映会なんですけど、予定してた作品は、どうも無理そうですね。
男 うん、僕もそう思う。あんなに大騒ぎになるとはね。みんなニュース見て知ってると思うけど。
女 ええ、女子の部員たちは、みんな連絡して、もうあきらめちゃってますよ。
男 だけど、一応、みんなの意見、確認しなきゃいけないから……
女 また、一から出直しですか。
男 ていうか、みんなで作品を決めたときに、第2候補も決めといたよね。
女 そっかあ。じゃ、あのドキュメンタリー作品で行くってことですね。
男 うーん、僕はそのつもりだけど、やっぱり全員に招集をかけないとね。上映したい作品を考えて来いって。みんな、いろいろあると思うよ。
女 そうですね。
男 じゃあ、みんなにメールで連絡しといてくれる？
女 はい。

女の学生はサークルの他のメンバーに何を伝えますか。

1 上映する作品を変更したこと
2 予定の変更をニュースで確認すること
3 予定変更のために集まること
4 上映したい作品を部長に連絡すること

대학 '영화 연구 동아리' 의 부실에서 여학생과 남학생이 이야기하고 있습니다. 여학생은 동아리의 다른 멤버에게 무엇을 전합니까?

여 부장님 올 가을 영화 상영회 말인데요. 예정했던 작품은 아무래도 무리인 것 같아요.
남 응, 나도 그렇게 생각해. 그렇게 야단 법석일 줄은. 모두 뉴스를 보고 알고 있다고는 생각하지만.
여 네, 여자 부원들은 모두 연락하여 벌써 단념하고 있어요.
남 하지만, 일단 모두의 의견 확인하지 않으면 안 되니까…
여 또 처음부터 다시 시작하나요?
남 아니, 그보다 모두가 작품을 정했을 때 두 번째 후보도 정해뒀었지?
여 맞다, 그럼 그 다큐멘터리 작품으로 한다는 것이군요.
남 음, 나는 그럴 생각인데 역시 전원 소집해야지. 상영하고 싶은 작품을 생각해서 오라고 해. 모두, 여러 가지 있을 거라고 생각해.
여 그렇죠.
남 그럼, 모두에게 메일로 연락해 줄래?
여 네.

여학생은 동아리의 다른 멤버에게 무엇을 전합니까?

1 상영하는 작품을 변경한 것
2 예정 변경을 뉴스로 확인하는 것
3 예정 변경을 위해서 모이는 것
4 상영하고 싶은 작품을 부장에게 연락하는 것

정답 3 **문제유형** 과제이해

어휘 上映会(じょうえいかい) 상영회 | 作品(さくひん) 작품 | どうも 아무래도 | 大騒ぎ(おおさわぎ) 큰 소란 | 一応(いちおう) 일단 | 確認(かくにん) 확인 | 出直し(でなおし) 처음부터 다시 함 | 第2候補(だいにこうほ) 제 2후보 | ドキュメンタリ 다큐멘터리 | 招集(しょうしゅう)をかける 소집하다

해설 남자의 마지막 대화에서 정답의 힌트를 찾을 수 있다. 즉 「やっぱり全員に招集をかけないとね。上映したい作品を考えて来いって。みんな、いろいろあると思うよ (역시 전원 소집해야지. 상영하고 싶은 작품을 생각해서 오라고 해요. 모두 여러 가지 있을 거라고 생각해)」에서 남자는 여자에게 동아리 멤버에게 모이라고 연락하라는 과제를 내고 있는 것을 알 수 있다.

3 05:24

スーパーで、女の店長と男の店員が話しています。男の店員はこのあと何をしますか。

女 きのうテレビでやってたけど、最近、大都市で農業を始める人が増えてるんだって。知ってた？ でね、うちでも地元で取れた、新鮮で、おいしくて、しかも安全な野菜のコーナーを作ろうと思うんだけど、まずは、市内の、そういう新規で、無農薬栽培の農家を調

슈퍼에서 여자 점장과 남자 점원이 이야기 하고 있습니다. 남자 점원은 이 후에 무엇을 합니까?

여 어제 텔레비전에서 했는데. 최근 대도시에서 농업을 시작하는 사람이 늘고 있대. 알고 있었어? 그래서 우리도 우리 고장에서 수확한 신선하고 맛있고 게다가 안전한 야채 코너를 만들려고 하는데. 우선은 시내의 그런 신규로 무농약 재배 농가를 조사해봐 주지 않겠어?

べてみてくれないかな。

男 あー、確か、10年前くらいに市内の農家について調べた資料があるはずなんで、それ以降、ということでいいでしょうか。

女 そうね。この10年で、この辺もずいぶん住宅地が増えて、客層が若返ってきてるし、最近の若い人は、健康志向で、食べ物の安全性には敏感でしょう？

男 なるほど。

女 地方で頑張ってる農家の野菜もいいけど、結局、運送料がかかって割高になっちゃうでしょ。

男 そうですね。じゃ、今やってる、産地直送のブランド野菜のコーナーは……

女 うん。それはそのまま継続。あ、それから、地元の野菜を使った実演販売も企画してるから、また相談に乗ってね。じゃ、さっき頼んだこと、お願いね。

男 はい、わかりました。やっておきます。

男の店員はこのあと何をしますか。

1 この10年間の農家の調査
2 この10年間の消費者の調査
3 ブランド野菜コーナーの設置
4 野菜料理の実演販売の企画

남 아~, 아마 10년 전쯤에 시내의 농가에 대해서 조사한 자료가 있을 테니까, 그 후부터라도 괜찮을까요?

여 그렇네. 최근 10년에 이 주변도 상당히 주택지가 늘고 손님층이 젊은 사람으로 바뀌고 있고 최근 젊은 사람은 건강 지향으로 음식의 안전성에는 민감하지?

남 그렇군요.

여 지방에서 애쓰는 농가의 야채도 좋지만, 결국 운송료가 들어서 가격이 비교적 비싸지고 말아요.

남 그렇군요. 그럼 지금 하고 있는 산지 직종 브랜드 야채 코너는…

여 응. 그건 그대로 계속. 아! 그리고 우리 고장의 야채를 사용한 실연(시식) 판매도 기획하고 있으니까 또 상담해 응해줘. 그럼 아까 부탁한거 부탁해.

남 네, 알겠습니다. 해 놓겠습니다.

남자 점원은 이 후에 무엇을 합니까?

1 최근 10년간의 농가 조사
2 최근 10년간의 소비자 조사
3 브랜드 야채 코너의 설치
4 야채 요리의 실연 판매 기획

정답 1 **문제유형** 과제이해

어휘 大都市 대도시 | 農業 농업 | 地元 그 고장 | 取れる 수확되다 | 新鮮 신선 | しかも 게다가 | 新規 신규 | 無農薬栽培 무 농약재배 | 農家 농가 | 調べる 조사하다 | 確か 확실히 | 資料 자료 | 以降 이후 | ずいぶん 상당히 | 住宅地 주택지 | 客層 손님 층 | 若返る 젊어지다 | 健康志向 건강지향 | 敏感 민감 | 地方 지방 | 運送料 운송료 | 割高 비교적 비쌈 | 産地直送 산지직송 | 継続 계속 | 実演販売 실연 판매(실제로 상품을 사용해 보이는 것) | 企画 기획 | 相談に乗る 상담에 응하다

해설 남자에게 과제를 내주는 여자의 처음 대화에서 정답을 찾을 수 있다. 즉 여자는 남자에게 「まずは、市内の、そういう新規で、無農薬栽培の農家を調べてみてくれないかな (우선은 시내의 그런 신규로 무농약 재배 농가를 조사해봐 주지 않겠어?)」라고 말하고 있으므로 남자는 최근 10년간의 농가 조사를 한다는 것을 알 수 있다.

4 07:23

大学で男の留学生と入試課の先生が話しています。男の留学生はこのあとまず何をしなければなりませんか。

男 先生。私は、いま、学部研究生なんですが、ですから、来年は大学院に進学しないといけないんですが、ほかの大学の大学院に進学しても大丈夫なんでしょうか。

女 えーと、ジョンさんは、指導教官は、商学研究科の田中先生でしたね。えー、基本的には、内部進学のほうが、いろいろ先生のアドバイスを受けられるので、安心だと思うのですが。

男 実は、私は、日本の流通業の研究をしたいと思って、改めて研究計画書を書き直しているのですが、今回の研究テーマの先生は、ほかの大学にいることがわかっ

대학에서 남자 유학생과 입시과 선생님이 이야기하고 있습니다. 남자 유학생은 이 후에 우선 무엇을 해야 합니까?

남 선생님. 저는 지금 학부 연수생입니다만, 그래서 내년에는 대학원에 진학하지 않으면 안 되는데요, 다른 대학의 대학원에 진학해도 괜찮습니까?

여 음, 정 씨는 지도 교관이 상업학 연구과의 다나카 선생님이었죠. 에~, 기본적으로는 내부 진학 쪽이 여러 선생님의 조언을 받을 수 있기 때문에 안심이 되리라 생각합니다만.

남 사실은 저는 일본의 유통업의 연구를 하고 싶어서 새롭게 연구 계획서를 다시 쓰고 있습니다만, 이번의 연구 주제의 선생님은 다른 대학에 있는 것을 알았습니다.

たんです。
女 そうですか。それは、田中先生もご存知なんですか。
男 はい、実は、田中先生からのご紹介なんです。流通業なら、その先生がいいだろうって。
女 うーん。じゃ、その先生とコンタクトをとったんですか。
男 それは、まだなんですが、先に、入試課の先生に相談するようにって、言われまして。
女 それなら、まず、その先生にメールを送って、研究室を訪問するんですね。もちろん、その前に研究計画書を仕上げて、ちゃんとメールに添付するんですよ。
男 はい。
女 じゃあ、その先生とコンタクトがとれたら、こちらにも報告してくださいね。
男 わかりました。

男の留学生はこのあとまず何をしなければなりませんか。

1 入試課の先生に報告する。
2 別の大学の研究室を訪問する。
3 研究計画書を完成させる。
4 別の大学の先生にコンタクトをとる。

여 그렇습니까? 그 일은 다나카 선생님도 알고 계십니까?
남 네, 사실은 다나카 선생님의 소개입니다. 유통업이라면 그 선생님이 좋을 거라고.
여 음, 그럼 그 선생님과 연락은 했습니까?
남 그건, 아직이지만, 먼저 입시과의 선생님께 상담드리라고 해서요.
여 그렇다면 우선 그 선생님께 메일을 보내서 연구실을 방문하세요. 물론 그 전에 연구 계획서를 완성하여 제대로 메일에 첨부하는 거예요.
남 네.
여 그럼, 그 선생님과 연락이 되면, 이쪽에도 보고해 주세요.
남 알겠습니다.

남자 유학생은 이 후에 우선 무엇을 해야 합니까?

1 입시과 선생님께 보고한다.
2 다른 대학 연구실을 방문한다.
3 연구 계획서를 완성시킨다.
4 다른 대학 선생님께 연락한다.

정답 3 연구 계획서를 완성시킨다 **문제유형** 과제이해

어휘 学部研究生 학부연구생 | 指導教官 지도교관 | 商学研究科 상학 연구 과 | 基本的 기본적 | 内部 내부 | アドバイス 충고, 조언 | 流通業 유통업 | 改めて 다시 | 書き直す 다시 쓰다 ご存知だ 알고 계시다 | コンタクトをとる 접촉을 하다 | 入試課 입시 과 | ちゃんと 확실히, 분명히 | 添付 첨부 | 報告 보고

해설 과제를 내는 여자는 마지막 두 번째 대화에서 「まず、その先生にメールを送って、研究室を訪問するんですね。もちろん、その前に研究計画書を仕上げて、ちゃんとメールに添付するんですよ (우선 그 선생님께 메일을 보내서 연구실을 방문하세요. 물론 그 전에 연구 계획서를 완성하여 제대로 메일에 첨부하는 거예요)」라고 말하고 있으므로 남자는 방문하기 전에 먼저 연구 계획서를 완성해야 함을 알 수 있다.

5 09:37

地方の町で活動するボランティアサークルの男の学生と女の学生が話しています。男の学生はこれから何をしますか。

男 先輩、相変わらず、朝夕のラッシュ時の駅前は、車が渋滞して大変ですね。
女 うん。通勤通学の送り迎えの車がね。このままだと、マイカーの乗り入れを禁止するか、別のルートを作るかしかないのかな。
男 ほんと、バスの利用者が困りますよね。ほとんど動かなくなりますもんね。
女 チラシを配って呼び掛けたところで、運転してる人には声が届かないでしょうからね？
ねえ、あなたが、交通整理、やってみない？

지방 도시에서 활동하는 자원봉사 동아리의 남학생과 여학생이 이야기 하고 있습니다. 남학생은 이제부터 무엇을 합니까?

남 선배님, 여전히 아침 저녁 러시아워 때의 역 앞은 차가 정체되어 힘들군요.
여 응, 통근 통학의 송영(전송과 마중) 차가. 이 상태라면 자가용 타고 들어 오는 것을 금지하든지 다른 노선을 만들든지 할 수 밖에 없겠어.
남 맞아요, 버스 이용자가 곤란해요. 거의 움직이지 않고 있어요.
여 전단지를 배포해서 호소한들, 운전하고 있는 사람에게는 목소리가 닿지 않으니까.
당신이 교통 정리 해 볼래?

男 僕が手を振って「はーい、ここに車を止めて、先にバスを通して！」って、やるんですか。
女 うーん、まずは、警察やバスの会社の協力をあおいだらどうかって案もあったんだけど。
男 そうですか。やってみますか。
女 ここは、やっぱりボランティアの出番じゃないかなあ。町民の意識を高めるためにもね。
男 たしかに。僕らが無償で動けば、利用者も協力してくれますよね。
女 最初は、みんな冷たいかもしれないけど、すぐに感謝されるようになると思うよ。
男 地域の皆さんのためですもんね。
女 わたしのほうから、駅とか関係者には挨拶に行って話をつけとくから。
男 けど、他のメンバーじゃなくて僕で良いんですか。
女 もちろーん。ほかのメンバーにも声をかけてみるけど、とりあえずは第一号ということで。
男 わかりました。

男の学生はこれから何をしますか。
1 駅前の交通整理をする。
2 警察に協力を依頼する。
3 関係者に相談しに行く。
4 ほかのメンバーに声をかける。

남 제가 손을 흔들어 '네, 여기에 차를 멈추고 먼저 버스를 지나가게 해요'하는 건가요?
여 응, 우선은 경찰과 버스 회사의 협력을 청하면 어떨까 하는 안도 있었는데.
남 그렇습니까? 해 볼까요?
여 여기는 역시 자원 봉사가 나설 순서가 아닐까? 시민의 의식을 높이기 위해서라도.
남 맞아요. 우리들이 무보수로 움직이면 이용자도 협력해 줄 거예요.
여 처음에는 모두 냉담할는지 모르지만 곧 감사하게 될 거라 생각해.
남 지역의 모든 사람을 위해서니까요.
여 나는 역 관계자에게 인사하러 가서 이야기를 마무리 지어 놓을 테니까.
남 그런데, 다른 사람이 아니고 저로 괜찮겠습니까?
여 물론. 다른 멤버에게도 얘기해 보겠지만, 우선은 제 1호라고 하는걸로.
남 알겠습니다.

남자 학생은 이제부터 무엇을 합니까?
1 역 앞의 교통 정리를 한다.
2 경찰에게 협력을 의뢰한다.
3 관계자에게 상담하러 간다.
4 다른 구성원에게 이야기를 건다.

정답 1 **문제유형** 과제이해

어휘 相変(あいか)わらず 변함없이 | 朝夕(あさゆう) 아침 저녁 | ラッシュ時(とき) 러시아워 | 渋滞(じゅうたい) 정체 | 通勤通学(つうきんつうがく) 통근 통학 | 送(おく)り迎(むか)え 송영(전송과 마중) | 乗(の)り入(い)れ禁止(きんし) 차를 탄 채로 들어오는 것을 금지함 | ルートを作(つく)る 경로를 만들다 | 呼(よ)び掛(か)ける 호소하다 | 声(こえ)が届(とど)く 목소리가 닿다 | 交通整理(こうつうせいり) 교통 정리 | 手(て)を振(ふ)る 손을 흔들다 | 警察(けいさつ) 경찰 | 協力(きょうりょく)をあおぐ 협력을 청하다 | ボランティア 자원봉사 | 出番(でばん) 나설 차례 | 町民(ちょうみん) 마을 주민 | 意識(いしき)を高(たか)める 의식을 높이다 | 無償(むしょう) 무상 | 話(はなし)をつける 이야기를 마무리 하다 | 声(こえ)をかける 말을 걸다

해설 여자의 대사 중「ここは、やっぱりボランティアの出番じゃないかなあ。町民の意識を高めるためにもね (여기는 역시 자원봉사가 나설 차례가 아닐까? 시민의 의식을 높이기 위해서라도)」라는 말에 남자는「たしかに(분명히 그래요)」하고 여자의 말을 그대로 받아드리고 있는 것으로 보아 과제 수행자인 남자는 이 후에 역 앞의 교통 정리를 한다는 것을 알 수 있다.

6 11:55

日本料理店の店長が話しています。このあと店員はどうしますか。

男 えー、ここのところ外国人観光客が急に増えて、皆さんも接客で困ることもあるかと思いますが、せっかく足を運んでくれた外国のお客さんですから、うまく対応できないと、店の評判に大きく響きます。みなさんに、一夜漬けで英語や中国語の勉強をしろとは言いませんが、ネットでグルメ情報を紹介している会社が、外国人のお客さん用に、メニューを英語、中国語、韓

일본 요리점 점장이 이야기하고 있습니다. 이 후에 점원은 어떻게 합니까?

남 에, 요즈음 외국인 관광객이 갑자기 늘어 여러분도 접객으로 힘든 일이 있을 거라고 생각합니다만, 모처럼 찾아 와 준 외국 손님들이니까 잘 대응하지 못하면 가게의 평판에 크게 영향을 줍니다. 여러분에게 벼락치기로 영어와 중국어를 하라고는 말하지 않겠습니다만, 인터넷으로 음식 정보를 소개하고 있는 회사가 외국인 손님용으로 메뉴를 영어, 중국어, 한국어로 번역할 수 있는 서비스를 실시하고 있으니, 당장

国語に翻訳できるサービスを行っているので、さっそく利用してみてください。それができたら、さらに、この商店街のほかの店と協力して、外国人用の新メニューを用意しようと考えています。それで、うちの魚料理を食べた後に、となりの肉料理を食べられるようにするとかですね。では、さっそく、とりかかってみてください。

このあと店員はどうしますか。

1 英語や中国語会話の勉強を始める。
2 メニューをネットで紹介してもらう。
3 メニューを3か国語に翻訳する。
4 新しい魚料理のメニューを考える。

이용해 봐 주세요. 그것이 가능해 지면 그 다음에 이 상점가의 다른 가게와 협력하여 외국인용의 새로운 메뉴를 준비하려고 생각하고 있습니다. 그래서 우리 가게의 생선 요리를 먹은 후에 옆집의 고기 요리를 먹을 수 있도록 한다는 말이죠. 그럼 바로 시작해 보세요.

이 후에 점원은 어떻게 합니까?

1 영어나 중국어 회화 공부를 시작한다.
2 메뉴를 인터넷으로 소개 받는다.
3 메뉴를 3개 국어로 번역한다.
4 새로운 생선 요리 메뉴를 생각한다.

정답 3 **문제유형** 과제이해

어휘 ここのところ 요즘 | 観光客 관광객 | 接客 접객 | 足を運ぶ 일부러 방문하다 | 対応 대응 | 評判 평판 | 響く 울리다 | 一夜漬け 벼락치기 | グルメ情報 음식(요리) 정보 | 翻訳 번역 | さっそく 즉시 | 商店街 상점가 | 協力 협력 | 用意 준비 | 取り掛かる 착수하다

해설 남자는 설명의 중간 부분에서「メニューを英語、中国語、韓国語、に翻訳できるサービスを行っているので、さっそく利用してみてください。それができたら、さらに、」'메뉴를 영어, 중국어, 한국어로 번역할 수 있는 서비스를 실시하고 있기 때문에 당장 이용해 봐 주세요. 그것이 가능해 지면 그 다음에'라고 말하고 있는 것으로 보아 이후에 점원은 메뉴를 3개 국어로 번역해 보는 일을 제일 먼저 한다는 것을 알 수 있다.

문제 2 문제2에서는 우선 질문을 들으세요. 그후, 문제지의 선택지를 읽으세요. 읽을 시간이 있습니다. 그리고 이야기를 듣고 문제지의 1~4중에서 가장 적당한 것을 하나 고르세요.

1 15:40

男の学生と女の学生が話しています。女の学生は、どうして救援物資の「耳かき」を一人に100個贈るのだと言っていますか。

男 林さんって、ボランティアやってるんだね。ブログ読んだよ。地震の被災地に救援物資とかも届けてるんだろう？ すごいね。
女 うん、当たり前のこと、してるだけだけどね。
男 でね、ブログに、例えば、「耳かき」が欲しいって人には、「耳かき」を100個届けるって書いてあったでしょ。あれって、どういう意味なのかな？
女 ああ、あれね。私たちのグループで、ずっとやってきたことなんだけどね。一人に1個で充分じゃないかって、ぜいたくじゃないかって言われたりするんだけど、ちがうんだよね。
男 残った99個をどうするかが問題だよね。ほかの人に売ってお金に換えてもらおうってこと？

남학생과 여학생이 이야기하고 있습니다. 여학생은 어째서 구원 물자인 '귀이개'를 한 사람에게 100개 보낸다고 말하고 있습니까?

남 하야시 씨는 자원 봉사하고 있지? 블로그 읽었어. 지진 피해 지역에 구원 물자 같은 것도 보내고 있지? 대단해.
여 응, 당연한 일 하고 있을 뿐인데.
남 그래서 말인데 블로그에 예를 들면 '귀이개'가 필요한 사람에게는 '귀이개'를 100개 보낸다고 쓰여 있었는데. 그건 어떤 의미야?
여 아~ 그거. 우리 그룹에서 쭉 해온 일인데. 한 사람에게 한 개로 충분하지 않나? 사치 아닌가? 하고 말들 하곤 하는데 그게 아니야.

남 남은 99개를 어떻게 하는가가 문제네. 다른 사람에게 팔아서 돈으로 바꾸자는 의미인가?

女 じゃなくて、ただ配ってもらうのよ。っていうか、受けとった人は自然に周りの人に配るようになるのよ。そうしたら、ただ救援を待つだけだった人が、積極的に動いて支援する側になれるでしょ。そうやって、地域社会のつながりを取り戻すことができるようになるのよ。
男 なるほど。僕はまた、残りは取っといて、将来別のところで災害が起きたときに届けてもらうのかなあと思ったりして…？
女 えっ！そんな回りくどいことするわけないでしょ。

女の学生は、どうして救援物資の「耳かき」を一人に100個贈るのだと言っていますか。
1 お金に換えて、生活費にすることができるから
2 被災者を能動的な立場にすることができるから
3 地域社会に全く新しい人間関係が生まれるから
4 保管して、他の地域への救援に利用できるから

여 그게 아니고, 그냥 나누어 주게 한다고 할까? 받은 사람은 자연스럽게 주위 사람에게 나누어 주게 돼. 그렇게 하면 그저 도움을 기다리기만 했던 사람이 적극적으로 움직여서 지원하는 쪽이 될 수 있지. 그렇게 해서 지역사회의 관계를 되돌릴 수가 있게 되는 거야.
남 그렇군. 나는 또 남은 건 가지고 있다가 장래에 다른 곳에서 재해가 일어났을 때 보내라는 건가 하고 생각해서…
여 뭐! 그런 번거로운 일을 할 이유 없잖아.

여학생은 어째서 구원 물자인 '귀이지'를 한 사람에게 100개 보낸다고 말하고 있습니까?
1 돈으로 바꾸어 생활비로 할 수가 있기 때문에
2 이재민을 능동적인 입장으로 만들 수가 있기 때문에
3 지역 사회에 완전히 새로운 인간 관계가 만들어 지므로.
4 보관하여 다른 지역으로의 구원에 이용할 수 있으므로.

정답 2 **문제유형** 포인트 이해

어휘 ボランティア 자원봉사 | ブログ 블로그 | 地震(じしん) 지진 | 被災地(ひさいち) 재해 지역 | 救援(きゅうえん) 구원 | 物資(ぶっし) 물자 | 耳(みみ)かき 귀이개 | ぜいたく 사치 | 受(う)けとる 받아들이다 | 救援(きゅうえん) 구원 | 積極的(せっきょくてき) 적극적 | 支援(しえん) 지원 | 地域社会(ちいきしゃかい) 지역사회 | 取(と)り戻(もど)す 되돌리다 | 将来(しょうらい) 장래 | 災害(さいがい) 재해 | 回(まわ)りくどい 번거롭다

해설 여자의 대화 중「ただ救援を待つだけだった人が、積極的に動いて支援する側になれるでしょ (그저 도움을 기다리기만 했던 사람이 적극적으로 움직여서 지원하는 쪽이 될 수 있지)」에서 귀이개를 한 사람에게 100개 보내는 이유는 재해 피해자들이 적극적인 입장이 될 수 있다고 생각해서 하고 있음을 알 수 있다.

2 18:13

家電メーカーの社長が社員に話しています。社長は今後、会社の福利厚生をどのようにすると言っていますか。

男 これまで、わが社の福利厚生の目玉として多くの皆さんに利用してもらってきました軽井沢の宿泊施設ですが、不景気が続いて、多くの企業がコスト削減のため保養所を手放すなか、我が社は社員の皆さんのため、なんとか維持してきたわけですが、とうとうそれも見直す必要に迫られています。というのも、インターネットを利用した会員制のサービスをしている会社がありまして、そこに我が社の社員サービスをそっくりアウトソーシングすれば、会費はかかりますが、これまで以上に安いお値段で多様な福利厚生サービスを受けられることがわかったのです。

社長は今後、会社の福利厚生をどのようにすると言っていますか。
1 コストを削減して、保養所を維持する。
2 外部の会員制サービス会社に委託する。
3 インターネットで利用できるようにする。
4 施設の料金やサービスの種類を見直す。

가전 업체의 사장이 사원에게 이야기하고 있습니다. 사장은 앞으로 회사 복리후생을 어떻게 한다고 말하고 있습니까?

남 이제까지 우리 회사의 복리후생의 중심으로서 많은 여러분이 이용해 주신 가루이자와의 숙박 시설입니다만, 불경기가 계속되어 많은 기업이 비용 삭감을 위해서 휴양소를 처분하는 가운데 우리 회사는 사원 여러분을 위해서 어떻게든 유지해 왔습니다만, 결국 그것도 재고할 필요성에 직면해 있습니다. 왜냐하면 인터넷을 이용한 회원제 서비스를 하고 있는 회사가 있어서 그곳에 우리 회사의 사원 서비스를 모조리 용역을 주면 회비는 들겠습니다만, 어느 때보다 저렴한 가격으로 가격으로 다양한 복리 후생을 받을 수 있는 것을 알았습니다.

사장은 앞으로 회사의 복리후생을 어떻게 하겠다고 말하고 있습니까?
1 비용을 삭감하여 휴양 시설을 유지한다.
2 외부의 회원제 서비스 회사에 위탁한다.
3 인터넷으로 이용할 수 있게 한다.
4 시설 요금과 서비스의 종류를 재고한다.

정답 2 **문제유형** 포인트 이해

어휘 福利厚生 복리후생 | 目玉 가장 중심이 되는 것, 관심을 끄는 것 | 軽井沢 가루이자와 | 宿泊施設 숙박시설 | 不景気 불경기 | コスト 비용 | 削減 삭감 | 保養所 휴양소 | 手放す 손에서 놓다, 처분하다 | 維持 유지 | とうとう 마침내, 결국 | 見直す 재고하다, 다시 보다 | 迫る 닥쳐오다, 강요하다 | そっくり 그대로, 죄다 | アウトソーシング 아웃소싱 | 会費 회비 | 多様 다양함

해설 남자는 뒤 부분에서 「そこに我が社の社員サービスをそっくりアウトソーシングすれば、会費はかかりますが (그곳에 우리 회사의 사원 서비스를 모조리 용역을 주면 회비는 들겠습니다만)」이라고 말하고 있는 것으로 보아 회사의 복리후생은 외부에 위탁하여 진행하겠다는 것을 알 수 있겠다.

3 20:00

大学受験の説明会で先生が話しています。先生はフィードバックの一番の利点はどんなことだと言っていますか。

女 よく、春先に進学希望を聞きますと、何も考えずに有名大学の名前を挙げる人がいます。ほとんどは、自分を客観的に評価できず、実力とはかけ離れた場合が多いと言えるでしょう。ただ、大学ならどこでもいいと、目標もなく勉強するよりは良いのかもしれません。そこで、皆さんにお勧めするのがフィードバックです。例えば、3か月ごとの目標を決めて、結果がどれだけ最初の目標と違っているか確かめます。そうして、何が良かったのか悪かったのかを振り返るのです。そうすることで、自分にできること出来ないことが客観的に見えてきて、確実な評価ができるようになるというわけです。

先生はフィードバックの一番の利点はどんなことだと言ってますか。

1 自分の欠点を直せるようになること
2 目標を決める必要がなくなること
3 自分の実力が正確にわかること
4 自分の長所を伸ばせるようになること

대학 수험 설명회에서 선생님이 이야기하고 있습니다. 선생님은 피드백의 제일 이점은 어떤 것이라고 말하고 있습니까?

여 흔히, 이른 봄에 진학 희망을 물으면 아무 생각 없이 유명 대학의 이름을 올리는 사람이 있습니다. 대부분은 자신을 객관적으로 평가하지 못해 실력과는 동떨어진 경우가 많다고 말할 수 있겠죠. 대학이라면 어디라도 좋다고, 목표도 없이 공부하는 것 보다는 좋을지도 모르겠습니다. 그래서 여러분께 권해 드리는 것이 피드백입니다. 가령 3개월마다 목표를 정해서 결과가 어느 정도 처음 목표와 다른지 확인합니다. 그렇게 하여 무엇이 좋았고 나빴는지를 되돌아보는 것입니다. 그렇게 함으로써 자신이 할 수 있는 것과 할 수 없는 것이 객관적으로 보이기 시작해 확실한 평가를 할 수 있게 되는 것입니다.

선생님은 피드백의 제일 이점은 어떤 것이라고 말하고 있습니까?

1 자신의 결점을 고칠 수 있게 되는 것
2 목표를 정할 필요가 없어지는 것
3 자신의 실력을 정확하게 알 수 있는 것
4 자신의 장점을 신장시킬 수 있게 되는 것

정답 3 **문제유형** 포인트 이해

어휘 春先 이른 봄 | 名前を挙げる 이름을 거론하다 | 客観的 객관적 | 評価 평가 | 実力 실력 | 目標 목표 | 勧める 권하다 | フィードバック 피드백 | 振り返る 뒤돌아보다 | 確実 확실함

해설 여자는 설명의 마지막 부분에서 「自分にできること出来ないことが客観的に見えてきて、確実な評価ができるようになるというわけです (자신이 할 수 있는 것과 할 수 없는 것이 객관적으로 보이기 시작해 확실한 평가를 할 수 있게 되는 것입니다)」라고 이야기하고 있는 것으로 보아 피드백의 제일 이점은 자신의 실력을 정확히 알 수 있는 것임을 알 수 있다.

4 21:54

会社で男の人と女の人が話しています。女の人は、この会社には、何が大事だと言っていますか。

男 グローバル化の時代を生き抜くためには、どうしたらいいんだろうね。競争は激しくなるばかりだし。

女 確かに、今さら効率化ばかりを追求しても、収益力が上がることは望めない状態だと思います。経費削減はもう限界まで来ているようです。

男 そうか。そこに来て、経営トップからは「自社の強みに立ち返るべし」という指示が下りてきてるわけだよね。

女 そうですね。この会社も元々は、社員同士の濃密な人間関係があって、その中で起こった問題はどんどん解消して成長するというシステムがあったはずなんですよね。

男 それが、正社員のリストラや派遣社員の導入で、機能しなくなったしまった。

女 それなら、そもそも自分たちは何を大切にする会社なのかという「企業の価値観」をもう一度社員の間で共有することから始める以外にないんじゃないでしょうか。

男 もはや技術力で勝負する時代でもないということかな。

女 「企業のＤＮＡ」というか、この会社を創った当時の理念を社員が再認識することで、またチャンスが巡ってくると思うんです。

男 なるほど。そういうもんかねえ。

女の人は、この会社には、何が大事だと言っていますか。

1 効率化を追求し、収益力を上げること
2 正社員を増やし、社員のきずなを強めること
3 創業時の価値観を社員が共有すること
4 技術力を上げて、チャンスを増やすこと

회사에서 남자와 여자가 이야기 하고 있습니다. 여자는 이 회사에는 무엇이 중요하다고 말하고 있습니까?

남 글로벌화 시대를 살아가기 위해서는 어떻게 하면 좋을까? 경쟁은 치열해지기만 하고.

여 맞아요. 이제 와서 효율화만을 추구해도 수익 능력이 올라가는 것은 기대할 수 없는 상태라고 생각합니다. 경비 삭감은 이제 한계까지 와 있는 것 같습니다.

남 그런가? 그 시점에 와서 경영자들로부터는 '자사의 강점으로 되돌아가야 한다'라는 지시가 내려지겠지.

여 맞아요. 이 회사도 원래는 사원들끼리 깊은 인간 관계가 있어 그 안에서 일어난 문제는 순조롭게 해결하여 성장하는 시스템이 있었을 것이에요.

남 그게, 정사원의 구조 조정과 파견 사원의 도입으로 기능하지 않게 되어 버렸지.

여 그렇다면 도대체 자신들은 무엇을 소중하게 여기는 회사인가 하는 '기업의 가치관'을 다시 한 번 사원들 간에 공유하는 것부터 시작하는 것 이외에는 다른 게 없는 것밖에는 없지 않을까요?

남 이제는 기술력으로 승부하는 시대도 아니라는 것이군.

여 '기업의 DNA'라고 할까? 이 회사를 창업한 당시의 이념을 사원이 재인식함으로써 다시 기회가 돌아 오리라고 생각합니다.

남 맞아요. 그러한 것일 거예요.

여자는 이 회사에는 무엇이 중요하다고 말하고 있습니까?

1 효율화를 추구하여 수익 능력을 올리는 것
2 정사원을 늘리어 사원의 결속을 강화하는 것
3 창업시의 가치관을 사원이 공유하는 것
4 기술력을 올리어 기회를 늘리는 것

정답 3 **문제유형** 포인트 이해

어휘 グローバル化(か) 글로벌화 | 生(い)き抜(ぬ)く 살아 나가다 | 競争(きょうそう) 경쟁 | 激(はげ)しい 격렬하다 | 今(いま)さら 이제 와서 | 効率化(こうりつか) 효율화 | 追求(ついきゅう) 추구 | 収益力(しゅうえきりょく)が上(あ)がる 수익 능력을 올리다 | 望(のぞ)む 희망하다 | 状態(じょうたい) 상태 | 経費(けいひ) 경비 | 削減(さくげん) 삭감 | 自社(じしゃ) 자사 | 強(つよ)み 강점 | 立(た)ち返(かえ)る 되돌아 가다 | 指示(しじ)が下(お)りる 지시가 내려오다 | 元々(もともと) 원래 | 濃密(のうみつ) 농밀함 | 解消(かいしょう) 해소 | 成長(せいちょう) 성장 | リストラ 구조 조정 | 派遣(はけん) 파견 | 導入(どうにゅう) 도입 | 機能(きのう) 기능 | そもそも 도대체 | 価値観(かちかん) 가치관 | もはや 이제는 | 技術力(ぎじゅつりょく) 기술력 | 勝負(しょうぶ) 승부 | 会社(かいしゃ)を創(つく)る 회사를 창업하다 | 理念(りねん) 이념 | 再認識(さいにんしき) 재인식

해설 이 문제는 여자의 마지막 대화에서 힌트를 얻을 수 있다. 즉 「この会社を創った当時の理念を社員が再認識することで、またチャンスが巡ってくると思うんです (이 회사를 창업한 당시의 이념을 사원이 재인식함으로써 다시 기회가 돌아 오리라고 생각합니다)」에서 창업 시의 가치관을 사원이 공유하는 것이 중요하다고 말하고 있는 것을 알 수 있다.

5 24:14

ラジオで、アナウンサーが映画大賞の受賞について話しています。この映画作品はどんな点が評価されて受賞しましたか。

男 映画監督のオナガさんが、小川一郎の長編小説、『悲しみの街』を映画化して今年の映画大賞を受賞しました。原作には描かれていなかった結末を、だれも思いつかなかったような展開で映像化したことが受賞につながったとのことです。オナガさんはこれまで、原作に忠実に登場人物の心理をていねいに描いた作品が評価されていましたが、前回の作品あたりから、原作を自由に解釈して独特の世界観を表して賞の候補に挙げられるようになり、今回さらに飛躍して受賞となりました。

この映画作品はどんな点が評価されて受賞しましたか。

1 原作にない意外な結末を映像化した点
2 人間の微妙な心理を映像で表現した点
3 原作の内容に沿っててい ねいに描写した点
4 有名な小説を自由に解釈して映像化した点

라디오에서 아나운서가 영화 대상 수상에 대해서 이야기하고 있습니다. 이 영화 작품은 어떤 점이 평가되어 수상했습니까?

남 영화감독인 오나가 씨가 오가와 이치로의 장편소설 '슬픔의 거리'를 영화화 하여 올해에 영화 대상을 수상했습니다. 원작에는 그려지지 않았던 결말을 아무도 생각하지 못한 전개로 영화화 한 것이 수상으로 이어졌다고 합니다. 오나가 씨는 지금까지 원작에 충실하게 등장인물의 심리를 꼼꼼하게 그린 작품이 평가 받았었지만, 저번 작품쯤부터 원작을 자유롭게 해석하여 독특한 세계관을 표현하여 수상의 후보로 거론되게 되어 이번에 더욱 활약하여 수상하게 되었습니다.

이 영화 작품은 어떤 점이 평가되어 수상했습니까?

1 원작에 없는 의외의 결말을 영상화 한 점
2 인간의 미묘한 심리를 영화로 표현한 점
3 원작의 내용에 따라 꼼꼼하게 묘사한 점
4 유명한 소설을 해석하여 영상화 한 점

정답 1 **문제유형** 포인트 이해

어휘 映画監督(えいがかんとく) 영화감독 | 長編小説(ちょうへんしょうせつ) 장편소설 | 悲(かな)しみの街(まち) 슬픔의 거리 | 大賞(たいしょう) 대상 | 受賞(じゅしょう) 수상 | 描(えが)く 그리다, 묘사하다 | 結末(けつまつ) 결말 | 思(おも)いつく 생각나다 | 忠実(ちゅうじつ) 충실 | 登場人物(とうじょうじんぶつ) 등장인물 | ていねいに 정성스럽게 | 評価(ひょうか) 평가 | 前回(ぜんかい) 전번 | 解釈(かいしゃく) 해석 | 独特(どくとく) 독특함 | 世界観(せかいかん) 세계관 | 表(あらわ)す 표현하다 | 候補(こうほ)を挙(あ)げる 후보를 거론하다 | 飛躍(ひやく) 활약

해설 남자는 앞부분에서 「原作には描かれていなかった結末を、だれも思いつかなかったような展開で映像化したことが受賞につながったとのことです (원작에는 그려지지 않았던 결말을 아무도 생각하지 못한 전개로 영화화 한 것이 수상으로 이어졌다고 합니다)」라고 설명하고 있는 것으로 보아 원작에 없는 의외의 결말을 영상화 한 점이 평가되어 수상하게 된 것을 알 수 있다.

6 25:54

ラジオでニュースの解説者が話しています。日本の株価が下がったのはどうしてだと言っていますか。

女 今回の株価の下落は世界的なもので、アメリカの金利が上がったからだとか、中国の金融政策によるものだとか、いろいろ憶測を呼んでいますが、どうやら中国を含め新興国の実体経済が低迷していることに真の原因があるようです。その中で、日本の株価が世界の主要国に比べ、最も下がっているのは、その前に、日本銀行などの公的機関が株を買い支えて、異常に高い値を示していたためであって、市場心理を考えると今後も下がり続けることが予想されます。

日本の株価が 最も下がったのはどうしてだと言っていますか。

라디오에서 뉴스 해설자가 이야기하고 있습니다. 일본의 주가가 내려간 것은 무엇 때문이라고 말하고 있습니까?

여 이번의 주가의 하락은 세계적인 것으로 미국의 금리가 올랐기 때문이라든가 중국의 금융 정책에 따른 것이라든가 여러 억측을 부르고 있습니다만, 아무래도 중국을 포함한 신흥국가의 실물경제가 저조하고 있는 것에 진정한 원인이 있는 것 같습니다. 그 중에서 일본의 주가가 세계의 주요국과 비교해서 제일 하락하게 된 이유는 그 전에 일본은행 등 공적 기관이 주식을 적극 매입하여 비정상적으로 높은 가격을 나타냈었기 때문이며, 시장 심리를 생각하면 앞으로도 계속 내려갈 것이 예상됩니다.

일본의 주가가 제일 하락한 것은 무엇 때문이라고 말하고 있습니까?

1 アメリカの金融政策が失敗したから
2 新興国の実体経済が不況になったから
3 日本の公的機関が株を売ったから
4 下落の前に上がりすぎていたから

1 미국의 금융 정책이 실패했기 때문에
2 신흥 국가의 실체 경제가 불황이 되었기 때문에
3 일본의 공적 기관이 주식을 팔았기 때문에
4 하락 전에 너무 올라 있었기 때문에

정답 4 **문제유형** 포인트 이해

어휘 株価(かぶか) 주가 | 下落(げらく) 하락 | 世界的(せかいてき) 세계적 | 金利(きんり) 금리 | 金融政策(きんゆうせいさく) 금융정책 | 憶測(おくそく) 억측 | どうやら 아무래도 | 含(ふく)める 포함하다 | 新興国(しんこうこく) 신흥 국가 | 実体経済(じったいけいざい) 실물경제 | 低迷(ていめい) 저조 | 真(まこと)の原因(げんいん) 진정한 원인 | 主要国(しゅようこく) 주요 국가 | 比(くら)べる 비교하다 | 最(もっと)も 가장, 제일 | 日本銀行(にほんぎんこう) 일본은행 | 公的機関(こうてききかん) 공적 기관 | 買(か)い支(ささ)える (주식, 외화등의 거래에서 시세가 떨어지려 할 때) 적극 매입하여 하락을 막는 것 | 異常(いじょう)に 비정상적으로 | 市場心理(しじょうしんり) 시장심리 | 予想(よそう) 예상

해설 여자는 설명의 마지막 부분에서 「日本銀行などの公的機関が株を買い支えて、異常に高い値を示していたためであって (일본은행 등 공적 기관이 주식을 매입에 나서 비정상적으로 높은 가격을 나타내고 있었기 때문이고)」라고 이유를 설명하는 것으로 보아 주가가 하락한 원인은 이미 그 전에 너무 주가가 올라 있었기 때문인 것을 알 수 있겠다.

6 27:32

家で母親と父親が話しています。二人はどうやって弟に運動をさせることにしましたか。

女 ねえ、二郎のことなんだけど、最近ちょっと太り気味なんじゃないかな？
男 そういえば、二郎が中学に入ってから、運動してるところは見たことがないなあ。一郎が中学だったころは、僕もいっしょにジョギングして、汗を流してたけどなあ。
女 お兄ちゃんは、あれでけっこうスポーツもできたからね。今は、受験でそれどころじゃないけど。
男 少しは一郎も運動したほうがいいんじゃないかい？
女 お兄ちゃんはいいのよ。緊張して、頭を使って、エネルギー消耗してるから、心配要らないけど…。
部活も文化部で、ほとんど活動してない、幽霊部員みたいなもんだっていうし…。
男 うーん。僕がもう少し、元気だったら、いっしょにスポーツジムにでも行くんだがな。
女 そうね。お父さんがいくら口で言ったって、自分一人でやるようにはならないだろうし。お父さんの散歩につきあう気にもならないだろうし…。私が通ってるヨガ教室に誘ってみるかなあ。
男 どうせなら、ジムのほうがいいと思うよ。ヨガはねえ。遠慮するんじゃないかな。
女 そうね。じゃあ、私もやろうかな。二郎の友達を誘ってもいいからって言えば、ついてくるかもね。そうしよう。

집에서 어머니와 아버지가 이야기하고 있습니다. 두 사람은 어떻게 해서 남동생에게 운동을 시키기로 했습니까?

여 여보, 지로 말인데요, 요즘 좀 살찐 느낌이지 않아요?
남 그러고 보니, 지로가 중학교에 들어가고 나서 운동하는 것을 본적이 없네. 이치로가 중학생이었을 때는 나도 함께 조깅하면서 땀을 흘렸는데.
여 형은 그래서 제법 스포츠도 잘 했었지요. 지금은 시험 준비로 그럴 상황이 아니지만.
남 조금은 이치로도 운동하는 게 좋지 않을까?
여 형은 괜찮아요. 긴장하면서 머리를 사용하고 에너지를 소모하고 있으니까, 걱정할 필요 없지만…부서 활동도 문화부로 거의 활동하지 않는 유령 부원 같은 거라고 하니까.
남 음, 내가 좀 기운이 있다면 함께 스포츠센터라도 갈 텐데.
여 맞아요. 당신이 아무리 말해봤자 자기 혼자 하게 되지는 않을 테고, 당신 산책에 같이 할 마음도 들지 않을 거고, 내가 다니고 있는 요가 교실에 권해 볼까?
남 어차피 그럴 거라면 스포츠센터가 좋다고 생각하는데. 요가는 꺼리지 않겠어?
여 그렇네요. 그럼 나도 할까? 지로에게 친구를 데리고 와도 좋다고 하면 따라 올지도. 그렇게 해요.

二人はどうやって弟に運動をさせることにしましたか。
1 母親がスポーツジムに誘って、いっしょに運動する。
2 父親がジョギングに誘って、いっしょに運動する。

두 사람은 어떻게 하여 남동생에게 운동을 시키기로 했습니까?
1 어머니가 스포츠센터를 권유하여 함께 운동한다.
2 아버지가 조깅을 권유하여 함께 운동한다.

3 母親が通っているヨガ教室に、一人で行かせる。
4 友だちを誘わせて、一人でスポーツジムに通わせる。

3 어머니가 다니고 있는 요가 교실에 혼자 가게 한다.
4 친구를 권유하여 혼자서 스포츠센터에 다니게 한다.

정답 1 문제유형 포인트 이해

어휘 一郎(いちろう) 이치로(인명) | 二郎(じろう) 지로(인명) | 太り気味(ふとりぎみ) 살찌는 기색 | そういえば 듣고 보니 | 汗を流す(あせをながす) 땀을 흘리다 | 緊張(きんちょう) 긴장 | エネルギー消耗(しょうもう) 에너지 소모 | 部活(ぶかつ) 부서 활동 | 文化部(ぶんかぶ) 문화부 | 幽霊部員(ゆうれいぶいん) 유령 부원 | スポーツジム 스포츠센터 | 誘う(さそう) 꾀다, 권하다 | どうせ 어차피 | 遠慮(えんりょ) 사양, 삼가

해설 여자의 마지막 대화에서 정답의 힌트를 얻을 수 있겠다. 즉「二郎の友達を誘ってもいいからって言えば、ついてくるかもね (지로에게 친구를 데리고 와도 좋다고 하면 따라 올지도)」의 대사에서 어머니가 체육관에 권유하여 동생을 운동하게 한다는 것을 알 수 있다.

문제 3 **문제3에서는 문제지에 아무것도 인쇄되어 있지 않습니다. 이 문제는 전체적으로 어떤 내용인가를 묻는 문제입니다. 이야기 전에 질문은 없습니다. 우선 이야기를 들으세요. 그리고 질문과 선택지를 듣고, 문제지의 1~4 중에서 가장 적당한 것을 하나 고르세요.**

1 32:42

ラジオで、女のアナウンサーが話しています。

女 今日は、新しい時計店の紹介をしましょう。時計と言っても腕時計のことですが、かつて日本の腕時計は、いわゆる「メードインジャパン」を代表する高度な技術が売り物だったのですが、他の製造業と同じように、工場がどんどん海外へ移転して行ったため、日本製と言えるものはほとんどなくなっていました。そこで、新たに、日本製の時計を安い値段で売れるように工夫したのがこのお店です。流通の無駄を省いて、工場から直接製品が店に届くようにして、しかも、時計本体のデザインとベルトのデザインを組み合わせて、お客さんが自由に選べるようになっているのです。日本製は値段が高いという常識を覆し、もう一度、日本製のブランドを世界に向けて発信する取り組みが始まっているようです。

女のアナウンサーは何について話していますか。
1 時計を日本国内で作ることの難しさ
2 日本の工場が海外移転した事情
3 腕時計の値段と流通との関係
4 ある時計店の新たな販売戦略

라디오에서 여자 아나운서가 이야기하고 있습니다.

여 오늘은 새로운 시계점 소개를 하겠습니다. 시계라고 해도 손목 시계에 관한 것 이지만, 예전에 일본 손목 시계는 소위 '메이드인 재팬'을 대표하는 고도의 기술이 자랑거리였지만 다른 제조업과 마찬가지로 공장이 잇달아 해외로 이전해 갔기 때문에 일제(일본제)라고 말할 수 있는 것은 대부분 사라졌습니다. 그래서 새롭게 일제 시계를 싼 가격으로 팔 수 있도록 궁리한 것이 이 가게입니다. 유통에 불필요한 것을 줄이고 공장에서부터 직접 제품이 가게로 도착하도록 하고 거기에다 시계의 본체의 디자인과 벨트의 디자인을 맞추어 손님다이 자유롭게 고를 수 있게 되어 있습니다. 일제는 가격이 비싸다는 상식을 뒤집고, 다시 한 번 일제 브랜드를 세계를 향해서 내놓는 시도가 시작되고 있는 것 같습니다.

여자 아나운서는 무엇에 대하여 이야기하고 있습니까?
1 시계를 일본 국내에서 만드는 것의 어려움
2 일본의 공장이 해외 이전한 사정
3 손목시계의 가격과 유통과의 관계
4 어느 시계점의 새로운 판매 전략

정답 4 문제유형 개요 이해

어휘 かつて 일찍이 | いわゆる 이른바 | 高度(こうど) 고도 | 売り物(うりもの) 팔 물건, 자랑거리 | 製造業(せいぞうぎょう) 제조업 | 移転(いてん) 이전 | 新たに(あらたに) 새롭게 | 工夫(くふう) 궁리 | 流通(りゅうつう) 유통 | 無駄(むだ) 헛됨 | 省く(はぶく) 생략하다 | 製品(せいひん) 제품 | 本体(ほんたい) 본체 | 組み合わせる(くみあわせる) 짜 맞추다 | 常識(じょうしき) 상식 | 覆す(くつがえす) 뒤엎다 | ブランド 브랜드 | 発信(はっしん) 발신 | 取り組み(とりくみ) 방안, 대처, 시도

해설 여자의 설명 중「流通の無駄を省いて、工場から直接製品が店に届くようにして、しかも、時計本体のデザインとベルトのデザインを組み合わせて、お客さんが自由に選べるようになっているのです (유통에 불필요한 것을 줄이고 공장에서부터 직접 제품이 가게로 도착하도록 하고 거기에다 시계의 본체의 디자인과 벨트의 디자인을 맞추어 손님이 자유스럽게 고를 수 있게 되어 있습니다)」에서 새로운 판매 전략에 대해서 이야기 하고 있는 것을 알 수 있다.

2 34:42

テレビでアナウンサーがコメンテーターに意見を聞いています。

女 えー、今年9月に封切りとなるアニメ映画についてですが、田中さん、試写会でご覧になったそうですが、いかがでしたか。

男 評判どおり、実写を基にしただけあって、人の動きがリアルで、最初からどんどん引き込まれて行きましたね。さすがに、顔の表情とかはまだまだな感じがしましたが、女子高生二人の会話がとにかく今の若者の感性というか、センスを表していて、オシャレでしたね。でもね、実写に近づけるための試みと言っても、同じ監督が、5年前に撮った映画をベースにして、主人公の2人も同じままでアニメにするというのはどうでしょうかね。初めて見る人はわかりませんが、ストーリーに新鮮さを感じなかったのはわたしだけじゃないんじゃないでしょうか。

男の人は新しいアニメ映画について、どうだったと言っていますか。

1 顔の表情がリアルで、物語も新鮮みが感じられた。
2 動きはリアルだったが、物語は新しく感じなかった。
3 音楽のセンスはあったが、物語に新鮮みがなかった。
4 会話のセンスはなかったが、物語は感動的だった。

텔레비전에서 아나운서가 해설자에게 의견을 묻고 있습니다.

여 에~ 올 9월에 개봉되는 만화영화에 대해서인데요 다나카 씨, 시사회에서 보셨다고 하던데 어떠셨습니까?

남 평판대로 실사를 토대로 한 만큼 사람의 움직임이 리얼하고 처음부터 점점 빨려 들어 갔습니다. 역시 얼굴 표정 같은 것은 아직인 느낌이 들었습니다만, 여고생 두 명의 대화가 아무튼 요즘 젊은이들의 감성이라고 할까? 센스를 보여주고 있어 멋졌습니다. 하지만, 실사에 가깝게 하려는 시도라고는 해도 같은 감독이 5년 전에 찍은 영화를 토대로 해서 주인공 두 명도 그대로 애니메이션으로 만드는 것은 글쎄 어떨까요? 처음 보는 사람은 모르겠지만 스토리에 신선함을 느끼지 않았던 것은 저 뿐만이 아니지 않을까요?

남자는 새 애니메이션 영화에 대해서 어땠다고 말하고 있습니까?

1 얼굴의 표정이 리얼하고, 이야기도 신선함이 느껴졌다.
2 움직임은 리얼했지만 이야기는 새롭게 느껴지지 않았다.
3 음악의 센스는 있었지만 이야기에 신선함이 없었다.
4 대화의 센스는 없었지만 이야기는 감동적이었다.

정답 2 **문제유형** 개요 이해

어휘 封切り(ふうきり) 개봉 | 試写会(ししゃかい) 시사회 | ご覧(らん)になる 보시다 | 評判(ひょうばん) 평판 | 実写(じっしゃ) 실사(실물, 실경 등을 그리거나 찍음) | ～を基(もと)に ～를 토대로 | 引(ひ)き込(こ)む 끌어들이다 | とにかく 어쨌든 | オシャレ 멋을 부림, 멋쟁이 | 近(ちか)づける 가까이하다 | 試(こころ)み 시도 | 監督(かんとく) 감독 | ベース 베이스, 토대, 기초 | 主人公(しゅじんこう) 주인공

해설 남자는 설명 중 마지막 부분에서「初めて見る人はわかりませんが、ストーリーに新鮮さを感じなかったのはわたしだけじゃないんじゃないでしょうか (처음 보는 사람은 모르겠지만 스토리에 신선함을 느끼지 않았던 것은 저 뿐만이 아니지 않을까요?)」라고 자신의 생각을 밝혔다. 즉 이야기는 새롭지 않았다고 말하고 있는 것을 알 수 있다. 이처럼 설명문의 경우 자신의 생각을 마지막 부분에서 다시 언급하는 경우가 많다는 것이 이 문제 유형의 답을 찾는 요령이다.

3 36:39

男の人と女の人が話しています。

男 久しぶり、君が会社を辞めてからもう3年になるね。
女 そうだね。まだ、あの課長の下でがんばってるの？
男 うん、まあね。そっちはどう？　田舎にUターンして就職したって聞いたけど。

남자와 여자가 이야기하고 있습니다.

남 오랜만야, 자네가 회사를 그만둔 지 벌써 3년이 되는군.
여 그러네. 아직 그 과장님 밑에서 버티고 있는 거야?
남 응, 그렇지 뭐. 넌 어때? 시골로 유턴해서 취직했다고 들었는데.

女 ううん。そうじゃなくて、戻ったのはそうなんだけど、戻ってまで会社勤めは、ねえ。
男 そう言えば、利益追求、効率追求の会社に先は見えないって、確かそんなこと言ってたよね。
女 まあね。今は、旦那の実家に住んでるんだけど、ハーブティーの販売をインターネットで始めようと思って…
男 へえー、ハーブティーか…。
女 田舎には、そういう野生の、香りのいい草木の葉っぱがたくさんあるのよ。
男 ってことは、会社を立ち上げたの？
女 そこまではまだ行ってないんだけど、いずれ有限会社にするつもりだけど、まずは商品のデザインから、と思って、地元のデザイナーに依頼して、やっと完成したとこなのよ。
男 さすがだね。君のことだから、いずれ会社を経営するんだろうって思ってたけど。
女 いや、マネジメントはうちの人に任せて、こっちはホームページを作ったり、商品のイメージ作りに追われてるんだ。
男 そっか。

女の人は、今何をしていると言っていますか。
1 会社を立ち上げて、経営をしている
2 商品のデザインを考えている
3 ネット販売の準備をしている
4 香りのいい草を栽培している

여 아니. 그렇지 않고 돌아간 건 맞지만 돌아가서까지 직장생활은 좀.
남 그러고 보니 이익 추구, 효율 추구하는 회사에 앞은 보이지 않는다고 아마 그런 말을 했었지.
여 뭐, 지금은 남편 본가에 살고 있는데 허브 차 판매를 인터넷으로 시작하려고 생각해…
남 헤~ 허브 차?
여 시골에는 그러한 야생의 향기 좋은 초목 잎사귀가 많이 있거든.
남 그렇다면 회사를 세운 거야?
여 거기까지는 아직 하고 있지 않지만 언젠가는 유한회사로 할 생각인데, 우선은 상품 디자인부터 라고 생각해서, 그 지역의 디자이너에게 의뢰해서 겨우 완성된 참이야.
남 과연. 너라면 언젠가는 회사를 경영할 거라고 생각했었지.
여 아니야, 경영은 우리 남편에게 맡기고 나는 홈페이지를 만들거나 상품 이미지 만드는 데 쫓기고 있어.
남 그렇군.

여자는 지금 무엇을 하고 있다고 말하고 있습니까?
1 회사를 세워 경영을 하고 있다.
2 상품의 디자인을 생각하고 있다.
3 인터넷 판매를 준비하고 있다.
4 향기가 좋은 풀을 재배하고 있다.

정답 3 **문제유형** 개요 이해

어휘 田舎(いなか)にUターンする 시골로 돌아가다 | 就職(しゅうしょく) 취직 | 会社勤め(かいしゃづとめ) 직장생활 | 利益追求(りえきついきゅう) 이익추구 | 効率追求(こうりつついきゅう) 효율추구 | 旦那(だんな) 남편 | 野生(やせい) 야생 | 草木(くさき) 초목 | 葉(は)っぱ 잎 | 立(た)ち上(あ)げる 세우다 | いずれ 언젠가는 | 有限会社(ゆうげんがいしゃ) 유한회사 | 地元(じもと) 그 고장 | 依頼(いらい) 의뢰 | やっと 겨우 | マネジメント 매니지먼트, 경영, 관리 | 任(まか)せる 맡기다 | 追(お)う 쫓다

해설 여자의 마지막 대화에서 정답의 힌트를 얻을 수 있다. 즉「こっちはホームページを作ったり、商品のイメージ作りに追われてるんだ(나는 홈페이지를 만들거나 상품 이미지 만드는데 쫓기고 있어)」에서 여자는 인터넷 판매 준비를 하고 있음을 알 수 있다.

4 38:59

ラジオで男の人が話しています。

男 よくコンピューターのことを人工知能と言いますが、人間の脳とコンピューターの計算回路、つまりシーピーユーは、似ているようでいて、実は、大きく異なるというのが、本当のようです。考えても見てください、人間の大人の脳では、1日に約1万個からの脳細胞が死んでしまうと言われていますね。こんなことがコンピューターの回路に起こったら、いっぺんで動かなくなってシャットダウンしてしまうでしょう。おまけに1個の脳細胞は、ほかの数えきれないくらいの細胞と

라디오에서 남자가 이야기하고 있습니다.

남 흔히 컴퓨터에 관한 것을 인공 지능이라고 합니다만, 인간의 뇌와 컴퓨터의 계산 회로, 즉 CPU(중앙처리장치)는 비슷한 것 같아도 사실은 크게 다르다는 것이 정말인 것 같습니다. 생각해 보십시오. 인간인 어른의 뇌에서는 하루에 약 만 개 이상의 뇌세포가 죽고 만다고 합니다. 이런 일이 컴퓨터 회로에 일어난다면 단번에 움직이지 않게 되어 시스템이 종료되고 말 것입니다. 게다가 한 개의 뇌세포는 다른 수많은 세포와 이어져 있어서 그 회로가 소실되는 셈이니까, 그리고 최근에는 뇌세포도 분열하여 늘고 있다고 하니까, 그런

つながれていて、その回路が失われるわけですから、そして、最近では、脳細胞も分裂して増えているというわけですから、そんな不安定な環境で人間の脳はちゃんと計算ができるなんて、機械とは、もう想像を絶するくらいの差があると言っていいと思うんですよね。

불안정한 환경에서 인간의 뇌는 제대로 계산을 할 수 있다니 기계와는 더 이상 상상도 할 수 없을 정도의 차이가 있다고 말해도 좋다고 생각합니다.

男の人は主に何について話していますか。
1 人間の脳とコンピューターとの類似性
2 人間の脳とコンピューターとの違い
3 人間の脳細胞の壊れやすさ
4 コンピューターの回路の壊れにくさ

남자는 주로 무엇에 대하여 이야기하고 있습니다.
1 인간의 뇌와 컴퓨터와의 유사성
2 인간의 뇌와 컴퓨터와의 다른 점
3 인간의 뇌세포의 망가지기 쉬운 점
4 컴퓨터의 회로의 망가지기 어려운 점

정답 2 **문제유형** 개요 이해

어휘 人工知能(じんこうちのう) 인공지능 | 脳(のう) 뇌 | 回路(かいろ) 회로 | つまり 다시 말해서 | シーピーユー CPU(중앙처리장치) | 脳細胞(のうさいぼう) 뇌세포 | いっぺん 한 번 | シャットダウン 셧다운 | おまけに 게다가 | 数(かぞ)えきれない 다 셀 수 없다 | つなぐ 연결하다 | 失(うしな)う 잃다 | 分裂(ぶんれつ) 분열 | 不安定(ふあんてい) 불안정 | 環境(かんきょう) 환경 | 機械(きかい) 기계 | 想像(そうぞう)を絶(ぜっ)する 상상도 할 수 없다

해설 남자는 이야기 중 앞 부분에서 「実は、大きく異なるというのが、本当のようです (사실은 크게 다르다고 하는 것이 정말인 것 같습니다)」라고 말하면서 인간의 뇌와 컴퓨터는 다르다는 점을 전제로 하여, 설명하고 있다.

5 40:51

ラジオで女の人が話しています。

女 あるお医者さんから聞いた話なんですが、お医者さんというのは、患者さんを診察したときに、自分の診断の結果、患者の容体がどうなるか、予想して書き留めておくのだそうです。それはもう、2千年以上も前のギリシャ時代から続いている西洋医学の基本で、お医者さんはずっと、そのように教えられてきたというんですね。そうすることで、自分が下した診断が、実際に正しかったかどうか、間違っていたら、何が間違っていたのか、フィードバックして、その原因を突き止められるというんです。これは、スポーツでも学問でも、何にでも当てはまることじゃないでしょうかね。人が成長するためには、結果から過去に戻って自分の判断を確かめてみることが肝心だってことなんでしょうね。

라디오에서 여자가 이야기하고 있습니다.

여 어느 의사 선생님으로부터 들은 이야기입니다만, 의사란 환자를 진찰했을 때에 자신의 진단 결과, 환자의 병세가 어떻게 될까, 예상하면서 기록해 둔다고 합니다. 그것은 벌써 2천 년도 더 전에 그리스 시대에서부터 계속되고 있는 서양 의학의 기본으로 의사는 줄곧 그처럼 배워 왔다고 합니다. 그렇게 함으로써 자신이 내린 진단이 실제로 올바른지 아닌지, 잘못되었다면 무엇이 잘못되었는지 피드백하여 그 원인을 알아낼 수 있다고 합니다. 이것은 스포츠든 학문이든 무엇에든 해당되는 것이 아닐까요? 사람이 성장하기 위해서는 결과를 보고 과거로 돌아가 자신의 판단을 확인해 보는 것이 중요하다는 것이겠지요.

女の人が伝えたいことは何ですか。
1 能力を伸ばすためには、振り返ることが必要だ。
2 医学の伝統を守るには、正しく予想することが必要だ。
3 医者になるには、常に自分の考えを書き留めることが大切だ。
4 スポーツや学問も、何より結果を出すことが大切だ。

여자가 전하고 싶은 말은 무엇입니까?
1 능력을 키우기 위해서는 뒤돌아보는 것이 필요하다.
2 의학의 전통을 지키기 위해서는 바르게 예상하는 것이 필요하다.
3 의사가 되기 위해서는 항상 자신의 생각을 적어 두는 것이 중요하다.
4 스포츠나 학문도 무엇보다 결과를 내는 것이 중요하다.

정답 1 **문제유형** 개요 이해

어휘 患者 환자 | 診察 진찰 | 診断 진단 | 容体 병세, 모습 | 予想 예상 | 書き留める 기록해 두다 | ギリシャ 그리스 | 西洋医学 서양의학 | 実際 실제 | 突き止める 밝혀내다 | 学問 학문 | 当てはまる 들어맞다, 적합하다 | 成長 성장 | 過去に戻る 과거로 되돌아가다 | 判断 판단 | 確かめる 확인하다 | 肝心 중요함, 긴요함

해설 여자는 마지막 부분에서 「人が成長するためには、結果から過去に戻って自分の判断を確かめてみることが肝心だってことなんでしょうね (사람이 성장하기 위해서는 결과를 보고 과거로 되돌아가서 자신의 판단을 확인해 보는 것이 중요하다는 말입니다)」라고 설명하고 있는 것으로 보아 여자가 전하고 싶은 말은 능력을 키우기 위해서는 과거를 뒤돌아보는 것이 필요하다는 것을 알 수 있다.

6 ▶▶ 42:46

会社で女の人と男の人が話しています。

女 部長、ご相談なんですが。
男 ああ、ちょうど良かった。僕からも話があってね。
女 え、何でしょうか。今の、プロジェクトチームのことでしょうか。
男 そうなんだよ。君の仕事を確実に進めていく能力は、だれもが認めるところなんだけどね。
女 いいえ、とんでもございません。
男 ただね、リーダーとしては、一人で何でも仕切ろうとして、部下への指示が、命令みたいになってしまうと、うまくいかないと思うんだよね。
女 はあ。
男 もちろん、君がそれだけ仕事に打ち込んでるってことなんだろうけど、部下が何も考えずに、上司の指示を待つだけになってしまうと、臨機応変に対応できなくなるんじゃないかな。
女 はあ、部下には自分で考えろって、言ってるんですが。
男 だから、その部下から返ってくる答えなんだけどね、君の気に入るような答えばかりが返ってくるようだと、本当のコミュニケーションとは言えないんだよね。そうなるとチームが閉鎖的になって、仕事も形式的になってしまうんだよ。

男の人は何のために女の人に話していますか。
1 新しいチームのリーダーにさせるため
2 能力が高いことを会社に認めさせるため
3 部下との関係について注意するため
4 今のチームについて意見を聞くため

회사에서 여자와 남자가 이야기하고 있습니다.

여 부장님 상의 드릴게 있는데요.
남 아~ 마침 잘됐다. 나도 할 이야기가 있어서.
여 무슨일이시죠? 지금의 프로젝트 팀에 관한 것입니까?
남 그래. 자네의 일을 확실하게 진행해 가는 능력은 누구나가 인정하는 점이지만.
여 아니오, 당치도 않습니다.
남 단지, 리더로서는 혼자서 뭐든지 다 처리하려고 해서 부하에 대한 지시가 명령같이 되어 버리면 일이 잘 진행되지 않을 거라고 생각하네.
여 네.
남 물론, 그 만큼 자네가 일에 열중하고 있다는 것이겠지만, 부하가 아무 생각 없이 상사의 지시를 기다리게만 되어버리면 임기응변으로 대응할 수 없게 되지 않을까?
여 네, 부하에게는 스스로 생각하라고 말하고 있습니다만.
남 그러니까, 그 부하로부터 돌아오는 대답 말인데, 자네가 마음에 드는 대답만 돌아온다면 진정한 의사소통이라고는 말할 수 없겠지. 그렇게 되면 팀이 폐쇄적이 되어서 일이 형식적으로 되고 말아.

남자는 무엇을 위해서 여자에게 이야기하고 있습니까?
1 새로운 팀의 리더를 시키기 위해서
2 능력이 높은 것을 회사에 인정시키기 위해서
3 부하와의 관계에 대해서 주의를 주기 위해서
4 지금의 팀에 대해서 의견을 듣기 위해서

정답 3 **문제유형** 개요 이해

어휘 とんでもない 당치도 않다 | 仕切る 일을 맡아 처리하다 | うまくいかない 잘 되지 않다 | 打ち込む 전념하다 | 臨機応変 임기응변 | 対応 대응 | 閉鎖的 폐쇄적 | 形式的 형식적

해설 남자 대화 중 두 곳에서 힌트를 얻을 수 있다. 「部下への指示が、命令みたいになってしまうと、うまくいかないと思うんだよね (부하에 대한 지시가 명령같이 되어 버리면 일이 잘 진행되지 않을 거라고 생각하네)」의 대화와 「部下が何も

考えずに、上司の指示を待つだけになってしまうと、臨機応変に対応できなくなるんじゃないかな (부하가 아무 생각 없이 상사의 지시를 기다리게만 되어 버리면 임기응변으로 대응할 수 없게 되지 않을까?)」에서 남자는 여자에게 부하와의 관계에 대해 주의를 주고 있음을 알 수 있다.

문제 4 **문제4에서는 문제지에 아무것도 인쇄되어 있지 않습니다. 먼저 문장을 들으세요. 그리고 그것에 대한 대답을 듣고, 1~3중에서 가장 적당한 것을 하나 고르세요.**

1 46:14

女 ねえ、新人の山田君。仕事がてきぱきしてるねえ。
男 1 見てて気持ちいいくらいだね。
2 もっとていねいにやれないのかな。
3 じっくり時間をかけるタイプだね。

여 있지, 새로온 야마다 군. 일을 척척 잘하네.
남 1 보고 있으면 기분이 좋아질 정도야.
2 좀더 꼼꼼하게 못 할까?
3 충분히 시간을 들이는 타입이군.

정답 1 **문제유형** 즉시 응답

어휘 新人 신참,신인 | 仕事がてきぱきする 일을 신속하게 처리하다 | ていねい 정중함, 정성을 들임 | 時間をかける 시간을 들이다

해설 이 문제는 부사적 용법으로 쓰인 「てきぱき」의 의미를 물어본 문제로 「てきぱきする」 라고 하면 어떤 것을 솜씨 좋고 신속하게 처리하는 경우에 사용하는 표현이다.

2 46:43

女 いやあ、田中君のこと、すっかり見直しちゃったよ。
男 1 田中、がっかりしてたでしょう？
2 あれで、良く立ち直ったよな。
3 また君を裏切ったのか。

여 이야, 다나카 군에 관한 것 완전히 다시 보게 됐어.
남 1 다나카 실망하고 있었지요?
2 그 상황에서 용케 재기했군.
3 또 자네를 배신한 거야?

정답 2 **문제유형** 즉시 응답

어휘 すっかり 완전히 | 見直す 다시 보다 | がっかりする 실망하다 | 立ち直る 재기하다, 회복되다 | 裏切る 배신하다

해설 이 문제는 「見る」의 파생어인 「見直す」의 의미를 묻는 문제로 어떠한 사항을 지금까지와는 '달리 보다, 다시 보다'의 의미를 나타낸다.

3 47:14

男 課長は、なんか、心ここにあらずって感じだったね。
女 1 あんなに怒らなくてもいいのにな。
2 心配ごとがあるのかもね。
3 すんごい、気合が入ってたよね。

남 과장님은 뭔가, 마음이 다른 곳에 있는 것 같은 느낌이었어.
여 1 그렇게 화를 내지 않아도 될 텐데.
2 걱정거리가 있을 지도 몰라.
3 굉장한 기합이 들어갔어.

정답 2 **문제유형** 즉시 응답

어휘 心ここにあらず 마음이 다른 곳에 있음 | 心配ごと 걱정거리 | 気合が入る 기합이 들어가다

해설 이 문제는 관용적 표현의 의미를 묻는 문제로 「心ここにあらず」 '마음이 여기에 없다'는 관심이 다른 곳에 있다는 의미이다.

4 47:44

女 報告書を書くくらい、アルバイトの子でさえできるっていうのに…何やってるの。
男 1 はい、すぐにとりかかります。
2 はい、それは存じませんでした。
3 はい、さっそくアルバイトにやらせます。

여 보고서를 쓰는 정도는 아르바이트 하는 아이라도 할 수 있는데 뭐하고 있는 거야?
남 1 네, 바로 시작하겠습니다.
2 네, 그건 몰랐습니다.
3 네, 바로 아르바이트에게 시키겠습니다.

정답 1 문제유형 즉시 응답

어휘 報告書(ほうこくしょ) 보고서 | とりかかる 착수하다 | 存(ぞん)じる 알다, 생각하다(知(し)る, 思(おも)う의 겸양 표현)

해설 여기에서 「くらい」는 어떠한 사항을 경시하는 마음으로 이야기하는 표현이다. 즉 보고서를 쓰는 것은 아르바이트생이라도 할 수 있는 것이라고 지적하고 있으므로 선택지 1번이 정답인 것을 알 수 있다.

5 48:15

男 何をそんなにくよくよしてるんだい？
女 1 え？酔っ払ってるように見える？
2 うーん、なかなか思いきれないのよ。
3 うん。ちょっと熱があるみたい。

남 뭘 그리 끙끙대고 있는 거야?
여 1 어? 취한 것처럼 보이니?
2 음~ 좀처럼 단념할 수가 없어요.
3 네, 좀 열이 있는 것 같아.

정답 2 문제유형 즉시 응답

어휘 くよくよする 끙끙거리다 | 酔(す)っ払(ぱら)う 취하다 | 思(おも)い切(き)れない 단념할 수 없다 | 熱(ねつ) 열

해설 「くよくよする」는 사소한 일에 늘 걱정하는 모습을 나타내는 표현으로 우리말로 '끙끙대다'의 의미이다. 한편 정답인 선택지 2번의 「思いきれない」는 어떠한 사항을 '단념할 수 없다, 포기할 수 없다'는 의미이다.

6 48:45

女 なによ、あんた、口から出まかせばかり言って…、いい加減なこと言わないでよ。
男 1 わかった。この話はだれにも言わないよ
2 まだ、だれにも言ってないよ。
3 それはこっちのせりふだよ。

여 뭐야, 당신! 입에서 나오는 대로 함부로 말하고… 무책임한 말 하지 말아요.
남 1 알겠어. 이 이야기는 아무에게도 말하지 않을게.
2 아직 아무에게도 말하지 않았어.
3 그건 내가 할 말이야.

정답 3 문제유형 즉시 응답

어휘 出(で)まかせ 나오는 대로 함 | いい加減(かげん) 무책임함, 미온적임, 엉터리임 | せりふ 대사

해설 남녀가 말다툼을 하는 장면이다. 「出(で)まかせ」는 어떠한 말을 입에서 나오는 대로 함부로 하는 경우에 사용하는 표현이다.

7 49:16

男 単身赴任の話、引き受けたほうがいいってことは、重々承知してるんですけどね。
女 1 よく引き受けることにしましたね。
2 そうですね、理解に苦しみますよね。
3 簡単には踏み切れないですよね。

남 단신 부임하는 이야기 받아들이게 좋다는 말은 충분히 알고는 있지마는.
여 1 다행히 받아들이기로 했군요.
2 글쎄요. 이해하는 데 힘이 드네요.
3 간단하게는 단행할 수가 없을 거예요.

정답 3 **문제유형** 즉시 응답

어휘 単身赴任(たんしんふにん) 단신부임(자서 임지에 향하는 것) | 引(ひ)き受(う)ける 받아들이다, 맡다 | 重々(じゅうじゅう) 충분히 | 承知(しょうち)する 이해하다 | 理解(りかい)に苦(くる)しむ 이해하는데 힘이 들다 | 踏(ふ)み切(き)る 단행하다

해설 「重々承知する(じゅうじゅうしょうちする)」는 상대방이 이야기하는 뜻을 '충분히 알고 있다'라는 의미를 나타내는 표현이다. 한편, 정답인 선택지 3번의 「踏(ふ)み切(き)る」는 어떠한 일을 '과감히 단행하다'라는 의미를 나타낸다.

8 ⏩ 49:48

女 市役所の人間ときたら、上から目線で、何様だと思ってるんだろうね。
男 1 あんまり持ち上げられると、ちょっとね。
2 市民のこと、見下してるよね。
3 お客さまってことなんじゃないかな。

여 시청의 인간들은 내려다 보는 시선으로 귀하신 몸이라고 생각하는 걸까?
남 1 너무 치켜세우면 좀 그래요.
2 시민의 관한 것을 얕보고 있는 거예요.
3 손님이라고 생각하는 게 아닐까?

정답 2 **문제유형** 즉시 응답

어휘 市役所(しやくしょ) 시청 | 目線(めせん) 시선 | 何様(なにさま) 귀하신 몸 | 持(も)ち上(あ)げる 치켜세우다 | 見下(みお)ろす 얕보다

해설 「명사 + ときたら」는 어떠한 명사를 화제로 들어 그 명사를 비난하는 경우에 사용하는 표현으로 '~로 말할 것 같으면, ~은 말이지'의 의미이다. 한편, 「何様(なにさま)」는 대부분 비꼬는 경우에 사용하는 표현으로 '귀하신 몸'의 의미를 나타낸다.

9 ⏩ 50:19

男 先生に、レポートの内容いかんでは、単位をあげられなくなるって言われちゃったよ。
女 1 レポート、出すだけなんていいわねえ。
2 書き直して、もう一度先生に出したら？
3 もう、がんばるしかないってことね。

남 선생님께 리포트 내용에 따라서는 학점을 줄 수 없게 된다고 들었어.
여 1 리포트 제출하기만 하면 되니 잘됐네.
2 다시 써서 다시 한 번 선생님에게 제출하면 어때?
3 이제 열심히 할 수 밖에 없다는 거네.

정답 3 **문제유형** 즉시 응답

어휘 いかん 여하 | 単位(たんい)をあげる 학점을 주다 | 書(か)き直(なお)す 다시 쓰다

해설 「명사 + いかんでは」는 '~에 따라서'의 의미이며 여기에서 「言(い)われる」는 「言う」의 수동표현으로 탐탁지 않은 내용의 '말을 듣다, 지적 받다'라는 의미이다.

10 ⏩ 50:51

男 今度の店の名前、ありきたりのものしか思いつかなかったんですが、どうでしょうか。
女 1 親しみやすくて良いんじゃないですか。
2 ほんとだ。「猫に小判」ですね。
3 ふつう、こんな名前、思いつきませんものね。

남 이번의 가게 이름, 흔한 것 밖에 떠오르지 않았는데 어떠세요?
여 1 친숙하기 쉽고 좋지 않습니까?
2 정말이네 '고양이에게 금화'네요.
3 보통 이런 이름 생각나지 않는 법이에요.

정답 1 **문제유형** 즉시 응답

어휘 ありきたり 흔히있음, 평범함, 식상함 | 思(おも)いつく 생각이 떠오르다 | 親(した)しむ 친숙해지다 | 猫(ねこ)に小判(こばん) 고양이에게 금화(돼지 목에 진주라는 의미)

해설 「ありきたり」는 원래부터 있어 신기하지 않다는 표현으로 '흔해빠짐, 평범함'의 의미이다. 한편, 「思いつかない」는 어떠한 아이디어 등이 '떠오르지 않는다'이다.

11 51:24

女 いろいろあったけど、予定通りプロジェクトが進んで、やっと肩の荷が下りたよ。
男 1 君が責任とることないんじゃない？
2 大変だったね。お疲れ様。
3 ああ、荷物は店頭に運んでちょうだい。

여 여러 일이 있었지만 예정대로 프로젝트가 진행되어 홀가분해졌어요.
남 1 자네가 책임 질 필요 없지 않아?
2 힘들었겠군요. 수고했어요.
3 아~, 짐은 가게 앞에 운반해 줘요.

정답 2 문제유형 즉시 응답
어휘 予定通り 예정대로 | やっと 겨우 | 肩の荷が下りる 어깨 짐이 내려지다 | 責任 책임 | 店頭 가게 앞 | ～てちょうだい ~해 주세요
해설 「肩の荷が下りる」는 책임감이나 어떠한 부담으로부터 해방되었을 때 사용하는 표현으로 '홀가분해지다, 짐을 덜다'라는 의미의 관용적 표현이다.

12 51:55

男 今日の電車、比較的、すいてると思わない？
女 1 そう？あんまり変わらないんじゃない。
2 確かに、ガラガラって感じだよね。
3 でしょ？どうしてこんなに人が多いかな。

남 오늘 전차 비교적 한산하지 않았어?
여 1 글쎄? 별로 다르게 않지 않아?
2 진짜, 텅텅 빈 느낌이네.
3 그렇지? 어째서 이렇게 사람이 많을까?

정답 1 문제유형 즉시 응답
어휘 比較的 비교적 | すく 비다 | ガラガラ 텅 빔 | どうして 어째서
해설 「空く」는 '붐비다'의 의미인 「混む」의 반대 표현으로 붐비지 않은 상태를 나타낸다. 즉 붐비지 않은 상태의 '비다'라는 의미이다. 참고로 선택지 2번의 「ガラガラ」는 속이 거의 텅 빈 상태를 나타내는 표현이므로 이 문제에는 1번이 가장 적절하다.

13 52:27

男 このたびは、弊社のために、いろいろお骨折りいただきまして……
女 1 つまらないものですが、どうぞ、遠慮なく。
2 お蔭さまで、もうすぐ退院できると思いますよ。
3 あまりお役に立ちませんで、失礼しました。

남 이번에 저희 회사를 위해서 여러 가지로 수고해 주셔서…
여 1 변변치 않지만 아무쪼록 사양 마시고.
2 덕분에 이제 곧 퇴원할 수 있다고 생각합니다.
3 별로 도움이 되지 않아 실례했습니다.

정답 3 문제유형 즉시 응답
어휘 弊社 저희 회사 | 骨折り 노력, 수고 | 遠慮 사양, 삼가 | 役に立つ 도움이 되다
해설 「骨折り」는 우리말로 '수고, 고생'의 의미를 나타내는 관용적 표현이다. 한편, 정답인 선택지 3번의 「役に立つ」는 '도움이 되다, 쓸모가 있다'는 의미이다.

14 53:00

女 この品物を、選ばれるなんて、お客様、お目が高いですね。
男 1 いろいろ経験してきたからね。
2 じゃあ、支払いは現金ということで。
3 そんなに高額なわけでもないでしょう。

여 이 물건을 고르시다니 손님 안목이 높으십니다.
남 1 여러 경험을 해 왔기 때문이죠.
2 그럼, 지불은 현금으로 하는 것으로.
3 그렇게 고액인 것도 아니지요?

정답 1 문제유형 즉시 응답

어휘 品物 물건 | 目が高い 안목이 높다 | 支払い 지불 | 高額 고액

해설 이 문제 또한 관용적 표현의 의미를 묻는 문제로「目が高い」는 '안목이 높다', '보는 눈이 있다'라는 의미이다.

문제 5 문제5에서는 좀 긴 이야기를 듣습니다. 이 문제에는 연습은 없습니다. 메모를 해도 됩니다.

1番、2番

問題用紙に何も印刷されていません。まず話を聞いてください。それから、質問とせんたくしを聞いて、1から4の中から、最もよいものを一つ選んでください。

1 54:14

電気店で女の人と店員が話しています。

女 あの、部屋に暖房を入れたいと思ってるんですけど。引っ越したばっかりで。

男 学生さんですか。一人暮らしの。

女 ええ。

男 エアコンは備え付けですか。

女 ええ。でも、エアコンの暖房は、ちょっと苦手なんです。前は畳だったのでコタツはあるんですけど、今度は木の床なんで、もう使いたくないんですよね。

男 そうですか。部屋全体を暖めるのでしたら、やはり、エアコンか、石油ファンヒーター、それから、暖まるまでに少し時間はかかりますが、こちらのオイルヒーターというのもございます。

女 えっ、オイルって、石油じゃないんですか？

男 ええ。この中に入っている特殊な油を電気で温めて、循環させているんです。どの暖房機より安全だし、石油ファンヒーターのように部屋の空気を汚すこともないし、睡眠中もほんとに静かで、最近、若い女性にも人気なんですよ。

女 なんか、重そうですね。

男 まあ、重いと言えば一番重いですが、キャスターが付いていて移動も簡単ですよ。それから、人気と言えば、こちらのパネルヒーター。この四角いパネルの中の電熱線から直接熱を発するものですが、薄型ですから場所も取りませんし、オイルヒーターに比べ、早く暖まります。今なら、1万円以下のお値段で、オイルヒーターよりお得ですよ。

女 そうですか。

男 後は、いわゆるタテ置きの電気ストーブでしょうか。いろいろなタイプがありますが、こちらなら6畳のお部

1번, 2번

문제지에 아무것도 인쇄되어있지 않습니다. 먼저 이야기를 들으세요. 그리고 질문과 선택지를 듣고 1~4중에서 가장 적당한 것을 고르세요.

전자제품 상점에서 여자와 점원이 이야기하고 있습니다.

여 방에 난방을 넣고 싶은데, 이사 온 지 얼마 되지 않아서.

남 학생입니까? 혼자 사는.

여 네.

남 에어컨은 설치되어 있습니까?

여 네, 하지만, 에어컨 난방은 좀 익숙하지 않습니다. 전에는 다다미 이었기 때문에 고타쓰가 있긴 하지만, 이번에는 나무 마루라서 이제 사용하고 싶지 않아요.

남 그렇습니까? 방 전체를 따뜻하게 하는 것이라면 역시 에어컨이나 석유 팬 히터 그리고 따뜻해 질 때까지 조금 시간은 걸리지만 이쪽의 기름 히터라고 하는 것도 있습니다.

여 네? 오일이라면 석유가 아닙니까?

남 네. 이 안에 들어 있는 특수한 기름을 전기로 데워 순환시키고 있습니다. 어떤 난방기 보다 안전하고 석유 팬 히터와 같이 방 공기를 더럽히는 일도 없고 수면 중에도 정말로 조용해서 최근에 젊은 여성에게도 인기가 있습니다.

여 왠지 무거울 것 같군요.

남 뭐, 무겁다고 하면 제일 무겁지만 바퀴가 달려 있어 이동도 간단합니다. 그리고 인기라고 하면 이쪽의 패널 히터. 이 네모난 패널 안의 전열선에서 직접 열을 발하는 것인데, 슬림형이기 때문에 장소도 차지하지 않고 오일 히터와 비교해서 빨리 따뜻해 집니다. 지금이라면 만원 이하의 가격으로 오일 히터보다 이득입니다.

여 그렇습니까?

남 그 다음은 이른바 세워 놓는 전기 스토브인데요. 여러 타입이 있습니다만, 이쪽이라면 다다미 6조 크기의 방도 금방 따뜻해지고 마루를 깐 방이라면 난방용 카펫과 함께 이용하시는 손님도 많은 것 같습니다.

여 그렇군요. 무엇보다 안전하고 공기가 오염되지 않는 것이 주안점이 되겠지요. 두 개를 맞추는 잠시 제쳐두고, 바로 따

屋もすぐに暖まりますし、床張りのお部屋でしたら、ホットカーペットと一緒に利用されるお客さまも多いようです。

女 なるほど。何といっても安全で空気が汚れないというのが決め手になるかな。ふたつ組み合わせるというのは、ちょっと置いといて…、すぐにあったまってほしいけど、うちはそんなに友だちが来るわけでもないから、急ぐ時はエアコンをつければいいんだし、夜も安心して眠れるっていうのが一番ですよね。値段はちょっと高い気もするけど、こっちにします。

뜻해지면 좋겠어요. 우리 집은 그렇게 친구가 오는 것도 아니니까. 바쁠 때는 에어컨을 켜면 되고, 밤에도 안심하고 잘 수 있는 것이 제일이에요. 가격은 조금 비싼 느낌이 들지만 이쪽으로 하겠습니다.

女の人はどの暖房器具を買うことにしましたか。

1 石油ファンヒーター
2 パネルヒーター
3 オイルヒーター
4 電気ストーブ

여자는 어느 난방 기기를 사기로 했습니까?

1 석유 팬 히터
2 패널 히터
3 오일 히터
4 전기 스토브

정답 3 **문제유형** 통합 이해

어휘 暖房(だんぼう) 난방 | 備え付ける(そなえつける) 설치하다 | 苦手(にがて) 못함 | コタツ 고타쓰(일본의 온열기구) | 木の床(きのゆか) 나무 마루 | 石油(せきゆ)ファンヒーター 석유 팬 히터 | 暖まる(あたたまる) 따뜻해지다 | オイルヒーター 오일 히터 | 特殊(とくしゅ) 특수 | 循環(じゅんかん) 순환 | 汚す(よごす) 더럽히다 | 睡眠中(すいみんちゅう) 수면 중 | キャスター 캐스터(가구의 다리에 달린 작은 바퀴) | パネルヒーター 패널 히터 | 電熱線(でんねつせん) 전열선 | 熱を発する(ねつをはっする) 열을 내다 | 薄型(うすがた) 얇은 형 | 場所を取る(ばしょをとる) 장소, 자리를 차지하다 | タテ置き(おき) 세로형 | 床張(ゆかばり) 마루를 깜 | ホットカーペット 난방용 전열선을 넣은 카펫 | 決め手(きめて) 결정적인 수단 | 組み合わせる(くみあわせる) 짜 맞추다

해설 남자의 네 번째 대사 「部屋の空気を汚すこともないし、睡眠中もほんとに静かで、最近、若い女性にも人気なんですよ (방 공기를 더럽히는 일도 없고 수면 중에도 정말로 조용해서 최근에 젊은 여성에게도 인기가 있습니다)」와 상품을 구입하는 여자의 마지막 대사 「夜も安心して眠れるっていうのが一番ですよね (밤에도 안심하고 잘 수 있는 것이 제일이에요)」에서 여자는 여러 가지 난방 기기 중에서 오일 히터를 산다는 것을 알 수 있다.

2 57:23

社員二人と上司が、会社の運動会について話しています。

男1 部長、今年の運動会なんですが、去年と同じ内容でよろしいでしょうか。

男2 いや、今年はうちの50周年記念でもあるからな、特別なものにしたいなあ。

男1 それなら、去年と同じイベント会社に相談しようと思うんですが。

男2 そうだな。どういう企画があるんだろうな。去年みたいに、アフターファイブにサクッとやっちゃうっていうんじゃ、記念にはならないからな。

女 対外的な企業のピーアール活動として行うのでしたら、企業対抗運動会というのがありますが…。

男1 それから、インターネットで運動会の生の画像を流す、実況ライブ運動会というのもありまして、これは会社の宣伝にもなると思います。

女 宣伝という面では、ネット中継よりも、運動会をテ

사원 두 명과 상사가 회사 운동회에 대해서 이야기하고 있습니다.

남1 부장님, 올해의 운동회 말인데요, 작년과 같은 내용으로 괜찮겠습니까?

남2 아니야, 올해에는 우리 회사의 50주년 기념이기도 하니까 특별한 것으로 하고 싶은데.

남1 그렇다면, 작년과 같은 이벤트 회사에 상담하려고 하는데요.

남2 글쎄. 어떠한 기획이 있을까? 작년처럼 업무 끝나고 싹 해버리는 것으로는 기념이 되지 않으니까.

여 대외적인 기업 선전 활동으로써 실시하는 것이 기업대항 운동회도 있습니다만.

남1 그리고, 인터넷으로 운동회의 생생한 영상을 내보내는 실황 생중계하는 운동회라는 것도 있고, 이것은 회사의 선전도 될 거라고 생각합니다.

여 선전이라는 면에서는 인터넷 중계보다도 운동회를 텔레

レビ放送できるのもあるので、そっちのほうが…。

男1 うーん、テレビ放送となると、放送料金を別途支払うことになりますよね。

女 社員の親睦を深めるという意味なら、家族同伴の社員旅行と組み合わせて、旅行先でやるというのもありますが…。

男1 後は、マラソン大会とか全員参加の種目に絞ってやるのもいいかもしれませんね。

男2 そうだなあ。やっぱり50周年だから、できれば、社員の家族も一緒に参加できるような、親密な会にしたいんだよなあ。その方向で進めてもらえるかな。

運動会は、どのように行うことになりましたか。

1 ほかの企業といっしょに行う
2 家族が見られるように実況中継で行う
3 社員旅行の旅行先で行う
4 社員全員が参加できる種目で行う

비전 방송할 수 있는 것도 있기 때문에 그쪽이…

남1 음, 텔레비전 방송을 한다면 방송 요금을 별도로 지불하게 되는 거죠.

여 사원 친목을 돈독히 한다는 의미라면 가족 동반의 사원 여행과 맞추어 여행지에서 하는 방법도 있습니다…

남1 그 다음에는 마라톤 대회라든가 전원 참가할 수 있는 종목으로 좁혀서 하는 것도 좋을지도 모릅니다.

남2 그렇지. 역시 50주년 기념이니까 가능하면 사원 가족도 함께 참가할 수 있는 친밀한 모임으로 하고 싶군. 그 방향으로 진행할 수 있을까?

운동회는 어떻게 실시하게 되었습니까?

1 다른 기업과 함께 실시한다.
2 가족이 볼 수 있도록 실황 중계로 실시한다.
3 사원 여행의 여행지에서 실시한다.
4 사원 전원이 참가할 수 있는 종목으로 실시한다.

정답 3 **문제유형** 통합 이해

어휘 ~周年 ~주년 | アフターファイブ(after-five) 일과 후 자유시간 | サクッと 일이 말끔하게 처리되는 모습 | 対外的 대외적 | ピーアール PR | 企業対抗 기업대항 | 生の画像を流す 생생한 영상을 보내다 | 実況 실황 | 宣伝 선전 | 中継 중계 | 放送 방송 | 別途 별도 | 親睦を深める 친목을 돈독히 하다 | 同伴 동반 | 組み合わせる 짜맞추다 | マラソン大会 마라톤 대회 | 全員参加 전원 참가 | 種目 종목 | 絞る 좁히다 | 親密 친밀함

해설 여사원의 마지막 대사 「社員の親睦を深めるという意味なら、家族同伴の社員旅行と組み合わせて、旅行先でやるというのもありますが… (사원 친목을 돈독히 하는 의미라면 가족 동반 사원 여행과 맞추어 여행지에서 하는 방법도 있습니다…)」와 남자2의 마지막 대사 중 「やっぱり50周年だから、できれば、社員の家族も一緒に参加できるような、親密な会にしたいんだよなあ (역시 50주년 기념이니까 가능하면 사원 가족도 함께 참가할 수 있는 친밀한 모임으로 하고 싶군)」에서 운동회는 사원 여행지에서 한다는 힌트를 얻을 수 있다.

3番

まず話を聞いてください。それから、二つの質問を聞いて、それぞれ問題用紙の1から4の中から、最もよいものを一つ選んでください。

3 1:00:12

テレビの番組で、「音楽シーディー」について説明しています。

女 今日は、疲れた心をいやす「癒しの音楽シーディー」4点のご案内です。まずは、商品番号1番、幅広い年齢層に受け入れられ根強い人気のシーディーです。国内外の歌曲を集め、昔なつかしい童謡や小学校で習った歌をボーイソプラノで聞くと心が洗われると評判です。次は、商品番号2番、クラシックの曲を中心に、名高い演奏家が自ら選んで作った究極のアルバム。だれもが知っている静かな名曲に思わず引き込まれてしまいます。それから、商品番号3番は、鳥の鳴き声や川の水の流れる音から、雪解けの水の音まで、さまざまな自然の音を集めたもので、アウトドア派に最適です。そして最後の商品番号4番は、今売れ筋のシン

3번

우선 이야기를 들으세요. 그리고 두 개의 질문을 듣고 각각 문제 용지의 1~4 중에서 제일 좋은 것을 하나 고르시오.

텔레비전 프로그램에서 '음악 CD'에 대해서 설명하고 있습니다.

여 오늘은 피곤한 마음을 치유하는 '치유 음악 CD' 4개를 소개해 드리겠습니다. 제일 먼저 상품 번호 1번, 폭넓은 연령층에서 지지받아 탄탄한(꾸준한) 인기를 얻고 있는 CD입니다. 국내외의 가곡을 모아서 옛날 흘러간 동요나 초등학교에서 배운 노래를 보이 소프라노로 들으면 마음이 깨끗해 진다고 평판이 자자합니다.

다음은 상품 번호 2번, 클래식 곡을 중심으로 유명한 연주가가 직접 선택하여 만든 최고의 앨범. 누구나 알고 있는 조용한 명곡에 자기도 모르게 빠져들고 맙니다. 그리고 상품 번호 3번은, 새의 울음 소리와 물 흐르는 소리에서 눈 녹는 물 소리까지 다양한 자연의 소리를 모은 것으로 아웃도어파

セサイザーを使った音楽作品です。いわゆるアルファー波の電子音が心地よく、目を閉じると瞑想的な雰囲気に浸ることができます。以上、4点、今すぐお申し込みください。

男 最近、夜、眠れないことがあるって言ってたよね？そんな君には、眠りの世界に案内してくれるような、気持ちいい、電子の音がいいんじゃない？

女 いやー、そうも思うんだけどね、そういうのって意外に飽きちゃうのよね、何回も聞くと。それより、少年の透き通った声って魅力だなあ。ね、私これにする。子どものころに帰れる気がする。

男 そうなんだ。君のような人にはいいんだろうね、そういうのが。でも、大人の男としては、ねえ。僕はよく山に行くから……

女 やっぱり？まあ、行動派のあなたのことだから、そういう自然の音が体にしみ込んでるんだろうね。

男 えっ、そうじゃないよ。そういうのはね、実際に体を動かして、本物の音を体で感じないとね。で、僕が今興味を持っているのは、このピアニストなんだよ。この人の演奏には、アルファー波を感じるんだよね。

女 へー、人は見かけによらないねえ。あなたも、きれいな歌声とか、そうじゃなきゃ、宇宙的な電子音に興味があるのかと思ってたわー。

質問1　女の人はどのＣＤがいいと言っていますか。

1 1番のＣＤ
2 2番のＣＤ
3 3番のＣＤ
4 4番のＣＤ

質問2 男の人はどのＣＤがいいと言っていますか。

1 1番のＣＤ
2 2番のＣＤ
3 3番のＣＤ
4 4番のＣＤ

에게 최적입니다. 그리고 마지막 상품 번호 4번은 요즘 인기 있는 신시사이저(합성 전자 음악)를 사용한 음악 작품입니다. 이른바 알파 파의 전자음이 기분 좋아서 눈을 감으면 명상적인 분위기에 잠길 수 있습니다. 이상 4종, 지금 바로 신청해 주십시오.

남 요즘 밤에 잠을 못 자는 경우가 있다고 했지? 그런 자네에게는 잠의 세계로 안내해 주는 기분 좋은 전자 음이 좋지 않겠어?

여 아니, 그렇게도 생각하지만, 그런건 의외로 질리잖아, 몇 번 들으면. 그것보다 소년의 맑은 목소리가 매력적이지. 있지, 나 이걸로 할래. 어린 시절로 돌아갈 수 있는 느낌이 들어.

남 그렇군. 너 같은 사람에게는 좋을 거야. 그런데. 성인 남자로서는, 좀. 나는 자주 산에 가니까…

여 역시? 행동파인 당신이니까 그런 자연의 소리가 몸에 스며들겠지요.

남 아니, 그렇지 않아. 그런 건 말이야 실제로 몸을 움직여 진짜 음을 몸으로 느껴야 해. 그래서 내가 지금 흥미를 가지고 있는 것은 이 피아니스트란다. 이 사람의 연주에는 알파파를 느끼거든.

여 오~, 사람은 겉보기와는 다른 거군. 당신도 예쁜 가성이라든가 그렇지 않으면 우주적인 전자음에 흥미가 있을 거라고 생각했었지.

질문1　여자는 어떤 ＣＤ가 좋다고 말하고 있습니까?

1 1번 ＣＤ
2 2번 ＣＤ
3 3번 ＣＤ
4 4번 ＣＤ

질문2　남자는 어떤 ＣＤ가 좋다고 말하고 있습니까?

1 1번 ＣＤ
2 2번 ＣＤ
3 3번 ＣＤ
4 4번 ＣＤ

정답 (1) 1　(2) 2　**문제유형** 통합 이해

어휘 心をいやす 마음을 치유하다 | 幅広い 폭넓다 | 受け入れる 받아들이다 | 根強い 뿌리 깊다 | 歌曲 가곡 | 童謡 동요 | ボーイソプラノ 보이 소프라노(변성기 전 소년의 음역대) | 評判 평판 | 名高い 유명하다 | 自ら 스스로 | 究極 궁극, 최종, 최상 | 思わず 무의식 중에 | 引き込む 끌어들이다 | 鳴き声 우는 소리 | 雪解 눈이 녹음 | 売れ筋 잘 팔리는 물건 | シンセサイザー 신시사이저(전자악기 합성 음) | いわゆる 이른바 | 心地よい 기분 좋다 | 目を閉じる 눈을 감다 | 瞑想的 명상적 | 浸る 잠기다 | 申し込む 신청하다 | 飽きる 싫증나다 | 透き通る 투명하다 | 行動派 행동파 | しみ込む 스며들다 | 見かけによらない 겉보기와는 다르다 | 歌声 가성 | 宇宙的 우주적 | 電子音 전자음

해설 여자는 두 번째 대화의「それより、少年の透き通った声って魅力だなあ。ね、私これにする (그것보다 소년의 맑은 목소리가 매력적이지. 나 이걸로 할래)」에서 남자가 권하는 4번 CD를 택하지 않고 1번 CD를 선택하고 있음을 알 수 있다. 그리고 남자의 경우, 마지막 대화에서「で、僕が今興味を持っているのは、このピアニストなんだよ。この人の演奏には、アルファー波を感じるんだよね (그래서 내가 지금 흥미를 가지고 있는 것은 이 피아니스트란다. 이 사람의 연주에는 알파 파를 느낀다」라고 말하고 있는 것으로 보아 남자 또한 여자가 권유하는 3번 CD를 선택하지 않고 피아니스트의 연주곡이 들어 있는 2번 CD를 선택함을 알 수 있다.

딱! 한권 JLPT N1

2 주 완 성

막 판 뒤 집 기

목표달성 체크란

Day 1	합격으로 이끄는 する 동사(1)	월 일	
Day 2	합격으로 이끄는 する 동사(2)	월 일	
Day 3	꺼진 불도 다시 보자! 훈독동사	월 일	
Day 4	일본어의 고수가 되자! い 형용사	월 일	
Day 5	일본어의 고수가 되자! な 형용사	월 일	
Day 6	누워서 떡 먹기! 부사	월 일	
Day 7	고득점을 노려 보자! 복합동사, 훈독명사	월 일	
Day 8	독해까지 책임질게! 음독명사(1)	월 일	
Day 9	독해까지 책임질게! 음독명사(2)	월 일	
Day 10	기초문법 (1)	월 일	
Day 11	기초문법 (2)	월 일	
Day 12	필수문법 (1)	월 일	
Day 13	필수문법 (2)	월 일	
Day 14	필수문법 (3)	월 일	

(★ 테스트 용지는 시사일본어사 홈페이지에서 다운로드 받으세요~)

2 주 완 성

막판뒤집기

JLPT

N1

필수어휘 · 문법

딱! 한권에서만 만날 수 있는 する동사는 출제빈도가 높은 어휘입니다. 독해 부분에서도 자주 등장하기 때문에 꼭 외워 주세요~

합격으로 이끄는 する 동사 (1)

어휘	읽기	의미
暗示	あんじ	암시
維持	いじ	유지
依存 13年	いぞん	의존
閲覧 11年	えつらん	열람
改修 12年	かいしゅう	개정
解除 18年	かいじょ	해제
該当 15年	がいとう	해당
介抱	かいほう	돌봄, 간호
解剖 13年	かいぼう	해부
獲得	かくとく	획득
可決 15年	かけつ	가결
加工 12年	かこう	가공
合致 13年	がっち	일치
合併 11年	がっぺい	합병
稼動 15年	かどう	가동
加味 13年	かみ	가미
緩和 13年	かんわ	완화
棄権	きけん	기권
窮乏	きゅうぼう	궁핍
究明 12年	きゅうめい	규명
寄与 13年	きよ	기여
凝縮 14年	ぎょうしゅく	응축
共存	きょうそん・きょうぞん	공존
拒絶	きょぜつ	거절, 거부
吟味	ぎんみ	음미

어휘	읽기	의미
駆使 14年	くし	구사
工面 14年	くめん	(돈)마련, 조달
激励	げきれい	격려
欠乏	けつぼう	결핍
合意 15年	ごうい	합의
貢献	こうけん	공헌
耕作	こうさく	경작
控除	こうじょ	공제
荒廃	こうはい	황폐
興奮 12年	こうふん	흥분
考慮 11年	こうりょ	고려
克服 19年	こくふく	극복
採用	さいよう	채용
栽培	さいばい	재배
察知 12年	さっち	미리 알아차리다
雑踏	ざっとう	혼잡, 붐빔
作用	さよう	작용
飼育	しいく	사육
指揮	しき	지휘
辞任 15年	じにん	사임
失墜	しっつい	실추
実践	じっせん	실천
嫉妬	しっと	질투
執筆	しっぴつ	집필
釈明 11年	しゃくめい	변명, 해명

어휘	읽기	의미
襲撃	しゅうげき	습격
収束	しゅうそく	수속, 수습
執着 19年	しゅうちゃく	집착
充実	じゅうじつ	충실
主導	しゅどう	주도
消去	しょうきょ	소거
証言	しょうげん	증언
承諾 15年	しょうだく	승낙
承認 10年	しょうにん	승인
消耗	しょうもう	소모
除外	じょがい	제외
徐行	じょこう	서행
成就	じょうじゅ	성취
処置 13年	しょち	처치
進呈	しんてい	진정, 드림
振動	しんどう	진동
遂行 14年	すいこう	수행
推理 10年	すいり	추리
静止 10年	せいし	정지
征服	せいふく	정복
接触	せっしょく	접촉
折衷	せっちゅう	절충
潜水	せんすい	잠수
占領	せんりょう	점령
創刊	そうかん	창간
走行	そうこう	주행

어휘	읽기	의미
装飾	そうしょく	장식
操縦	そうじゅう	조종
創造	そうぞう	창조
装備	そうび	장비
創立	そうりつ	창립
阻止	そし	저지
訴訟	そしょう	소송
率先	そっせん	솔선
対比 11年	たいひ	대비
滞納	たいのう	체납
打開 13年	だかい	타개
妥結	だけつ	타결
脱退	だったい	탈퇴
抽選 11年	ちゅうせん	추첨
調達 10年	ちょうたつ	조달
挑戦	ちょうせん	도전
直面 15年	ちょくめん	직면
貯蓄	ちょちく	저축
沈没	ちんぼつ	침몰
沈黙	ちんもく	침묵
陳列	ちんれつ	진열
追及	ついきゅう	추궁
追跡	ついせき	추적
追放	ついほう	추방
墜落	ついらく	추락
手配	てはい	준비

합격으로 이끄는 する 동사 (2)

어휘	읽기	의미
提示	ていじ	제시
訂正	ていせい	정정
展開 15年	てんかい	전개
転換 12年	てんかん	전환
伝言	でんごん	전언
同調 12年	どうちょう	동조
同封	どうふう	동봉
同盟	どうめい	동맹
討論	とうろん	토론
倒産	とうさん	도산
踏襲 12年	とうしゅう	답습
逃走	とうそう	도주
逃亡	とうぼう	도망
冬眠	とうみん	겨울잠
独占	どくせん	독점
督励	とくれい	독려
突破	とっぱ	돌파
燃焼	ねんしょう	연소
納入	のうにゅう	납입
把握 13年	はあく	파악
配布 10, 11, 17年	はいふ	배포
廃止	はいし	폐지
排除	はいじょ	배제
賠償	ばいしょう	배상
破棄	はき	파기

어휘	읽기	의미
暴露	ばくろ	폭로
破損 15年	はそん	파손
発散 12年	はっさん	발산
発芽	はつが	발아, 싹틈
発揮	はっき	발휘
抜粋 11, 18年	ばっすい	발췌
繁盛 10, 19年	はんじょう	번성, 번창
伴奏 10年	ばんそう	반주
氾濫	はんらん	범람
否決	ひけつ	부결
匹敵	ひってき	필적
拍子	ひょうし	박자
描写	びょうしゃ	묘사
封鎖	ふうさ	봉쇄
複合	ふくごう	복합
武装	ぶそう	무장
侮辱	ぶじょく	모욕
復活	ふっかつ	부활
復旧 11年, 14年	ふっきゅう	복구
赴任 11年	ふにん	부임
憤慨	ふんがい	분개
分裂	ぶんれつ	분열
噴出	ふんしゅつ	분출
奮闘	ふんとう	분투
並行 11年	へいこう	병행

어휘	읽기	의미
並列 11年	へいれつ	병렬
閉口	へいこう	난처함, 질림
閉鎖	へいさ	폐쇄
弁解	べんかい	변명
弁護	べんご	변호
変革	へんかく	변혁
変遷 15年	へんせん	변천
防火	ぼうか	방화
崩壊	ほうかい	붕괴
妨害 18年	ぼうがい	방해
放棄	ほうき	포기
放任	ほうにん	방임
膨張	ぼうちょう	팽창
捕獲	ほかく	포획
補給	ほきゅう	보급
補助	ほじょ	보조
補足	ほそく	보충
募金	ぼきん	모금
没落	ぼつらく	몰락

어휘	읽기	의미
没収	ぼっしゅう	몰수
発足 10,17年	ほっそく	발족
没頭 15年	ぼっとう	몰두
麻痺	まひ	마비
満喫	まんきつ	만끽
密集 10年	みっしゅう	밀집
矛盾	むじゅん	모순
免除 12年	めんじょ	면제
網羅 12年	もうら	망라
模索	もさく	모색
優越	ゆうえつ	우월
優位 13年	ゆうい	우위
融資	ゆうし	융자
養護	ようご	양호
抑制	よくせい	억제
予断 14年	よだん	예단, 예측
落下	らっか	낙하
了承 17年	りょうしょう	양해
連携	れんけい	제휴, 연계

MEMO

3 day

여러분! 출제빈도 2순위는 바로 동사입니다. 너무 어렵다고 생각하지 말고, 読み(읽기)부터 차근차근~

꺼진 불도 다시 보자! 훈독동사

어휘	읽기	의미
欺く	あざむく	속이다, 기만하다
欠く	かく	빠지다, 결여하다
輝く	かがやく	빛나다
築く 13年	きずく	쌓다, 구축하다
砕く	くだく	부수다, 풀어 설명하다
背く	そむく	등지다, 위반하다
貫く 13年	つらぬく	꿰뚫다, 관철하다
説く	とく	설명하다, 설득하다
研ぐ	とぐ	갈다
嘆く	なげく	한탄하다, 슬퍼하다
省く	はぶく	생략하다
導く	みちびく	안내하다, 이끌다
和らぐ 12年	やわらぐ	누그러지다
揺らぐ 14年	ゆらぐ	흔들리다
商う	あきなう	장사하다
襲う	おそう	습격하다
疑う 15年	うたがう	의심하다
叶う	かなう	이루어지다
慕う 15年	したう	그리워하다, 우러르다
損なう	そこなう	부수다, 망가뜨리다
潤う 10年	うるおう	축축해지다, 혜택을 받다
漂う 14年	ただよう	떠다니다, 방황하다
誓う	ちかう	맹세하다

어휘	읽기	의미
繕う	つくろう	수선하다, 고치다
倣う	ならう	모방하다
賑わう 10年	にぎわう	번화해지다, 번창하다
担う 13年	になう	(책임 등을) 떠맡다
賄う	まかなう	꾸리다, 조달하다
養う	やしなう	부양하다
装う	よそおう	치장하다
挑む	いどむ	도전하다, 맞서다
営む	いとなむ	일하다, 경영하다
嵩む	かさむ	커지다, 불어나다
絡む 15年	からむ	휘감기다, 얽히다
拒む 14年	こばむ	거부하다
澄む	すむ	맑다
慎む	つつしむ	조심하다, 삼가다
和む	なごむ	온화해지다
馴染む	なじむ	정들다
望む 14年	のぞむ	바라다, 원하다
妬む	ねたむ	질투하다, 샘하다
励む 15年	はげむ	힘쓰다, 노력하다
阻む 17年	はばむ	저지하다
弾む 11年	はずむ	튀다
歪む	ゆがむ	삐뚤어지다, 왜곡되다
恵む 10年	めぐむ	베풀다

어휘	읽기	의미
促す	うながす	재촉하다
侵す	おかす	침범하다, 침해하다
犯す	おかす	(법률 등을) 어기다
脅かす	おびやかす	위협하다
及ぼす 10年	およぼす	(영향을) 미치다
覆す 12, 19年	くつがえす	뒤엎다
けなす	けなす	헐뜯다, 비방하다
志す	こころざす	뜻을 두다, 지향하다
急かす	せかす	재촉하다
逸らす	そらす	(딴 데로) 돌리다, 놓치다
費やす 10, 12年	ついやす	쓰다, 소비하다
尽くす 16年	つくす	다하다, 진력하다
抜かす	ぬかす	빠뜨리다
励ます	はげます	격려하다
果す	はたす	다하다, 완수하다
浸す	ひたす	적시다, 잠그다
解す 12年	ほぐす	풀다
施す	ほどこす	베풀다, 시행하다
賄う	まかなう	마련하다
もたらす	もたらす	가져오다, 초래하다
催す 12年	もよおす	개최하다 자아내다.
当てはめる	あてはめる	꼭 들어맞추다, 적용시키다
侮る	あなどる	깔보다, 경시하다
操る	あやつる	다루다, 조작하다
憤る 13年	いきどおる	분노하다, 칭얼거리다
いじる	いじる	만지작거리다

어휘	읽기	의미
労わる	いたわる	돌보다, 위로하다
否む 14年	いなむ	거절하다, 부정하다
老いる	おいる	늙다, 나이 먹다
怠る 12, 17年	おこたる	게으름 피우다, 방심하다
おだてる	おだてる	치켜세우다
衰える	おとろえる	쇠약해지다, 쇠퇴하다
劣る	おとる	(능력 등이) 뒤떨어지다
帯びる 15年	おびる	(몸에) 달다, 차다
絡める	からめる	휘감다, 관련시키다
顧みる	かえりみる	돌아보다, 돌보다
鍛える	きたえる	단련하다, 훈련하다
砕ける 19年	くだける	부서지다
極める 10年	きわめる	끝까지 가다, 다하다
懲りる	こりる	질리다
遮る 11年	さえぎる	차단하다
授ける 10年	さずける	하사하다
妨げる	さまたげる	방해하다
さびる	さびる	녹슬다
障る 13年	さわる	지장을 초래하다
強いる	しいる	억지로 시키다, 강요하다
締める 10年	しめる	죄다, 졸라매다
廃れる 16年	すたれる	쓸모없게 되다, 쇠퇴하다
逸れる	それる	빗나가다, 벗어나다
絶える	たえる	없어지다, 멎다
耐える 14年	たえる	견디다, 감당하다
携わる 14年	たずさわる	관계하다, 종사하다

어휘	읽기	의미
賜る	たまわる	'받다'의 겸양어, 주시다
募る 18年	つのる	심해지다, 모으다
とがめる	とがめる	비난하다
遂げる	とげる	이루다, 달성하다
途絶える	とだえる	두절되다
滞る 18年	とどこおる	밀리다, 정체되다
唱える 15年	となえる	외다, 외치다, 부르다
とぼける	とぼける	시치미를 떼다
鈍る 11年	にぶる	무디어지다, 둔해지다
練る 10年	ねる	(계획을) 짜다, 반죽하다
逃れる 11年	のがれる	달아나다, 벗어나다
図る	はかる	도모하다

어휘	읽기	의미
捗る 10年	はかどる	일이 잘 진행되다
率いる	ひきいる	거느리다, 통솔하다
秘める 12年	ひめる	간직하다, 숨기다
謙る	へりくだる	자신을 낮추다
誇る	ほこる	자랑하다, 뽐내다
報じる 10年	ほうじる	갚다, 보답하다, 보도하다
紛れる	まぎれる	뒤섞이다, 정신을 빼앗기다
解ける 11年	ほどける	(매듭,마음 등이) 풀리다
免れる	まぬがれる	면하다, 벗어나다
設ける 12年	もうける	마련하다, 설치하다
もがく	もがく	발버둥치다
潜る	もぐる	잠수하다

MEMO

형용사까지 외우면, 일본어 실력이 쑥쑥!!!!!
일상 생활에 활용할 수 있는 어휘들이 많이 있어요~

일본어의 고수가 되자! い형용사 (1)

어휘	읽기	의미
味気ない	あじけない	무미건조하다
厚かましい	あつかましい	뻔뻔스럽다
淡い 15年	あわい	진하지 않다
慌しい	あわただしい	어수선하다
潔い 10, 19年	いさぎよい	맑고 깨끗하다, 결백하다
勇ましい	いさましい	용감하다
卑しい	いやしい	품위 없다
疎い	うとい	소원하다, 잘 모르다
思いがけない	おもいがけない	뜻밖이다, 의외다
気味がわるい	きみがわるい	기분이 나쁘다
決まり悪い	きまりわるい	쑥스럽다, 창피하다
極まりない	きわまりない	끝이 없다, 극심하다
煙たい	けむたい	맵고 싸하다, 거북하다
香ばしい	こうばしい	구수하다
心地よい	ここちよい	기분 좋다, 호전되다
心強い	こころづよい	믿음직스럽다
心細い 15年	こころぼそい	불안하다, 허전하다
快い	こころよい	기분이 좋다, 상쾌하다
好ましい	このましい	호감이 가다, 바람직하다
渋い	しぶい	떫다, 차분하다
素早い	すばやい	재빠르다, 민첩하다
切ない 15年	せつない	힘들다, 안타깝다
頼りない	たよりない	미덥지 못하다
倹しい	つましい	검소하다

어휘	읽기	의미
手厚い	てあつい	극진하다
尊い・貴い	とうとい	소중하다, 존귀하다
乏しい	とぼしい	부족하다
情けない	なさけない	한심하다, 딱하다
情け深い	なさけぶかい	인정이 많다
名高い 15年	なだかい	유명하다
何気ない	なにげない	아무렇지 않다
生臭い	なまぐさい	비린내나다
生温い	なまぬるい	미지근하다
悩ましい	なやましい	괴롭다, 마음이 어지럽다
馴れ馴れしい	なれなれしい	스스럼없다
望ましい	のぞましい	바람직하다
甚だしい	はなはだしい	매우 심하다
華々しい	はなばなしい	화려하다, 훌륭하다
幅広い 15年	はばひろい	폭넓다
久しい	ひさしい	오래다, 오랜만이다
平たい	ひらたい	평평하다
紛らわしい	まぎらわしい	헷갈리기 쉽다, 혼동하기 쉽다
見苦しい	みぐるしい	보기 흉하다
満たない	みたない	차지 않다, 미달이다
空しい	むなしい	공허하다
目覚しい	めざましい	눈부시다, 놀랍다
脆い	もろい	무르다
煩わしい 16年	わずらわしい	번거롭다

일본어의 고수가 되자! い형용사 (2)

어휘	의미
あっけない	어이없다, 허망하다
あくどい	악랄하다, 짙다
あさましい 15年	비참하다, 비열하다
いちじるしい	현저하다, 두드러지다
いやしい	천하다, 비열하다
いやらしい	불쾌하다
うっとうしい 15年	울적하다, 거추장스럽다
おっかない	두렵다, 불안하다
おびただしい 14年	엄청나다
くすぐったい	근질거리다, 낯간지럽다
けがらわしい	더럽다, 추잡스럽다
しぶとい	끈덕지다

어휘	의미
すさまじい 15年	무섭다, 굉장하다
そっけない	무뚝뚝하다, 쌀쌀맞다
たくましい	늠름하다
たやすい 16年	용이하다
だらしない	단정하지 못하다
はかない	덧없다, 허무하다
はなはだしい 15年	매우 심하다
みすぼらしい	초라하다, 볼품없다
ものものしい	삼엄하다, 어마어마하다
ややこしい	복잡하다, 까다롭다
よくぶかい	욕심이 많다
よそよそしい	서먹서먹하다

MEMO

5 day 합격이 눈앞에! な형용사 (1)

어휘	읽기	의미
遺憾な	いかんな	유감스러운
意地悪な	いじわるな	심술궂은
陰気な	いんきな	음침한
円滑な 10年	えんかつな	원활한
横柄な	おうへいな	건방진
大雑把な	おおざっぱな	대충, 엉성한
肝心な 11年	かんじんな	중요한
閑静な 16年	かんせいな	한적한
簡素な 19年	かんそな	간소한
寛容な	かんような	너그러운
貴重な	きちょうな	귀중한
強硬な 13年	きょうこうな	강경한
強烈な	きょうれつな	강렬한
広大な 12年	こうだいな	광대한
巧妙な 13年	こうみょうな	교묘한
克明な 12年	こくめいな	세밀하고 정확한
滑稽な	こっけいな	익살스러운
孤独な	こどくな	고독한
質素な 11年	しっそな	검소한
柔軟な 11年	じゅうなんな	유연한
迅速な	じんそくな	신속한
精巧な	せいこうな	정교한
清純な	せいじゅんな	청순한
絶大な 14年	ぜつだいな	절대, 지대한
粗悪な	そあくな	조잡한

어휘	읽기	의미
早急な	そうきゅう・さっきゅう	매우 급한
壮大な	そうだいな	장대한
素朴な	そぼくな	소박한
忠実な	ちゅうじつな	충실한
著名な	ちょめいな	저명한
手薄な 10年	てうすな	허술한
鈍感な	どんかんな	둔감한
薄弱な	はくじゃくな	박약한
煩雑な 13年	はんざつな	번잡한
貧弱な	ひんじゃくな	빈약한
不順な 11年	ふじゅんな	불순한
不審な	ふしんな	수상한
不評な	ふひょうな	평판이 나쁜
無礼な	ぶれいな	무례한
平等な	びょうどうな	평등한
呆然な	ぼうぜんな	어안이 벙벙한
膨大な	ぼうだいな	방대한
無念な 11年	むねんな	원통한
無造作な 12年	むぞうさな	대수롭지 않은, 간단한
綿密な 10年	めんみつな	면밀한
優美な	ゆうびな	우아하고 아름다운
有益な	ゆうえきな	유익한
勇敢な	ゆうかんな	용감한
冷酷な	れいこくな	냉혹한
冷淡な	れいたんな	냉담한

합격이 눈앞에! な형용사 (2)

어휘	의미
鮮(あざ)やかな	선명한, 뛰어난
いいかげんな	알맞은, 적당한
いきな	멋있는, 세련된
おおがらな	몸집이 큰, 무늬가 큰
大(おお)まかな	대범한, 대략적인
おおらかな 15年	대범하고 느긋한
おくびょうな	겁이 많은
穏(おだ)やかな	평온한
厳(おごそ)かな	엄숙한
きちょうめんな	꼼꼼한
きまぐれな	변덕스러운
きまじめな	고지식한
きよらかな	맑은
きらびやかな	화려하고 아름다운
しなやかな 10年	부드러운, 낭창낭창한
しとやかな 10年	얌전한, 정숙한
健(すこ)やかな 14年	건강한

어휘	의미
すみやかな 18年	신속한
たくみな	교묘한, 솜씨가 좋은
つぶらな	동그랗고 귀여운
てがるな	간단한, 손쉬운
和(なご)やかな	온화한
なだらかな	(경사가) 완만한
なめらかな	미끄러운, 순조로운
のどかな	한가로운, 화창한
はなやかな	화려한
密(ひそ)かな	은밀한
はんぱな	어중간한
はるかな	아득한
惨(みじ)めな	비참한
もっともな	지당한, 당연한
ゆううつな	우울한
緩(ゆる)やかな	완만한
ろくな	변변한

MEMO

6 day

외우기 힘들지만 한번 외워 두면 어느새 자신감이 up!!
부사 문제는 절대 틀리지 말자구요.

누워서 떡 먹기! 부사

어휘	의미
一様に(いちよう)	한결같이
一律に(いちりつ) 14年	일률적으로
一挙に(いっきょ)	단번에
一向に(いっこう)	완전히, 전혀 (부정 수반)
今更(いまさら) 15年	이제와서
急遽(きゅうきょ) 12年	급히, 허둥지둥
終始(しゅうし)	시종, 시종일관
迅速に(じんそく)	신속하게
整然と(せいぜん)	정연하게
断然(だんぜん)	과감히, 단호히, 훨씬
到底(とうてい)	도저히, 아무리 해도
突如(とつじょ)	갑자기, 별안간
日夜(にちや) 13年	밤낮, 매일
軒並みに(のきな)	모조리, 다같이
漠然と(ばくぜん) 11, 18年	막연하게
人一倍(ひといちばい) 14年	두 배, 갑절
無性に(むしょう) 13年	몹시, 무턱대고
あしからず	언짢게 생각지 마시기를, 양해해 주시기를
予め(あらかじ)	미리, 이전부터
案の定(あんじょう)	생각한대로, 과연
いかにも 15年	정말로, 아무리 봐도 과연
いざ	드디어, 막상, 정작
いたずらに	쓸데없이, 공연히

어휘	의미
いたって	매우, 대단히
今にも(いま)	이제 곧, 막, 지금이라도
いやいや	마지못해
うんざり 10年	지긋지긋하게
おいおい	엉엉
おのずから 12年	저절로, 자연히
がっしり	튼튼히, 다부지게
がっちり	(빈틈이 없는 모양) 꼭, 꽉
かつて	일찍이
かねて	미리, 진작부터
からっと 13年	싹 (상태가 변하는 모양), 활짝 (개는 모양)
かろうじて	겨우, 가까스로
きっかり	정확히, 뚜렷히
きっぱり	단호하게
きわめて	더없이, 대단히
くっきり	뚜렷하게, 선명하게
くまなく 15年	빠짐없이, 분명히
くよくよ 15年	끙끙
こっそり 12年	살짝, 몰래
ことごとく 13年	모조리, 죄다
殊に(こと)	특별히, 각별히
さぞ	추측하건대, 틀림없이, 얼마나
さほど	그다지, 그리, 별로

어휘	의미
さも	자못, 아주, 정말로
しいて 15年	굳이, 억지로
強(したた)かに	세게, 몹시
じっくり	곰곰이, 차분하게
じめじめ 14年	축축, 끈적끈적
しんなり 10年	나긋나긋
すんなり 16年	늘씬하게, 수월하게, 척척
せめて	최소한, 하다못해
総(そう)じて 12年	대체, 일반적으로
だぶだぶ	헐렁헐렁, 듬뿍
つとめて	애써, 힘써, 되도록
てっきり	틀림없이
てきぱきと 14年	(일을) 척척
どうやら	그럭저럭, 아무래도
とっくに 11年	훨씬 전에, 벌써
とっさに	순간적으로, 즉시
とりわけ 13年	특히, 유난히
なにしろ	어쨌든
にわかに	갑자기
はきはき	시원시원, 또렷또렷
ひいては	나아가서는

어휘	의미
ひっきりなしに	끊임 없이
びっしょり	흠뻑
ひとまず 10年	우선, 하여튼
ひんやり 10年	싸늘한, 썰렁한
ぶかぶか	헐렁헐렁
ふらふら	휘청휘청
ぶらぶら 13年	대롱대롱, 어슬렁어슬렁
ぼつぼつ	슬슬, 조금씩
ぼろぼろ	너덜너덜
ふと	문득, 갑자기
まごまご	우물쭈물
まして	하물며, 더구나
まちまち 11, 18年	가지각색
まるっきり	전혀
むやみに	무턱대고, 터무니없이
めきめき 10年	눈에 띄게, 무럭무럭
もろに	직접, 정면으로
やけに	몹시, 무척
やたらに	마구, 유난히
やんわり 10年	부드럽게, 온화하게
よけいに	더욱, 더한층

MEMO

어렵다고 느껴지지만 알고보면, N2, N3레벨의 기본 동사가 복합된 것입니다. 의미를 주의하여 공부합시다!

고득점을 노려보자! 복합동사

어휘	의미
言い張る 12年	우기다, 주장하다
打ち明ける	(비밀 등을) 털어놓다
打ち切る	자르다, 중단하다
打ち消す	부인하다, 부정하다
打ち込む 14年	열중하다, 몰두하다
受け止める	받아들이다
受け流す 14年	(비난 등을) 받아넘기다
受け持つ	담당하다
押し寄せる	밀려오다, 밀어닥치다
思い返す 14年	다시 생각하다, 회상하다
思い上がる 14年	잘난 체 하다
切り抜ける	극복하다, 돌파하다
食い止める 15年	저지하다
繰り上げる	앞당기다
差し支える 14年	지장이 있다
仕上がる 15年	완성되다
仕入れる	사들이다
立て替える 13年	대금을 대신 치르다
食べそびれる	먹을 기회를 놓치다
疲れ果てる	몹시 지치다
取り扱う 13年	다루다, 처리하다
取り組む 13年	맞붙다, 몰두하다

어휘	의미
取り立てる	강제로 거두다, 징수하다
取り付ける	설치하다, 단골로 사다
取り戻す 15年	되찾다, 회복하다
取り寄せる	주문해서 가져오게 하다
飲み込む	삼키다, 이해하다
張り合う 17年	경쟁하다
引き落とす	잡아당겨 쓰러뜨리다 자동 이체하다
踏み切る	단행하다
見合わせる 10年	보류하다, 대조하다
見落とす 10, 17年	간과하다
持ち越す	넘기다, 미루다
持て成す	대접하다
やり遂げる 17年	완수하다, 끝까지 해내다
抱え込む 14年	껴안다, 떠맡다
放り込む	(아무렇게나) 넣다, 이해하다
割り込む	끼어들다
口ずさむ	흥얼거리다
たどり着く	겨우 당도하다
手がける	(직접) 다루다, 돌보다
問い合わせる 17年	문의하다
乗り過ごす	내릴 역을 지나치다
働きかける	촉구하다, 작용하다

고비 넘기! 훈독명사

알아두면 유익한 훈독명사는 청해 파트에도 자주 등장합니다.

어휘	읽기	의미
足踏み	あしぶみ	답보, 정체
宛名	あてな	수신처 이름
跡地 13年	あとち	철거지
粗筋	あらすじ	줄거리, 개요
憩い	いこい	휴식
痛手	いたで	큰 피해, 중상
浮き彫り	うきぼり	부조, 부각
腕前 13年	うでまえ	솜씨
裏腹 13年	うらはら	정반대, 모순됨
大筋 12年	おおすじ	대략, 대강의 줄거리
大詰	おおづめ	마지막 단계
沖	おき	앞바다
面影	おもかげ	모습
表向き	おもてむき	공공연함, 표면상
貝殻	かいがら	조개껍데기
垣根	かきね	울타리
境遇	きょうぐう	처지, 환경
口出し	くちだし	말참견
心構え 14年	こころがまえ	각오
献立	こんだて	식단, 차림표
指図 17年	さしず	지시
差し支え	さしつかえ	지장, 장애
先行き	さきゆき	전망, 선행
下取り	したどり	보상판매
霜	しも	서리
仕業 12年	しわざ	소행, 짓

어휘	읽기	의미
巣	す	둥지
隙間	すきま	틈새
手当	てあて	수당, 처치, 치료
手際 12年	てぎわ	솜씨, 수완
泥沼	どろぬま	수렁
苗	なえ	모종
名残	なごり	흔적
狙い	ねらい	겨냥, 목표
端	はし	가장자리
裸	はだか	알몸
鉢	はち	화분
浜辺	はまべ	해변, 바닷가
人影	ひとかげ	그림자, 인적
人柄	ひとがら	인품
人出 12年	ひとで	나들이 인파
誇り	ほこり	긍지, 자랑
本筋 10年	ほんすじ	본론
見込み 12年	みこみ	예상, 장래성
源	みなもと	근원
紫	むらさき	보라색
芽	め	싹
目先	めさき	눈앞, 당장
目安	めやす	기준, 표준
催し	もよおし	모임, 행사
夕闇	ゆうやみ	땅거미
枠内	わくない	범위, 한도 내

선생님들이 추천하고, 자주 출제되는 어휘만을 선별하였습니다.

문자어휘에서 독해까지 책임질게! 음독명사 (1)

어휘	읽기	의미
安静 15年	あんせい	안정
異色 14年	いしょく	이색적인
意地 12年	いじ	고집, 성미
遺跡	いせき	유적
逸材 11年	いつざい	우수한 인재
雨天	うてん	우천
衛星	えいせい	위성
英雄	えいゆう	영웅
沿岸	えんがん	연안
婉曲	えんきょく	완곡
黄金	おうごん	황금
御社	おんしゃ	귀사
会心 11年	かいしん	회심
改訂 12年	かいてい	개정
架空	かくう	가공
過疎	かそ	과소
家畜	かちく	가축
花粉	かふん	꽃가루
貨幣	かへい	화폐
海抜	かいばつ	해발
外貨	がいか	외화
外相	がいしょう	외무 대신 (장관)
概略 14年	がいりゃく	대략

어휘	읽기	의미
隔週	かくしゅう	격주
楽譜	がくふ	악보
拡張	かくちょう	확장
葛藤	かっとう	갈등
完結 10年	かんけつ	완결
眼球	がんきゅう	안구
玩具	がんぐ	완구
岩石	がんせき	암석
軌道 15年	きどう	궤도
喜劇	きげき	희극
期日	きじつ	기일
犠牲	ぎせい	희생
起伏 15年	きふく	기복
義理	ぎり	의리
規律	きりつ	규율
疑惑	ぎわく	의혹
脚本	きゃくほん	각본
究極	きゅうきょく	궁극
宮殿	きゅうでん	궁전
驚異	きょうい	경이
行儀	ぎょうぎ	예의 범절, 행동거지
郷愁	きょうしゅう	향수
境遇	きょうぐう	처지, 환경

어휘	읽기	의미
凝視	ぎょうし	응시
恐縮	きょうしゅく	황송, 죄송
強制 15年	きょうせい	강제
行政	ぎょうせい	행정
仰天	ぎょうてん	몹시 놀람
禁物	きんもつ	금물
漁村	ぎょそん	어촌
愚痴	ぐち	푸념
群衆 12年	ぐんしゅう	군중
傑作	けっさく	걸작
結束 10年	けっそく	결속
下痢	げり	설사
厳正 14年	げんせい	엄정
原爆	げんばく	원자폭탄
謙虚	けんきょ	겸허
見地	けんち	관점
鉱山	こうざん	광산
交互	こうご	서로 번갈아함
降水	こうすい	강수
洪水	こうずい	홍수
光沢	こうたく	광택
国土	こくど	국토
極楽	ごくらく	극락
戸籍	こせき	호적
碁盤	ごばん	바둑판
根気	こんき	끈기
根拠 11年	こんきょ	근거

어휘	읽기	의미
根本	こんぽん	근본
根底	こんてい	밑바탕
細菌	さいきん	세균
在庫 18年	ざいこ	재고
削減	さくげん	삭감
殺到	さっとう	쇄도
作法	さほう	예의범절
支障	ししょう	지장
色彩	しきさい	색채
嗜好	しこう	기호
需要 13年	じゅよう	수요
磁器	じき	자기
砂利	じゃり	자갈
趣旨 13年	しゅし	취지
修復 11年	しゅうふく	복원
首脳	しゅのう	수뇌, 정상
終始	しゅうし	시종
実情 11年	じつじょう	실정
若干 18年	じゃっかん	약간
収益	しゅうえき	수익
修士	しゅうし	석사
成就	じょうじゅ	성취
情緒	じょうちょ	정서
証拠 13年	しょうこ	증거
正体	しょうたい	정체
庶民	しょみん	서민
新興	しんこう	신흥

9 day 문자어휘에서 독해까지 책임질게! 음독명사 (2)

어휘	읽기	의미
神秘	しんぴ	신비
衰退	すいたい	쇠퇴
随時 15年	ずいじ	수시, 때때로
寸法	すんぽう	길이
星座	せいざ	별자리
是正	ぜせい	시정
世辞	せじ	비위를 맞추기 위한 말
前提	ぜんてい	전제
総合 15年	そうごう	통합
阻止	そし	저지
訴訟	そしょう	소송
騒動	そうどう	소동
大家 11年	たいか	대가, 거장
大概	たいがい	대개
大金	たいきん	거금
待遇	たいぐう	대우
台本	だいほん	대본
妥協 12年	だきょう	타협
打撃	だげき	타격
駄作	ださく	졸작
旦那	だんな	남편
弾力	だんりょく	탄력
蓄積	ちくせき	축적
中枢 14年	ちゅうすう	중추
著書	ちょしょ	저서
賃金	ちんぎん	임금

어휘	읽기	의미
体裁	ていさい	체재 (외관)
堤防	ていぼう	제방
鉄鋼	てっこう	철강
鉄棒	てつぼう	철봉
添付 14年	てんぷ	첨부
特産	とくさん	특산
督促 14年	とくそく	독촉
特許	とっきょ	특허
徒歩	とほ	도보
土俵	どひょう	씨름판
土木	どぼく	토목
人情	にんじょう	인정
熱湯	ねっとう	열탕
念願 17年	ねんがん	염원
念頭	ねんとう	염두
農耕	のうこう	농경
爆弾	ばくだん	폭탄
暴露 17年	ばくろ	폭로
抜群	ばつぐん	발군
版画	はんが	판화
万能	ばんのう	만능
微量	びりょう	미량
貧富 13年	ひんぷ	빈부
布巾	ふきん	행주
不備 11年	ふび	불비, 미비한 점
不服 11年	ふふく	불복

어휘	읽기	의미
仏像	ぶつぞう	불상
風俗	ふうぞく	풍속
風土	ふうど	풍토
物議	ぶつぎ	물의
分母	ぶんぼ	분모
粉末	ふんまつ	분말
平常	へいじょう	평상
平方	へいほう	평방
便宜	べんぎ	편의
封建	ほうけん	봉건
豊作	ほうさく	풍작
方策	ほうさく	방책
報酬	ほうしゅう	보수
紡績	ぼうせき	방적
褒美	ほうび	포상, 상
膨大 14年	ぼうだい	방대
冒頭	ぼうとう	첫머리
暴動	ぼうどう	폭동
暴力	ぼうりょく	폭력
母校	ぼこう	모교
母国	ぼこく	모국
捕鯨	ほげい	포경(고래잡이)
発作	ほっさ	발작
発端	ほったん	발단
捕虜	ほりょ	포로
本気 10年	ほんき	본심
本能	ほんのう	본능

어휘	읽기	의미
本名	ほんみょう	본명
麻酔	ますい	마취
密度	みつど	밀도
民宿	みんしゅく	민박
民俗	みんぞく	민속
無言	むごん	무언
名称	めいしょう	명칭
名誉	めいよ	명예
盲点	もうてん	맹점
模範	もはん	모범
野外	やがい	야외
野党	やとう	야당
遺言	ゆいごん	유언
由緒	ゆいしょ	유서
有機	ゆうき	유기
有数 12年	ゆうすう	유수, 손꼽힘
融通	ゆうずう・ゆうづう	융통
酪農	らくのう	낙농
利益 11年	りえき	이익
利潤	りじゅん	이윤
利息	りそく	이자
理屈	りくつ	이치, 도리
立方	りっぽう	세제곱
領土	りょうど	영토
連邦	れんぽう	연방, 연합국가
連盟	れんめい	연맹
惑星	わくせい	혹성

10 day

기초문법 (1)

N2 기능어가 자주 등장해요~
돌다리도 두드려 보고 건너자!
이미 알고 있더라도 다시 한번 체크!!

～にあたって	의미 ～을 맞이해서, ～함에 있어서 예문 入学(にゅうがく)にあたっての決意(けつい)をみんなの前(まえ)で述(の)べる。 입학을 맞이해서 결의를 모두 앞에서 말한다.
～において (～における)	의미 ～에서, ～에 있어서 예문 文書作成(ぶんしょさくせい)において注意(ちゅうい)する点(てん)はなんでしょうか。 문서작성에 있어서 주의할 점은 무엇인가요?
～に際(さい)して	의미 ～함에 있어서, ～할 때 예문 新制度(しんせいど)の実施(じっし)に際(さい)して、関係者(かんけいしゃ)への事前説明会(じぜんせつめいかい)が開(ひら)かれた。 새로운 제도의 실시에 즈음하여, 관계자에 대한 사전 설명회가 열렸다.
～を通(つう)じて ～を通(とお)して	의미 ～동안,～내내 예문 その本(ほん)は、インターネットのあるサイトを通(つう)じて有名(ゆうめい)になった。 이 책은 인터넷의 한 사이트를 통해서 유명해졌다.
～にわたって (～にわたる)	의미 ～에 걸쳐서 예문 年末(ねんまつ)セールは、約(やく)2週間(しゅうかん)にわたって開催(かいさい)される。 연말 세일은 약 2주간에 걸쳐서 개최된다.
～はさておき ～はともかく	의미 우선 지금은 ～은 차치하고(제쳐두고) 예문 冗談(じょうだん)はさておき、本題(ほんだい)に入(はい)りましょうか。 농담은 제쳐두고 본제로 들어갈까요?
～からすると ～からすれば ～からして	의미 ～의 입장, ～에서 본다면 예문 上司(じょうし)からすれば不真面目(ふまじめ)な部下(ぶか)は気(き)に入(い)らないものだ。 상사의 입장에서 보면, 불성실한 부하는 마음에 들지 않는 법이다.
～にしたら ～にすれば	의미 ～로서는 예문 良(よ)かれと思(おも)ってしたことだが、彼(かれ)にすればいい迷惑(めいわく)だったに違(ちが)いない。 잘 되라고 생각해서 한 것이지만, 그의 입장에서는 달갑지 않았음에 틀림없다.
～の上(うえ)で(は)	의미 ～상으로(는), ～에 있어서(는) 예문 書類(しょるい)の上(うえ)では完璧(かんぺき)でも、現場(げんば)では常(つね)に予期(よき)せぬことが起(お)こりうる。 서류상으로는 완벽해도 현장에서는 항상 예기치 못한 일이 일어날 수 있다
～次第(しだい)だ	의미 ～하는 바이다, ～인 까닭이다 예문 まずは課長の意見に伺いたいと思い、ご連絡した次第(しだい)です。 우선은 과장님의 의견을 여쭙고 싶어서 연락드리는 바입니다.

～次第で(は) ～次第だ	**의미** ～에 따라서, ～에 달렸다 **예문** 商品の売れ行きは、営業戦略次第でどうにでもなる。 상품의 팔림새는 영업전략에 따라 어떻게든 된다. 明日の試合で勝てるかどうかはあなた次第だ。 내일 경기에서 이길 수 있느냐 없느냐는 너에게 달렸다.
～ともなると ～ともなれば	**의미** (～까지 이르면 거기에 상응해서…) ～되면 당연히, ～정도면 **예문** 大企業ともなると、就職希望者の数は中小企業の比ではない。 대기업 정도면, 취직희망자 수는 중소기업과는 비교도 안 된다.
～にしては	**의미** (예상했던 것과는 다르게) ～치고는 **예문** 半年しか留学をしなかったにしては、ずいぶん発音がきれいだ。 반년밖에 유학을 하지 않았던 것치고는 꽤 발음이 정확하다.
～だけあって	**의미** (과연) ～인 만큼 **예문** さすが専門店だけあって、何でも揃っている。 과연 전문점인 만큼 뭐든 갖추어져 있다.
～際(は/に)	**의미** ～때 (=とき)　* 격식 차린 자리에서 사용한다. **예문** 取引先の会社を訪問する際は、アポイントを取ったほうがいい。 거래처 회사를 방문할 때는 약속을 하는 것이 좋다.
～につけて	**의미** ～할 때마다 **예문** あのことは忘れてしまいたいのに、何かにつけて思い出してしまう。 그 일은 잊어버리고 싶은데, 걸핏하면 생각이 난다.
～折(に)	**의미** ～때(에), ～기회에　* 약간 격식 차린 장면에서 사용한다. **예문** またお目にかかりました折には、どうぞよろしくお願いいたします。 또 뵐 때는 아무쪼록 잘 부탁드립니다.
～てからでないと ～てからでなければ	**의미** ～한 후가 아니면, ～하지 않으면 **예문** こちらは、ログインしてからでないとご使用になれません。 이쪽은 로그인 하지 않으면 사용할 수 없습니다.
～次第	**의미** ～되는 대로, ～하는 즉시 **예문** 詳しいことが分かり次第、すぐに連絡してください。 자세한 것을 알게 되는 즉시, 바로 연락해 주세요.
～か～ないかのうちに	**의미** ～하자마자 **예문** 彼女はグラスが空いたか空かないかのうちに、次の飲み物を注文した。 그녀는 잔이 비자마자 다음 마실 것을 주문했다.

～かと思うと ～かと思ったら	의미 ～했다고 생각하는 순간, ～하자마자 예문 一つ終わったかと思ったら、すぐまた次の仕事を任された。 하나 끝냈다고 생각하자마자 바로 또 다음 일을 맡게 되었다.
～(よ)うものなら	의미 만약에 ～라고 했다가는 , ～하기라도 하면 예문 祖父が大事にしている置物に少しでも触れようものなら、ひどく叱られてしまう。 할아버지가 애지중지하는 장식품을 조금이라도 만지기라도 하면 호되게 혼이 난다.
～としたら ～とすれば ～とすると	의미 만약 ～고 하면 예문 引っ越すとすれば、住所変更の手続きはどうしたらいいんでしょう。 이사하려고 하면 주소 변경 수속은 어떻게 하면 좋을까요
～にしても ～にしろ ～にせよ	의미 ～라고 해도, ～라고 하더라도 예문 時間がかかるにせよ、真相は必ず明らかにされるであろう。 시간이 걸리더라도 진상은 반드시 밝혀질 것이다.
～たところで	의미 ～한다고 해도, ～해 봤자(좋은 결과는 기대할 수 없다.) 예문 写真を見たところで、その人の性格が分かるわけがない。 사진을 본다고 해도 그 사람의 성격을 알 수는 없다.
～としても	의미 만약 ～라고 해도, 하더라도 예문 たとえやせるとしても、私はダイエットの薬は飲まない。 만약 살이 빠진다고 해도, 나는 다이어트 약은 먹지 않겠다.
～(よ)うと ～(よ)うが	의미 ～하더라도, ～든지 말든지 예문 両親が何と言おうが、私は留学するつもりだ。 부모님이 뭐라 해도, 나는 해외 유학을 갈 작정이다.
～ものの	의미 ～이기는 하지만, ～하기는 했지만 예문 うちは裕福ではないものの、生活するには困っていない。 우리 집은 유복하지는 않지만, 생활하는 데 어려움은 없다.
～だけに	의미 ～이기에,～인 만큼 예문 期待していなかっただけに、当選したと聞いたときには驚いた。 기대하지 않았었기에, 당선되었다고 들었을 때는 놀랐다.
～もので ～ものだから	의미 ～해서, ～때문에, ～인 까닭에 예문 気弱なもので、強く言われると言い返せないんですよ。 마음이 약해서 강하게 말하면 대꾸를 못합니다.

11 day

기초문법 (2)

～あまり	의미 너무 ～한 나머지 예문 驚(おどろ)きのあまり、しばらくの間、口も利(き)けなかった。 너무 놀란 나머지 잠깐 동안 말도 하지 못했다.
～どころか	의미 ～하기는커녕, ～하기는 고사하고 예문 高(たか)い薬(くすり)を飲(の)んだのに、治(なお)るどころか悪(わる)くなった。 비싼 약을 먹었는데 낫기는커녕 나빠졌다.
～ものか	의미 ～는 무슨, 절대로 ～하지 않는다 예문 飲(の)み過(す)ぎないように言(い)ったのに、二日酔(ふつかよ)いになっても知(し)るものか。 과음하지 말라고 했는데, 숙취로 고생해도 알 바 아니다.
～とは限(かぎ)らない	의미 ～라고는 할 수 없다 예문 いい大学(だいがく)を出(で)れば必(かなら)ず大企業(だいきぎょう)に就職(しゅうしょく)できるとは限(かぎ)らない。 좋은 대학을 나와도 반드시 대기업에 취직할 수 있다고는 할 수 없다.
～ないことはない ～なくはない ～なくもない	의미 ～하기는 하다, ～가 아닌 것은 아니다 예문 あなたの気持(きも)ちはわからないことはないけど、あきらめることも必要(ひつよう)ですよ。 당신의 기분을 모르는 것은 아니지만, 포기하는 것도 필요해요.
～というものではない	의미 항상 ～라고는 할 수 없다 예문 良(よ)い商品(しょうひん)を作(つく)ることが大切(たいせつ)なのであって、売(う)れれば何(なん)でもいいというものではない。 좋은 상품을 만드는 것이 중요한 것으로, 팔린다면 뭐든지 좋다고는 할 수 없다.
～ないわけにはいかない ～ざるを得ない	의미 ～하지 않을 수 없다, ～해야만 한다 예문 社長(しゃちょう)に直接頼(ちょくせつたの)まれたら、嫌(いや)でもやらないわけにはいかない。 사장님에게 직접 부탁 받으면, 싫더라도 하지 않을 수 없다.
～てならない	의미 ～해서 견딜 수가 없다 예문 大学受験(だいがくじゅけん)をひかえた娘(むすめ)が心配(しんぱい)でならない。 대학 수험을 앞두고 딸이 걱정돼서 견딜 수 없다.
～てしかたがない ～てしょうがない ～てたまらない	의미 ～해서 견딜 수가 없다, ～해서 죽겠다 예문 このごろ仕事(しごと)が楽(たの)しくてたまらないんです。 요즘 일이 즐거워서 죽겠어요.

문형	의미 / 예문
～ないではいられない ～ずにはいられない	의미 ～하지 않을 수 없다, ～하지 않고는 견딜 수 없다 예문 彼女に出会った瞬間、運命を感じないではいられなかった。 그녀를 만난 순간, 운명을 느끼지 않을 수 없었다.
～に決まっている	의미 반드시 ～된다, ～인 것이 당연하다 예문 毎日あんなに食べていたら太るに決まっていますよ。 매일 그렇게 먹으면 살찌는 게 당연해요.
～にほかならない	의미 ～이다, ～인 것이다, ～인 때문이다 예문 親が子供をしかるのは、愛情があるからにほかならない。 부모가 아이를 꾸짖는 것은 애정이 있기 때문인 것이다.
～までだ ～までのことだ	의미 ～하는 수밖에 없다 예문 いつまでも残業が続くなら、こんな会社やめるまでのことだ。 언제까지나 야근이 계속된다면, 이런 회사 그만두는 수밖에 없다.
～どころではない	의미 (말하는 사람이 주관적으로 판단해서) ～할 수 있는 상황이 아니다, ～할 여유가 없다 예문 昨夜は子どもに泣かれて寝るどころではなかった。 어젯밤은 아이가 울어서 잘 수 있는 상황이 아니었다.
～てはいられない	의미 ～하고 있을 여유가 없다 예문 仕事が忙しいので、旅行など行ってはいられない。 일이 바빠서 여행 같은 거 갈 여유가 없다.
～わけにはいかない	의미 (심리적, 사회적 사정이 있어서) 그렇게 할 수 없다 예문 友達が困っているのに知らないふりをするわけにはいかない。 친구가 곤란해하고 있는데 모르는 척을 할 수는 없다.
～ようがない	의미 (방법이 없어서 또는 몰라서) ～하려고 해도 할 수가 없다 예문 当時の記録が残っていないので調べようがありません。 당시의 기록이 남아 있지 않기 때문에 조사하려고 해도 할 수 없습니다.
～とみえる ～とみえて	의미 (사실의 관측에서) ～것 같다 / ～처럼, ～인 듯 예문 彼は相当怒っているとみえて、朝から口を利いてくれない。 그는 상당히 화가 났는지, 아침부터 말을 하지 않는다.
～まい	의미 ～하지 않을 것이다(부정의 추측) (=～ないだろう) 예문 もう二度とここへ来ることはあるまい。 두 번 다시 여기에 오지 않을 것이다
～かねない	의미 ～할 수도 있다, ～하게 될 수도 있다 예문 従業員の態度が悪いと、客の不評を招きかねない。 종업원의 태도가 나쁘면 고객의 불평을 초래할 수도 있다.

～ことか ～ことだろう	의미 ～했는지, 얼마나 ～한 것인가 (감개・공감) 예문 一人っ子でも大変なのに、双子を育てる親はどんなに大変なことか。 아이 한 명도 힘든데, 쌍둥이를 키우는 부모는 얼마나 힘들 것인가.
～ないものか	의미 ～하지 못하는 것일까?, ～할 수 없는 것일까? 예문 どうにかしてこの商談を成立させることができないものか。 어떻게든 해서 이 상담을 성립시킬 수는 없는 것일까?
～ものだ ～ものではない	의미 ① ～하는 법이다, ～하는 것이 아니다 (본성・당연) ② ～하다니 (감탄・칭찬) 예문 ① 親に向かって口答えするものではありませんよ。 부모에게 말대답해서는 안 돼요. ② 便利になったものだ、ソウルからプサンまで２時間半で行けるとは。 이렇게 편리해지다니, 서울에서 부산까지 두 시간 반에 갈 수 있을 줄이야.
～てほしいものだ	의미 ～했으면 좋겠다 예문 自己主張だけでなく、周りの気持ちも理解してほしいものだ。 내 주장뿐만 아니라, 주변의 마음 또한 이해했으면 한다.
～たものだ	의미 ～하곤 했다 (회상) 예문 子どもの頃は、日が暮れるまで学校の運動場で遊んだものだ。 어렸을 때는 날이 저물 때까지 학교 운동장에서 놀곤 했다.
～(よ)うではないか	의미 ～해야 되지 않겠는가, ～하자 (호소) 예문 もっと前向きに考えようではないか。 좀 더 긍정적으로 생각해야 되지 않겠는가.
～ことだ	의미 ～해야 한다, ～하는 것이 좋다 (충고・명령) 예문 合格したいなら一生懸命勉強することだ。 합격하고 싶다면 열심히 공부해야 한다.
～べきだ ～べきではない	의미 반드시 ～해야 한다, ～해서는 안 된다 예문 マスコミは冷静に報道すべきだ。 매스컴은 냉정하게 보도해야 한다.

필수문법 (1)

N1 필수 기능어 100개
기능어 의미만을 외우지 말고, 예문 속에 기능어가 어떻게 쓰이고 있는지를 생각하면서 공부합시다!

～あっての	의미 ～있기에 가능한, ～이 있어야 할 수 있는 예문 愛(あい)あっての結婚生活(けっこんせいかつ)だ。愛(あい)がなければ、いっしょに暮(く)らす意味(いみ)がない。 사랑이 있어야 결혼 생활도 있는 것이다. 사랑이 없다면 함께 사는 의미가 없다.
～いかんでは ～いかんにかかわらず	의미 ～여하에 따라서는(= 次第(しだい)で), ～여하에 관계없이 예문 いったん成立(せいりつ)した契約(けいやく)は理由(りゆう)のいかんにかかわらず、取(と)り消(け)すことはできない。 일단 성립한 계약은 이유를 불문하고 취소하는 것은 불가능하다.
～(よ)うと～まいと	의미 ～하든지 말든지 예문 雨(あめ)が降(ふ)ろうと降(ふ)るまいと試合(しあい)は行(おこな)われます。 비가 오든 오지 않든 시합은 열립니다.
①～(よ)うにも～ない ②～ようがない	의미 ① ～하고 싶어도 ～못 한다 ② ～하려고 해도 할 수가 없다 예문 連絡先(れんらくさき)を残(のこ)していないので連絡(れんらく)しようにもできない。 연락처를 남기지 않았기 때문에 연락하고 싶어도 못 한다. 連絡先(れんらくさき)を残(のこ)していないので連絡(れんらく)しようがない。 연락처를 남기지 않았기 때문에 연락하려고 해도 할 수가 없다.
～かぎりだ	의미 너무 ～하다, ～하기 그지없다 (강한 감정 표현) 예문 山道(やまみち)を一人(ひとり)で歩(ある)いていて途中(とちゅう)で日(ひ)が暮(く)れてしまい、心細(こころぼそ)いかぎりだった。 산길을 혼자 걷고 있다가 도중에 날이 저물어 너무 불안했다.
～(た)が最後(さいご)	의미 (일단) ～했다 하면 예문 うちの子(こ)は外(そと)に出(で)たが最後(さいご)、夜遅(よるおそ)くまで帰(かえ)ってこない。 우리 아이는 밖에 나갔다가는 틀림없이 밤 늦게까지 돌아오지 않는다. ★ 유사표현 ～たら最後(さいご)
～かたがた	의미 겸사겸사, ～할 겸(해서) 예문 先日(せんじつ)のお礼(れい)かたがた挨拶(あいさつ)にまいりました。 지난번의 답례 겸 인사하러 왔습니다.
～かたわら	의미 ～하는 한편(으로), ～하면서 동시에 예문 彼女(かのじょ)は育児(いくじ)のかたわら、家(いえ)で内職(ないしょく)をしている。 그녀는 육아를 하는 한편으로 집에서 부업을 하고 있다.
～がてら	의미 ～하는 김에, 겸사겸사 예문 散歩(さんぽ)がてら、買(か)い物(もの)をしてこよう。 산책하는 김에 쇼핑하고 오자.

문형	의미 / 예문
～が早いか	의미 ～하자마자, ～하기가 무섭게 예문 信号が赤に変わるが早いか、車は一斉に走り出した。 신호가 빨간색으로 바뀌자마자, 차는 일제히 달리기 시작했다. ★ 유의어 「～なり」「～や/～や否や」「～たとたん(に)」 「～(か)と思うと」「～か～ないかのうちに」
～からある ～からする	의미 ～씩이나 되는 예문 彼は家電配達のベテランだけに100キロからある冷蔵庫を一人で軽々と運び出した。 그는 가전 배달의 베테랑인 만큼 100kg이나 되는 냉장고를 혼자서 가볍게 나른다.
～きらいがある	의미 ～하는 경향이 있다 예문 我がクラブのメンバーは、この頃どうも飲みすぎのきらいがある。 우리 클럽 멤버들은 요즈음 아무래도 과음하는 경향이 있다.
～極まりない ～極まる	의미 지나치게 ～하다 예문 こんな吹雪の中、山に登るなんて危険極まりない。 이런 눈보라 속에 산에 오르다니 위험하기 짝이 없다. ★「極まる」도 「極まりない」와 비슷한 의미로 사용된다.
①～ごとく(～かのごとく) ②～ごとき	의미 ① ごとく ～한 것처럼(= のように), ごとき ～같은(= のような) ② 명사 + ごとき ～같은 거, 따위(= なんか、など) 예문 ① 彼女の歌声は澄んだ川のごとく耳に入ってくる。 그녀의 노랫소리는 맑은 강물처럼 귀에 들어온다. ② 俺の気持ちが、お前ごときにわかるものか。 내 기분을 너 따위가 알 턱이 있나?
～こととて	의미 ～이므로, ～인 까닭에 예문 週末のこととて、どこ行っても家族連れが多かった。 주말이라서 어디를 가도 가족 동반이 많았다.
～ことなしに	의미 ～하지 않고, ～없이 예문 よい返事をいただくことなしに、帰るわけには行かない。 좋은 답변을 듣지 않고 돌아갈 수는 없다.
～始末だ	의미 (나쁜 결과로의) ～형편이다, ～모양이다, ～사정이다 예문 相手を信じすぎたのか、妥協したことが裏目に出る始末だ。 상대를 너무 믿었던 것일까, 타협한 것이 어긋나 버렸다.
～ずくめ	의미 ～투성이다, ～일색이다 예문 騒がしくて外を見たら、黒ずくめの男たちがうろうろしていた。 시끄러워서 밖을 봤더니, 검은색 일색의 남자들이 어슬렁거리고 있었다.

～ずとも ～ないとも	의미 ～하지 않더라도 예문 そんな簡単な作業は聞かずともわかります。 그렇게 간단한 작업은 묻지 않아도 압니다.
～ずにはおかない ～ないではおかない	의미 ～하지 않고 내버려 두는 일은 없다, 반드시 ～한다 예문 あんなひどいことをされたのだから、仕返しをせずにはおかない。 그런 심한 일을 당했으니까 보복하지 않을 수 없다..
～ずにはすまない ～ないではすまない	의미 ～하지 않고서는 끝나지 않는다, 반드시 ～해야 한다 예문 交通規則に反すると、罰金を払わずにはすまない。 교통규칙을 어기면 반드시 벌금을 지불해야 한다.
～すら ～ですら	의미 ～조차 예문 家事すらろくにできない家内に、親との同居は無理だと思う。 집안일조차 제대로 못 하는 아내에게 부모님과의 동거는 무리라고 생각한다.
～そばから	의미 ～하는 즉시, ～하자마자 예문 小さい子供は部屋を片付けているそばから散らかしてしまう。 어린아이는 방을 정리하자마자 어지럽히고 만다.
①ただ ～のみ ②ただ～のみならず	의미 ①오직 ～만(이) ②단지 ～뿐만 아니라 예문 やることはすべてやった。ただ待つのみだ。 할 일은 전부 했다. 단지 기다릴 뿐.
～ たところで	의미 ～한다고 해도, ～해 봤자 예문 考えたところで、状況は何も変わらない。 생각한다고 해도 상황은 아무것도 변하지 않는다.
～だに	의미 ～만으로도, ～조차 예문 クラスで一番可愛い女の子に告白され、予想だにしなかった幸福に困っている。 반에서 가장 귀여운 여자아이에게 고백받아 예상조차 못했던 행복에 곤란해하고 있다.
～たりとも	의미 ～조차도, ～이라도 예문 危ないから一瞬たりとも目を離してはならない。 위험하니까 한 순간이라도 눈을 떼서는 안 된다.
～たる	의미 ～라는, ～이라는 자격이 있는 예문 一社のトップたるものは、自らの仕事に優先順位をつけなければならない。 한 회사의 톱인 사람은 자신의 일에 우선 순위를 두어야 한다.

문형	의미 / 예문
～つ～つ	의미 ～하기도 하고, ～하기도 하고 예문 彼と私は持ちつ持たれつの関係です。 그와 나는 서로 상부상조하는 관계입니다.
～っぱなし	의미 계속 ～한 상태, 계속 ～인 채 예문 今年の夏は異常に暑く、エアコンは毎日つけっぱなしだった。 올 여름은 예년에 비해 매우 더워서 에어컨은 매일 켠 채였다.
～であれ ～であろうと	의미 ～이든, ～라고 하더라도 예문 日本人であれ、外国人であれ、困っている人がいたら助けてあげたい。 일본인이든 외국인이든 어려운 사람이 있으면 도와주고 싶다.
～てからというもの(は)	의미 ～하고부터 예문 息子はあの先生に会ってからというもの見違えるほど変わりました。 아들은 저 선생님을 만나고 나서부터 몰라볼 정도로 변했습니다.
～ でなくてなんだろう	의미 ～이 아니고 뭐겠는가 예문 彼女と目が合うとどきどきしたり、彼女のことばかりを考えたり、これが恋でなくてなんだろう。 그녀와 눈이 마주치면 두근거리고, 그녀만 생각하고, 이것이 사랑이 아니고 무엇이겠는가.
～ではあるまいし ～じゃあるまいし	의미 ～도 아니고 예문 たった1回の失敗で子供じゃあるまいし、めそめそなくな。 어린 애도 아니고 겨우 한 번 실패로 훌쩍훌쩍 울지 말아라.
～てやまない	의미 ～해 마지않다 예문 みんなが健康な姿で無事に帰ってくることを祈ってやまない。 모두가 건강한 모습으로 무사히 돌아오기를 계속 바라고 있다.

MEMO

13 day

필수문법 (2)

～と相まって	의미 ～와 합쳐져서, ～와 섞여서 예문 彼は生まれつきの才能と運とが相まって世界をまたにかけるスターになった。 그는 선천적 재능에 운이 더해져서 세계를 다니며 활약하는 스타가 되었다.
～とあって	의미 ～라서 예문 人気スターがやって来るとあって、大勢の人たちが待ち受けていた。 인기 스타가 온다고 해서 많은 사람들이 기다리고 있었다.
～とあれば	의미 ～라고 한다면, ～라면, ～하면 예문 だれも手伝ってくれないとあれば、私が一人でやるしかない。 아무도 도와 주지 않는다면 내가 혼자서 할 수 밖에 없다.
～といい ～といい	의미 ～도 ～도, ～도 그렇고 ～도 그렇고 예문 これ、色といいデザインといい、あなたによくお似合いですよ。 이거, 색도 디자인도 당신에게 잘 어울리군요.
～といったところだ ～というところだ	의미 ～라고 하는 정도이다 예문 高くてもせいぜい10万円といったところです。 비싸도 기껏해야 10만엔 정도입니다.
～といえども	의미 ～라고 말하더라도 (역접 표현) 예문 子供といえども自分の行動には責任をとるべきだ。 아이라고 해도 자신의 행동에는 책임을 져야 한다.
～といったらない ～といったらありゃしない	의미 ～은 말로 다 할 수 없다 예문 彼女の料理はとても食べられない。まずいといったらありゃしない。 그녀의 요리는 도저히 먹을 수 없다. 맛없기 짝이 없다. ★「ったらない」는 허물없는 사이에서 사용하는 표현이다.
～と思いきや	의미 ～라고 생각했는데 예문 勝ったまま試合が終わるかと思いきや、逆転負けした。 승리로 시합이 끝나는가 했더니, 역전패했다.
～ときたら	의미 ～은 ★비난, 불만에 자주 쓰인다. 예문 うちの部長ときたらいつも口ばかりで自分では何もしようとしないんだよ。 우리 부장님으로 말할 것 같으면 항상 말뿐이고 본인은 아무것도 하려고 하지 않아.

<table>
<tr><td>～ところを</td><td>의미 ～임에도 불구하고, ～인데도 ★인사말, 감사 표현
예문 お疲(つか)れのところを、遅(おそ)くまでありがとうございました。
피곤하신데도 불구하고, 늦게까지 감사합니다.</td></tr>
<tr><td>～としたところで
～としたって</td><td>의미 ～해 봤자, ～한다 해도 ★부정적 표현
예문 全員(ぜんいん)が参加(さんか)するとしたところで、せいぜい10人位(にんぐらい)だ。
전원이 참가한다고 하더라도 기껏해야 10명 정도이다.</td></tr>
<tr><td>～とは</td><td>의미 ～라니, ～일 줄은
예문 まじめだった彼(かれ)があのような犯罪(はんざい)を犯(おか)すとは。
성실했던 그가 그런 범죄를 저지르다니.</td></tr>
<tr><td>～とはいえ</td><td>의미 ～라고는 하지만, ～이기는 해도
예문 春(はる)とはいえ、まだ寒(さむ)い。
봄이라곤 해도 아직 춥다.</td></tr>
<tr><td>～とばかりに</td><td>의미 (마치) ～라는 듯이
예문 子供(こども)は待(ま)っていたとばかりに、おもちゃをねだった。
아이는 기다렸다는 듯이 장난감을 사달라고 졸랐다.</td></tr>
<tr><td>～ともなく
～ともなしに</td><td>의미 특별히 ～하려는 생각없이, 흘깃, 문득
예문 隣(となり)の人(ひと)の新聞(しんぶん)を見(み)るともなく読(よ)んでいたら、自分(じぶん)が勤(つと)めている会社(かいしゃ)の記事(きじ)が載(の)っていた。
옆 사람의 신문을 흘깃 봤더니, 자신이 근무하고 있는 회사의 기사가 실려 있었다.</td></tr>
<tr><td>～ともなると
～ともなれば</td><td>의미 ～이 되면, ～정도가 되면
예문 今(いま)は閑散(かんさん)としている田舎町(いなかまち)だが、春(はる)ともなると花見客(はなみきゃく)で賑(にぎ)わう。
지금은 한산한 시골 마을이지만, 봄이 되면 꽃놀이객들로 붐빈다.</td></tr>
<tr><td>～ないまでも</td><td>의미 ～하지는 못해도
예문 そこまではできないまでもできるだけ協力(きょうりょく)いたします。
거기까지는 못 하지만 할 수 있는 한 협력하겠습니다.</td></tr>
<tr><td>～ないものでもない</td><td>의미 전혀 ～못 할 것도 없다, ～할 수도 있다
예문 あなたが手伝(てつだ)ってくれるならできないものでもない。
당신이 도와준다면 전혀 못할 것도 없다.
★유사 표현 ~ないこともない</td></tr>
<tr><td>～ながらに</td><td>의미 ～하면서, ～서부터(그대로), ～의 상태인 채
예문 その歌手(かしゅ)は涙(なみだ)ながらに活動休止(かつどうきゅうし)を発表(はっぴょう)した。
그 가수는 눈물을 흘리면서 활동 중단을 발표했다.
★관용적인 표현「涙(なみだ)ながらに」「生(う)まれながらに」「昔(むかし)ながら(の)」</td></tr>
<tr><td>～ながら(も)</td><td>의미 ～임에도 불구하고, ～이면서도(역접)
예문 言(い)ってはいけないと思(おも)いながらも、つい言(い)ってしまった。
말해서는 안 된다고 생각하면서도 그만 말을 하고 말았다.</td></tr>
</table>

문형	의미 / 예문
～なくして ～なくしては	의미 ～없이(는), ～없고(는) 예문 皆の協力なくして成功はあり得なかった。 여러분의 협력없이 성공은 있을 수 없었다.
～なしに ～ことなしに	의미 ～하지 않고, ～없이 예문 苦労することなしに金儲けができるなんて、そんな都合のいい話はない。 고생하지 않고 돈을 벌 수 있다니, 그런 형편 좋은 이야기는 없다.
～ならでは ～ならではの	의미 ～밖에는 할 수 없는, ～이 아니면 예문 何をするにしても自分ならではのスタイルを表現することを心がけている。 무엇을 해도 자기만의 스타일을 표현하는 것을 유념하고 있다.
～なり	의미 ～하자마자 예문 学生たちは終わりのベルが鳴るなり、教室を飛び出して行った。 학생들은 종료 벨이 울리자마자 교실을 뛰어나갔다. ★유사 표현「～が早いか」「～や/～や否や」「～たとたん(に)」「～(か)と思うと」「か～ないかのうちに」
～なり～ なり	의미 ～든지 ～든지 예문 テキストは買うなり、借りるなりして忘れないで必ず持ってきてください。 교재는 사거나 빌리거나 해서 잊지 말고 반드시 가지고 오세요.
～なりに ～なりの	의미 ～나름대로 예문 自分なりに一人でがんばってみたがやっぱりだめだった。 자기 나름대로 혼자서 열심히 해 보았지만, 역시 안 됐다.
～に(は)あたらない	의미 ～할 정도는 아니다, ～할 것까지는 없다 예문 彼の成績はいつもトップだから、東大に入っても驚くにはあたらない。 그의 성적은 항상 톱이니까 도쿄대에 들어가도 놀랄 정도는 아니다.
～にあって	의미 ～에 있어서, ～에서 예문 父は会社の倒産にあって、この頃日曜日も休まず、働いている。 아버지는 회사 도산으로 요즈음 일요일에도 쉬지 않고 일하고 있다.
～に至る ～に至るまで	의미 ～에 이르다, ～에 이르기까지 예문 父が起こした会社は発展を続け、海外に支店を出すに至った。 아버지가 세운 회사는 발전을 계속하여 해외에 지점을 내기에 이르렀다.

～に(から)言(い)わせれば	의미 ～의 의견으로는 예문 私(わたし)に言(い)わせれば、彼(かれ)の考(かんが)え方(かた)は一般的(いっぱんてき)ではない。 내가 보기엔(내 의견으로는) 그의 사고방식은 일반적이지는 않다.
～にかかわる	의미 ～에 관련된 예문 これはプライバシーにかかわることなのでお答(こた)えできません。 이것은 프라이버시에 관련된 것이므로 대답할 수 없습니다.
～ にかたくない	의미 ～하기 어렵지 않다, ～할 수 있다 예문 ボロボロになった車(くるま)を見(み)ると事故(じこ)のすさまじさは想像(そうぞう)にかたくない。 너덜너덜해진 차를 보면 사고의 무서움을 상상하기 어렵지 않다. ★주로 想像(そうぞう)・理解(りかい)・察(さっ)する와 사용됨.
～にして	의미 ～이 되어서야, ～라도 예문 念願(ねんがん)の夢(ゆめ)がかない彼(かれ)は60歳(さい)にして歌手(かしゅ)デビューした。 염원의 꿈을 이룬 그는 60세가 되어서 가수 데뷔를 했다. 荒波(あらなみ)は一瞬(いっしゅん)にして釣(つ)り船(ぶね)を飲(の)み込(こ)んだ。 거친 파도는 한 순간에 낚싯배를 삼켰다.
～に即(そく)して ～に即(そく)した	의미 ～에 따라(서), ～에 따른 예문 試験中(しけんちゅう)の不正行為(ふせいこうい)は校則(こうそく)に即(そく)して処理(しょり)することになっている。 시험 중 부정행위는 교칙에 따라서 처리하기로 되어 있다.
～にたえる	의미 ～할 만하다, ～할 수 있다 예문 最近(さいきん)はくだらない映画(えいが)ばかりで見(み)るにたえる作品(さくひん)がない。 최근에는 시시한 영화뿐이고 볼 만한 작품은 없다.

MEMO

필수문법 (3)

여러분! 수고 하셨습니다.
합격을 기원합니다.

～にたえない	의미 ①차마 ～할 수 없다, ②너무 ～하다(～해 마지않다) 예문 最近、見るにたえないほどのひどい番組がある。 최근에 차마 볼 수 없을 정도로 심한 프로그램이 있다. 貴社のご厚情、感謝の念に堪えません。 귀사의 후의에 몸 둘바를 모르겠습니다.
～に足る	의미 ～할만한, ～하기에 충분한 예문 あの人は信頼するに足る人物です。 저 사람은 신뢰할 만한 인물입니다.
～にひきかえ	의미 ～와는 달리, ～와는 반대로 예문 口ばかりの部長にひきかえ、部長は大変やり手だ。 말뿐인 부장과는 달리 과장은 굉장히 수안가이다.
～にもまして	의미 ～이상으로, ～보다 우선해서 예문 地球温暖化は以前にもまして深刻化しつつある。 지구온난화는 이전에 비해서 점점 심각해지고 있다.
～の至り	의미 무한한 ～이다, 한없는 ～이다 예문 初歩的な質問までご回答いただき、恐縮の至りです。 초보적인 질문까지 대답해 주셔서, 대단히 황송합니다.
～の極み	의미 ～의 극치, 극도의～ 예문 私に一食数千円の食事は贅沢の極みです。 나에게 한 끼에 수천 엔인 식사는 사치의 극치다.
～はおろか	의미 ～은커녕, ～은 말할 것도 없고 예문 この成績では奨学金はおろか、卒業さえも危うい。 이 성적으로는 장학금은커녕, 졸업조차도 위태롭다.
～ばこそ	의미 ～이기 때문에 예문 優勝できたのは、チーム全員の協力あればこそだ。 우승할 수 있었던 것은 팀 전원의 협력이 있었기 때문이다.
～ばそれまでだ	의미 ～면 그뿐이다, ～면 모든 일이 수포로 돌아간다 예문 長年勤めた会社だが、退職してしまえばそれまでだ。 오래 근무한 회사이지만 퇴직해 버리면 그뿐이다. ★유사표현 ~たらそれまでだ

①〜べからざる
②〜べからず

의미 ① 〜해서는 안 되는, 〜해서는 못 쓰는
② 〜말 것(금지), 〜해서는 안 된다

예문 成人指定の映画や漫画は青少年の見るべからざるものとなっている。
성인용 영화나 만화는 청소년이 보면 안 되게 되어 있다.
関係者以外は入るべからず。 관계자 외 출입금지.
★「するべからず」는 「すべからず」가 되는 경우도 있다.

①〜べく
②〜べくして

의미 ①〜하려고, 〜하고자 ②당연하다는 상황에서

예문 ① 父親は家族を支えるべく、一生懸命にがんばっている。
부친은 가족을 지탱하려고 열심히 노력하고 있다.
② 今度の事件は起こるべくして起こったといえる。
이번 사건은 일어날 일이 일어 났다고 밖에 할 수 없다.
★「する」는 「すべく」가 되는 경우도 있다.

〜まじき

의미 〜해서는 안 되는, 〜답지 못한

예문 弱い者をいじめるなんて、許すまじき行為だ。
약한 사람을 학대하다니 용서해서는 안 되는 행위다.

〜までだ
〜までのことだ

의미 〜하는 수 밖에 없다, 단지 〜할 뿐이다

예문 バスがなければ、歩いて帰るまでだ。
버스가 없으면 걸어서 돌아가는 수밖에 없다.

〜までもない
〜までもなく

의미 〜할 필요도 없다

예문 彼の営業実績は、言うまでもなく社内トップだ。
그의 영업 실적은 말할 필요도 없이 사내 최고이다.

〜まみれ

의미 〜투성이, 〜범벅

예문 毎日、汗まみれになって練習した成果があった。
매일 땀투성이가 될 때까지 연습한 성과가 있었다.

〜めく

의미 〜답다, 〜같다

예문 そよそよ吹く風が心地よい。ようやく春めいてきた。
살랑살랑 부는 바람이 상쾌하다. 드디어 봄다워졌다.

〜もさることながら

의미 〜도 있지만, 〜은 물론이거니와

예문 あのレストランは味もさることながらサービスの評判もいい。
저 레스토랑은 맛도 있지만 서비스의 평판도 좋다.

〜ものを

의미 〜텐데, 〜련만

예문 もう少し練習していたらできたものを、途中であきらめてしまったなんてもったいない。
조금 더 연습했다면 가능했을 텐데, 도중에 포기하다니 아깝다.

～や ～や否(いな)や	의미 ～하자마자, ～하기가 무섭게 예문 この新型(しんがた)モデルは発売(はつばい)するや否(いな)や世界各地(せかいかくち)でマニアの注目(ちゅうもく)を集(あつ)めた。 이 신모델은 발매하자마자 세계 각지에서 마니아의 주목을 모았다.
～ゆえに ～ゆえの	의미 ～때문에, ～까닭에 예문 貧(まず)しさゆえに、教育(きょういく)を受(う)けられない子供(こども)もたくさんいる。 가난 때문에 교육을 못 받는 아이도 많이 있다.
①～をおいて ②～をおいてほかに ～ない	의미 ①～을 제외하고, ～이 아니면 ②～이외에 따로 없다 예문 彼(かれ)をおいてほかに議長適任者(ぎちょうてきにんしゃ)はいない。 그 사람 이외에 의장 적임자는 없다.
～を限(かぎ)りに	의미 ～을 끝으로, ～부터 예문 今日(きょう)を限(かぎ)りに、このマンションともお別(わか)れだ。 오늘을 마지막으로 이 맨션과도 이별이다.
～を皮切(かわき)りに	의미 ～을 시작으로(해서), ～을 기점으로(해서) 예문 そのコンサートは東京(とうきょう)を皮切(かわき)りに全国各地(ぜんこくかくち)での開催(かいさい)を予定(よてい)している。 그 콘서트는 도쿄를 시작으로 해서 전국 각지에서의 개최를 예정하고 있다.
～を禁(きん)じえない	의미 ～을 참을 수 없다 예문 子供(こども)を誘拐(ゆうかい)するなんて、怒(いか)りを禁(きん)じえない。 어린이를 유괴하다니, 분노를 금할 수 없다.
～をもって	의미 ① ～(으)로, ～을 이용해서 (수단, 방법) ② ～부로, ～(으)로(기한) 예문 やると言(い)った以上(いじょう)、最後(さいご)まで責任(せきにん)をもってやります。 한다고 말한 이상, 마지막까지 책임을 지고 하겠습니다. これをもって、今日(きょう)は終(お)わりにしたいと思(おも)います。 이것으로 오늘은 끝내려고 합니다.
～ をものともせずに	의미 ～을 아랑곳하지 않고, ～에 굴하지 않고, ～은 아무것도 아닌 듯이 예문 この不況(ふきょう)をものともせずに、伸(の)び続(つづ)ける秘訣(ひけつ)はいったいなんだろう。 이 불황에 아랑곳하지 않고, 계속 성장하는 비결은 도대체 뭘까?
～を余儀(よぎ)なくされる ～を余儀(よぎ)なくさせる	의미 어쩔 수 없이 ～하게 되다, 어쩔 수 없이 ～시키다 예문 不況(ふきょう)のため労働者(ろうどうしゃ)は賃金(ちんぎん)カットを余儀(よぎ)なくされてしまった。 불황 때문에 노동자는 어쩔 수 없이 임금 삭감을 당하게 되고 말았다.
～をよそに	의미 ～을 남의 일처럼 여기고, ～을 개의치 않고 예문 彼(かれ)は親(おや)の心配(しんぱい)をよそに一人暮(ひとりぐ)らしをはじめた。 그는 부모님의 걱정은 아랑곳하지 않고 혼자 살기 시작했다.

～んがため(に) ～んがための	의미 ～하기 위해(서), ～하기 위한 예문 ある商品(しょうひん)に人気(にんき)が出(で)ると、儲(もう)けんがための類似商品(るいじしょうひん)が作(つく)られる。 어느 상품이 인기가 생기면 돈을 벌기 위한 유사 상품이 만들어진다.
～んばかりだ ～んばかりに ～んばかりの	의미 당장이라도 ～할 듯하다, ～할 듯이, ～할 듯한 예문 台風(たいふう)が来(き)て、街路樹(がいろじゅ)の枝(えだ)が今(いま)にも折(お)れんばかりだ。 태풍이 와서 가로수 가지가 당장이라도 부러질 듯하다.

MEMO

JLPT

N1

실전모의테스트
1회

- 1교시 언어지식(문자・어휘・문법) 독해
- 2교시 청해

실전모의테스트 N1 가채점표

언어지식 (문자 • 어휘 • 문법)

		문제유형	문항 및 배점	점수		
문자 • 어휘	문제1	한자읽기	6 문제 × 1점	6	31점	51%
	문제2	문맥규정	7 문제 × 1점	7		
	문제3	유의표현	6 문제 × 1점	6		
	문제4	용법	6 문제 × 2점	12		
문법	문제5	문법형식 판단	10문제 × 1점	10	30점	49%
	문제6	문장 만들기	5 문제 × 2점	10		
	문제7	글의 문법	5 문제 × 2점	10		
합계					61점	100%

★ 득점환산법(60점 만점) [득점] ÷ 61 × 60=[ ]점

독해

		문제유형	만점	점수		
독해	문제 8	내용이해(단문)	4문제 × 2점	12	8점	11%
	문제 9	내용이해(중문)	9문제 × 3점	27	57점	78%
	문제10	내용이해(장문)	4문제 × 3점	12		
	문제11	통합이해	2문제 × 3점	6		
	문제12	주장이해	4문제 × 3점	12		
	문제13	정보검색	2문제 × 4점	8	8점	11%
합계					73점	100%

★ 득점환산법(60점 만점) [득점] ÷ 73 × 60=[ ]점

청해

		문제유형	만점	점수		
청해	문제1	과제이해	6문제 × 2점	12	38점	59%
	문제2	포인트이해	7문제 × 2점	14		
	문제3	개요이해	6문제 × 2점	12		
	문제4	즉시응답	14문제 × 1점	14	14점	22%
	문제5	통합이해	4문제 × 3점	12	12점	19%
합계					64점	100%

★ 득점환산법(60점 만점) [득점] ÷ 64 × 60=[ ]점

※위의 배점표는 ㈜시사일본어사가 작성한 것이고, 실제 시험과는 약간의 오차가 생길 수 있습니다.

N1

言語知識（文字・語彙・文法）・読解

(110分)

注　意
Notes

1．試験が始まるまで、この問題用紙を開けないでください。
Do not open this question booklet until the test begins.

2．この問題用紙を持って帰ることはできません。
Do not take this question booklet with you after the test.

3．受験番号と名前を下の欄に、受験票と同じように書いてください。
Write your examinee registration number and name clearly in each box below as written on your test voucher.

4．この問題用紙は、全部で29ページあります。
This question booklet has 29 pages.

5．問題には解答番号の[1]、[2]、[3]… が付いています。
解答は、解答用紙にある同じ番号のところにマークしてください。
One of the row numbers [1], [2], [3]… is given for each question. Mark Your answer in the same row of the answer sheet.

受験番号 Examinee Registration Number	

名前 Name	

問題1 ＿＿＿の言葉の読み方として最もよいものを、1・2・3・4から一つ選びなさい。

1 子供の性格が歪んでしまうのは、親の責任である場合が多い。

1 こばんで　2 ゆがんで　3 にらんで　4 はげんで

2 参加者の思いがそのスローガンに凝縮されていた。

1 のしゅく　2 のうしゅく　3 ぎしゅく　4 ぎょうしゅく

3 お配りした資料は、前年度の論文からの抜粋です。

1 ばっすい　2 ばっき　3 ばっす　4 ばつぎ

4 現金輸送車から2億円を強奪した犯人が捕まった。

1 ごうだつ　2 ごうたつ　3 きょうだつ　4 きょうたつ

5 夕空は緩やかに赤から紫に変わっていった。

1 しとやか　2 すこやか　3 ゆるやか　4 さわやか

6 人口は都市の規模をはかる目安だ。

1 もくあん　2 めあん　3 もくやす　4 めやす

問題2　（　　　）に入れるのに最もよいものを、1・2・3・4から一つ選びなさい。

7　彼女の受賞に（　　　）されて、彼らは研究に励んだ。

1　反映　　2　触発　　3　反響　　4　招来

8　もう、70を過ぎたので、店を息子に任せて（　　　）することにした。

1　隠居　　2　脱退　　3　退役　　4　遠慮

9　ベートーベンの「第九（だいく）」を聴くと、気持ちが（　　　）。

1　ふれる　　2　さえぎる　　3　さだまる　　4　やわらぐ

10　話し合いは平行線を（　　　）、結論は次の会議へ持ち越されることになった。

1　あゆんで　　2　たどって　　3　さして　　4　たてて

11　佐藤さんの余計な口出しで話が（　　　）しまった。

1　こじれて　　2　ひずんで　　3　はずんで　　4　すべって

12　仕事に対する彼女の（　　　）な姿勢には頭が下がる。

1　ひたむき　　2　ぶしょう　　3　かたくな　　4　むぼう

13　彼は（　　　）としばらくカバンの中をさぐって、ようやくスマホを取り出した。

1　ぱたぱた　　2　ふわふわ　　3　ごそごそ　　4　さくさく

問題3 ＿＿＿の言葉に意味が最も近いものを、1・2・3・4から一つ選びなさい。

14 あの先生はいつも平たく説明する。

1 わかりやすく　　2 つまらなく
3 まぎらしく　　4 くどく

15 干ばつによって、農家は甚大な被害を被った。

1 ものものしい　　2 おもおもしい
3 はなはだしい　　4 みすぼらしい

16 ゴールを目の前にしてリタイアとは、無念だ。

1 あっけない　　2 しぶい　　3 くやしい　　4 もったいない

17 ペンキで部屋全体を白く仕上げたら、以前より広く見えた。

1 完成(かんせい)させたら　　2 加工(かこう)したら
3 細工(さいく)したら　　4 変化(へんか)させたら

18 かおりさんは身なりには無頓着(むとんじゃく)だ。

1 気にかけない　　2 気を抜かない
3 気がもめる　　4 気が引ける

19 人生では、必ず一度はターニングポイントが訪れるものです。

1 発端　　2 転機　　3 動機　　4 終極

問題4　次の言葉の使い方として最もよいものを、1・2・3・4から一つ選びなさい。

20　秘(ひ)める

1　アリバイがあったので、疑いを秘めることができた。
2　幼い子のかわいいしぐさに思わず、笑みが秘めた。
3　彼は心に秘めていた感情をあらわにした。
4　十分に策を秘めたうえで、行動に移す。

21　格付(かくづ)け

1　農産物は厳しい基準にしたがって格付けされている。
2　委員会は6人のメンバーで格付けされている。
3　格付けするわけではないが、一度も休んだことがない。
4　格付けしたとおりの結果になってとても嬉しかった。

22　ほのめかす

1　あの政治家は自分に非はないと、ほのめかしてはばからない。
2　彼はそんな約束した覚えはないとほのめかした。
3　彼は思いがけない質問にほのめかしてしまった。
4　参加者の何人かが反対の意向をほのめかした。

23　みるみる

1　転覆した船はみるみる海に沈んでしまった。
2　あの新婚さんはみるみるにも幸せそうだ。
3　綿のような雲がみるみる浮かんでいる。
4　雪道にきつねのものらしい足跡がみるみる続いている。

24 物心（ものごころ）

1 物心にとらわれ、相手への思いやりがない。

2 物心ついたときから両親は仲が悪かった。

3 遊んでばかりいると物心が低下する。

4 彼は物心が早いから話がすぐに通じる。

25 互角（ごかく）

1 両チームの互角のプレーで見ごたえのある試合だった。

2 丸木の上で体の互角を保つのはむずかしい。

3 二つの角が等しい三角形は互いに互角である。

4 癌は食べ物と互角なつながりがあると言われている。

問題5　次の文の（　　　）に入れるのに最もよいものを、1・2・3・4から一つ選びなさい。

26　お世話になった田中さんの頼み（　　　）断るわけにはいかない。

1　とあっては　　2　にあって　　3　をおいて　　4　において

27　（　　　）君の言うことが事実だとしても弁解にはならない。

1　しょせん　　2　おそらく　　3　かりに　　4　どうやら

28　引越し祝いに友人からトイレットペーパーと洗剤をたくさんもらったので、この先一年ぐらいは（　　　）。

1　買わないわけではない　　2　買わずにすませた
3　買わずにはすまないだろう　　4　買わなくてもすみそうだ

29　(家で)
妻「本当にこのボタンを押せばいいの？押しても動かないよ。」
夫「説明書によると、それでいい（　　　）変だなあ。」
妻「組み立てる時、どこか、壊れたんじゃない。」

1　はずなんだけど　　2　に決まっているけど
3　に違いないけど　　4　ものなんだけど

30　ずいぶん（　　　）が、お元気でいらっしゃいますか。

1　寒くなっておりました　　2　寒くなってまいりました
3　寒いものと思われま　　4　寒いことと存じます

31 みんなは鈴木部長を若すぎて頼りないと言うが、彼の行動力はそう（　　　）。

1　見くびったものでもない　　2　見くびったことはない
3　見くびるものではない　　4　見くびることではない

32 政府の発表によると、今年は消費税の引き上げはないと（　　　）。

1　みえます　　2　みます
3　みられています　　4　されています

33 このあいだ、母にひどいことを言ってしまったことが（　　　）ならない。

1　悔やまれて　　2　悔やんで
3　悔やまされて　　4　悔やませて

34 映画好きの従兄弟に（　　　）、この映画は内容と音楽が見事に調和して素晴らしい作品だという話だ。

1　言われると　　2　言うと
3　言わされると　　4　言わせると

35 (会社で)
山田「とても明日までには終わりそうにないんですけど。」
三浦「いや、やる気があれば（　　　）。」

1　できるわけではありませんよ
2　できなくもありませんよ
3　できるというものではありませんよ
4　できないでは済まされませんよ

問題6　次の文の＿★＿に入る最よいものを、1・2・3・4から一つ選びなさい。

（問題例）　きのう ＿＿＿ ＿＿＿ ＿★＿ ＿＿＿ はとてもおいしかった。

1　母　　　2　買ってきた　　　3　が　　　4　ケーキ

（解答のしかた）

1.　正しい文はこうです。

きのう ＿＿＿ ＿＿＿ ＿★＿ ＿＿＿ はとてもおいしかった。 1　母　　3　が　　2　買ってきた　4　ケーキ

2.　＿★＿に入る番号を解答用紙にマークします。

（解答用紙）

（例）	①　●　③　④

36　このたび、わが社の ＿＿＿ ＿＿＿ ＿★＿ ＿＿＿ に堪えません。

1　まことに遺憾　　　2　引き起こしましたことは

3　監督不行き届きから　　　4　このような大事故を

37　あのひとはあたかも ＿＿＿ ＿★＿ ＿＿＿ ＿＿＿ ふるまっている。

1　が　　　2　ごとく

3　自分のものである　　　4　世の中のすべてが

38　合唱は ＿＿＿ ＿★＿ ＿＿＿ ＿＿＿ 代えがたい美しさがある。

1　それがひとつになった時に生まれる

2　ともすれば

3　ハーモニーには何物にも

4　声がばらばらになりがちだが

39 テレビを買う場合は ＿＿＿ ＿＿＿ ＿★＿ ＿＿＿ 確かめてから買ったほうがいい。

1 それを　　2 古いのを
3 ということだから　　4 下取りしてくれる

40 中小の製造業(せいぞうぎょう)では人手不足の解消や生産向上を図るため＿＿＿ ＿＿＿ ＿★＿ ＿＿＿ことなどから導入は進んでいないということだ。

1 専門知識を持った　　2 ロボットの導入を検討している
3 企業が多いものの　　4 人材が不足している

問題7　次の文章を読んで、文章全体の趣旨を踏まえて、[41]から[45]の中に入る最もよいものを、1・2・3・4から一つ選びなさい。

　来年から使用される中学校の教科書に「イクメン」という造語が盛り込まれることになった。「イクメン」とは、「育児をするメンズ(男性)の略語であって、単に育児中の男性というだけでなく、[41]育児休暇を取得するなど、子育てを積極的に行う男性や育児を楽しみ、みずからも成長しようとする男性または、将来的に[42]と考える男性のことを意味する。「イケメン」をもじって作られた「イクメン」であるが、その内容は決して、軽くない。今までは、出産後、女性が引き続き子育てをするのが一般的であって、子育ては否応なしにいつも女性の仕事であった。これに対して最近、男性が育児休暇を取って、子育てを行う男性がすこしずつ増えつつあり、こういった男性を褒め称えることばとして生まれたのが「イクメン」である。[43]、日本における事実上の数は少ないのが現状である。

　世界的に見ても日本の男性の育児休暇取得率は約1.23%と極めて低い。そこで、厚労省は「子育て中の働き方の見直し」や「父親も子育てできる働き方の実現」といった改正点を新たな育児介護休暇法に盛り込むことで男性の育児休暇取得率を10%引き上げることを目標としている。

　これ[44]「イクメン」を支援する企業がどんどん増えれば、女性のライフスタイルや子供を取り巻く環境、家族のあり方が変わり、ひいては会社や社会にもプラス変化をもたらすことになると考えられる。これから、日本では美しい容姿の「イケメン」より、エプロンをかけ、子供を抱っこしてミルクを飲ませる「イクメン」のほうが脚光を[45]。

41

1　しいて　　2　あらためて　　3　こだわって　　4　すすんで

42

1　しないではではすまない　　2　そうありたい
3　せざるを得ない　　4　そうしてほしい

43

1 それゆえに　2 これとともに
3 とはいえ　4 それはさておき

44

1 を受けて　2 にもまして
3 にひきかえ　4 をおいて

45

1 浴びるだけのことはあるだろう
2 浴びることになるだろう
3 浴びられるとは限らない
4 浴びられるに決まってる

問題8　次の（1）から（4）の文章を読んで、後の問いに対する答えとして最よいものを、1・2・3・4から一つ選びなさい。

（1）

運と努力の関係とは面白いものです。自分でちゃんと努力をして、野心と努力がうまく回ってくると、運という大きな輪がガラガラと周り始めるのです。一度、野心と努力のコツをつかむと、生き方も人生もガラッと変わってくる。

とはいえ、運とは、本人の気持ちや努力次第という単純なものだとは私は思っていません。これは本当に不思議なんですが、もっと大きなところ、人間の力が及ばないところにある力が働いているんだと考えています。

（林真理子『野心のすすめ』講談社）

46　この文章で筆者が述べていることは何か。

1　優れたものに憧れ、理想を求めて努力すれば、必ず運がひらけてくる。
2　苦しくても耐えぬいてあきらめずに努力を続ければ、いつか運がひらけてくる。
3　常に現状よりも上に行くことを目指す気持ちと努力がなければ運はひらけない。
4　一生懸命まじめにがんばって努力を続けても宗教心がなければ運はひらけない。

(2)

株式会社キムラコーポレーション
営業部　山口　聡　様

毎度、お引立ていただきありがとうございます。
さて、先日お電話にてご依頼頂きました弊社製品RM-1の見本を本日発送いたしました。
この製品は従来のものと比べ品質の格段な向上に成功したと、自負いたしているものでございます。
よろしくご検討のうえ、是非ご用命賜りますようお願い申し上げます。

なお、ご不明の点がございましたら、ご遠慮なくご一報ください。
今後ともよろしくご愛顧のほどお願いいたします。

株式会社スズキ工業
営業部　田中　太

47 このメールで最も伝えたいことは何か。

1　以前の製品よりも品質の高いものが製品化されたため、ぜひ注文をしてほしいということ
2　購入依頼のあった商品を今日送ったので、不明な点があったら連絡してほしいということ
3　新しい製品見本を送ったので、従来の製品と比較検討してほしいということ
4　依頼があった製品の見本を送ったので、ぜひ購入を考えてほしいということ

(3)

“あいまい”はいけないというのは、からだを着物でかくしてはいけない、といっているようなものである。（略）

あからさまに、むき出しの言葉ではいかにも、失礼である。しかるべき、装いをさせる。アプリケ(注)の一つも添えよう、というのが洗練されたことばの感覚である。この点、日本はおそらく、どこの国にもまけない伝統をもっている。（略）あいまいはことばの花である。婉曲は文化のマナーである。

われわれは、誇りをもって、ぼかしたことばを使い、胸をはってわかりにくいことばを使ってよい。「ずばり本音をいった」りするのははしたない、心なきことである。

（外山滋比古『大人の言葉づかい』中経出版）

（注）アプリケ：別布で飾りを服に縫い付ける服飾の技法

48 この文章で筆者が言いたいことは何か。

1 あいまいな言い方は、要点がわかりにくく相手に対して失礼なので使うべきではない。

2 あいまいな言い方は、日本の優れた礼儀ともいえる言い方だから迷わずに使えばよい。

3 本音をずばりと言わないのは、自分の本当の心を隠していて親しみが感じられない。

4 本音をずばりと言わないのは、まだ答えが決められないことを飾っているにすぎない。

(4)

日本人の転職による移動性が少ないことは、よく「集団主義」とか、会社に対する「忠誠心」などによって説明されたりするが、それはむしろ(略)日本人個々人をとりまく社会的条件に対して、個々人の選択の結果生まれた現象と見るべきで、日本人が他の国の人々より、生来そのような傾向を顕著にもっている特殊民族だなどと考えるのは当をえていない。

すなわち、個人が同一の会社にとどまるのは、会社に対する忠誠心などというものよりも、社会的損失が、転職した場合、個人にとっていかに大きなものであるかを察知することができるからである。

（中根千枝『タテ社会の人間関係』講談社）

49 筆者はこの文で、日本人の転職が少ないのはどうしてだと述べているか。

1 日本人は会社に対して家庭のような集団の意識があるから

2 日本人は会社に対して従属的な強い忠誠心があるから

3 日本人は転職すると身分、立場などにマイナスが生じると思っているから

4 日本人は生まれつき、移転など環境を変えるのを好まないから

問題9　次の（1）から（3）の文章を読んで、後の問いに対する答えとして最よいものを、1・2・3・4から一つ選びなさい。

（1）

日本国内では「安全神話は崩壊した」「日本は犯罪の多い危険な国になった」と言われることが多いのですが、諸外国と比べれば日本は世界で最も安全な国に属しています。犯罪発生率は、OECD34か国中の下から2番目です。(略)

日本の犯罪発生率が最下位でないのは窃盗(せっとう)が多いためですが、日本の窃盗の大部分は自転車泥棒なのです。

盗まれた自転車の大半は元の持ち主のところへ返っているそうです。自転車泥棒とは言っても大部分は無断寸借程度のことなのですが、警察に届ければ立派な窃盗事件となりますので、発生率としてはかなり高いものとなります。こうした軽微な犯罪についても、日本は世界一取り締まりが厳しいことを示しているとも言えるでしょう。

日本では近年凶悪犯罪が多発していると言われることもよくありますが、事実はそうではありません。『犯罪白書』などの年次統計を見ても、明らかに年々減少傾向にあるというのが事実です。現在に特徴的なことは、「これまで考えられなかった事件」(いわゆる「家庭内殺人」など)が少数ながら起きるようになった、ということです。それは凶悪犯罪に限らず、「オレオレ詐欺(注)」など新手口の犯罪についても言えることです。

マスコミでそうしたショッキングな犯罪事件が繰り返し報道されると、日本はいつ何が起きるかわからない危険な国になってしまった、という気分に陥(おちい)りがちです。

（呉善花『日本人はなぜ小さないのちに感動するのか』ワック株式会社）

（注）オレオレ詐欺：息子のふりをして電話をかけて、お金を詐取する犯罪

50 自転車泥棒について筆者はどう述べているか。

1 泥棒した人は盗むというより、ちょっと借りる程度に考えていることが多い。
2 日本人は高価な自転車を持っている人が多いので、狙われやすく件数が多い。
3 軽い犯罪なので警察は盗難事件として扱わず、返却を待つように勧めている。
4 盗まれたというより警察が違反駐輪を厳しく取り締まって撤去しているのだ。

51 <u>日本はいつ何が起きるかわからない</u>と思われているのはなぜか。

1 犯罪予防を目的として過去にあった事件の報道が今も繰り返されているから
2 報道機関は前例のない事件が発生すると、連日、何回も報道し続けるから
3 報道機関は小さな事件も全て取り上げて、様々な注意を呼びかけているから
4 多数のテレビ局が一つの事件を異なる解釈で別の事件のように報道するから

52 筆者は日本の犯罪をどうとらえているか。

1 ほとんどは小さい事件で、世界一安全だと言っても過言ではない。
2 過去にはなかった新しい形の犯罪が次々と起きていて危険だ。
3 過去にはなかったような凶悪な事件が多発するようになり危険だ。
4 窃盗事件の件数が多く、以前より犯罪発生率が上がっている。

（2）

国際宇宙ステーション（ISS）に物資を運ぶ無人補給船「こうのとり」がH2Bロケットで打ち上げられた。

25日にISSにドッキングする予定だ。成功すれば、2009年の初号機から5機連続となる。日本の宇宙技術に対する国際的な信頼性は一層高まろう。

無人補給船は、こうのとり以外に、米国の2社とロシア宇宙庁が運用する計3機種がある。いずれも昨秋以降、打ち上げなどの失敗が相次ぎ、予定した実験や観測が実施できなくなっている。

こうのとりの積載能力は、他の補給船の2～3倍に上る。初号機以降、収納方法の見直しなどの改良を進めてきた。今回は、6月に失敗した米補給船に代わり、米航空宇宙局の要請で水処理装置などを緊急搭載している。

ISSの運用に欠かせない存在になっていると言えよう。

ドッキングの際には、日本人飛行士が中心的役割を担う。ISSに滞在中の油井亀美也さんがロボットアームを操作し、こうのとりをつかまえる。地上からは若田光一さんが支援する。

ISS計画への関与を通じ、人材と技術は着実に育っている。

（略）

政府は20年までに、こうのとりを、さらに4回打ち上げる。こうのとりで使用している電池やエンジンなどの技術を、宇宙分野に限らず、産業界で幅広く活用していくことが求められる。

（読売新聞　2015年8月23日 社説）

53 今回「こうのとり」が打ち上げられた目的の一つは何か。

1 昨秋以降延期されていた実験や観測の補助をする。
2 昨秋以降打ち上げに失敗した補給船の改良を行う。
3 ISSに積載された補給物資の収納方法の見直しを行う。
4 ISSに緊急補給物資や機材などを米国の依頼で運ぶ。

54 ISSの運用に欠かせない存在になっていると言えるのはなぜか。

1 ISSには日本人宇宙飛行士が滞在していて、「こうのとり」の操縦に精通しているから。
2 「こうのとり」は5機種もあり、他機の打ち上げ失敗にもすぐ対応できるから。
3 「こうのとり」は打ち上げの連続成功や、多くの物資を運べるといった高い性能を有しているから。
4 「こうのとり」は過去何度も米国機、ロシア機に代わって物資を供給し、国際的な信頼を得ているから。

55 筆者は日本の宇宙技術についてどのように考えているか。

1 日本人宇宙飛行士の人材と技術は育っているが、政府はさらに支援すべきだ。
2 「こうのとり」の技術は宇宙技術以外の分野にも広く応用させていくべきだ。
3 日本の宇宙技術に対する国際的な信頼を高めるためにも打ち上げ失敗は許されない。
4 今回ドッキングに成功したため、日本の技術はISS計画に一層不可欠なものとなった。

（3）

行列という形式そのものは、カラハリ砂漠の狩猟採集民サン人が狩りで遠出するときにも組まれ、西洋では戦争の捕虜(ほりょ)を行列させたことが古代の歴史書にもみえる。しかし、モノを手に入れたりサービスを受けたりする順番を待つ行列は、①近代の工業化社会に特有のものだろう。小さな個人商店では、並ぼうとする買物客はいないが、スーパーマーケットでは工場のアセンブリィ・ライン(注1)のように、客がレジで行列をつくることが前提にされていることは行列の工業化社会的性格を端的(たんてき)にしめしている。

（略）

今日の大都会がそうであるように、一般にモノやサービスの需要―供給関係に一定程度以上の不均衡(ふきんこう)があるところでは、どこでも行列ができる可能性がある。難民キャンプの行列ではモノの供給の不足が強調され、モノやサービスの供給に不足がないはずの②現代日本のアイスクリーム店やコロッケ(注2)屋の前の行列では需要が浮き彫りにされる。

しかしながら、たとえば需要―供給に顕著(けんちょ)な不均衡(ふきんこう)があっても、身分や地位にかかわらず先客(着)優先の原則がなければ、だれも行列をつくって順番を待とうとはしないだろう。行列が頻繁(ひんぱん)にみられる現代の公共場面では、年齢や社会的地位や性差や人種差などは体系的に無視されるが、そうした先客(着)優先の平等主義がないところでは行列は生まれない。行列をつくって順番を待つという習慣は、たとえば士農工商(しのうこうしょう)(注3)の身分制度社会ではかんがえられないように、元来が西欧の近代社会に特有な行動様式なのである。

（野村雅一「身(み)ぶりとしぐさの人類学(じんるいがく)」中央公論社による）

（注1）アセンブリィ・ライン：大量生産工場の流れ作業ライン

（注2）コロッケ：揚げ物料理

（注3）士農工商(しのうこうしょう)：日本の江戸時代の身分制度

56 次の形式のなかで①近代の工業化社会に特有のものはどれか。

1 個人商店には、複数の買い物客に一人の店員が同時に応対する店もある。
2 スーパーマーケットでは、客がレジ台の前を通過する順路になっている。
3 軍隊や狩猟隊が、目的に応じて秩序正しく列を組んで行動する。
4 囚人や捕虜を管理、統制するために番号をつけて並ばせる。

57 ②現代日本のアイスクリーム店で行列ができるのはなぜか。

1 その季節だけの販売なので、すぐ売り切れてしまうから。
2 他の店でも買えるが、特別に人気があるために客が多いから。
3 年齢や性差にかかわりなく、誰でも食べるものだから。
4 レジの台数が少なく、一人ずつしか買えないようになっているから。

58 順番を待つための行列ができる要因の中で、最も重要なものはなにか。

1 モノやサービスの供給量と、手に入れようとする人々の数が一致しないこと
2 身分や階級などで、人々の順位がきちんと管制されている社会制度
3 弱者や高齢者を思いやり優先する、優しい公共心のある社会生活
4 人々の身分や人種などの条件を考慮せず、誰もが同等とみなす考え方

問題10　次の文章を読んで、後の問いに対する答えとして最もよいものを、1・2・3・4から一つ選びなさい。

どの世でも、笑いは常に権力者を脅かしてきた。（略）

権力構造というのは、じつは①底が抜けている。権力には本来、確たる根拠など、なに一つもないからだ。支配者であるという自らつくりあげた伝説をひとびとに信じさせるという、脆弱(ぜいじゃく)(注1)な足場に立っているに過ぎない。つまり、権力は独立自尊の構造ではありえないのだ。

構造が自足していない点では、貨幣も同じだ。地球上を覆い尽くした観がある資本主義経済も、モニター上の数字だけで決済される利便性の高い電子マネーも、「それには価値がある」とする「集団思考」に支えられている。権力も貨幣も、人々が信じることを止めてしまえば、たちまち威厳が綻(ほころ)び、王様も丸裸にされてしまうわけだ。

（略）

②権力が笑いを恐れ、封じ込め、抑制すると、結果として新たな笑いが生じる。権力が必死になればなるだけ、裏を突かれて権力者は無様(ぶざま)な滑稽(こっけい)さを曝(さら)すことにならざるを得ない。権力と笑いの攻防、じつはそれ自体がこの上ない喜劇になってしまうのである。

権力が笑いを抑え込もうとしても、それが笑いの方にしてみれば塞翁之馬(さいおうのうま)(注2)となることもある。それでは権力者も、もう打つ手はない。笑いは無敵なのだ。しかし無敵であったとしても、笑いが権力に取って代わるようなことはない。あくまでも笑いは、社会に生命力をとり戻し、生き生きと稼働させるエンジンなのだ。停滞していた社会に笑いを投入すれば、ダイナミックな躍動感が生じ、構造が流動化していく。

だから笑いの力学とは、権力者に上り詰めることではなく、権力を無効化することにある。しかもその権力を頂に置いたヒエラルキーや構造までも解体し、脱構築(だつこうちく)(注3)してしまうところに笑いの破壊力がある。

アンデルセンの童話『裸の王様』にしても、笑われたのは権力者の王様だけではなかったはずだ。王様のまわりの従者たちも、パレードに参列した国民たちもみな同じことだった。つまり、権力を支えていた構造それ自体も笑われ、解体されたのだ。

(略)

布おり職人だという詐欺師の「能力に相応(ふさわ)しくない仕事についている人と馬鹿な人には透明にしか見えない」という言葉に惑(まど)わされ、虚栄心(きょえいしん)や欺瞞(ぎまん)(注4)、そして「自分だけが見えていないかもしれない」という懐疑心(かいぎしん)から、「自分には見えない」と言い出せずにいた。

みなが揃いも揃って「裸の王様」だったのだ。

そして虚栄心や欺瞞に囚(とら)われることなく、「本当のこと」を口にできたのは、唯一、幼い子どもである。(略)

笑いを操ることができるのは、つまり、ヒエラルキー(注5)から自由な存在なのである。

（茂木健一郎『笑う脳』アスキー新書）

（注1）脆弱(せいじゃく)：弱くて壊れやすい

（注2）塞翁之馬(さいおうのうま)：一つの原因から幸、不幸が繰り返されることの例え

（注3）脱構築(だつこうちく)：構造を破壊すること

（注4）欺瞞(ぎまん)：だますこと

（注5）ヒエラルキー：階層制度や身分制度

59 権力構造は①底が抜けているというのはどのような意味か。

1 権力は常に理想を目指し続けていくので上限がない。

2 権力はいつ倒されるかわからない不安定さがある。

3 権力は底辺のすみずみまで治める難しさがある。

4 権力は認めてくれる相手があってはじめて成立する。

60 ②権力が笑いを恐れるのはなぜか。

1 権力者以上に人気が上がれば、権力の座を奪われかねないから

2 笑いは金額に換算できないので、貨幣経済体制を崩壊しかねないから

3 弾圧するとかえって新たな笑いを誘い、体制を破壊しかねないから

4 人々がそれぞれ個人的な笑いの価値観を持ち、社会を統制できなくなるから

61 ここでいう笑いとは次のどのケースにあたるか。

1 家族や友達と楽しく触れあって笑う。

2 人気者になるために人を笑わせる。

3 気分を変えるために面白いことで笑う。

4 真実に気づき、社会通念の愚かさを笑う。

62 筆者によれば、笑いを自由に支配できるのは誰か。

1 体制や身分階級にかかわりを持たない人々

2 体制や身分階級を破壊して革命を目指そうとする人々

3 弾圧による強い統制力で国を発展に導く統治者

4 国民と心を通わせて国を発展させようとする統治者

問題11 次のAとBの文章を読んで、後の問いに対する答えとして最もよいものを、1・2・3・4から一つ選びなさい。

A

どんなに優秀な人でも、失敗をゼロにはできないものである。だから、失敗してもクヨクヨして落ち込む必要はない。この失敗は次にミスをしないようにするためのステップだと考えてしまった方がずっといい。（略）

失敗がよくないというのは、いつまでもクヨクヨと悩んでいるためである。悩み続けていると心が傷つき、それによって脳にも機能低下が見られるのだ。（略）

そんなときは、親しい友達などに悩みを打ち明け、聞いてもらうといい。こうして、いったん頭の外に悩みなどを吐き出すと、それ以後はクヨクヨと悩むことが少なくなる。

（保坂隆『平常心』中央公論新社）

B

失敗はいくら何重に防止策を講じたところで必ず起こります。人の活動に失敗はつきものだからで、人が活動をやめないかぎり、人は失敗とつき合い続けていかなければなりません。とくに新しい技術を開発したり、未知の世界へ突入したときなど、失敗は当たり前のように私たちの目の前に姿をあらわします。むしろ、うまくいくことの方がまれだというのが、現実です。

失敗は、一時的に私たちを苦しめますが、じつは発展のための大きな示唆(しさ)(注)をつねに与えてくれます。そして、真の創造は、起こって当たり前の失敗からスタートするということを私たちは決して忘れないようにしたいものです。

（畑村洋太郎『失敗学のすすめ』講談社）

（注）示唆(しさ)：それとなく知らせること。暗示

63 AとBで共通して述べられているのはどれか。

1 人間は新しい技術を開発したり、難問に直面した時、脳にダメージを受けやすい。

2 人間は失敗した時に落ち込むが、それは一時的なことに過ぎず貴重な経験になる。

3 失敗した時は、周りの人に相談することで創造的な考え方ができるようになる。

4 失敗は避けられないものであるが、次への一歩としてとらえていくべきだ。

64 失敗についてAとBはどのように述べているか。

1 Aは失敗とは決して前には進まない良くないものだと述べ、Bは失敗は大きな成功に必ずつながるものだと述べている。

2 Aは失敗は人に話して忘れる方が良いと述べ、Bは失敗は人を苦しめ続けるものだが忘れてはいけないと述べている。

3 Aは失敗は心身に様々な悪影響を与えると述べ、Bは人は生きている限り失敗と向き合わなければならないと述べている。

4 Aは失敗の痛手は自分でコントロールできないと述べ、Bは自力で失敗を克服するのは簡単なことではないと述べている。

問題12　次の文章を読んで、後の問いに対する答えとして最もよいものを、1・2・3・4から一つ選びなさい。

いま、大学院に社会人の入学者が増えています。私はそれをひじょうにいいことだと思っていますが、大学院教育の目的がプロの研究者養成だとすると、いま、研究者の就職先はハッキリ言って冬の時代を迎えています。たとえ博士号をとっても、大学業界に就職先はない。どこの大学にもオーバードクター(注1)があふれています。（略）

大学院重点化(注2)の過程で就職保証の見通しがないまま，雨後のタケノコ(注3)のごとく全国各地で、国公立・私学を問わず大学院の定員が増えましたが、私学などで就職の可能性がはじめからないところでは、学部からの学生よりも女性と社会人を優先的に入学させるというところさえ出ています。女性と社会人なら、大学が就職を保証できなくても言い訳がきくから、というのです。

私はそれを「学位インフレ(注4)時代」と名づけて、大学院重点化の結果として無責任な入学者受け入れが横行している、と批判したところ、社会人の大学院生からご批判の手紙をいただいたことがあります。自分たちが長い職業生活のあと、やっと自分のために勉強を始めようとするときに、その出鼻(注5)をくじくようなことを教壇に立つものの口から言ってほしくない、と。私は一読して、まったくもっともだと思いました。

そこで考えたのが、「生産財としての学位」と「消費財としての学位」という概念です。これは生産財としての教育と消費財としての教育ということに、そっくりそのまま置き換えてもいいのですが、大学院教育の到達点は学位とされていますから、とりあえず学位を例にお話ししましょう。

学位をとることがそのあとの職業の手段になるとしたら、学位は生産財だということになります。しかし、手段にならないとしたら、学位を得ることじたいが自己目的になります。それが消費財としての学位です。

もし、大学院生を教育の消費者、ユーザーだと考えたとき、生産財としての学位と消費財としての学位のどちらのユーザーのほうが、大学院教育にたいする要求水準が高いでしょうか。大学院で学ぶことが将来にたいする投資であれば、たとえ現在がつまらなくてもそれを耐えしのぶことはできるでしょう。しかし、大学院に行くことが現在にたいする投資であれば、「いま・ここ」で報酬がなければ耐えられないことでしょう。

社会人の入学者が増え、彼らがはじめからそれで大学に就職しようなどと考えているのではなく、私が言うところの消費財としての学位や教育を求めているのだとしたら、そ

ういう人間が増えれば増えるほど、大学にたいする教育消費者の要求水準は高くなるはずです。（略）

私は社会人のそのような高いニーズにこたえるだけのものを、いまの大学の制度とカリキュラムとスタッフが提供可能だろうか、それだけのクォリティを持っているだろうか、とうそ寒い思いでした。

（上野千鶴子『サヨナラ、学校化社会』筑摩書房）

（注1）オーバードクター：博士課程修了後も就職先がなく、大学院に在籍している人

（注2）大学院重点化：政府主導で行われている大学院の増設や定員増加政策

（注3）雨後のタケノコ：同じようなものが次々と現れる様子

（注4）学位インフレ：学位の取得者が増えて学位の市場価値が下がってしまう状態

（注5）出鼻をくじく：勢いよく出立しようとしているところを妨害する

65 全国で大学院の定員が増えたのはなぜか。

1 大学院は博士号の学位取得者を増やして、自校の教育水準を高めたいから
2 大学院はプロをめざす真の研究者の養成、就職を重点化方針としたから
3 大学院は冬の時代といわれるような就職難におちいり、経営が苦しいから
4 大学院は政府の大学院教育の普及方針のもとに、増員を制度化したから

66 筆者は、大学院の入学者に社会人が増えている理由をどう述べているか。

1 社会人は学部生よりも熱意や余裕があり、高い合格点を得ることが多いから
2 社会人は就職問題の責任が少ないので、入学しやすい制度にした大学院もあるから
3 長い職業生活の後、長年の夢であった勉強をしたいと思う社会人が増えたから
4 博士号の学位をとれば、転職に有利だと考える社会人が多いから

67 筆者の言う「生産財としての学位」とは何か。

1 大学に就職するために必要とされる学歴
2 博士号取得など、研究者や学者になるための学歴
3 学習者自身の研究心を満たすことができる大学院教育
4 支払った学費に見合った技術が習得できる大学院教育

68 筆者がこの文で最も言いたいことは何か。

1 大学院は本来の目的であるプロの研究者育成に重点を置き、就職問題などの責任を果たすべきだ。
2 真に学びたい社会人が大学院に増えているが、大学院教育の内容は今のままで十分と言えるか疑問だ。
3 大学院側は就職問題などの解決が難しいため、研究者育成を放棄して無責任な定員増加をしている。
4 真に学びたい社会人が大学院で学ぶようになったことは、大学院教育の普及につながる良い現象だ。

問題13　右のページは、みどり市の音楽祭の参加者募集案内である。下の問いに対する答えとして最もよいものを、1・2・3・4から一つ選びなさい。

69　オーディションに参加できるのはどの人か。

1　市外に住んでいて市内のピアノ教室に通っている高校生
2　市内に住んでいて市外の音楽大学に通う20歳の大学生
3　市内に住んでいる音楽学校を卒業した25歳の主婦
4　市外に住んでいる市内の中学校の28歳の音楽教師

70　市内在住の山内さん（26歳）は声楽部門での参加を希望している。音楽祭に参加できる可能性を含めると、今後予定をあけておく必要のある日程は次のどれか。

1　8月8日、11月23日
2　8月9日、11月23日
3　8月9日、11月21日、11月23日
4　8月8日、8月9日、11月21日、11月23日

青少年音楽祭参加者の募集

部門・・・1. ピアノ　2. ピアノ連弾　3. 弦管打楽器・重奏
4. 声楽・重唱　5. 合唱・合奏　6. 電子オルガン・重奏

目的

音楽を通じてふれあうことで、友情と連帯を深めるとともに創造性を養い、心豊かな青少年を育成することを、目的とします。

対象

・市内在住、在学、在勤で音楽を学んでいる29歳までの青少年
・上記のほか、市内の音楽教室に通っている高校生以下の青少年
※ グループの場合は全員一律の条件とは限らないのでお問い合わせください。
　ただし、いずれも音楽専門の大学生・専門学校生・及び卒業生を除きます。

音楽祭開催までのスケジュール

1. 参加募集期間および申込方法

・期間：平成××年5月1日（金）から同年6月10日（水）まで
・申込方法：次の3点をみどりこども館の窓口へ提出（午前9時～午後5時まで）
① 申込書
② 楽譜のコピー（左上部に氏名、参加部門、年齢を明記）
③ 参加負担金：一組につき1000円
※ 申込書は、みどりこども館及び、文化会館、公民館、児童館に備えています。

2. オーディション（合格された方のみ音楽祭に参加できます。）

・期日：演奏部門…平成××年8月8日（土）午前10時から
　　上記以外…平成××年8月9日（日）午前10時から
・場所：みどり市文化会館

3. 音楽祭

・平成××年11月23日（月・祝）午前10時開演予定
・開催場所：みどり市文化会館
※ 11月21日（土）午前10時からリハーサルを行います。

お問い合わせ

所属課室：こども健康部こども育成課こども育成担当
〒123-456 みどり市本町3－12　みどりこども館
電話番号：043-00-7××××

N1

聴解

(60分)

注　意

Notes

1．試験が始まるまで、この問題用紙を開けないでください。
Do not open this question booklet until the test begins.

2．この問題用紙を持って帰ることはできません。
Do not take this question booklet with you after the test.

3．受験番号と名前を下の欄に、受験票と同じように書いてください。
Write your examinee registration number and name clearly in each box below as written on your test voucher.

4．この問題用紙は、全部で13ページあります。
This question booklet has 13 pages.

5．この問題用紙にメモをとってもかまいません。
You may make notes in this question booklet.

受験番号 Examinee Registration Number	

名前 Name	

問題１

問題１では、まず質問を聞いてください。それから話を聞いて、問題用紙の１から４の中から、最もよいものを一つ選んでください。

例

1 仕事の説明を聞く

2 簡単な掃除をする

3 部長にお茶を入れる

4 スケジュールの確認をする

1番

1　スケジュール欄を直す

2　イラストのことを山田さんに聞く

3　イラストレーターに連絡する

4　原稿案をコピーする

2番

1　必修の授業を取って、日本語は取らない

2　必修の授業を取らないで、日本語Ａクラスを取る

3　必修の授業と日本語Ａクラスを取る

4　必修の授業と日本語Ｂクラスを取る

3番

1 Ａ5サイズで100ページのアルバム

2 Ａ4サイズで100ページのアルバム

3 Ａ5サイズで50ページのアルバム

4 Ａ4サイズで50ページのアルバム

4番

1 製品を不良の箱に入れる

2 田中さんに不良のことを言う

3 作業報告を書く

4 佐々木さんのところに行く

5番

1　ボーイスカウトの通訳をする

2　テントの説明をする

3　グループ分けの紙を配る

4　担当のグループに分かれる

6番

1　文章の書き方を変える

2　図表を小さくする

3　行間を狭める

4　誤字脱字を直す

問題2

問題2では、まず質問を聞いてください。そのあと、問題用紙のせんたくしを読んでください。読む時間があります。それから話を聞いて、問題用紙の1から4の中から、最もよいものを一つ選んでください。

例

1 気に入ったものがなかったから

2 ワイシャツをたくさん買ったから

3 買いたいものが売り切れてしまったから

4 安いものがなくなったから

1番

1　企業が必ずしも目標を立てなくてもいい

2　企業が立てる目標が女性に関するものでなくてもいい

3　企業が立てた目標を就活生に提示しなくてもいい

4　企業が目標を達成できなくても罰せられない

2番

1　どんな商品でも30分以内に届くこと

2　どこでも商品がその日のうちに届くこと

3　必ず受け取れるので再配達を頼まなくていいこと

4　割引で商品の値段が安くなること

3番

1 部屋が少なかったから

2 新しい設備がなかったから

3 耐震ではなかったから

4 宴会場がなかったから

4番

1 世界中のいろいろな雑貨

2 日本の各地のおいしい名産品

3 職人の技を生かした現代的な製品

4 自動車部品をリサイクルして作った雑貨

5番

1　文章を書くうちに「小説家になりたい」と思いはじめたから

2　周りの人に「小説家になったらどうか」と勧められたから

3　テレビのニュースを見て「自分もやらなければ」と思ったから

4　理由はないが「小説家になれるのではないか」と思ったから

6番

1　スマートフォンのゲームを増やしているから

2　高額な開発費を投じているから

3　広告に力を入れているから

4　既存の映画などをゲーム化しているから

7番

1 子どもはその絵本が好きだから

2 ストーリーがわかると安心するから

3 絵本には新しいことが多くて面白いから

4 子どもはお話を忘れてしまうから

問題3

問題3では、問題用紙に何も印刷されていません。この問題は、全体としてどんな内容かを聞く問題です。話の前に質問はありません。まず話を聞いてください。それから、質問と選択肢を聞いて、1から4の中、最もよいものを一つ選んでください。

—メモ—

問題4

問題4では、問題用紙に何も印刷されていません。まず文を聞いてください。それから、それに対する返事を聞いて、1から3の中から、最もよいものを一つ選んでください。

—メモ—

問題5

問題5では、長めの話を聞きます。この問題には練習はありません。メモをとってもかまいません。

1番、2番

問題用紙に何も印刷されていません。まず話を聞いてください。それから、質問とせんたくしを聞いて、1から4の中から、最もよいものを一つ選んでください。

—メモ—

3番

まず話を聞いてください。それから、二つの質問を聞いて、それぞれ問題用紙の1から4の中から、最もよいものを一つ選んでください。

質問1

1 「近くて遠いウエディングドレス」

2 「鷹の目 The Movie」

3 「終わりの始まり」

4 「木の上の家」

質問2

1 「近くて遠いウエディングドレス」

2 「鷹の目 The Movie」

3 「終わりの始まり」

4 「木の上の家」

실전모의테스트 N1 가채점표

언어지식 (문자 • 어휘 • 문법)

		문제유형	문항 및 배점	점수		
문자 • 어휘	문제1	한자읽기	6 문제 × 1점	6	31점	51%
	문제2	문맥규정	7 문제 × 1점	7		
	문제3	유의표현	6 문제 × 1점	6		
	문제4	용법	6 문제 × 2점	12		
문법	문제5	문법형식 판단	10문제 × 1점	10	30점	49%
	문제6	문장 만들기	5 문제 × 2점	10		
	문제7	글의 문법	5 문제 × 2점	10		
합계					61점	100%

★ 득점환산법(60점 만점) [득점] ÷ 61 × 60=[ ]점

독해

		문제유형	만점	점수		
독해	문제 8	내용이해(단문)	4문제 × 2점	12	8점	11%
	문제 9	내용이해(중문)	9문제 × 3점	27	57점	78%
	문제10	내용이해(장문)	4문제 × 3점	12		
	문제11	통합이해	2문제 × 3점	6		
	문제12	주장이해	4문제 × 3점	12		
	문제13	정보검색	2문제 × 4점	8	8점	11%
합계					73점	100%

★ 득점환산법(60점 만점) [득점] ÷ 73 × 60=[ ]점

청해

		문제유형	만점	점수		
청해	문제1	과제이해	6문제 × 2점	12	38점	59%
	문제2	포인트이해	7문제 × 2점	14		
	문제3	개요이해	6문제 × 2점	12		
	문제4	즉시응답	14문제 × 1점	14	14점	22%
	문제5	통합이해	4문제 × 3점	12	12점	19%
합계					64점	100%

★ 득점환산법(60점 만점) [득점] ÷ 64 × 60=[ ]점

※위의 배점표는 ㈜시사일본어사가 작성한 것이고, 실제 시험과는 약간의 오차가 생길 수 있습니다.

JLPT

N1

실전모의테스트 2회

- 1교시 언어지식(문자・어휘・문법) 독해
- 2교시 청해

N1

言語知識（文字・語彙・文法）・読解

（110分）

注　意

Notes

1．試験が始まるまで、この問題用紙を開けないでください。
Do not open this question booklet until the test begins.

2．この問題用紙を持って帰ることはできません。
Do not take this question booklet with you after the test.

3．受験番号と名前を下の欄に、受験票と同じように書いてください。
Write your examinee registration number and name clear1y in each box below as written on your test voucher.

4．この問題用紙は、全部で29ページあります。
This question booklet has 29 pages.

5．問題には解答番号この 1 、 2 、 3 … が付いています。
解答は、解答用紙にある同じ番号のところにマークしてください。
One of the row numbers 1 , 2 , 3 … is given for each question. Mark Your answer in the same row of the answer sheet.

受験番号 Examinee Registration Number	
名前 Name	

問題1 ＿＿＿の言葉の読み方として最もよいものを、1・2・3・4から一つ選びなさい。

1 彼女は今年「飛躍が期待される新人」で1位に選ばれた。

1 ひよう　2 ひやく　3 ひたく　4 ひとう

2 大学の敷地内で熊が目撃され、警察が注意を呼びかけている。

1 ふち　2 ぶち　3 しきち　4 しきじ

3 他人の成功や幸せを快く思わない人もいる。

1 ここちよく　2 きもちよく　3 こころよく　4 いさぎよく

4 緑は人々の生活に安らぎと潤いを与え、快適な環境づくりに欠かせないものである。

1 うるおい　2 やしない　3 うやまい　4 さまよい

5 火災保険料は課税所得金額から控除される。

1 くうじょ　2 くうじょう　3 こうじょ　4 こうじょう

6 話し合いは終始和やかな雰囲気で行われた。

1 はなやか　2 おだやか　3 なごやか　4 さわやか

問題2 （　　）に入れるのに最もよいものを、1・2・3・4から一つ選びなさい。

7 子育てと仕事を（　　）させるには周りの協力が必要だ。

1 両立　2 自立　3 中立　4 並立

8 このレストランは料理の盛り付けに工夫を（　　）いる。

1 てらして　2 つくらして　3 こらして　4 もらして

9 スポーツ選手として、オリンピックに（　　）するのは夢である。

1 出席　2 出演　3 出現　4 出場

10 スタッフの（　　）な態度でお客様の不満が爆発した。

1 ぞんざい　2 しんけん　3 おおげさ　4 ていねい

11 会社では上司や先輩に明るく大きな声で（　　）挨拶することが大切だ。

1 こつこつと　2 はきはきと　3 ひそひそと　4 まじまじと

12 トラブルが発生した場合には（　　）対応が必要だ。

1 すばやい　2 めざましい　3 すさまじい　4 いやしい

13 このインコの飼育温度は25度ぐらいを（　　）しておいたほうがいい。

1 アップ　2 キープ　3 オーバー　4 フォロー

問題3 ＿＿＿の言葉に意味が最も近いものを、1・2・3・4から一つ選びなさい。

14 いじめ対策として、学校側は相談窓口をもうけることにした。

1 増加する　2 設置する　3 広報する　4 利用する

15 先生のユニークな説明でまぎらわしい漢字も覚えることができた。

1 理解しにくい　2 解説しにくい
3 見分けにくい　4 つまらない

16 これからのビジネスは、ありふれた商品にいかに付加価値をつけて輝かせるかが大事になってくる。

1 平凡な　2 独特な　3 粗末な　4 貴重な

17 この車に不満はないが、しいてあげるとすれば、高級感に欠けることだ。

1 かろうじて　2 むりに　3 むやみに　4 やたらに

18 好きな人に対してわざとそっけない態度を取ることもある。

1 冷淡な　2 温和な　3 卑屈な　4 前向きな

19 直木賞を受賞したことは一人前の作家として認められたあかしである。

1 名誉　2 証明　3 象徴　4 栄光

問題4　次の言葉の使い方として最もよいものを、1・2・3・4から一つ選びなさい。

20　打開

1　新たな海外市場を打開して、マーケットの拡大を図る。
2　ドアを打開すると、知らない人が立っていた。
3　難局を打開しようと、社員一丸となって頑張っている。
4　悩みを人に打開するのは簡単なことではない。

21　繕う

1　人を繕う気持ちこそがビジネスマナーの基本である。
2　適当な世間話でその場をうまく繕った。
3　文章の間違いを繕ってください。
4　一日に一つ、何か繕うことをしようと思う。

22　工面

1　3年間のアルバイトで留学費用を工面した。
2　課題を自分なりに工面して解決したことを高く評価された。
3　交差点の手前にアンティークの工面をほどこした家があった。
4　新しく建てる家について工面を見ながら説明を聞いた。

23　たどりつく

1　彼が社長のポストにたどりつくまでには相当の苦労があったようだ。
2　雷に驚いた猫が私の腕にたどりついて離れなかった。
3　朝起きると髪がたどりついているので朝髪を洗うことにしている。
4　大体翌日には配達されるので、今日手紙を出せば明日にはたどりつくだろう。

24 いやに

1 最近、冷蔵庫の音がいやにうるさく感じる。
2 いやに仕事をするよりも好きな仕事をしたほうが楽しい。
3 いやに社長に言うほどのことでもないと思うけど。
4 やりたくないことをいやにやる必要はない。

25 心得

1 彼は10年ぶりに芸能界に復帰した心得を語った。
2 昨日は一日中余震が続いていて生きた心得もしなかった。
3 彼は子どもの時から科学者への心得を抱いてきた。
4 相手を尊重することがビジネスの心得である。

問題5　次の文の（　　　）に入れるのに最もよいものを、1・2・3・4から一つ選びなさい。

26　このサイトは登録なしに、写真や映像を簡単に誰（　　　）共有できるのでとても便利だ。

1　としか　　2　にして　　3　とでも　　4　にでも

27　彼は医者（　　　）、かつ有名な小説家でもある。

1　にして　　2　としても　　3　であれ　　4　とあって

28　大学入試を目前に控えて、ここ2週間（　　　）、緊張で息がつまりそうだ。

1　といっても　　2　からある　　3　というもの　　4　たるもの

29　彼の演奏が終わると、会場からは（　　　）拍手がわきあがった。

1　割れんばかりの　　2　割れんがための
3　割れるにたる　　4　割れるやいなや

30　ボランティア活動を終え、明日帰国する。おそらくもう二度とここに（　　　）。

1　来ずにはおかないだろう　　2　来そうにないだろう
3　来ないまでもないだろう　　4　来ることはあるまい

31　資金調達がうまくいかず、プロジェクトは中止（　　　）。

1　を余儀なくさせた　　2　を余儀なくされた
3　にほかならない　　4　にこしたことはない

32 冗談にも（　　　）がある。言葉に気をつけなさい。

1　わけ　　2　きり　　3　むき　　4　ほど

33 一時は留学をあきらめようとしたが、応援してくれる母の気持ちを考えると、（　　　）やめられなかった。

1　やめるや　　2　やめるに

3　やめようとも　　4　やめずに

34 夫「来年、アメリカに転勤することになったよ。」
妻「ええ！そうなの？ もっと早くわかっていたら、太郎をアメリカの学に（　　　）。」

1　行かしたものの　　2　行かせたものを

3　行かされただろうに　　4　行っていただいたのに

35 小学生の娘がはじめて作ってくれた料理だったので、おなかがいっぱいだったが（　　　）。

1　食べないはずがなかった　　2　食べないわけにはいかなかった

3　食べる気にはなれなかった　　4　食べるどころではなかった

問題6　次の文の＿★＿に入る最よいものを、1・2・3・4から一つ選びなさい。

（問題例）　きのう ＿＿＿ ＿＿＿ ＿★＿ ＿＿＿ はとてもおいしかった。

1　母　　2　買ってきた　　3　が　　4　ケーキ

（解答のしかた）

1.　正しい文はこうです。

きのう ＿＿＿ ＿＿＿ ＿★＿ ＿＿＿ はとてもおいしかった。
1　母　3　が　2　買ってきた　4　ケーキ

2.　＿★＿に入る番号を解答用紙にマークします。

（解答用紙）

（例）	①　●　③　④

36　彼はアメリカで育った ＿＿＿ ＿＿＿ ＿★＿ ＿＿＿ 自身があるという。

1　だけは　　2　に　　3　英語　　4　だけ

37　資本主義市場においてもある程度の制限は止むを得ない。市場はただ自由で ＿＿＿ ＿＿＿ ＿★＿ ＿＿＿ いうものでもない。

1　さえ　　2　あり　　3　よいと　　4　すれば

38　程度の差はあるだろうが、長所や才能が一つも ＿＿＿ ＿＿＿ ＿★＿ ＿＿＿ 。

1　なんて　　2　ひと　　3　ない　　4　いない

39　こんな時間に ＿＿＿ ＿＿＿ ＿★＿ ＿＿＿ もう間に合わないだろう。

1　急に　　2　慌てた　　3　ところで　　4　なって

40 日本語スピーチコンテストで優勝した張さんの発表は、正確な発音は
______ __★__ ______ ______ 高く評価されたという。

1 すばらしい　2 もとより　3 内容が　4 人の心を打つ

問題7　次の文章を読んで、文章全体の趣旨を踏まえて、[41] から [45] の中に入る最もよいものを、1・2・3・4から一つ選びなさい。

多くは編集者に、「いいものができたら持ってきてください」といわれて、できたところで持っていく。[41]「持ち込み原稿」をするのですが、それが必ずしも掲載される [42]。

ほとんどは、「それでは読んでみます」といわれ、そのまま待っていても返事がないので、不安になってこちらから問い合わせると、「まだ、すぐには載せられません」とか、「ここと、ここを直して欲しい」といわれ、ときには [43] もあります。この、せっかくの原稿を返されたときはショックが大きく、暗澹(あんたん)(注)たる気持ちになります。

もちろん、わたしも同じような経験がありますが、そういうとき、「あの編集者は、少しも小説がわかっていない」「俺の才能を見抜けないとは、なんたるやつだ」などと、勝手なことを [44]、新宿の安バーなどでひたすら酒を飲み続けます。

実際、半月か1か月か、心血注いで書いた原稿がそのまま返されるのですから [45]、悔しくて、やるせなくていられないのです。そうして三日三晩(みっかみばん)くらい、ひたすら飲み続けて、そこから醒(さ)めて這い上がると、「よし、また書くぞ」と、新しい意欲が湧いてきます。

（渡辺純一『鈍感力』による）

（注）暗澹(あんたん)たる気持ち：まったく希望が持てない気持ち

41

1 いわく　2 もちろん　3 いわゆる　4 あらゆる

42

1 とはかぎりません　2 とはかぎれません
3 ともいわれません　4 ともいいません

43

1 そのまま突っ返されること
2 そこを除いて掲載してくれること
3 そこだけを直して載せられること
4 そのまま掲載してくれること

44

1 編集長に聞いてもらいながら　2 さんざん言い聞かされながら
3 自分に言い聞かせながら　4 黙って聞いてあげながら

45

1 そうすることによって　2 そうでもしなければ
3 そうかとおもえば　4 それだからこそ

問題8　次の（1）から（4）の文章を読んで、後の問いに対する答えとして最よいものを、1・2・3・4から一つ選びなさい。

(1)

デザインという言葉をあちこちで見つけるようになった。もちろん「デザイン」という言葉には昔からなじみがあった。しかし、それは服や車といった目に見える物についてのみ使われる言葉だとばかり思っていたのである。しかし最近「学習環境のデザイン」という言葉に出会い、そのあとすぐに「息をデザインするガム」という広告に出会い、デザインについての認識を改めた。

46　デザインについての認識を改めたとはどういうことか。

1　形のないものにもデザインがあることがわかった。
2　デザインという言葉は服や車には使われないことがわかった。
3　形のあるものにはすべてデザインがあるということがわかった。
4　デザインという言葉は目に見えるものにしか使われないことがわかった。

(2)

「啐啄（そったく）の機」という言葉がある。詳しい説明を省略して、わたしなりに理解した意味を述べると「自分が必要としているものにタイムリーに出会えること」とでもなるだろうか。

10年ほど前に「日本語作文」の本の中で「トピックセンテンス」という言葉に出会ってその言葉の意味を知った。そのことを忘れることはなかったが、深く心に残ったわけではなかった。5年後の夏にその言葉に再会した。文を書くことの困難をひしひしと感じていた時期だったこともあり「トピックセンテンス」という言葉が深く私の心に刻まれた。

47 筆者にとって「トピックセンテンス」という言葉はどんな言葉か。

1 10年前に初めて会ったが忘れていた言葉
2 意味がわからないまま文字だけが記憶され続けていた言葉
3 最初に出会った時から大切な言葉として記憶されていた言葉
4 2度目に出会ったときに初めて重要性に気づいた言葉

(3)

「生兵法(なまびょうほう)は大怪我(おおけが)のもと」ということわざがある。「中途半端な知識や経験があることが逆にその人を窮地(きゅうち)に陥(おとしい)れる」というような意味である。その言葉を思い出させるような経験を先日した。友人と話しているとき彼が「コモディティ化」という言葉を使った。初耳だったが、わたしは「コモディティ＝商品」だと考え、「商品化」すなわち「企画を商品にすること」だと判断して話を続けた。しかし話をしているうちに、わたしは自分の間違いに気づいた。

48 自分の間違いとは具体的にはどんなことか。

1 コモディティ化という語の理解が違っていたこと
2 友人がコモディティ化の意味を知らなかったこと
3 コモディティ化という言葉は実際には存在しなかったこと
4 友人がコモディティ化の意味を知らないと思っていたこと

(4)

知り合いの編集者が、先輩編集者が常々「読む前と後で、読む人の内面に変化をもたらさないような本は意味がない」と言っていた、というのを聞いて「いいな」と思った。もちろん、それまでに知っていたことを再確認したり、それに新しい知見を付け加えたりするための読書もあることは否定しない。しかしそれだけであれば「読書」の楽しみはずいぶんさみしいものになるだろう。

49 著者は本を読むことの意味は何だと述べていますか。

1 自分が知っているものについての新たな情報を付け加えること
2 自分が知っていたことがすべて否定されるような事実に出会うこと
3 読書を通じて人生の喜びと悲しみの両方を経験できること
4 読者の心の中にそれまではなかったような考えが生まれること

問題9　次の（1）から（3）の文章を読んで、後の問いに対する答えとして最よいものを、1・2・3・4から一つ選びなさい。

（1）

日本では子供が物心つきはじめた頃から群れの中に入れられる。保育園や幼稚園、小、中、高、さらに大学を卒業すると、たいていの人は会社という組織の中に入る。大小こそあれ、そんな群れ生活は定年まで続く。一生群れの中だ。

欧米では、読み書きそろばんがある程度わかるようになると、家業を継がせて靴屋の息子は靴屋に、あるいは料理屋の子どもは他店へ修業に出されて勉強させ、やがて家業を継がせたりする。①こんなケースは日本では珍しいほうだろう。

日本で定年退職まで群れの中にばかりいると、さながら飼いならされた羊のように従順にならざるをえない。個性を発揮しようにも群れの中ではできなくなる。したがって、群れからできるだけ離れる努力をしろ！というのが本書の主旨だ。

群れないライフスタイルを築きたいと思いつつ、なかなかできない人におすすめしたいのが仲間外れ作戦だ。意図的に仲間から外されるように仕向けるのである。といって、仲間との関係は気まずくならない。②そんな方法である。これは別に難しくない。いくつかのことを心に決めて実行すれば可能だ。

第一は、飲み食いのつきあいを悪くすること。職場でも学校でもそうだが、群れ行動の最たるものは、勉強と仕事以外は飲み食いである。ランチというと、少人数の決まったグループで食べに行くことが多い。まず、これをやめる。一人飯にする。誘われたら、「これ、片づけてしまわないと……」などと、やんわり断る。あらかじめ弁当を用意しておいてもいい。仕事がらみでなければ、向こうもそれ以上は誘わないだろう。飲み会も極力行かない。ゼロは難しいだろうが、それに近い形にする。

（川北義則『その他大勢から抜け出す方法』Kei）

50 ①こんなケースとはどのようなケースか

1 人生の多くの時間を集団の中で過ごすケース
2 自分の親の職業を継ぐための修行を全くしないというケース
3 基礎的な学問を身につけずに社会に放り出すというケース
4 家業を継がせる前に、親または同業の別の店で修行をするというケース

51 ②そんな方法とはどんな方法か。

1 お金をかけずの友達とのつきあいを楽しむ方法
2 仲間には入らずに仲間の情報を入手する方法
3 仲間と争いながらよい人間関係を築く方法
4 わざと仲間外れになる方法

52 この文で筆者が最も言いたいことは何か。

1 つきあいが悪い奴と呼ばれないように仲間を大切にせよ。
2 愛想の悪い奴だと呼ばれても気にするな。
3 仲間はずれにされるのは辛いことだから気をつけて行動せよ。
4 人間関係を大切にしながら群れない生き方を目指せ。

(2)

書評の仕事を表看板に掲げていると、よく、どんな本を読んだらいいか、お薦めの本はありますか、と訊かれることがある。相手は、いわばあいさつのつもりで、「明日の天気はどうでしょうかね？」ぐらいの気持ちでぶつけてくるのかもしれないが、いつも返事に窮（きゅう）してしまう。相手がどんな趣味を持ち、どんな読書歴を経ているのか、小説が好きなのか、ノンフィクションが好きなのか、好きな作家は誰か、など十分に訊き出してからでないと、安易には答えられない。いや、それだけ訊き出しても、相手の希望に沿った答えが出せる自信はない。書評家は、お薦め本の自動販売機ではないのだ。

だいたい私など、一冊を読めばいもづる式に次から次へと読みたい本が出てきて、それがネズミ算式に増えていくので、とても人の意見など参考にしていられない。自分の読みたい本だけで手一杯なのである。だから、よほどのことがないかぎり、人に薦められた本を読むことなどない。ときにおせっかいにも、「○○という本はすごくおもしろいですよ。絶対おすすめです」と言われることがあるが、顔ではにこやかにふるまい、心のうちでは「余計なお世話だよ」と舌を出していることが多い。

これは経験上言えることだが、読書の習慣が身体になじんでくると、いくらでもどこからでも読みたい本が向こうのほうから飛び込んでくる。

（岡崎武士『読書の腕前』光文社による）

53 書評家は、お薦め本の自動販売機ではないのだ。とはここではどういうことか。

1 書評家は、すべての本に目を通しているわけではないということ。
2 書評家は、おせっかいに自分の読んだ本を押し売りしてはいけないということ。
3 書評家の仕事は、お薦めの本を気軽に紹介することではないということ。
4 書評家の仕事は、お薦めの本を無料で紹介することであるということ。

54 よほどのことがないかぎり、人に薦められた本を読むことなどない。のはなぜか。

1 他人の本の評価をまったく信用していないから。
2 他人と本の内容について語るのが好きではないから。
3 他人から薦められなくても読みたい本はいくらでもあるから。
4 他人の書いた書評を読むための時間がないから。

55 お薦め本について、筆者が最も言いたいことは何か。

1 人にお薦めの本を教えてもらいたければ、まず自分の読書歴を伝えるべきである。
2 人に本を薦められた時には、笑顔で相手のいうことを聞かなければならない。
3 人にお薦めの本を教えてもらうのでなく、自らの読書経験を鍛えるべきである。
4 人にお薦めの本を紹介するときには、相手の本の好みを知っていなければならない。

（3）

ワープロを大事に使っている。これが壊れても、新しく購入することはもうできないのだ、と思うとなおさら慎重になる。ワープロが登場してきた頃は、皆あんなに興奮し、歓迎していたのに、パソコンが現われた途端、製造を中止してしまうとは、あまりに冷淡すぎないだろうか。パソコンの放つ、ざわざわした感じが好きになれない。ちょっと油断していると、見知らぬ誰かから、断りもなくメッセージが送られてくる。二十四時間いつでも、世界中どこからでも。やはりそれは、ぎょっとする事態だ。招かれざる客が土足で踏み込んできたようなものである。そして困惑している間に、なぜか画面がぴくりとも動かなくなってしまったりする。私はただ、心穏やかに小説が書きたいだけなのだ。物語と自分、一対一の静かな時間さえ確保できれば、他には何の望みもない。その点、ワープロはいい。画面の向こうに何ら①ややこしいものを隠していない。寡黙で正直だ。ただ謙虚にそこにあって、新しい物語が刻まれるのを待っている。

一人仕事部屋でワープロに向かっていると、親密な空気が流れるのを感じる。自分の書いている物語に、自分自身が抱き留められているかのような錯覚に陥る。世界とつながっているパソコンよりも、ただ文字を変換しているだけのワープロの方が、ずっと優しい視線を向けてくれている。

飼っている犬が死ぬ時を想像するだけで泣いてしまうのと同じように、②ワープロが壊れる瞬間に思いを巡らせるたび、淋しくなる。

（小川洋子『私の大事なワープロ』）

56 筆者がワープロを好んで使っているのはなぜか。

1 24時間いつでも文章を書けるから
2 製造が中止されたことを知って感動したから
3 音をたてずに静かに文章を書くのが好きだから
4 メールなどに煩わされることなく書くことに集中できるから

57 ①ややこしいものではないものは次のうちどれか。

1 未知の人間からの新しいメール
2 世界中から届くニュース
3 物語と自分との関係
4 友人からの招待状

58 ②ワープロが壊れる瞬間に思いを巡らせるたび、淋しくなるのはどんな気持ちだと述べているか。

1 飼っていた犬が死んだときのことを思い出すから
2 飼っている犬がいま目の前で死にそうになっているから
3 失ってしまったら二度と出会うことができないことがわかっているから
4 共に生活してきたものと一緒に自分もここからいなくなってしまうから

問題10　次の文章を読んで、後の問いに対する答えとして最もよいものを、1・2・3・4から一つ選びなさい。

私は東京に生まれて東京に育ち、父親も母親も東京に生まれ育った。これは方言研究者として、どうも①不利な条件のように思われる。

まず、東北でも九州でも、そういうところに生まれて育ったならば、自分のことばを反省したり、あるいは親のことばなどを観察してさえいれば、それでいちおうの研究ができてしまう。それに引きかえて、東京生まれだと、方言を研究するためには、どこかよその土地へ出かけていって他人のことばを観察することからはじめなければならない。つまり、自分に方言生活の経験がないということである。

(略)

もちろん、私についても、少しあらたまって話をするときと、たとえば飲み屋かなにかで少し酔っぱらって話をするときとを較べると、ことばを使い分けているということは、確かにある。それは、方言と標準語を使い分けている人たちが、場合によってことばを使い分けているのと、ある面で通じているかもしれない。ことばというものは単純なものではなくて、場面とか環境とかいったものによって、いろいろな形で現われてくる。外国語とか古典語とかを習いはじめたときには、ある内容を表現するために、きまった一種類の正しい言い方しかないと思いがちだが、実際は、②そんなものではない。一口に日本語といっても、いろいろな種類があり、さまざまな形が現われてくる。私だって東京生まれ東京育ちであるとはいうものの、やはりいくつかのことばを使い分けているが、しかし、方言と標準語の使い分けに限定すれば、やはりその経験は持っていないといわなければならない。これはやはり方言研究者としての悲劇ではなかろうか。

しかし、ちょっと負け惜しみのようになるが、東京生まれの者にも、③いくらかの存在意義といったものがあるかもしれない。たとえば、方言使用者の心といったものは、たしかに、東北の人も関西・九州の人も、みんな持っているはずであるが、それぞれの地方によってその内容は実は多少違っているかもしれない。ある個人をとりあげると、たいてい特定の地域を背景に持っているものである。その点は共通しているが、具体的なことになると、たとえば東北の人が九州の人を見て、あの人も多分自分と同じようなことを味わっているだろうと考えると、それは、多少違っているかもしれない。すくなくとも、まったく同じだと初めから思いこんでしまうのは、危険なことではなかろうか。こういった場合に、むしろなまなましい方言の心といったものを持っていない、たとえば私のような人間のほうが、かえって公平に、方言というものを分析できるといったことがあるかもしれない、と思う。東京出身の方言研究者も現にある。私の先生は東条操という方だが、この方も東京の出身であった。こういう方のおられることが、私の心の支えになっている。

(徳川宗賢『日本人の方言』筑摩書房)

59 ①不利な条件とはどのような条件か。

1 東京で暮らしていないということ
2 両親のことばを観察できないこと
3 方言と呼べるものを持っていないこと
4 常に自分の言葉遣いを反省しなければならないこと

60 ②そんなものとはなにを指すか。

1 外国語を学ぶための最良の方法があるということ
2 場面と環境によって正しい表現が変わるということ
3 古典語を習い始めるときには正しい方法で学ぶべきだということ
4 一つのことを表すために、必ず一つの正しい表現があるということ

61 ③いくらかの存在意義とはここではどういう意味か。

1 方言使用者の心を持っていないからこそ冷静に方言の研究ができるということ
2 二つの地域の方言使用者の気持ちを平等に評価して方言の研究ができるということ
3 様々な地域の方言使用者の心を公平に理解して方言の研究ができるということ
4 方言使用者の心を理解できないことによって、深く方言の研究ができるということ

62 筆者と方言の関係で合っているものはどれか。

1 筆者は酔っ払ったとときに方言を使うことができる。
2 筆者は地方で方言生活の経験をしたのちに方言研究者となった。
3 筆者は方言の心とでも呼ぶべきもの持っていないことを認めている。
4 著者は方言話者が標準語を習得する苦労をよく理解している。

問題11 次のAとBの文章を読んで、後の問いに対する答えとして最もよいものを、1・2・3・4から一つ選びなさい。

A

この用語集は日本語教育に関心を持ち始めた人からベテランの方まで役に立つと思います。日本語教育でよく用いられるカタカナ語も丁寧に、原語を添えて示されているのもありがたいです。最近の日本語教育には、さまざまなカタカナ語が登場するので、横文字が苦手な私は苦労していました。ネット上の「立ち読み機能」で、そういった意味がよくわからない用語をいくつか調べてみたところ、痒いところに手がとどく説明がされており、すぐに購入を決めました。購入後に気づいた残念な点としては、用語の配列が50音順であることです。用語を探すときには便利かもしれませんが、やはり分野別、領域別に編集していただきたかったです。

B

類書の中では最も収録語数が多いのが気に入ったので、いつもならばリアル書店で現物を見てから決めるのだが今回はそうはせず、すぐに購入を決めた。複数の執筆者によって書かれているため、それぞれの用語の定義のスタイルが気になる点を除けば、おおむね満足のいく内容である。私の苦手なカタカナ語にすべて原語が添えられているので、さらに詳しく調べようという気持ちになる。また巻末の参考文献が充実しているのも初学者にはありがたい限りだ。たいへん良質な用語集であり、多くの人に手に取ってもらいたい。

63 A と B が共通して述べていることは何か。

1 日本語教育に携わる広い層の人々に役立つであろうこと
2 カタカナ語が原語でも書かれているのがよいということ
3 昔からある用語から新しい用語までが収録されていること
4 用語の解説がとても丁寧にわかりやすく書かれていること

64 この本について改善して欲しい点として、A と B はどのように述べているか。

1 A は収録語数が少ないと述べ、B は初心者には不向きだと述べている。
2 A はカタカナ語の収録語数が少ないと述べ、B は収録されている用語が古いと述べている。
3 A は分野別の編集が望ましいと述べ、B は用語の定義の文体の違いが気になると述べている。
4 A は他の人には勧められないと述べ、B は参考文献をもっと充実させて欲しいと述べている。

問題12 次の文章を読んで、後の問いに対する答えとして最もよいものを、1・2・3・4から一つ選びなさい。

あなたは「歌人」ではない、と云われることがある。歌人から云われることが多いが、それ以外の人に云われることもある。確かに私の歌は控えめにいってもオーソドックス(注1)な作風ではないし、相手も必ずしもネガティヴな意味でそう云っているとも限らない。その時々のニュアンスによって、こちらは嫌な顔をしたり、よろこんだりするのだが、何かの機会に、本物(?)の他ジャンルの人が作った短歌をみたり、歌に対する彼らの〈読み〉をみたりすると、「うーん、やっぱり俺は歌人だよな」と思えてくる。そんな風に感じる理由はなんだろう。

いつだったか、永田和宏(注2)が、歌人以外の人の歌の〈読み〉に心から納得できたことがない、という意味のことを書いているのを見た記憶があるのだが、基本的に私も同感である。

歌人の〈読み〉の場合、それが自分の〈読み〉と異なっていても〈読み〉の軸のようなものを少しずらしてみれば理解はできることが多い。大きくいえばそれは個々の読み手の定型観の違いということになると思う。

それに対して、他ジャンルの人の短歌の〈読み〉については、定型観がどうとか〈読み〉の軸がどうとかいう以前に、「何かがわかっていない」「前提となる感覚が欠けている」という印象を持つことが多い。これはあまりにも一方的な云い方で、ちょっと口に出しにくいのだが、そんな感じは確かにあると思う。

「前提となる感覚が欠けている」とはどういうことか これをうまく表現するのはなかなか難しいのだが、例えば、「歌というのは基本的にひとつのものがかたちを変えているだけ」という感覚の欠如、という捉え方はどうだろう。実作経験のない読み手には、この感覚もしくは認識が欠けているように思われてならない。

多くの歌人は、少なくとも近代以降の歌の〈読み〉に際して、その作者がどんな体感に基づいて何をやろうとしていたのか、ということを或る程度自分の中で復元できるはずである。作品がどの程度成功しているか、という判断は、その復元感覚の上に成立しているのだ。作品の成立年代や作り手としてのタイプの違いにかかわらず、そのような把握は可能だと思う。そして、それが可能となる根本的な理由が「歌というのは基本的にひとつのものがかたちを変えているだけ」だからと云えないだろうか。歌人はみな無意識にそのことを知っているように思われる。

それに対して実作の経験のない人は「短歌にも色々なものがある」と漠然と思っているのではないだろうか。これは一般の人が和歌に対して風流とか雅（みやび）といった均一なイメージを持っていることと一見矛盾するようだが、少なくとも現在、短歌の鑑賞文や歌集の栞文（しおりぶん）(注3)を書くような他ジャンルの表現者たちは、「短歌にも色々なものがある」という認識を漠然と持っているように思う。

（穂村弘『短歌の友人』「〈読み〉の違いのことなど」）

(注1) オーソドックス：正統的な

(注2) 永田和宏：日本の現代歌人。

(注3) 栞文（しおりぶん）：短歌の本に添えられた解説書

65 基本的に私も同感である。とはどういうことか。

1 歌人の歌の〈読み〉に対して、いつも他の歌人と同じような感想を抱く。
2 歌人の歌の〈読み〉は、誰のものも同じようなのでつまらない。
3 歌人以外の人の歌の〈読み〉の中に優れたものが多くある。
4 歌人以外の人の歌の〈読み〉の中には的外れなものが多い。

66 筆者によれば、歌人でない人が短歌について理解していないものはどれか。

1 短歌というものは突き詰めれば一つのことを表現しているということ
2 短歌には定型観があり、それを大切にするべきだということ
3 短歌にとっての風流や雅（みやび）は現代においても必要であるということ
4 短歌には色々なものがあってよいという約束事があること

67 著者が、歌人にはできているが、歌人でない人にはできていないと考えているものはどれか。

1 近代以降の歌を、記憶し、暗唱すること
2 近代以降の歌を、作られた時期によって分類すること
3 近代以降の歌の作者がその歌で何をしようとしていたかを再構築すること
4 近代以降の歌の作者の作歌の意図を無意識に理解できるということ

68 この文章中で筆者が最もいいたいことは何か。

1 短歌の実作経験のない人は短歌について語るべきではない。
2 短歌の〈読み〉のためには、その前提となる感覚が必要である。
3 短歌の実作者に対して「あなたは歌人ではない」というようなことを言うべきではない。
4 他ジャンルの人も今後どんどん短歌の世界の仲間入りをして欲しい。

問題13 右のページは、ある地方の中小企業支援課が企画した「アジア留学生インターンシップ事業プログラム」のウエブ上の「アジア留学生インターンシップ事業受入企業募集要項」である。下の問いに対する答えとして最もよいものを、1・2・3・4から一つ選びなさい。

69 インターンシップ事業プログラムに参加する企業がインターン（職場実務研修生）に必ず提供しなければならないものはどれか。

1 一ヶ月以上の受け入れ機関
2 資格外活動許可証
3 通勤にかかる交通費
4 インターンシップ終了後の採用の機会

70 インターンシップ事業プログラムに参加を希望する企業が、実際の受け入れまでにしなければならないことはどれか。

1 インターンへのエントリーシートの送付
2 インターンとの面接日の調整
3 インターンを受け入れられない場合の「受け入れ不可理由書」の提出
4 インターンへの「インターンシップ活動評価表」の送付

アジア留学生インターンシップ事業　受入企業募集要項

公益財団法人　　黒川市産業振興財団

1　アジア留学生インターンシップの理念

国際化が進む今日、留学生は、日本そして学生たちの出身国、両国にとって「宝」と言っても過言ではありません。その留学生をインターン（職場実務研修生）として受け入れる当事業に賛同いただける企業を募集します。本プログラムへの参加により、海外から優秀な人材が活用できるとともに、社内の活性化にも繋がると信じております。そのお手伝いを当財団がお引き受けいたします。

2　プログラムの概要

(1) プログラムの内容について

参加企業に、自社の事業内容にあったインターンシップ（職場実務研修）プログラムを企画および実施していただきます。

(2) 実施時期、期間について

平成28年8月3日(月)から9月30日(水)の約2か月間の中で、期間を自由に設定でしてください。

※ ただし最低３週間とし、期間内でできるだけ長いインターンシップ期間を設けることが望ましい。

(3) 費用について

留学生に対しての報酬義務はありません。通勤費のみをご支給ください。

ただし各企業の判断で報酬およびそれに準じるものを支給することは妨げません。その場合は、留学生の「資格外活動許可」について確認や対応については責任を持って行ってください。

3．参加申し込み方法

本プログラムに参加を希望される企業は、別紙「企業エントリーシート」に必要事項をご記入の上、期日までに当財団までご提出ください。

4．スケジュール(別紙をご覧ください)

5．マッチング(面接)について

企業エントリーシートに記載された内容に基づいて、当財団がインターン（職場実務研修生）を選定、紹介いたします。 その後インターンに連絡をおとりいただき面接日を調整、実施してください。その後、面接されたインターンの受け入れの可否をご報告ください。承諾の場合は「受入確認書」のをご記入、ご提出をお願いいたします。

6．インターンシップ実施後について

インターンシップ実施後「インターンシップ終了報告書」を当財団に提出してください。

N1

聴解

(60分)

注　意

Notes

1. 試験が始まるまで、この問題用紙を開けないでください。
   Do not open this question booklet until the test begins.

2. この問題用紙を持って帰ることはできません。
   Do not take this question booklet with you after the test.

3. 受験番号と名前を下の欄に、受験票と同じように書いてください。
   Write your examinee registration number and name clearly in each box below as written on your test voucher.

4. この問題用紙は、全部で13ページあります。
   This question booklet has 13 pages.

5. この問題用紙にメモをとってもかまいません。
   You may make notes in this question booklet.

受験番号 Examinee Registration Number	

名前 Name	

問題1

問題1では、まず質問を聞いてください。それから話を聞いて、問題用紙の1から4の中から、最もよいものを一つ選んでください。

例

1 仕事の説明を聞く
2 簡単な掃除をする
3 部長にお茶を入れる
4 スケジュールの確認をする

1番(ばん)

1　9万円(まんえん)

2　10万円(まんえん)

3　27万円(まんえん)

4　29万円(まんえん)

2番(ばん)

1　スケジュールを変更(へんこう)する

2　団体料金(だんたいりょうきん)を確認(かくにん)する

3　写真(しゃしん)を撮(と)りに行(い)く

4　パンフレットを作(つく)る

3番

1　代わりの講師を引き受ける

2　ネイティブの知り合いに頼む

3　ネイティブの先生を探す

4　日本人の先生を探す

4番

1　レポートのタイトルを考える

2　図書館で本を借りる

3　インターネットで記事を読む

4　論文を探す

5番

1 契約書を修正する
2 資料をコピーする
3 地図を印刷する
4 切符の領収書をもらう

6番

1 先行研究を追加する
2 参考文献を修正する
3 研究課題を書き直す
4 分析を書き加える

問題2

問題2では、まず質問を聞いてください。そのあと、問題用紙のせんたくしを読んでください。読む時間があります。それから話を聞いて、問題用紙の1から4の中から、最もよいものを一つ選んでください。

例

1 気に入ったものがなかったから

2 ワイシャツをたくさん買ったから

3 買いたいものが売り切れてしまったから

4 安いものがなくなったから

1番

1 価格が安いから

2 人気アニメのグッズが入っているから

3 種類が豊富だから

4 精巧に作られているから

2番

1 薬局で血液検査が受けられるようになったこと

2 自分で血液検査ができるようになったこと

3 定期的に糖尿病の検査ができるようになったこと

4 血液検査が安く受けられるようになったこと

3番

1 甘くなる品種の苗をつかうこと

2 土に混ぜる肥料を増やすこと

3 気温の差が大きいときに育てること

4 温度差があるところに置いておくこと

4番

1 お客さんとのトラブルがあったこと

2 スタッフの仕事をしたこと

3 発表資料の準備が十分でなかったこと

4 片付けを任されたこと

5番

1　2割の商品の数を増やす

2　8割の商品を全てやめる

3　2割の商品の値下げをする

4　8割の商品を見直す

6番

1　家具を買うより安く済むから

2　家具を簡単に作れるから

3　自分の欲しい家具が作れるから

4　写真をSNSにアップしたいから

7番

1 最新の設備を入れること

2 住む人のことを考えること

3 自然をたくさん取り入れること

4 敷地面積と建物のバランスを考えること

問題3

問題3では、問題用紙に何も印刷されていません。この問題は、全体としてどんな内容かを聞く問題です。話の前に質問はありません。まず話を聞いてください。それから、質問と選択肢を聞いて、1から4の中、最もよいものを一つ選んでください。

—メモ—

問題4

問題4では、問題用紙に何も印刷されていません。まず文を聞いてください。それから、それに対する返事を聞いて、1から3の中から、最もよいものを一つ選んでください。

問題5

問題5では、長めの話を聞きます。この問題には練習はありません。メモをとってもかまいません。

1番、2番

問題用紙に何も印刷されていません。まず話を聞いてください。それから、質問とせんたくしを聞いて、1から4の中から、最もよいものを一つ選んでください。

—メモ—

3番

まず話を聞いてください。それから、二つの質問を聞いて、それぞれ問題用紙の1から4の中から、最もよいものを一つ選んでください。

男の人はどの掃除機を買いますか。

質問1

1　1番の掃除機
2　2番の掃除機
3　3番の掃除機
4　4番の掃除機

質問2

1　1番の掃除機
2　2番の掃除機
3　3番の掃除機
4　4番の掃除機

제1회 실전모의테스트

1교시 언어지식(문자・어휘・문법)

문제 1	1 ②	2 ④	3 ①	4 ①	5 ③	6 ④	
문제 2	7 ②	8 ①	9 ④	10 ②	11 ①	12 ①	13 ③
문제 3	14 ①	15 ③	16 ③	17 ①	18 ①	19 ②	
문제 4	20 ③	21 ①	22 ④	23 ①	24 ②	25 ①	
문제 5	26 ①	27 ③	28 ④	29 ①	30 ②	31 ①	32 ④
	33 ①	34 ④	35 ②				
문제 6	36 ②	37 ③	38 ④	39 ③	40 ①		
문제 7	41 ④	42 ②	43 ③	44 ①	45 ②		

1교시 독해

문제 8	46 ③	47 ④	48 ②	49 ③			
문제 9	50 ①	51 ②	52 ①	53 ④	54 ③	55 ②	56 ②
	57 ②	58 ④					
문제 10	59 ④	60 ③	61 ④	62 ①			
문제 11	63 ④	64 ③					
문제 12	65 ④	66 ②	67 ①	68 ②			
문제 13	69 ①	70 ③					

2교시 청해

문제 1	1 ②	2 ④	3 ④	4 ①	5 ④	6 ③	
문제 2	1 ④	2 ③	3 ②	4 ③	5 ③	6 ②	7 ②
문제 3	1 ③	2 ④	3 ③	4 ②	5 ③	6 ④	
문제 4	1 ③	2 ①	3 ②	4 ①	5 ③	6 ①	7 ③
	8 ②	9 ③	10 ①	11 ②	12 ①	13 ③	14 ②
문제 5	1 ②	2 ③	3-1 ②	3-2 ①			

제1회 실전모의테스트 정답

1교시 언어지식(문자 · 어휘 · 문법)

문제 1 ＿＿의 단어의 읽는 법으로 가장 적당한 것을 1, 2, 3, 4에서 하나 고르세요.

1 子供の性格が歪んでしまうのは、親の責任である場合が多い。

1 こばんで　2 ゆがんで　3 にらんで　4 はげんで

정답 **2** 아이의 성격이 비뚤어져 버리는 것은 부모의 책임인 경우가 많다

어휘 性格(せいかく) 성격 | 歪む(ゆがむ) 비뚤어지다, 일그러지다 | 責任(せきにん) 책임 | 拒む(こばむ) 거부하다 | 睨む(にらむ) 노려보다, 쏘아보다 | 励む(はげむ) 힘쓰다

해설 「歪(왜, 외)」는 자동사로는 「ゆがむ」, 타동사는 「ゆがめる」로 읽힌다.

---

2 参加者の思いがそのスローガンに凝縮されていた。

1 のしゅく　2 のうしゅく　3 ぎしゅく　4 ぎょうしゅく

정답 **4** 참가자의 마음이 그 슬로건에 응축되어 있다.

어휘 参加者(さんかしゃ) 참가자 | 思い(おもい) 생각, 마음 | スローガン 슬로건, 표어, 선전문구 | 凝縮(ぎょうしゅく) 응축

해설 「凝(응)」은 동사로는「凝(こ)る, 凝(こ)らす」로 음독으로는 「ぎょう」로 읽히고, 「縮(축)」은 동사로는 「縮(ちぢ)まる, 縮(ちぢ)める」로 음독으로는 「しゅく」로 읽힌다.

---

3 お配りした資料は、前年度の論文からの抜粋です。

1 ばっすい　2 ばっき　3 ばっす　4 ばつぎ

정답 **1** 배부한 자료는 전년도 논문에서의 발췌입니다.

어휘 配る(くばる) 나눠주다, 분배하다 | 資料(しりょう) 자료 | 論文(ろんぶん) 논문 | 抜粋(ばっすい) 발췌

해설 '책, 글 등에서 필요하거나 중요한 부분을 뽑아낸다'는 뜻의 「抜粋(발췌)」는 「ばっすい」로 읽힌다.

---

4 現金輸送車から2億円を強奪した犯人が捕まった。

1 ごうだつ　2 ごうたつ　3 きょうだつ　4 きょうたつ

정답 **1** 현금 수송차로부터 2억엔을 강탈한 범인이 잡혔다.

어휘 現金輸送車(げんきんゆそうしゃ) 현금수송차 | 犯人(はんにん) 범인 | 捕まる(つかまる) (붙)잡히다

해설 「強(강)」은 음독으로는 「きょう」와 「ごう」로 발음되는데 「強奪」의 「強(강)」은 「ごう」로 발음된다. 「強盗(ごうとう)(강도)」, 「強情(ごうじょう)(고집이 셈)」, 「強引(ごういん)(강제적임)」 등도 함께 외워 두자.

---

5 夕空は緩やかに赤から紫に変わっていった。

1 しとやか　2 すこやか　3 ゆるやか　4 さわやか

정답 **3** 저녁 하늘은 서서히 붉은빛에서 보랏빛으로 변해 갔다.

어휘 夕空(ゆうぞら) 저녁 하늘 | 緩やか(ゆるやか) 완만함, 느릿함 | 紫(むらさき) 보라빛 | 淑やか(しとやか) 정숙함, 단아함 | 健やか(すこやか) 튼튼함 | 爽やか(さわやか) 상쾌함

해설 「緩やか」는 「ゆるやか」로 읽히며 그 외 동사 「緩(ゆる)める」, 「緩(ゆる)む」와 형용사 「緩(ゆる)い」도 함께 익혀 두자.

6 人口は都市の規模をはかる<u>目安</u>だ。

1 もくあん　　2 めあん　　3 もくやす　　4 めやす

정답 4 인구는 도시의 규모를 측정하는 기준이다.

어휘 人口 인구 | 都市 도시 | 規模 규모 | 目安 기준, 목표

해설 「目安」는 훈독 명사로 「めやす」로 읽히며 「目安になる(기준이 되다)」 「目安を立てる(목표를 세우다)」 등으로 사용된다.

문제 2 (　　) 안에 들어갈 것으로서 가장 적당한 것을 1·2·3·4에서 하나 고르세요.

7 彼女の受賞に（　　）されて、彼らは研究に励んだ。

1 反映　　2 触発　　3 反響　　4 招来

정답 2 그녀의 수상에 촉발 되어 그들은 연구에 힘썼다.

어휘 受賞 수상 | 触発 촉발 | 研究 연구 | 励む 힘쓰다 | 反映 반영 | 反響 반향 | 招来 초래

해설 '(어떤 일이) 다른 어떤 일로부터 영향을 받거나 자극되어 일어나게 되다'라는 뜻인 「触発(촉발)」이 문장의 해석상 가장 적합하다.

---

8 もう、70を過ぎたので、店を息子に任せて（　　）することにした。

1 隠居　　2 脱退　　3 退役　　4 遠慮

정답 1 이제 70이 넘었기 때문에 가게를 아들에게 맡기고 은퇴하기로 했다

어휘 息子 아들 | 任せる 맡기다 | 隠居 은거, 은퇴, 노인 | 脱退 탈퇴 | 退役 퇴역 | 遠慮 꺼림, 사양

해설 이 문장에서는 '은퇴하다'라는 뜻을 지닌 어휘가 적당한데, '살림의 책임을 물려주거나 정년 퇴직해서 한가하게 사는 삶이나 그런 노인'을 가리키는 「隠居」가 그에 해당된다.

---

9 ベートーベンの「第九」を聴くと、気持ちが（　　）。

1 ふれる　　2 さえぎる　　3 さだまる　　4 やわらぐ

정답 4 베토벤의 '제9번 교향곡'을 들으면 기분이 풀린다.

어휘 ベートーベン 베토벤 | 触れる 건드리다, 접촉하다, 닿다 | 遮る 가로막다, 차단하다 | 定まる 정해지다 | 和らぐ 누그러지다, 완화되다, 풀리다

해설 해석상 「気持ち」와 함께 기분 상태를 드러낼 수 있는 동사인 「やわらぐ」가 답으로 적당하다.

---

10 話し合いは平行線を（　　）、結論は次の会議へ持ち越されることになった。

1 あゆんで　　2 たどって　　3 さして　　4 たてて

정답 2 대화는 의견 일치를 보지 못해, 결론은 다음 회의로 미뤄지게 되었다.

어휘 話し合い 대화 | 平行線 평행선 | たどる 더듬어 찾다, 다다르다, 걷다 | 結論 결론 | 会議 회의 | 持ち越す 넘기다 미루다 | 歩む 걷다

해설 '서로 의견을 굽히지 않아 의견 일치를 보지 못하는 상태'이므로 문맥 해석상 '평행선을 걷다'가 적당하고 그에 맞는 표현은 「平行線をたどる」이다.

---

11 佐藤さんの余計な口出しで話が（　　　）しまった。

1　こじれて　　2　ひずんで　　3　はずんで　　4　すべって

정답 **1** 사토 씨의 쓸데없는 말참견으로 이야기가 복잡해져 버렸다.

어휘 口出し 말참견 | 余計 여분, 한층 더, 쓸데없음 | こじれる (병이) 악화되다, (일, 문제 등이) 복잡해지다, (마음 따위가) 비꼬이다, 뒤틀리다 | 歪む 비뚤어지다, 일그러지다 | 弾む 튀다, 들뜨다 | 滑る 미끄러지다

해설 해석상 '이야기가 꼬이다(복잡해지다)'가 적당하며, 「こじれる」가 그 뜻에 맞는 동사이다.

---

12 仕事に対する彼女の（　　　）な姿勢には頭が下がる。

1　ひたむき　　2　ぶしょう　　3　かたくな　　4　むぼう

정답 **1** 일에 대한 그의 한결같은 자세에 머리가 숙여진다.

어휘 直向き 한결같은, 외곬 | 姿勢 자세 | 頭が下がる 머리가 수그러지다, 존경하다, 감탄하다 | 不精 게으름, 귀찮아함 | 頑な 완고함, 완강함 | 無謀 무모함

해설 일에 대한 태도에 존경을 표하고 있으므로 「姿勢」에 앞에 「ひたむき(한결같은)」가 오는 것이 적당하다.

---

13 彼は（　　　）としばらくカバンの中をさぐって、ようやくスマホを取り出した。

1　ぱたぱた　　2　ふわふわ　　3　ごそごそ　　4　さくさく

정답 **3** 그는 바스락바스락 잠시 가방 속을 뒤져, 간신히 핸드폰(스마트 폰)을 꺼냈다.

어휘 ごそごそ 바스락바스락 | しばらく 잠깐, 오랫동안, 당분간 | ようやく 간신히, 겨우 | ぱたぱた (가볍게 털거나 치는 소리) 톡톡, 탁탁, 파닥파닥 | ふわふわ 둥실둥실, 푹신푹신 | さくさく 사박사박

해설 가방 속을 뒤지는 소리로 어울리는 의성어는 「ごそごそ」이다.

문제 3 ＿＿＿＿의 단어의 의미에 가장 가까운 것을 1・2・3・4에서 하나 고르세요.

14 あの先生はいつも平たく説明する。

1　わかりやすく　　2　つまらなく　　3　まぎらしく　　4　くどく

정답 **1** 저 선생님은 항상 알기 쉽게 설명한다.

어휘 平たい 평평하다, 납작하다, 알기 쉽다 | 説明 설명 | つまらない 시시하다, 재미없다 | 紛らわしい 헷갈리기 쉽다 | くどい 장황하다, 느끼하다, 칙칙하다

해설 「平たい」는 여기서 '알기 쉽다, 평이하다' 라는 뜻이며, 이와 같은 의미의 단어는 「わかりやすい」이다.

---

15 干ばつによって、農家は甚大な被害を被った。

1　ものものしい　　2　おもおもしい　　3　はなはだしい　　4　みすぼらしい

정답 **3** 가뭄으로 인해 농가는 막대한 피해를 입었다.

어휘 干ばつ 한발, 가뭄 | 甚大な 심대한, 막대한 | 被害を被る 피해를 입다 | 物々しい 삼엄하다 | 重々しい 엄숙하다 | 甚だしい (정도가)심하다, 대단하다 | みすぼらしい 초라하다, 빈약하다

해설 '심대함'은 '매우(몹시) 크다'는 의미이고, 가장 가까운 뜻의 형용사는 「はなはだしい」이다.

---

16 ゴールを目の前にしてリタイアとは、無念だ。

1 あっけない　2 しぶい　3 くやしい　4 もったいない

정답 **3** 골을 눈앞에 두고 물러나다니, 분하다.

어휘 ゴール 골 | リタイア 기권, 퇴직 | ～とは ~라니 | 無念(むねん)な 원통함, 분함 | 呆気(あっけ)ない 싱겁다, 어이없다 | 渋(しぶ)い 떫다, (표정이) 떠름하다 수수하다 | 悔(くや)しい 분하다 | もったいない 아깝다, 과분하다

해설 「無念」은 '원통함, 분함'의 뜻으로 쓰였으며, 이와 같은 의미는 「くやしい(분하다)」이다.

---

17 ペンキで部屋全体を白く仕上げたら、以前より広く見えた。

1 完成(かんせい)させたら　2 加工(かこう)したら　3 細工(さいく)したら　4 変化(へんか)させたら

정답 **1** 페인트로 방 전체를 하얗게 마무리했더니, 이전보다 넓게 보였다.

어휘 ペンキ 페인트 | 仕上(しあ)げる 일을 끝내다, 마무리하다 | 以前(いぜん) 이전 | 完成(かんせい) 완성 | 加工(かこう) 가공 | 細工(さいく) 세공 | 変化(へんか) 변화

해설 「仕上げる」는 '완성하다, 마무리 하다'라는 뜻이며, 가장 가까운 뜻은 「完成させる」이다.

---

18 かおりさんは身なりには無頓着(むとんじゃく)だ。

1 気にかけない　2 気を抜かない　3 気がもめる　4 気が引ける

정답 **1** 가오리씨는 차림새에는 관심이 없다.

어휘 身(み)なり 옷차림 행색 | 無頓着(むとんじゃく) 무관심 무심함 | 気(き)にかける 신경 쓰다 | 気(き)を抜(ぬ)く 긴장을 늦추다 | 気(き)が揉(も)める 속이 (애가) 타다 | 気(き)がひける 기가 죽다, 부끄럽다

해설 「無頓着」은 '무관심하다'라는 뜻의 형용사이며, 「気にかけない(신경 쓰지 않는다)」가 답으로 적당하다.

---

19 人生では、必ず一度はターニングポイントが訪れるものです。

1 発端　2 転機　3 動機　4 終極

정답 **2** 인생에서는 반드시 한번은 터닝 포인트가 찾아 오는 법입니다

어휘 人生(じんせい) 인생 | 必(かなら)ず 반드시 | ターニングポイント 터닝 포인트, 중대한 분기점(전환점) | 訪(おとず)れる 방문하다, 찾아오다 | 発端(ほったん) 발단 | 転機(てんき) 전기(전환이 되는 시기) | 動機(どうき) 동기 | 終極(しゅうきょく) 종국, 최후

해설 「ターニングポイント (turning point)」는 '전환점'을 의미하므로 「転機(전환기)」가 가장 적당하다.

문제 4 **다음 단어의 사용법으로서 가장 적당한 것을 1 · 2 · 3 · 4에서 하나 고르세요.**

20 秘(ひ)める

1 アリバイがあったので、疑いを秘めることができた。

2 幼い子のかわいいしぐさに思わず、笑みが秘めた。

3 彼は心に秘めていた感情をあらわにした。

4 十分に策を秘めたうえで、行動に移す。

정답 **3** 그는 마음에 간직하고 있던 감정을 드러냈다

어휘 アリバイ 알리바이 | 疑(うたが)い 의심 혐의 | 仕草(しぐさ) 행위, 몸짓 | 笑(え)み 미소, 웃음 | 秘(ひ)める 숨기다, (속에) 간직하다 | 感情(かんじょう) 감정 | あらわ 숨기지 않고 드러남, 공공연함 | 策(さく) 계획, 대책

해설 '간직하다'라는 뜻의 「秘める」가 알맞게 사용된 문장은 3번이다. 1번은 「疑いを晴らす(의심을 풀다)」, 2번은 「笑みが漏れる(웃음이 번지다)」, 「笑みがこぼれる(미소가 흐르다)」, 4번은 「策を練る(계책을 짜다)」로 바꾸면 올바른 문장이 된다.

---

21 格付け

1 農産物は厳しい基準にしたがって格付けされている。

2 委員会は6人のメンバーで格付けされている。

3 格付けするわけではないが、一度も休んだことがない。

4 格付けしたとおりの結果になってとても嬉しかった。

정답 **1** 농산물은 엄격한 기준에 따라서 등급이 매겨지고 있다.

어휘 農産物 농산물 | 厳しい 엄격하다, 지독하다 | 基準 기준 | 格付け 등급 매김, 신용평가 | 委員会 위원회 | 結果 결과

해설 '등급 매김'을 의미하는 「格付け」는 1번의 문장에서 바르게 사용되었고, 그 외 2번은 「構成(구성)」, 3번은 「自慢(자랑)」 4번은 「予想(예상), 予感(예감)」으로 바꾸면 올바른 문장이 된다.

---

22 ほのめかす

1 あの政治家は自分に非はないと、ほのめかしてはばからない。

2 彼はそんな約束した覚えはないとほのめかした。

3 彼は思いがけない質問にほのめかしてしまった。

4 参加者の何人かが反対の意向をほのめかした。

정답 **4** 참가자 중 몇 명인가가 반대의 의향을 내비쳤다.

어휘 政治家 정치가 | 非 잘못, 결점 | ほのめかす 넌지시 비추다, 암시하다 | ~てはばからない ~함에 거리낌이 없다 | 結果 결과 | 覚え 기억 | 思いがけない 의외이다, 뜻밖이다 | 参加者 참가자 | 意向 의향

해설 '넌지시 비추다'의 뜻인 「ほのめかす」를 가장 적합하게 사용한 문장은 4번이다. 그 외, 1번은 「公言する(공언하다)」, 2번은 「言い張る(끝까지 주장하다)」, 3번은 「口ごもる(머뭇거리다)」로 바꾸면 올바른 문장이 된다.

---

23 みるみる

1 転覆した船はみるみる海に沈んでしまった。

2 あの新婚さんはみるみるにも幸せそうだ。

3 綿のような雲がみるみる浮かんでいる。

4 雪道にきつねのものらしい足跡がみるみる続いている。

정답 **1** 전복된 배는 순식간에 바다에 가라앉아 버렸다.

어휘 転覆 전복 | 船 배 | みるみる 순식간에, 삽시간에 | 沈む 가라 앉다 | 新婚 신혼 | 幸せ 행복 | 綿 면, 솜 | 雲 구름 | 雪道 눈길 | きつね 여우 | 足跡 발자국

해설 「みるみる」는 '순식간에, 금새' 라는 의미로 가장 적당하게 사용된 문장은 1번이고, 그 외 2번은 「よそ目(남의 눈)」, 3번은「ふわりと(두둥실)」, 4번은 「点点と(드문드문, 띄엄띄엄)」로 바꾸면 올바른 문장이 된다.

---

24 物心

1 物心にとらわれ、相手への思いやりがない。

2 物心ついたときから両親は仲が悪かった。

3 遊んでばかりいると物心が低下する。

4 彼は物心が早いから話がすぐに通じる。

정답 **2** 철이 들 무렵부터 부모님 사이가 나빴다.

어휘 物心(ものごころ) 철, 분별성 | とらえる 사로잡히다 | 思(おも)いやり 배려 | 両親(りょうしん) 양친, 부모 | 低下(ていか) 저하 | 通(つう)じる 통하다

해설 「物心(ものごころ)が付(つ)く」는 '철이 들다, 세상물정을 알다' 라는 의미이며, 그에 맞게 사용된 문장은 2번 문장이다. 1번은 「物欲(ぶつよく)(물욕)」, 3번은 「学力(がくりょく)(학력)」, 4번은 「頭(あたま)の回転(かいてん)(머리 회전)」로 바꾸면 올바른 문장이 된다.

---

25 互角(ごかく)

1 両チームの互角のプレーで見ごたえのある試合だった。

2 丸木の上で体の互角を保つのはむずかしい。

3 二つの角が等しい三角形は互いに互角である。

4 癌は食べ物と互角なつながりがあると言われている。

정답 **1** 양팀의 막상막하의 경기로 볼만한 시합이었다.

어휘 互角(ごかく) 호각, 막상막하, 엇비슷함 | 見(み)ごたえ 볼 만한 가치 | 試合(しあい) 시합 | 丸木(まるき) 통나무 | 保(たも)つ 유지하다, 지키다 | 角(かど) 모서리, 모퉁이 | 等(ひと)しい 같다, 동등하다 | 三角形(さんかくけい) 삼각형 | 互(たが)いに 서로 | 癌(がん) 암 | つながり 이어짐, 관계

해설 「互角」은 '호각, 막상막하'의 의미로 가장 적합하게 사용된 문장은 1번이며, 2번은 「均衡(きんこう)(균형), バランス(밸런스)」 3번은 「相似(そうじ)(서로 닮음)」, 4번은 「密接(みっせつ)(밀접)」로 바꾸면 올바른 문장이 된다.

문제 5 다음 문장의 (　　　) 안에 들어갈 것으로 가장 적당한 것을 1 · 2 · 3 · 4에서 하나 고르세요.

26 お世話になった田中さんの頼み（　　　）断るわけにはいかない。

1 とあっては　　2 にあって　　3 をおいて　　4 において

정답 **1** 신세진 다나카 씨의 부탁이라면 거절할 수가 없다.

어휘 お世話(せわ) 신세 | 頼(たの)み 부탁 | 断(ことわ)る 거절하다 | ～わけにはいけない ~할 수 없다,

해설 「～とあっては」는 '~라면' 이라는 의미로 문맥 해석상 가장 적합하며, 그 외 「～にあって(~에 있어서)」, 「～をおいて(~을 제외하고)」, 「～において(~에 있어서, ~에서)」이다.

---

27 （　　　）君の言うことが事実だとしても弁解にはならない。

1 しょせん　　2 おそらく　　3 かりに　　4 どうやら

정답 **3** 가령 너의 말이 사실이라고 하더라도 변명이 될 수 없다.

어휘 事実(じじつ) 사실 | ～としても ~라고 해도 | 弁解(べんかい) 변명

해설 문맥 해석상 「かりに(만일, 임시로)」가 오는 것이 적당하다. 그 외 「しょせん(어차피)」, 「おそらく(아마도)」, 「どうやら(아무래도)」이다.

---

28 引越し祝いに友人からトイレットペーパーと洗剤をたくさんもらったので、この先一年ぐらいは（　　　）。

1 買わないわけではない　　2 買わずにすませた

3　買わずにはすまないだろう　　　　4　買わなくてもすみそうだ

정답 **4** 이사 축하 선물로 친구에게 화장지와 세제를 많이 받았기 때문에 앞으로 1년 정도는 사지 않고 해결될 것 같다.

어휘 引越し祝い 이사 축하 선물 | トイレットペーパー 화장지 | 洗剤 세제

해설 「済む」는 '해결된다, 끝나다'라는 자동사로 양태 「そうだ」가 붙어 「すみそうだ(~해결(끝)날 것 같다)」라는 의미가 되어 문맥 해석이 자연스러워진다. 그 외 선택지 1번은 '사지 않는 것도 아니다(살 수도 있다)' 2번은 '사지 않고 해결했다', 3번은 '사지 않으면 안 될 것이다'라고 해석된다.

---

29 (家で)

妻「本当にこのボタンを押せばいいの？押しても動かないよ。」

夫「説明書によると、それでいい（　　　）変だなあ。」

妻「組み立てる時、どこか、壊れたんじゃない。」

1　はずなんだけど　　　　2　に決まっているけど

3　に違いないけど　　　　4　ものなんだけど

정답 **1** (집에서)

아내 "정말 이 버튼을 누르면 되는 거야? 눌러도 움직이지 않아"

남편 "설명서에 의하면 그렇게 하면 될 텐데 이상하네"

아내 "조립할 때 어딘가 망가진 거 아냐?"

어휘 押す 누르다 | 動く 움직이다 | 説明書 설명서 | 組み立てる 조립하다 | 壊れる 부서지다, 망가지다

해설 「はずだ」와 「に違いない」는 화자가 확신하고 있는 사항을 표현할 때 사용한다. 「はずだ」는 논리나 기본지식의 근거하여 얻어진 확신을 나타내는 것이 기본인 것에 대해, 「に違いない」는 직감적인 확신도 표현할 수가 있다. 때문에 보기 문장처럼 사고결과의 확신과 현실이 어긋날 때에는 「はずだ」 밖에 사용할 수가 없다. 2번의 「に決まっている(~반드시 그러할 것이다)」는 「に違いない」의 구어체적인 표현이다. 4번 「ものなんだけど(~인(한) 것인데)」는 상식, 본성의 당연함을 나타내기 때문에 정답은 1번이 된다.

---

30 ずいぶん（　　　）が、お元気でいらっしゃいますか。

1　寒くなっておりました　　　　2　寒くなってまいりました

3　寒いものと思われます　　　　4　寒いことと存じます

정답 **2** 꽤 추워 졌습니다만, 건강하십니까?

어휘 ずいぶん 꽤, 상당히

해설 이 문장은 무생물(자연, 시간 등)이 주어(날씨)인 경우인데, 2번의 「寒くなってまいりました」는 겸양표현이 아닌 '추워 졌다'를 정중하게 표현한 문장이다.

---

31 みんなは鈴木部長を若すぎて頼りないと言うが、彼の行動力はそう（　　　）。

1　見くびったものでもない　　　　2　見くびったことはない

3　見くびるものではない　　　　4　見くびることではない

정답 **1** 모두 스즈키부장을 너무 젊어서 미덥지 못하다라고 하지만 그의 행동력은 그렇게 얕볼 게 못된다.

어휘 頼りない 믿을(기대할) 수 없다, 미덥지 못하다 | 行動力 행동력 | 見くびる 업신여기다, 얕보다, 깔보다(1그룹동사)

해설 「동사た形＋ものでもない」는 '~한(인) 것도 아니다'이며, 내포된 의미는 '(그렇게) 나쁘지 않다'가 된다. 「見くびっ

たものでもない」는 '얕볼 것도 아니다' 즉 '얕볼 게 못된다'로 해석 된다.

---

32 政府の発表によると、今年は消費税の引き上げはないと（　　　）。

1　みえます　　2　みます　　3　みられています　　4　されています

정답 4 정부의 발표에 의하면, 올해는 소비세의 인상은 없다고 한다.

어휘 政府 정부 | 発表 발표 | 消費税 소비세 | 引き上げ 인상

해설 「~によると(~에 의하면)」이 앞부분에 나와서 자연스런 연결은 전문형태가 오는 것인데, 전문과 인용의 뜻을 지닌 표현은 「~とされる(~라고 한다)」이며, 4번이 답으로 적당하다. 1번의 「~とみえる」는 '~인 것 같다'의 의미로 추측한 것을 진술할 때 사용한다.

---

33 このあいだ、母にひどいことを言ってしまったことが（　　　）ならない。

1　悔やまれて　　2　悔やんで　　3　悔やまされて　　4　悔やませて

정답 1 요전에 엄마에게 심한 말을 해버린 것이 너무나도 후회된다.

어휘 悔やむ 후회하다 | ~てならない 아주~하다

해설 「~てならない(너무~하다)」는 어떤감정이나 감각이 자연스럽게 생겨나 스스로는 억제할 수 없는 상태임을 나타내며, 「~てならない(너무~하다)」 앞에는 「悔やむ(후회하다)」처럼 감정이나, 감각, 욕구를 나타내는 표현이 쓰인다. 그리고 문맥상 '후회된다'가 적당하기 때문에 「悔やむ(후회하다)」의 수동 「悔やまれる(후회되다)」를 활용하면 「悔やまれてならない(후회돼 미치겠다)」가 된다.

---

34 映画好きの従兄弟に（　　　）、この映画は内容と音楽が見事に調和して素晴らしい作品だという話だ。

1　言われると　　2　言うと　　3　言わされると　　4　言わせると

정답 4 영화 좋아하는 사촌의 말에 의하면 이 영화는 내용과 음악이 훌륭하게 조화된 멋진 작품이라고 한다.

어휘 従兄弟 사촌 | 映画 영화 | 見事 훌륭함 | 調和 조화 | 素晴らしい 멋지다 | 作品 작품

해설 「~に言わせると」는 직역하면 부자연스럽기 때문에 주어가 타인일 경우에는 '~의 말에 의하면'으로, 주어가 자신일 경우에는 '내 생각을 말한다면'으로 해석된다.

---

35 (会社で)

山田「とても明日までには終わりそうにないんですけど。」

三浦「いや、やる気があれば（　　　）。」

1　できるわけではありませんよ　　2　できなくもありませんよ

3　できるというものではありませんよ　　4　できないでは済まされませんよ

정답 2 (회사에서)

야마다 "도저히 내일까지는 끝날 것 같지 않은데요."

미우라 "아뇨, 의지만 있다면 못할 것도 없어요."

어휘 とても~ない 도저히 ~않다 | やる気 의욕, 의지

해설 문맥 해석상 2번의 「~なくも(は)ない (=~ないことはない)」'~하지 않는 것도 아니다, ~이(가) 아닌 것도 아니다'인 소극적인 이중부정의 긍정표현이 답으로 적당하며, 그 밖에도 소극적 이중부정의 긍정표현에는 「~ないものでもない」, 「~ないわけではない」가 있다.

문제 6 다음 문장의 __★__ 안에 들어갈 가장 적당한 것을 1・2・3・4에서 하나 고르세요.

36 このたび、わが社の ＿＿＿ ＿＿＿ ＿★＿ ＿＿＿ に堪えません。

1 まことに遺憾　　2 引き起こしましたことは
3 監督不行き届きから　　4 このような大事故を

정답 2 이번 우리 회사의 감독소홀에 의해 이러한 큰 사고를 일으킨 것은 대단히 유감스럽습니다.

올바른 문장 このたび、わが社の監督不行き届きからこのような大事故を引き起こしましたことはまことに遺憾に堪えません。

어휘 遺憾(いかん) 유감 | 引(ひ)き起(お)こす 일으키다, 발생시키다 | 監督不行(かんとくふゆ)き届(とど)き 감독 소홀

해설 「～に堪(た)えない」가 감정을 나타내는 명사에 접속 되면 '아주(대단히)~하다'로 감정을 강조하게 되므로 1번은 마지막 자리에 오면 되고 나머지는 문맥 해석에 따른 순서로 가면 된다.

---

37 あの人はあたかも ＿＿＿ ＿★＿ ＿＿＿ ＿＿＿ ふるまっている。

1 が　　2 ごとく
3 自分のものである　　4 世の中のすべてが

정답 3 저 사람은 마치 세상의 모든 것이 자신의 것처럼 행동하고 있다.

올바른 문장 あの人はあたかも世の中のすべてが自分のものであるがごとくふるまっている。

어휘 あたかも 마치, 흡사 | 世(よ)の中(なか) 세상 | ふるまう 행동하다, 대접하다

해설 「～ごとく」가 중심 문형이며, '~같이, ~처럼'의 뜻으로 접속형태는 「명사 / 명사+であるが(の) or かの / ナ형용사+である(が)の or かの / 동사사전형・동사た形+(が)or (かの)＋ごとく: ~같이 / ごとき: ~같은/ごとし: ~같다」이다. 나머지는 내용 흐름에 따른 순서가 된다.

---

38 合唱は ＿＿＿ ＿★＿ ＿＿＿ ＿＿＿ 代えがたい美しさがある。

1 それがひとつになった時に生まれる　　2 ともすれば
3 ハーモニーには何物にも　　4 声がばらばらになりがちだが

정답 4 합창은 자칫하면 소리가 제각각이 되기 십상이지만 그것이 하나가 되었을 때 나오는 하모니에는 무엇과도 바꿀 수 없는 아름다움이 있다.

올바른 문장 合唱はともすれば声がばらばらになりがちだが、それがひとつになったときに生まれるハーモニーには何物にも代えがたい美しさがある。

어휘 合唱(がっしょう) 합창 | ともすれば 자칫하면, 걸핏하면 | ばらばら 뿔뿔이, 제각기 다른 모양 | ～がちだ 하기 십상이다, ~하는 경향이 있다 | ハーモニー 하모니 | 代(か)えがたい 바꿀 수 없다, 대신 할 수 없다

해설 우선 '자칫하면'이라는 의미의 부사로 사용된「ともすれば」를 파악했다면 그 다음은 문맥 해석 순서로 놓으면 된다.

---

39 テレビを買う場合は ＿＿＿ ＿＿＿ ＿★＿ ＿＿＿ 確かめてから買ったほうがいい。

1 それを　　2 古いのを　　3 ということだから　　4 下取りしてくれる

정답 3 텔레비전을 살 경우는 오래된 것을 보상판매해 준다고 하니까 그것을 확인하고 나서 사는 편이 좋다.

올바른 문장 テレビを買う場合は古いのを下取りしてくれるということだからそれを確かめてから買ったほうがいい。

어휘 下取(したど)り 보상판매 | ～ということだ ~라고 한다 | 確(たし)かめる 확인하다

해설 문맥 해석 문제로 선택지에 나온 어휘의 뜻만 알면, 내용 흐름에 따라 나열하면 된다.

---

40 中小の製造業(せいぞうぎょう)では人手不足の解消や生産向上を図るため ＿＿ ＿＿ ★ ＿＿ ことなどから導入は進んでいないということだ。

1 専門知識を持った　　2 ロボットの導入を検討している

3 企業が多いものの　　4 人材が不足している

정답 1 중소 제조업에서는 인력부족의 해소와 생산 향상을 꾀하기 위해 로봇의 도입을 검토하고 있는 기업이 많지만, 전문지식을 가진 인재가 부족한 것 등의 이유로 도입은 진행되지 않고 있다고 한다.

올바른 문장 中小の製造業では人手不足の解消や生産向上を図るためロボットの導入を検討している企業が多いものの専門知識を持った人材が不足していることなどから導入は進んでいないということだ。

어휘 製造業(せいぞうぎょう) 제조업 | 人手不足(ひとでぶそく) 인력부족 | 解消(かいしょう) 해소 | 生産性(せいさんせい) 생산성 | 図(はか)る 도모하다, 꾀하다 | 導入(どうにゅう) 도입 | 検討(けんとう) 검토 | 専門知識(せんもんちしき) 전문지식 | 企業(きぎょう) 기업

해설 「~ものの」는 '~(이)지만'이라는 의미의 역접을 나타내는 문형으로, 그 다음은 문맥 해석의 흐름대로 나열하면 된다.

문제 7 다음 문장의 **41** ~ **45** 안에 들어갈 것으로 가장 적당한 것을 1 · 2 · 3 · 4에서 하나 고르세요.

来年から使用される中学校の教科書に「イクメン」という造語が盛り込まれることになった。「イクメン」とは、「育児をするメンズ(男性)の略語であって、単に育児中の男性というだけでなく、 **41** 育児休暇を取得するなど、子育てを積極的に行う男性や育児を楽しみ、みずからも成長しようとする男性または、将来的に **42** と考える男性のことを意味する。「イケメン」をもじって作られた「イクメン」であるが、その内容は決して、軽くない。今までは、出産後、女性が引き続き子育てをするのが一般的であって、子育ては否応なしにいつも女性の仕事であった。これに対して最近、男性が育児休暇を取って、子育てを行う男性がすこしずつ増えつつあり、こういった男性を褒め称えることばとして生まれたのが「イクメン」である。 **43** 、日本における事実上の数は少ないのが現状である。

世界的に見ても日本の男性の育児休暇取得率は約1.23%と極めて低い。そこで、厚労省は「子育て中の働き方の見直し」や「父親も子育てできる働き方の実現」といった改正点を新たな育児・介護休暇法に盛り込むことで男性の育児休暇取得率を10%引き上げることを目標としている。

これ **44** 「イクメン」を支援する企業がどんどん増えれば、女性のライフスタイルや子供を取り巻く環境、家族のあり方が変わり、ひいては会社や社会にもプラス変化をもたらすことになると考えられる。これから、日本では美しい容姿の「イケメン」より、エプロンをかけ、子供を抱っこしてミルクを飲ませる「イクメン」のほうが脚光を **45** 。

내년부터 사용되는 중학교 교과서에 '이쿠맨'이라는 조어가 포함되게 되었다.
'이쿠맨'이란 '육아를 하는 남성의 준말로, 단순히 육아 중인 남성이라는 것뿐만 아니라 자진해서 육아 휴가를 취득하는 등, 육아를 적극적으로 하는 남성이나 육아를 즐기며 스스로도 성장하고자 하는 남성 또는 미래에 그렇게 되고 싶다고 생각하는 남성을 의미한다. '이케맨(꽃미남)'을 패러디 해서 만들어진 '이쿠맨'이지만, 그 내용은 결코 가볍지 않다. 지금까지는 출산 후 여성이 계속해서 육아를 하는 것이 일반적이고, 육아는 싫든 좋든 항상 여성의 일이었다. 이것에 대해 최근 남성이 육아 휴직을 내고, 육아를 하는 남성이 조금씩 늘어가고 있으며, 이러한 남성을 칭송하는 말로 생겨난 것이 '이쿠맨'이다. 그러나 일본에 있어서 사실상의 수는 적은 것이 현상이다. 세계적으로 봐도 일본 남성의 육아 휴직 취득률은 약 1.23%로 매우 낮다. 그래서 후생성은 '육

아 중의 노동 방식의 재검토'와 '아버지도 육아를 할 수 있는 노동 방식의 실현' 이라는 개정 사항을 새로운 육아 · 간호 휴가법에 포함시킴으로써 남성의 육아휴직 취득률을 10%인상하는 것을 목표로 하고 있다.

이로 인해 '이쿠맨'을 지원하는 기업이 점점 늘어난다면, 여성의 라이프 스타일이나 아이를 둘러싼 환경, 가족의 모습이 변해 나아가서는 회사나 사회에도 플러스 변화를 가져오게 될 거라고 여겨진다. 앞으로는 일본에서는 아름다운 용모의 '이케맨'보다 앞치마를 하고 아이를 안고 우유를 먹이는 '이쿠맨' 쪽이 각광을 받게 될 것이다.

어휘 造語 조어 | 盛り込む 담다, 포함시키다 | 育児 육아 | 略語 생략어 | 単に 단순히 | 休暇휴가 | 取得 취득 | 子育て 육아 | 積極的 적극적 | みずから 스스로 | 将来的 상래석 | もじる 비틀다, 패러디 하다 | 出産 출산 | 引き続く 뒤를 잇다, 잇따르다 | 否応なしに 마지못해, 싫든 좋든 | ～つつある ~하고 있다 | 褒め称える 칭송하다, 기리다 | 現状 현상 | 極めて 매우 | 厚労省 후생노동성 | 実現 실현 | 改正点 고칠 점(개정 점) | 介護 간호, 간병 | 引き上げる 인상하다 | 目標 목표 | 支援 지원 | 取り巻く둘러싸다 | 環境 환경 | あり方 (바람직한) 모습(자세) | ひいては 나아가서는 | 容姿 용모, 외모 | イケメン 꽃 미남 | 抱っこする 안다 | 脚光を浴びる 각광을 받다

41 1 しいて 2 あらためて 3 こだわって 4 すすんで

정답 4

해설 바로 앞의 내용인 '육아를 하는 중인 남성'보다 좀더 적극적인 표현이 오거나 그와 같은 내용이 와야 뒤에 따라 나오는 '육아에 적극적이고 즐기는 남성'과 자연스럽게 이어지므로 '자진해서'라는 뜻의「すすんで」가 오는 것이 적당하다.

42 1 しないではではすまない 2 そうありたい 3 せざるを得ない 4 そうしてほしい

정답 2

해설 육아에 적극적인 남성의 '적극적이고, 즐기고, 성장하려 하는' 내용을 그대로 이어가고 있기 때문에 '미래에 그렇게 되고 싶어 하는 남성'이 오는 것이 가장 자연스럽다.

43 1 それゆえに 2 これとともに 3 とはいえ 4 それはさておき

정답 3

해설 접속사를 묻는 문제 이며, 앞의 내용에서는 '육아휴직을 내는 남성이 늘어가고 있다'이고 괄호 뒤의 문장에서는 '세계적인 추세로 볼 때는 육아 휴직 취득률이 매우 낮다'라는 역접의 내용이 나오므로「とはいえ(그러나, 그렇다고는 하지만)」가 오는 것이 적합하다.

44 1 を受けて 2 にもまして 3 にひきかえ 4 をおいて

정답 1

해설 앞 문장은 '후생노동성이 육아 취득률을 10%로 올리는 것을 목표로 하고 있다'는 내용이고, 그 다음에 이어지는 것은 '그런 노력으로 인해 변화될 모습'을 예상하고 있는 내용이므로「これを受けて(이로 인해)」가 오는 것이 자연스럽다.

45 1 浴びるだけのことはあるだろう 2 浴びることになるだろう
3 浴びられるとは限らない 4 浴びられるに決まってる

정답 2

해설 전체적으로 '이쿠맨'을 권장하는 내용이었기 때문에 앞으로 '이케맨'보다 '이쿠맨'이 더 주목받게 되리라는 것을 예상할 수 있으므로 추량 표현과 함께 쓰인 '각광받게 될 것이다'가 답으로 적당하다.

문제 8 다음 (1)에서 (4)의 문장을 읽고, 다음 물음에 대한 답으로 가장 적당한 것을 1 · 2 · 3 · 4에서 하나 고르세요.

(1)
운과 노력의 관계란 재미있는 것입니다. 스스로가 제대로 노력해서 야심과 노력이 잘 돌아가면, 운이라는 커다란 바퀴가 드르륵 하고 돌아가기 시작하는 겁니다. 한번 야심과 노력의 요령을 터득하면 생활방식도 인생도 싹 바뀝니다.
그러나 운이란, 본인의 기분이나 노력하기 나름이라는 단순한 것이라고는 나는 생각하지 않습니다. 이것은 정말 신기하게도, 좀 더 큰 부분, 인간의 힘이 미치지 않는 부분에 있는 힘이 작용하고 있는 것이라고 생각하고 있습니다.

어휘 運(うん) 운 | 努力(どりょく) 노력 | 野心(やしん) 야심 | 輪(わ) 바퀴 | ガラガラ 드르륵 | コツをつかむ 요령을 파악하다 | ガラリ 싹(어떤 상태가 변화는 모양) | 次第(しだい) 나름 | 単純(たんじゅん) 단순 | 不思議(ふしぎ) 이상함

46 이 문장에서 필자가 말하고 있는 것은 무엇인가?
1 훌륭한 것을 동경하고, 이상을 구하며 노력하면 반드시 운이 트인다.
2 괴로워도 끝까지 참고 포기 하지 않고 노력을 계속하면 언젠가 운이 트인다.
3 항상 현재 상황보다 위로 가는 것을 목표로 하는 기분과 노력이 없으면 운이 트이지 않는다.
4 열심히 성실히 분발해서 노력을 계속해도 종교심이 없으면 운이 트이지 않는다.

정답 3

해설 '운과 노력의 관계에서 야심이 더해지면 운이 잘 돌아가며, 또한 운이란 인간이 미치지 못하는 힘이 작용하고 있다' 라는 본문의 내용과 가장 가까운 것은 '야심'을 '현재 상황보다 위로 가는 것을 목표로 하는 기분'으로 바꿔 표현하여 '야심+노력이 없으면 운은 열리지 않는다'고 한 3번 문장이다.

(2)
주식회사 기무라 코포레이션
영업부 야마구치 사토시 님
매번, 후원해 주셔서 감사합니다.
다름이 아니라 일전에 전화로 의뢰해 주신 폐사(저의 회사) 제품 RM-1의 견본을 금일 발송해 드렸습니다.
이 제품은 종래의 것에 비해 품질의 현격한 향상에 성공했다고 자부하고 있습니다.
잘 검토하신 후에 부디 주문해 주시길 부탁드리겠습니다.
또한, 불분명한 점이 있으시면, 기탄없이 알려 주십시오.
앞으로도 모쪼록 잘 부탁드리겠습니다.

어휘 株式会社(かぶしきがいしゃ) 주식회사 | 引き立て(ひきたて) 특별히 돌봐줌, 후원 | 依頼(いらい) 의뢰 | 弊社(へいしゃ) 폐사(자기회사를 낮춘 말) | 製品(せいひん) 제품 | 見本(みほん) 견본 | 発送(はっそう) 발송 | 従来(じゅうらい) 종래 | 品質(ひんしつ) 품질 | 格段(かくだん) 현격함 | 自負(じふ) 자부 | 検討(けんとう) 검토 | 是非(ぜひ) 아무쪼록 | 用命(ようめい) 분부(하명), 주문(함) | 賜る(たまわる) 윗사람에게서 받다(내려주시다) | 不明(ふめい) 불명(확실 하지 않음) | 遠慮(えんりょ) 사양함, 꺼림 | 一報(いっぽう) 일보(알림) | 愛顧(あいこ) 애고

47 이 메일에서 가장 전하고 싶은 것은 무엇인가?
1 이전의 제품보다도 품질 높은 것이 제품화 되었기 때문에 꼭 주문 바란다는 것
2 구입의뢰가 있었던 상품을 오늘 보내므로, 불분명한 점이 있으면, 연락 바란다는 것
3 새로운 제품 견본을 보내므로, 종래 제품과 비교 검토 바란다는 것
4 의뢰가 있었던 제품 견본을 보내므로, 꼭 구입을 생각해 보길 바란다는 것

정답 4

해설 메일의 가장 큰 목적을 묻는 문제로, 이 글의 주된 내용은 '의뢰 받은 회사에 제품의 견본을 보냈으니 확인하고 주문(구매) 하기를 바라는'것이므로 4번이 가장 적합하다.

---

(3)

'애매'해서는 안 된다는 것은, 몸을 옷으로 감춰서는 안 된다고 하는 것과 같은 것이다. (생략)

노골적으로 드러내는 말은 너무나 실례가 된다. 그에 적합한 옷차림을 하게 한다. 아플리케 하나라도 덧붙이는 것은 세련된 언어의 감각이다. 이 점, 일본은 아마 어느 나라에도 지지 않을 전통을 가지고 있다. (생략) 애매함은 말의 꽃이다. 완곡함은 문화의 매너이다.

우리들은 긍지를 가지고, 애매한 말을 사용하며 가슴펴고 당당하게 알기 어려운 말을 사용해도 된다.

'거침없이 본심을 말하거나' 하는 것은 경박하다. 분별없는 짓이다.

어휘 曖昧(あいまい) 애매 | 着物(きもの) 기모노(일본 옷) | あからさまに 노골적으로 | むき出(だ)し 드러냄 | いかにも 정말이지, 매우 | しかるべき 그에 적합한(합당한, 걸맞은) | 装(よそお)い 옷차림, 치장 | アプリケ 아플리케(수예의 한 종류, 바탕원단에 레이스등을 덧붙이는 기법) | 添(そ)える 첨부하다, 곁들이다 | 洗練(せんれん) 세련 | 感覚(かんかく) 감각 | おそらく 아마도 | 伝統(でんとう) 전통 | 婉曲(えんきょく) 완곡 | 文化(ぶんか) 문화 | マナー 매너 | 誇(ほこ)り 자랑, 긍지 | ぼかす 애매하게 말하다, 얼버무리다 | ずばり 바로, 정확히 | はしたない 상스럽다, 버릇없다, 경박하다

48 이 문장에서 필자가 말하고 싶은 것은 무엇인가?

1 애매한 말투는 요점을 이해하기 어렵고 상대에 대해 실례되므로 사용해서는 안 된다.

2 애매한 말투는 일본의 훌륭한 예의라고도 할 수 있는 표현법이므로 망설이지 말고 사용하면 된다.

3 진심을 정확히 말하지 않는 것은 자신의 진정한 마음을 감추고 있어 친밀함을 느낄 수가 없다.

4 진심을 정확히 말하지 않는 것은 아직 대답을 정할 수 없는 것을 꾸미고 있는 것에 지나지 않는다.

정답 2

해설 주제를 묻는 문제로 '애매함이 안 된다는 것은 옷을 입어서는 안 된다는 것과 마찬가지이며, 애매함은 일본문화의 매너이기 때문에 당당히 사용해도 되고 그대로 드러내는 말은 천박하다'라는 내용이 주이며, 본문에서의 '문화의 매너'를 '훌륭한 예의'로 '가슴을 펴고(당당히)'를 '망설이지 말고'로 바꿔 표현한 2번이 정답으로 적당하다.

---

(4)

일본인의 전직에 의한 이동성이 적은 것은 곧잘 '집단주의' 라든가, 회사에 대한 '충성심' 등으로 설명되거나 하지만, 그것은 오히려 (생략) 일본인 개개인을 둘러싼 사회적 조건에 대해 개개인의 선택의 결과 생겨나는 현상으로 봐야 하고, 일본인이 다른 나라 사람들보다 천성적으로 그러한 경향을 현저하게 가지고 있는 특수민족이다 등으로 생각하는 것은 합당하지 않다.

즉, 개인이 동일한 회사에 머무는 것은 회사에 대한 충성심 따위라기보다도 사회적 손실이 전직했을 경우 개인에게 있어서 얼마나 큰지를 알 수 있기 때문이다.

어휘 転職(てんしょく) 전직 | 移動性(いどうせい) 이동성 | 集団主義(しゅうだんしゅぎ) 집단주의 | 忠誠心(ちゅうせいしん) 충성심 | 個々人(ここじん) 개개인 | 条件(じょうけん) 조건 | 選択(せんたく) 선택 | 結果(けっか) 결과 | 現象(げんしょう) 현상 | 生来(せいらい) 타고난, 선천적으로 | 傾向(けいこう) 경향 | 顕著(けんちょ)に 현저히 | 特殊(とくしゅ) 특수 | 民族(みんぞく) 민족 | 当(とう)を得(え)る 정당(합당)하다 | ~にとどまる ~에 머물다(그치다) | 損失(そんしつ) 손실 | 察知(さっち) 찰지(헤아려 앎)

49 필자는 이 문장에서 일본인의 전직이 적은 이유는 무엇이라고 말하고 있는가?

1 일본인은 회사에 대해서 가정 같은 집단 의식이 있기 때문에

2 일본인은 회사에 대해서 종속적인 강한 충성심이 있기 때문에
3 일본인은 전직하면 신분, 입장 등에 마이너스가 생길 거라고 생각하고 있기 때문에
4 일본인은 선천적으로 이직 등 환경을 바꾸는 것을 좋아하지 않기 때문에

정답 3

해설 일본인의 전직이 적은 이유를 묻는 문제이며, 본문 내용의 마지막 부분에 '전직을 하면 개인에게 있어서 사회적인 손실이 얼마나 큰지를 알고 있다'라고 그 이유가 나와 있으며, '사회적 손실'을 '신분, 입장 등의 마이너스'로 표현하고 있는 3번이 정답으로 적당하다.

1교시 독해

문제 9 다음 글을 읽고 물음에 대한 답으로서 가장 적당한 것을 1・2・3・4 에서 하나 고르세요.

(1)
일본 국내에서는 '안전신화는 붕괴되었다' '일본은 범죄가 많은 위험한 나라가 되었다' 라고 일컬어 질 때가 많습니다만, 여러 외국과 비교하면 일본은 세계에서 가장 안전한 나라에 속하고 있습니다. 범죄 발생률은 OECD 34개국 중 아래에서 두번째입니다. (생략) 일본의 범죄 발생률이 최하위가 아닌 것은 절도가 많기 때문이지만, 일본의 절도의 대부분은 자전거 도둑입니다.
도난 당한 자전거의 대부분은 원래의 주인에게 되돌아온다고 합니다. 자전거 도둑이라고 해도 대부분은 무단으로 잠깐 빌리는 정도인데 경찰에 신고하면 엄연한 절도사건이 되므로 발생률로서는 꽤 높은 것이 되었습니다. 이러한 범죄에 관해서도 일본은 세계제일로 단속이 엄격하다는 것을 나타내고 있다고도 말 할 수 있겠지요.
일본에서는 근래 흉악범죄가 다발하고 있다고 일컬어지는 일도 자주 있지만, 사실은 그렇지 않습니다. '범죄백서' 등의 연차 통계를 봐도 분명히 해마다 감소 추세에 있는 것이 사실입니다. 현재의 특징적인 것은 '이제까지 생각 할 수 없었던 사건' (이른바 '가정 내 살인' 등)이 소수이지만 일어나게 되었다는 것입니다. 그것은 흉악범죄에 국한되지 않고 '오레오레 사기' 등 새로운 수법의 범죄에 대해서도 말할 수 있는 것입니다.
매스컴에서 그러한 쇼킹한 범죄사건이 반복하여 보도되면 일본은 언제 무엇이 일어날지 모르는 위험한 나라가 되어버렸다는 기분에 빠지기 십상입니다.

어휘 安全(あんぜん) 안전 | 神話(しんわ) 신화 | 犯罪(はんざい) 범죄 | 危険(きけん) 위험 | 属(ぞく)する 속하다 | 最下位(さいかい) 최하위 | 窃盗(せっとう) 절도 | 自転車泥棒(じてんしゃどろぼう) 자전거 도둑 | 大半(たいはん) 대부분 | 持(も)ち主(ぬし) 주인 | 無断(むだん) 무단 | 寸借(すんしゃく) 잠깐 빌림 | 程度(ていど) 정도 | 届(とど)ける 신고하다 | 軽微(けいび) 경미함 | 取(と)り締(し)まり 단속 | 凶悪(きょうあく) 흉악 | 年次(ねんじ) 연차 | 統計(とうけい) 통계 | 明(あき)らかに 분명히 | 年々(ねんねん) 해마다 | 減少(げんしょう) 감소 | 特徴(とくちょう) 특징 | 殺人(さつじん) 살인 | 少数(しょうすう) 소수 | ~に限(かぎ)らず ~에 한하지 않고 | オレオレ詐欺(さぎ) 오레오레사기(전화금융사기) | 手口(てぐち) 수법 | マスコミ 매스컴 | ショッキング 쇼킹 | 繰(く)り返(かえ)す 반복하다 | 報道(ほうどう) 보도 | 陥(おちい)る 빠지다

50 자전거 도둑에 관해서 필자는 어떻게 말하고 있습니까?
1 도둑질 한 사람은 훔친다기보다는 잠시 빌리는 정도로 생각하고 있을 때가 많다.
2 일본인은 고가의 자전거를 가지고 있는 사람이 많기 때문에 표적이되기 쉽고 건수가 많다.
3 가벼운 범죄이므로 경찰은 도난 사건으로 취급하지 않고 반환을 기다리도록 권고하고 있다.
4 도난 당했다기보다 경찰이 위반으로 자전거를 세워 두는 것을 엄격하게 단속해서 철거하고 있는 것이다.

정답 1

해설 두 번째 단락에서 '자전거 도둑은 잠깐 빌리는 정도이고 대부분 원래의 주인에게 되돌아가는 경미한 범죄'라고 나와 있으며, 1번이 정답으로 가장 적당하다.

51 일본은 언제 무엇이 일어날지 모른다고 여겨지는 것은 왜인가?

1 범죄 예방을 목적으로 과거에 있었던 사건의 보도가 지금도 반복되고 있기 때문에

2 보도 기관은 전례 없는 사건이 발생하면 연일 몇 번이나 보도를 계속하기 때문에

3 보도 기관은 작은 사건도 모두 거론해서 여러 가지 주의를 당부하고 있기 때문에

4 다수의 방송국이 하나의 사건을 다른 해석으로 다른 사건처럼 보도하기 때문에

정답 2

해설 제시 문장의 이유를 찾는 문제며, '일본에서의 흉악 범죄가 다발하고 있다고 하지만 통계로는 범죄는 매년 줄고 있고, 그 특징이 지금까지 생각지 못했던 사건이나 새로운 수법의 사건이 적지만 일어나고 있어 매스컴에서 이러한 사건을 반복 보도 하기 때문'이라고 했다. '지금까지 생각지 못한 사건'을 '전례가 없는 사건'으로 유사하게 표현한 2번이 정답으로 적당하다.

52 필자는 일본의 범죄를 어떻게 파악하고 있는가?

1 대부분은 작은 사건이고, 세계에서 제일 안전하다고 해도 과언이 아니다.

2 과거에는 없었던 새로운 형태의 범죄가 잇달아 일어나고 있어 위험하다.

3 과거에는 없었을것 같은 흉악한 사건이 다발하게 되어 위험하다.

4 절도사건의 건수가 많고 이전보다 범죄 발생률이 올라가고 있다.

정답 1

해설 전체적인 내용으로 볼 때 필자는 '일본을 안전하다'라고 보고 있으므로 1번이 정답으로 적당하다.

---

(2)

국제 우주 정거장(ISS)에 물자를 운반하는 무인 보급선 '고우노토리'가 H2B 로켓으로 쏘아 올려졌다.

25일에 ISS에 도킹할 예정이다. 성공하면 2009년의 1호기로부터 5기 연속이 된다. 일본의 우주 기술에 대한 국제적인 신뢰성은 한층 더 높아질 것이다.

무인 보급선은 고우노토리 이외에 미국의 2개 회사와 러시아 우주청이 운용하는 총 3기종이 있다. 모두 작년 가을 발사 등의 실패가 잇달아 예정했던 실험이나 관측을 할 수 없게 되었다.

황새의 적재 능력은 다른 보급선의 2~3배에 달한다. 첫 호기 이후 수납 방법의 재검토 등의 보안을 추진해 왔다. 이번은 6월에 실패한 미국 보급선 대신에 미국 항공 우주국의 요청으로 물 처리 장치 등을 긴급 탑재하고 있다.

ISS의 운용에 빼놓을 수 없는 존재가 되고 있다고 말 할 수 있을 것이다.

도킹할 때에 일본인 비행사가 중심적 역할을 맡는다. ISS에 체류 중인 유이 키미야 씨가 로봇 팔을 조작해서 고우노토리를 붙잡는다. 지상으로부터는 와카다 고이치 씨가 지원한다.

ISS 계획에 대한 참여를 통해 인재와 기술은 착실히 양성되고 있다.

(생략)

정부는 20년까지 고우노토리를 4회 더 쏘아 올린다. 고우노토리에서 사용하고 있는 전지나 엔진 등의 기술을 우주 분야뿐만 아니라 산업계에서 폭넓게 활용해 나가는 것이 요구된다.

어휘 宇宙ステーション 우주 정거장 | 物資 물자 | 無人 무인 | 補給船 보급선 | こうのとり 고우노토리(일본의 우주 수송선) | 打ち上げる 쏘아 올리다 | 連続 연속 | 信頼性 신뢰성 | 一層 한층 더 | 機種 기종 | 昨秋 작년 가을 | 実験 실험 | 観測 관측 | 実施 실시 | 積載 적재 | 能力 능력 | 収納 수납 | 見直し 재검토 | 改良 개량 | 航空 항공 | 処理 처리 | 措置 조치 | 緊急 긴급 | 搭載 탑재 | 担う 짊어지다, 떠맡다 | アーム 팔 | 操作 조작 | 支援 지원 | 計画 계획 | 関与 관여, 참여 | 着実 착실 | 電池 전지 | 産業界 산업계 | 幅広い 폭넓다 | 活用 활용

53 이번에 '고우노토리'가 발사된 목적의 하나는 무엇인가?

1 작년 가을 이후 연기되었던 실험이나 관측을 보조한다.

2 작년 가을 이후 발사에 실패한 보급선의 개량을 행한다.

3 ISS에 탑재된 보급 물자의 수납 방법의 재검토를 행한다.

4 ISS에 긴급 보급 물자나 기재 등을 미국의 의뢰로 운반한다.

정답 **4**

해설 무인 보급선인 고우노토리가 쏘아 올려진 목적은 '미 항공 요청으로 보급 물자와 물 처리 장치 등을 운반하는 것'이므로 4번이 정답이다.

54 ISS의 운용에 빼놓을 수 없는 존재가 되고 있다고 말할 수 있는 것은 왜인가?

1 ISS에는 일본인 우주비행사가 체재하고 있고 「고우노토리」의 조종에 정통해 있기 때문에

2 고우노토리는 5기종이나 있으며, 타기종의 발사 실패에도 바로 대응할 수 있기 때문에

3 고우노토리는 발사의 연속 성공이나 많은 물자를 운반할 수 있는 높은 성능을 가지고 있기 때문에

4 고우노토리는 과거 몇 번이나 미국기, 러시아기를 대신해서 물자를 공급하고 국제적인 신뢰를 얻고 있기 때문에

정답 **3**

해설 ISS의 운용에 빼놓을 수 없는 존재가 된 이유는 '2009년 이래 연속 성공을 했으며, 적재 능력도 다른 보급선의 2~3배에 이르기 때문'이라고 본문에 나와 있으므로 그와 같은 내용을 담고 있는 것은 3번이다.

55 필자는 일본의 우주 기술에 대해서 어떻게 생각하고 있는가?

1 일본인 우주 비행사의 인재와 기술은 육성하고 있지만, 정부는 더 지원해야 한다.

2 '고우노토리'의 기술은 우주 기술 이외의 분야에도 넓게 응용시켜 나가야 한다.

3 일본의 우주 기술에 대한 국제적인 신뢰를 높이기 위해서라도 발사 실패는 허용될 수 없다.

4 이번에 도킹에 성공했기 때문에 일본 기술은 ISS 계획에 한층 불가결한 것이 되었다.

정답 **2**

해설 일본 우주 기술에 관한 필자의 생각은 '우주 분야에 한하지 않고 산업계에서 폭넓게 활용해 갈 것이 요구된다'고 마지막 단락에 나와 있으며, 그 내용과 가장 가까운 문장은 2번이다

---

(3)

행렬(줄)이라는 형식 그 자체는 칼라하리 사막의 수렵 채집민인 산인이 사냥을 위해 멀리 나갈 때도 (행렬이) 형성되고, 서양에서는 전쟁의 포로를 줄 서게 하는 것이 고대 역사서에도 보인다. 그러나 물건을 손에 넣거나 서비스를 받거나 하는 순서를 기다리는 줄은 근대의 공업화 사회에 있는 특유의 것일 것이다. 작은 개인 상점에서는 줄 서려는 쇼핑객은 없지만, 슈퍼마켓에서는 (대량생산을 위한) 조립라인처럼 손님이 계산대에서 줄 서는 것이 전제되는 것은 행렬의 공업화 사회적 성격을 단적으로 나타내고 있다. (생략)

오늘날의 대도시가 그러하듯이 일반적으로 물건이나 서비스의 수요-공급 관계에 일정 정도 이상의 불균형이 있는 곳에서는 어디든 줄이 생길 가능성이 있다. 난민 캠프의 줄에서는 물건 공급의 부족이 강조되고, 물건이나 서비스의 공급에 부족이 없을 법한 현대일본의 아이스크림 가게나 크로켓 가게 앞의 줄에서는 수요가 도드라진다.

그렇지만 예를 들면, 수요-공급에 현저한 불균형이 있어도 신분이나 지위에 관계없는 선객(착) 우선의 원칙이 없다면, 아무도 줄을 지어 순서를 기다리려고 하지 않을 것이다. 줄이 자주 보이는 현대의 공공장면에서는 연령이나 사회적 지위나 성별 • 인종별 차이 등은 체계적으로 무시되지만, 그러한 선객(착) 우선의 평등주의가 없는 곳에서는 줄은 생기지 않는다. 줄을 서서 순서를 기다리는 습관은 예를 들면, 사농공상의 신분제도에서는 생각할 수 없듯이 원래가 서구의 근대사회 특유의 행동양식인 것이다.

어휘 狩猟採集民(しゅりょうさいしゅうみん) 수렵 채집민족 | サン人(じん) 남부 아프리카 칼라하리 사막에 사는 수렵 채집민족 | 狩(か)り 사냥 | 遠出(とおで)する 멀리 나가다 | 戦争(せんそう) 전쟁 | 捕虜(ほりょ) 포로 | 順番(じゅんばん) 순서 | 買物客(かいものきゃく) 쇼핑객 | レジ 계산대, 카운터 | 前提(ぜんてい) 전제 | 端的(たんてき) 단적 | 需要(じゅよう) 수요 | 不均衡(ふきんこう) 불균형 | 身分(みぶん) 신분 | 地位(ちい) 지위 | 優先(ゆうせん) 우선(先客優先(せんきゃくゆうせん) 선객 우선, 먼저 온 고객을 먼저 응대한다) | 原則(げんそく) 원칙 | 供給(きょうきゅう) 공급 | 浮(う)き彫(ぼ)り 부조, 부각시킴, 도드라짐 | 顕著(けんちょ) 현저함 | 頻繁(ひんぱん) 빈번함 | 平等主義(びょうどうしゅぎ) 평등주의

56 다음의 형식 중에서 근대 공업화 사회의 특유한 것은 어느 것인가?

1 개인 상점에는 복수의 쇼핑객에게 한 사람의 점원이 동시에 대응하는 가게도 있다.
2 슈퍼마켓에서는 손님이 계산대 앞을 통과하는 경로가 있다.
3 군대나 수렵대가 목적에 따라서 질서 바르게 줄을 만들어 행동한다.
4 죄수나 포로를 관리 통제하기 위해서 번호를 붙여서 늘어서게 한다.

정답 **2**

해설 밑줄 그어진 '근대 공업화 사회의 특유한 것'의 주어는 본문에서 '물건을 입수하거나 서비스를 받거나 하는 순서를 기다리는 줄'이므로 그 형식에 맞는 것은 2번이다

57 ②현대 일본의 아이스크림 가게에서 행렬이 생기는 것은 왜인가?

1 그 계절만의 판매이기 때문에 바로 다 팔려버리기 때문에
2 다른 상점에서도 살 수 있지만, 특별히 인기가 있어서 손님이 많기 때문에
3 연령이나 성별에 관계없이 누구든 먹는 것이기 때문에
4 계산대 수가 적어서 한 사람씩 밖에 살 수 없게 되어 있기 때문에

정답 **2**

해설 줄은 수요와 공급관계에 불균형이 있을 때 생기는데, 공급 부족이 없을 법한 아이스크림가게에 줄이 생기는 것은 '장점' 즉, '특별함'이 있기 때문이라는 것을 유추할 수 있으므로 2번이 정답으로 적당하다.

58 순서를 기다리기 위한 줄이 생기는 원인 중에서 가장 중요한 것은 무엇인가?

1 물건이나 서비스의 공급량과 손에 넣으려고 하는 사람들의 수가 일치하지 않는 것
2 신분이나 계급 등으로 사람들의 순위가 제대로 관리통제 되어지고 있는 사회제도
3 약자나 고령자를 배려해서 우선하는 친절한 공공심이 있는 사회생활
4 사람들의 신분이나 인종 등의 조건을 고려 하지 않고 누구든 동등하게 보는 사고방식

정답 **4**

해설 마지막 단락의 '신분이나 지위에 관계없이 선객(착)우선 원칙이 없으면, 아무도 줄을 서지 않는다', '줄이 있는 곳에는 연령이나 사회적 지위나 성 차, 인종 차 등이 무시된다'라는 내용을 보면 4번이 답으로 적당하다.

문제 10 다음 글을 읽고 물음에 대한 답으로서 가장 적당한 것을 1 · 2 · 3 · 4에서 하나 고르세요.

어느 세상에나 웃음은 늘 권력자를 위협해 왔다(생략)
권력구조라는 것은 실은 ①바닥이 빠져 있다. 권력에는 본래 확고한 근거 등, 아무것도 없기 때문이다. 지배자라는 스스로 만들어 낸 전통을 사람들에게 믿게 하는 취약한 발판에 서 있는 것에 불과하다. 즉, 권력은 독립자존의 구조로는 있을 수 없는 것이다. 구조가 자족하고 있지 않는 점에서는 화폐도 마찬가지다. 지구상을 뒤덮은 것 같은 자본주의 경제도 모니터 상의 숫자만으로 결제되는 편리성이 높은 전자화폐도 '거기에는 가치가 있다'로 생각하는 '집단사고'에 지탱되고 있다. 권력도 화폐도 사람들이 믿

기를 멈춰 버리면 순식간에 위엄이 풀어지고 임금도 알몸이 되어 버리는 것이다. (생략)
②권력이 웃음을 두려워해서 봉쇄하고, 억제하면 결과로서 새로운 웃음이 생긴다. 권력이 필사적이면 필사적일수록 허점이 찔려 권력자는 우스꽝스러운 추태를 노출시키게 되지 않을 수 없다. 권력과 웃음의 공방, 실은 그 자체가 더할 나위 없는 희극이 되어 버리는 것이다.
권력이 웃음을 억압하려고 해도, 그것이 웃음의 편에서 보면 새옹지마가 될 때도 있다. 그러면 권력자도 이제 손 쓸 방법은 없다. 웃음은 무적인 것이다. 그러나 무적이라고 하더라도 웃음이 권력을 대신하는 일은 없다. 어디까지나 웃음은 사회에 생명력을 되찾아 주고, 생생하게 가동시키는 엔진인 것이다. 정체되어 있는 사회에 웃음을 투입하면, 다이내믹한 약동감이 생겨, 구조가 유동화 되어 간다.
때문에 웃음의 역학이란, 권력자에 오르는 것이 아닌 권력을 무효화 하는 것에 있다. 게다가 그런 권력을 꼭대기에 둔 계급제도나 구조까지도 해체하고 탈 구축해 버리는 부분에 웃음의 파괴력이 있다.
안데르센 동화 '벌거벗은 임금님'을 봐도 웃음거리가 된 것은 권력자인 왕뿐만이 아니었다. 왕의 주변의 시종들도 퍼레이드에 참가한 국민들도 모두 마찬가지였다. 즉, 권력을 지탱하고 있는 구조 그 자체도 웃음거리가 되고, 해체된 것이다. (생략)
옷 짓는 장인이라는 사기꾼의 '능력에 어울리지 않는 직업에 종사하는 사람과 어리석은 사람에게는 투명하게만 보인다' 라는 말에 현혹되어 허영심이나 기만 그리고 '자신만 보이지 않을지도 모른다'는 회의심에서 '자신만 보이지 않는다'고 말하지 않고 있었다. 모두가 다 같이 '벌거벗은 임금님'이었던 것이다.
그리고 허영심이나 기만에 사로잡히지 않고 '진실'을 말할 수 있었던 것은 유일하게 어린아이이다.(생략)
웃음을 다룰 수 있는 것은 즉, 계급제도로부터 자유로운 존재인 것이다.

어휘 権力者(けんりょくしゃ) 권력자 | 脅(おびや)かす 위협하다 | 構造(こうぞう) 구조 | 底(そこ)が抜(ぬ)ける 밑이 빠지다 | 確(かく)たる 확고한, 틀림없는 | 根拠(こんきょ) 근거 | 支配者(しはいしゃ) 지배자 | 伝説(でんせつ) 전설 | 脆弱(ぜいじゃく) 취약 | 足場(あしば) 발판, 토대, 기반 | 独立(どくりつ) 독립 | 自尊(じそん) 자존 | 自足(じそく) 자족 | 貨幣(かへい) 화폐 | 覆(おお)う (뒤)덮다, 가리다 | 資本主義(しほんしゅぎ) 자본주의 | 経済(けいざい) 경제 | 数字(すうじ) 숫자 | 決済(けっさい) 결제 | 利便性(りべんせい) 편리성(편의성) | 電子(でんし)マネー 전자 화폐 | 価値(かち) 가치 | 集団思考(しゅうだんしこう) 집단 사고 | 威厳(いげん) 위엄 | 綻(ほころ)ぶ 풀리다, 터지다, 벌어지다 | 丸裸(まるはだか) 알몸 | 封(ふう)じめる 봉쇄하다, 가두다 | 抑制(よくせい) 억제 | 必死(ひっし) 필사 | 裏(うら)を突(つ)く 허를 찌르다 | 無様(ぶざま) 꼴사나움, 추태 | 滑稽(こっけい) 우스꽝스러움, 해학, 익살 | 曝(さら)す 드러내다, 노출시키다 | 塞翁之馬(さいおうのうま) 새옹지마 | 打(う)つ手(て) 수단, 방법 | 無敵(むてき) 무적 | 取(と)って代(か)わる 대신하다 | 稼動(かどう) 가동 | 停滞(ていたい) 정체 | 投入(とうにゅう) 투입 | ダイナミック 활동적, 동적 | 躍動感(やくどうかん) 약동감 | 破壊力(はかいりょく) 파괴력 | 童話(どうわ) 동화 | 役者(やくしゃ) 배우 | 解体(かいたい) 해체 | 布(ぬの)おり職人(しょくにん) 천 짜는 장인 | 詐欺師(さぎし) 사기꾼 | 透明(とうめい) 투명 | 惑(まど)わす 어지럽히다, 유혹하다 | 虚栄心(きょえいしん) 허영심 | 欺瞞(ぎまん) 기만 | 懐疑心(かいぎしん) 회의심 | 囚(とら)われる 사로 잡히다 | 唯一(ゆいいつ) 유일 | 操(あやつ)る 조종하다, 다루다

59 권력구조는 ①바닥이 빠져 있다 라는 것은 어떤 의미인가?

1 권력은 늘 이상을 계속 지향하기 때문에 상한이 없다.
2 권력은 언제 쓰러질지 모르는 불안함이 있다.
3 권력은 저변의 구석구석까지 지배하는 어려움이 있다.
4 권력은 인정해 주는 상대가 있어야 비로소 성립된다.

정답 4

해설 '권력은 근거가 없고 독립자존의 구조로 존재할 수 없으며, 화폐와 마찬가지로 그것에 가치가 있다고 믿는 집단사고에 의해 유지되는 것'이라고 하는 1, 2 단락의 내용에서 '인정해 주는 상대가 있어야 비로서 성립한다'고 하는 4번이 답으로 가장 적당하다.

60 ②권력이 웃음을 두려워하는 것은 왜인가?

1 권력자 이상으로 인기가 오르면 권력의 자리를 뺏길지도 모르기 때문에
2 웃음은 금액으로 환산할 수 없으므로 화폐경제 체제를 붕괴할지도 모르기 때문에

3 탄압하면 오히려 새로운 웃음을 유발하고 체제를 파괴할 지도 모르기 때문에
4 사람들이 각각 개인적 웃음의 가치관을 가져 사회를 통제 할 수 없게 되기 때문에

정답 **3**

해설 '웃음을 봉쇄하고 억압하면 결과로서 새로운 웃음이 생기며, 권력이 필사적일수록 허를 찔려 우스꽝스러워지고, 웃음은 무적이며, 사회에 생명력을 주며, 권력을 무효화 시키고, 권력이 최고로 삼는 계급사회도 해체하고 탈 구축하는 파괴력이 웃음에는 있다'라는 3, 4, 5단락의 내용에서 권력이 웃음을 두려워하는 이유가 나와 있고, 그와 가장 가까운 내용의 문장은 3번이다.

61 여기서 말하는 웃음이란 다음의 어떤 경우에 해당되는가?
1 가족이나 친구와 즐겁게 서로 접하며 웃는다.
2 인기인이 되기 위해서 남을 웃긴다.
3 기분을 바꾸기 위해서 재미있는 일로 웃는다.
4 진실을 깨닫고 사회통념의 어리석음을 비웃는다

정답 **4**

해설 '웃음은 허영심이나 기만에 사로잡히지 않고 진실을 말할 수 있는 것'이므로 4번이 그 경우의 예로서 가장 적절하다.

62 필자에 의하면 웃음을 자유롭게 지배 할 수 있는 것은 누구인가?
1 체제나 신분계급에 관련이 없는 사람들
2 체제나 신분계급을 파괴하고 혁명을 지향하고자 하는 사람들
3 탄압에 의한 강한 통제력으로 국가를 발전으로 이끄는 통치자
4 국민과 마음을 통하게 해서 국가를 발전시키고자 하는 통치자

정답 **1**

해설 본문에서 '벌거벗은 임금님'을 예로 들었는데, 거기서 '사실을 그대로 말할 수 있었던 사람(즉, 웃을 수 있었던 사람)은 유일하게 어린아이였으며, 체제나 계급과는 관련 없는 어린아이(사람)만이 허영심과 기만에 사로 잡히지 않고 말할 수 있다'라는 내용에서 1번이 웃음을 자유롭게 지배할 수 있는 사람에 가깝다.

문제 11 다음 글을 읽고 물음에 대한 답으로서 가장 적당한 것을 1 · 2 · 3 · 4에서 하나 고르세요.

A
아무리 우수한 사람이라도 실패를 제로로 만들 수는 없는 법이다. 따라서 실패해도 끙끙거리며 침울해할 필요는 없다. 이 실패는 다음에 실수를 하지 않도록 하기 위한 걸음(단계)라고 생각하는 편이 훨씬 좋다. (생략)
실패가 좋지 않다는 것은 언제까지나 끙끙거리며 고민하기 때문이다. 계속 고민하고 있으면 마음에 상처받고 그로 인해 뇌에도 기능저하를 보이는 것이다. (생략)
그럴 때는 친한 친구 등에게 고민을 털어놓고 들어 달라고 하면 좋다. 이렇게 해서 일단 머리 밖으로 고민 등을 내뱉으면 그 이후는 끙끙거리며 고민할 일이 적어진다.

B
실패는 아무리 몇 중으로 방지책을 강구 해봤자 반드시 일어납니다. 인간의 활동에 실패는 으레 따라다니기 마련이므로, 인간이 활동을 그만두지 않는 한, 인간은 실패와 계속 함께해 가지 않으면 안 됩니다. 특히 새로운 기술을 개발하거나 미지의 세계로 돌입할 때 등, 실패는 당연한 듯이 우리들의 눈 앞에 모습을 드러냅니다. 오히려, 잘 되어가는 쪽이 드문 것이 현실입니다.
실패는 일시적으로 우리들을 괴롭히지만, 실은 발전을 위한 커다란 시사를 항상 줍니다. 그리고 진정한 창조는, 일어나는 것이 당연한 실패로부터 시작한다는 것을 우리들은 결코 잊지 않도록 하고 싶습니다.

어휘 優秀(ゆうしゅう) 우수 | 失敗(しっぱい) 실패 | クヨクヨ 끙끙 | 脳(のう) 뇌 | 機能(きのう) 기능 | 低下(ていか) 저하 | 打(う)ち明(あ)ける 털어놓다 | 吐(は)き出(だ)す 토해내다, 내뱉다 | 防止策(ぼうしさく) 방지책 | 講(こう)ずる 강구하다 | 技術(ぎじゅつ) 기술 | 開発(かいはつ) 개발 | 未知(みち) 미지 | まれ 드묾 | 苦(くる)しめる 괴롭히다 | 発展(はってん) 발전 | 示唆(しさ) 시사 | 創造(そうぞう) 창조

63 A와 B에서 공통적으로 말하는 것은 어느 것인가?

1 인간은 새로운 기술을 개발하거나 어려운 문제에 직면했을 때 뇌에 피해를 입기 쉽다.

2 인간은 실패했을 때 침울해지지만 그것은 일시적인 것에 지나지 않고 귀중한 경험이 된다.

3 실패했을 때는 주위의 사람에게 상담함으로써 창조적인 사고를 할 수 있게 된다.

4 실패는 피할 수 없는 것이지만, 다음으로의 일보로서 받아들여 나가야 한다

정답 **4**

해설 A글의 '실패는 제로로 만들 수 없으며, 다음에 실패를 하지 않도록 하기 위한 걸음', B글의 '인간 활동에 늘 따라다니는 것이며, 발전을 위한 큰 시사를 항상 준다'라는 대목에서 공통점을 찾을 수 있으며, '실패는 피할 수 없는 것이지만, 다음 단계로의 일보로 받아들여야 한다'라고 한 4번이 정답으로 적당하다.

64 실패에 관해서 A와 B는 어떤 식으로 말하고 있는가?

1 A는 실패란 결코 앞으로는 나아갈 수 없는 좋지 않은 것이다라고 말하며, B는 실패는 큰 성공으로 반드시 이어지는 것이라고 말하고 있다.

2 A는 실패란 남에게 이야기 해서 잊는 쪽이 좋다고 말하고, B는 실패는 남을 계속 괴롭히는 것이지만 잊어서는 안 된다고 말하고 있다.

3 A는 실패는 심신에 여러 가지 악영향을 미친다고 말하고, B는 인간은 살고 있는 한 실패와 마주하지 않으면 안 된다고 말하고 있다.

4 A는 실패의 타격은 스스로 컨트롤 할 수 없다고 말하고, B는 자력으로 실패를 극복하는 것은 간단한 것이 아니라고 말하고 있다.

정답 **3**

해설 실패에 대한 A, B각각의 생각으로 맞는 문장보다, 틀리지 않는 문장(오류가 없는 문장)을 찾으면 오히려 답 찾기가 빠르다. 즉, 본문에서 언급되지 않은 내용이 한 부분이라도 있으면 읽어가며 소거해 나가면 되고, 여기서는 3번의 내용이 바르게 표현되었다.

문제 12 다음 글을 읽고 물음에 대한 답으로서 가장 적당한 것을 1 · 2 · 3 · 4에서 하나 고르세요.

지금, 대학원에 사회인 입학자가 늘고 있습니다. 저는 그것을 굉장히 좋은 일이라고 생각하고 있지만, 대학원 교육의 목적이 프로 연구자 양성이라고 한다면, 현재 연구자가 취직할 곳은 확실히 말해서 겨울 시절을 맞이하고 있습니다. 설령 박사학위를 취득해도 대학 업계에 취직 할 곳은 없다. 어느 대학에도 취직처가 없어 대학원에 계속 재적하고 있는 박사가 넘쳐 나고 있습니다.
(생략)
대학원 중점화의 과정에서 취직 보장의 전망이 없는 채로 우후죽순처럼 전국 각지에서 국공립, 사립학교를 불문하고 대학원의 정원이 늘어났지만 사립 학교 등에서 취직 가능성이 처음부터 없는 곳에서는 학부로부터의 학생보다도 여성과 사회인을 우선적으로 입학시키는 곳조차 나오고 있습니다. 여성과 사회인이라면, 대학이 취직을 보장할 수 없더라도 변명이 먹히기 때문이라는 것입니다.
저는 그것을 '학위 인플레 시대'라 명명하고 대학원 중점화의 결과로써 무책임한 입학자 수용이 횡행하고 있다고 비판했더니, 사회인 대학원생으로부터 비판의 편지를 받은 적이 있습니다. 자신들이 오랜 직장생활 후 겨우 자신을 위해서 공부를 시작하려고 할 때에 그 기세를 꺾는 듯한 말을 교단에 선 자의 입에서 듣고 싶지 않다 라고. 저는 읽고, 너무나 지당하다고 생각했습니다.

그래서 생각한 것이 '생산재로서의 학위'와 '소비재로서의 학위'라는 개념입니다. 이것은 생산재로서의 교육과 소비재로서의 교육이라는 것으로 고스란히 바꿔놓아도 괜찮지만, 대학원 교육의 도달점은 학위라고 여겨지고 있기 때문에 우선 학위를 예로 말씀드리겠습니다.

학위를 따는 것이 그 다음의 취업수단이 된다고 한다면 학위는 생산재라는 것이 됩니다. 그러나 수단이 되지 않는다면 학위를 따는 것 자체가 자기 목적이 됩니다. 그것이 소비재로서의 학위입니다.

혹시, 대학원생을 교육의 소비자, 사용자 라고 생각했을 때, 생산재로서의 학위와 소비재로서의 학위 중 어느 사용자 쪽이 대학원 교육에 대한 요구 수준이 높을까요? 대학원에서 배우는 쪽이 미래에 대한 투자라면, 설령 현재가 시시해도 그것을 견딜 수 있겠지요.

그러나 대학원에 가는 것이 현재에 대한 투자라면, '지금 · 이곳'에서 보수가 없다면 견딜 수 없을 것입니다.

사회인 입학자가 늘고 그들이 처음부터 그걸로 대학에 취직하려고 생각하고 있는 것이 아닌 제가 말하는 부분의 소비재로서의 학위나 교육을 추구하고 있는 것이라면, 그러한 인간이 늘면 늘수록 대학에 대한 교육 소비자의 요구 수준은 높아지게 될 것입니다. (생략) 저는 사회인의 그러한 높은 요구에 부응할 만큼의 것을 지금의 대학 제도와 교육과정과 직원이 제공 가능할까? 그 만큼의 퀄리티를 가지고 있을까? 라고 약간 스산한 기분이 들었습니다.

어휘 大学院(だいがくいん) 대학원 | 入学者(にゅうがくしゃ) 입학자 | 教育(きょういく) 교육 | 研究者(けんきゅうしゃ) 연구자 | 養成(ようせい) 양성 | 就職先(しゅうしょくさき) 취직처 | 博士号(はくしごう) 박사학위 | 重点化(じゅうてんか) 중점화 | 過程(かてい) 과정 | 保障(ほしょう) 보장 | 見通し(みとおし) 전망 | 雨後(うご)のタケノコ 우후죽순 | 定員(ていいん) 정원 | 学位(がくい) 학위 | 横行(おうこう) 횡행 | 批判(ひはん) 비판 | 出鼻(でばな)をくじく 초장에 꺾다, 기선을 제압하다 | 教壇(きょうだん) 교단 | 消費財(しょうひざい) 소비재 | 概念(がいねん) 개념 | 置(お)き換(か)える 옮겨 놓다, 바꿔 놓다 | 生産財(せいさんざい) 생산재 | 要求水準(ようきゅうすいじゅん) 요구수준 | 将来(しょうらい) 장래 | 投資(とうし) 투자 | 報酬(ほうしゅう) 보수 | 制度(せいど) 제도 | カリキュラム 커리큘럼, 교육과정 | スタッフ 스태프, 담당자 | 提供可能(ていきょうかのう) 제공가능 | クォリティ (품)질 | うそ寒(さむ)い 좀 춥다, 으슬으슬하다

65 대학에서 대학원 정원이 늘어난 것은 왜인가?

1 대학원은 박사학위의 학위 취득자를 늘려서, 자교의 교육 수준을 높이고 싶기 때문에

2 대학원은 프로를 목표로 하는 진정한 연구자의 양성, 취직을 중점화 방침으로 삼았기 때문에

3 대학원은 겨울 시절이라 부르는 취직난에 빠져, 경영이 어렵기 때문에

4 대학원은 정부의 대학원 교육의 보급 방침 하에 증원을 제도화 했기 때문에

정답 4

해설 전국에서 대학원 정원이 늘어난 이유는 대학원 중점화(주석 설명: 정부 주도로 행해진 대학원 증설이나 정원 증가 정책)로 인해 국공립 사립에서의 대학원생 정원을 늘렸기 때문이므로 4번이 정답으로 가장 적당하다

66 필자는 대학원 입학자에 사회인이 늘고 있는 이유를 어떻게 말하고 있는가?

1 사회인은 학부생 보다 열의와 여유가 있어, 높은 합격점을 얻을 경우가 많기 때문에

2 사회인은 취직문제의 책임이 적기 때문에, 입학하기 쉬운 제도로 만든 대학원도 있기 때문에

3 오랜 직장생활 후 오랜 꿈이었던 공부를 하고 싶어 하는 사회인이 늘었기 때문에

4 박사 학위를 따면, 전직에 유리하다고 생각하는 사회인이 많기 때문에

정답 2

해설 2번째 단락에서 대학원 중점화 과정으로 대학원 정원이 늘어났고 특히 대학이 취업을 보장할 수 없어도 변명이 먹히는 여성과 사회인을 우선적으로 입학시키려는 대학조차 있다는 내용에 이어 3번째 단락을 보면 '저는 그것을 '학위 인플레 시대'라고 명명하고, 대학원 중점화의 결과로써 무책임한 입학자 수용이 횡행하고 있다고 비판했다'고 필자가 생각하는 이유가 나와 있으며, 이것에 가장 가까운 내용은 2번이다.

67 필자가 말하는 '생산재로서의 학위'란 무엇인가?

1 대학에 취직하기 위해서 필요한 학위

2 박사학위 취득 등, 연구자나 학자가 되기 위한 학위

3 학습자 자신의 연구심을 만족시킬 수 있는 대학원 교육

4 지불한 학비에 맞는 기술을 습득할 수 있는 대학원 교육

정답 1

해설 5번째 단락에서 생산자로서의 학위를 '학위를 따는 것이 취업의 수단이 된다면 학위는 생산재가 된다'라고 설명하고 있으며, 이와 같은 내용을 담고 있는 것은 1번이다.

68 필자가 이 문장에서 가장 말하고 싶은 것은 무엇인가?

1 대학원은 본래의 목적인 프로 연구자 교육에 중점을 두고 취직문제 등의 책임을 다해야만 한다.

2 진정으로 배우고 싶은 사회인이 대학원에 늘고 있지만, 대학원 교육의 내용은 지금 이대로 충분하다고 말할 수 있을지 의문이다.

3 대학원 측은 취직문제 등의 해결이 어렵기 때문에 연구자 육성을 포기하고 무책임한 정원 증가를 하고 있다.

4 진정으로 배우고 싶은 사회인이 대학원에서 배우게 된 것은 대학원 교육의 보급으로 이어지는 좋은 현상이다.

정답 2

해설 필자가 이 글에서 가장 말하고 싶은 것은 대학원 교육이 소비재로서의 학위 즉, 취업의 수단이 아닌 장래의 투자라면 대학원 교육에 대한 요구 수준이 높아지겠지만, '그러한 높은 요구에 부응 할 수 있을 만큼 대학의 제도, 교육내용, 스태프가 제공가능 할까? 그만큼의 질을 가지고 있을까? 하고 스산한 기분이 들었다'에서 의문의 뜻인「だろうか」를 사용해서 대학원 교육이 충분치 않다라는 의구심을 드러내고 있으므로 2번이 답으로 적당하다.

문제 13 **오른쪽 페이지는 미도리시의 음악제 참가자 모집 안내이다. 아래의 물음에 대한 답으로서 가장 적당한 것을 1 · 2 · 3 · 4에서 하나 고르세요.**

69 오디션에 참가 할 수 있는 것은 어떤 사람인가?

1 시외에 살고 있고 시내의 피아노 교실에 다니고 있는 고교생

2 시내에 살고 있고 시외의 음악 대학에 다니는 20살의 대학생

3 시내에 살고 있는 음악 학교를 졸업한 25세의 주부

4 시외에 살고 있는 시내의 중학교의 28세의 음악 교사

정답 1

해설 오디션 참가할 수 있는 대상을 보면 1번이 정답이고, 2번은 음악 대학에 다녀서, 3번은 음학 학교를 졸업해서, 4번은 중학교 음악 교사여서 참가할 수 없다.

70 시내 거주하는 야마우치 씨 (26세)는 음악 부문에서의 참가를 희망하고 있다. 음악제에 참가할 수 있는 가능성을 포함하면, 앞으로 예정을 비워 둘 필요가 있는 일정은 다음 중 어느 것인가?

1 8월 8일, 11월 23일

2 8월 9일, 11월 23일

3 8월 9일, 11월 21일, 11월 23일

4 8월 8일, 8월 9일, 11월 21일, 11월 23일

정답 **3**

해설 음악제에 참가할 가능성이 있다면, 성악은 연주 이외로 들어가므로 오디션 기일은 8월 9일 이 되고 11월 21일의 리허설에 참가해야 하고, 음악제는 11월 23일이므로 이 3일이 예정을 비워 둘 필요가 있는 일정이 된다.

어휘 募集(ぼしゅう) 모집 | 演奏(えんそう) 연주 | ピアノ連弾(れんだん) 피아노 연탄 | 弦管打楽器(げんかんだがっき) 관현 타악기 | 重奏(じゅうそう) 중주 | 声楽(せいがく) 성악 | 合唱(がっしょう) 합창 | 合奏(がっそう) 합주 | 電子(でんし)オルガン 전자 오르간 | ふれあう 접(촉)하다, (서로) 스치다 | 友情(ゆうじょう) 우정 | 連帯(れんたい) 연대 | 創造性(そうぞうせい) 창조성 | 養(やしな)う 양성하다, 기르다 | 育成(いくせい) 육성 | 在住(ざいじゅう) 재주(거주) | 在学(ざいがく) 재학 | 在勤(ざいきん) 재근(재직) | 一律(いちりつ) 일률 | 条件(じょうけん) 조건 | 問(と)い合(あ)わせ 문의 | 除(のぞ)く 제외하다 | 開催(かいさい) 개최 | 窓口(まどぐち) 창구 | 提出(ていしゅつ) 제출 | 申込書(もうしこみしょ) 신청서 | 楽譜(がくふ) 악보 | 年齢(ねんれい) 연령 | 明記(めいき) 명기 | 負担金(ふたんきん) 부담금 | 備(そな)える 구비하다, 갖추다 | オーディション 오디션 | リハーサル 리허설

청소년 음악제 참가자 모집

부문 1. 피아노 2. 피아노 연탄 3. 관현 타악기 · 중주
4. 성악 · 중창 5. 합창 · 합주 6. 전자오르간 · 중주

목적
음악을 통해 서로 만남으로써 우정과 연대를 돈독히 함과 동시에 창조성을 기르고, 마음이 풍요로운 청소년을 양성하는 것을 목적으로 합니다.

대상
• 시내 거주, 재학 • 재직하며, 음악을 배우고 있는 29세까지의 청소년
• 상기 외에 시내의 음악 교실에 다니고 있는 고교생 이하의 청소년
※ 그룹인 경우는 전원 일률의 조건이라고는 할 수 없으므로 문의해 주세요.
단, 어느 쪽이든 음악 전공인 대학생 · 전문학교생 · 및 졸업생을 제외합니다.

음악제 개최까지의 일정

1. **참가 모집 기간 및 신청 방법**
기간: 20XX년 5월 1일(금)부터 같은 해 6월 10일(수)까지
신청 방법: 다음의 세 가지를 미도리 어린이 회관 창구로 제출(오전 9시~오후 5시까지)
① 신청서
② 악보 사본 (왼쪽 상단에 성명, 참가 부문, 연령을 명기)
③ 참가 부담금: 한 조당 1000엔
※ 신청서는 미도리 어린이 회관 및 문화 회관, 공민마을회관, 아동회관에 구비되어 있습니다.

2. **오디션**(합격하신 분만 음악제에 참가할 수 있습니다)
기일: 연주부문: 20XX년 8월 8일(토) 오전 10시부터
상기 이외: 20XX년 8월 9일(일) 오전 10시부터
장소: 미도리시 문화 회관

3. 음악제
• 평성 XX년 11월 23일(월 • 국경일) 오전 10시 개연 예정
• **개최 장소:** 미도리시 문화 회관
※ 11월 21일(토) 오전 10시부터 리허설을 실시합니다.

문의
소속과 부서: 어린이 긴강부 어린이 육성과 이린이 육성 담당
〒123-456 미도리시 혼마치 3-12미도리 어린이 회관
전화번호: 043-00-7XXXX

2교시 청해  127

문제1

문제1에서는 먼저 질문을 들으세요. 그리고 이야기를 듣고 문제지의 1~4 중에서 가장 적당한 것을 하나 고르세요.

1番 02:04

会社で男の人と女の人が話しています。女の人にこのあとまず何をしなければなりませんか。

男：佐藤さん、新しい「就活ノート」の原稿案、できた？

女：はい、こちらです。今回はスケジュールを書き込む部分を工夫してみました。

男：去年のよりも書き込む欄を大きくするって言ってたね。雰囲気もポップな感じでいいんじゃない？あれ？このイラストはどうしたの？

女：あ、それは山田さんに頼んだら、入れてくれました。

男：山田さん、絵なんか描けたっけ？ネット上から取ってきたんじゃなければいいけど。

女：そうですね。ちょっと確認してみます。

男：絵が必要ならイラストレーターに頼んでもいいよ。少し予算に余裕あるし。

女：わかりました。とりあえず聞いてからにします。

男：そうだね。それが済んだらコピーよろしくね。みんなで検討するから。

女：はい。

女の人はこのあとまず何をしなければなりませんか。

1 スケジュール欄を直す
2 イラストのことを山田さんに聞く
3 イラストレーターに連絡する
4 原稿案をコピーする

1번

회사에서 남자와 여자가 이야기하고 있습니다. 여자는 이 다음 먼저 무엇을 해야 합니까?

남 : 사토 씨, 새로운 '취직활동 노트'의 원고안 다 됐어?

여 : 네 여기 있습니다. 이번엔 스케줄을 기입하는 부분을 고안해 봤습니다

남 : 작년보다도 기입란을 크게 만들 거라고 했었지. 분위기도 밝은 느낌으로 좋지 않아? 어? 이 일러스트는 어떻게 된 거야?

여 : 아, 그건 야마다 씨에게 부탁했더니, 넣어 주었습니다.

남 : 야마다 씨. 그림 같은 거 그릴 수 있었던가? 인터넷상에서 가져온 것이 아니라면 괜찮지만.

여 : 글쎄요. 좀 확인해 보겠습니다.

남 : 그림이 필요하면 삽화가에게 부탁해도 괜찮아. 예산에 조금 여유가 있으니.

여 : 알겠습니다. 우선, 물어보고 그렇게 하겠습니다.

남 : 그렇지. 그게 끝나면 복사 부탁해. 모두 함께 검토할 거니까.

여 : 네.

여자는 이 다음 먼저 무엇을 해야 합니까?

1 스케줄 란을 고친다
2 일러스트에 관한 것을 야마다 씨에게 묻는다
3 삽화가에게 연락한다
4 원고안을 복사한다

정답 2

어휘 就活(しゅうかつ) 취직 활동 | 原稿案(げんこうあん) 원고안 | 工夫(くふう) 궁리, 연구 | 欄(らん) 란 | ポップ 팝, 젊고 밝음, 대중적임 | イラスト 일러스트, 그림 | 確認(かくにん) 확인 | イラストレーター 일러스트레이터, 삽화가 | 予算(よさん) 예산 | 余裕(よゆう) 여유 | 済(す)む 끝나다 | 検討(けんとう) 검토

해설 필요하면 삽화가에게 부탁해도 된다는 남자의 말에 여자가 '우선 물어보고 하겠다'고 말하는 대목에서 여자가 바로 할 일은 2번이라는 것을 알 수 있다.

2番 03:34

大学で男の学生と先生が話しています。男の学生はこのあと授業をどうしますか。

男：先生、すみません。今学期の日本語の授業の履修についてなんですけど。

女：はいはい。

男：「工学基礎II」の授業と時間が重なってるんですけど、どうしたらいいですか。これ、必修で。

女：必修かぁ……。うーん。それは今年取らなきゃダメなの？

2번

대학에서 남학생과 선생님이 이야기하고 있습니다. 남학생은 이 다음 수업을 어떻게 합니까?

남 : 선생님 실례합니다. 이번 학기 일본어 수업 이수에 관해서인데요.

여 : 네네.

남 : '공학기초 II' 수업과 시간이 중복되는데 어떻게 하면 좋겠습니까? 이건, 필수고.

여 : 필수인가. 음. 그거 올해 수강해야 하는 거야?

男：あ、いえ、4年生までに取ればいいとは聞いてます。でもみんな今年取るというので……。

女：うーん、そうかー。日本語の授業もね、いつでも取れるといえば取れるんだけど、これからの授業で必要なことを勉強するから、できればこちらを優先したほうがいいと思うんだけど。

男：そうですか。あのー、僕は日本語はＡクラスを取るようにって言われたんですけど、Ｂクラスを取ることはできませんか。こっちの時間なら取れるんですけど。

女：できるけど、レベルが違うから、難しいかもしれないよ？専門の授業も大変なんでしょ？

男：はい、でも、選択の授業を1つ減らせば何とか……。

女：まあ、そこらへんはあなた次第だけど。

男：わかりました。みんなと一緒に授業取りたいんで、日本語は何とか頑張ってみます。

女：そう。じゃあ、履修登録、間違えないようにね。

男の学生はこのあと授業をどうしますか。

1　必修の授業を取って、日本語は取らない
2　必修の授業を取らないで、日本語Ａクラスを取る
3　必修の授業と日本語Ａクラスを取る
4　必修の授業と日本語Ｂクラスを取る

남 : 아. 아뇨. 4학년까지 취득하면 된다고는 들었습니다. 하지만 모두 올해 수강한다고 해서..

여 : 음, 그런가. 일본어 수업도 말이지, 언제든 수강할 수 있다면 할 수 있는 건데, 앞으로 수업에서 필요한 것을 공부하기 때문에 되도록 한 이쪽을 우선으로 하는 것이 좋을 것 같은데.

남 : 그렇습니까? 저, 저는 일본어는 A클래스를 수강하라고 들었지만, B클래스를 수강할 수는 없습니까? 이쪽 시간이라면 수강할 수 있는데요.

여 : 할 수 있지만, 수준이 다르기 때문에 어려울지도 몰라. 전공 수업도 힘들잖아.

남 : 예, 하지만 선택 수업을 하나 줄이면 어떻게든..

여 : 뭐, 그 부분은 본인 하기에 달렸지만.

남 : 알겠습니다. 모두 함께 수업을 듣고 싶고, 일본어는 어떻게든 분발해 보겠습니다.

여 : 그래. 그럼, 이수 등록 실수하지 않도록.

남학생은 이 다음 수업을 어떻게 합니까?

1　필수 수업을 수강하고 일본어는 수강하지 않는다
2　필수 수업을 듣지 않고 일본어 A클래스를 수강한다
3　필수 수업과 일본어 A클래스를 수강한다
4　필수 수업과 일본어 B클래스를 수강한다

정답 4

어휘 履修(りしゅう) 이수 | 工学(こうがく) 공학 | 基礎(きそ) 기초 | 必須(ひっす) 필수 | 優先(ゆうせん) 우선 | レベル 수준 | 専門(せんもん) 전공 | 選択(せんたく) 선택 | 登録(とうろく) 등록 | 間違(まちが)える 잘못하다, 착각하다

해설 남자는 일본어와 필수 수업이 겹쳐 고민하지만, 결국 일본어 A클래스에서 B클래스로 바꾸고 필수 수업과 함께 수강하므로 4번이 정답이다.

3番 05:37

写真屋で女の人と店員が話しています。女の人はこのあとどんなアルバムを注文しますか。

女：すみません、フォトアルバムをお願いしたいんですが。

男：はい、ありがとうございます。ページ数とサイズはどうしますか？

女：写真が100枚あるんですけど、そうするとページ数は100ページですよね。

男：1ページに4枚まで写真を入れられますので、そうすると25ページにできますよ。

女：あ、そうなんですか。でも、それだと写真が小さくなりますよね？

男：そうですねー。例えば、A5サイズのアルバムでしたら、1ページに2枚入れても普通の写真の大きさくらいにはなりますけど。

女：もっと大きいのもありますか？

男：最大A4サイズまであります。

女：あ、じゃあ、一番大きいサイズで。全部横向きの写真なので、1ページに2枚でお願いします。

3번

사진관에서 여자와 점원이 이야기하고 있습니다. 여자는 이 다음 어떤 앨범을 주문합니까?

여 : 실례합니다. 포토 앨범을 주문하고 싶은데요.

남 : 네, 감사합니다. 페이지 수와 크기는 어떻게 할까요?

여 : 사진이 100장 되는데, 그렇게 하면 페이지 수는 100페이지가 되는 거죠?

남 : 한 페이지에 4장까지 사진을 넣을 수 있기 때문에 그렇게 하면 25페이지로 만들 수 있어요.

여 : 아, 그렇습니까? 하지만 그러면 사진이 작아지는 거죠?

남 : 그렇습니다. 예를 들면, A5 사이즈의 앨범이라면, 한 페이지에 2장 넣어도 일반사진 정도로는 됩니다만.

여 : 좀 더 큰 것도 있습니까?

남 : 최대 A4 사이즈까지 있습니다.

여 : 아, 그럼, 가장 큰 크기로. 전부 가로 방향 사진이니까 한 페이지에 2장으로 부탁드리겠습니다.

男：かしこまりました。じゃあ、こちらの用紙にご記入をお願いします。

남 : 알겠습니다. 그럼, 이쪽 용지에 기입 부탁드립니다.

女の人はこのあとどんなアルバムを注文しますか。

1 A5サイズで100ページのアルバム
2 A4サイズで100ページのアルバム
3 A5サイズで50ページのアルバム
4 A4サイズで50ページのアルバム

여자는 이 다음 어떤 앨범을 주문합니까?

1 A5 사이즈로 100페이지 앨범
2 A4 사이즈로 100페이지 앨범
3 A5 사이즈로 50페이지 앨범
4 A4 사이즈로 50페이지 앨범

정답 4

어휘 フォトアルバム 사진 앨범 | 写真(しゃしん) 사진 | 横向(よこむ)き 옆으로 향함(가로) | 用紙(ようし) 용지 | 記入(きにゅう) 기입

해설 여자는 100장의 사진을 큰 사이즈(최대 A4)로 한 페이지에 2장씩 넣길 원하므로 4번(A4 사이즈에 50페이지 앨범)이 정답이다.

4番 07:18

工場で男の人と女の人が話しています。女の人はこのあとまずどうしますか。

男：陳さん、どう？ 作業は大丈夫？
女：はい。田中さんに教えていただいて、検品作業を進めています。
男：ここに入っているのが出来上がった製品だね。……ん？あ、これ、不良じゃないの？
女：え？
男：ほら、これ、ここ欠けてるよね。
女：え、これもダメなんですか？ すみません。知りませんでした。
男：まぁ、田中が言うの忘れたんだろう。あとで言っとくよ。
女：すみません。
男：とりあえず、それはあっちの箱に入れといて。またまぎれるといけないから。
女：はい。あの不良の箱ですよね。
男：うん。あと、終業前でいいから、作業報告にこのこと書いといて。
女：はい。わかりました。
男：あ、それから、事務の佐々木さんが書いて欲しい書類があるとか言ってたから、行ってきてくれるかな？ あ、それも作業報告出すのと一緒でいいか。
女：あ、でも私も佐々木さんに用事があるので、これ入れたら、行ってきます。
男：うん。じゃあ、それ、よろしく頼むよ。

女の人はこのあとまず何をしますか。

1 製品を不良の箱に入れる
2 田中さんに不良のことを言う
3 作業報告を書く
4 佐々木さんのところに行く

4번

공장에서 남자와 여자가 이야기하고 있습니다. 여자는 이 다음 먼저 어떻게 합니까?

남 : 진 씨, 어때? 작업은 괜찮아?
여 : 네, 다나카 씨에게 배워서 검품 작업을 진행하고 있습니다.
남 : 여기에 들어 있는 것이 완성된 제품이지. 어? 아, 이거 불량 아냐?
여 : 어?
남 : 이봐, 이거 여기 망가져 있잖아.
여 : 아, 이것도 안 되는 겁니까? 죄송합니다. 몰랐습니다.
남 : 뭐, 다나카가 말하는 걸 잊은 거겠지. 나중에 말해 둘게.
여 : 죄송합니다.
남 : 우선, 그것은 저쪽 상자에 넣어 둬. 또 뒤섞이면 안 되니까.
여 : 네. 저기 있는 불량 상자죠?
남 : 응, 앞으로 업무 종료 전이면 되니까 작업 보고에 이 내용을 적어 두게.
여 : 네, 알겠습니다.
남 : 아, 그리고 사무과의 사사키 씨가 써 줬으면 하는 서류가 있다고 하니까 다녀와 줄 수 있을까? 아, 그것도 작업 보고 내는 것과 함께 하면 되려나.
여 : 아, 하지만 저도 사사키 씨에게 용무가 있어서 이거 넣으면 다녀오겠습니다.
남 : 응, 그럼 그거 잘 부탁해.

여자는 이 다음 먼저 무엇을 합니까?

1 제품을 불량 상자에 넣는다
2 다나카 씨에게 불량에 관한 것을 말한다
3 작업 보고를 쓴다
4 사사키 씨가 있는 곳에 간다

정답 1

어휘 作業 작업 | 検品 검품(상품, 제품을 검사함) | 製品 제품 | 箱 상자 | 不良 불량 | 紛れる 뒤섞여 헷갈리다 | 終業前 종업 전(업무 종료 전) | 報告 보고 | 事務 사무 | 書類 서류 | 用事 용무

해설 우선 '불량 제품을 뒤섞이지 않게 상자에 넣고' 그 다음, '사사키 씨에게 다녀온 뒤' 업무 종료 전에 '작업 보고를 내는 것'이 여자의 업무 순서이므로 가장 먼저 하는 일은 1번이다.

5番 09:10

男の人がイベントのボランティアの人たちに話しています。ボランティアの人たちはこのあと何をしますか。

男：みなさん、いよいよ明日から約2週間にわたって「ワールドスカウトフェスティバル」が始まります。世界各国からボーイスカウトの方々が来て、それぞれの国の課題について学び合うという場ですので、ぜひスムーズにイベントが進むようにご協力お願いします。まずは、通訳担当の方は、向こうのスペースに固まってください。担当者が行きますので。それから、テント設営補助の担当の方は隣の部屋で早速ご説明したいと思います。あと、救護担当のグループは救護セットを確認しますので、担当の指示に従ってください。あとの方はお配りした紙を見ていただいて、分かれてください。では、よろしくお願いします。

ボランティアはまず何をしますか。

1 ボーイスカウトの通訳をする
2 テントの説明をする
3 グループ分けの紙を配る
4 担当のグループに分かれる

5번

남자가 이벤트 봉사자들에게 이야기 하고 있습니다. 봉사자들은 이 다음 무엇을 합니까?

남：여러분, 드디어 내일부터 약 2주간에 걸쳐서 '세계 스카우트 축제'가 시작됩니다. 세계 각지로부터 보이 스카우트 분들이 와서 각각의 나라의 과제에 관해서 서로 배우는 장이므로, 부디 원활히 이벤트가 진행되도록 협력 부탁 드립니다. 우선은, 통역 담당하는 분은 건너편에 있는 공간에 모여 주세요. 담당자가 갈 테니. 그리고 텐트 설치 보조 담당하는 분은 옆 방에서 바로 설명해 드리겠습니다. 다음, 구호담당 그룹은 구호 세트를 확인하겠으니 담당의 지시에 따라 주세요. 그 외 분들은 배부해 드린 종이를 보시고, 각각 나뉘어 주세요. 그럼, 잘 부탁드리겠습니다.

봉사자는 우선 무엇을 합니까?

1 보이 스카우트의 통역을 한다
2 텐트의 설명을 한다
3 그룹으로 나눈 종이를 배부한다
4 담당하는 그룹으로 나뉜다

정답 4

어휘 ボーイスカウト 보이 스카우트 | 課題 과제 | 協力 협력 | 通訳 통역 | 担当者 담당자 | 設営 설영(야외에 천막을 설치함) | 補助 보조 | 早速 즉시 | 救護 구호 | 確認 확인 | 指示 지시

해설 남자는 각각의 봉사자들이 담당하고 있는 일에 따라 갈 곳(나뉠 곳)을 설명하고 있으므로 4번이 답이다.

6番 10:40

女の学生が先生と話しています。女の学生はこのあとどうしますか。

女：先生　すみません。山下ですが。
男：はーい。どうぞ。
女：失礼します。
男：どうしました？
女：明後日のゼミの発表のレジュメを作ったんですけど、ちょっと見ていただけないかと思って。
男：いいですよ。見せてください。うーん、そうだねぇ。ちょっと文が長いところがあるから、箇条書きにすると、わかりやすくなっていいと思うけど。
女：でもそうすると、2ページを超えてしまうんです……。

6번

여학생이 선생님과 이야기하고 있습니다. 여학생은 이 다음 어떻게 합니까?

여：선생님, 실례합니다. 야마시타인데요.
남：네, 들어와요.
여：실례하겠습니다.
남：무슨 일이에요?
여：모레 세미나 발표 요약문을 만들었는데, 좀 봐 주실 수 있을까 해서요.
남：좋아요. 보여 주세요. 음, 글쎄, 문장이 좀 긴 부분이 있으니, 항목별로 쓰면 이해하기 쉬워질 것 같은데.
여：근데, 그렇게 하면, 두 페이지를 넘어버립니다. 아,하지

あ、でも、図表をもう少し小さくすれば大丈夫かもしれません。

男：いや、あんまり小さくすると見づらくなっちゃうから、ちょっとね。行と行の間に少し余裕がありそうだから、狭くしてみたら？ そうすれば、1ページに入る分量が増えるよ。

女：読みにくくないでしょうか？

男：大丈夫だと思うよ。まあ、心配なら他の人にもみてもらうといいよ。それから、誤字脱字がないかどうか、チェック忘れないようにね。

女：はい。わかりました。ありがとうございました。

女の学生はこのあとどうしますか。

1 文章の書き方を変える
2 図表を小さくする
3 行間を狭める
4 誤字脱字を直す

만, 도표를 조금 더 작게 하면 괜찮을지도 모르겠습니다.

남 : 아니, 너무 작게 하면 보기 힘들어지니까 약간만. 행과 행 사이에 조금 여유가 있을 것 같으니 좁게 해 보면 어떨까? 그렇게 하면, 한 페이지에 들어갈 분량이 늘어날 거야.

여 : 읽기 힘들지 않을까요?

남 : 괜찮을 거 같은데. 뭐, 걱정된다면 다른 사람에게도 봐 달라고 해도 되고. 그리고 오자 탈자가 없는지 확인 잊지 않도록 하고.

여 : 네. 알겠습니다. 고맙습니다.

여학생은 이 다음 어떻게 합니까?

1 문장의 작성 방법을 바꾼다
2 도표를 작게 한다
3 행간을 좁힌다
4 오탈자를 고친다

정답 3

어휘 ゼミ 세미나 | 発表(はっぴょう) 발표 | レジュメ 요약 | 箇条書(かじょうが)き 항목별로 씀 | 超(こ)える 넘다 | 行(ぎょう) 행, 줄 | 分量(ぶんりょう) 분량 | 誤字(ごじ) 오자 | 脱字(だつじ) 탈자

해설 과제 수행 유형에서는 과제를 수행하는 자가 상대의 말에 수긍하는 대답으로 '네, 알겠습니다' 또는 '네 그렇게 하겠습니다'가 나오게 되는데 어떤 말에 대한 대답인지를 파악하면 된다. 이 문제에서 상대의 주된 충고는 행간을 좁히는 것이고 도표를 작게 만드는 것은 수행자가 제안했으나 그에 대해 상대는 큰 변화를 원하지 않고 있으므로 3번이 답이 된다.

문제2

문제2에서는 먼저 질문을 들으세요. 그 후, 문제지의 선택지를 읽으세요. 읽을 시간이 있습니다. 그리고 이야기를 듣고 문제지의 1~4 중에서 가장 적당한 것을 하나 고르세요.

1番 14:41

テレビのニュースでアナウンサーが新しい法案について話しています。新しい法案にはどのような問題があると言っていますか。

女：欧米諸国に比べて、日本の企業は女性管理職の割合が低いことが知られていますが、これは管理職に限ったことではなく、女性社員全体を見ても、同じことが言えると思います。この対策として、いま国会では、女性社員が活躍できるような新たな法案について議論が行われています。この法案では、女性の雇用に関する目標を立てることを企業に義務付けます。例えば「3年以内に女性社員を現在の30%から45%に増やす」などです。これにより、就職活動の際に就活生が参考にする情報が増えるという利点があります。しかし、この法案には罰則規定がないので、企業がどの程度目標に対して取り組むか、疑問の声もあります。

新しい法案にはどのような問題があると言っていますか。

1번

텔레비전 뉴스에서 아나운서가 새 법안에 관해서 이야기하고 있습니다. 새 법안에는 어떤 문제가 있다고 합니까?

여 : 유럽 여러 나라에 비해서 일본 기업은 여성 관리직의 비율이 낮다고 알려져 있습니다만, 이는 관리직뿐만이 아니라 여성 사원 전체를 봐도 같은 말을 할 수 있으리라 생각합니다. 이 대책으로서 지금 국회에서는 여성 사원이 활약할 수 있는 새로운 법안에 관해서 논의 되고 있습니다. 이 법안에서는 여성고용에 관한 목표를 세우는 것을 기업에 의무화하고 있습니다. 예를 들면 '3년이내에 여성 사원을 현재의 30%에서 45%로 늘린다' 등 입니다. 이로 인해 취직활동을 할 때에 취업준비생이 참고로 할 정보가 늘어난다는 이점이 있습니다. 그러나 이 법안에는 벌칙 규정이 없기 때문에 기업이 어느 정도 목표에 대해 대처할지 의문의 목소리도 있습니다.

새 법안에는 어떤 문제가 있다고 합니까?

1　企業が必ずしも目標を立てなくてもいい
2　企業が立てる目標が女性に関するものでなくてもいい
3　企業が立てた目標を就活生に提示しなくてもいい
4　企業が目標を達成できなくても罰せられない

1　기업이 반드시 목표를 세우지 않아도 된다
2　기업이 세우는 목표가 여성에 관한 것이 아니어도 된다
3　기업이 세운 목표를 취업 준비생에게 제시 하지 않아도 된다
4　기업이 목표를 달성할 수 없어도 처벌할 수 없다

정답 4

어휘 欧米(おうべい) 유럽 | 諸国(しょこく) 여러 나라 | 管理職(かんりしょく) 관리직 | 割合(わりあい) 비율 | 対策(たいさく) 대책 | 活躍(かつやく) 활약 | 議論(ぎろん) 의논 | 雇用(こよう) 고용 | 目標(もくひょう) 목표 | 義務付(ぎむづ)ける 의무화 하다 | 就活生(しゅうかつせい) 취업 준비생 | 参考(さんこう) 참고 | 利点(りてん) 이점 | 罰則(ばっそく) 벌칙 | 規程(きてい) 규정 | 疑問(ぎもん) 의문

해설 맨 마지막 부분에서 '벌칙규정이 없어서 기업이 어느 정도 목표에 대해 대처할지 의문의 목소리도 있다'라고 했으므로 새 법안의 문제점으로 4번이 가장 적당하다.

2番 16:39

男の人と女の人が新しいサービスについて話しています。男の人はこのサービスのどんなところがいいと言っていますか。男の人です。

男：昨日、テレビでインターネットショッピングの新しいサービスっていうのをやってたんだけど、注文すると最短30分で商品が届くんだって。
女：えー！ すごいね！ どこでも30分なの？
男：いや、今はまだ都内の一部だけみたいだけどね。
女：そっか。品物は何でも大丈夫なの？
男：品数も結構豊富みたいだけど、限りはあると思うよ。あと、注文を受けたとき車にないものは補充しなきゃいけないから、そうするとちょっと時間がかかることもあるみたい。
女：へぇ。でも、届く時間が大体わかれば、絶対に受け取れるし、便利だよね。
男：そう、そこがいいんだよね。受け取れなくてまた配達を頼むのに電話したりするのは面倒だしね。
女：再配達しなくてよければ、その分経費が安くなって、商品の値段も安くなるかもね。
男：そうなるといいね。

男の人はこのリービスについてどんなところがいいと言っていますか。

1　どんな商品でも30分以内に届くこと
2　どこでも商品がその日のうちに届くこと
3　必ず受け取れるので再配達を頼まなくていいこと
4　割引で商品の値段が安くなること

2번

남자와 여자가 새로운 서비스에 관해서 이야기 하고 있습니다. 남자는 이 서비스의 어떤 점이 좋다고 합니까? 남자입니다.

남 : 어제, 텔레비전에서 인터넷 쇼핑의 새로운 서비스라는 걸 했는데, 주문하면 최단 30분이면, 상품이 도착한대.
여 : 우와! 굉장하네~ 어디든 30분인 거야?
남 : 아니, 지금은 아직 도내의 일부만인 것 같아.
여 : 그렇구나. 상품은 뭐든 되는 거야?
남 : 상품 수도 꽤 풍부한 건 같은데 한정돼 있을 거야. 그리고 주문을 받을 때, 차에 없는 것은 보충해야 하니까 그렇게 되면 약간 시간이 걸릴 때도 있는 것 같아.
여 : 우아~ 그래도 도착 시간을 대충 알면, 확실히 수령할 수 있고 편리하네.
남 : 그래. 그 점이 좋지. 받지 못해서 다시 배달을 요청하느라 전화하거나 하는 건 번거롭고.
여 : 재배송하지 않아도 된다면, 그만큼 경비도 싸지니까 상품가격도 싸질지도 모르지.
남 : 그렇게 되면 좋겠네.

남자는 이 서비스에 관해서 어떤 점이 좋다고 합니까?

1　어떤 상품이라도 30분 이내에 도착하는 것
2　어디든 상품이 그날 안에 도착하는 것
3　반드시 수령할 수 있으므로 재배송을 부탁하지 않아도 되는 것
4　할인으로 상품의 가격이 싸지는 것

정답 3

어휘 注文(ちゅうもん) 주문 | 最短(さいたん) 최단 | 商品(しょうひん) 상품 | 都内(とない) 도내 | 品物(しなもの) 상품 | 結構(けっこう) 꽤, 상당히 | 豊富(ほうふ) 풍부 | 補充(ほじゅう) 보충 | 配達(はいたつ) 배달 | 経費(けいひ) 경비 | 値段(ねだん) 가격

해설 '도착 시간을 알면 확실히 수령할 수 있어서 편리하다'라는 여자의 말에 '그래. 그런 점이 좋지'라고 남자가 말했으므로 3번이 답이라는 것을 알 수 있다. 포인트 이해는 대화의 포인트가 되는 '이유, 무엇, 누구(대상), 시제' 등을 주의하면서 들어야 한다.

3番 18:45

テレビのニュースでアナウンサーがあるホテルについて話しています。このホテルはどうして建て替えをすることにしましたか。

男：老舗ホテルの「ホテル大江戸東京」の本館が、建て替えのため、今年10月31日をもって休業となることが、今日発表されました。5年後の東京オリンピックを見据えてとのことで、部屋数はそのままに、カードキー対応のエレベーターなど最新の設備を取り入れることで、各国からの宿泊客のニーズに応えたいとのことです。また、バリアフリーを徹底して、耐震性も強化されます。さらに、敷地面積も拡大するということで、その部分に大きな宴会場を作り、今後数百人規模のパーティーにも対応できるようにしたいとのことです。

このホテルはどうして建て替えをすることにしましたか。

1 部屋が少なかったから
2 新しい設備がなかったから
3 耐震ではなかったから
4 宴会場がなかったから

3번

텔레비전 뉴스에서 아나운서가 어느 호텔에 관해서 이야기하고 있습니다. 이 호텔은 왜 개축을 하기로 했습니까?

남：노포 호텔인 '호텔 오에도 도쿄'의 본관이 개축을 위해 올해 10월 31일로 휴업하게 된 것이 오늘 발표되었습니다. 5년 후의 도쿄 올림픽을 내다본 것이라고 하며, 방수는 그대로 하고, 카드 키 대응의 엘리베이터 등 최신 설비를 도입함으로써 각국에서 오는 숙박객의 요구에 부응하고 싶다고 합니다. 또한 배리어프리를 철저히 하고, 내진성도 강화됩니다. 더욱이 부지 면적도 확대한다고 하며, 그 부분에 큰 연회장을 만들고 향후 수백 명 규모의 파티에도 대응할 수 있도록 하고 싶다고 합니다.

이 호텔은 왜 개축을 하기로 했습니까?

1 방이 적었기 때문에
2 새로운 설비가 없었기 때문에
3 내진이 아니었기 때문에
4 연회장이 없었기 때문에

정답 2

어휘 建て替え(たてかえ) 개축, 재건축 | 老舗(しにせ) 노포(대대로 내려 오는 점포) | 見据える(みすえる) 응시하다, 확인하다 | 設備(せつび) 설비 | 取り入れる(とりいれる) 도입하다 | 宿泊(しゅくはく) 숙박 | 応える(こたえる) 부응하다 | 徹底(てってい) 철저 | バリアフリー 장애물 없는 생활 환경(장애인 편의 시설) | 耐震性(たいしんせい) 내진성 | 強化(きょうか) 강화 | 敷地(しきち) 부지 | 面積(めんせき) 면적 | 拡大(かくだい) 확대 | 宴会場(えんかいじょう) 연회장 | 規模(きぼ) 규모 | 対応(たいおう) 대응

해설 호텔 개축의 주된 이유는 도쿄 올림픽을 앞두고 '최신 설비의 도입을 위함'이기 때문에 2번이 정답이다.

4番 20:26

テレビのニュースでアナウンサーがあるイベントについてリポートしています。このイベントで注目されているものは何ですか。

女：今日から、こちらの東京ビッグホールで、雑貨の見本市が開かれています。こちらにはこのように世界中のさまざまな雑貨が所狭しと並べられています。なかでも今回注目されているのは、こちら！ 日本の名産品のなかから選び抜かれた300点が展示されている、「職人の技」のブースです。日本の職人の技術が光る名産品はもちろん、今回は職人の技を現代のニーズと組み合わせた製品が人気です。例えば、こちらの携帯音楽プレーヤー用のスピーカー、なんと漆塗りの箱でできているんです。それから、こちらのシェーカー、これは日本の自動車部品メーカーが作ったもので、ぴったりとしまって、液漏れしないんです。このように、いろいろな日本の技術も見られる今回の見本市、皆様もぜひお越しください。

このイベントで注目されているものは何ですか。

4번

텔레비전 뉴스에서 아나운서가 어떤 이벤트에 관해서 기사 보도 하고 있습니다. 이 이벤트에서 주목되고 있는 것은 무엇입니까?

여：오늘부터 이곳 도쿄 빅홀에서 잡화 견본 시장이 열리고 있습니다. 이곳에는 이처럼 전세계의 다양한 잡화가 즐비하게 진열 되어 있습니다. 그 중에서도 이번에 주목되는 것은 여기! 일본의 명산품 중에서 엄선된 300점이 전시되고 있는 '장인의 기술' 부스입니다. 일본 장인의 기술이 빛나는 명산품은 물론이고, 이번에는 장인의 기술을 현대의 요구와 접목시킨 제품이 인기입니다. 예를 들면, 휴대 음악 플레이어용의 스피커, 놀랍게도 칠기 상자로 만들어져 있습니다. 그리고 이 쪽의 셰이커, 이것은 일본의 자동차 부품 제조 업체가 만든 것으로 꽉 닫혀서 액체가 새지 않습니다. 이처럼 여러 가지 일본 기술도 볼 수 있는 이번 견본 시장, 여러분도 꼭 찾아와 주세요.

이 이벤트에서 주목되고 있는 것은 무엇입니까?

1 世界中のいろいろな雑貨
2 日本の各地のおいしい名産品
3 職人の技を生かした現代的な製品
4 自動車部品をリサイクルして作った雑貨

1 전세계의 여러 가지 잡화
2 일본 각지의 맛있는 명산품
3 장인 기술을 활용한 현대적인 제품
4 자동차의 부품을 재활용해서 만든 잡화

정답 3

어휘 雑貨(ざっか) 잡화 | 見本市(みほんいち) 견본 시장 | 所狭(ところせま)しと 비좁게, 꽉 차게 | 名産品(めいさんひん) 명산품 | 選(えら)び抜(ぬ)く 선발하다, 골라내다 | 職人(しょくにん) 장인 | 技(わざ) 기술 | 製品(せいひん) 제품 | 漆塗(うるしぬ)り 옻칠, 칠기 | 部品(ぶひん) 부품 | 液漏(えきも)れ 물이 샘, 누수

해설 이 이벤트에서 주목되는 것은, '일본의 명산품을 전시하는 '장인의 기술 부스'이며, 현대의 요구와 접목시킨 제품'이므로 '장인의 기술을 살린 현대적 제품'이라고 한 3번이 정답이다.

5番 22:28

女の人が男の人にインタビューをしています。男の人はどうして小説家になったと言っていますか。

女：この度は、直川賞受賞、おめでとうございます。
男：ありがとうございます。
女：2005年に文学新人賞を受賞されてから10年ですが、いかがですか。今回の受賞について。
男：10年というと長い気がしますが、僕にとっては新人賞受賞までのことの方が長く感じられますね。なので、この10年はあっという間だったなと。
女：そうですか。小説を書き始めてから新人賞受賞までの間というのはどんな感じだったんでしょうか。
男：1998年に木村由美子さんが当時18歳で新人賞を受賞されて、その時僕は2個下だったんですよね。そのときニュースとか見て、勝手に発破かけられたというか。それまでも、文章は書いていたんですけど、どこにも発表とかしたことがなくて。周りの人には、「書いてるならどこか出せばいいじゃん」って言われてたんですけど、いまいちピンと来なくて。でもテレビで木村さんを見て、「あ、こんなことをしてる場合じゃない」と思いましたね。「やらなきゃ」と。
女：新人賞に応募するときはどうでしたか。
男：新人賞は、直川賞などとは違って、原稿を直接送るんですけど、すごく時間がなくて、体裁とかめちゃくちゃなまま送りましたね。でも、出すときに漠然と「これはいけるんじゃないか」と思いましたね。理由はないんですけど。
女：そうなんですか。

男の人はどうして小説家になったと言っていますか。

1 文章を書くうちに「小説家になりたい」と思いはじめたから
2 周りの人に「小説家になったらどうか」と勧められたから
3 テレビのニュースを見て「自分もやらなければ」と思ったから
4 理由はないが「小説家になれるのではないか」と思ったから

5번

여자가 남자에게 인터뷰를 하고 있습니다. 남자는 왜 소설가가 되었다고 합니까?

여：이번에 나오카와상 수상 축하드립니다.
남：감사합니다.
여：2005년에 문학 신인상을 수상하시고 10년입니다만, 어떠십니까? 이번 수상에 관해서.
남：10년이라고 하니 긴 느낌이 들지만 저에게 있어서는 신인상 수상까지가 더 길게 느껴집니다. 때문에 이 10년은 눈 깜짝할 사이였다고 할까.
여：그렇습니까? 소설을 쓰기 시작해서 신인상 수상에 이르기까지는 어떤 느낌이었습니까?
남：1988년에 기무라 유미코 씨가 당시 18세의 나이로 신인상을 수상하셨는데, 그때 저는 2살 아래였었죠. 그 때 뉴스를 보고 제멋대로 독려되었다랄까. 그때까지도 문장은 쓰고 있었지만 어디에도 발표 같은 건 한 적이 없어서 주위 사람들로부터 '쓰고 있다면 어딘가 내보면 좋지 않아?'라는 말을 들었지만, 뭔가 감이 딱 오지 않아서. 하지만 텔레비전에서 기무라 씨를 보고 '아, 이러고 있을 때가 아니다'라고 생각했습니다. '해야겠다'라고.
여：신인상에 응모했을 때는 어땠습니까?
남：신인상은 나오카와상 등과는 다르게, 원고를 직접 보냈습니다만, 너무 시간이 없어서 형식 같은 건 엉망인 채로 보냈었죠. 하지만 낼 때 막연하게 '이건 괜찮지 않을까'하고 생각했습니다. 이유는 없었지만.
여：그렇습니까?

남자는 왜 소설가가 되었다고 합니까?

1 글을 쓰는 중에 '소설가가 되고 싶다'고 생각하기 시작해서
2 주위 사람에게 '소설가가 되면 어떨까'라고 권유 받아서
3 텔레비전 뉴스를 보고 '자신도 해야겠다'고 생각해서
4 이유는 없지만 '소설가가 될 수 있는 것은 아닌가'라고 생각해서

정답 3

어휘 受賞 수상 | 発破をかける 발파 장치를 하다(독려하다, 기합을 넣다) | 文章 문장 | ピンと来る 감이 오다(잡히다) | 応募 응모 | 原稿 원고 | 体裁 체재, 외관, 형식(양식) | 漠然 막연함

해설 텔레비전에서 신인상을 수상하는 기무라 유미코 씨를 보고 '이럴 때가 아니다', '해야겠다'는 마음이 생겼다는 남자의 말에서 소설가가 된 이유를 알 수 있으므로 3번이 정답이다.

6番 25:00

男の人と女の人が話しています。男の人は、海外のゲームが増えてきた理由は何だと言っていますか。

男：この間、国際ゲームフェスタに行ってきたんだけど、今年は海外のゲームがすごく多くて、今までと違う感じで面白かったよ。

女：え、日本のゲームが少なくなってるってこと？

男：日本は最近スマートフォンのゲームに力を入れてるんだけど、海外はそうじゃなくてゲーム機を使ったゲームの数を増やしてるみたいなんだ。グラフィックに力を入れてて、圧倒的なビジュアルと世界観がすごいんだよ。それが今回いっぱい出てきてたんだ。

女：グラフィックがすごいって3Dってこと？ それってお金がかかるんでしょう？

男：うん。でも全世界を視野に入れればマーケットは大きいからね。ある程度の広告費をかけて売れれば、十分回収できるってわけ。ゲームの開発にものすごい金額をかけてるんだよ。

女：すごいけど、日本の会社には難しいね。

男：ハイリスクハイリターンだからね。売れればいいけど、売れなかったらお金が回収できないし。日本は逆に、安全な方法をとってるんだ。ヒットした映画とかをゲーム化したりしてることが多いけど、そうすれば開発費はそれほどかからないし、そこそこ売れるから、大きく失敗することはないよね。

女：なるほど。どちらも一長一短ね。

男の人は、海外のゲームが増えてきた理由は何だと言っていますか。

1　スマートフォンのゲームを増やしているから
2　高額な開発費を投じているから
3　広告に力を入れているから
4　既存の映画などをゲーム化しているから

6번

남자와 여자가 이야기하고 있습니다. 남자는 해외의 게임이 늘어난 이유는 무엇이라고 합니까?

남 : 요전에 국제 게임 축제에 다녀왔는데, 올해는 해외의 게임이 굉장히 많고 지금까지와는 다른 느낌이어서 재미있었어.

여 : 오, 일본 게임이 적어졌다라는 건가?

남 : 일본은 최근 스마트폰 게임에 주력하고 있지만, 해외는 그게 아니고 게임기를 사용한 게임의 수를 늘리고 있는 것 같아. 그래픽에 힘을 쏟고 있고 압도적인 비주얼과 세계관이 굉장해. 그게 이번에 많이 나왔어.

여 : 그래픽이 굉장하다는 건 3D라는 거야? 그런 건 돈이 들지?

남 : 응, 하지만 전세계를 시야에 넣는다면 시장이 크니까. 어느 정도의 광고비를 들여서 팔면, 충분히 회수할 수 있거든. 게임개발에 굉장한 금액을 들이고 있어.

여 : 대단하지만, 일본회사로서는 힘들지.

남 : 고위험 · 고수익이니까. 팔리면 좋겠지만, 팔리지 않으면 돈을 회수 할 수 없고 일본은 반대로 안전한 방법을 취하고 있지. 히트한 영화 같은 것을 게임화하거나 하는 경우가 많은데, 그렇게 하면 개발비는 그만큼 들지 않고 그럭저럭 팔리기 때문에 크게 실패할 일은 없지.

여 : 그렇군, 어느 쪽이든 일장일단이 있네.

남자는 해외의 게임이 늘어난 이유는 무엇이라고 합니까?

1　스마트폰 게임을 늘리고 있기 때문에
2　고액의 개발비를 투자하고 있기 때문에
3　광고에 힘을 쏟고 있기 때문에
4　기존의 영화 등을 게임화 하고 있기 때문에

정답 2

어휘 国際 국제 | フェスタ(=フェスティバル) 축제 | グラフィック 그래픽 | 圧倒的 압도적 | ビジュアル 비주얼, 시각적 | 世界観 세계관 | 視野 시야 | 広告費 광고비 | 回収 회수 | ハイリスクハイリターン(high risk high return) 위험이 높은 만큼 수익도 높다는 의미 | 逆に 반대로 | 開発費 개발비 | 失敗 실패 | 一長一短 일장일단

해설 남자는 '해외에서는 게임기를 사용한 게임 수를 늘리고 있고 그래픽에 힘을 쏟는 등 게임 개발에 굉장한 금액을 들여 전세계를 대상으로 하고 있다'고 했으므로 2번이 답으로 적당하다.

7番 27:26

女の人と男の人が話しています。女の人は、子どもが同じ絵本を飽きずに聞いている理由は何だと言っていますか。

女：高木さん、お子さん3歳でしたっけ。どうですか、お子さんは。
男：うちの子、絵本が好きで、毎日同じ絵本を読んでやるんだけど、飽きずに聞いてるんだよなー。何でだろう？
女：あぁ。うちもそうでしたよ。毎日毎日「ママ、これ読んでー」って。
男：よっぽどその絵本が好きなんだろうな。
女：それもあるかもしれませんけど、繰り返しによる安心感もあるんだって、前に聞いたことがあります。
男：どういうこと？
女：子どもって、毎日新しいことだらけで刺激が多いじゃないですか。でも、絵本は毎日同じストーリーで予想した通りにお話が進むから、それで安心感を得るんですって。
男：へぇー、そうなのか、うちの子、毎日読むたびにケラケラ笑ってるから、読んでも内容忘れちゃってるんじゃないかと思ってたよ。
女：大丈夫ですよ。そのうち自分で勝手に読み出して、「他のないの？」って言ってきますから。
男：そうかー。

女の人は、子どもが同じ絵本を飽きずに聞いている理由は何だと言っていますか。

1 子どもはその絵本が好きだから
2 ストーリーがわかると安心するから
3 絵本には新しいことが多くて面白いから
4 子どもはお話を忘れてしまうから

7번

여자와 남자가 이야기하고 있습니다. 여자는 아이가 같은 그림책을 싫증내지 않고 듣는 이유는 무엇이라고 합니까?

여 : 다카기 씨, 자녀분이 3살이었던가요? 어때요? 자녀분은?
남 : 우리 아이는 그림책을 좋아해서 매일 같은 그림책을 읽어주는데, 싫증내지 않고 듣고 있어. 왜 그럴까?
여 : 아, 우리 아이도 그랬었어요. 매일매일 '엄마 이거 읽어 줘' 라고.
남 : 그 그림책이 꽤 좋은가 봐.
여 : 그럴 수도 있겠지만, 반복으로 인한 안심감도 있다고 해요. 전에 들은 적이 있어요.
남 : 무슨 말이죠?
여 : 아이는 매일 온통 새로운 것뿐이라 자극이 많잖아요. 하지만, 그림책은 매일 같은 스토리로 예상한대로 이야기가 진행되기 때문에 그걸로 안심감을 얻는다고 해요.
남 : 아, 그런가. 우리 애, 매일 읽을 때마다 깔깔 웃어서, 읽어도 내용을 잊어버리는 게 아닌가 싶었지.
여 : 괜찮아요. 머지않아 스스로 내키는 대로 읽기 시작하고, '다른 거 없어?' 하고 말할 테니까요.
남 : 그렇군.

여자는 아이가 같은 그림책을 싫증내지 않고 듣고 있는 이유는 무엇이라고 합니까?

1 아이는 그 그림책을 좋아하기 때문에
2 이야기를 알면 안심되기 때문에
3 그림책에는 새로운 것이 많아 재미있기 때문에
4 아이는 이야기를 잊어버리기 때문에

정답 2

어휘 絵本(えほん) 그림책 | 飽(あ)きる 질리다 | 繰(く)り返(かえ)す 반복하다 | 安心感(あんしんかん) 안심감 | 刺激(しげき) 자극 | ケラケラ 깔깔

해설 아이가 같은 그림책을 싫증내지 않고 듣는 이유는 '같은 책을 반복함으로써 안심감을 얻는다'라는 여자의 말에서 알 수 있으며, 2번이 정답이다.

문제3

문제3에서는 문제지에 아무것도 인쇄되어 있지 않습니다. 이 문제는 전체적으로 어떤 내용인가를 묻는 문제입니다. 이야기 전에 질문은 없습니다. 우선 이야기를 들으세요. 그리고 1~4중에서 가장 적당한 것을 하나 고르세요.

1番 32:21

女の人と男の人が話しています。

女：お待たせー！ ごめーん！
男：うわ、何その髪？ ボサボサじゃん！ ほんと「女子力」ないよなー。
女：えー？ 「女子力」って何よ？

1번

여자와 남자가 이야기하고 있습니다.

여 : 기다렸지? 미안!
남 : 우와, 뭐야 그 머리? 부스스하네. 정말 '여자력'이 없군~
여 : 에? '여자력'이란 게 뭐야?

男 : そんなことも知らないのか？ 毎日半身浴をするとか、週1回ネイルサロンに行くとか、料理教室で和食を勉強するとか、そういう女性らしいことをちゃんとしてる人を「女子力が高い人」って言うんだよ。

女 : うーん、私、そういうのとは無縁だなぁ。

男 : 今では、女の人だけじゃなくて男でもそういうのをしてる人が増えてるんだってさ。

女 : えー！ どういうこと？ 男の人がネイルサロンに行ったり半身浴したりするの？

男 : そうそう。本当かなって思うけどね。でも、実際にいるらしいよ。テレビでやってた。

女 : 「女子力」を磨く男の人かぁ……。変な感じ。

男 : でも、歴史的にも男性が女性の文化を追いかけるっていうのは昔からあるらしいよ。

女 : ふーん、そうなんだ。こういう流れも歴史的には自然なことなのかもしれないってことね。

女の人と男の人は何について話していますか。

1　女子力が低い女性が増えていること
2　料理教室に通う女性が増えていること
3　女子力が高い男性が増えていること
4　女性の文化を勉強する男性が増えていること

남 : 그것도 몰라? 매일 반신욕을 한다든가 주 1회 네일 살롱에 간다든가, 요리 교실에서 일식요리를 배운다든가 그런 여성스러운 것을 제대로 하고 있는 사람을 '여자력이 높은 사람'이라고 해.

여 : 음, 나는 그런 것과는 거리가 멀지.

남 : 지금은 여자뿐만 아니라 남자도 그런 것을 하는 사람이 늘고 있대.

여 : 에~ 무슨 말이야? 남자가 네일 살롱에 가거나 반신욕하거나 하는 거야?

남 : 맞아. 정말인가 싶지만. 하지만, 실제로 있대. 텔레비전에서 했었어.

여 : '여자력'을 갈고 닦는 남자라... 이상한 느낌인데.

남 : 하지만 역사적으로도 남성이 여성의 문화를 뒤쫓아 간다는 것은 옛날부터 있대.

여 : 흠, 그렇구나. 이러한 흐름도 역사적으로는 자연스러운 것일지도 모른다는 거네.

여자와 남자는 무엇에 관해서 이야기하고 있습니까?

1　여성력이 낮은 여성이 늘고 있는 것
2　요리 교실에 다니는 여성이 늘고 있는 것
3　여성력이 높은 남성이 늘고 있는 것
4　여성의 문화를 공부하는 남성이 늘고 있는 것

정답 3

어휘 ボサボサ 부스스함 | 半身浴 반신욕 | 無縁 무연(인연이 없음) | 磨く 연마하다, 닦다 | 歴史的 역사적 | 文化 문화

해설 여성스러운 일을 제대로 하는 여성을 '여성력'이 높은 여자라고 하는데 최근에는 '여성력'을 연마하는 남성이 늘고 있다는 것이 이야기의 주제이므로, 3번이 정답이다.

2番 34:40

テレビでコメンテーターが話しています。

男 : 昔は、外で遊ぶというと虫捕りなどをよくしたものですが、最近はマンション建設などでどんどん緑が減っていますよね。日本はもともと土地が狭いので、致し方ない部分はあるんですけども。ええ。そんななかでも今も虫を追いかけている方がいらっしゃって、上山さんっていう、いろんな珍しい昆虫を発見されてる学者さんなんですけども。あのー、羽が透明な蝶とか、宝石みたいなコガネムシとか珍しいのを捕まえてらして。あのー、世界的にも有名な方でして、ええ。今、本当になかなか都心では虫を見なくなってますけど、こういう昔から好きなものをずっと追いかけていて、それでこう活躍できるっていうのは、すごいことですよね。

男の人は何について話していますか。

1　マンション建築による緑の減少
2　都心における昆虫の減少
3　世界でも珍しい昆虫
4　世界で有名な昆虫学者

2번

텔레비전에서 뉴스 해설자가 이야기하고 있습니다

남 : 옛날에는 밖에서 논다고 하면, 곤충 채집 등을 자주 하곤 했습니다만, 최근에는 맨션 건설 등으로 점점 녹지가 줄고 있습니다. 일본은 원래 땅이 좁기 때문에 어쩔 수 없는 부분도 있겠지만. 음, 그런 중에서도 곤충을 뒤쫓는 분이 계시는데, 우에야마 씨라고 하는, 여러 진귀한 곤충을 발견하시는 학자입니다만, 음, 날개가 투명한 나비라든가 보석같은 풍뎅이라던가 희귀한 곤충을 잡으시죠. 그리고, 세계적으로도 유명한 분이시고, 네. 요즘은 정말 도심에서는 곤충을 볼 수 없어졌지만, 이렇게 옛날부터 좋아한 것을 쭉 뒤쫓으며, 그것으로 이렇게 활약을 할 수 있다는 건 대단한 것이지요.

남자는 무엇에 관해서 이야기 하고 있습니까?

1　맨션 건축으로 의한 녹지의 감소
2　도심의 곤충 감소
3　세계에서도 진귀한 곤충
4　세계에서 유명한 곤충 학자

정답 4

어휘 コメンテーター 뉴스 해설자 | 虫捕り 벌레 채집 | 建設 건설 | 緑 녹지, 숲 | 土地 토지 | 致し方ない 하는 수 없다 | 部分 부분 | 昆虫 곤충 | 発見 발견 | 羽 날개 | 透明 투명 | 蝶 나비 | 宝石 보석 | コガネムシ 풍뎅이 | 都心 도심 | 活躍 활약

해설 주제를 묻는 문제로 '녹지가 줄어 벌레 보기 힘든 환경 속에서도 자신이 좋아하는 곤충 채집을 계속해 온 세계적으로 유명한 곤충 학자의 대단함'을 이야기하고 있으므로 4번이 정답이다.

3番 36:27
大学の授業で先生が話しています。

女：ここ十数年の間、不登校の子供は増加の一途をたどっており、最近は、いじめだけではなく様々な理由によって不登校になってしまう児童・生徒が増えています。そこで最近はいろいろなところにフリースクールという民間の学校が作られて、不登校の子供たちを受け入れています。こういう学校はボランティアの方がやっている施設がほとんどですが、中には教員免許を持っているボランティアもいるので、しっかりとした勉強をすることもできます。勉強することに抵抗がある子どもも、自分ができるところから少しずつ取り組めるので、楽しく通うことができるそうです。ただ、普通の学校と違って、フリースクールを出ても学校を卒業したのと同じ資格にはならないので、それを不安に思うご家族が多いのが課題です。それでも、子供が楽しく通っているのをご家庭では喜ばしく思っているケースが多いようです。

先生は何について話していますか。

1 いじめによる不登校児童の増加
2 子どもたちによるボランティア活動
3 不登校の子どもたちのための取り組み
4 資格が取れるフリースクール

3번
대학 수업에서 선생이 이야기하고 있습니다.

여：최근 십수 년간, 등교를 거부하는 어린이는 증가의 일로에 있고, 최근에는 괴롭힘만 아니라 여러 가지 이유로 등교를 거부하는 아동, 학생이 늘고 있습니다. 그래서 최근에는 곳곳에서 자유학교라는 민간 학교가 만들어져 등교하지 않는 아이들을 받고 있습니다. 이런 학교는 자원봉사자분이 하고 있는 시설이 대부분이지만, 그 중에는 교사 자격증을 가지고 있는 봉사자도 있기 때문에 제대로 된 공부를 할 수도 있습니다. 공부하는 것에 거부감이 있는 아이도 자신이 할 수 있는 부분부터 조금씩 도전해 볼 수 있기 때문에 즐겁게 다닐 수가 있다고 합니다. 단, 보통의 학교와는 달리, 자유학교를 나와도 졸업한 것과 동일한 자격이 되지 않기 때문에 그것을 불안하게 생각하는 가족이 많은 것이 과제입니다. 그래도, 아이가 즐겁게 다니고 있는 것을 가정에서는 기쁘게 생각하고 있는 경우가 많은 것 같습니다.

선생님은 무엇에 관해서 이야기하고 있습니까?

1 괴롭힘으로 인한 등교 거부 아동의 증가
2 아이들에 의한 봉사 활동
3 등교를 거부하는 아이들을 위한 대처
4 자격증을 딸 수 있는 자유학교

정답 3

어휘 不登校 등교 거부 | 増加 증가 | 一途をたどる 일로를 걷다 | 児童 아동 | 生徒 학생 | フリースクール (free school) 자유학교, 대안학교 | 民間 민간 | 施設 시설 | 教員 교원, 교사 | 免許 면허 | 抵抗 저항 | 卒業 졸업 | 資格 자격 | 課題 과제 | 喜ばしい 기쁘다, 즐겁다

해설 주된 내용은 '최근 괴롭힘뿐만이 아닌 여러 문제로 학교를 가지 않는 아동이 늘고 있는 중에 자유학교라는 민간학교가 만들어졌고 일반학교와 동일한 졸업 자격이 주어지는 것은 아니지만 대부분의 학생이 즐겁게 다닐 수 있고 가정에서도 기쁘게 생각하는 경우가 많다'는 것이므로, 3번이 답으로 적당하다.

4番 38:30
男の学生と女の学生が話しています。

女：ねぇ、お金が2億7千万円あったら、何に使う？
男：え？ なんで2億7千万円なの？ 宝くじだったら、3億円でしょ。

4번
남학생과 여학생이 이야기하고 있습니다.

여：있지, 돈이 2억 7천만 엔 있으면, 무엇에 사용할래?
남：어? 왜 2억 7천만 엔인거야? 복권이면 3억 엔이잖아.

女：日本人が20歳から60歳までに働いて得られる収入っていうのが、だいたい2億7千万円なんだって。
男：へぇー。そうなんだ。でも、それって毎日の生活で消えていくもんだろ？ 食べたり飲んだり、あとは家賃とか。
女：そうね。でも、全体がわかると、その内のどれだけを何に使おうとか、いろいろ考えなきゃって思うじゃない。
男：うーん。でも、そうすると、家を買うお金って、だいぶパーセンテージを占めるんだな。5千万円だったら、20%くらいだろう？
女：うん。
男：俺、そんなに減ったらやっていけないな。やっぱ宝くじ当たらないかな。
女：それは……。（やや笑いながら）

2人は何について話していますか。

1 宝くじでもらえるお金
2 一生のうちに稼げるお金
3 生活に必要なお金
4 家を建てるのにかかるお金

여：일본인이 20세에서 60살까지 일해서 얻을 수 있는 수입이라는 것이 대개 2억 7천만 엔이라고 해.
남：아~ 그렇구나. 하지만, 그건 매일 생활하면서 사라지는 거잖아? 먹거나 마시거나, 그리고 집세라든가.
여：그렇지. 하지만 전체를 알면, 그 중에 얼만큼을 무엇에 사용하자든가 여러 가지로 생각을 하게 되잖아.
남：음, 하지만, 그렇게 하면, 집을 사는 돈은 상당한 퍼센트를 차지하지. 5천만 엔이면, 20% 정도잖아.
여：응.
남：나는 그렇게 줄면 해 나갈 수가 없어. 역시 복권에 당첨 안 되려나~
여：그건..(약간 웃으면서)

두 사람은 무엇에 관해서 이야기하고 있습니까?

1 복권으로 받을 수 있는 돈
2 평생 동안 벌 수 있는 돈
3 생활에 필요한 돈
4 집을 짓는 데 드는 돈

정답 2

어휘 収入(しゅうにゅう) 수입 | 家賃(やちん) 집세 | 宝(たから)くじ 복권

해설 '20세에서 60세까지의 일해서 얻는 수입이 2억 7천만엔'이며, 여자는 그것을 알면, 계획적으로 살 수 있다고 하고 남자는 20%를 차지하는 집을 사게 되면 그 나머지로 살기 힘들다는 이야기를 하고 있으므로 2번이 답으로 적당하다.

5番 40:31

ラジオで男の人と女の人が話しています。

女：こちらの「においケア講座」、今までにない新しいセミナーとのことですが、どのような内容なのでしょうか。
男：最近はスメルハラスメント、いわゆるスメハラということばも出てきて、いろいろな臭いを気にする傾向があります。
女：スメハラというと、汗の臭いが原因で同僚を訴えたというニュースも聞きますね。主に汗の臭いが原因ですか。
男：汗の臭いだけではなく、口臭や加齢臭、最近はミドル脂臭などがあります。こちらのセミナーでは、そうしたさまざまな臭いについて対策をご紹介しています。
女：１つだけではないんですね。
男：ひとつひとつの臭いの対策は簡単ですが、複合的な臭いはなかなか消すのが難しいので、そういったものについてどのようにすればいいのかをご紹介しているんです。
女：どんな方が受講されるんですか。
男：いろいろな方がお越しくださっていますが、特に、接客業の方が多いですね。レストラン、タクシー会社、ブライダル関係などが多いです。
女：たくさんの人と接する機会がある方が受講されることが多いんですね。

5번

라디오에서 남자와 여자가 이야기하고 있습니다.

여：이쪽의 '냄새 케어 강좌', 지금까지 없던 새로운 세미나라고 하는데, 어떤 내용입니까?
남：요즘은 스멜 헤레스먼트, 이른바 스메하라라는 말이 나오고 여러 가지 냄새를 신경 쓰는 추세입니다.
여：스메하라 라면, 땀 냄새가 원인 으로 동료를 소송했다는 뉴스도 듣게 되는데요. 주로 땀냄새가 원인입니까?
남：땀냄새뿐만이 아니라 입 냄새나 노인냄새, 최근에는 중년남성 특유의 느끼한 땀냄새 등이 있습니다. 이쪽의 세미나에서는 그런 냄새에 관해서 대책을 소개하고 있습니다.
여：한 가지만이 아니군요.
남：하나하나의 냄새 대책은 간단하지만, 복합적인 냄새는 좀처럼 없애기 어렵기 때문에, 그런 것에 대해서 어떻게 하면 좋을 것인지를 소개하고 있는 것입니다.
여：어떤 분이 수강하십니까?
남：여러분이 찾아주셨지만, 특히 접객업에 종사하시는 분들이 많습니다. 레스토랑, 택시 회사, 결혼 관련 등이 많습니다.
여：많은 사람과 접할 기회가 있는 분이 수강하시는 일이 많군요.

何について話していますか。
1 スメハラ訴訟のためのセミナー
2 汗の臭いを消すためのセミナー
3 様々な臭い対策のためのセミナー
4 接客業のためのセミナー

무엇에 관해서 이야기하고 있습니까?
1 스메하라 소송을 위한 세미나
2 땀 냄새를 없애기 위한 세미나
3 여러 가지 냄새 대책을 위한 세미나
4 접객업을 위한 세미나

정답 3

어휘 講座(こうざ) 강좌 | スメルハラスメント 체취나 구취로 인해 주위에 불쾌감을 주는 일 | 訴(うった)える 소송하다 호소하다 | 口臭(こうしゅう) 구취, 입 냄새 | 加齢臭(かれいしゅう) 중 · 노년층의 특이한 체취 | ミドル脂臭(ししゅう) 중년 남성 특유의 느끼한 땀 냄새 | 対策(たいさく) 대책 | 複合(ふくごう) 복합 | 受講(じゅこう) 수강 | ブライダル 결혼

해설 냄새로 인해 불쾌감을 주는 '스메하라'는 그 종류가 다양하고, 냄새에 대한 복합적 대책을 위한 세미나이므로 3번이 정답이다.

6番 42:43
会社の研修で講師が話しています。

女：皆さんは、お子さんがいらっしゃいますか？ 例えば、中学、高校くらいのお子さんに、「勉強しなさい」と言ったら、「今やろうと思ってたのに！」と怒って急にお子さんがやる気をなくしてしまったということがあるんじゃないかと思います。心理学ではこれを「心理的リアクタンス」と呼びます。「なになにしなさい」と他の人から行動を制限されると、それとは反対に自由を求めてしまうという心の反応です。子どもに対して親が言う場合ももちろんですが、上司と部下の関係でも同じです。仕事上、あれこれ指示をしたくなることはあると思いますが、実は逆効果だということが言えるわけなんですね。人にいろいろやってほしいことを言うだけなら簡単ですが、それをやってくれるかどうかは働きかけ次第なので、タイミングや言い方など、注意が必要です。

何について話していますか。
1 上手な子育ての仕方
2 子どもに勉強させる方法
3 部下と良い関係を築く方法
4 部下への指示の仕方

6번
회사 연수에서 강사가 이야기하고 있습니다.

여：여러분, 자녀분이 있으십니까? 예를 들면, 중학교, 고등학교 정도의 자녀에게 '공부해라'라고 하면, '지금 하려고 했는데'하고 화내며, 갑자기 자녀분이 의욕을 잃어버린 적이 있지 않으십니까? 심리학에서는 이를 '심리적 리액턴스(저항)'라고 부릅니다. '무엇 무엇을 해라'라고 타인으로부터 행동을 제한 받으면 그것과는 반대로 자유를 바라게 되는 마음의 반응입니다. 아이에게 부모가 말할 경우도 물론이지만, 상사와 부하의 관계에서도 마찬가지입니다. 업무상, 이것저것 지시를 하고 싶어질 때가 있으리라 생각합니다만, 실은 역효과라고 말 할 수 있습니다. 남에게 여러 가지 해주길 바라는 일을 말하기만 할 뿐이라면 간단하지만, 그것을 해 줄지 아닐지는 유도하기 나름이므로 타이밍이나 말투 등, 주의가 필요합니다.

무엇에 관해서 이야기 하고 있습니까?
1 능숙한 육아 방식
2 아이에게 공부시키는 방법
3 부하와 좋은 관계를 구축하는 방법
4 부하에 대한 지시 방법

정답 4

어휘 心理学(しんりがく) 심리학 | リアクタンス 리액턴스, 유도저항 | 制限(せいげん) 제한 | 反応(はんのう) 반응 | 指示(しじ) 지시 | 逆効果(ぎゃくこうか) 역효과

해설 전체적으로 남으로부터 행동의 제한을 받으면 반대로 자유를 바라는 '심리적 저항'에 대한 이야기로, '아이에게뿐만 아니라 부하에게 지시를 내릴 때에도, 타이밍과 말하는 방식에 주의가 필요하다'고 말하고 있으므로 4번이 답으로 적당하다.

문제4

문제4에서는 문제지에 아무것도 인쇄되어 있지 않습니다. 우선 문장을 들으세요. 그리고 그것에 대한 대답을 듣고 1~3 중에서 가장 적당한 것을 하나 고르세요.

1番 45:55

男：俺、お酒は今日限りにするよ。
女：1　今日は飲まないのね。
　　2　今日だけなの？
　　3　どうしたの？急に。

1번

남 : 나, 술은 오늘까지만 할거야.
여 : 1　오늘은 마시지 않는 거네.
　　2　오늘만인 거야?
　　3　왜 그래? 갑자기.

정답 3

어휘 俺(おれ) 나 | 限(かぎ)りにする 마지막(끝)으로 하다

해설 내용을 묻는 문제로 남자가 오늘을 끝으로 술을 안 마시겠다는 말에 대한 대답으로 3번이 적당하다,

2番 46:21

女：うちの子ったら、気をつけて歩きなさいって言っているのに、言ったそばから転んで泣くのよ。
男：1　まあ、子どもだからしょうがないよ。
　　2　うーん、そばにいないからじゃない？
　　3　じゃあ、気をつけて歩かないとね。

2번

여 : 우리 아이는요, 조심해서 걸으라고 말하는데도, 말하자마자 넘어져서 우는 거예요.
남 : 1　뭐, 아이니까 어쩔 수 없어요.
　　2　음, 옆에 없어서 그런 거 아닌가요?
　　3　그럼, 조심해서 걷지 않으면 안되죠.

정답 1

어휘 気(き)をつける 정신 차리다 | 転(ころ)ぶ 구르다, 넘어지다 | ～そばから ~하자마자

해설 아이에게 주위를 줘도 또 넘어지고 만다는 여자의 말의 대답으로 적당한 것은 1번이며, ~하자마자 반복된 동작이 일어나는 [동사사전형/ た형+そばから]를 익혀두자.

3番 46:54

男：はぁ、みんな試験の準備でピリピリしてるね。息がつまるよ。
女：1　そろそろ準備も終わりますね。
　　2　緊張してきますよね。
　　3　行き詰まっちゃいましたね。

3번

남 : 하아~ 모두 시험 준비로 신경이 날카롭네. 숨이 막혀.
여 : 1　슬슬 준비도 끝나네요.
　　2　긴장 되네요.
　　3　앞이 막혀 버렸네요.

정답 2

어휘 試験(しけん) 시험 | 準備(じゅんび) 준비 | ぴりぴり 얼얼(함) 따끔따끔, 신경이 날카로움 | 息(いき)が詰(つ)まる 숨이 막히다 | 緊張(きんちょう) 긴장 | 行(ゆ)き詰(づ)まる 막다르다, (앞이)막히다

해설 신경이 날카로운 상태인「ぴりぴり」의 의미를 알면 2번이 답이라는 것을 알 수 있다.

4番 47:24

女：部長、忘年会のお店なんですけど、この人数でこのお店ではちょっと足が出ますね……。
男：1　うーん。割引とかはないのか？
　　2　そうか。足が伸ばせるなら、いいな。
　　3　そうか。車がいるなら、タクシー使ってもいいぞ？

4번

여 : 부장님, 망년회할 가게에 관한 건데요, 이 인원수로 이 가게에서는 약간 예산이 초과 됩니다.
남 : 1　음, 할인 같은 건 없는 건가?
　　2　그런가, 좀 더 갈 수 있다면 좋은데.
　　3　그런가, 차가 필요하다면 택시 사용해도 괜찮아.

정답 1

어휘 忘年会 망년회(송년회) | 人数 인원수 | 足が出る (지출이) 예산을 넘다, 탄로나다 | 割引 할인 | 足を伸ばす 다리를 뻗다, 더 멀리 가다(멀리 발길을 뻗치다)

해설 '예산을 초과하다'라는 뜻의 관용구인 「足が出る」를 알면 '할인'을 물어보는 1번이 답이라는 것을 알 수 있다.

5番 48:00

男 : おい、ゆうこ。母さん、どうかしたのか？ カンカンだったぞ。

女 : 1　ああ、知り合いの人が亡くなったらしくて……。
　2　なんか、悩んでるみたいね。
　3　うん、隣の家の人ともめたみたい。

5번

남 : 어이, 유코. 엄마, 어떻게 된 거야(무슨 일 있는 거야)? 길길이 화내던데.

여 : 1　아~, 아는 사람이 죽은 것 같아..
　2　뭔가, 고민하고 있는 것 같아.
　3　응, 옆집 사람과 실랑이가 있었던 것 같아.

정답 3

어휘 カンカン 길길이 화내는 모습 | 揉める 분규(쟁)가 일어나다, 옥신각신하다

해설 「カンカン」은 '길길이 화내는 모습'을 나타내는 의태어이며, 화내는 이유를 말한 3번이 답으로 적당하다.

6番 48:32

女 : このデザイン案、なかなかだね。こういうのは田中さんならではだよね。

男 : 1　さすが田中さんですよね。
　2　なかなかうまくいきませんね。
　3　田中さんならきっといいデザインができますよ。

6번

여 : 이 디자인 안 꽤 괜찮은데. 이런 건 다나카 씨만이 할 수 있는 거네.

남 : 1　역시 다나카 씨네요
　2　좀처럼 잘 안 되네요.
　3　다나카 씨라면 틀림없이 좋은 디자인을 만들 수 있을 거예요.

정답 1

어휘 ~ならではだ : ~만의 것이다(~만이 할(가질) 수 있는 독특한(특별한) 것이다)

해설 「명사+ならでは / 명사+ならではだ(~만의, ~만의 것이다)」라는 문형을 묻는 문제로, 다나카 씨를 칭찬하고 있는 1번이 답으로 적당하다.

7番 49:03

女 : 隣の家の人が毎日バイオリン弾いてるんですけど、なんとも聞くに堪えなくて……。

男 : 1　へぇ、お上手でいいですね。
　2　毎日練習なさってるなんて大変ですね。
　3　そんなに下手なんですか。

7번

여 : 옆집 사람이 매일 바이올린 연주하는데 차마 듣고 있을 수가 없어서.

남 : 1　와, 능숙하셔서 좋겠네요.
　2　매일 연습하시다니 힘들겠네요.
　3　그렇게 서툽니까?

정답 3

어휘 バイオリンを弾く 바이올린을 연주하다 | ~に堪えない 차마~할 수 없다, ~할 가치가 없다

해설 이웃의 바이올린 소리에 대해 불평하는 말에 대한 대답으로 3번이 가장 적당하며, 1번과 2번은 남자가 대화 상대인 여자를 대상으로 할 때 어울리는 말이다. 「동사사전형,명사+にたえない : 차마 ~할 수가 없다」, 「명사+にたえない : 아주 ~하다(강조)」

8番 49:35

男 : 親父ってば、僕の結婚式で、始まる前からもう感極まっちゃってさ。大変だったよ。

女 : 1　ずいぶん飲みすぎちゃったんですね。

2　そりゃ感動しますよ。

3　そんなことないですよ。

8번

남 : 아버지는 말야, 내 결혼식에서 시작하기 전부터 이미 너무 감동해 버려서 아주 혼났어.

여 : 1　너무 과음해 버렸군요.

2　그야 감동하겠죠.

3　그렇지 않아요.

정답 **2**

어휘 父親 부친, 아버지 | 感極まる 너무 감동하다

해설 「感極まる」는 「~極まる: 너무(아주)~하다, ~하기 짝이 없다」라는 문형에서 온 것으로, '너무 감동하다'라는 의미를 나타낸다.

9番 50:08

女 : 旦那は別にいいよって言うんだけど、子には「ママ、ダイエットするよ」って言っちゃったからさ……。引くに引けなくて……。

男 : 1　じゃあ、押してみたら？

2　ダイエット、やめるの？

3　いいじゃん、食べなよ。

9번

여 : 남편은 괜찮다고 말하지만, 아이에게는 '엄마 다이어트 할거야'라고 말해서, 물러서려야 물러설 수 없어서...

남 : 1　그럼 밀어보면 어때?

2　다이어트 그만두는 거야?

3　괜찮아, 먹어.

정답 **3**

어휘 引くに引けない 물러서려야 물러설 수 없다

해설 다이어트한다고 아이에게 선언해서 이제 물러설 수 없다고 하는 여자의 말에 '괜찮아 먹어'라고 말한 3번이 답으로 적당하다. 「동사사전형＋に 동사가능형＋ない」 ~할래야 ~할 수 없다

10番 50:42

男 : うちの部署に佐々木さんが戻ってきてくれて、こんなに嬉しいことはないよ。

女 : 1　そういっていただけて、私も嬉しいです。

2　そうなんですか。それは残念です。

3　そうですね。あんまり嬉しくないですね。

10번

남 : 우리 부서에 사사키 씨가 돌아와 줘서 이렇게 기쁠 수가 없네요.

여 : 1　그렇게 말씀해 주시니 저도 기쁩니다.

2　그렇습니까? 그거 유감입니다.

3　그렇네요. 그다지 기쁘지 않네요.

정답 **1**

어휘 部署 부서 | 戻ってくる 돌아오다

해설 여자가 다시 복귀한 것에 대해 기쁘다고 한 말에 대한 대답으로는 1번이 적당하며, 「そういっていたたけて / そういっていただき / そういってくださって」는 '그렇게 말씀해 주셔서' 라는 뜻이다.

11番 51:14

女 : 例の件について他の人に意見を聞いたんですけど、みんな言うことがまちまちで……。

男 : 1　そうか。意見が揃ってるなら問題ないな。

2　そうか。あんまり違うようじゃ、困るなぁ。

3　じゃあ、もう少し待てばみんな言ってくれるかな。

11번

여 : 저번 건에 관해서 다른 사람에게 의견을 들었습니다만, 모두 말하는 게 제각각이어서.

남 : 1　그런가. 의견이 맞으면 문제없지.

2　그런가. 너무 다르면, 곤란한데.

3　그럼, 조금 더 기다리면, 모두 말해 주려나?

정답 **2**

어휘 まちまち 제각기, 각기 다름 | 意見が揃う 의견이 맞다, 의견이 모아지다

해설 내용 문제로, '각기 다름'의 뜻을 지닌 「まちまち」를 안다면 2번이 답이라는 것을 알 수 있다.

12番 51:50

男：この声、また隣の家の子どもか。さすがにうんざりしてくるな。

女：1　毎日毎日、困ったものね。

2　子どもが元気なのはいいことよね。

3　今日はおとなしいわね。

12번

남 : 이 소리, 또 옆집 아이인가? 정말이지 넌더리가 나는군.

여 : 1　매일매일 곤란하네.

2　아이가 활발한 건 좋은 일이지.

3　오늘은 얌전하네.

정답 1

어휘 うんざりする 진절머리 나다, 넌더리 나다 | おとなしい 얌전하다

해설 옆집 아이의 소리에 질려 하는 남자의 말에 1번이 답으로 적당하다.

13番 52:21

女：木村さん、あんまり遅くまで残業してると明日の会議に差し支えますよ。

男：1　そうだな。会議は疲れるよな。

2　そうだな。もう少しがんばらないと。

3　そうだな。ほどほどにしとくよ。

13번

여 : 기무라 씨, 너무 늦게까지 야근하면 내일 회의에 지장 있어요.

남 : 1　그렇지, 회의는 피곤하지.

2　그렇지, 좀더 분발해야지.

3　그렇지, 적당히 해 둘게.

정답 3

어휘 残業(ざんぎょう) 야근 | 会議(かいぎ) 회의 | 差(さ)し支(つか)える 지장이 있다 | ほどほどにする 정도껏 하다, 적당히 하다

해설 늦게까지 일하는 남자에게 내일 회의에 지장이 있을 수 있다는 여자의 말의 대답으로 3번이 적당하고, 「差(さ)し支(つか)える」와 「ほどほどにする」라는 말을 알아야 하는 어휘문제이다.

14番 52:54

男：じゃあ、このプロジェクトのことは逐一報告するように。いいね。

女：1　わかりました。全部終わりましたらご報告します。

2　わかりました。何かあったらすぐにお知らせします。

3　わかりました。何かあったら他のメンバーに報告しておきます。

14번

남 : 그럼, 이 프로젝트에 관한 것은 하나하나 자세히 보고하도록. 알겠지.

여 : 1　알겠습니다. 전부 끝나면 보고 드리겠습니다.

2　알겠습니다. 무슨 일이 있으면 바로 알려드리겠습니다.

3　알겠습니다. 무슨 일이 있으면 다른 멤버에게 보고해 두겠습니다.

정답 2

어휘 逐一報告(ちくいちほうこく) 하나하나 자세히 보고, 조목조목 보고

해설 '자세히 보고 한다'는 뜻의 「逐一報告」를 이해했다면, 2번이 답이라는 것을 알 수 있다.

문제5

문제5에서는 좀 긴 이야기를 듣습니다. 이 문제에는 연습은 없습니다. 메모를 해도 됩니다.

1번, 2번

문제지에 아무것도 인쇄되어 있지 않습니다. 먼저 이야기를 들으세요. 그리고 질문과 선택지를 듣고 1~4 중에서 가장 적당한 것을 하나 고르세요.

1番 54:13

旅行会社で女の人と店員が話しています。

女：すみません。ゴールデンウィークにヨーロッパ旅行に行きたいなと思っているんですけど、お勧めのプランはありますか。

男：はい。こちらがヨーロッパのご旅行のプランでございます。ええと、まずこちらのAプランですが、こちらは添乗員つきの安心プランです。観光スポットも網羅してますので、ヨーロッパを十二分にお楽しみいただけると思います。

女：へー、結構いいお値段しますね。自由時間はここだけですか？

男：こちらのプランはそうですね。自由時間多めがよろしければこちらのBプランはいかがでしょうか。ご希望に応じてこちらのオプショナルツアーを入れられますので、自由時間もありつつ人気のアクティビティなども楽しめます。

女：でも、Aプランとお値段あまり変わらないんですね。

男：Bプランはグレードの高いホテルをご用意しておりますので。

女：なるほど、いいホテルなんですね。それはいいな。

男：お安めのものでしたら、こちらのCプランとDプランですね。どちらも添乗員なしなので、すべて自由に観光していただく感じなんですが、Cプランの場合は、ホテルが直前までわからないので、ホテルが大事な方はちょっとご希望に添えない場合があります。Dプランはホテルのグレードは高いんですが、飛行機の時間が深夜便になりますので、到着時刻がこのような感じになります。

女：うーん、そうですね。ホテルはできればいいところがいいな。飛行機の時間は何時でもいいけど、添乗員さんがいないとやっぱり心配かな。ま、たまの旅行だし、すこし奮発しようかな。じゃあ、このプランでお願いします。

男：はい、ありがとうございます。

女の人はどのプランにしましたか。

1 Aプラン
2 Bプラン
3 Cプラン
4 Dプラン

1번

여행사에서 여자와 점원이 이야기하고 있습니다.

여 : 실례합니다. 황금연휴에 유럽여행을 하고 싶은데요, 추천 플랜이 있습니까?

남 : 네, 이쪽이 유럽여행 플랜입니다. 저어, 우선 이쪽의 A플랜인데요, 이쪽은 관광 가이드가 있는 안심 플랜입니다. 관광지도 망라하고 있기 때문에 유럽을 충분히 즐기실 수 있을 겁니다.

여 : 에~ , 꽤 가격이 비싸네요. 자유시간은 여기뿐입니까?

남 : 이쪽의 플랜은 그렇습니다. 자유시간이 조금 많은 쪽이 좋으시다면, B플랜은 어떠십니까?희망에 따라서 이쪽의 선택여행을 넣을 수 있기 때문에 자유시간도 있으면서, 인기있는 액티비티 등도 즐길 수 있습니다.

여 : 하지만, A플랜과 가격이 그다지 차이가 나지 않네요.

남 : B플랜은 등급 높은 호텔을 갖추고 있어서요.

여 : 정말, 좋은 호텔이네요. 그건 좋네요.

남 : 좀 더 저렴한 것이라면, 이쪽의 C플랜과, D플랜입니다. 둘다 관광 가이드가 없기 때문에, 모두 자유롭게 관광하실 수 있는 느낌입니다. C플랜의 경우는 호텔을 바로 직전까지 모르기 때문에 호텔이 중요하신 분은 희망에 약간 부응하지 못하는 경우가 있습니다. D플랜은 호텔의 등급은 높지만 비행기 시간이 심야편이 되므로 도착시간이 이런 느낌입니다.

여 : 음, 글쎄요. 호텔은 되도록이면, 좋은 곳이 좋은데. 비행기 시간은 몇 시라도 괜찮지만, 관광 가이드가 없으면 역시 걱정되겠지. 뭐, 간만의 여행이고, 좀 큰맘 먹어볼까. 그럼 이 플랜으로 부탁드립니다.

남 : 네, 고맙습니다.

여자는 어느 플랜으로 합니까?

1 A플랜
2 B플랜
3 C플랜
4 D플랜

정답 2

어휘 ゴールデンウィーク 골든 위크, 황금연휴 | ヨーロッパ 유럽 | 添乗員(てんじょういん) (여행객 인솔하는)여행사 직원, 가이드 | 観光(かんこう)スパット 관광지 | 網羅(もうら) 망라 | 十二分(じゅうにぶん) 충분함, 실컷 | 希望(きぼう) 희망 | オプショナルツアー 옵션 투어(선택 여행) | アクティビティ 액티비티(활동) | いいお値段(ねだん) 여기서 「いい」는 반어적인 표현, 꽤 값이 비싸다 | たま 어쩌다가 일어나는 모양, 드문 모양(遇(たま)の機会(きかい) 드문 기회) | 奮発(ふんぱつ) 분발, 큰 마음 먹고 물건을 삼(돈을 냄)

해설 여자의 마지막 말에서 호텔은 좋은 곳, 시간은 관계없지만, 가이드가 있어야 한다고 하는 말에서 플랜B라는 것을 알 수 있다. 각각의 조건을 필기하면서 들어야 하는 문제이다.

2番 57:00

学生2人と先生が、大学の忘年会について話しています。

女：先生、比較文化学科の忘年会のことなんですけど、サンフラワーホテルの宴会場を抑えました。

男1：おー、ありがとう。空いてたんだね。よかった。

女：それで、お料理なんですけど、コース料理が洋食と和食と和洋折衷の3種類があって、あと、ビュッフェスタイルもできるそうです。これも和洋折衷です。どうしましょうか。

男1：若い学生が多いから、洋食がいいんじゃない？ 洋食のコースでどう？

男2：学生なら、ビュッフェの方がいいんじゃないですか？ 好きなだけ食べられますし。

男1：でも、青木先生とか、森田先生が、足が悪いから……。

女：お二人分くらいでしたら、私たちが取りに行ってお持ちすることもできると思いますけど。

男1：いや、それは悪いよ。

男2：先生方は、洋食で大丈夫ですか。和食のほうがいいんじゃありませんか？

男1：うーん。じゃあ、両方あるのにしようか。学生には悪いけど、今回は座って食べてもらうってことで。

女：わかりました。じゃあ、ホテルに連絡しておきます。

料理はどうすることになりましたか。

1 洋食のコース
2 和食のコース
3 和洋折衷のコース
4 ビュッフェスタイル

2번

학생 두 명과 선생님이 대학 망년회에 관하여 이야기하고 있습니다.

여 : 선생님, 비교 문화학의 망년회에 관한 건데요, 선 플라워 호텔의 연회장으로 잡아 놓았습니다.

남1 : 오~, 고마워. 빈 곳이 있었구나. 다행이네.

여 : 그래서, 요리 말인데요. 코스 요리가 양식과 일식과 일식 양식 절충의 3종류가 있고, 그리고 뷔페 스타일도 된다고 합니다. 이것도 일식 양식 절충입니다. 어떻게 할까요?

남1 : 젊은 학생이 많으니까 양식이 좋지 않을까? 양식코스로 어떨까?

남2 : 학생이라면, 뷔페 쪽이 좋지 않을까요? 마음껏 먹을 수도 있고.

남1 : 하지만, 아오키 선생님이나 모리타 선생님은 다리가 좋지 않아서..

여 : 두 분의 분량(몫)정도라면, 저희들이 가지러 가서 가져다 드릴 수도 있습니다만,

남1 : 아냐, 그건 미안하지.

남2 : 선생님들은 양식이라도 괜찮으세요? 일식 쪽이 좋지 않으세요?

남1 : 음, 그럼 양쪽 있는 것으로 할까? 학생에게는 미안하지만, 이번에는 앉아서 먹는 걸로.

여 : 알겠습니다. 그럼 호텔에 연락해 두겠습니다.

요리는 어떻게 하기로 되었습니까?

1 양식코스
2 일식코스
3 일식 양식 절충 코스
4 뷔페스타일

정답 3

어휘 比較文化学(ひかくぶんかがく) 비교 문화학 | 忘年会(ぼうねんかい) 망년회(송년회) | 宴会場(えんかいじょう) 연회장 | 抑(おさ)える 잡다 | 洋食(ようしょく) 양식 | 和食(わしょく) 일본식 | 折衷(せっちゅう) 절충

해설 양식 일식 양쪽 다 되는 것으로 하고 앉아서 먹은 것은 3번 일식 양식 절충 코스다.

3번

먼저 이야기를 들으세요. 그리고 두 개의 질문을 듣고 각각 문제지의 1~4 중에서 가장 적당한 것을 하나 고르세요.

3番 59:33

テレビで映画の宣伝を見ながら男の人と女の人が話しています。

女：それでは、今週末公開のおすすめ映画です。日本映画が全部で3作品あります。まずは今週土曜日公開の「近くて遠いウエディングドレス」。ウェディングプランナーの主人公がさまざまなカップルの結婚式をプランニングしていく中で、自分の恋にも目覚めていく、恋愛あるあるネタをコミカルに描いたコメディタッチの作品です。次に、同じく土曜日公開の「鷹の目 The Movie」。こちらはドラマ「鷹の目」シリーズ初の映画化作品です。警視庁の凄腕刑事であり「鷹の目」の異名を持つ主人公・鈴木わたるは、警察内部に渦巻く黒い陰謀を詳らかにすることはできるのか。そして、日曜日には注目のハリウッド作品が公開されます。「終わりの始まり」。子どものころ、近所の占い師に聞いた、未来に起こる「この世の終わり」。それが20年後の今になって現実のものになろうとしていたのです。……そして最後はこちら。同じく日曜日公開の「木の上の家」。家をなくした親子が住まいを作った場所は、なんと崖に生えた木の上。ツリーハウスが結ぶ家族の絆を描きます。

男：お、ついに映画化か。楽しみだな。見に行かないと。

女：あなた、あのドラマ本当に好きよね。私は難しくてよくわからないけど。

男：そういえば、このアメリカの俳優、お前、好きなんじゃなかった？

女：そうね。でも、なんかこういうパニック映画みたいなのは、あんまり好きじゃないのよね。

男：家族とか、夫婦とか、そういう和む雰囲気のが好きなんだっけ。

女：あと、笑えるのも好きだけどね。さっきの、おもしろそうじゃない。あれ見てみたいな。

男：そうだな。でも俺はやっぱり鈴木わたるだな。

質問1　男の人はどれが見たいと言っていますか。

1　「近くて遠いウエディングドレス」
2　「鷹の目 The Movie」
3　「終わりの始まり」
4　「木の上の家」

質問2　女の人はどれが見たいと言っていますか。

1　「近くて遠いウエディングドレス」
2　「鷹の目 The Movie」
3　「終わりの始まり」
4　「木の上の家」

3번

텔레비전에서 영화 선전을 보면서 남자와 여자가 이야기하고 있습니다.

여 : 그럼, 이번 주말 개봉하는 추천 영화입니다. 일본 영화가 전부 3작품 있습니다. 우선은, 이번 주 토요일 개봉하는 '가깝고도 먼 웨딩드레스'. 웨딩플래너인 주인공이 여러 커플의 결혼식을 계획해 나가는 중에 자신의 사랑에도 눈떠가는, 흔히 있을 법한 연애 소재를 코믹하게 그린 코미디 터치 작품입니다. 다음으로 같은 토요일 개봉인 '매의 눈 더 무비'. 이것은 드라마 '매의 눈' 시리즈를 첫 영화화한 작품입니다. 경시청의 능력이 뛰어난 형사이며, '매의 눈'라는 별명을 가진 주인공인 스즈키 와타루는 경찰 내부에 소용돌이치는 검은 음모를 소상히 밝힐 수 있을 것인가? 그리고, 일요일에는 주목되고 있는 할리우드 작품이 개봉됩니다. '끝의 시작'. 어린 시절 근처 점술가에게 들은 미래에 일어날 '이 세상의 끝'. 그것이 20년 후의 지금이 되어 현실로 되어 가려고 하는 것입니다. 그리고, 마지막으로 이것. 같은 일요일에 개봉하는 '나무 위의 집'. 집을 잃은 부모와 자식이 살 곳을 마련한 곳은 놀랍게도 절벽에 자라난 나무 위. 나무 집이 맺어주는 가족의 연대감을 그려냅니다.

남 : 오! 드디어 영화화 된 건가? 기대되는데. 보러 가야지.

여 : 당신, 저 드라마 진짜 좋아하네. 난 어려워서 잘 모르겠는데.

남 : 그러고 보니, 이 미국 배우 당신 좋아하지 않았어?

여 : 그래. 하지만, 왠지 이런 패닉 영화 같은 것은 그다지 좋아하지 않아.

남 : 가족이라든가 부부라든가 그런 온화해지는 분위기를 좋아했든가?

여 : 그리고, 웃을 수 있는 것도 좋아하는데, 아까 것 재미있을 것 같지 않아? 저거 보고 싶어.

남 : 그렇네. 그럼 나도 역시 스즈키 와타루지.

질문1　남자는 무엇이 보고 싶다고 말하고 있습니까?

1　[가깝고도 먼 웨딩드레스]
2　[매의 눈 더 무비]
3　[끝의 시작]
4　[나무 위의 집]

질문2　여자는 무엇이 보고 싶다고 말하고 있습니까?

1　[가깝고도 먼 웨딩드레스]
2　[매의 눈 더 무비]
3　[끝의 시작]
4　[나무 위의 집]

정답 (1) 2 (2) 1

어휘 宣伝(せんでん) 선전 | ウェディングドレス 웨딩드레스 | ウェディングプランナー 웨딩 플래너 (결혼 기획 담당자) | プランニング 계획 | あるあるネタ 일상에서 흔히 일어날 수 있는(공감할 수 있는) 소재 | コミカル 코미컬, 희극적 | コメディタッチ 코미디(희극적) 터치 | 鷹(たか) 매 | 警視庁(けいしちょう) 경시청 | 凄腕刑事(すごうでけいじ) 능력(수완) 있는 형사 | 異名(いみょう) 다른 이름, 별명 | 渦巻く(うずまく) 소용돌이치다 | 陰謀(いんぼう) 음모 | 詳らか(つまびらか) 자세함, 소상함 | 占い師(うらないし) 점쟁이, 점술가 | 崖(がけ) 벼랑, 절벽 | 生える(はえる) 나다 | 絆(きずな) 유대 | 俳優(はいゆう) 배우 | パニック 패닉, 혼란상태 | 和む(なごむ) 누그러지다, 온화해지다

해설 남자는 '매의 눈'이라는 드라마를 좋아하고 마지막의 출연 배우인 '스즈키 와타루'를 말한 것에서 드라마를 영화화한 2번이 답이라는 것을 알 수 있다. 여자는 가족, 부부 등이 나오는 온화한 영화 그리고 웃을 수 있는 것이 좋다고 했기 때문에 연애 이야기이면서 코믹한 내용을 담은 1번이 정답이다.

제2회 실전모의테스트

1교시 언어지식(문자・어휘・문법)

문제 1	1 ②	2 ③	3 ③	4 ①	5 ③	6 ③	
문제 2	7 ①	8 ③	9 ④	10 ①	11 ②	12 ①	13 ②
문제 3	14 ②	15 ③	16 ①	17 ②	18 ①	19 ②	
문제 4	20 ③	21 ②	22 ①	23 ①	24 ①	25 ④	
문제 5	26 ③	27 ①	28 ③	29 ①	30 ④	31 ②	32 ④
	33 ②	34 ②	35 ②				
문제 6	36 ③	37 ④	38 ①	39 ②	40 ④		
문제 7	41 ③	42 ①	43 ①	44 ③	45 ②		

1교시 독해

문제 8	46 ①	47 ④	48 ①	49 ④			
문제 9	50 ④	51 ④	52 ④	53 ③	54 ③	55 ③	56 ④
	57 ③	58 ③					
문제 10	59 ③	60 ④	61 ①	62 ③			
문제 11	63 ②	64 ③					
문제 12	65 ④	66 ①	67 ③	68 ②			
문제 13	69 ③	70 ②					

2교시 청해

문제 1	1 ④	2 ②	3 ④	4 ④	5 ②	6 ②	
문제 2	1 ④	2 ①	3 ④	4 ②	5 ④	6 ②	7 ②
문제 3	1 ②	2 ③	3 ②	4 ①	5 ③	6 ②	
문제 4	1 ①	2 ③	3 ②	4 ③	5 ①	6 ③	7 ②
	8 ①	9 ②	10 ③	11 ②	12 ①	13 ②	14 ③
문제 5	1 ②	2 ①	3-1 ①	3-2 ③			

제2회 실전모의테스트 정답

1교시 언어지식(문자 · 어휘 · 문법)

문제 1 **_____의 단어의 읽는 법으로 가장 적당한 것을 1, 2, 3, 4에서 하나 고르세요.**

1 彼女は今年「飛躍が期待される新人」で1位に選ばれた。

1 ひよう　2 ひやく　3 ひたく　4 ひとう

정답 2 그녀는 올해 '비약이 기대되는 신인'에서 1위에 선발되었다.

어휘 飛躍 비약 | 期待 기대 | 選ぶ 뽑다, 선발하다

해설 「躍」는 「曜日」의 「曜」와 「洗濯」의 「濯」와 모양이 유사하므로, 주의해야 한다.

---

2 大学の敷地内で熊が目撃され、警察が注意を呼びかけている。

1 ふち　2 ぶち　3 しきち　4 しきじ

정답 3 대학 부지 내에서 곰이 목격되어, 경찰이 주의를 당부하고 있다.

어휘 敷地 부지 | 熊 곰 | 目撃 목격 | 警察 경찰 | 注意 주의

해설 훈독과 음독으로 구성되어 있는 한자이다. 「地」는 「地震(지진)」등 몇몇을 제외하고는 주로 「ち」로 읽힌다.

---

3 他人の成功や幸せを快く思わない人もいる。

1 ここちよく　2 きもちよく　3 こころよく　4 いさぎよく

정답 3 타인의 성공이나 행복을 유쾌하게 생각하지 않는 사람도 있다.

어휘 他人 타인 | 成功 성공 | 幸せ 행복 | 快い 기분 좋다, 유쾌하다

해설 보기의 「こころよく」는 「心」가 아닌 「快」가 쓰인다. 「心地よい(기분좋다)」,「潔い(맑고 깨끗하다, 떳떳하다)」

---

4 緑は人々の生活に安らぎと潤いを与え、快適な環境づくりに欠かせないものである。

1 うるおい　2 やしない　3 うやまい　4 さまよい

정답 1 자연은 사람들에게 생활에 평안함과 윤기를 제공해 쾌적한 환경조성에 불가결한 것이다.

어휘 緑 녹색, 자연 | 安らぎ 평안, 마음의 안정 | 潤い 윤기, 이익, 습기

해설 「潤い」는 습기 외에 이익, (정신적) 윤기 등의 추상명사로 사용된다.

---

5 火災保険料は課税所得金額から控除される。

1 くうじょ　2 くうじょう　3 こうじょ　4 こうじょう

정답 3 화재 보험료는 과세 소득 금액에서 공제된다.

어휘 火災保険料 화재 보험료 | 課税所得金額 과세 소득 금액 | 控除する 공제하다

해설 「控」를 「空」와 혼동하지 않도록 하자. 또한 「除」와 같은 단음 한자는 출제빈도가 높으므로 평소에 연습해 두는 것이 좋다.

---

6 話し合いは終始和やかな雰囲気で行われた。

1 はなやか　2 おだやか　3 なごやか　4 さわやか

정답 **3** 미팅은 시종 화기애애한 분위기에서 행해졌다.

어휘 話し合い(はなしあい) 대화, 미팅 | 終始(しゅうし) 시종 | 華(はな)やかな 화려한 | 穏(おだ)やかな 온화한 | 和(なご)やかな 화기애애한 | 爽(さわ)やかな 상쾌한

해설 「和(なご)やか」와 「穏(おだ)やか」는 의미가 비슷하여 혼동되기 쉬우므로 정확히 기억해 두자.

문제 2 （　　　）안에 들어갈 것으로서 가장 적당한 것을 1 · 2 · 3 · 4에서 하나 고르세요.

7 子育てと仕事を（　　　）させるには周りの協力が必要だ。

1 両立　2 自立　3 中立　4 並立

정답 **1** 육아와 일을 동시에 하는 것은 주변 협력이 필요하다.

어휘 子育(こそだ)て 육아 | 両立(りょうりつ) 양립 | 周(まわ)り 주위, 주변 | 自立(じりつ) 자립 | 中立(ちゅうりつ) 중립 | 並立(へいりつ) 병립

해설 「両立(りょうりつ)」는 두가지 일을 잘 하는 것을 말한다.

---

8 このレストランは料理の盛り付けに工夫を（　　　）いる。

1 てらして　2 つくらして　3 こらして　4 もらして

정답 **3** 이 레스토랑은 요리를 담는 것에 신경을 쓰고 있다.

어휘 盛(も)り付(つ)け 접시나 그릇에 요리를 담는 것 | 工夫(くふう) 궁리, 고안 | 凝(こ)らす 집중하다 | 照(て)らす 비추다 | 漏(も)らす 흘리다, 누설하다

해설 「工夫(くふう)を凝(こ)らす」는 '집중해서 궁리하는 모습'을 나타낸다. 「目(め)をこらす (집중해서 보다)」와 더불어 익혀 두자.

---

9 スポーツ選手として、オリンピックに（　　　）するのは夢である。

1 出席　2 出演　3 出現　4 出場

정답 **4** 스포츠 선수로서 올림픽에 출전하는 것은 꿈이다.

어휘 選手(せんしゅ) 선수 | 出場(しゅつじょう)する 출장하다 | 夢(ゆめ) 꿈 | 出席(しゅっせき) 출석 | 出演(しゅつえん) 출연 | 出現(しゅつげん) 출현

해설 「出場(しゅつじょう)」대회 등에 참가한다는 뜻이다. 회사에서 가는 「出張(しゅっちょう)」와 구별하자.

---

10 スタッフの（　　　）な態度でお客様の不満が爆発した。

1 ぞんざい　2 しんけん　3 おおげさ　4 ていねい

정답 **1** 스태프의 거친 태도로 손님의 불만이 폭발했다.

어휘 態度(たいど) 태도 | 不満(ふまん) 불만 | 爆発(ばくはつ) 폭발 | 真剣(しんけん)な 진지한 | 大(おお)げさな 과장된 | 丁寧(ていねい)な 정중한

해설 「ぞんざい」는 '잘 정돈되지 않은', '거친'의 뜻으로, 불만이 폭발하는 원인이 될 수 있다.

---

11 会社では上司や先輩に明るく大きな声で（　　　）挨拶することが大切だ

1 こつこつと　2 はきはきと　3 ひそひそと　4 まじまじと

정답 **2** 회사에서는 상사나 선배에게 밝은 목소리로 활기차게 인사하는 것이 중요하다.

어휘 上司 상사 | 先輩 선배 | 明るい 밝은 | 挨拶 인사 | こつこつと 꾸준히 | はきはきと 시원시원 | ひそひそと 소곤소곤 | まじまじと 말끄러미

해설 「はきはき」는 행동 등이 시원시원한 모습을 표현한다. 상사나 선배에게 바람직한 인사 태도는 활기차고 시원시원하게 하는 모습이다.

---

12 トラブルが発生した場合には（　　　）対応が必要だ。

1　すばやい　　2　めざましい　　3　すさまじい　　4　いやしい

정답 **1** 트러블이 발생했을 경우에는 재빠른 대응이 필요하다.

어휘 発生 발생 | 場合 경우 | 対応 대응 | すばやい 재빠르다 | めざましい 눈부시다 | すさまじい 무시무시하다 | いやしい 천하다

해설 대응의 방식을 나타내는 표현으로는 '재빠른, 신속한'의 의미를 가진「すばやい」가 적당하다.

---

13 このインコの飼育温度は25度ぐらいを（　　　）しておいたほうがいい。

1　アップ　　2　キープ　　3　オーバー　　4　フォロー

정답 **2** 이 잉꼬의 사육 온도는 25도 정도를 유지하는 편이 좋다

어휘 飼育温度 사육 온도 | アップ(up) 올리다 | オーバー (over) 지나치다, 넘다 | フォロー(follow) 지원하다, 보조하다

해설 '온도는 25도정도를 ~하는 편이 좋다' 라는 표현에는「キープ(keep, 유지)」가 적당하다

문제 3 ______의 단어의 의미에 가장 가까운 것을 1・2・3・4에서 하나 고르세요.

14 いじめ対策として、学校側は相談窓口をもうけることにした。

1　増加する　　2　設置する　　3　広報する　　4　利用する

정답 **2** 따돌림 대책으로서 학교 측은 상담창구를 마련하기로 했다.

어휘 対策 대책 | ~側 측 | 相談窓口 상담창구 | もうける 설치하다, 마련하다 | 広報 널리 알림

해설 「もうける」는「儲ける(돈을 벌다)」 외에「設ける(설치하다, 마련하다)」가 있다.

---

15 先生のユニークな説明でまぎらわしい漢字も覚えることができた。

1　理解しにくい　　2　解説しにくい　　3　見分けにくい　　4　つまらない

정답 **3** 선생님의 독특한 설명으로 헷갈리는 한자도 외울 수 있었다

어휘 ユニーク(unique) 유니크, 독특한 | 理解しにくい 이해하기 힘들다 | 解説しにくい 해설하기 힘들다 | 見分けにくい 구별하기 힘들다 | つまらない 지루하다

해설 「紛らわしい」는 '헷갈리기 쉽다, 혼동하기 쉽다'의 뜻으로 사용된다.

---

16 これからのビジネスは、ありふれた商品にいかに付加価値をつけて輝かせるかが大事になってくる。

1　平凡な　　2　独特な　　3　粗末な　　4　貴重な

정답 **1** 앞으로의 비즈니스는 흔한 상품에 얼마나 부가가치를 붙여서 빛나게 할지가 중요하게 된다.

어휘 商品 상품 | いかに 얼마나 | 付加価値 부가가치 | 輝く 빛나다 | 大事になる 중요해지다 | 平凡な 평범한 | 独特な

독특한 | 粗末(そまつ)な 조잡한 | 貴重(きちょう)な 귀중한

해설 「ありふれた」는 '흔한, 흔해 빠진'의 의미로 '평범한'에 가장 가깝다.

---

17 この車に不満はないが、しいてあげるとすれば、高級感に欠けることだ。

1 かろうじて　2 むりに　3 むやみに　4 やたらに

정답 **2** 이 차에 불만은 없지만, 굳이 꼽는다고 하면, 고급스러운 느낌이 결여된 것이다.

어휘 車(くるま) 차 | 不満(ふまん) 불만 | あげる (예로) 들다, 꼽다, 거론하다 | 高級感(こうきゅうかん) 고급스러운 느낌 | かろうじて 간신히 | むりに 무리하게 | むやみに 함부로 | やたらに 마구, 함부로

해설 「しいて」는 '억지로, 굳이'의 뜻으로 「むりに (무리하게)」와 가장 가깝다.

---

18 好きな人に対してわざとそっけない態度を取ることもある。

1 冷淡な　2 温和な　3 卑屈な　4 前向きな

정답 **1** 좋아하는 사람에 대해 일부러 통명한 태도를 취하는 일도 있다.

어휘 わざと 일부로, 고의적으로 | 態度(たいど) 태도 | 冷淡(れいたん)な 냉담한 | 温和(おんわ)な 온화한 | 卑屈(ひくつ)な 비굴한 | 前向(まえむ)きな 전향적인, 긍정적인

해설 「そっけない」는 '무뚝뚝한, 퉁명한'의 뜻으로 「冷淡(れいたん)な (냉담한)」에 가장 가깝다.

---

19 直木賞(なおきしょう)を受賞したことは一人前の作家として認められたあかしである。

1 名誉　2 証明　3 象徴　4 栄光

정답 **2** 나오키상을 수상한 것은 어엿한 한사람의 작가로서 인정받은 증거이다.

어휘 直木賞(なおきしょう) 나오키상(일본의 저명한 문학상) | 受賞(じゅしょう) 수상 | 一人前(いちにんまえ) 제 구실을 하는 | 作家(さっか) 작가 | 認(みと)める 인정하다 | 名誉(めいよ) 명예 | 証明(しょうめい) 증명 | 象徴(しょうちょう) 상징 | 栄光(えいこう) 영광

해설 「証(あかし)」는 '증명, 증거' 라는 뜻으로, 「証明(しょうめい)(증명)」에 가장 가깝다.

문제 4 다음 단어의 사용법으로서 가장 적당한 것을 1 · 2 · 3 · 4에서 하나 고르세요.

20 打開

1 新たな海外市場を打開して、マーケットの拡大を図る。

2 ドアを打開すると、知らない人が立っていた。

3 難局を打開しようと、社員一丸となって頑張っている。

4 悩みを人に打開するのは簡単なことではない。

정답 **3** 난국을 타개하려고 사원 일치 단결하여 분발하고 있다.

어휘 打開(だかい)する 타개하다 | 新(あら)たな 새로운 | 海外市場(かいがいしじょう) 해외시장 | 拡大(かくだい) 확대 | 図(はか)る 도모하다 | 難局(なんきょく) 난국 | 社員一丸(しゃいんいちがん) 사원 일치단결 | 頑張(がんば)る 분발하다, 애쓰다 | 悩(なや)み 고민

해설 1 새로운 해외시장을 개척해서 마켓의 확대를 도모하다. 「開拓(かいたく)(개척)」

2 문을 열자 모르는 사람이 서 있었다.「開(あ)ける(열다)」

4 고민을 남에게 털어놓는 것은 간단한 일이 아니다. 「打(う)ち明(あ)ける(털어놓다)」

21 繕う

1 人を繕う気持ちこそがビジネスマナーの基本である。

2 適当な世間話でその場をうまく繕った。

3 文章の間違いを繕ってください。

4 一日に一つ、何か繕うことをしようと思う。

정답 **2** 적당한 세간이야기로 그 자리를 잘 수습했다.

어휘 繕う 수선하다, 수습하다 | 基本 기본 | 適当 적당한 | 世間話 세간 이야기, 잡담 | その場 그 자리(상황) | 文章 문장 | 間違い 잘못, 오류

해설 1 사람을 배려하는 마음이야말로 비즈니스 매너의 기본이다. 「思いやる(배려하다)」

3 문장의 틀린 것을 고치세요. 「直す(고치다)」

4 하루 하나씩 무엇인가 좋은 일을 하려고 생각한다. 「善い(좋다)」

---

22 工面

1 3年間のアルバイトで留学費用を工面した。

2 課題を自分なりに工面して解決したことを高く評価された。

3 交差点の手前にアンティークの工面をほどこした家があった。

4 新しく建てる家について工面を見ながら説明を聞いた。

정답 **1** 3년간 아르바이트로 유학비용을 마련했다

어휘 工面する 변통하다, 마련하다 | 留学費用 유학비용 | 課題 과제 | 解決 해결 | 評価する 평가하다 | 交差点 교차점 | 手前 바로 앞 | ほどこす 행하다, 베풀다 | 建てる 세우다 | 説明 설명 | 聞く 듣다

해설 2 과제를 자기나름대로 궁리해서 해결한 것을 높이 평가 받았다. 「工夫 (궁리함, 고안함)」

3 사거리 바로 앞에 앤티크(antique) 세공을 한 집이 있었다. 「細工 (세공)」

4 새로 짓는 집에 대해 도면을 보면서 설명을 들었다. 「図面 (도면)」

---

23 たどりつく

1 彼が社長のポストにたどりつくまでには相当の苦労があったようだ。

2 雷に驚いた猫が私の腕にたどりついて離れなかった。

3 朝起きると髪がたどりついているので朝髪を洗うことにしている。

4 大体翌日には配達されるので、今日手紙を出せば明日にはたどりつくだろう。

정답 **1** 그가 사장의 자리에 도달할 때까지는 상당한 고생이 있었던 모양이다

어휘 たどりつく 당도하다 | 相当 상당히 | 苦労 고생 | 雷 천둥, 벼락 | 驚く 놀라다 | 猫 고양이 | 腕 팔 | 離れる 떨어지다 | 髪 머리카락 | 大体 대체로 | 翌日 다음 날 | 配達 배달 | 手紙 편지

해설 2 천둥에 놀란 고양이가 내 팔에 매달려서 떨어지지 않았다. 「しがみつく(매달리다)」

3 아침에 일어나면 머리카락이 딱 달라붙어서 아침에 머리를 감기로 하고 있다. 「くっつく(달라 붙다)」

4 대체로 다음날에는 배달되므로, 오늘 편지를 보내면 내일은 도착할 것이다. 「つく(도착하다)」

---

24 いやに

1 最近、冷蔵庫の音がいやにうるさく感じる。

2 いやに仕事をするよりも好きな仕事をしたほうが楽しい。

3 いやに社長に言うほどのことでもないと思うけど。

4 やりたくないことをいやにやる必要はない。

정답 **1** 최근 냉장고 소리가 유난히 시끄럽게 느껴진다.

어휘 いやに 이상하게, 유난히, 몹시 | 冷蔵庫(れいぞうこ) 냉장고 | 音(おと) 소리 | 感(かん)じる 느끼다 | 楽(たの)しい 즐겁다

해설 2 마지못해 일을 하는 것보다 좋아하는 일을 하는 편이 즐겁다. 「いやいや(마지못해)」

3 딱히 사장에게 말할 정도의 일도 아니라고 생각하는데. 「別(べつ)に(딱히)」

4 하고 싶지 않은 일을 무리하게 할 필요는 없다. 「無理(むり)に(무리하게)」

---

25 心得

1 彼は10年ぶりに芸能界に復帰した心得を語った。

2 昨日は一日中余震が続いていて生きた心得もしなかった。

3 彼は子どもの時から科学者への心得を抱いてきた。

4 相手を尊重することがビジネスの心得である。

정답 **4** 상대를 존중하는 것이 비즈니스의 소양(수칙)이다.

어휘 心得(こころえ) 소양, 수칙 | 芸能界(げいのうかい) 예능계 | 復帰(ふっき) 복귀 | 語る 이야기하다 | 昨日(きのう) 어제 | 一日中(いちにちじゅう) 하루종일 | 余震(よしん) 여진 | 続(つづ)く 계속되다 | 生(い)きる 살다 | 科学者(かがくしゃ) 과학자 | 抱(いだ)く (희망,의심 등을) 품다 | 相手(あいて) 상대 | 尊重(そんちょう)する 존중하다

해설 1 그는 10년만에 예능계에 복귀한 심경을 이야기했다. 「心境(しんきょう)(심경)」

2 어제는 하루 종일 여진이 계속되어 살아있는 기분도 들지 않았다. 「心地(ここち)(기분)」

3 그는 어렸을 때부터 과학자가 되는 꿈을 품어왔다 「夢(ゆめ)(꿈)」

문제 5 **다음 문장의 (　　　) 안에 들어갈 것으로 가장 적당한 것을 1 · 2 · 3 · 4에서 하나 고르세요.**

26 このサイトは登録なしに、写真や映像を簡単に誰（　　　）共有できるのでとても便利だ。

1 としか　　2 にして　　3 とでも　　4 にでも

정답 **3** 이 사이트는 등록없이 사진이나 영상을 간단하게 누구하고라도 공유할 수 있어서 매우 편리하다.

어휘 登録(とうろく) 등록 | 写真(しゃしん) 사진 | 映像(えいぞう) 영상 | 共有(きょうゆう) 공유 | 便利(べんり)だ 편리하다

해설 '~하고라도'의 의미로는 「とでも」가 가장 적당하다.

---

27 彼は医者＿＿＿＿、かつ有名な小説家でもある。

1 にして　　2 としても　　3 であれ　　4 とあって

정답 **1** 그는 의사이면서 동시에 유명한 소설가이기도 하다

어휘 医者(いしゃ) 의사 | かつ 동시에, 또한 | 有名(ゆうめい)な 유명한 | 小説家(しょうせつか) 소설가

해설 공란에 이어지는 것이 「かつ (동시에)」이므로, '~이면서 동시에'로 나열할 수 있는 「～にして」가 가장 잘 어울린다. 그 외에는 「～としても (~로서도)」 「～であれ (~든지 (상관없이))」 「～とあって(~인 까닭에)」의 의미로 사용한다.

---

28 大学入試を目前に控えて、ここ2週間＿＿＿＿、緊張で息がつまりそうだ。

1 といっても　2 からある　3 というもの　4 たるもの

정답 **3** 대학입시를 목전에 두고, 이번 2주내내 긴장으로 숨이 막힐 것 같다.

어휘 大学入試(だいがくにゅうし) 대학 입시 | 目前(もくぜん)に控(ひか)えて 목전에 두고 | 息(いき)がつまる 숨이 막히다

해설 「～からある (~이 넘는)」「～たるもの (~인 이상은, ~이라면)」

---

29 彼の演奏が終わると、会場からは＿＿＿＿拍手がわきあがった。

1 割れんばかりの　2 割れんがための

3 割れるにたる　4 割れるやいなや

정답 **1** 그의 연주가 끝나자, (연주)회장에서는 터질 듯한 박수가 터져 나왔다.

어휘 演奏(えんそう) 연주 | 会場(かいじょう) 회장 | 拍手(はくしゅ) 박수 | 湧(わ)き上(あ)がる 터져 나오다

해설 「～んばかりの (~할 것 같은)」, 「割れんがための (깨지기 위한)」, 「割れるにたる (깨질 만한)」,「割れるやいなや (깨지자마자)」

---

30 ボランティア活動を終え、明日帰国する。おそらくもう二度とここに＿＿＿＿。

1 来ずにはおかないだろう。　2 来そうにないだろう。

3 来ないまでもないだろう。　4 来ることはあるまい。

정답 **4** 자원봉사 활동을 끝내고, 내일 귀국한다. 아마도 두 번 다시 여기에 오는 일을 없을 것이다.

어휘 ボランティア活動(かつどう) 자원봉사 활동 | 終(お)える 끝내다 | 帰国(きこく) 귀국 | おそらく 틀림없이, 필시 | もう二度(にど)と 두 번 다시

해설 대부분의 경우, 「あるまい」는 「ないだろう」로 바꿔 쓸 수 있다. 「来ることはあるまい」≒「来ることはないだろう」 「～ずにはおかない(반드시~하고야 말 것이다)」, 「～そうにない(~하지 않을 것 같다)」, 「～までもない(~할 것 까지도 없다)」

---

31 資金調達がうまくいかず、プロジェクトは中止＿＿＿＿。

1 を余儀なくさせた　2 を余儀なくされた

3 にほかならない　4 にこしたことはない

정답 **2** 자금조달이 잘 되지 않아서, 프로젝트는 중지하지 않을 수 없었다.

어휘 資金調達(しきんちょうたつ) 자금 조달 | うまくいかない 잘 되지 않는다 | プロジェクト 프로젝트 | 中止(ちゅうし) 중지

해설 「～を余儀(よぎ)なくされる」는 '어쩔 수 없이~하게되다' 이며, 정답은 2번이다. 「～余儀(よぎ)なくさせる (~을 하게끔 만들다)」「～にほかならない (다름아닌~인 것이다)」「～にこしたことはない (~이라면 더할 나위없다)」

---

32 冗談にも＿＿＿＿がある。言葉に気をつけなさい。

1 わけ　2 きり　3 むき　4 ほど

정답 **4** 농담에도 정도가 있다. 말 조심 하시오.

어휘 冗談(じょうだん) 농담 | 言葉(ことば) 말 | 気(き)をつける 조심하다

해설 「ほどがある」는 '정도가 있다'의 뜻으로, '지나치면 안 된다'라는 의미로 사용된다. 「わけがある (이유가 있다)」「きりがない (한(끝)이 없다)」

33 一時は留学をあきらめようとしたが、応援してくれる母の気持ちを考えると、（　　　）やめられなかった。

1　やめるや　　2　やめるに　　3　やめようとも　　4　やめずに

정답 2 한 때는 유학을 포기하려고도 했으나, 응원해주는 모친의 마음을 생각하면, 그만두려 해도 그만 둘 수 없었다.

어휘 一時(いちじ) 한 때 | 留学(りゅうがく) 유학 | あきらめる 포기하다 | 応援(おうえん)する 응원하다

해설 '~하려 해도 ~할 수 없다'의 표현 중 대표적인 것으로 의지형에 연결되는「~(う)にも~られない」와 더불어 기본형에 연결되는「~(る)に~られない」가 있다.

---

34 夫「来年、アメリカに転勤することになったよ。」
妻「ええ！ そうなの？ もっと早くわかっていたら、太郎をアメリカの大学に＿＿＿＿。」

1　行かしたものの　　2　行かせたものを
3　行かされただろうに　　4　行っていただいたのに

정답 2 남편 "내년에 미국에 전근하게 되었어"
부인 "응? 그래? 더 빨리 알았으면 타로를 미국 대학에 보냈을 텐데"

어휘 来年(らいねん) 내년 | 転勤(てんきん) 전근

해설「~ものを」는「~のに」,「~だろうに」와 같이 '~했을 텐데, ~할 텐데'의 의미로 사용된다. 1번은 '보내긴 했지만' 3번과 4번은 사역문장으로 사용할 수 없다.

---

35 小学生の娘がはじめて作ってくれた料理だったので、おなかがいっぱいだったが＿＿＿＿。

1　食べないはずがなかった　　2　食べないわけにはいかなかった
3　食べる気にはなれなかった　　4　食べるどころではなかった

정답 2 초등학생 딸이 처음으로 만들어 준 요리였기에 배가 불렀지만 먹지 않을 수가 없었다.

어휘 小学生(しょうがくせい) 초등학생 | 娘(むすめ) 딸 | 料理(りょうり) 요리

해설「~ないわけにはいかない」는 전후 관계상 '~하지 않을 수가 없다'의 뜻으로 불가피한 상황을 나타낸다.

문제 6 **다음 문장의 ＿★＿ 안에 들어갈 가장 적당한 것을 1・2・3・4에서 하나 고르세요.**

36 彼はアメリカで育った＿＿＿ ＿＿＿ ＿★＿ ＿＿＿自信があるという。

1　だけは　　2　に　　3　英語　　4　だけ

정답 3 그는 미국에서 자란 만큼, 영어에 자신만큼은 자신이 있다고 한다.

올바른 문장 彼はアメリカで育っただけに英語だけは自信があるという。

어휘 育(そだ)つ 자라다 | 自信(じしん)がある 자신이 있다

해설「~だけに」는 '~했던 만큼'의 뜻으로 앞 쪽에 '납득의 근거'가 온다. 유사한 표현으로「だけあって」가 있다.

---

37 資本主義市場においてもある程度の制限はやむを得ない。市場はただ自由で＿＿＿ ＿＿＿ ＿★＿ ＿＿＿いうものでもない。

1　さえ　　2　あり　　3　よいと　　4　すれば

정답 4 자본주의 시장에 있어서도 어느 정도 제한은 어쩔 수 없다. 시장은 그저 자유롭기만 하다고 좋은 것은 아니다.

올바른 문장 資本主義市場においてもある程度の制限はやむを得ない。市場はただ自由でありさえすればよいというものでもない。

어휘 資本主義 자본주의 | 市場 시장 | ある程度 어느 정도 | 制限 제한 | やむを得ない 어쩔 수 없다 | 自由 자유

해설 「ます형+조사+する」의 강조 패턴이 사용된 「あり＋さえ＋すれば」와 「~ばよいというものではない((그저)~하면 다 되는 것은 아니다)」의 관용 표현을 숙지하고 있는가를 묻는 문제이다.

---

38 程度の差はあるだろうが、長所や才能が一つも ＿＿＿ ＿＿＿ ＿★＿ ＿＿＿。

1　なんて　　2　ひと　　3　ない　　4　いない

정답 **1** 정도의 차는 있겠지만, 장점이나 재능이 하나도 없는 사람 따위 없다.

올바른 문장 程度の差はあるだろうが、長所や才能が一つもない人なんていない。

어휘 程度の差 정도의 차 | 長所 장점 | 才能 재능

해설 「なんて」는 명사와 형용사 뒤에 모두 위치 할 수 있다. 하지만, 「いない」는 기본적으로 무생물에는 사용되지 않는다는 것에 주의하면 순서를 정할 수 있다.

---

39 こんな時間に ＿＿＿ ＿＿＿ ＿★＿ ＿＿＿ もう間に合わないだろう。

1　急に　　2　慌てた　　3　ところで　　4　なって

정답 **2** 이런 시간에 갑자기 허둥댄들 이미 시간에 대지 못할 것이다.

올바른 문장 こんな時間になって急に慌てたところでもう間に合わないだろう。

어휘 急に 갑자기 | 間に合う 시간에 대다 | 慌てる 당황하다, 허둥대다

해설 「~たところで (~한들, ~해 봤자)」의 표현을 숙지하고 있는가에 대한 문제이다. 또한 「~た＋명사」의 패턴으로, 「慌てた＋ところで」를 조합할 수 있다.

---

40 日本語スピーチコンテストで優勝した張さんの発表は、正確な発音は ＿＿＿ ＿★＿ ＿＿＿ ＿＿＿ 高く評価されたという。

1　すばらしい　　2　もとより　　3　内容が　　4　人の心を打つ

정답 **4** 일본어 스피치 콘테스트에서 우승한 장상의 발표는 정확한 발음은 물론이거니와 사람의 마음을 감동시키는 훌륭한 내용이 높게 평가받았다고 한다.

올바른 문장 日本語スピーチコンテストで優勝した張さんの発表は、正確な発音はもとより人の心を打つすばらしい内容が高く評価されたという。

어휘 優勝 우승 | 発表 발표 | 正確 정확함 | 発音 발음 | 評価する 평가하다

해설 「~はもとより (~은 물론이거니와)」의 조합과, '동사 +명사' 패턴을 주의 깊게 보면 「人の心を打つ~内容」를 만들 수 있다.

문제 7 다음 문장의 (　　　) 안에 들어갈 것으로 가장 적당한 것을 1 · 2 · 3 · 4에서 하나 고르세요.

　多くは編集者に、「いいものができたら持ってきてください」といわれて、できたところで持っていく。 41 「持ち込み原稿」をするのですが、それが必ずしも掲載される 42 。ほとんどは、「それでは読んでみます」といわれ、そのまま待っていても返事がないので、不安になってこちらから問い合わせると、「まだ、すぐには載せられません」とか、「ここと、ここを直して欲しい」といわれ、ときには 43 もあります。この、せっかくの原稿を返されたときはショックが大きく、(注1)暗澹たる気持ちになります。

　もちろん、わたしも同じような経験がありますが、そういうとき、「あの編集者は、少しも小説がわかっていない」「俺の才能を見抜けないとは、なんたるやつだ」などと、勝手なことを 44 、新宿の安バーなどでひたすら酒を飲み続けます。

実際、半月か1か月か、心血注いで書いた原稿がそのまま返されるのですから　45　、悔しくて、やるせなくていられないのです。そうして三日三晩くらい、ひたすら飲み続けて、そこから醒めて這い上がると、「よし、また書くぞ」と、新しい意欲が湧いてきます。

(渡辺純一『鈍感力』による)

(注1) 暗澹たる気持ち：まったく希望が持てない気持ち

많은 편집자들에게, "좋은 것이 완성되면 가지고 오세요"라는 말을 들어, 완성된 것을 가지고 간다. 흔히 말하는 '원고 들고 가기(어휘 해설 참조)'를 합니다만, 그것이 꼭 게재되는 것이 아니다. 대부분은 "그럼 읽어보겠습니다." 라는 말을 듣고, 그대로 기다리고 있어도 답신이 없으므로, 불안해져서 이쪽에서 문의해보면, "아직, 바로는 실을 수가 없네요." 라든가, "여기와 여기를 고쳤으면 합니다." 라는 말을 듣고, 때로는 그대로 반려되는 일도 있습니다. 이러한, 어렵사리 쓴 원고가 반려되었을 때는 쇼크가 커서 암담한 기분이 됩니다.

물론, 나도 같은 경험이 있습니다만, 그럴 때, "그 편집자는 전혀 소설을 이해하지 못해" "내 재능을 몰라보다니, 뭐하는 녀석이야" 등 내 멋대로 생각하면서 신주쿠의 싸구려 바에서 오로지 계속 술을 마시지요. 사실 반 달이나 한 달, 심혈을 기울여서 쓴 원고가 그대로 반려되는 것이기 때문에 그렇게라도 하지 않으면 분하고 울적해서 견딜 수가 없는 것이지요. 그렇게 한 3일 내내 오로지 술을 계속 마시고 거기에서 정신이 들어 기어오르면 "자, 다시 써야지!" 라고 새로운 의욕이 솟아납니다.

어휘 編集者(へんしゅうしゃ) 편집자 | 持(も)ち込(こ)み原稿(げんこう) 공모전 등을 통하지 않고 개별적으로 출판사를 찾아 가는 것 | 掲載(けいさい) 게재 | 返事(へんじ) 답신, 대답 | 不安(ふあん) 불안 | 問(と)い合(あ)わせる 문의하다 | せっかくの 애써서 한, 모처럼의 | 暗澹(あんたん)たる 암담한 | 同(おな)じような 비슷한 | 才能(さいのう) 재능 | 見抜(みぬ)く 알아보다, 꿰뚫어보다 | 勝手(かって)だ 제멋대로이다 | 安(やす)バー 싸구려 바(bar) | 三日三晩(みっかみばん) 3일 밤낮, 3일 내내 | 醒(さ)める 깨다, 정신이 들다 | 這(は)い上(あ)がる 기어오르다, 역경을 이겨내다 | 意欲(いよく) 의욕 | 湧(わ)く 솟다, 생기다

41 1 いわく　　2 もちろん　　3 いわゆる　　4 あらゆる

정답 3

해설 「いわく (이르기를, 말하기를)」, 「もちろん (물론)」, 「あらゆる (온갖)」
「いわゆる」는 '소위, 흔히 말하는'의 뜻으로, 앞에 나온 내용을 「持ち込み」로 설명하고 있으며, 문법적으로 앞에서 명사를 수식하는 기능을 가지고 있다.

42 1 とはかぎりません　　2 とはかぎれません　　3 ともいわれません　　4 ともいいません

정답 1

해설 「必ずしも～とはかぎらない」는 '반드시(꼭) ~것은 아니다'는 부분 부정 패턴이다.

43 1 そのまま突っ返されること　　2 そこを除いて掲載してくれること
3 そこだけを直して載せられること　　4 そのまま掲載してくれること

정답 1

해설 '그대로 반려되는 일도 있습니다.'의 의미가 와야 한다. 뒤에 오는 문장에 「返された(되돌려 받았다)」로 반려된 것을 알 수 있다. 「突っ返す」가 '그대로 되돌려 보내다'의 의미이므로, 수동형인 1번의 「突っ返される」가 답이 된다. 2, 3, 4번은 채택된 경우를 말하므로 답이 될 수 없다.

44 1 編集長に聞いてもらいながら　　2 さんざん言い聞かされながら
3 自分に言い聞かせながら　　4 黙って聞いてあげながら

정답 3

해설 문장의 주어는 편집자가 될 수 없으므로, 자기 자신에게 스스로 타이르고 위로하는 표현인 3번이 답이 된다. 1번은 편집장이 이야기를 들어 주는 것이 되고, 2번과 4번은 편집장이 말하는 것이 되므로 답이 될 수 없다.

45 1 そうすることによって　2 そうでもしなければ　3 そうかとおもえば　4 それだからこそ

정답 2

해설 「～でもしなければ～られないのです」는 '~라도 하지 않으면 ~할 수 없다'의 구조가 되는 표현이므로, 2번이 답이 된다.

1교시 독해

문제 8 다음 문장의 (　　　) 안에 들어갈 것으로 가장 적당한 것을 1 · 2 · 3 · 4에서 하나 고르세요.

(1)

디자인이라는 말을 여기저기서 볼 수 있게 되었다. 물론, '디자인'이라는 말에는 예전부터 익숙함이 있었다. 그러나, 그것은 옷이나 차같은 눈에 보이는 물건에 대해서만 사용되는 말이라고만 생각했었던 것이다. 하지만, 최근 '학습환경디자인'이라는 말을 만나고, 그 다음 바로 '숨을 디자인 하는 껌'이라는 광고를 만나고, 디자인에 대한 인식을 바꾸었다.

어휘 見つけるようになる 보게(발견하게) 되다 | なじみ 낯익음, 익숙함 | 息をデザインする 숨을 디자인 하다, 입안의 향기나 상쾌함을 만든다는 의미 | 認識 인식 | 改める 바꾸다, 고치다

46 '디자인에 대한 인식을 바꾸었다'는 무슨 말인가?

1 형태가 없는 것에도 디자인이 있다는 것을 알았다.
2 디자인이라는 말은 옷이나 차에는 사용되지 않는 것을 알았다.
3 형태가 있는 것에는 모두 디자인이 있다는 것을 알았다.
4 디자인이라는 말은 눈에 보이는 것 외에는 사용되지 않는 다는 것을 알았다.

정답 1

해설 「目に見える物についてのみ使われる言葉だとばかり思っていたのである。しかし～」에서 알 수 있듯이 필자는 디자인이 형태에만 사용하는 줄 알았었지만, 역접 접속사인 「しかし」로 이어지는 부분이 형태가 없는 것에도 사용되는 것을 알게 되었음을 나타내는 예가 이어지므로 1번이 답이 된다.

(2)
'줄탁동기'라는 말이 있다. 자세한 설명을 생략하고, 나 나름대로 이해한 의미를 말하자면, '자신이 필요로 하고 있는 것에 적시에 만나게 되는 것'이라는 것 정도 될 것 같다.
10년정도 전에 '일본어 작문' 책 중에 '토픽 센텐스'라는 말을 만나고 그 말의 의미를 알았다. 그 일을 잊지는 않았지만, 마음에 깊이 남아있던 것은 아니다. 5년 후의 여름에 그 말을 재회했다. 문장을 쓰는 것의 곤란함을 절실히 느끼고 있던 시기이기도 했기에 '토픽 센텐스'라는 말이 깊이 내 마음에 새겨졌다.

어휘 啐啄の機 줄탁 동기(줄탁 동시), 병아리가 알에서 나오기 위해서는 새끼와 어미 닭이 안팎에서 서로 쪼아야 한다는 뜻으로, 스승과 제자의 호흡이나 두 번 다시 없는 기회의 의미 | 省略 생략 | タイムリー (timely) 적시, 타이밍 좋음 | 再会する 재회하다 | トピックセンテンス (topic sentence) 주제 문장 | ひしひし 뼈저리게 | 心に刻まれる 마음에 새겨지다

47 필자에게 있어서 '토픽 센텐스'라는 말은 어떤 말인가?
1 10년전에 처음 만났으나 잊어버리고 있던 말
2 의미를 모르는 채 문자만이 계속 기억되었던 말
3 처음 만났을 때부터 소중한 말로 기억되었던 말
4 두 번째 만났을 때야 비로소 중요성을 깨닫게 된 말

정답 4

해설 줄탁동기라는 말을 필자는 '필요로 하는 것과 적절한 타이밍에 만나게 되는 것'으로 정의하고, 본인의 체험에서는 문장의 어려움을 뼈저리게 느낀 타이밍에 '토픽 센텐스'라는 단어와 다시 만나게 되었다는 내용이므로 답은 4번이 된다.

---

(3)
'어설픈 병법은 큰 부상의 화근'이라는 격언이 있다. '어중간한 지식이나 경험이 있는 것이 거꾸로 그 사람을 궁지에 빠뜨린다'는 의미이다. 그 말을 떠올리게 하는 경험을 일전에 했다. 친구와 이야기를 하고 있을 때, 그가 '커머디티(commodity)화'라는 말을 사용했다. 처음 듣는 말이었으나, 나는 '커머디티=상품'이라고 생각해서, '상품화' 즉 '기획을 상품으로 하는 일'이라고 판단해서 이야기를 계속했다. 그러나, 이야기를 하는 중에 나는 자신이 틀린 것을 알게 되었다.

어휘 生兵法は大怪我の元 어설픈 병법은 큰 부상의 화근 | ことわざ 격언, 속담 | 中途半端 어중간함, 엉거주춤함 | 窮地 궁지 | 陥れる 빠뜨리다 | 思い出す 떠올리다 | コモディティ化 (commoditization) 커머디티화, 상품의 일용품화. 상품들이 메이커 별로 차이를 상실하고 진부화되는 현상 | 初耳 처음 듣는 것, 금시초문 | コモディティ (commodity) 커머디티, 상품 | 企画 기획 | 判断する 판단하다 | 間違い 잘못, 오류

48 자신이 틀린 것이라는 것은 구체적으로 어떤 것인가?
1 커머디티화라는 말을 다르게 이해했었던 것
2 친구가 커머디티화의 의미를 몰랐었던 것
3 커머디티화라는 말은 실제로는 존재하지 않았던 것
4 친구가 커머디티화의 의미를 모른다고 생각했던 것

정답 1

해설 「コモディティ化」라는 「初耳(금시초문)」인 단어를 자기 추측으로 짐작하고 이야기를 해 나가다가 「しかし話をしているうちに、わたしは自分の間違いに気づいた」의 부분에서 필자는 자신의 잘못을 깨달았다고 하였으므로, 답은 1번이다. 즉 '상품화'와 '상품의 일용품화'는 전혀 다른 개념인데, 필자의 넘겨짚음으로 잘못된 이해를 하고 있었음을 이야기하면서 섣부른 지식의 위험성을 설명한 문장이다.

(4)

편집자인 지인이 선배 편집자가 언제나 "읽기 전과 후에, 읽는 사람의 내면에 변화를 주지 않는 책은 의미가 없다"고 말했었다고 하는 것을 듣고, '멋진데'라고 생각했다. 물론, 그때까지 알고 있었던 것을 재확인 하거나, 그것에 새로운 식견을 더하기 위한 독서도 있는 것은 부정하지 않는다. 그러나, 그것뿐이라면 '독서'의 즐거움은 무척 허전한 것이 될 것이리라.

어휘 知り合い(しりあい) 지인 | 編集者(へんしゅうしゃ) 편집자 | 常々(つねづね) 평소, 언제나 | いいな 괜찮다, 좋다 | 再確認(さいかくにん) 재확인 | 知見(ちけん) 식견, 지식 | 付け加える(つけくわえる) 보태다 | 否定(ひてい) 부정 | 楽しみ(たのしみ) 즐거움 | ずいぶん 무척 | さみしい 적적하다, 허전하다, 부족하다

49 저자는 책을 읽은 것의 의미를 무엇이라고 말합니까?

1 자기가 알고 있는 것에 대해 새로운 정보를 더하는 것

2 자기가 알고 있는 것이 모두 부정되는 사실을 만나는 것

3 독서를 통해 인생의 기쁨과 슬픔의 양면을 경험할 수 있는 것

4 독자 마음속에 그때까지는 없었던 생각이 생겨나는 것

정답 4

해설 마지막 줄「しかし」이후에「さみしい (적적한, 부족한)」기분을 표현하고 있기에, 앞 문장의 단순한 지식 습득만으로는 만족할 수 없음을 나타내고 있다.「もちろん～ (물론)」「しかし～ (하지만)」의 패턴으로 もちろん～의 내용은 필자의 주된 주장이 아닌 것을 파악할 수 있다면 1번이 아닌 것을 쉽게 알 수 있다. 2, 3번은 본문에 언급되지 않은 과도한 내용이다.

문제 9 다음 글을 읽고 물음에 대한 답으로서 가장 적당한 것을 1・2・3・4에서 하나 고르세요.

(1)

일본에서는 아이가 철이 들 무렵부터 무리(집단) 속으로 들여보내진다. 보육원이나 유치원, 초, 중, 고 나아가 대학을 졸업하면, 대부분이 사람은 회사라는 조직 안에 들어간다. 대소의 차이는 있을지언정 그런 집단 생활은 정년까지 계속된다. 일생 집단 속이다.

구미에서는 읽고 쓰기 계산을 어느 정도 알게 되면, 가업을 잇게 하여 신발가게 아들은 신발가게로, 혹은 음식점 아들은 다른 가게에 수련을 하려 보내져 공부를 시켜 곧 가업을 잇게 하거나 한다. ①이러한 케이스는 일본에서는 드물 것이다.

일본에서는 정년퇴직까지 무리 속에만 있으면, 마치 길들여진 양처럼 순종하게 되지 않을 수 없다. 개성을 발휘하려고 해도 무리 안에서는 할 수 없게 된다. 따라서 무리에서 가능한 한 떨어지는 노력을 하라! 고 하는 것이 이 책의 요지다.

무리에 속하지 않는 라이프스타일을 구축하려고 생각하면서도 좀처럼 안 되는 사람에게 권하고 싶은 것이 외톨이 작전이다. 의도적으로 무리에서 벗어나도록 만들어가는 것이다. 그렇다고 해서 동료와의 관계는 어색해지지 않는다. ②그런 방법이다. 이것은 딱히 어렵지 않다. 몇 개정도의 일을 결심하고 실행하면 가능하다.

첫째로 먹고 마시는 자리에 잘 어울리지 말 것. 직장에서도 학교에서도 그렇지만, 무리 행동 중 가장 주된 것이 공부와 일 외에는 먹고 마시는 것이다. 점심이라면 소인수의 정해진 그룹으로 먹으러 가는 일이 많다. 먼저, 이것을 그만둔다. 혼자서 먹는 것이다. 권유해오면, "이거, 끝내야 돼서……"등으로, 완곡히 거절한다. 미리 도시락을 준비해 두면 좋다. 업무관계가 아니면 그쪽도 그 이상은 권하지 않을 것이다. 회식도 최대한 가지 않는다. 제로는 어렵겠지만, 그것에 가까운 형태로 한다.

어휘 物心がつく 철이 들다 | 群れ 무리,패거리 | 保育園 보육원 | 幼稚園 유치원 | 組織 조직 | ～こそあれ ~은 있을지 언정 | 定年 정년 | 欧米 구미(서양) | 読み書きそろばん 읽기 쓰기 및 계산(초등교육의 중심) | 家業を継がせる 가업을 잇게 하다 | 靴屋 신발가게, 신발공장 | あるいは 혹은 | 修業 수업, 수련 | 珍しい 드물다,희귀하다 | 定年退職 정년퇴직 | さながら 마치, 흡사 | 飼いならす 길들여 키우다 | 従順に 순종적으로, 고분고분히 | ～ざるをえない ~하지 않을 수 없다 | 個性 개성 | 発揮 발휘 | したがって 따라서 | 離れる 떨어지다 | 努力 노력 | 主旨 골자, 주지 | 築く 쌓다, 구축하다 | 思いつつ 생각하면서도(≒思いながら) | おすすめしたい 추천하고 싶다 | 仲間外れ 따돌림 받음, 외톨이 | 意図的に 의도적으로 | 仕向ける 만들다, 유도하다 | といって 그렇다고 해서 | 気まずくなる 어색하게 되다, (마음이) 불편하게 되다 | 実行する 실행하다 | 少人数 적은 인원 | 一人飯 혼자서 먹는 것 | 誘われる 권유 받다 | やんわり 완곡하게, 부드럽게 | 断る 거절하다 | あらかじめ 미리 | 仕事がらみ 업무에 관련된 것 | 極力 극력, 최대한, 있는 힘껏

50 ①이러한 케이스는 어떤 케이스인가?

1 인생의 많은 시간을 집단 안에서 보내는 케이스
2 자신의 부모 직업을 잇기 위해 수련을 전혀 하지 않는 케이스
3 기초적인 학문을 익히지 않고 사회에 내보내지는 케이스
4 가업을 잇게 하기 전에 부모 또는 동업자의 다른 가게에서 수련을 하는 케이스

정답 4

해설 일본에 드문 케이스로서 예를 든 것이, 신발가게과 음식점의 자식들이 부모에게 교육을 받거나 동종의 업체에서 훈련 받아 「家業を継ぐ(가업을 잇는)」것 이기에 답은 4번이 된다

51 ②그런 방법이라는 것은 어떤 방법인가?

1 돈을 들이지 않고 친구와의 교제를 즐기는 방법
2 동료 속에 들어가지 않고 동료의 정보를 입수하는 방법
3 동료와 다투면서 좋은 인간관계를 구축하는 방법
4 일부로 외톨이가 되는 방법

정답 4

해설 지시어는 가까운 곳에서부터 대상물을 찾아간다. 바로 앞 문장에 「仲間との関係は気まずくならない」가 나와있고, 그 앞 문장에 외톨이가 되는 방향으로 만들어간다는 이야기가 나와 있으므로, 답은 4번이 된다. 3번은 바로 앞 문자의 내용이 포함되어 있지 않다.

52 이 문장에서 필자가 가장 말하고 싶은 것은 무엇인가?

1 대인관계가 나쁜 녀석이라고 불리지 않도록 동료를 소중히 하자
2 인상이 나쁜 녀석이라고 들어도 신경 쓰지 마라
3 외톨이가 되는 것은 괴로운 일이니까 조심해서 행동해라
4 인간 관계를 소중히 하면서 무리 속에 들어가지 않는 생활을 추구해라

정답 4

해설 질문에 '가장'말하고 싶은 것이라는 제한이 있으므로, 「～というのが本書の主旨だ」 부분에 주목해 보면, 무리에서 벗어나는 생활을 하라고 주장하고 있다. 핵심키워드인 '무리에 들어가지 않는'생활이 포함되지 않으면 답이 될 수 없다. 2번이 답이 될 수 없는 근본적인 이유이다. 답은 4번이다.

(2)

도서 평론 업무를 바깥 간판으로 내걸고 있으면 자주 어떤 책을 읽으면 좋은지 추천하는 책은 있습니까? 하고 질문 받는 일이 있다. 상대는 이를 테면 인사하는 심산으로 "내일 날씨는 어떨까요?"정도의 마음으로 말을 걸어 오는지도 모르겠지만 언제나 대답이 막혀 버린다. 상대가 어떤 취미를 가지고, 어떤 독서 경력을 거쳐 왔는지, 소설을 좋아하는지 논픽션을 좋아하는지, 좋아하는 작가는 누구인지, 등 충분히 알아내기 전에는 안이하게 대답할 수 없다. 아니, 그 정도 알아내도 상대의 희망에 맞는 대답을 해 낼 자신은 없다. 평론가는 추천 도서의 자동판매기가 아닌 것이다.

대개 나 같은 사람은, 한 권을 읽으면 고구마 덩굴처럼 꼬리에 꼬리를 물고 읽고 싶은 책이 나와, 그것이 기하급수처럼 늘어가므로, 도저히 사람의 의견 등 참고하고 있을 수 없다. 자기가 읽고 싶은 책만으로도 힘에 겨운 것이다. 그렇기 때문에 어지간한 일이 없는 한 남에게 추천 받은 책을 읽는 일 같은 것은 없다. 때로 참견하며 "○○라는 책은 굉장히 재미있습니다. 꼭 추천합니다"라는 말을 듣는 적이 있는데, 얼굴로는 생글거리면서, 마음 속으로는 "쓸데없는 참견이네"하고 혀를 내미는 일이 많다.

이것은 경험상 말할 수 있는 것인데, 독서 습관이 몸에 베면 얼마든지 어디서부터라도 읽고 싶은 책이 그쪽에서 날아 오는 것이다.

어휘 書評 서평 | 表看板 바깥 간판, 표면상의 명목 | 掲げる 내걸다 | お薦め 추천 | 訊く 묻다 | いわば 말하자면, 이를테면 | ぶつける 던지다 | 返事 대답 | 窮する 궁해지다, 막히다 | 趣味 취미 | 読書歴 독서경력 | 経る 거치다 | 小説 소설 | ～からでないと ~하기 전에는 | 安易に 쉽게, 안이하게 | 訊きだす 캐내다, 알아내다 | 希望 희망 | ～に沿った ~에 따른, 적합한 | 自動販売機 자동판매기 | 一冊 한 권 | いもづる 고구마 덩굴 | いもづる式 고구마 덩굴처럼 관련된 것이 계속 이어지는 것 | ネズミ算式に 기하급수적으로 | とても 도저히 | 参考 참고 | 手一杯 힘에 겨움 | よほどのこと 어지간한 일 | おせっかい 참견 | にこやかに 부드럽게, 싱글벙글 | ふるまう 행동하다 | 余計なお世話 쓸데없는 참견 | 舌を出す 비웃다, 혀를 내밀다 | 身体になじむ 몸에 베다

53 도서 평론가는 추천 도서의 자동판매기가 아닌 것이다라고 하는 것은 여기에서는 무슨 말인가?

1 도서 평론가는 모든 책을 다 읽고 있는 것이 아니라는 것
2 도서 평론가는 참견하며 자기가 읽은 책을 강매해서는 안 된다는 것
3 도서 평론가의 일은, 추천하는 책을 부담 없이 소개하는 것이 아니라는 것
4 도서 평론가의 일은, 추천하는 책을 무료로 소개하는 것이라고 하는 것

정답 3

해설 바로 앞 문장에 도서 추천을 위해서는 고려할 점이 무척 많다는 이야기가 나왔다. 결국, 자동판매기처럼 동전만 넣으면 나오는 그런 쉬운 일이 아니라는 것을 비유로 설명하고 있다.

54 어지간한 일이 없는 한 남에게 추천 받은 책을 읽는 일 같은 것은 없는 것은 왜인가?

1 타인의 책 평가를 전혀 신용하고 있지 않으니까.
2 타인의 책 내용에 대해서 이야기 하는 것을 좋아하지 않으니까.
3 타인에게 추천 받지 않아도 읽고 싶은 책은 얼마든지 있으니까.
4 타인이 쓴 서평을 읽기 위한 시간이 없으니까.

정답 3

해설 「だから、よほどのことが～」와 같이 「だから」로 시작되는 문장이므로 앞 부분 「～とても人の意見など参考にしていられない。自分の読みたい本だけで手一杯なのである」에서 답을 찾을 수 있다.

55 추천 도서에 대해 필자가 가장 하고자 하는 말은 무엇인가?

1 남에게 추천도서를 소개 받고 싶으면 우선 자신의 독서 경력을 전해야만 한다.
2 남에게 책을 추천 받을 때는 웃는 얼굴로 상대가 하는 말을 듣지 않으면 안 된다.

3 남에게 추천도서를 소개 받는 것이 아니라, 자신의 독서 경험을 강화시켜야 한다.

4 남에게 추천도서를 소개할 때에는 상대의 책에 대한 취향을 알고 있지 않으면 안 된다.

정답 3

해설 첫 단락은 도서를 추천하는 사람의 입장, 두번째 단락은 추천 받는 입장에서 추천 도서에 대해서 이야기하고, 마지막 단락에서 독서가 몸에 베면 굳이 추천 받지 않아도 읽고 싶은 책이 많을 것이라고 말하고 있다. 독서 습관을 강조한 3번이 답이 된다.

---

(3)

워드 프로세스를 소중히 사용하고 있다. 이것이 망가져도 새로 구입하는 것은 이제 불가능하다고 생각하니 더욱 신중하게 된다. 워드 프로세스가 등장하기 시작했던 무렵은 모두들 그렇게 흥분하고 환영했었는데 PC가 나타나자마자 제조를 중지해 버리다니 너무나도 냉담한 것은 아닌가. PC가 발하는 술렁술렁하는 느낌이 마음에 들지 않는다. 잠시 방심하면 모르는 누군가로부터 양해도 없이 메시지가 보내져 온다. 24시간 언제든지 전 세계 어느 곳에서도. 역시 그것은 섬뜩한 사태다. 불청객이 흙 발로 들어온 듯한 것이다. 그리고 곤혹스러워 하는 때에 왠지 화면이 꿈쩍도 하지 않게 돼 버리거나 한다. 나는 그저 온화한 기분으로 소설을 쓰고 싶을 뿐이다. 이야기와 나, 1대1의 조용한 시간만 확보할 수 있다면 다른 것에는 아무 바램도 없다. 그런 점에서 워드 프로세스는 좋다. 화면 저쪽에 아무런 ①<u>복잡한 것</u>이 숨어있지 않다. 과묵하고 정직하다. 그저 겸허히 그곳에 있어, 새로운 이야기가 새겨지는 것을 기다리고 있다.

혼자 작업실에서 워드 프로세스 앞에 앉아 있으면 친밀한 공기가 흐르는 것을 느낀다. 자신이 쓰고 있는 이야기에 자기 자신이 꽉 안긴 듯한 착각에 빠진다. 세계와 이어져 있는 PC보다도 그저 문자를 변환시키는 것뿐인 워드 프로세스 쪽이 훨씬 자상한 시선을 보내 주고 있다.

기르고 있는 개가 죽을 때를 상상하는 것만으로 울어 버리는 것처럼, ②<u>워드 프로세스가 고장 나는 순간을 떠 올려 볼 때마다 서글퍼 진다</u>.

어휘 大事に 소중하게 | 購入する 구입하다 | なおさら 더욱 | 慎重に 신중하게 | 登場 등장 | 興奮 흥분 | 歓迎 환영 | ～た途端 ~하자 마자 | 冷淡すぎる 지나치게 냉담하다 | 放つ 발하다, 쏘다 | ざわざわした感じ 술렁술렁하는(시끄러운) 느낌 | 油断する 방심하다 | 見知らぬ 알지 못하는 | 断りもなく 양해도 구하지 않고 | ぎょっとする 섬뜩한 | 招かれざる客 초대받지 못한 손님(불청객) | 土足 흙발로 | 困惑する 곤혹스럽다 | ぴくりとも 꿈쩍도 | 心穏やかに 온화한 마음으로 | 確保する 확보하다 | なんら 아무런 | ややこしい 복잡하다, 까다롭다 | 寡黙 과묵 | 謙虚に 겸허하게 | 刻まれる 새겨지다 | ワープロに向かっている 워드 프로세스를 하고 있다 | 親密な 친밀한 | 抱き留める 껴안다 | 錯覚に陥る 착각에 빠지다 | 変換する 변환하다 | 視線 시선 | 飼う 기르다 | 想像する 상상하다 | 思いを巡らせる 생각을 떠 올리다 | さみしい 적적하다

56 필자가 워드 프로세스를 선호하여 사용하는 것은 왜 인가?

1 24시간 언제라도 문장을 쓸 수 있기 때문에

2 제조가 중지되는 것을 알고 감동했기 때문에

3 소리를 내지 않고 조용히 문장을 쓰는 것을 좋아하기 때문에

4 메일 등이 성가시게 하지 않고 쓰는 것에 집중할 수 있으니까

정답 4

해설 '~온화한 기분으로 소설을 쓰고 싶을 뿐이다. 이야기와 나, 1대1의 조용한 시간만 확보할 수 있다면 다른 것에는 아무 바램도 없다. 그런 점에서 워드 프로세스는 좋다.'이 부분에서 워드 프로세스가 좋은 이유가 명시되어 있다. 지시어의 앞 문장에서 '조용한 시간을 확보할 수 있는 것'이라는 키워드를 포함하고 있는 것을 찾으면 된다. 뒷문장의 부연설명으로도 명백하다.'화면 저쪽에 아무런 복잡한 것이 숨어있지 않다.'를 통해 성가시고 복잡한 것이 없는 것을 좋아하기 때문이라는 것을 알 수 있고, 답은 4번이 된다.

57 복잡한 것이 아닌 것은 다음 중 어느 것인가?

1 알지 못하는 인간으로부터 온 새로운 메일

2 전 세계로부터 도착하는 뉴스

3 이야기와 자신과의 관계

4 친구로부터의 초대장

정답 **3**

해설 복잡하고 성가신 것은 모르는 사람으로부터 온 메일 등 PC로부터 전해 지는 것들이다. 답은 3번이 된다.

58 워드 프로세스가 망가지는 순간을 떠 올려 볼 때 마다 서글퍼 지는 것은 어떤 심정이라고 말하고 있는가?

1 기르고 있던 개가 죽었을 때의 일을 떠올리게 되니까

2 기르고 있는 개가 지금 눈 앞에서 죽을 것같이 되어 있으니까

3 잃어 버리면 두 번 다시 만날 수 없다는 것을 알고 있으니까

4 함께 생활해 온 것과 같이 자신도 여기에서부터 사라지게 되니까

정답 **3**

해설 워드 프로세스를 개에 비유한 것은 현재는 개가 살아 있어도 죽을 것을 생각하면 적적해진다는 것으로, 지금은 고장나지 않았어도 고장나 버리면 끝장이기에 벌써부터 서글퍼진다는 이야기인 것이다. 답은 3번이다. 1, 2, 4번은 시제에서 근본적인 오류가 보인다.

문제 10 다음 글을 읽고 물음에 대한 답으로서 가장 적당한 것을 1 · 2 · 3 · 4에서 하나 고르세요.

나는 도쿄에서 태어나 도쿄에서 자랐고, 아버지도 어머니도 도쿄에서 나고 자랐다. 이것은 방언 연구자로서 아무래도 ①불리한 조건처럼 여겨진다.

우선 도후쿠라든지 규슈라든지 그러한 곳에서 나고 자랐더라면 자신의 말을 돌아보거나 부모의 말을 관찰만 하더라도 그것으로 어느 정도의 연구가 되어 버린다. 그것과는 반대로 도쿄태생이라면, 방언을 연구하기 위해서는 어딘가 모르는 토지에 가서 타인의 말을 관찰하는 것부터 시작하지 않으면 안 된다. 즉, 자신에게 방언의 경험이 없다는 것이다. (중략)

물론, 나도 또한 조금 격식을 차리고 이야기를 할 때와, 예를 들면 술집 등에서 조금 취했을 때 말을 할 때를 비교하면, 말을 가려서 쓰고 있는 것은 분명히 있다. 그것은 방언과 표준어를 가려 쓰고 있는 사람들이 경우에 따라서 말을 나누어 쓰고 있는 것과 어떤 면에서는 통하고 있는 것일지도 모르겠다. 말이라는 것은 단순한 것이 아니고, 장면이라든가 환경이라고 하는 것에 의해 여러가지 모습으로 나타난다. 외국어라던가 고전어 등을 배우기 시작할 때에는 어떤 내용을 표현하기 위해서 정해진 한 종류의 바른 표현 방식 밖에 없다고 생각하기 십상이지만 실제로는 ②그런 것이 아니다. 한마디로 일본어라고 해도 여러 종류가 있고, 다양한 형태로 나타난다. 나도 도쿄에서 나고 자라긴 했지만, 역시 몇몇 말을 가려 쓰고 있는데, 그렇지만 방언과 표준어를 구별해서 쓰는 것에 한정한다면, 역시 그 경험을 가지고 있지 않다고 말할 수 밖에 없다. 이것은 역시 언어 연구자로서 비극이 아닐까?

그러나 좀 억지를 부리는 듯하지만, 도쿄 태생 사람에게도 ③얼마간의 존재 의의라는 것이 있을 지도 모르겠다. 예를 들어 방언 사용자의 마음이라는 것은 분명, 도후쿠 사람도 칸사이, 규슈사람도 모두 가지고 있겠지만, 각각의 지방에 따라 그 내용은 실은 조금 다를지도 모르겠다. 어떤 개인의 경우를 보면 대개 특정한 지역을 배경으로 가지고 있는 것이다. 그 점은 공통되어 있으나 구체적인 것을 보면 예를 들면, 도후쿠 사람이 규슈 사람을 보고, 저 사람도 아마도 나와 같은 것을 경험하고 있었을 것이다 라고 생각한다면 그것은 다소 다를 지도 모르겠다. 적어도 완전히 같다고 처음부터 믿어 버리는 것은 위험한 것이 아닐까? 이런 경우에 오히려 생생한 방언의 감각이라는 것을 가지고 있지 않는, 예를 들면 나 같은 사람 쪽이 도리어 공평하게 방언이라는 것을 분석할 수 있는 일 등이 있을 지도 모르겠다고 생각한다. 도쿄 출신 방언 연구자도 실제로 있다. 나의 선생님은 도조미사오라는 분인데 이 분도 도쿄 출신이었다. 이런 분이 계신다는 것이 내 마음에 버팀목이 되고 있다.

어휘 生まれ育つ 나서 자라다 | 方言研究者 방언(사투리)연구자 | 不利な条件 불리한 조건 | 反省する 반성하다 | あるいは 혹은 | 観察する 관찰하다 | いちおう 일단 | ~にひきかえて ~과는 달리 | よその土地 다른 지방 | あらたまって 격식을 차려 | 飲み屋 술집 | 酔っぱらう 술 취하다 | 較べる 비교하다 | ある面で 어떤 면에서는 | 通じる 통하다 | 単純 단순 | 場面 장면 | 古典語 고전어 | 思いがちだ 생각하기 십상이다 | 東京育ち 도쿄에서 자란 사람 | 限定する 한정하다 | 悲劇 비극 | 負け惜しみ 진 것을 인정하기 않으려 억지를 부림 | 存在意義 존재 의의 | 特定 특정 | 地域 지역 | 背景 배경 | 共通 공통 | 多分 아마 | 味わう 맛보다 | むしろ 오히려 | なまなましい 생생한 | かえって 도리어 | 公平 공평 | 分析 분석 | 現に 실제로 | 東条操 도조 미사오 (일본 국어 학자) | 心の支え 마음의 버팀목, 마음의 지주

59 ①불리한 조건이라는 것은 어떤 조건인가?

1 도쿄에서 살고 있지 않다고 하는 것
2 양친의 말을 관찰할 수 없는 것
3 방언이라고 부를 수 있는 것을 가지지 않은 것
4 항상 자신의 말투를 반성하지 않으면 안 되는 것

정답 3

해설 이유를 뒤에서 설명하는 패턴이다. まず로 시작한 문장이 「つまり、自分に方言生活の経験がないということである (즉, 자신에게 방언 경험이 없다는 것이다)」라는 문장으로 마무리된다. 그것으로 3번이 답이 되는 것을 알 수 있다.

60 ②그런 것이라는 은 무엇을 가리키는가?

1 외국어를 배우기 위한 가장 좋은 방법이 있다는
2 장면과 환경에 의해 바른 표현이 바뀐다고 하는 것
3 고전어를 배우기 시작할 때는 옳은 방법으로 배워야만 한다는 것
4 하나의 일을 표현하기 위해서 반드시 하나의 바른 표현이 있다는 것

정답 4

해설 「実際は、②そんなものではない」 앞에 있는, 「~きまった一種類の正しい言い方しかないと思いがちだ」 (~정해진 한 종류의 바른 표현 방식 밖에 없다)라고 나와있으므로, 답은4번이 된다.

61 ③ 얼마간의 존재 의의라는 것은 여기에서는 어떤 의미인가?

1 방언 사용자의 마음을 가지고 있지 않기에 오히려 냉정히 방언의 연구가 가능하다는 것
2 두 지역의 방언 사용자의 마음을 평등하게 평가해서 방언의 연구가 가능하다는 것
3 다양한 지역의 방언 사용자의 마음을 공평하게 이해해서 방언의 연구가 가능하다는 것
4 방언 사용자의 마음을 이해할 수 없기 때문에 깊이 방언의 연구를 할 수 있다는 것

정답 1

해설 도쿄 태생이라는 것이 불리한 것은 인정하나, 오히려 방언을 가지고 있지 않으므로, 보다 객관적으로 비교 연구가 가능한 것이 장점으로도 작용할 수 있는 것을 표현한 것이므로 1번이 답이 된다. 선택지2, 3, 4번에서 제시한 마음의 이해 여부는 연구와 직접적인 관계가 없다.

62 필자와 방언의 관계에서 맞는 것은 어느 것인가?

1 필자는 술 취했을 때에 방언을 사용할 수 있다.
2 필자는 지방에서 방언 생활을 경험을 한 뒤에 방언 연구자가 되었다.
3 필자는 방언의 감각이라고 부를 만 한 것을 가지고 있지 않다고 인정하고 있다.
4 필자는 방언 사용자가 표준어를 습득하는 고생을 잘 이해하고 있다.

정답 **3**

해설 필자는 첫 단락과 두 번째 단락에서 도쿄 태생으로 방언이라 불릴 만한 것을 가지고 있지 않다고 서술한 후, 세번째 단락에선 오히려 그것이 연구에 도움이 될 수도 있음을 말하고 있다. 그러므로 답은 3번이 된다.

문제 11 다음 글을 읽고 물음에 대한 답으로서 가장 적당한 것을 1·2·3·4에서 하나 고르세요.

A

이 용어집은 일본어 교육에 관심을 가지기 시작한 사람부터 베테랑인 사람까지 도움이 되리라고 생각합니다. 일본어 교육에서 자주 사용되는 가타카나어도 친절하게, 원어를 첨부하여 제시되어 있는 것도 유익합니다. 최근 일본어 교육에는, 다양한 가타카나어가 등장해서, 외래어를 어려워 하는 나는 고생했습니다. 인터넷 상의 '일부 보기 기능'으로 그러한 의미를 잘 모르는 용어를 몇 개인가 조사해 본 바 가려운 곳에 손이 닿는 설명이 되어 있어 바로 구입을 결정했습니다. 구입 후에 알게 된 아쉬운 점으로서는, 용어의 배열이 50음순인 것입니다. 용어를 찾을 때에는 편리할 지도 모르겠지만, 역시 분야별, 영역별로 편집되었으면 좋았을 것입니다.

B

유사한 책 중에서는 가장 수록된 어휘 수가 많은 것이 마음에 들었기에 평소라면 실제 서점에서 실물을 보고 나서 결정하지만 이번에는 그렇게 하지 않고 바로 구입을 결정했다. 복수의 집필진에 의해 쓰여져 있기 때문에, 각각 용어의 정의 스타일이 신경 쓰이는 것을 제외하면 전체적으로 만족할 만한 내용이다. 내가 힘들어하는 가타카나어에 전부 원어가 첨부되어 있으므로, 좀더 조사해 보고 싶은 기분이 된다. 또 권말의 참고 문헌이 충실한 것도 초학자에게는 지극히 감사할 따름이다. 매우 양질의 용어집이어서 많은 사람이 구입했으면 좋겠다.

어휘 用語集 용어집 | ベテラン 베테랑, 숙련자 | 用いる 사용하다 | 丁寧に 정성껏, 꼼꼼하게 | ～を添えて ~을 첨부하여 | 示す 보이다, 나타내다 | 横文字 로마자처럼 가로로 쓰는 글자. 구문 | 苦手な 서툰 | 苦労する 고생하다 | 立ち読み機能 부분 보기 기능(서점에서 책을 구입하지 않고 서서 읽는 어원에서 유래) | ～たところ ~해 본 결과, ~해 본바 | 痒いところに手がとどく 가려운 곳에 손이 닿은(답답한 부분이 해결되는) | 購入 구입 | 配列 배열 | 領域別に 영역별로 | 編集 편집 | 類書 유사한 책 | 収録語数 수록 어휘 수 | 気に入る 마음에 들다 | リアル書店 오프라인 서점 | 現物 실물 | 複数 복수 | 執筆者 집필자 | 定義 정의 | 除く 제외하다 | おおむね 대체로 | 満足 만족 | 詳しい 상세하다 | 巻末 권말 | 参考文献 참고 문헌 | 充実する 충실하다 | 初学者 초학자, 처음 배우는 사람 | ～限りだ 심히 ~하다 | 良質な 양질의

63 A와 B가 공통적으로 말하고 있는 것은 무엇인가?

1 일본어 교육에 종사하는 넓은 층의 사람에게 도움이 되리라는 것
2 가타카나어가 원어로도 쓰여져 있는 것이 좋다는 것
3 예전부터 있는 용어로부터 새로운 용어에 이르기까지 수록되어 있다는 것
4 용어 해설이 매우 꼼꼼하고 알기 쉽게 쓰여져 있는 것

정답 **2**

해설 공통적으로 언급된 것만을 답으로 골라야 한다. 1번, 4번은 A, 3번은 B에만 언급된 내용이다. 답은 2번이 된다.

64 이 책에 대하여 개선하기를 바라는 점으로서 A와 B는 어떻게 말하고 있는가?

1 A는 수록되어 있는 어휘수가 적다고 하고, B는 초보자에게는 적합하지 않다고 한다

2 A는 가타카나어의 수록 어휘수가 적다고 하고, B는 수록되어 있는 용어가 오래됐다고 한다.

3 A는 분야별 편집이 바람직하다고 하고, B는 용어 정의의 문체의 차이가 신경 쓰인다고 한다.

4 A는 다른 사람에게는 권할 수 없다고 하고, B는 참고문헌을 더 충실히 해 주기를 바란다고 한다.

정답 3

해설 A는 문장의 마지막 부분에, B는 2번째 문장에 불편한 사항 및 개선 희망사항이 적혀있다.

문제 12 다음 글을 읽고 물음에 대한 답으로서 가장 적당한 것을 1·2·3·4에서 하나 고르세요.

당신은 '가인'이 아니라는 말을 듣는 때가 있다. 가인으로부터 듣는 경우가 많으나, 그 외의 사람에게 듣는 경우도 있다. 분명 나의 시는 온화하게 읊어도 정통적인 작풍은 아니고, 상대도 꼭 부정적인 의미로 그렇게 말하고 있지 않을 수도 있다. 그때 그때 뉘앙스에 따라 이쪽은 싫은 얼굴을 하거나 기뻐하거나 하는데, 어떤 기회에 타 장르의 전문가가 만든 단가를 보거나 시에 대해 그들이 읊은 것을 보거나 하면 음, 역시 나는 가인이구나 하는 생각이 든다. 그런 식으로 느끼는 이유는 무엇일까?

언제였던가, 나가타 카즈히로가 가인 이외의 사람의 '낭독(읊음)'에 마음으로 납득했던 적이 없다는 의미로 쓴 것을 본 기억이 있는데 기본적으로 나도 동감한다.

가인의 '낭독(읊음)'의 경우, 그것이 자신의 '낭독(읊음)'과 다르더라도 '낭독(읊음)'의 축을 조금 비켜보면 이해할 수 있는 것이 많다. 크게 말하면 그것은 개개의 읽는 사람의 정형관의 차이라는 것이 된다고 생각한다. 그것에 대하여 타 장르 사람의 단가 '낭독(읊음)'에 대해서는 정형관이 어떻다든가 '낭독(읊음)'의 축이 어떻다든가 하기에 앞서 '뭔가 모르고 있다', '전제가 되는 감각이 결여되어 있다'는 인상을 가지는 경우가 많다. 이것은 너무나도 일방적인 말투로 좀 말하기 어렵지만, 그런 느낌은 분명히 있다고 생각한다.

'전제가 되는 감각이 결여되어 있다'는 것은 무엇인지, 이것을 잘 표현하는 것은 꽤 어렵지만, 예를 들면, '시라고 하는 것은 기본적으로 하나의 것이 모습을 바꾸고 있을 뿐'이라는 감각의 결여, 라고 이해하면 어떨까? 실제로 시를 읊어 본 경험이 없는 독자에게는 이 감각 혹은 인식이 결여되어 있는 것처럼 생각하지 않을 수 없다.

많은 가인은 적어도 근대 이후의 시의 해석에 있어서, 그 작가가 어떤 체감에 입각해서 무엇을 하려고 하고 있었는가 라는 것을 어느 정도 자신 안에서 복원할 수 있을 것이다. 작품이 어느 정도 성공하고 있는가? 라는 판단은 그 복원 감각 위에서 성립되고 있는 것이다. 작품 성립 연대나 작가로서의 타입의 차이에 관계없이 그러한 파악은 가능하다고 생각한다. 그리고, 그것이 가능해지는 근본적인 이유가 '시라는 것은 기본적으로 하나의 것이 형태를 바꾸고 있을 뿐'이기 때문이라고는 말할 수 없을 것인가? 가인은 모두 무의식적으로 그것을 알고 있을 것으로 생각된다.

그에 대하여, 실제로 읊어 본 경험이 없는 사람은 '단가에도 여러 가지가 있다'라고 막연히 생각하고 있는 것을 아닐런가? 이것은 일반 사람이 '와카(일본 전통시)'에 대해 풍류라든가 우아함이라는 균일적인 이미지를 가지고 있는 것과 언뜻 모순이 될 것 같지만, 적어도 현재 단가 감상문이나 가집의 서표를 쓰는 그러한 타 장르의 표현자 들은 '단가에도 여러 가지가 있다'는 인식을 막연히 가지고 있을 것이라고 생각한다.

어휘 歌人 和歌,短歌 등을 쓰는 사람 | 云う 말하다 | 控えめにいっても 온화하게 말해도 | オーソドックス(orthodox) 정통적인 | 作風 작풍 | 相手 상대 | ネガティブな 부정적인 | ニュアンス 뉘앙스 | 機会 기회 | 他ジャンル 타 장르 | 短歌 단가, 일본 전통시 | 永田和宏 일본 단가 시인 | 納得 납득 | 記憶 기억 | 同感 동감 | 異なる 다르다 | 軸 축 | ずらす 어긋나게 하다, 빗기다 | 定型観 정형관 | 前提 전제 | 感覚 감각 | 欠ける 결여되다 | 印象 인상 | 欠如 결여 | 捉え方 수용방식, 이해 방식 | 実作 経験 (시를) 실제로 써 본 경험 | 認識 인식 | ~てならない 너무~하다 | 近代以降 근대 이후 | ~に際して ~할 때에 | 体感 체험 | ~に基づいて ~에 입각해서 | 或る程度 어느 정도 | 復元 복원 | 判断 판단 | 成立 성립 | 把握 파악 | 無意識に 무의식적으로 | 漠然と 막연히 | 風流 풍류 | 雅 우아함 | 均一な 균일한 | 一見 언뜻 | 矛盾する 모순되다 | 鑑賞文 감상문 | 栞文 서표에 들어가는 문장 | 表現者 표현자

65 기본적으로 나도 동감이다 라는 것은 무슨 말인가?

1 가인의 시를 읊은 것에 대해, 언제나 다른 가인과 같은 듯한 감상을 갖는다.
2 가인의 시를 읊은 것은 누구의 것도 동일한 것 같아 시시하다.
3 가인 이외의 사람이 시를 읊은 것 중에는 뛰어난 것이 많이 있다.
4 가인 이외의 사람이 시를 읊은 것 중에는 포인트가 벗어난 것이 많다.

정답 4

해설 「歌人以外の人の歌の〈読み〉に心から納得できたことがない、という意味のこと」로 동감한 부분이 앞 쪽에 명시되어 있어, '가인 이외의 사람'이 대상인 것을 알 수 있다. 그러므로, 1번과 2번은 답이 될 수 없으며, '납득할 수 없었다'의 표현으로 보아 답이 4번이라는 것을 유추할 수 있다.

66 필자에 의하면 가인이 아닌 사람이 단가에 대해서 이해하지 못하고 있는 것은 무엇인가?

1 단가라는 것은 파고 들어가면 하나의 것을 표현하고 있다고 하는 것
2 단가에는 정형관이 있어서 그것을 소중히 해야 한다는 것
3 단가에 있어서의 풍류나 우아함은 현대에 있어서도 필요하다는 것
4 단가에는 여러가지가 있어도 좋다는 규칙이 있는 것

정답 1

해설 「歌というのは基本的にひとつのものがかたちを変えているだけ」라는 것은 가인의 생각의 저변에 있고, 실제로 시를 읊은 경험이 없는 사람은 「短歌にも色々なものがある」라고 막연히 생각하고 있다고 필자는 본문에서 말하고 있다. 질문의 포인트가 '가인이 아닌 사람'이 이해하지 못하는 것이므로 답은 1번이 된다.

67 필자가 가인에는 가능하지만 가인이 아닌 사람에게는 불가능한 것이라고 생각하고 있는 것은 어느 것인가?

1 근대 이후의 시를 기억하고 암송하는 것
2 근대 이후의 시를 만들어진 시기에 의해 분류하는 것
3 근대 이후의 시의 작가가 그 노래로 무엇을 하려고 하고 있었는가를 재구축하는 것
4 근대 이후의 시의 작가가 시를 쓴 의도를 무의식적으로 이해할 수 있는 것

정답 3

해설 「その作者がどんな体感に基づいて何をやろうとしていたのか、ということを或る程度自分の中で復元できるはすである」의 부분에서 답은 3번인 것을 알 수 있다. 4번의 무의식적으로 이해할 수 있는 것은 앞에 기술되어 있는 「歌というのは基本的にひとつのものがかたちを変えているだけ」라는 부분이지 작가의 의도가 아니다.

68 이 문장 안에서 필자가 가장 말하고 싶은 것은 무엇인가?

1 단가를 실제로 써 본적이 없는 사람은 단가에 대해 말해서는 안 된다.
2 단가를 '읊기'위해서는 그 전제가 되는 감각이 필요하다.
3 단가를 실제 작가에 대해 '당신은 가인이 아니다'라는 등의 말은 해서는 안 된다.
4 타 장르의 사람도 앞으로 많이 단가의 세계에 들어오기를 바란다.

정답 2

해설 첫 단락에서 「そんな風に感じる理由はなんだろう」이라는 문제 제기에 해답을 찾는 것이 이 문장의 구성이다. 가인의 '단가'와 가인이 아닌 사람의 '단가'에 대한 차이를 고찰해 본 문장으로, 그 차이는 「歌というのは基本的にひとつのものがかたちを変えているだけ」라는 감각의 유무이다. 답은 2번이 된다.

문제 13 **다음 글을 읽고 물음에 대한 답으로서 가장 적당한 것을 1 · 2 · 3 · 4에서 하나 고르세요.**

69 인턴십 사업 프로그램에 참가하는 기업이 인턴(직장 실무 연수생)에게 반드시 제공하지 않으면 안되는 것은 무엇인가?

1 1개월 이상의 채용기간

2 자격 외 활동 허가증

3 통근에 드는 교통비

4 인턴십 종료 후 채용 기회

정답 3

해설 기간은 최저 3주간이며, 자격 외 활동 허가증은 기업에서 부여하는 것이 아니다. 또한 종료 후 채용에 관한 의무는 없다. 그러므로, 명시되어 있는 사항은 통근 교통비 지급뿐이다.

70 인턴십 사업 프로그램에 참가를 희망하는 기업이, 실제로 채용하기까지 하지 않으면 안 되는 것은 어느 것인가?

1 인턴에게 입사 지원서 송부

2 인턴과의 면접일 조정

3 인턴을 채용할 수 없는 경우의 '채용 불가 이유서'제출

4 인턴에게 '인턴 활동 평가서' 송부

정답 2

해설 '입사 지원서'와 그리고 '인턴 활동 평가서'는 모두 인턴이 아닌 재단에 송부하는 것이며, '채용 불가 이유서' 제출 의무는 없다. 재단에 제출해야 되는 것은 '채용 여부'에 대한 보고이다. 그러므로 답은 2번이 된다.

어휘 留学生(りゅうがくせい) 유학생 | 受(う)け入(い)れ企業(きぎょう) 수용기업, 채용 기업 | 募集(ぼしゅう) 모집 | 要項(ようこう) 요강, 요항 | 公益(こうえき) 공익 | 財団法人(ざいだんほうじん) 재단법인 | 産業振興財団(さんぎょうしんこうざいだん) 산업 진흥 공단 | 理念(りねん) 이념 | 国際化(こくさいか) 국제화 | 進(すす)む 진행되다 | 今日(こんにち) 오늘날 | 出身国(しゅっしんこく) 출신국 | 両国(りょうこく) 양국 | 宝(たから) 보물 | 過言(かごん)ではない 과언이 아니다 | インターン(intern) 인턴 | 職場実務研修生(しょくばじつむけんしゅうせい) 직장 실무 연수생 | 受(う)け入(い)れる 받아 들이다, 수용하다 | 賛同(さんどう) 찬동 | 優秀(ゆうしゅう) 우수 | 人材(じんざい) 인재 | 活用(かつよう) 활용 | ～とともに ~과 함께 | 活性化(かっせいか) 활성화 | 繋(つな)がる 연결되다, 이어지다 | お手伝(てつだ)い 도움 | 引(ひ)き受(う)ける 맡다, 인수하다 | 概要(がいよう) 개요 | インターンシップ 인턴십 | および 및 | 実施(じっし)する 실시하다 | 設定(せってい) 설정 | ただし 단 | 最低(さいてい) 최저 | 設(もう)ける 마련하다 | 望(のぞ)ましい 바람직하다 | 費用(ひよう) 비용 | 報酬(ほうしゅう) 보수 | 義務(ぎむ) 의무 | 通勤費(つうきんひ) 통근비 | 支給(しきゅう) 지급 | 判断(はんだん) 판단 | 準(じゅん)じる 준하다 | 妨(さまた)げない 무방하다 | 資格外活動許可(しかくがいかつどうきょか) 자격 외 활동 허가(유학자격으로 온 외국인의 근로 활동을 허가하는 사증) | 参加申(さんかもう)し込(こ)み 참가 신청 | 別紙(べっし) 변지 | 必要事項(ひつようじこう) 필요 사항 | 記入(きにゅう) 기입 | 期日(きじつ) 기일 | 提出(ていしゅつ) 제출 | マッチング(matching) 매칭,면접 | 面接(めんせつ) 면접 | 記載(きさい)する 기재하다 | ～に基(もと)づいて ~에 입각해서 | 選定(せんてい) 선정 | 紹介(しょうかい)する 소개하다 | 連絡(れんらく) 연락 | 実施(じっし) 실시 | 可否(かひ) 가부 | 報告(ほうこく) 보고 | 承諾(しょうだく) 승낙 | 確認書(かくにんしょ) 확인서

아시아 유학생 인턴십 사업 참여 기업 모집 요강

공익 재단 법인 구로가와시 산업 진흥 재단

1. 아시아 유학생 인턴십 이념

국제화가 진행되는 오늘날, 유학생은 일본, 그리고 학생들의 출신국, 양국에 있어서 '보물'이라고 해도 과언이 아닙니다. 그 유학생을 인턴(직장 실무 연수생)으로 채용하는 당 사업에 찬동하시는 기업을 모집합니다. 본 프로그램에 참가함에 따라, 해외로부터 우수한 인재를 활용할 수 있음과 동시에 사내 활성화에도 이어질 것으로 확신합니다. 그 지원을 본 재단에서 실시합니다.

2. 프로그램 개요

(1) 프로그램의 내용에 대하여

참가 기업은 자사 사업내용에 있는 인턴십(직장실무연수) 프로그램을 기획 및 실시를 하게 됩니다.

(2) 실시시기, 기간에 대하여

2016년 8 월3일(월)부터 9월30일(수) 약 2개월간 기간 중에 기간을 자유롭게 설정해 주십시오.

※단, 최저 3주간으로 하고, 기간 내에서 가능하면 인턴십 기간을 길게 설정하는 것이 바람직함.

(3) 비용에 대해서

유학생에 대한 보수 의무는 없습니다. 통근비만을 지급해 주세요.

단, 각 기업 판단으로 보수 및 그것에 준한 것을 지급하는 것은 무방합니다. 그 경우에는 유학생의 '자격 외 활동 허가'에 대해 확인이나 대응에 대해서는 책임을 가지고 실행해 주십시오.

3. 참가 신청 방법

본 프로그램에 참가를 희망하시는 기업은, 별지 '기업 입사 지원서'에 필요사항을 기입하신 후, 기일까지 당 재단에 제출해 주십시오.

4. 스케쥴 (별지를 보십시오)

5. 매칭(면접)에 대해

기업 입사 지원서에 기재된 내용에 근거해서, 당 재단이 인턴(직장 실무 연수생)을 선정, 소개합니다. 그 후, 인턴에 연락을 취해 면접 일을 조정, 실시해 주세요. 그 후 면접을 한 인턴의 채용 여부를 보고해 주십시오. 승낙의 경우, '채용 확인서'를 기입, 제출 부탁 드립니다.

6. 인턴십 실시 후에 대하여

인턴십 실시 후 '인턴십 종료 보고서'를 당 재단에 제출하여 주십시오.

2교시 청해

문제1 128

문제1에서는 먼저 질문을 들으세요. 그리고 이야기를 듣고 문제지의 1~4 중에서 가장 적당한 것을 하나 고르세요.

1番 02:02

不動産屋の店員と男の人が話しています。男の人はこのあといくらお金を払いますか。

女：では、こちらのお部屋のご契約ということでよろしいですね。

男：はい。おねがいします。

女：では、ご契約書の確認をおねがいいたします。こちらのお部屋の家賃が、1ヶ月10万円で、ただいま春の新生活キャンペーンということで3か月間お家賃が10%オフになります。こちらは口座引き落としということになりますが、引き落としが始まるまでに1か月ほどかかりますので、その間のひと月分は現金で本日お支払いただきます。

男：わかりました。

女：それから、退去後のお部屋のクリーニング代として家賃2か月分をお預かりさせていただきます。こちらはお部屋の退去後わたくしどもでチェックさせていただきまして、クリーニングの程度に応じてこちらから引かせていただきます。残金はそのあとお客様の口座にお振込いたします。よろしいでしょうか。

男：はい。大丈夫です。

男の人はこのあといくらお金を払いますか。

1 9万円
2 10万円
3 27万円
4 29万円

1번

부동산 사무실 점원과 남자가 이야기하고 있습니다. 남자는 이 다음 돈을 얼마 지불합니까?

여 : 그럼 이쪽 방을 계약하는 것으로 괜찮으시겠습니까?

남 : 네 부탁 드립니다.

여 : 그럼, 이 계약서 확인을 부탁 드립니다. 이쪽 방 방세는 1개월 10만엔으로 지금 봄철 신생활 캠페인이어서 3개월간 방세가 10%할인됩니다. 이쪽은 계좌 자동 이체입니다만, 이체가 시작될 때까지는 1개월정도 걸리므로, 그 사이의 한 달은 현금으로 오늘 지불해 주십시오.

남 : 알겠습니다.

여 : 그리고, 퇴거 후 방 청소비용으로써 2개월분을 예탁해 주십시오. 이것은 방 퇴거 후 저희들이 체크해서 청소 상태에 따라 여기에서 공제하겠습니다. 잔금은 그 다음 손님 구좌로 이체하겠습니다. 괜찮겠습니까?

남 : 네. 괜찮습니다.

남자는 이 다음 돈을 얼마를 지불합니까?

1 9만엔
2 10만엔
3 27만엔
4 29민엔

정답 4

어휘 家賃(やちん) 집세 | オフ 할인 | 口座引き落とし(こうざひきおとし) 계좌자동이체 | 振込(ふりこみ) 입금, 납입 | 本日(ほんじつ) 금일, 오늘 | 支払(しはらい) 지불

해설 보증금 명목으로 방세 2개월 분 20만엔을 지불하고, 월세는 첫 달치를 지불하고 들어가는데, 3개월간은 10%할인이므로, 9만원이 된다. 그러므로 29만엔을 지불하게 된다.

2番 03:45

会社で女の人と男の人が話しています。女の人はこのあとまず何をしますか。

女：課長、次の「ゆめバスツアー」のプラン案なんですけど、ちょっと見ていただけますか。

男：ああ、この間言ってたやつね。どれどれ。うーん、お昼はこの時間で大丈夫？ ちょっと短い気がするけど。

女：ここは料理が出てくるのが早いので、だいたいこのくらいでお帰りになる方が多いと、お店の方が言ってました。

2번

회사에서 여자와 남자가 이야기하고 있습니다. 여자는 이 다음 우선 무엇을 합니까?

여 : 과장님, 다음 '드림버스투어'플랜 건입니다만, 좀 봐 주시겠습니까?

남 : 아, 일전에 말 한 것이지? 어디 볼까? 음, 점심은 이 시간으로 괜찮을까? 좀 짧은 느낌이 드는데.

여 : 여기는 요리가 나오는 것이 빨라서 대략 이 정도로 돌아가시는 분이 많다고 점원이 말했습니다.

男：そうか。移動の時の渋滞は見込んである？ この辺、混むだろう？
女：向こうの営業所に調べてもらいましたが、30分もあれば十分だとのことです。
男：ならいいな。ここの工場見学は、これ団体料金か？ ちょっと高い気がするけど。
女：はい。30人までの団体料金です。
男：30人？ バスにはもっと乗るだろう。人数増えれば安くなるかどうか、もう一度聞いてみて。
女：わかりました。すぐ問い合わせます。
男：そのくらいかな。プランは大丈夫そうだから、後は写真を撮ってパンフレットを作らないとな。
女：写真は来週撮りに行く予定です。パンフレットはそれと同時進行で取りかかる予定です。
男：そうか。じゃあ、よろしく頼むよ。

女の人はこのあとまず何をしますか。

1　スケジュールを変更する
2　団体料金を確認する
3　写真を撮りに行く
4　パンフレットを作る

남：그렇군. 이동할 때의 정체는 감안했고? 이 주변 길이 막히지?
여：그 쪽 영업소에 조사를 의뢰했는데, 30분이면 충분하다고 합니다.
남：그렇다면 다행이고. 이 공장 견학은 이게 단체요금이야? 좀 비싼 느낌이 드는데.
여：네, 30명까지 단체 요금입니다.
남：30명? 버스에는 더 타지? 인원수가 늘어나면 싸게 되는지 다시 한번 문의해 봐.
여：알겠습니다. 바로 문의해보겠습니다.
남：그 정도일 것 같네. 플랜은 괜찮은 것 같으니까 이제 사진을 찍어 팸플릿을 만들어야지.
여：사진은 다음주 찍으러 갈 예정입니다. 팸플릿은 그것과 동시 진행을 할 예정입니다.
남：그래, 그럼 잘 부탁하네.

여자는 이 다음 우선 무엇을 합니까?

1　스케줄을 변경한다
2　단체 요금을 확인한다
3　사진을 찍으러 간다
4　팸플릿을 만든다

정답 **2**

어휘 短い気がする 짧은 느낌이 든다 | 渋滞 교통체증, 정체 | 見込む 예상하다, 감안하다 | ～とのことだ ~라고 한다

해설 인원수를 늘리면 더 할인을 받을 수 있는지를 확인하는 것을 바로 해야 하며, 사진은 다음주에 찍으러 가며 동시에 팸플릿을 만들기 때문에 우선순위가 아니다.

3番 05:43

電話で男の人と女の人が話しています。女の人はこのあとどうしますか。

男：もしもし、さくらカルチャーセンターの斎藤ですが。鈴木優子先生でいらっしゃいますか。
女：はい、そうです。
男：すみません。実は、こちらでやっている英会話講座の先生が体調を崩されて、お休みすることになってしまって。で、代わりの先生を探しているんです。それで、以前こちらで講座をされていた鈴木先生に代わりをお願いできないかと思って、お電話した次第なんですが。
女：できないことはないですけど……。その担当されていた先生というのはどなたですか。
男：サラ・リチャードソン先生です。
女：あ、ネイティブの方ですか。そうすると、生徒さんたちもネイティブの先生に習いたくていらしてると思うので、ネイティブの方を探したほうがいいんじゃないでしょうか。
男：はい、そう思って他のネイティブの先生にも打診したんですけど、皆さんお忙しくて……。

3번

전화로 남자와 여자가 이야기를 하고 있습니다. 여자는 이 다음에 무엇을 합니까?

남：여보세요. 사쿠라 컬처 센터 사이토입니다만, 스즈키 유코 선생님이십니까?
여：네 그렇습니다.
남：실례합니다. 실은 이 쪽에서 하고 있는 영어회화 강좌 선생님이 몸살이 나셔서 쉬시게 되어 버렸어요. 대강할 선생님을 찾고 있습니다. 그래서, 이전에 이쪽에서 강좌를 하신 적이 있는 스즈키 선생님에게 대강을 부탁드릴 수는 없을까 해서 전화를 드린 것입니다.
여：못할 것은 없는데요…… 그 담당하셨던 선생님은 누구십니까?
남：사라 리처드슨 선생님입니다.
여：아, 원어민 분이신가요? 그렇다면 학생들도 원어민 선생님에게 배우고 싶어서 오신다고 생각하는데, 원어민 분을 찾는 편이 낫지 않을까요?
남：네, 그렇게 생각하고 다른 원어민 선생님에게도 타진해 보았지만, 모두 바빠서……

女：そうですか。うーん、私もネイティブの先生は知り合いにはいないんですよね。友人だったらいるんですけど。でも、先生じゃないとダメですよね？
男：うーん、そうですねぇ。できればそのほうがいいですね。英会話と言っても、サラ先生も日本語で文法とか教えていらっしゃったみたいですし。それで、日本人の方でもいいかなと思ったんですが。
女：あ、そうなんですか。うーん、私はちょっと難しいので、知り合いの先生を当たってみましょうか。
男：いいですか？ぜひお願いします！
女：わかりました。

女の人はこのあとどうしますか。

1 代わりの講師を引き受ける
2 ネイティブの知り合いに頼む
3 ネイティブの先生を探す
4 日本人の先生を探す

여 : 그렇습니까? 나도 원어민 선생님은 아는사람 중에는 없네요. 친구라면 있습니다만. 하지만 선생이 아니면 안 되는 거죠?
남 : 음. 그러게요. 가능하면 그 편이 좋습니다 영어회화라고 해도 사라 선생님도 일본어로 문법 등을 가르치고 계셨던 것 같으니까요. 아, 그래서 일본인 쪽도 괜찮지 않을까 생각합니다만.
여 : 아 그래요? 음, 나는 좀 어려우니까 아는 선생님에게 물어 볼까요?
남 : 그렇게 해 주실 수 있어요? 꼭 부탁드립니다.
여 : 알겠습니다.

여자는 이 다음에 무엇을 합니까?

1 대강을 수락한다
2 원어민 지인에게 부탁한다
3 원어민 강사를 찾는다
4 일본인 강사를 찾는다

정답 4

어휘 体調(たいちょう)を崩(くず)す 몸 상태(컨디션)가 나빠지다 | ～た次第(しだい)だ ~하는 바이다(경위 설명) | 打診(だしん)する 타진하다 | 当(あ)たってみる 시도해 보다(여기서는 문의해 보다)

해설 원어민 회화이기 때문에 원어민이라면 좋겠으나, 문법적인 설명 등의 강의도 있는 반이기에 일본인 강사도 괜찮다는 학원의 설명에, 본인은 시간이 안되고 원어민 지인도 없으므로 일본인 지인에게 물어보겠다는 내용이다. 그러므로 답은 4번이다.

4番 08:06

大学で男の学生と女の学生が話しています。男の学生はこのあと何をしますか。

男：先輩、レポートが書けなくて締め切り間近でやばいです。どうしたらいいですか。
女：何のレポート？
男：日本文化Bです。テーマは、江戸時代の結婚についてなんですけど、自分でテーマを絞り込んで書けって言われてて。何を書けばいいのか……。インターネットで調べてるんですけど、いろいろ出てきて絞れないんです。
女：インターネットはやめなさいって。本を読まなきゃ。図書館で探せるでしょう？
男：でももう本1冊読んでる時間がないです。
女：だったら論文は？ 本よりは多少難しいけど、短いから2、3本くらいは読めるでしょう。
男：うーん。そうですねぇ。でも、それってどうやって探せばいいんですか。
女：インターネットの論文検索サイトでキーワードを入れて、興味があるタイトルのものを読めばいいと思うよ。そういうのって最後には参考文献が書いてあるから、そこからまた読みたいのを探せば他にも似たようなのが見つかるよ。

4번

대학에서 남학생과 여학생이 이야기하고 있습니다. 남학생은 이 다음에 무엇을 합니까?

남 : 선배님 리포트를 못써서 마감직전이라 큰일이에요. 어떻게 하면 좋을까요?
여 : 무슨 리포트?
남 : 일본문화B에요. 테마는 에도시대의 결혼에 대해서 입니다만, 스스로 테마를 세부적으로 정해 쓰라고 하는데 무엇을 써야 할지…… 인터넷으로 조사하고 있는데 여러 가지가 나와서 좁힐 수가 없어요.
여 : 인터넷은 하지마. 책을 읽어야지. 도서관에서 찾을 수 있잖아.
남 : 하지만 이젠 책 한 권 읽을 시간도 없어요.
여 : 그렇다면 논문은? 책보다 다소 어렵지만, 짧으니까 2, 3권 정도 읽을 수 있을 거야.
남 : 음. 그러네요. 하지만, 그것은 어떻게 찾으면 좋을까요?
여 : 인터넷 논문 검색 사이트에서 키워드를 치고, 흥미가 있는 타이틀의 것을 읽으면 될 것 같은데. 그런 것은 마지막에 참고문헌이 써 있어서 거기서 또 읽고 싶은 것을 찾으면 비슷한 것을 찾을 수 있어.

男：なるほど。やってみます。

男の人はこのあと何をしますか。

1　レポートのタイトルを考える
2　図書館で本を借りる
3　インターネットで記事を読む
4　論文を探す

남 : 그렇군요! 해 보겠습니다.

남자는 이 다음에 무엇을 합니까?

1　리포트의 제목을 생각한다
2　도서관에서 책을 빌린다
3　인터넷에서 기사를 읽는다
4　논문을 찾는다

정답 4

어휘 締め切り 마감 | 間近 (시간, 거리 등이) 얼마 남지 않음, 임박함 | テーマを絞り込む 테마를 좁히다(세부적으로 정하다) | 参考文献 참고 문헌

해설 선배는 인터넷은 그만하고 책을 읽을 것을 권하는데, 후배는 시간이 없음을 하소연한다. 그 대책으로 논문을 읽을 것을 권하며 후배는 납득을 한다.

5番 09:56

会社で男の人と女の人が話しています。女の人はこのあと何をしますか。

男：よし。じゃあ、明日の出張の確認をするか。
女：資料と契約書はこれでいいんだよね。
男：契約書は……いいな。資料は……ん？ これ、向こうの人の分はこれでいいけど、僕たちの分は？
女：え、要るの？
男：今回は渡すだけじゃなくて、少し説明しなきゃいけないところがあっただろう？
女：じゃあ、コピーしなきゃ。
男：あとは……、向こうの場所は大丈夫だよな。
女：うん。頭に入ってる。
男：それもプリントアウトしておいたほうがいいよ。迷うといけないから。
女：そう？ じゃあ、やっておく。
男：いいや。それは俺がやっとく。君はコピーをやっといてよ。
女：わかった。
男：あと、明日、新幹線の切符買うとき、領収書、忘れないようにな。
女：往復2人分の切符と領収書ね。わかった。

女の人はこのあと何をしますか。

1　契約書を修正する
2　資料をコピーする
3　地図を印刷する
4　切符の領収書をもらう

5번

회사에서 남자와 여자가 이야기를 하고 있습니다. 여자는 이 다음 무엇을 합니까?

남 : 자, 그럼 내일 출장 확인을 해 볼까?
여 : 자료와 계약서는 이것으로 되겠지?
남 : 계약서는…… 좋은데? 자료는 ……응? 이거 저쪽 것은 이걸로 되는데, 우리 것은?
여 : 응? 필요해?
남 : 이번에는 주는 것뿐만 아니라 조금 설명을 하지 않으면 안 되는 곳이 있잖아?
여 : 그럼, 복사해야 되네.
남 : 그리고…… 그 쪽 장소는 괜찮겠지?
여 : 응. 머리 속에 들어있어.
남 : 그것도 프린트 아웃해 두는 편이 좋아. 길을 잃으면 안 되니까.
여 : 그럴까? 그럼 해 둘께.
남 : 아니, 그것은 내가 해 둘께. 너는 복사를 해 놔.
여 : 알았어
남 : 다음은 내일 신칸센 표 살 때, 영수증 잊지마.
여 : 왕복 2명분 표하고 영수증이지. 알겠어.

여자는 이 다음 무엇을 합니까?

1　계약서를 수정한다
2　자료를 복사한다
3　지도를 인쇄한다
4　차표 영수증을 받는다

정답 2

어휘 契約書 계약서 | ～しなきゃいけない ~해야만 한다 | やっといて(やっておいて) 해 놓아라 | 切符 차표 | 往復 왕복

해설 자료는 상대방에게 전달하지만 이번 출장에서는 설명이 좀 필요해서, 이쪽 것도 복사해 두기를 지시한다. 지도는 복사를 해야하지만 남자가 한다고 했고, 차표 영수증 건은 오늘 일이 아니다.

6番 11:35

大学で女の学生と男の先生が話しています。女の学生はこのあと何をしますか。

女：先生、すみません。この間、お送りした卒論、見ていただけたでしょうか。
男：ああ、うん。えーと、あ、これだね。
女：はい。やっぱりもう少し先行研究を探したほうがいいでしょうか。
男：うーん、そこはいいんじゃないかな。十分だと思うよ。あ、でも、ここにあるこの論文、参考文献になかったんだけど。ほら。
女：あ、すみません。足しておきます。研究課題と分析はどうでしょうか。
男：分析はいいけど、研究課題と結論がちょっとずれてる感じがするな。
女：そうですか。研究課題を結論に合わせて書き直したほうがいいでしょうか。
男：いやー、そこまでじゃないから、結論をすこし直せばいいんじゃないかな。まあ、そこはまたもう少し読んでみるから、また来週話そうか。
女：はい。
男：じゃあ、さっき言ったのを直して、もう一回送ってくれるかな。
女：わかりました。

女の学生はこのあと何をしますか

1 先行研究を追加する
2 参考文献を修正する
3 研究課題を書き直す
4 分析を書き加える

6번

대학에서 여학생과 남자 선생님이 이야기를 하고 있습니다. 여학생은 이 다음 무엇을 합니까?

여 : 선생님 죄송합니다. 요전에 보내드린 졸업논문, 보셨는지요?
남 : 아. 응. 그러니까. 아 이거지?
여 : 네, 역시 조금 더 선행연구를 찾아 보는 것이 좋을까요?
남 : 음, 그쪽은 괜찮은 것 같은데. 충분하다고 생각해. 아, 하지만 여기에 있는 이 논문, 참고 문헌에는 없었는데. 이거 봐.
여 : 아, 죄송합니다. 추가해 두겠습니다. 연구과제와 분석은 어떤지요?
남 : 분석은 좋지만 연구과제와 결론이 좀 어긋난 듯한 느낌이 드네.
여 : 그래요? 연구과제를 결론에 맞추어서 다시 쓰는 편이 좋을까요?
남 : 아니. 그정도는 아니니까, 결론을 조금 고치면 되지 않을까? 음, 그 부분은 다시 좀 더 읽어 볼 테니까, 다음 주에 다시 이야기할까?
여 : 네
남 : 그럼, 아까 말한 것을 고치고 다시 한번 보내 줄래?
여 : 알겠습니다.

여학생은 이 다음 무엇을 합니까?

1 선행연구를 추가한다
2 참고 문헌을 수정한다
3 연구과제를 다시 쓴다
4 분석을 추가로 적는다

정답 2

어휘 卒論(そつろん) 졸업논문 | 先行研究(せんこうけんきゅう) 선행연구 | 足(た)す 더하다, 추가하다 | ずれている 어긋나다, 벗어나다

해설 참고 문헌 정리가 부족하고, 연구과제 쪽에 수정할 부분이 있으나, 연구과제 부분은 조금 더 생각해 보기로 했기에 답은 2번이 된다.

문제2

문제2에서는 먼저 질문을 들으세요. 그 후, 문제지의 선택지를 읽으세요. 읽을 시간이 있습니다. 그리고 이야기를 듣고 문제지의 1~4 중에서 가장 적당한 것을 하나 고르세요.

1番 15:36

男の人と女の人が話しています。女の人は、カプセルトイの人気の理由は何だと言っていますか。

男：あ、何それ。かわいいストラップだね。
女：これ、カプセルトイで出てきたの。
男：カプセルトイって、機械に100円とか200円とか入れてダイヤルを回すと、丸いカプセルが出てきてその中におもちゃが入ってるやつだよね。昔よくやったなぁ。

1번

남자와 여자가 이야기를 하고 있습니다. 여자는 캡슐 토이가 인기 있는 이유는 무엇이라고 말하고 있습니까?

남 : 아, 그거 뭐야? 귀여운 휴대폰 줄이네.
여 : 이거 캡슐 토이에서 나온 거야.
남 : 캡슐 토이라면 기계에 100엔인가 200엔인가 넣고 다이얼 돌리면 캡슐이 나오고, 그 안에 장난감이 들어 있는 거지? 예전에 많이 했었지.

女：最近はちょっと高くなってて300円のが多いんだけど、すごく人気なんだよ。
男：へぇ。高いのに人気なんだ。あ、アニメのやつとか多いよね。それで人気なの？
女：それもあるけど、他にもたくさんあるよ。ミニチュア模型とか。これもそう。
男：へー。すごいリアルだね。このストラップもよくできてるし、いろいろあるんだなぁ。
女：やっぱり昔に比べると、そういうところが一番違うかな。だから今人気なんだろうね。300円だけど、このクオリティなら300円出しても欲しいって思うもん。
男：確かに。わかるなぁ。

女の人は、カプセルトイの人気の理由は何だと言っていますか。

1 価格が安いから
2 人気アニメのグッズが入っているから
3 種類が豊富だから
4 精巧に作られているから

여：최근 좀 비싸 져서 300엔짜리가 많지만 굉장히 인기야.
남：우와 비싼데도 인기가 있구나. 아, 애니메이션에 나오는 것이 많지. 그래서 인기인 거야?
여：그것도 있지만, 그 밖에도 많이 있어. 미니어처 모형이라든가. 이것도 그거야.
남：우와. 굉장히 리얼하네. 이 휴대폰 줄도 잘 만들어져 있고, 여러 가지 있구나.
여：역시 예전과 비교하면, 그런 점이 가장 다른 것 같아. 그래서 지금 인기있는 거겠지. 300엔이지만, 이 퀄리티라면 300엔 내고서라도 가지고 싶은 걸.
남：그렇구나. 이해되네.

여자는 캡슐 토이가 인기 있는 이유는 무엇이라고 말하고 있습니까?

1 가격이 저렴하기 때문에
2 인기 애니메이션 상품이 들어 있으니까
3 종류가 풍부하기 때문에
4 정교하게 만들어져 있으니까

정답 4

어휘 カプセルトイ 장난감 자동판매기에 있는 미니 장난감. 캡슐에 들어있는 것이 많다 | ストライプ 스트랩 (핸드폰 줄) | おもちゃ 장난감 | ミニチュア 미니어처, 소형 모형

해설 「すごいリアルだね (굉장히 리얼하네)」의 남자의 말 뒤에 '역시 예전과 비교하여 그 점이 가장 다른 것 같아'라는 여자의 말이 이어지므로, 답은 4번이 된다.

2番 17:41

テレビのニュースでアナウンサーが新しい法改正について話しています。アナウンサーは今回の法改正の一番の利点は何だと言っていますか。

女：今日、「臨床検査技師法」の改正案が可決されました。これにより、来年4月から「自己採血」による血液検査が可能となります。これまでは病院に行かなければ血液検査ができませんでしたが、今後は薬局など薬剤師の指導が受けられる場所であれば、簡単なキットを使って自分で採血をして、糖尿病などの検査ができるということです。病院に行かなくても身近な場所で血液検査ができるということで、忙しい主婦やお年寄りなど、定期的に病院に行くのが難しい方の病気の予防や早期発見につながるというのが、嬉しいですよね。今後は、さらに手頃な価格で検査ができるよう、期待したいですね。

アナウンサーは今回の法改正の一番の利点は何だと言っていますか。

1 薬局で血液検査が受けられるようになったこと
2 自分で血液検査ができるようになったこと
3 定期的に糖尿病の検査ができるようになったこと
4 血液検査が安く受けられるようになったこと

2번

텔레비전에서 아나운서가 새로운 법 개정에 대해 이야기 하고 있습니다. 아나운서는 이번 법 개정의 가장 큰 이점은 무엇이라고 말하고 있습니까?

여：오늘 '임상검사기사법'의 개정안이 가결되었습니다. 이것에 의해 내년 4월부터 '자기 채혈'에 의한 혈액검사가 가능하게 되었습니다. 지금까지는 병원에 가지 않으면 혈액검사가 불가능했습니다만 앞으로는 약국 등 약제사의 지도를 받을 수 있는 장소라면 간단한 장비를 사용해서 스스로 채혈을 하여, 당뇨병 등의 검사가 가능하다는 것입니다. 병원에 가지 않고도 가까운 장소에서 혈액검사를 할 수 있다는 것으로 바쁜 주부나 노인 등, 정기적으로 병원에 가는 것이 어려운 분의 질병 예방이나 조기 발견에 이어진다는 것이 반갑네요. 앞으로는 더 저렴한 가격으로 검사가 가능하게 되기를 기대합니다.

아나운서는 이번 법 개정의 가장 큰 이점은 무엇이라고 말하고 있습니까?

1 약국에서 혈액검사를 받을 수 있게 된 점
2 스스로 혈액검사를 할 수 있게 된 점
3 정기적으로 당뇨병 검사가 가능하게 된 점
4 혈액검사를 저렴하게 받을 수 있게 된 점

정답 1

어휘 臨床検査技師法 임상검사기사법 | 採血 채혈 | 手ごろな価格 적당한 가격(구입하기 어렵지 않은 가격)

해설 가장 큰 이점으로는 자기 채혈의 의미를 설명한, 세번째 문장 '앞으로는 약국 등의 약제사의 지도 받을 수 있는 장소라면~' 부분에 나와 있다. 전제 조건에 약국이 있기 때문에 답은 1번이 된다.

3番 19:38

テレビで、農家の男性が話しています。かぼちゃが甘くなる一番のポイントについて、男性は何と言っていますか。

男：これが私のかぼちゃです。普通のかぼちゃは皮が緑色のものが多いんですけど、これはオレンジ色ですよね。品種としては普通のと大差ないんですけど、他のところでいろいろ工夫をしています。肥料はこれです。貝殻や海藻を細かくしたものを使っていて、ミネラルが多い肥料なんです。これを土に少量混ぜています。大事なのは、収穫した後に熟成させることです。昼夜の寒暖差が大きい場所に置いて、ひと月近く熟成させます。そうするとだんだんでんぷんが糖分に変わって甘くなります。さらにβカロチンも増えてきて、皮がオレンジ色に変わってくるんですね。

かぼちゃが甘くなる一番のポイントについて、男性は何と言っていますか。

1　甘くなる品種の苗をつかうこと
2　土に混ぜる肥料を増やすこと
3　気温の差が大きいときに育てること
4　温度差があるところに置いておくこと

3번

텔레비전에서 농가의 남성이 이야기하고 있습니다. 호박이 달아지는 가장 큰 포인트에 대해서 남성은 뭐라고 말하고 있습니까?

남 : 이것이 나의 호박입니다. 보통 호박은 껍질이 녹색인 것이 많습니다만, 이것은 오렌지색이지요. 품종으로서는 보통 것과 큰 차이가 없습니다만, 다른 면에서 여러 가지 고안을 했습니다. 비료는 이것입니다. 조개껍질과 해초를 잘게 만든 것을 사용하여 미네랄이 많은 비료인 것입니다. 이것을 흙에 소량 섞었습니다. 중요한 것은 수확한 후에 숙성을 시키는 것입니다. 주야 일교차가 큰 장소에 두어, 한 달 가깝게 숙성 시킵니다. 그러면 점점 녹말이 당분으로 바뀌어 달게 됩니다. 게다가 β카로틴도 늘게 되어 껍질이 오렌지색으로 바뀌어 지는 것입니다.

호박이 달아지는 가장 큰 포인트에 대해서 남성은 뭐라고 말하고 있습니까?

1　달아지는 품종의 모종을 사용하는 것
2　흙에 섞는 비료를 늘리는 것
3　기온 차가 클 때 재배하는 것
4　온도 차가 있는 곳에 놓아 두는 것

정답 4

어휘 かぼちゃ 호박 | 品種 품종 | 貝殻 조개껍질 | 海藻 해조(해초) | 寒暖差 추위와 따뜻함의 차(온도 차) | 熟成させる 숙성시키다

해설 여러가지 이유 중에 가장 중요한 포인트는 「大事なのは～」의 부분에서 답을 찾을 수 있다. 답은 4번이 된다.

4番 21:27

会社で、女の人と男の人が話しています。男の人はレセプションのことで何が一番大変だったと言っていますか。

女：あ、山下くん。この間の新製品発表レセプション、大成功だったみたいね。お疲れさま。大変だったでしょう。
男：うん。発表そのものよりも当日いろいろとバタバタしたのが大変だったよ。
女：え、何かトラブルでもあったの？
男：いや、トラブルというほどのことじゃないんだけど、受付とか案内のスタッフが足りなくなって、僕もそっちに駆り出されてさ。もともと担当じゃないからよく分からないじゃん。

4번

회사에서 여자와 남자가 이야기를 하고 있습니다. 남성은 리셉션에서 무엇이 가장 힘들었다고 말합니까?

여 : 아, 야마시타군, 요전에 신제품 리셉션, 대성공이었다면서? 고생했어. 힘들었지?
남 : 응, 발표 그 자체보다도 당일 여러 가지로 정신 없었던 것이 힘들었어.
여 : 이런, 뭔가 트러블이라도 있었어?
남 : 아니, 트러블이라고 할 정도는 아니지만, 접수라든가 안내 스태프가 부족해져 나도 그쪽으로 내몰려서 말이야, 원래 담당이 아니기에 잘 모르잖아.

女 : そうだよね。じゃあ、ずっと忙しかったんだ。
男 : うん。発表の担当になってるから、いろいろ資料の見直しとか心の準備とかしたかったんだけど、ギリギリまで一緒になってやってて、それどころじゃなかったよ。
女 : そうなの。しかも遅くまで片付けしてたんでしょう?
男 : そう。そっちも人手が足りなくてさ。でもさすがにそれは勘弁させてもらったよ。

男の人はレセプションのことで何が一番大変だったと言っていますか。

1 お客さんとのトラブルがあったこと
2 スタッフの仕事をしたこと
3 発表資料の準備が十分でなかったこと
4 片付けを任されたこと

여 : 그러네. 그럼, 계속 바빴구나.
남 : 응, 발표 담당으로 되어있었기 때문에 여러 가지 자료 검토나 마음의 준비 등 하고 싶었는데 마지막까지 모두와 같이 일해서 그럴 상황이 아니었어
여 : 그랬구나. 게다가 늦게까지 뒷정리 했었지?
남 : 그래, 그 쪽도 인원이 부족해서 말이야. 하지만, 역시 그것만큼은 사양했어.

남자는 리셉션에서 무엇이 가장 힘들었다고 말합니까?

1 손님과 트러블이 있었던 것
2 스태프 일을 한 것
3 발표 자료 준비가 충분하지 못했던 것
4 뒷정리를 맡은 것

정답 2

어휘 バタバタする 허둥지둥 대다 | ~ほどのことじゃないけど ~정도까지(심한 것은) 아니지만 | 駆(か)り出(だ)される 내몰리다, 동원되다 | ~どころじゃない ~할 때가 아니다 | 勘弁(かんべん)させてもらう 사양하다

해설 남자는 허둥댄 것이 가장 힘들었다고 말하고 있다. 접수나 안내 업무는 원래 담당이 아니었기에 잘 모르는 상태에서 매우 힘들었다고 설명하고 있으므로 답은 2번이 된다.

5番 23:28

お店の朝礼で、店長が話しています。店長は、売り上げを伸ばすために何をしなければならないと言っていますか。

男 : 経済の分野で「パレートの法則」とか、「80対20の法則」というものがありますが、皆さん知っていますか。「全所得の8割は人口の2割の富裕層が持っている」とか、「交通量の8割は2割の道路に集中している」とかいうもので、お店でも「売り上げの8割は2割の商品と2割のお客さんが占めている」と言われます。つまり、8割の商品はあまり売れていないということです。これをなんとかしなきゃいけない。売れていないものがあったら、売れそうなものと入れ替えをしましょう。売れている2割のものを分析して、売れそうなポイントを洗い出してみましょう。そのポイントを踏まえて、商品を吟味したいと思います。

店長は、売り上げを伸ばすために何をしなければならないと言っていますか。

1 2割の商品の数を増やす
2 8割の商品を全てやめる
3 2割の商品の値下げをする
4 8割の商品を見直す

5번

가게 조례에서 점장이 이야기하고 있습니다. 점장은 매상을 올리기 위해서 무엇을 하지 않으면 안 됩니까?

남 : 경제분야에서 '파레토 법칙(Pareto principle)' 이라든가 '80대20 법칙'이라고 하는 것이 있습니다만, 여러분도 알고 있습니까? '전 소득의 80%는 인구의 20%의 부유층이 가지고 있다'라든가 '교통량의 80%는 20%의 도로에 집중하고 있다'라든가 하는 것으로 가게에서도 '80%의 상품은 20%의 의 상품과 20%의 손님이 차지하고 있다라고 합니다. 즉, 80의 상품은 그다지 팔리지 않는 다는 것입니다. 이것을 어떻게든 해야 합니다. 팔리지 않는 것이 있으면, 팔릴 만한 것으로 바꿉시다. 팔리고 있는 20%를 분석해서 팔릴 만한 포인트를 뽑아 냅시다. 그 포인트를 고려하여 상품을 엄선하려고 합니다.

점장은 매상을 올리기 위해서 무엇을 해야만 한다고 말하고 있습니까?

1 20%의 상품의 수를 늘린다.
2 80%의 상품을 전부 그만둔다.
3 20%의 상품의 가격을 올린다.
4 80%의 상품을 재검토 한다.

정답 4

어휘 富裕層(ふゆうそう) 부유층 | 入(い)れ替(か)え 교체 | ~を踏(ふ)まえて ~을 토대로(~을 고려하여) | 吟味(ぎんみ)する 엄선하다, 음미하다

해설 잘 팔리는 20%의 장점을 분석하여, 80%의 상품을 엄격히 살펴보는 기준으로 삼는 것이기에, 답은 4번이 된다.

6番 25:18

男の人と女の人が話しています。最近家具作りが流行っている理由について、女の人は何と言っていますか。

女：見て見てこの写真。このテーブル、私が作ったのよ。
男：これ作ったの？ すごいな。あー、最近流行ってるよね、DIYだっけ？ なんでも自分で作るってやつ。
女：そう。Do It Your selfね。昔は日曜大工って言ってたのにね。
男：あはは。で、こういうのって安く作れるの？
女：うーん、こだわらなければそんなにはかからないかな。
男：ふーん。安く済むならいいよな。でも大変じゃない？ 釘打ったり、ネジ締めたりさ。板も切らなきゃいけないし。
女：板はお店である程度切ってもらえるんだよ。あと今は電動工具があるからね。楽チンだよ。
男：へー、そりゃいいな。
女：自分の作りたいように作れるっていうのも魅力だけど、やっぱり自分で簡単にできないとねぇ。それが流行ってる理由じゃないかな。
男：確かにそうかもな。で、作ったら写真に撮ってＳＮＳにアップするんだな。
女：ま、そういうのは料理とかと一緒よね。

最近家具作りが流行っている理由について、女の人は何と言っていますか。

1　家具を買うより安く済むから
2　家具を簡単に作れるから
3　自分の欲しい家具が作れるから
4　写真をＳＮＳにアップしたいから

6번

남자와 여자가 이야기하고 있습니다. 최근 가구 만들기가 유행하고 있는 이유에 대해, 여자는 뭐라고 말하고 있습니까?

여 : 이것 봐봐, 이 사진. 이 테이블, 내가 만들었어.
남 : 이거 만든 거야? 굉장하다. 아, 최근 유행하고 있지, DIY였던가? 뭐든지 자기가 만드는 것.
여 : 응, Do it yourself야. 예전에는 일요 목수라고 말했었는데 말이야.
남 : 하하. 그런데 이런 것 저렴하게 만들 수 있어?
여: 음, 집착(고집)하지 않는다면 그렇게 비용은 들지 않아.
남 : 흠, 저렴하게 된다면 괜찮네. 하지만 힘들지 않아? 못을 박거나 나사 조이거나 하는 거 말이야. 판자도 자르지 않으면 안 되고.
여 : 판자는 가게에서 어느 정도 잘라 줘. 또 지금은 전동 공구가 있어서 말이야. 별 거 아냐.
남 : 오, 그것 괜찮네.
여 : 자기가 만들고 싶은 대로 만들 수 있다는 것도 매력이지만, 역시 혼자서 쉽게 만들 수 없으면 안 되겠지. 그것이 유행하고 있는 이유가 아닐까?
남 : 확실히 그럴지도 모르겠네. 그런데 만들면 사진으로 찍어서 SNS에 올리지?
여 : 뭐, 그런 것은 요리 등과 같은 거지.

최근 가구 만들기가 유행하고 있는 이유에 대해, 여자는 뭐라고 말하고 있습니까?

1　가구를 사는 것보다 저렴하게 해결되니까
2　가구를 간단히 만들 수 있으니까
3　자신이 가지고 싶은 가구를 만들 수 있으니까
4　사진을 SNS에 올리고 싶으니까

정답 2

어휘 流行(はや)る 유행하다 | 日曜大工(にちようだいく) 휴일을 이용해서 목수처럼 만들기를 하는 것 | 楽(らく)チン 간단하고 쉽다(속어) | アップする (인터넷 등에 글이나 사진을) 올리다

해설 여자가 설명하는 이유는 「やっぱり～」부분에 나와있다. 간단하게 만들 수 있기에 유행한다고 했으므로, 2번이 답이 된다.

7番 27:37

卒業製作について、男の学生と女の学生が話しています。男の学生は、作品のデザインを考えるときに大事なことは何だと言っていますか。

女：先輩、そろそろ卒業製作に取り掛からないといけないんですけど、施設デザインってどんなものを作ればいいのか考えがまとまらなくて……。
男：うーん、そうだね……。
女：私、最近開発された新しい設備とかが好きなんですけど、そういうのをたくさん入れて近未来的な施設を考えるとか。

7번

졸업 작품 제작에 대해 남학생과 여학생이 이야기 하고 있습니다. 남학생은 작품 디자인을 생각할 때에 중요한 것은 무엇이라고 말하고 있습니까?

여 : 선배님, 슬슬 졸업 작품 제작에 들어가지 않으면 안됩니다만, 시설 디자인이라는 것은 무엇을 만들면 좋을지 생각이 정리가 안 되네요.
남 : 음, 그러게.
여 : 나는 최근 개발된 새로운 설비같은 것을 좋아합니다만, 그런 것을 많이 넣어서 근 미래적인 시설을 생각한다든가.

男 : 設備ありきっていうのはどうかなぁ。どうしてそういうのがいいと思うの?

女 : やっぱりお年寄りとか体の不自由な人にも優しくできているものが多いので。

男 : だったら、そういうところをテーマにしたら? 最近の町は高齢者には住みにくいって言われてるし。だれが住むのかとか、そういうところから考えたほうがいいよ。

女 : そうですね。最近の町は住みにくいっていうと、やっぱり田舎みたいな自然が多いほうがいいんでしょうか。

男 : そこは、敷地面積と建物との兼ね合いもあるし、どうかな。でもできるだけ入れられたらいいと思うけど。

女 : はい。ちょっと考えてみます。

男の学生は、作品のデザインを考えるときに大事なことは何だと言っていますか。

1 最新の設備を入れること
2 住む人のことを考えること
3 自然をたくさん取り入れること
4 敷地面積と建物のバランスを考えること

남 : 설비가 우선이라고 하는 것은 납득이 잘 안되네. 어째서 그런 것이 좋다고 생각해?

여 : 역시 노인이라든가 몸이 불편한 사람에게도 친화적인 것이 많아서.

남 : 그렇다면, 그런 것을 테마로 하면 어때? 최근 마을은 고령자에게는 살기 불편하다고 하잖아. 누가 살 것인가 라든가 그런 점에서부터 생각하는 쪽이 좋아.

여 : 그러네요. 최근 마을은 살기 불편하다고 한다면 역시 시골 같은 자연이 풍부한 쪽이 좋은 거겠죠.

남 : 그것은 부지 면적과 건물의 조합도 있고 해서 어려울 거야. 하지만 가능한 한 넣을 수 있다면 좋을 것 같다고 생각하는데.

여 : 네. 좀 생각해 보겠습니다.

남학생은 작품 디자인을 생각할 때에 중요한 것은 무엇이라고 말하고 있습니까?

1 최신 설비를 넣는 것
2 사는 사람을 생각하는 것
3 자연을 많이 넣은 것
4 부지 면적과 건물의 밸런스를 생각하는 것

정답 2

어휘 取り掛かる(と・か) 착수하다 | 設備(せつび) 설비 | ~ありき 염두에 두고, 전제로 하고, 가정하고 | どうかなあ ~은 어떨까?(좋지 않다고 생각할 때 사용할 수 있음)

해설 여학생은 설비를 중시하지만 남자는 테마에 어울리는 노인이나 장애인 친화적인 것을 고려하라고 조언하고 있다.

문제3

문제3에서는 문제지에 아무것도 인쇄되어 있지 않습니다. 이 문제는 전체적으로 어떤 내용인가를 묻는 문제입니다. 이야기 전에 질문은 없습니다. 먼저 이야기를 들으세요. 그리고 질문과 선택지를 듣고, 1~4중에 가장 적당한 것을 하나 고르세요.

1番 32:37

男の学生と女の人が話しています。

女 : お待たせ。久しぶりだね。

男 : すみません、先輩。お忙しいのに時間いただいてしまって。

女 : いいのいいの。それよりどうしたの? 突然。もしかして就職のこと?

男 : あ、いえ、今日は他のことで……。

女 : あぁ、そう。

男 : 実は、安田先生が来年古希を迎えられるので、記念の論文集を出そうと思っているんです。それで、先輩方に1ページずつお手紙のような感じで思い出を綴ってもらえないかと。

女 : えっ、先生ってもうそんな年なの? うわー、そっかー。うん、わかった。やってみるよ。

男 : ありがとうございます。よろしくお願いします。

女 : そういえばこの間、うちの学校で調査をさせてほしいって言って、先生がいらっしゃったんだけど、確かにだいぶお年を召された感じだったなぁ。

1번

남학생과 여자가 이야기하고 있습니다.

여 : 많이 기다렸지? 오랜만이네.

남 : 죄송해요 선배님. 바쁘신데 시간을 뺏어서요.

여 : 괜찮아. 그것보다 무슨 일이야? 갑자기. 혹시 취직 때문에?

남 : 아, 아니요. 오늘은 다른 일로.

여 : 아, 그래?

남 : 실은 야스다 선생님이 내년에 고희를 맞이하셔서 기념 논문집을 내려고 생각하고 있어요. 그래서 선배님들이 1페이지씩 편지 같은 느낌으로 추억을 써 주셨으면 해서요.

여 : 응? 선생님이 벌써 그런 연세야? 우와, 그렇구나. 응, 알았어. 해 볼게.

남 : 감사합니다. 부탁드립니다.

여 : 그러고보니 요전에 우리 학교에서 조사해 주었으면 한다고 해서 선생님이 오셨었는데, 확실히 나이를 드신 느낌이었네.

男：そうなんですか。いいなぁ、僕も卒論の調査をさせてもらいたいです。
女：いいよ。いつでも。あ、そっか、山田くん、大学院に行きたいって言ってたんだった。入試のために卒論をしっかり書かないといけないもんね。調査は大事だよね。
男：はい、是非よろしくお願いします。

男の学生は何のために女の人を呼びましたか。
1 就職活動について相談するため
2 論文集の原稿を書いてもらうため
3 卒業論文の調査を依頼するため
4 大学院入試について話を聞くため

남 : 그렇습니까? 부럽네요. 나도 졸업논문 조사를 시켜 줬으면 좋겠네요.
여 : 좋아, 언제라도. 아, 그렇지. 야마다 군, 대학원에 가고 싶다고 말했었지? 입시 때문에 졸업논문을 잘 써야만 되네. 조사는 중요해.
남 : 네. 꼭 부탁드립니다.

남학생은 무엇을 위해 여자를 불렀습니까?
1 취직 활동에 관해 상담하기 위해
2 논문집 원고를 부탁하기 위해
3 졸업논문 조사를 의뢰하기 위해
4 대학원 입시에 대해 이야기를 듣기 위해

정답 2

어휘 突然(とつぜん) 갑자기 | もしかして 혹시 | 古希(こき) 고희(70세) | 思い出(おもいで) 추억 | 綴る(つづる) 적다, 쓰다 | だいぶ 꽤, 무척 | お年を召す(としをめす) 연세를 드시다

해설 남학생이 찾아온 목적은 「思い出を綴ってもらいないかな」 부분에 나와 있다. 논문집에 게재하기 위한 추억담을 부탁 하였음으로 답은 2번이다.

2番 35:01
ラジオで男の人が話しています。

男：昔はよく「怪我をしたら傷口を乾かさないといけない」と言われて、みなさんそうしてきたんじゃないかと思いますが、最近はこれとは真逆のやり方がいいと言われているんです。つまり、乾かすんじゃなくて、湿ったままにしておいたほうがいいということです。傷口をよく洗ったあとに、保湿効果のあるようなシートを貼って、体液を乾かさないようにするといいんです。このほうが、治りが早く、傷跡も残りにくいということがわかっていて、最近はこうした方法がとられています。このように、昔「いい方法だ」と聞いたようなことが、今はそうではなくて、違う方法のほうがいいということが研究によって明らかになったものがいくつもあるんですね。

男の人が言いたいことは何ですか。
1 怪我をしたら傷口を乾かしたほうがいい
2 怪我をしたら傷口に水をつけたほうがいい
3 昔からある治療方法が今は見直されている
4 昔からある治療方法は今も有効である

2번
라디오에서 남자가 이야기하고 있습니다.

남 : 옛날에는 흔히 '다치면 상처를 마르게 해야만 한다'고 해, 모두 그렇게 해 오지 않았을까 합니다만, 최근은 이것과는 정반대의 방법이 좋다고 합니다. 즉, 건조시키는 것이 아니라, 습한 채로 두는 것이 좋다는 것입니다. 상처부위를 잘 씻은 후에 보습효과가 있는 시트를 붙여, 체액이 마르지 않게 하면 좋습니다. 이 쪽이 낫는 것이 빠르고 흉터도 잘 남지 않는 다는 것이 밝혀져 최근에는 이러한 방법이 취해집니다. 이처럼 예전에 '좋은 방법'이라고 들은, 그러한 것이 지금은 그렇지 않고 다른 방법이 좋다는 것이 연구에 의해 밝혀진 것이 적지 않게 있습니다.

남자가 하고 싶은 이야기는 무엇입니까?
1 다치면 상처를 말리는 편이 좋다
2 다치면 상처에 물을 묻히는 편이 좋다
3 예전부터 있는 치료방법이 지금은 재검토되고 있다
4 예전부터 있는 치료방법은 지금도 유효하다

정답 3

어휘 怪我(けが) 다침, 상처 | 傷口(きずぐち) 상처입은 자리 | 体液(たいえき) 체액 | 保湿効果(ほしつこうか) 보습효과 | 傷跡(きずあと) 흉터

해설 마르게 하지 않는다는 의미로 답을 2번으로 선택하면 오답이 된다. 남자는 보습효과로 시트를 소개했고, 물은 언급하지 않았다. 답은 「このように～」로 시작하는 부분으로 3번임을 알 수 있다.

3番 36:50
授業で男の先生が話しています。

男：最近、若者の食事に偏りがあると言われて、問題になっています。具体的には「孤食・欠食・個食・固食」とあって、頭文字をとると「コケッココ」となることから、「ニワトリ症候群」と言われています。まぁ、耳で聞いただけでは何のことやらですね。最初の「孤食」は「孤独」の「孤」を書いて、一人で食べること、「欠食」は朝ご飯などを食べないことです。これ、結構多いんじゃないですか。3つ目の「個食」は「個別」の「個」、つまり、家族がそれぞれ違うものを食べること、最後は「固まる」という字で「固食」、これはいつも同じものを食べることです。こういったことは、栄養バランスの偏りで体に影響があるだけでなく、心にも悪影響を及ぼします。

何について話していますか。

1 朝ご飯を食べないと健康に悪影響があるということ
2 食生活に偏りがあると心身に影響するということ
3 鶏肉ばかり食べていると栄養バランスが偏るということ
4 家族で違うもの食べるのが普通になったということ

3번
수업에서 남자 선생님이 이야기 하고 있습니다.

남 : 최근 젊은 이들의 식사에 편식 경향이 있다고 해서 문제가 되고 있습니다. 구체적으로는 '고식(孤食) · 결식(欠食) · 개식(個食) · 고식(固食)'이 있어, 첫 글자를 따면, '고켓코코('꼬끼오'의 일본어 표현)'가 되므로, '닭 증후군'이라고 하고 있습니다. 뭐, 귀로 듣는 것 만으로는 무슨 말이지 하게 되죠. 처음 고식(孤食)은 '고독'의 '고'를 써서 혼자서 먹는 것, '결식'은 아침밥 등을 먹지 않는 것입니다. 이것은 꽤 많지 않을까요? 3번째의 '개식'은 '개별'의 '개', 즉 가족이 각각 다른 것을 먹는 것, 마지막은 '굳어지다(고정되다)'라는 글자로, '고식' 이것은 언제나 같은 것을 먹는 것입니다. 이러한 것은 영양 밸런스의 편향으로 몸에 영향이 있을 뿐만 아니라, 마음에도 악영향을 끼칩니다.

무엇에 대하여 이야기하고 있습니까?

1 아침밥을 먹지 않으면 건강에 악영향이 있다는 것
2 식생활에 편향이 있으면 심신에 영향을 준다는 것
3 닭고기만 먹으면 영양 밸런스가 한 쪽으로 치우치게 된다는 것
4 가족이 다른 것을 먹는 것이 보통이 되었다는 것

정답 2

어휘 偏り(かたより) 치우침, 편향, 편중 | コケッココ 꼬끼오(닭이 우는 소리) | 症候群(しょうこうぐん) 증후군 | 結構(けっこう) 상당히, 꽤 | 固まる(かたまる) 굳어지다, 고정되다

해설 마지막 문장, 「こういったことは、~体に影響があるだけではなく、心にも~」부분이 필자의 주장이 되므로, 답은 2번이 된다.

4番 38:49
ラジオで女の人が話しています。

女：最近「移動支援ロボット」と言われるものがいろいろ開発されて、販売されています。移動支援ロボットというと、立ったまま乗って、体重移動だけで前に進んだり曲がったりできる一人用の乗り物がみなさん思い浮かぶと思うんですけど、最近は、立って乗るだけじゃなくて、本体のいろいろな所が可動式になっていて、自分で組み替えることで、自転車のように座って乗れるタイプにできたりするものが人気のようです。ですが体重移動だけで動くので難しくありませんし、車輪も横に平行してついていて転ぶことも少ないので、お年寄りにも安全です。将来的には操縦者プラスもう何人か乗れるタイプの移動支援ロボットの開発も視野に現在研究が進められているそうです。

何について話していますか。

1 操作が簡単な移動用ロボット

4번
라디오에서 여자가 이야기 하고 있습니다.

여 : 최근 '이동 지원 로봇'이라고 하는 것이 다양하게 개발되어, 판매되고 있습니다. 이동 지원 로봇이라고 하면 선체로 올라타서 체중 이동 만으로 앞으로 나아가거나 꺾는 것이 가능한 일인용 탑승 기구가 생각날 것이라고 생각합니다만, 최근에는 서서 타는 것뿐만 아니라 본체 여러 곳이 가동식으로 되어 있어서 직접 재조합하여, 자전거처럼 앉아서 탈 수 있는 타입으로 할 수 있는 것이 인기인 모양입니다. 하지만, 체중 이동만으로 움직이기 때문에 어렵지 않고, 바퀴도 옆에 평행으로 달려있어 넘어지는 일도 적어서노인들에게도 안전합니다. 장래적으로는 조종사 외에도 몇 명인가 탈 수 있는 타입의 이동 지원 로봇의 개발도 시야에 넣고 현재 연구가 진행되고 있다고 합니다.

무엇에 대하여 이야기하고 있습니까?

1 조작이 간단한 이동용 로봇

2　2種類の形に変わる自動変形ロボット
3　お年寄りのための介護用ロボット
4　たくさんものを運べる運搬用ロボット

2　2종류의 형태로 변화하는 자동 변형 로봇
3　노인을 위한 간호(간병)용 로봇
4　많은 물건을 나를 수 있는 운반용 로봇

정답 1

어휘 移動支援(いどうしえん) 이동 지원 | ～たまま ~한 채로 | 思い浮かぶ(おもいうかぶ) 생각이 떠오르다 | 可動式(かどうしき) 움직일 수 있는 형태 | 組み替える(くみかえる) 다시 조합하다, 재편성하다 | 操縦者(そうじゅうしゃ) 조종사

해설 여자가 전달하고자 하는 내용은 「最近は～」부분의 로봇이 되며, 특징으로는 「～難しくありませんし、～お年寄りにも安全です」라고 말하고 있다. 답은 1번이 된다. 간병을 위한 로봇이 아니라, 노인들도 조작이 가능한 이동용 로봇에 대한 이야기이기에 3번은 답이 될 수 없다.

5番 40:44
電話で男の学生と女の人が話しています。

男：はい。
女：もしもし。ふじやま大学文学部教務課の野口と申しますが、ジャック・マイヤーズさんでいらっしゃいますか。
男：はい、そうです。
女：すみません。この間出してもらった、奨学金の書類なんですけど、ちょっと足りなくて。
男：あ、本当ですか。すみません。
女：ジャックさんは交換とかじゃなくて正規の留学生なので、それを証明する書類が必要なんですね。で、それを、留学生支援課に行って、もらってきてほしいんです。向こうにはもう言ってあるので、名前言えばすぐ出してくれると思うんですけど。
男：あ、そうですか。わかりました。
女：で、それをもらったら、こちらに持ってきてください。それで書類がそろうので。
男：はい。
女：あ、書類もらうときに受け取りのサインがいると思うので。
男：はい。わかりました。ありがとうございました。
女：はい。お願いしますね。失礼します。

女の人は何のために電話しましたか。
1　窓口に書類を取りに来てもらうため
2　窓口で書類にサインをしてもらうため
3　別の窓口に書類を取りに行ってもらうため
4　別の窓口に書類を出しなおしてもらうため

5번
전화로 남학생과 여자가 이야기하고 있습니다.

남：네.
여：여보세요. 후지야마 대학 문학부 교무과 노구치라고 합니다만, Jack Myers씨이십니까?
남：네, 그렇습니다.
여：실례합니다. 요전에 신청해 주신 장학금 서류입니다만, 조금 부족해서요.
남：아, 정말이요? 죄송합니다.
여：Jack씨는 교환이 아니라, 정규 유학생이므로, 그것을 증명할 서류가 필요합니다. 그래서 그것을 유학생 지원과에 가서 받아 오셨으면 합니다. 저 쪽에도 이미 말해 두었으므로 이름을 말하면 발급해 줄 것이라고 생각합니다만.
남：아, 그래요? 알겠습니다.
여：그래서, 그것을 받으면 이쪽에 가지고 오세요. 그것으로 서류가 완비되니까요.
남：네.
여：아, 서류 받을 때에 수취 확인 서명이 필요할 거라고 생각해요.
남：네 알겠습니다. 감사합니다.
여：네, 그럼 잘 부탁드립니다. 실례하겠습니다.

여자는 무엇 때문에 전화를 했습니까?
1　창구에 서류를 가지러 오게 하기 위해서
2　창구에서 서류에 사인을 하게 하기 위해서
3　다른 창구에 서류를 받으러 가게 하기 위해서
4　다른 창구에 서류를 다시 제출 시키기 위해서

정답 3

어휘 この間(あいだ) 일전에, 요전에 | 交換(こうかん) (여기서는) 교환 유학생 | もらってくる 받아 오다 | 言って(い)ある 말해 두다

해설 「それを、留学生支援課に行って、もらってきてほしい」에서 여직원의 용건을 알 수 있다. 유학생 지원과, 즉 다른 창구에 가서 받아왔으면 좋겠다는 뜻으로 답은 3번이 된다. 「～てもらいたい」나 「～てほしい」는 「～てください」와 더불어 지시, 희망의 표현이므로 용건에 관계된 경우가 많다.

6番 42:51
女の先生が大学の授業で話しています。

女：みなさん、果汁100%のジュースはよく飲みますか？100%のジュースって、もちろんおいしいですけど、パッケージからしておいしそうに見えますよね。つい買ってしまうというか。実は、パッケージの表示にはルールがあって、果物の断面や果汁のしずくを使っていいのは100%のジュースだけなんです。オレンジとかリンゴとか、断面が描いてあったりしますよね。100%未満だと、果物まるごとの写真はいいですけど、断面などはダメです。で、果汁が5%未満になると、今度は果物の写真も使うことができないんですね。ほら、オレンジの写真はないけど、オレンジ色のパッケージだからオレンジジュースだってわかるっていうの、ありますよね。あれはこういうことなんですね。

何について話していますか。

1 果物の写真の撮り方について
2 パッケージの決まりついて
3 果物のジュースの種類について
4 おいしそうに見えるパッケージについて

6번
여자 선생님이 대학 수업에서 이야기 하고 있습니다.

여 : 여러분 과즙 100% 주스를 자주 마시나요? 100% 주스는 물론 맛있습니다만, 포장부터가 맛있어 보이지요? 나도 모르게 그만 사 버린다고나 할까.
실은 포장의 표시에는 룰이 있어서 과일의 단면이나 과즙 방울을 사용해도 되는 것은 100% 주스뿐입니다. 오렌지라든가 사과라든가 단면이 그려져 있거나 하지요? 100% 미만이면 과일 전체의 사진은 되지만 단면은 안 됩니다. 그 과즙이 5%미만이 되면 이번에는 과일 사진을 사용하는 것이불가능한 것입니다. 왜 있잖아요, 오렌지 사진은 없지만 오렌지색의 팩이기 때문에 오렌지 주스라는 것을 알게 되거나 하는 것 있잖아요. 그것은 이런 케이스네요.

무엇에 대하여 이야기하고 있습니까?

1 과일 사진을 찍는 법에 대해서
2 패키지의 규정에 대해서
3 과일 주스의 종류에 대해서
4 맛있게 보이는 포장에 대해서

정답 2

어휘 パッケージ 패키지, 포장 | 果汁(かじゅう) 과즙 | しずく 물방울, 방울 | 断面(だんめん) 단면 | 未満(みまん) 미만 | まるごと 통째로, 전부

해설 주된 내용은 「実は～」의 부분에 나타나 있다. 「パッケージの表示にはルールがあって～」라고 말하고 있으므로, 답은 2번이 된다.

문제4

문제4에서는 문제지에 아무것도 인쇄되어 있지 않습니다. 우선 문장을 들으세요. 그리고 그것에 대한 대답을 듣고 1~3 중에서 가장 적당한 것을 하나 고르세요.

1番 46:02
女：陽子ったら、この前のことまだ根に持ってるみたいなのよ。
男：1 この前のって、何だっけ？
2 そう。それはよかったね。
3 え、まだあれ持ってたの？

1번
여 : 요코는 요전 일 아직도 마음에 담고 있는 모양이야.
남 : 1 요전 일이란 게 뭐였지?
2 그래? 그것 참 다행이다.
3 응? 아직 그것 가지고 있었어?

정답 1

어휘 根(ね)に持(も)つ 앙심을 품다, 꽁하고 있다

해설 3자에 대한 정보를 전해주는 문장. 보통 놀람과 공감으로 대답을 한다. 「根に持っている(앙심을 품고 있다. 꽁하고 있다)」의 표현도 꼭 체크를 하자.

2番 46:32
男：おい、そんなもの買ってやらなくてもいいんじゃないのか。子供じゃあるまいし。
女：1 え、ないの？ じゃあ、買ってあげないと。
2 そうね。子供のうちだけよね。
3 そう？ まだ使うと思うけど。

2번
남 : 이봐, 그런 것 사 주지 않아도 되잖아. 애도 아니고 말이야.
여 : 1 응? 없어? 그럼 사 줘야지.
2 그렇지. 어릴 때 뿐이지.
3 그래? 아직 쓸 거라고 생각하는데.

정답 3

어휘 ～じゃあるまいし ~도 아닐진데, ~도 아니고

해설 지시, 권유에 대한 응답의 표현. 상대를 비난하는 것 같지만, 장남감을 사주지 말라는 지시, 권유의 카테고리에 넣을 수 있는 패턴이다. 여기에 대한 응대는 수용과 거부로 나타나는데, 이 경우는 거부라고 볼 수 있다. 「～なくてもいいんじゃない」를 '~하지 않아도 된다'로 바로 파악할 수 있도록 연습하자.

3番 47:05

男：どれだけ企画書を頑張って書いても、通らなければそれまでだよ。

女：1　頑張って書いたんですから、当然ですよ。
　　2　大丈夫ですよ。自信持ってください。
　　3　通ったんですか。よかったですね。

3번

남 : 아무리 기획서를 열심히 써도 채택되지 않으면 의미 없어.

여 : 1　열심히 썼으니까 당연하지.
　　2　괜찮아요. 자신을 가지세요.
　　3　채택됐어요? 잘됐네요.

정답 2

어휘 通る 통과하다, (기획안 등이)채택되다 | ～ばそれまでだ ~면 그만(끝)이다, 의미가 없다

해설 직장동료간의 푸념에 대한 응대이다. 보통 공감이나 격려하는 패턴으로 응대가 이루어진다. 「通らなければそれまでだ」는 미래에 대한 걱정이므로, 격려의 표현인 2번이 답이 될 수 있다. 1번과 3번은 완료된 사항이므로, 시제부터 어울리지 않는다.

4番 47:36

女：子どもの宿題、いけないとは思ってるんだけど、つい手を出しちゃうのよね。

男：1　うん。見たらすぐ返さないとね。
　　2　そうだよね。つい食べちゃうよね。
　　3　わかる。僕も手伝っちゃうんだよね。

4번

여 : 아이들 숙제, 안 되는 줄 알면서 나도 모르게 그만 도와주게 돼 버려.

남 : 1　응. 보면 바로 반환해야 돼.
　　2　맞아. 나도 모르게 먹어 버린다니까.
　　3　이해돼. 나도 도와줘 버리게 돼.

정답 3

어휘 つい (자기도 모르게) 그만 | 手(て)を出(だ)す 손을 대다(여기서는 도와주다)

해설 생활회화에서 푸념에 대한 응대를 찾으면 된다. 공감과 격려가 주로 나타나는데, 여기서는 공감의 응대가 이루어졌음을 알 수 있다. 「手を出す」를 도와주는 것으로 인지할 수 있느냐가 관건이다. 즉, 숙제를 도와주는 것에 대한 공감이므로, 답은 3번이다.

5番 48:08

男：家の都合で会社をやめたんですけど、後ろ髪を引かれる思いでしたよ。

女：1　そうですか。やっぱり名残惜しいですよね。
　　2　そうですか。それはよかったですね。
　　3　そうですか。後悔はないんですね。

5번

남 : 집 사정으로 회사를 그만두었습니다만, 아쉬웠어요.

여 : 1　그렇습니까? 역시 섭섭하지요.
　　2　그렇습니까? 그건 참 다행이네요.
　　3　그렇습니까? 후회는 없는 거죠?

정답 1

어휘 都合(つごう) 사정, 형편 | 後(うし)ろ髪(がみ)ひかれる 아쉬운 마음으로 헤어지다 | 名残惜(なごりお)しい 이별이 아쉽다

해설 일상 생활 대화 중, 공감을 원하는 표현이다. 헤어짐의 아쉬움을 나타내는 표현에 대한 공감이므로 2번과 3번은 어울리지 않는다.

6番 48:41

女 : うーん、こんな値段じゃ、話にならないですね。
男 : 1　そうですね。話しましょうか。
　2　わかりました。じゃ、この値段で。
　3　そこをなんとか。お願いしますよ。

6번

여 : 음, 이런 가격으로는 이야기가 안되겠네요.
남 : 1　그러네요. 이야기할까요?
　2　알겠습니다. 그럼, 이 가격으로.
　3　그 부분을 어떻게 좀. 부탁드려요.

정답 3

어휘 値段(ねだん) 가격 | 話(はなし)にならない 이치에 맞지 않는다, 이야기가 안 된다

해설 비즈니스 상황에서 무리한 부탁을 하는 표현이다. 보통은 무리한 부탁에 대한 응대의 패턴이 나온다. 이 경우는 응용 문제로 상대방의 난색을 표했을 때, 대응하는 「そこをなんとか」가 답이 된다. '어려운 일인 줄 알지만, 어떻게 좀 안될까요?'의 의미인 3번이 답이 된다.

7番 49:10

男 : いやー、高橋さんのプレゼンがすごいもんで、僕らみんなたじたじだったよ。
女 : 1　高橋さん、そんなにダメだったんですか。
　2　へぇー、さすが高橋さんですね。
　3　高橋さんのプレゼン、期待できますね。

7번

남 : 와, 다카하시 씨의 프레젠테이션 굉장해서 우리들 모두 쩔쩔맸어.
여 : 1　다카하시 씨, 그렇게 못했어요?
　2　오~ 역시 다카하시 씨네요.
　3　다카하시 씨 프레젠테이션, 기대되네요.

정답 2

어휘 凄(すご)い 굉장하다, 엄청나다 | たじたじ 쩔쩔매는 모습 | さすが 과연, 역시

해설 비즈니스 상황에서 새로운 정보를 소개하는 패턴이다. 대부분 공감과 놀람의 반응으로 응대한다. '쩔쩔매다'라는 「たじたじ」를 놓친 경우라도, 앞에 나온 「すごい」에서 판단해서 답을 고를 수 있다. 3번은 아직 프레젠테이션이 끝나지 않았을 때 이루어지는 대화가 되므로, 답이 될 수 없다.

8番 49:42

女 : 新人とはいえ、こんなに誤字が多いようじゃ、ちょっとね。
男 : 1　すみません。次は気をつけますので……。
　2　わかりました。もう少し増やします。
　3　そうですね。仕方ないですよね。

8번

여 : 신입이라고는 하지만, 이렇게 오자가 많아서는 좀 (문제가 있지).
남 : 1　죄송합니다. 다음에는 조심하겠습니다.
　2　알겠습니다. 조금 더 늘리겠습니다.
　3　그렇지요. 어쩔 수 없네요.

정답 1

어휘 新人(しんじん) 신입사원 | ～とはいえ ~라고 해도 | 誤字(ごじ) 오자(오타) | ～ようじゃ ~해서는(~하는 식으로는)

해설 비즈니스 현장의 비난의 상황에 대한 응대를 물어보는 문제이다. 윗사람의 질책에 대한 응대로는 「気を付けます」의 1번이 가장 잘 어울린다.

9番 50:14

男 : すみません。突然押しかけちゃって。
女 : 1　どうぞどうぞ。押してください。
　2　いえいえ。何もおかまいできませんけど。
　3　いえいえ。そこにかけちゃって大丈夫です。

9번

남 : 죄송합니다. 갑자기 들이닥쳐서.
여 : 1　괜찮아요. 밀어 주세요.
　2　아니에요. 아무런 대접도 못해드리지만..
　3　아니에요. 거기에 뿌려도 돼요.

정답 2

어휘 押(お)しかける 들이 닥치다. 갑자기 방문하다 | おかまいできませんで 대접도 못해드리고

해설 일상 생활 대화에서 양해를 구할 때의 응대를 묻는 문제이다. 배려를 앞세운 응대가 일반적이다. 「押しかける」의 「押す(밀다)」만을 들은 1번과 「かける(걸치다, 뿌리다)」만을 들은 3번은 오답이 된다.

10番 50:44
女：あれ？この件、てっきり話したと思ってたけど。
男：1　いえ、お聞きしました。
　　2　はい、お話ししました。
　　3　いえ、伺ってないです。

10번
여 : 어라? 이 건은 틀림없이 이야기했다고 생각했었는데.
남 : 1　아니오. 들었습니다.
　　2　예, 이야기했습니다.
　　3　아니오, 듣지 못했습니다.

정답 3

어휘 てっきり 틀림없이(주로 착각의 상황) | 伺(うかが)う 듣다, 여쭙다, 찾아 뵙다

해설 과거의 사실 확인에 대한 바른 응대를 물어보는 문제이다. '어라?' 라고 시작하는 문장으로 '상대방이 듣지 않았다'고 했음을 예상할 수 있다. 또한 여자의 말에 내용이 '이야기 안 했던가?'임을 쉽게 알 수 있다. 그러므로, 3번이 가장 잘 어울린다.

11番 51:11
男：えー、日程につきましては後ほどご連絡申し上げますので。
女：1　あ、はい。では、来月決めましょう。
　　2　わかりました。お待ちしています。
　　3　そうですね。後ほどご連絡します。

11번
남 : 그럼, 일정에 관해서는 차후에 연락 드리겠습니다.
여 : 1　아, 네. 그럼 다음달 결정합시다.
　　2　알겠습니다. 기다리겠습니다.
　　3　글쎄요. 나중에 연락 드리겠습니다

정답 2

어휘 日程(にってい) 일정 | ～につきましては ~에 관해서는 | 後(のち)ほど 차후에, 나중에

해설 차후에 연락한다는 말의 응답에는 충분히 이해되었고 연락을 기다린다는 의미의 2번이 가장 잘 어울린다.

12番 51:42
女：部長、ABC商事の加藤様がお見えです。
男：1　そう。お通しして。
　　2　そう。まだ来ないの。
　　3　そう。すぐ見えるよ。

12번
여 : 부장님, ABC상사의 가토씨가 오셨습니다.
남 : 1　그래? 이쪽으로 모셔.
　　2　그래? 아직 안 왔어?
　　3　그래? 곧 오실 거야.

정답 1

어휘 お見(み)えです 오셨습니다 | 通(とお)す 통과시키다. 들어가게 하다 | お通(とお)しする 안내하다. 모시다.

해설 비즈니스 현장에서 상사에게 보고하는 상황이다. 역시 대화내용에 3자가 등장하므로 경어체에 주의하도록 하자. 1번만이 현재 오신 상황의 응답이 되며, 2번과 3번은 아직 안 왔을 경우의 응답이 되므로 답이 될 수 없다. '오셨다', '이쪽으로 모셔'등의 경어표현도 평소에 연습해 두자.

13番 52:10
男：今度ぜひうちの会社にもお越しください。
女：1　じゃ、木村さんをよこしてくださいよ。
　　2　いいですね。ぜひ伺います。
　　3　はい。お待ちしています。

13번
남 : 이번에 꼭 우리 회사에도 와주세요.
여 : 1　그럼, 기무라씨를 보내주세요.
　　2　좋네요. 꼭 방문하겠습니다.
　　3　네, 기다리고 있습니다.

정답 2

어휘 お越しください 오십시오 | よこす 보내다 | 伺う 찾아 뵙다. 듣다, 여쭈다 | お待ちする (삼가) 기다리다

해설 비즈니스 현장에서 의뢰 · 제안 · 부탁의 상황이다. 초대(방문 부탁)에 대한 바른 응대를 묻는 표현이므로, 경어표현을 모르더라도 2번을 고를 수 있다. 「いいですね」는 제안에 대해 '좋은 생각이에요' 라는 뜻이 있다.

14番 52:39

女：御用があれば承りますが。

男：1　あ、ご注文ですね。どうぞ。

2　ええと、何かご用でしょうか。

3　あ、営業の佐藤さんにお会いしたいんですが。

14번

여 : 용무가 있으시면 말씀해주세요.

남 : 1　아, 주문이죠? 말씀해 주세요.

2　저어, 어떤 용무인가요?

3　아, 영업부의 사토씨를 만나고 싶습니다만.

정답 3

어휘 御用 용무 | 承る 듣다, 받다

해설 비즈니스 현장에서 상대방의 용건을 묻는 상황이다. 이 경우의 응대는 구체적인 용건을 말하는 것이 답이 된다. 1번과 2번은 접수를 받는 쪽의 응답이 되기 때문에 답이 될 수 없으며, 용무를 이야기한 3번이 정답이 된다.

문제5

문제5에서는 좀 긴 이야기를 듣습니다. 이 문제에는 연습은 없습니다. 메모를 해도 됩니다.

1번, 2번

문제지에 아무것도 인쇄되어 있지 않습니다. 먼저 이야기를 들으세요. 그리고 질문과 이야기를 듣고 1~4 중에서 가장 적당한 것을 하나 고르세요.

1番 53:51

大学で男の学生と女の学生が話しています。

女：先輩、教養科目の授業って、どれを取ればいいんでしょうか？おすすめはありますか？

男：うーん、おすすめねぇ。僕が今までに取ったのでよければ、どんな感じか教えるけど。どれも面白かったよ。

女：あ、ぜひ教えてください。お願いします。

男：えっと、まずは、芸術学Aかな。先生は、いろいろな美術館で学芸員をしてた人なんだけど、特にルネサンス期の絵画が好きみたいで、その当時の歴史も絡めて、いろいろ絵を紹介してくれて、面白いよ。テストはなくて、期末レポートを3ページくらい書いたかな。それから、歴史学B。それ、すごくおもしろくてさ。内容は「トイレの歴史について」。

女：へぇ、トイレですか。

男：そう、最古のトイレはどんなもので、そこからどう現在のトイレに至ったかっていうのが話のテーマ。それは、期末テストがあったけど、持ち込み可だったよ。あとは……、あ、文学Cだ。文学Cは江戸時代の娯楽本がテーマで、どんな種類の本が人気だったかとか、それがどんな内容だったかとか、そんな感じ。それは、期末レポートがあったね。あとは、生物学Dだね。それは、最近発見された新種の生物についての授業で、深海魚とか、植物とか、いろいろ。成績評価は期末テストがあったけ

1번

대학에서 남학생과 여학생이 이야기하고 있습니다.

여 : 선배님, 교양과목 수업은 어느 것을 들으면 좋을까요? 추천 과목 있나요?

남 : 음, 추천말이지. 내가 지금까지 들은 것으로 괜찮다면 어떤 느낌인지 가르쳐 줄 수 있는데 다 재미있었어.

여 : 아, 꼭 가르쳐 주세요. 부탁해요.

남 : 그러니까, 우선 예술학A네. 선생님은 여러 가지 미술관에서 학예원을 했던 사람인데, 특히 르네상스기의 회화를 좋아하는 것 같아서 그 당시 역사도 관련지어 다양한 그림을 소개해 주셔서 재미있어. 테스트는 없고 기말 리포트를 3페이지 정도 썼던가? 그리고 역사학B. 그거 굉장히 재미있는데 말이야. 내용은 '화장실의 역사에 관해서'

여 : 와, 화장실이요?

남 : 응, 가장 오래된 화장실은 어떤 것이고, 거기서부터 어떻게 현재의 화장실에 이르렀는가 하는 것이 이야기의 테마. 그것은 기말 테스트가 있지만 오픈북 테스트였어. 그리고는, 아, 문학C다. 문학C는 에도시대 오락책이 테마이고, 어떤 종류의 책이 인기였는가 라든가 그것이 어떤 내용이었던가 라든가 그런 느낌. 그것은 기말 리포트가 있었어. 그리고는 생물학D네. 그것은 최근 발견된 신종 생물에 대한 수업으로, 심해어라든가 식물이라든가 여러 가지. 성적평가는 기말 테스트가 있었는

ど、持ち込み不可だったかな。でもそんなに難しくないし、大丈夫だよ。

女：そうですか。どれも面白そうですね。うーん、でも正直、絵とか本とか、そういう文化の話はあんまりピンと来なくて好きじゃないんですよね。

男：そう。

女：うーん、期末は他の授業でレポートがいっぱいありそうなので、教養科目はテストのがいいんですけど、ノートとか持ち込めないのはちょっと……。じゃあ……。

女の学生はどの授業を受けることにしましたか。

1 芸術学A
2 歴史学B
3 文学C
4 生物学D

데 오픈북 테스트는 아냐. 그래도 그렇게 어렵지는 않아서 괜찮아.

여 : 그래요? 모두 재미있을 것 같아요. 음. 그래도 솔직히 그림이라든가 책이라든가 그런 문화에 관한 이야기는 그렇게 확 와 닿지 않아서 좋아하지 않아요.

남 : 그렇구나.

여 : 음. 기말은 다른 수업에서 리포트가 많이 있을 것 같아 교양과목은 테스트가 좋겠는데, 노트라든가 가지고 갈 수 없는 것은 좀. 그렇다면……

여학생은 어떤 수업을 보기로 했습니까?

1 예술학A
2 역사학B
3 문학C
4 생물학D

정답 2

어휘 教養科目(きょうようかもく) 교양과목 | おすすめ 추천 | 芸術学(げいじゅつがく) 예술학 | ルネサンス 르네상스 | 絵画(かいが) 회화 | ～も絡(から)めて ~도 연관시켜서 | 持(も)ち込(こ)み可(か) 반입가능(여기서는 시험 때 노트 등을 가지고 들어갈 수 있는 오픈북 테스트를 의미) | ピンとこない 느낌이 오지 않다(와 닿지 않다)

해설 마지막 부분에 「テストのがいいんですけど、ノートとか持ち込めないのはちょっと」를 모두 충족시키는 것, 즉 테스트를 보면서, 그 방식이 오픈북 테스트인 것은 역사학B밖에 없다.

2番 56:56

会社で、上司と部下2人が新しい製品について話しています。

男1：部長。新商品のハンドクリームのことなんですが。ちょっとよろしいですか。

男2：うん。どうしたの？

女　：最初は100gのもの1種類だけの予定だったんですが、途中で「ポーチに入れやすい小さめサイズもあったほうがいい」という意見が出たんです。

男2：あー、確かに。女性はカバンにいろいろ入れるから、大きさは重要だよな。

女　：それで、大きさを100gと50gの大小2種類にすると見積もりがどうなるか、工場に問い合わせたんです。

男2：うん。で、どんな感じだった？

男1：数をそれぞれ半分ずつにして、合計で当初の数になるようにと工場に見積もりを頼んだんですが、生産ラインが2つになりますし、生産個数が少なくなるので、単価が高くなってしまいまして。

男2：そうかー。

男1：大小それぞれもとの予定数で作れば大丈夫だそうなんですが。

女　：でも、そうすると予算が倍になってしまいますし…。

男2：確かにそういうわけにはいかないな。

男1：やっぱりもとのままにしましょうか。

男2：うーん、まぁ、少し単価が上がってもいいだろう。とりあえずそれでやってみよう。

2번

회사에서 상사와 부하 2명이 새로운 제품에 대해서 이야기하고 있습니다.

남1 : 부장님, 신상품의 핸드크림 건인데요. 잠시 괜찮을까요?

남2 : 응, 무슨 일이야?

여 : 처음은 100g타입 한 종류만 할 예정이었습니다만, 도중에 '파우치에 넣기 쉬운 작은 사이즈도 있는게 낫다'는 의견이 나왔어요.

남2 : 아, 그러네. 여성은 가방에 여러가지 넣으니까 크기는 중요하지.

여 : 그래서, 크기를 100g과 50g 대소 2종류로 하면 견적은 어떻게 나올지, 공장에 문의해 봤습니다.

남2 : 응. 그래서 어떻던가?

남1 : 수량을 각각 절반씩 해서 합계로 당초의 수로 하도록 공장에 견적을 부탁했는데요, 생산라인이 두개가 되고 생산 개수가 적어지기 때문에, 단가가 비싸져 버려요.

남2 : 그렇군.

남1 : 대소 각각 원래 예정 수대로 하면 괜찮다고 하는데요.

여 : 하지만, 그렇게 하면 예산이 두배가 돼 버리고요…….

남2 : 확실히 그렇게는 안 되겠네.

남1 : 역시 원래대로 할까요?

남2 : 음. 뭐 조금 단가가 올라가도 괜찮겠지. 일단 그렇게 해 보자.

여 : 알겠습니다.

女：わかりました。

商品をどうすることにしましたか。
1 大小どちらも作り、それぞれもとの数の半分で作る
2 大小どちらも作り、それぞれもとの数で作る
3 大のみ作り、もとの数の半分で作る
4 大のみ作り、もとの数で作る

상품을 어떻게 하기로 했습니까?
1 대소 둘다 만들고 각각 원래 수량의 반씩 만든다.
2 대소 둘다 만들고 각각 원래 수량대로 만든다.
3 큰 것만 만들고 원래 수량의 반으로 만든다.
4 큰 것만 만들고, 원래 수량대로 만든다.

정답 1

어휘 ポーチ 파우치 | 見積もり 견적 | 頼む 부탁하다 | 問い合わせる 문의하다 | 倍になる 배가 되다

해설 여사원과 과장은 처음 개수대로 두 종류를 만들자는 남자 사원의 말에, 「でも～予算が倍になります」「～そういうわけにはいかないな」라며, 두 배의 예산이 드는 것에는 난색을 표했으며, 「少し単価が上がってもいいだろう」라며, 조금 인상되더라도 두 종류를 제작하기로 한다. 즉 종류는 두 종류로 하고, 각각 개수를 절반씩 하는 1번이 답이 된다.

3번

먼저 이야기를 들으세요. 그리고 두 개의 질문을 듣고 각각 문제지의 1~4중에서 가장 적당한 것을 하나 고르세요.

3番 59:43
ラジオの通販番組を聞きながら、男の人と女の人が話しています。

女：今日は、年末の大掃除に向けて、人気の掃除機を取り揃えてみました。どれも大変お安くなっておりますので、この機会にぜひお求めください。まずは、商品番号1番の掃除機です。こちらは今話題のサイクロン式で、吸っても吸っても吸引力が変わらないのが特徴です。非常にパワフルで、小さいちりホコリから、大きな食べこぼしまで、何でも吸い取ります。お値段はこちら。39,800円です。次は、商品番号2番の掃除機です。こちらは紙パック式ですが、パワーは十分です。なんといっても特徴は静かなことですね。パワーを強にしても、音は図書館並の静かさです。こちらは、お値段が24,800円となっております。そして、次が商品番号3番の掃除機です。こちらは、1番2番の掃除機と同じように本体を引っ張る一般的なタイプですが、違いはその軽さです。非常に軽くて転がしやすく、ストレスがありません。こちら、お値段24,800円です。最後に商品番号4番の掃除機のご紹介です。こちらは本体一体型のスティックタイプの掃除機です。スティックタイプですので非常に軽いのはもちろんですが、充電式なので、わずらわしいコードもありません。こちらのお値段は、39,800円となっております。
男：あ、新しい掃除機、欲しかったんだよね。どれもいいなぁ。
女：私も、買い換えようかな。今の掃除機すごく重いんだよね。軽いのがいいな。
男：じゃあ、やっぱり本体がつながってないのがいいんじゃない？

3번
라디오의 통신판매 방송을 들으면서, 남자와 여자가 이야기하고 있습니다.

여:오늘은 연말 대청소를 앞두고 인기 청소기를 마련해 봅시다. 어느 것이나 매우 저렴하게 되어 있으므로, 이 기회에 꼭 구매하세요. 우선은 상품 번호 1번 청소기입니다. 이쪽은 지금 화제인 사이클론식으로 흡입해도 흡입해도 흡인력이 변치 않는 것이 특징입니다. 매우 파워풀하고 작은 먼지부터 큰 흘린 음식물까지 뭐든지 빨아 들입니다. 가격은 여기 39,800엔입니다. 다음은 상품 번호 2번의 청소기입니다. 이쪽은 종이팩 식입니다만 파워는 충분합니다. 뭐니뭐니 해도 특징은 조용한 것입니다. 파워를 강으로 해도 소리는 도서관 정도로 조용합니다. 이쪽은 가격이 24,800엔이 됩니다. 그리고, 다음은 상품 번호 3번 청소기입니다. 이쪽은 1번 2번 청소기와 동일하게 본체를 당기는 일반적인 타입입니다만, 차이는 가벼움입니다. 상당히 가볍고 굴리기 쉬워 스트레스가 없습니다. 이쪽 가격 24,800엔입니다. 마지막으로 상품 번호4번 청소기 소개입니다. 이쪽은 본체 일체형의 스틱 타입의 청소기입니다. 스틱 타입이므로 굉장히 가벼운 것은 물론이거니와 충전식이어서 번거로운 코드도 없습니다. 이쪽 가격은 39,800엔입니다.
남：아, 새로운 청소기, 필요했지. 뭐가 좋을까?
여：나도 바꿀까? 지금 청소기 굉장히 무거워. 가벼운 것이 좋은데.
남：그럼, 역시 본체가 연결돼있는 게 좋지않을까?

女：でも、ちょっと高いな。軽ければ別に本体を引っ張るのでもいいかな。

男：そう。僕はやっぱりパワーがあるのがいいなぁ。多少高くても、パワーが変わらないのがいいな。紙パックも面倒だし。

質問1　男の人はどの掃除機を買いますか。

1　1番の掃除機
2　2番の掃除機
3　3番の掃除機
4　4番の掃除機

質問2　女の人はどの掃除機を買いますか。

1　1番の掃除機
2　2번の掃除機
3　3番の掃除機
4　4番の掃除機

여 : 그래도 좀 비싼데? 가벼우면 따로 본체를 끄는 것도 좋을 것 같네.

남 : 그래? 나는 역시 파워가 있는 게 좋아. 다소 비싸도 파워가 변하지 않는 것이 좋지. 종이팩도 번거롭고.

질문1 남자는 어떤 청소기를 삽니까?

1　1번 청소기
2　2번 청소기
3　3번 청소기
4　4번 청소기

질문2 여자는 어떤 청소기를 삽니까?

1　1번 청소기
2　2번 청소기
3　3번 청소기
4　4번 청소기

정답 (1) 1 (2) 3

어휘 取り備える 구비하다, 마련하다 | お求めください 구매해 주세요 | 吸引力 흡인력 | ちりほこり 먼지 | 食べこぼし 흘린 음식 | スティックタイプ (stick type) 스틱 타입 | 充電式 충전식 | 欲しい 필요하다, 가지고 싶다 | 買い替える 새 것으로 바꾸다

해설 남성은 비싸더라도 「パワーが変わらないのがいいな」라고 말하고 있으므로, 흡인력이 강한 1번이 답이 된다. 가벼운 것을 선호하지만 비싼 것은 부담이 가기에 「軽ければ別に本体を引っ張るのでもいいかな」라고 말한 것에 주목해 보면, 스틱형이 아닌 가벼운 형태의 3번이 답이 된다는 것을 알 수 있다.

딱! 한권 1회 실전모의테스트　解答用紙

N1 言語知識(文字・語彙・文法)・読解

受験番号 Examinee Registration Number		名前 Name	

<ちゅうい Notes>

1. くろいえんぴつ(HB、No.2)でかいてください。
   Use a black medium soft (HB or No 2) pencil.
   (Do not use any kind of pen.)
2. かきなおすときは、けしゴムできれいにけしてください。
   Erase any unintended marks completely.
3. きたなくしたり、おったりしないでください。
   Do not soil or bend this sheet.
4. マークれい　Marking examples

よい	わるい
●	⊗ ✓ ◯ ⊙ ⊜ ⦶ ◍

問題1				
1	①	②	③	④
2	①	②	③	④
3	①	②	③	④
4	①	②	③	④
5	①	②	③	④
6	①	②	③	④
問題2				
7	①	②	③	④
8	①	②	③	④
9	①	②	③	④
10	①	②	③	④
11	①	②	③	④
12	①	②	③	④
13	①	②	③	④
問題3				
14	①	②	③	④
15	①	②	③	④
16	①	②	③	④
17	①	②	③	④
18	①	②	③	④
19	①	②	③	④
問題4				
20	①	②	③	④
21	①	②	③	④
22	①	②	③	④
23	①	②	③	④
24	①	②	③	④
25	①	②	③	④

問題5				
26	①	②	③	④
27	①	②	③	④
28	①	②	③	④
29	①	②	③	④
30	①	②	③	④
31	①	②	③	④
32	①	②	③	④
33	①	②	③	④
34	①	②	③	④
35	①	②	③	④
問題6				
36	①	②	③	④
37	①	②	③	④
38	①	②	③	④
39	①	②	③	④
40	①	②	③	④
問題7				
41	①	②	③	④
42	①	②	③	④
43	①	②	③	④
44	①	②	③	④
45	①	②	③	④
問題8				
46	①	②	③	④
47	①	②	③	④
48	①	②	③	④
49	①	②	③	④

問題9				
50	①	②	③	④
51	①	②	③	④
52	①	②	③	④
53	①	②	③	④
54	①	②	③	④
55	①	②	③	④
56	①	②	③	④
57	①	②	③	④
58	①	②	③	④
問題10				
59	①	②	③	④
60	①	②	③	④
61	①	②	③	④
62	①	②	③	④
問題11				
63	①	②	③	④
64	①	②	③	④
問題12				
65	①	②	③	④
66	①	②	③	④
67	①	②	③	④
68	①	②	③	④
問題13				
69	①	②	③	④
70	①	②	③	④

딱! 한권 1회 실전모의테스트　解答用紙

N1 聴解

受験番号 Examinee Registration Number	

名前 Name	

<ちゅうい　Notes>

1. くろいえんぴつ(HB、No.2)でかいてください。
   Use a black medium soft (HB or No 2) pencil.
   (Do not use any kind of pen.)
2. かきなおすときは、けしゴムできれいにけしてください。
   Erase any unintended marks completely.
3. きたなくしたり、おったりしないでください。
   Do not soil or bend this sheet.
4. マークれい　Marking examples

よい	わるい
●	⊗ ✓ ◯ ⓞ ⊜ ⦶ ◌

問題1

例	①	②	●	④
1	①	②	③	④
2	①	②	③	④
3	①	②	③	④
4	①	②	③	④
5	①	②	③	④
6	①	②	③	④

問題2

例	①	②	●	④
1	①	②	③	④
2	①	②	③	④
3	①	②	③	④
4	①	②	③	④
5	①	②	③	④
6	①	②	③	④
7	①	②	③	④

問題3

例	①	●	③	④
1	①	②	③	④
2	①	②	③	④
3	①	②	③	④
4	①	②	③	④
5	①	②	③	④
6	①	②	③	④

問題4

例	①	②	●
1	①	②	③
2	①	②	③
3	①	②	③
4	①	②	③
5	①	②	③
6	①	②	③
7	①	②	③
8	①	②	③
9	①	②	③
10	①	②	③
11	①	②	③
12	①	②	③
13	①	②	③
14	①	②	③

問題5

		①	②	③	④
1		①	②	③	④
2		①	②	③	④
3	(1)	①	②	③	④
	(2)	①	②	③	④

딱! 한권 2회 실전모의테스트　解答用紙

N1 言語知識(文字・語彙・文法)・読解

受験番号 Examinee Registration Number		名前 Name	

<ちゅうい　Notes>

1. くろいえんぴつ(HB、No.2)でかいてください。
   Use a black medium soft (HB or No 2) pencil.
   (Do not use any kind of pen.)
2. かきなおすときは、けしゴムできれいにけしてください。
   Erase any unintended marks completely.
3. きたなくしたり、おったりしないでください。
   Do not soil or bend this sheet.
4. マークれい　Marking examples

よい	わるい
●	⊗ ✓ ◯ o ≋ ⦶ ◌

問題1				
1	①	②	③	④
2	①	②	③	④
3	①	②	③	④
4	①	②	③	④
5	①	②	③	④
6	①	②	③	④
問題2				
7	①	②	③	④
8	①	②	③	④
9	①	②	③	④
10	①	②	③	④
11	①	②	③	④
12	①	②	③	④
13	①	②	③	④
問題3				
14	①	②	③	④
15	①	②	③	④
16	①	②	③	④
17	①	②	③	④
18	①	②	③	④
19	①	②	③	④
問題4				
20	①	②	③	④
21	①	②	③	④
22	①	②	③	④
23	①	②	③	④
24	①	②	③	④
25	①	②	③	④

問題5				
26	①	②	③	④
27	①	②	③	④
28	①	②	③	④
29	①	②	③	④
30	①	②	③	④
31	①	②	③	④
32	①	②	③	④
33	①	②	③	④
34	①	②	③	④
35	①	②	③	④
問題6				
36	①	②	③	④
37	①	②	③	④
38	①	②	③	④
39	①	②	③	④
40	①	②	③	④
問題7				
41	①	②	③	④
42	①	②	③	④
43	①	②	③	④
44	①	②	③	④
45	①	②	③	④
問題8				
46	①	②	③	④
47	①	②	③	④
48	①	②	③	④
49	①	②	③	④

問題9				
50	①	②	③	④
51	①	②	③	④
52	①	②	③	④
53	①	②	③	④
54	①	②	③	④
55	①	②	③	④
56	①	②	③	④
57	①	②	③	④
58	①	②	③	④
問題10				
59	①	②	③	④
60	①	②	③	④
61	①	②	③	④
62	①	②	③	④
問題11				
63	①	②	③	④
64	①	②	③	④
問題12				
65	①	②	③	④
66	①	②	③	④
67	①	②	③	④
68	①	②	③	④
問題13				
69	①	②	③	④
70	①	②	③	④

딱! 한권 2회 실전모의테스트　解答用紙

N1 聴解

受験番号 Examinee Registration Number	

名前 Name	

<ちゅうい　Notes>

1. くろいえんぴつ(HB、No.2)でかいてください。
   Use a black medium soft (HB or No 2) pencil.
   (Do not use any kind of pen.)
2. かきなおすときは、けしゴムできれいにけしてください。
   Erase any unintended marks completely.
3. きたなくしたり、おったりしないでください。
   Do not soil or bend this sheet.
4. マークれい　Marking examples

よい	わるい
●	⊗ ◌ ◯ ⓞ ⊜ ⦶ ◍

問題1（もんだい）

例	①	②	●	④
1	①	②	③	④
2	①	②	③	④
3	①	②	③	④
4	①	②	③	④
5	①	②	③	④
6	①	②	③	④

問題2（もんだい）

例	①	②	●	④
1	①	②	③	④
2	①	②	③	④
3	①	②	③	④
4	①	②	③	④
5	①	②	③	④
6	①	②	③	④
7	①	②	③	④

問題3（もんだい）

例	①	●	③	④
1	①	②	③	④
2	①	②	③	④
3	①	②	③	④
4	①	②	③	④
5	①	②	③	④
6	①	②	③	④

問題4（もんだい）

例	①	②	●
1	①	②	③
2	①	②	③
3	①	②	③
4	①	②	③
5	①	②	③
6	①	②	③
7	①	②	③
8	①	②	③
9	①	②	③
10	①	②	③
11	①	②	③
12	①	②	③
13	①	②	③
14	①	②	③

問題5（もんだい）

1		①	②	③	④
2		①	②	③	④
3	(1)	①	②	③	④
	(2)	①	②	③	④